"博学而笃志，切问而近思。"

（《论语》）

博晓古今，可立一家之说；
学贯中西，或成经国之才。

复旦博学·复旦博学·复旦博学·复旦博学·复旦博学·复旦博学

张斌，1920年1月21日生，湖南长沙人。1943年毕业于国立师范学院。长期任教于上海师范大学，曾任上海师范大学中文系主任、语言研究所所长等职。现为上海师范大学语言研究所名誉所长、博士生导师、博士后联系导师，并兼任上海市语文学会顾问、上海市语委顾问、全国高等师范学校现代汉语教学研究会名誉会长、《中国语文》编委、《修辞学习》杂志顾问等。

张斌先生是国内外著名的语法学家，从事现代汉语语法研究近60年，成果丰硕。20世纪50年代，以参加词类问题讨论而闻名。张斌先生（笔名文炼）曾和胡裕树（笔名胡附）长期合作，在《中国语文》等杂志上发表了大量论文，出版了《现代汉语语法探索》、《汉语语法研究》、《中学语法教学》、《处所、时间和方位》等著作，在词类问题、语法分析方法、三个平面理论等方面为汉语语法研究作出了重大贡献，在海内外产生了广泛的影响。20世纪90年代以后，张斌先生在《中国语文》等杂志上发表一系列论文，主要探讨语法结构的功能解释，开拓了结合人工智能的自然语言理解来研究汉语语法的新领域，并出版了《汉语语法学》、《汉语语法修辞常识》、《现代汉语虚词词典》、《歧义问题》、《语句的表达和理解》、《现代汉语虚词研究》丛书（主编）等著作。

张斌先生不仅是语法研究大师，而且具有丰富的现代汉语教学经验与现代汉语教材的编写经验，是全国文科统编教材《现代汉语》（胡裕树主编）主要编写者和修订人，主编了全国广播电视大学教材《现代汉语》和《简明现代汉语》，主编了全国自学考试教材《现代汉语》，主编了上海市普通高等学校"九五"重点建设教材《语法分析与语法教学》丛书，还主编了《现代汉语精解》等教学用书。并因此获得上海市哲学社会科学优秀成果一等奖、上海市教学成果一等奖等奖励。

普通高等教育"十五"国家级规划教材

Series of Linguistics

复旦博学·语言学系列

博学

新编现代汉语 （第二版）

主　编　张　斌
编写者（按姓氏音序排列）
陈昌来　胡范铸　齐沪扬
尤敦明　张　斌　张谊生

复旦大学出版社
www.fudanpress.com.cn

内容提要

　　本书以促进语言的规范化与适应新时期学习和研究现代汉语的需要为宗旨，在吸取现代语言学理论和方法的基础上，对现代汉语的语音、文字、词汇、语法、修辞等进行了系统的分析和说明。全书信息量大，知识结构新颖，力求反映汉语研究的最新成果，具有鲜明的时代性和针对性。

　　作为一部普通高等教育"十五"国家级规划教材，本书既可供各大专院校开设现代汉语课程选用，也可为研究与自学现代汉语者提供参考。

目　录

前　言

　　记得吕叔湘先生曾经说:"一门课程教学的成功,在很大程度上决定于所用的教材。"他又说:"评价一种教材的优劣,主要看它的时代性和针对性。"吕先生所说的时代性,指的是教材能体现科学的新成果。科学是不断发展的,高等学校的教材应当反映当时的研究水平,这大概是新的教材不断出现,而旧的教材不断更新的主要原因。然而教材并不是某门学科成果的全面记录,它必须有所取,也有所弃。也就是说,它必须根据教学目的和教学对象决定材料的选择,还须依据学习规律作好材料的安排。所以,教材也必定反映编写者的主观认识。

　　我们认为:语言的规范化和现代化是目前改革开放新形势的要求,现代汉语教材应该贯彻促进语言规范化的精神,同时须适应语言现代化的需要,为培养新时代合格的语言文字工作者打好基础。为此,我们在教材编写过程中注重了下列几个方面。

　　1. 立足于汉语,吸取现代语言学的理论和方法,以解决汉语语言分析中的实际问题。

　　2. 引导学员注重语言事实的分析,避免在术语上纠缠。培养区别同异的能力,以提高听和读的水平;培养区别正误的能力,以提高说和写的水平。

　　3. 宏观说明和微观阐述相结合,描写语言现象和解释语言现象并重,使学员知其然,更知其所以然。

　　4. 使学员通过知识的积累,能力的培养,更深入地理解现代汉语规范化的意义,并能自觉地为此努力工作。

　　5. 注重教材各部分之间的联系,也注重汉语知识与相关学科的关系,为进一步深造打好基础。

　　本教材是集体合作的成果,编写时的分工如下:

　　张　斌:绪论,统稿;

尤敦明：第一章"语音"；

陈昌来：第二章"文字"，第四章"语法"的第七、第八、第九节；

张谊生：第三章"词汇"，第四章"语法"的第一、第二、第三节；

齐沪扬：第四章"语法"的第四、第五、第六节；

胡范铸：第五章"修辞"。

为配合本教材的使用，我们另编写一本《现代汉语教学参考和训练》。该书分为四个部分：一是教材中的思考题的参考答案；二是收录了一些有用而又不便于在教材中出现的教学参考资料和有关文献，供进一步学习参考用；三是编写了近2000道练习题，供学员练习，以巩固所学知识；书前有一篇我写的《谈谈"现代汉语"的学习》，算是我几十年现代汉语教学的概括的体会。

最后需要说明的是，在教材编写过程中，我们参考了许多论著，考虑到教材的性质和体例，这些论著都未列出，希望得到大家的谅解。

　　　　　　　　　　　　　　　　张斌于上海师大，时年八十有三

绪　论

一、语言符号

语言是一种符号。

在日常生活中,我们常用甲事物来代表乙事物。例如十字路口的红灯表示禁止通过,绿灯表示可以行进。"禁止通过"或"可以行进"是被代表的事物,通常称之为"所指"(significatum),红绿灯是显示的事物,通常称之为"能指"(signifiant)。能指与所指的关系既不属相似,也不属相关。人物的照片与照片中的人物是相似的关系,闪电与雷声是相关的,这都不属于我们所说的能指与所指的关系。也就是说,它们不是我们所说的符号。符号的能指与所指的关系是约定的,包括自我约定和社会约定,语言符号属于后者。这就是说,语言的能指与所指的关系是使用语言的人共同约定的。

人们识别符号主要依靠视觉或听觉。红绿灯属于视觉符号,语言却是听觉符号。语言的能指是声音,所指是意义,声音和意义的关系好比纸的正面和反面,是密不可分的。没有声音的意义如点头和摇头,不是我们所说的语言。所谓"体态语言"中的"语言",含义是引申了的。没有意义的声音,如咳嗽,当然也不是语言。

能够用声音表达意义,进行信息交流的不仅仅是人类。有些动物也能以声音传达信息,如蟋蟀、海豚、猿猴以及一些鸟类。但是人类的语言与动物的"语言"有本质的差别;大体说来,人类语言有以下一些特点。

(一) 系统性

人类的每一种具体的语言都是一个丰富的、复杂的、缜密的符号系统。语言系统包括语音、词汇、语法等子系统。每个子系统都包括许多不同特点的单位,单位与单位之间的关系错综复杂,但是有规律可循。就每个语言单位(例如一个词)而言,它的语音形式是依照语音系统的规则构成的,它的意义与词汇系统中的许多方面发生联系,它的功能受语法规律的支配。这正如棋盘中的每一个棋子,它的价值是种种关系决定的。

(二) 生成性

语言单位是声音和意义的结合。语言单位的声音虽然千差万别,但是构成不同语音的基础(音位)通常在 40 个左右。这就是说,不同的语音都是有数的音位按照一定的结构原则生成的。句子是无限的,词是有限的,常用的不过几千。用有限的词按照一定的规则生成句子,这正是语言符号的一个特点。正是这个特点使语言成为人类最重要的交际工具。

任何社会,任何时代,人类的交际活动主要依赖语言符号,但有时也使用非语言符号。语言符号的特点是用声音表达意义,让人们用听觉接受信息。这种方式也有其缺点,即在时间上出口即逝,在空间上距离有限。为了改变这种情况,人们常利用视觉符号传达信息,这就是非语言符号。非语言符号有两种,一种是以具体语言为母本产生的,如旗语、电码。要懂得这类符号,必须掌握它的结构特点和规律,同时还须熟悉它的母本,即所依据的语言。在通讯科学十分发达的今天,这种非语言符号已经逐渐消失,让位于语言符号了。另一种非语言符号是不受具体语言制约而创造的,如信号灯、气象标志、厕所门前的男女形象。因为这种符号是超语言的,说不同语言的人都能看懂,所以仍在应用。不过,这种符号结构简单,表达的内容也趋于单一,使用的范围自然受到限制。它的作用当然不能同语言符号相提并论。

有没有一种符号,它既能打破时间和空间的限制,又能发挥口头语言的长处? 有,那就是文字。

二、语言符号的符号

文字是记录语言的符号系统,当然也包括能指与所指。文字的能指是书写形式,所指是语言。语言是声音与意义的结合,文字的所指当然包括声音和意义。拼音文字如此,汉字也是如此。认为拼音文字是表音文字,汉字是表意文字,至少,在名称上容易引起误解。拼音文字也好,汉字也好,记录的都包括语音和语义。没有哪种文字专记录语音或语义的。当然,记录的方式有所不同。

文字使口语成为书面语。口语和书面语都有不同的含义。通常认为说出来的话是口语,用文字写下来的话是书面语。从语言学的角度看,它们的区别在于风格,口语具有日常交谈的风格,而书面语具有严谨的风格,在日常交谈时,因为有特定的语言环境,说话人还可以利用声音和手势帮助表情达意,所以语句简短,常常省略一些成分,结构也不十分严谨。书面语恰好相反,形成时大都经过仔细推敲,一再修改,力求结构完整,表达准确。从这个角度看,口头表达的可能是书面语,如电台广播的报纸上的社论,大会发言时念的讲稿。用文字写下来的也可以是口语,如一些剧本的对话。当然,有些作品的风格是掺杂的,如有些小说,作品本文的叙述用的是书面语,而小说中人物的对话用的是口语。

三、汉语

汉语属于汉藏语系。

语系是依据共同历史来源划分出来的类别,同一语系的语言还可以依据亲疏关系划分出若干语族和语支。汉藏语系主要分布在亚洲东部、东南部和中部,包括汉语族、藏缅语族(藏语支、彝语支、景颇语支)、壮侗语族(壮傣语支、侗水语支、黎语支)、苗瑶语族(苗语支、瑶语支)。这个语系的语言有声调系统,语序和虚词是重要的语法手段,大多数语言有丰富的量词。

汉语是联合国 6 种法定工作语言之一(其他是英语、法语、俄语、西班牙语、阿拉伯语)。

汉语是这个语系中最主要的语言。除了汉民族使用以外,回族、满族、畲族也通用汉语。其他少数民族也把汉语作为第二语言。在国外,新加坡、马来西亚等地也有不少人使用汉语。

拿汉语跟英语(属印欧语系,使用范围最广泛的语言)相比较,汉语有下列特点:

(一) 缺少严格意义的形态变化

所谓形态变化(morphological change)是指语言单位在不同的结构关系中产生的变化。一种是同一个词的变化。例如英语的 book 和 books 属同一个词,形式不同表示与别的词组合时有不同的要求。又如英语的 go、goes、going、went、gone 也是同一个词,形式的差别与语法结构有关。另一种是词形变化改变了词性,如 teach、work、fight 接上-er,由动词变成了名词,又如 care、beauty 是名词,接 ful 变成了形容词,再接上 ly,变成了副词。以上两种变化都是内部的形态变化。英语的动词表示过去时,大都改变动词原形,如 work-worked、drive-drove、blow-blew,这是内部变化。将来式在原形动词前边加 will 或 shall,这就属外部形态了。外部形态是用虚词表示的。用虚词表示的语法关系,在汉语里并不罕见。至于内部形态,用加头

或接尾的形式改变词性,汉语里是有的。例如:

可＋动词→形容词

爱→可爱　　　　信→可信

靠→可靠　　　　笑→可笑

怕→可怕　　　　恨→可恨

动词＋头→名词

盼→盼头　　　　来→来头

想→想头　　　　奔→奔头

汉语缺少的是上述第一种词形变化,即严格意义的形态变化。由于这一特点,汉语语法结构反映出不同于英语等印欧系语言。如动词充当述语与充当主宾语在形式上没有区别:

他在海边游泳。

游泳是一种很好的运动。

我喜欢游泳。

后边两句也可以扩展成为:

在海边游泳是一种很好的运动。

我喜欢在海边游泳。

在汉语里,名词可以直接修饰动词。例如"庶民子来"(孟子《梁惠王上》)"豕人立而啼"(《左传·庄公八年》),这是古汉语。"电话联系"、"小组讨论"、"直线上升"、"热水洗澡"、"义务劳动",这是现代汉语,都属常见。

(二) 短语的语序比较固定

在汉语里,定语和状语总是前置于中心语的。英语的修饰语,有前置的,也有后置的。英语的单词作定语通常放在名词之前,也有放在后边的。短语和从句作定语则放在名词之后。状语也是有前置的,有后置的。把英语译成汉语,修饰语须一律前置。例如"the structure of languages"是"语言的结构","the object in teaching grammar"是"语法教学的目的","bought the book for reference"是"为了参考买这本书",如此等等。

此外,汉语里的主谓短语、述宾短语、述补短语的语序也是固定的。短语用作句子,由于主观表达的需要,句子的语序就比较灵活了。于是出现谓语在前、主语在后,中心语在前、修饰语在后等等现象。

汉语包括古汉语和现代汉语。古汉语只保留在文献当中,现代汉语除了书面语之外,还有口语。

古汉语包括文言和古白话。文言是周秦时代的书面语,它是当时口语的加工形式。口语是在不断发展变化的,按理说,以口语为基础的书面语也应该平行前进。可是由于历代统治者的提倡,书面语要以周秦时的文献为典范,于是从周秦到"五四"时期,两千多年来文言一直占统治地位。所以,一讲到古汉语,人们都想到文言。当然,不同时期的文言,或多或少会受到当时口语的影响,特别是词语的掺杂。不过,文言的基本格局并未改变。记录周秦以后的口语的文献,我们能见到的有唐代的说唱体文学作品变文,这是清光绪年间在敦煌石室中发现的。宋代的平话(明清以后称为评话),讲说的大多为历史小说故事。留传最广、影响最大的要算用白话写的《水浒传》(元末明初人施耐庵或罗贯中著)、《西游记》(明吴承恩作)、《儒林外史》(清吴敬梓作)、《红楼梦》(清曹雪芹作)等长篇小说了。这些古白话也称之为近代汉语。

四、现代汉语

现代汉语有广狭两种含义。狭义的现代汉语指汉民族的共同语,即普通话。广义的现代汉语还包括汉语的各种方言。

汉语的方言很复杂,一个小县城的南北居民可能口音不尽相同。可是,抓住一些重要的特点的异同,大体可以分为几个大方言区。它们的基本词汇和语法结构差别不大,语音方面却各有特点。下边介绍几个大方言区。

(一)北方方言区

北方话是汉民族共同语的基础方言,这是长期历史发展的结果。北方话区域包括长江以北地区、长江南岸的九江以东镇江以西沿江地带、湖北(不包括东南角)和湖南西北角,还有四川、云南、贵州以及广西西北部,占汉语地区四分之三。使用人口约有 7 亿,占汉族总人口百分之七十以上。方言区内部,词汇大同小异,语法基本上是一致的,语音差异较多,但有规律可寻。从哈尔滨到昆明,直线距离约 3200 公里,从南京到酒泉,直线距离约2000 公里,其间各处的人通话都没有困难。在这么广大的范围内,语言能如此一致,世界上是罕见的。

(二)吴方言区

吴方言也叫江浙话或下江话,以上海话为代表。分布在江苏省长江以南镇江以东部分(不包括镇江),江苏省长江以北海门、启东、靖江以及南通东郊部分地区,浙江大部分地区。使用人口 8000 多万,约占汉族总人口的百分之八点四。

（三）湘方言区

湘方言也称湖南话,以长沙话为代表。分布在湖南省大部分地区以及广西壮族自治区北部少数几个县。使用人口约 5000 万,占汉族总人口的百分之五。

（四）赣方言区

赣方言也叫江西话,以南昌话为代表。分布在江西省中部和北部,湖北省东南一带。使用人口 2000 多万,约占汉族总人口的百分之二点四。

（五）客家方言

客家方言是古代北方动乱时人民迁移南方而形成的方言,以广东梅县话为代表。分布在广东、广西、福建、台湾、江西等省的部分地区,湖南、四川等省的少数地区。广东东部北部和福建西部、江西南部相连的地方是主要分布地区。使用人口约 4000 万,约占汉族总人口的百分之四。

（六）粤方言区

粤方言也叫广东话,以广州话为代表。分布在广东、广西、香港、澳门。华侨和华裔有很多人是说粤语的。使用人口 5000 多万,约占汉族总人口的百分之五。

（七）闽方言区

闽方言分布在福建省,广东省东部的潮州、汕头一带,海南岛和台湾省的大部分地区。华侨和华裔有不少人是说闽方言的。闽方言内部分歧较大,可分为五个次方言。闽南方言,以厦门语为代表;闽东方言,以福州话为代表;闽北方言,以建瓯话为代表;闽中方言,以永安话为代表;莆仙方言,以莆田话为代表。闽方言的使用人口 4000 多万,约占汉族总人口的百分之四点二。

方言和民族共同语并不是并立的,民族共同语是在方言的基础上加工的,它是高于方言的形式。共同语为全民服务,方言只不过是共同语的地域变体。

一个民族必定有共同的语言。汉民族有几千年的历史,古代的方言比现代更为复杂,它的共同语是怎样的呢?先秦时代有所谓雅言。《论语·述而》中曾记载:"子所雅言,《诗》、《书》、执礼,皆雅言也。"这里是说,孔子说的话有方言(山东话),有雅言。雅言就是《诗经》、《书经》以及赞礼时用的语言。不难理解,雅言是书面语。到了汉代,有所谓通语。什么是通语?例如扬雄在《方言》中说:"秦曰娥,宋魏之间谓之嬴……赵魏燕代之间曰姝,或曰,自关而西秦晋之故都曰妍。好,其通语也。"这就是说,用上"好",各地方言区的人都能懂。至于"好"的读音,各地区可以按方音诵读。以书面语作为共同语的标准,而这种书面语在语音上能包容方言的差异,因此在长期的历史过程中,对维护民族的凝聚力起了很大的作用。秦汉时期的雅言和通语,无论如何,跟口语还是比较接近的。语言在不断发展,文言不能跟口语相应变化,懂的人愈来愈少,那就不能成为通语了。民族共同语必须适合广大群众的需要,唐代末年(公元9世纪)出现了古白话,以后不断发展,出现许多有影响的作品,这就为新的民族共同语的形成创造了条件。值得注意的是:明清以来用白话写的闻名世界的文学作品如《水浒传》、《西游记》、《儒林外史》、《红楼梦》等虽然带有一些方言色彩,但都属北方话的范围。

汉民族共同语的口语形式是元代才开始形成的。元明清三代,北京一直是全国政治、经济、文化的中心。各地到北京求官的、经商的、赶考的络绎不绝。公用的口语日渐通行,这就是当时所称的"官话"。全国少数民族中也有很多人到了北京,学习汉语,也就是学习北京官话。明代初年朝鲜人为学习汉语编写的会话手册《老乞大》、《朴事通》,记录的都是北京口语,说明外国人也认定北京语是汉语口语的代表。

一方面是白话文学作品的广泛流传,一方面是北京口语的深远影响,促使了现代汉民族共同语的发展,"五四"运动时期提倡的"白话文运动"、"国语运动"正是这一趋势的具体表现。这两个运动互相推动,使书面语接近口语,使口语有了明确的规范,于是形成了通行的普通话。台湾称之为国语,新加坡等地称之为华文。

为了使普通话的规范更加明确,1955年中国科学院哲学社会科学部召开了"现代汉语规范问题学术会议",讨论了普通话的规范。普通话以北京语音为标准音,以北方话为基础方言,以典范的现代白话文著作为语法规范。

以北京语音为标准音是指以北京语音系统为标准,不是认为北京人说的话都是标准的,北京话的土音不包括在内。例如有些老北京把"告诉你"说成"告你",把"论"(lùn)念成了"nìn"。还有许多儿化韵,在普通话当中是不用的,如"侯宝林儿"、"舒心儿"、"光景儿"等等。

词汇不像语音,不能以北京一个地方的用例为标准。事实上北方广大地区的通用词,在全国各地都是通用的。

所谓典范的现代白话文著作指流传范围广、影响大、为群众所赞许的现代白话文作品,不限于文学著作,也包括论文之类。值得注意的是:典范的作品中除了公用的语言成分之外,也常常掺有少量的非公用成分。这些非公用成分往往是为了修辞的需要临时创造的。在具体的作品中,有存在的价值,但不能当作公用成分来使用。一般的词典不会收入这类成分。例如"籍"、表示个人的隶属关系,有"国籍"、"学籍"、"户籍"之类,毛泽东著作中有"球籍",这就属非公用成分,指的是隶属于地球上的人。

五、现代汉语的规范化和现代化

语言的规范化要解决的是两个问题,一个是规范不明确的问题,一个是规范不普及的问题。

普通话的语音标准、基础方言、语法规范已经明确了,但是其中还有许多具体问题须进行研究,使规范明确。例如:

有些词的读音不统一,必须加以规范。例如"从"原来有两个读音,"从容"的"从"读 cōng,其余场合(如"从前"、"从来"、"从新"、"从速"等)都读 cóng。可是把所有的"从"都读成 cóng 的愈来愈多了。1985 年公布的《普通话异读词审音表》照顾多数人的语言习惯,规定统一读 cóng 了。又如"呆",原来也有两个读音,"呆板"的"呆"读 ái,"呆子"、"呆气"、"目瞪口呆"中的"呆"读 dāi。也有人不这么区分。审音表规定统一读 dāi。再如"暴"(曝),有两读,即 bào 和 pù,而"曝光"中的"曝"有人读 pù,有人读 bào,如今规定读 bào 了。诸如此类的问题,都须通过法令,使人们遵守规范。

词汇的规范问题主要表现在吸收和创造新词方面。

对于新出现的词语,有人认为存在的就是合理的,有人主张让时间去筛选。如果这样,就不必进行规范化工作了。规范化工作正是要研究语言中的新成分,提出合乎实际的倾向性建议,促使语言向健康方面发展。例如计量单位的用词曾经十分混乱。像表示长度的"糎"、"公分"、"厘米"所指相同,并存不利于社会经济的发展。在讨论中有人认为"糎"占的篇幅小,宜采用。有人认为"公分"有个"公"字,能体现通用的特点。专家经过广泛调查,全面考虑计量单位系统,选取了"厘米"作为法定单位。

社会迅速发展,词汇不断丰富,大量吸收外来词和方言词是必然的趋势。其中有许多规范问题值得探讨。对待新的词语,口语和书面语有不同的要求。口语的要求可以宽一些,书面语应该谨慎一些。比如公文,要求最严格,不能使用尚未通行的词语。报纸面对广大群众,语言有示范作用,最忌以猎奇取悦读者。至于文艺创作,为了塑造人物形象,特意使用不规范的词语,那当属另一回事。

　　语法上常常因为出一些新的格式,引起争议。例如"除非"这个词,在唐代已经出现。用法相当于"只有"。张相《诗词曲语辞汇释》中有不少例证。"五四"时期人们把英语的 unless 译作"除非"。比如"unless it rains, the game will be played"译作"除非下雨,比赛将照常进行"。这里的"除非"就不能当"只有"讲了。吕叔湘在《语法学习》中说:"'除非'原来就只当'只有'讲,到了现代才有人照字面解释成'倘若……不'",情况的确如此。"除非"当"如果不"的用法已经屡见不鲜了。是承认两种用法都合语法,还是主张只有原来的用法正确呢?许多语文工作者希望有明确的回答。词典起规范的作用,所以对待争议的问题总是十分郑重的。一般词典只说明"除非"当"只有"讲,没有指出它又相当于"如果不"。"除非"的用法问题,在"五四"时期胡适就提出来了(见《胡适文存》三集之四),此后不少人写过文章发表意见。经过大半个世纪的语言实践,是可以下结论了。语法规范的滞后,各国皆然,如英语用"It is I"与用"It is me"的问题也是如此。

　　当然,由于具体的语法现象往往与许多结构有牵连,通常须等待时间的考验。语言理论的指导与语言实践的调查是规范化的必要条件,所以应该加强这方面的工作,同时也应该注意到:语法规范也并不意味着任何问题都须一刀切来解决。例如"的"和"地"的分合,有不同意见,在实践中,有人(如老舍)一律用"的",并未妨碍文意的表达,应当认可。大多数人主张"的"和"地"分工,也自有理由。既然是分工,当然要遵守一定的规则。

　　语言规范化包括共同语普遍化,书面语口语化,文字标准化以及各项标准的明确化,所有这些措施,都是为了使语言这一工具能发挥它的最大作用,为建设现代化国家服务。为了这个目的,还必须使语言文字信息处理电脑化。也就是说,要电脑懂得汉语。

　　1956 年我国已经把机器翻译列入国家科学研究工作项目,"文革"期间,研究中断。70 年代末引入了计算语言的新理论,在理论和实践上进行探索。80 年代工作开展很快,机器翻译、人机对话迈向了实用的阶段。在信息检索和建立词库方面已经取得了明显的成绩。自然语言的理解,在特定的范围内也获得成效,进一步的工作是扩大研究范围,以实现大规模文本的处理。

　　信息科学将改变人类的生产方式和生活方式,将对人类的文化产生巨大的影响,也关系着一个国家和民族的兴衰。信息技术十分复杂,然而它的前提可以用一个简单的命题来概括,那就是语言文字的规范化。文字记录语言,使口语成为书面语。语言的规范化当然也包括文字的规范化。

我国幅员广大,语言纷歧,文字的使用情况也十分复杂。为了加速社会主义经济建设,尽快地改变各地发展不平衡的情况,必须用法律形式推广普通话,规范社会用字。2000 年 10 月国家颁布了《中华人民共和国国家通用语言文字法》,于 2001 年开始施行,这个法有下列特点:

第一,这个法调整的是政府行为和社会公共行为,不是个人的语言文字行为。国家机关、学校、出版社、电台、电视台使用语言文字,公共设施、商品广告所用语言文字,都必须遵守规范。个人的言语行为不予干涉。

第二,重申各民族都有使用和发展自己的语言文字的自由。同时还规定可以保留和使用繁体字的范围。

第三,在法律责任方面,以教育、倡导为主,批评、处罚为辅。最重的处罚是予以警告,并限期改正。这就与其他许多强制性法律有所不同。

六、语言分析

语言分析中常用的方法是划分(assignation)和切分(dividing)。划分是把大类分成小类,切分是把整体分成部分。寻找划分出的类与切分出的类之间的对应关系,这是传统语言学最关注的课题。例如语音,把音素分成元音和辅音,这是划分。把音节分成声和韵,再把韵分成韵头、韵腹、韵尾,这是切分。元音、辅音与声韵有确定的关系。又如词汇,语素可以分为虚素、实素(或定位语素与不定位语素),这是划分。词可以分出词根和词缀,词缀又可分为前缀、中缀、后缀,这是切分。虚素、实素与词根、词缀之间也有固定的联系。再如语法,把词分为实词和虚词,再分出名词、动词、形容词等等,这是划分。把句子分出主语、述语、宾语等等,这是切分。词类与句子成分之间的关系比较复杂,但是有规律可循。如何描写这种规律,正是语法界经常讨论的问题。

从原则上讲,划分应该要求小类之和与大类的范围相等。比如词类,每一个词都应该具有词性,不属于甲类,就是属于乙类。可是事实上很难百分之百地做到。也就是说,划分的对象有的被遗漏了。由于事物的复杂性与主观条件的限制,有时这种遗漏是难免的,词的分类就是如此。例如"行不行?"中的"行","成不成?"中的"成",以及"在望"、"万岁"等少数词,很难纳入现有的词类当中,补救的方法是对这少数词作功能描写,指出它们可以充当什么成分(如作谓语),不必勉强塞进某一词类之中。

　　于20世纪20年代开始形成并于30年代成为流派的结构主义语言学为了描写陌生的语言,特别是一些没有文字的语言,采取了一套新的分析方法。后来美国结构主义学者把这套方法运用于英语分析,就出现了描写语言学派,这些方法主要是:

　　替换法(substitution)。用已知语言单位去替换较大结构中的成分,说明被替换的成分在那个结构中属于结构构成的单位。也用来说明替换的单位与被替换的单位的功能相同,前提是不能改变原有的结构框架。

　　分布分析法(distribution)。根据语言单位可能出现的语言环境或上下文作为分类的依据。

　　直接成分分析法(immediate constituent analysis,简称ICA),也称为层次分析法。把较复杂的结构切分出组成部分,一般采取二分,有的也用多分。切出的两个(或几个)成分,称为直接成分。直接成分还可以进一步切分,依次切分,分析到基本单位为止。层次分析也可以采用从小到大的分析方法。汉语的语法分析,一般采取从大到小的方法,这样在分析时可以适可而止,而且避免了词与非词分界的纠缠。

　　变换分析法(transformation)。按照一定的规则把一个语言结构变成另一个语言结构。常用来说明句与句之间的关系。如把主动句变换成被动句,把陈述句变换成疑问句,等等。也用来说明歧义现象,分化同形结构。

　　使用传统的语言分析方法的同时,借用结构主义的方法,这是目前语法教学常常采取的策略。

七、描写与解释

　　传统语言学与结构主义语言学着重的都是语言结构的描写。如拉丁语法,教人们懂得名词的性、数、格的变化,动词的人称、数、时态的变化,形容词如何根据名词的特点变换形式,许多印欧语言都有类似的描写,结构主义语言学者把分析方法称为"发现程序"(discovery procedure),说明目的在"发现",而不在"解释"。传统语言学与结构主义语言学虽然都是描写的方法,但是它们的出发点不同,前者着眼于人们熟悉言语行为,以规律去规定语言习惯;后者着眼于言语资料,要从习惯中去发现规律。

　　着重解释的是19世纪兴起的历史比较语言学。这种语言学用亲属语言或方言作材料,从比较中探求语言的发展情况,借以解释某些语言现象。

例如现代汉语中有许多名词的结构是"小名＋大名",如"松树"、"鲤鱼"、"湘江"等,也包括"姓(名)＋职务",如"李校长"、"王书记"、"张主任"等。可是古汉语中有许多相反的情况。"大名＋小名"的如"虫蝗"、"草芥"、"禽犊"(禽为鸟兽的总称),"职务＋人名"的如"史籀"、"匠石"、"史鱼"等。一查汉语的亲属语言,如傣语、壮语,这种结构的词很多。这种比较可以说明汉语和傣语、壮语是亲属语言,也可以解释现代汉语中为什么有"虫蚁"之类的说法。

50 年代兴起的转换生成语法也是解释性的。不过,它解释的不是语言现象,而是语言能力。人们为什么能说出从来没有听到过的句子? 它认为人们说出的句子千差万别,都是由一定的规则生成的。它认为有一种全人类的普遍语法,存在于人们的头脑中。不同的语言的句子有不同的构造,这是普遍语法的不同的转换的结果,这种语法运用于电脑的信息处理、机器翻译和人机对话,有其合理的因素。正如乔姆斯基所说,他的语法不是为教学设计的。

从教学的要求来看,为了提高运用语言的能力,语言现象的描写固然不可缺少,而解释也是必要的。这就是说,不但要说明是什么,在某些情况下,而且要说明为什么。例如:

1. 客来了。("客"是定指)

来客了。("客"是不定指)

客走了。("客"是定指)

走客了。(没有这种说法)

"走客了"不能说,因为这个格式里的"客"是不定指的。客人来了以后再走,这里的"客"不可能是不定指的。这是事理方面的解释。

2. 你知道他是什么地方的人吗? (可以用"是"或"不是"回答)

你知道他是什么地方的人呢? (不能用"是"或"不是"回答,必须回答某个地方)

前边一句用"吗",属是非问,疑问点在"知道"。把句子加以简缩,就成为"你知道吗?"后面一句用"呢",属特指问,疑问点在"什么"。回答时要针对"什么"加以指明。前边一句的"什么"是虚指用法。这是从语法上加以解释。

3. 张老三是谁? (主语是"张老三")

谁是张老三? (主语是"谁")

语序的差别,这是结构上易见的。这两句都属于"A 是 B"这种格式。这种格式中的 B 可以等于 A,如"北京是中国的首都";也可以大于 A,如"北京是大城市"。前边一句的疑问点在 B,可以回答"张老三是他"(A ＝ B),也可以回答"张老三是一位工人"(A ＜ B)。后边一句的疑问点在 A,只能回答"他是张老三"、"坐在那里的是张老三"等等,因为 B 已经确指一个人,A 不能小于 B。这是从逻辑方面加以解释。

　　上边的例 1 是从正误方面加以解释的,例 2 和例 3 是从同异方面加以解释。从正误方面作解释也常用于纠正错别字。例如"计日程功"中的"程"有人误作"成",这是不了解"程"的含义的缘故。程,古代度量衡的总称,这里是"计算"的意思。也用于纠正读音的错误。例如"……似的"中的"似",有些人念作 sì,应该念 shì。"似的"这个词在近代汉语中常见,原来写作"是的"。懂得这里的"似"原来作"是",就不会念 sì 了。

　　规律的描写固然重要,恰当的解释更能帮助人们深入理解。当然,离开了描写也就谈不上解释。

八、语言的发展变化

　　语言是开放性系统。

　　任何系统都是由许多元素(或单位)组成,但它不是所包含的元素的简单的总和,而是组成成分之间复杂联系的体系。系统可以分为封闭性系统和开放性系统。封闭性系统的特点是外部环境不影响内部结构,内部成分的更换也不改变结构关系。例如一架机器就是一个封闭系统,机器搁在任何地方,它的结构不会改变。换了零件也不会改变内部关系。开放性系统恰好相反。外部因素可以使系统内部结构发生变化。内部结构也不是永不改变的,在发展过程中,常常产生中间现象。语言系统就是如此。

　　语言是随着社会的发展而发展的。语言的各种要素的发展是不平衡的,大体说来,词汇的发展最快,包括旧词的隐匿,新词的增加,词义的改变。"五四"时期和今天的改革开放时期是词汇发展最明显的时期,几乎每个人都会有所察觉。语音的变化比较慢一些,通常从历史资料和方言中可以找到发展变化的迹象。例如唐代诗人李益有一首《江南曲》:

　　　　嫁得瞿塘贾,朝朝误妾期。
　　　　早知潮有信,嫁与弄潮儿。

照今天的念法,"期"与"儿"不能押韵,可是古代的"儿"的读音近似普通话的"尼"。有些方言(如上海话)中"儿"的读法保留了古音。此外形声字"倪"、

"霓"都读若"尼",也可作证明。

　　语法结构也是比较稳定的。现代汉语句子的一些基本结构在上古文献中已经存在。当然也不是没有变化。例如"五四"时期,由于受外来语的影响,出现一些新的结构形式和用法。古汉语不用长的复杂的修饰语,多用短语。"五四"新文学中的修饰语,特别是定语,长达几十字甚至上百字的并不罕见。此外如几个动词共一个宾语(完成并超额完成任务)、几个状语共一个中心语(能够而且必定能够完成任务)都是新兴的格式。在词语的用法方面,如人称代词第三人称出现"他"与"她"的分工,"那"分化为"那"(nà)与"哪"(nǎ)。"的"与"地"用法的区分,都被广泛使用。当然,新兴的用法也有不切合需要的,如提倡用"底"表示领属关系,区别于"的",后来被淘汰了。

　　语言发展中新的格式或用法,有的是先出现在口语中,然后推广到书面语的。例如英语 cool 除了表示凉快的意思之外,还可以表示"妙极了"。香港等地常在汉语中夹用 cool,称赞别人的打扮、衣着。后来文字中间用"酷"表示这种用法,也推广到内地。有的是先出现在书面语中,然而推广到口语的。许多科学术语如"硅谷"、"激光"、"条码"、"赤潮"等。有些非科学术语,也是先出现在文件中,例如"按揭"、"促销"、"下岗"、"扫黄"之类。书面语出现的形式,口语里不一定出现,例如"您们"。这种形式往往易引起争议。

　　语言在发展过程中,有时会出现中间现象。如语素,有实素、虚素之分。实素在结构中的位置不固定,或在别的语素之前,或在别的语素之后。如"人"是实素,可以组成"人民"、"人力"、"人权"等。也可以组成"工人"、"老人"、"友人"之类。又如念轻声的"子"是虚素,它只出现在实素后边,如"盘子"、"本子"、"胖子"、"推子"等等,这里的"子"是构词虚素,或称之为词缀。词缀构成新词,归属一定的类别。虚语素也有独立成词的,这就是虚词。虚词也是定位的,如"把"、"被"等介词与别的词组合时,总是前置,所以又称为前置词。"呢"、"吗"、"吧"等语气词则永远出现在句子末尾或句中停顿处。大体来说,实语素的意义比较实在,可以用来指称事物、行为或现象。虚语素的意义比较空灵,只有与别的语言单位相结合,才能显示它的含义。

　　可是虚与实是个相对的概念,许多虚语素由实语素逐渐演变而来。例如"把",原来是动词,后来才演变为介词。今天人们认定"把"是介词的同时,偶尔也出现"把关"、"把门"等,这种旧用法残余的现象在语言中并不是罕见的。又如"员",在古汉语是名词兼量词。作为名词,表示数额,这种用法保留在"定员"、"裁员"、"满员"之中。作为量词,相当于"个",我们可以说"一员战将"。此外,"兵员"、"人员"的结构与"银两"、"船只"之类相同,其中的"员"是量素,接在名素后边构成泛指的名词,常见的"员"是作为名词的后缀的:

　　　成员　　　委员　　　译员　　　病员　　　教员
　　　雇员　　　随员　　　学员　　　运动员
　　　研究员　　指挥员　　营业员　　管理员
　　　邮递员　　通讯员

单从意义上看,这里的"员"不怎么虚。为什么当作后缀?因为它附着在别的语素后边,构成新词,归属一定的类别(名词),而且能产性很强,这正是现代词缀的特点。

　　在汉语发展过程中,古汉语中的一些单音词变成现代汉语的构词成分了。在不同的词当中,这种构词成分的情况并不完全一样。有的保留了古义,有的改变了意义,衍生出新的功能。

　　语言结构是有规律可寻的,然而语言的发展受许多因素的影响,除了一般规律,也常有特殊现象。例如动词前边可以加"不",表示否定。这是一般规律。动词"有"的否定形式是加"没",而不是加"不",这是特殊现象。数词"两"只表示基数,不表示序数,这是一般用法。"两点钟"中的"两"表示的是次序,不同于"两个钟头",这属例外。用"叟"作声旁的字如"嫂"(sǎo)、搜、馊、溲(sōu),声母念 s。但是"瘦"念 shòu,声母是 sh,这是例外。用"师"作声旁的字如"狮"(shī)、"筛"(shāi),声母念 sh。但"蛳"念 sī。这也属特例。

九、语言学习

　　每个人从小时候开始学习语言,总是在特定的语言环境中学习。最原始的学习方式是模仿。模仿中不免出现差错,因而不能达到使用语言的目的(例如小孩对他父母提出某种要求),于是加以改正。这就是"试误"(trial and error)的过程。语言学习也常通过领悟(insight),比如类推。领悟中也可能出现差错,例如学会了形容词的重叠形式,类推出"漂漂亮亮"的同时,出现了"美美丽丽"。试误与领悟总是交织在一起,使学习不断长进,从中掌握规律。

　　人们在使用语言的过程中,总在不断总结经验,知道什么是对的,什么是错的。不过这种规律的掌握,通常是不自觉的,许多作家就是如此。在判

别正误时,不自觉与自觉不一样。前一种情况好比身体不舒服,凭经验用手
摸摸脑袋,判断是不是发烧了。后一种情况好比有了体温计,测量体温有了
个明确的依据。这就是说,学习一些语言学知识,掌握一些有关语言的理论
和方法,对许多语言现象不但知其然,更可以知其所以然。例如《汉语拼音
方案》使用 y 和 w,有时要"加"有时要"改",有一定的规则,这属于"是什
么"。至于说明原因,这属于"为什么",知道"为什么",更能使知识深化。又
如"他没有病"是个有歧义的句子,为了说明歧义,把它转换成肯定句,出现
"他有病"和"他病了"两个句子。方法的使用也为理解提供帮助。

　　学习现代汉语知识也不仅仅是为了掌握现代汉语。对学习古汉语,学
习普通语言学,学习与语言有关的学科(如逻辑学、心理学、符号学、信息论
等)都十分必要。至于语言科学与文学的关系,更是不言而喻。

　　任何科学都有一套术语。掌握术语最重要的是把术语放在科学系统
中,从整个系统的结构关系去理解。切不能望文生义。银河不是河,鲸也不
是鱼。重要的是了解术语的实质。不同的系统使用的术语往往不尽相同,
有的是名同而实异,有的是名异而实同,这都须仔细辨别。值得注意的是,
术语尽管不同,语言事实并不能改变。例如:

　　　　家里来了客人。

有些语法书把"家里"当作主语,而"客人"是宾语,有些语法把"家里"当作状
语,而"客人"是主语。这是术语的差异。"客人"是"来了"的施事,是这个句
子反映的事实。不管如何分析,必须说明客观语言事实。

思考题

　　1. 符号包括能指与所指。同样的物质形式可以作为不同事物的能指,
同样的事物可以用不同的物质形式作为所指。请举例说明。

　　2. 语言符号的能指与所指之间的联系不是必然的,带有任意性。为什
么这种联系既经确定之后不能随意改变?

　　3. 语言符号是声音与意义的结合。在书面用语(书写的语言)中,除了
语言符号之外,还有非语言符号,请举例说明。

　　4. 有人认为英语、法语、德语的语言文字是表音文字,汉语是表意文
字。你如何理解表音与表意的区别?

　　5. 有人认为词与词的搭配关系,即哪些词能跟哪些词组合,不能跟哪

些词组合,也是一种形态,即所谓广义形态,例如数量短语与名词的结合。看来,形态包括:构形形态(严格意义的形态)、构词形态、用虚词表示的外部形态、广义形态。你认为现代汉语有哪几种形态,请举例说明。

6. 语言的口头表达形式与书面表达形式并不是完全可以对应的。有些口语不出现在书面语中,有些书面用语不宜用口语表达。你能举例说明吗?

7. 拿文言和现代汉语相比较,有一类词完全改变了,那就是语气词。为什么会出现这种情况? 请加以解释。

8. 现代的戏曲(如京剧、昆曲)中保留了一些近代汉语的词语,你能举例说明吗?

9. 人们为了使用语言的方便,常常把一些较长的词语加以简缩,于是一些印欧系语言出现了许多缩写,而汉语则出现了许多简称。为什么采取的方法不一样?

10. 有人说,拼音文字十分简单,只须二十几个字母就能记录口语。汉语就须几千个文字才能把说的话写下来。这样比较合理吗? 为什么?

第一章 语　音

第一节　语　音　概　说

一、语音的特点

人与人之间进行交际,相互沟通思想感情主要依靠语言,而语言又是通过语音来实现的。语音是语言的物质外壳,它是人类发音器官发出来的具有一定意义的声音。

同是从人类发音器官发出来的一些声音,如果它不包含什么意义就不能称为语音,例如咳嗽。

各种语种都有它特有的语音系统。汉语除作为民族共同语的普通话以外,还有多种不同的方言,它们也同样具有自己的语音系统。我们学习普通话语音就是要学习普通话的语音系统以及它的内部结构规律,同时我们也要学习一点汉语演变发展的历史,了解一些主要方言,尤其是自己方言的语音特点。

二、语音的性质

语音的性质有三个方面:

(一) 语音的物理性质

各种物体的振动,使空气产生疏密波,音波传播到人的耳中,振动鼓膜,人就能听到各种声音。声音的种种差异,是由音高、音强、音长和音色四个基本要素决定的。

1. 音高

音高是声音的高低。在一定时间里发音体振动的次数有多少的区别,振动次数多(频率高),发出的声音就高;振动次数少(频率低),发出的声音就低。物体有大小、长短、松紧的不同,在同一时间里,凡大的、长的、松的东西振动得慢,振动的次数少,发音就低;小的、短的、紧的东西振动得快,振动的次数多,发音就高。人类发音的高低与声带振动的快慢、次数有关系,一般是男人的声带比女人的声带长而厚,所以男人的声音比女人低沉一些,老人的声带比较松弛,所以不论男女到老年时声音都比年轻时显得低沉、粗哑。同一个人发音有高有低,这是由于我们发音时随着感情和说话环境的需要,可以把声带拉紧或放松,这样发出的声音就有高低的区别了。

在具体语言里我们最能体会语音音高变化的是汉语的声调。不论方言或普通话语音,各类声调都有高低升降的变化。声调是"相对音高"的变化,而非"绝对音高"的变化。以普通话语音的四种声调来说:

阴平是一种高而平的调子,发音时自始至终声带保持同样的松紧程度,音高没有变化,如:mā(妈)。

阳平是一种由中度升到最高度的调子,发音时声带由半松拉到最紧程度,音高由半高往上升到最高,如:má(麻)。

上声是一种由半低降到最低又往上升到半高,呈曲折型的调子,发音开始时声带就比较松,接着再放松到最低,然后拉紧到比阳平的收音略松一点的程度,音高由半低降到最低,再往上升到半高,显示出曲折的调型,如:mǎ(马)。

去声是一种由最高降到最低的调子,发音时声带由紧放松,音高由最高下降到最低,如:mà(骂)。

2. 音强

音强是声音的强弱,也叫音势或音量。同一个发音体发出的声音有强有弱,这是因为发音体发声时音波振动的幅度有大小,音波的振幅大,声音就强,俗称声音响;音波的振幅小,声音就弱,俗称声音轻。同是击鼓,击得重,产生的音波振幅大,声音就响;击得轻,产生的音波振幅小,声音就轻。人类发音时用力大,呼出的气流冲击发音器官的力量强,形成的音波振幅大,声音就强;用力小,呼出的气流冲击发音器官的力量弱,形成的音波振幅小,声音就弱。例如普通话语音里一般不读轻声的音节和读轻声的音节发音时呼出的气流也有强弱的不同,所以我们读"园子"yuán zi 和"原子"yuán zǐ,同一个"子",前者声音弱一点,这是作为词缀的轻声音节,后者声音强一点,这是有具体意义的非轻声音节。

3. 音长

音长是声音的长短,它决定于发音体振动音波持续时间的长短,持续的时间长,声音就长,反之声音就短。单元音可以延长发音,辅音多数不能延长发音,所以发元音比发辅音音长,而辅音中的鼻音和擦音的本音也可以延长,所以发鼻辅音和擦音就比发其他辅音音长。又如吴语及有些方言中的入声字,由于它们的韵母后面带有一个喉部的塞音韵尾[ʔ],使它的发音短促不能延长,同是"热烈"rè liè 这个词用普通话语音读声音就长,用吴语读声音就短促,因为这两个音节都是入声。

4. 音色

音色也叫音质,是声音的个性。音波振动的形式不同,产生不同的音色。各种乐器合奏同一支曲调时,我们可以分辨出它们各自的音色,因为它们的发音体不相同,如长笛、喇叭和小提琴各有不同的音色;长笛和喇叭都是吹奏的,它们的发音方法相似,但是它们的共鸣器完全不同,因此音色并不一样;同是小提琴的演奏,可以用弓拉弦,也可以用手指弹拨,它们的发音方法不同,虽然共鸣器没有变化,而发出的音波形式并不相同,所以人们可以辨认出小提琴演奏中不同的音色。不同音色的产生就由于以上三种不同的条件。当几个熟人在讲话时,我们可以辨别这是某人的声音,那又是某人声音,因为每个人的音色都不相同,这是由于人们的发音器官、口腔、鼻腔的形状大小,声带的长短、厚薄、粗细都不会完全相同,所以每个人都具有他自己的音色。同一个人在不同时间里发同一个音也可以因发音的环境不同选择发音方式而改变音色。

(二) 语音的生理性质

人类的发音器官可以分为三个部分:呼吸器官、发声器官、共鸣器官。

呼吸器官包括肺和气管。肺的呼吸作用形成的气流是发声的动力,气流量的大小决定声音的强弱。

喉头中的声带是发声器官。

共鸣器官包括口腔和鼻腔。

声带位于喉头里面,是两条有韧性的肌肉带子,它的一端连结着甲状软骨,另一端和两块杓状软骨相连结,声带中间是声门,可以打开或闭合。当人们呼吸和发噪音时,声门打开,气流可以自由地通过呼出;发乐音和说话时声门闭合,两条声带靠近,中间留有一条窄缝,气流通过必须从声门的窄缝里挤出,使声带受到振动,造成音波发出响亮的声音。

声带活动示意图

1. 杓状软骨 2. 声带 3. 声门   呼吸及发噪音时   发乐音时

气流振动声带发出音波后所以能形成各种不同的声音,是由于气流在口腔、鼻腔里会产生各种共鸣。气流在口腔里受到发音器官各种活动的调节,可以发出各种不同的声音。口腔部分的舌头、软腭、上下唇都活动灵活、频繁,硬腭、上下门齿部分虽不能活动,但由于舌头和它们相接触、相接近的各种活动,可以产生许多不同的声音。气流在口腔活动产生共鸣而发出的声音称为"口音"。鼻腔是一个固定的共鸣腔,它和口腔相接的软腭和小舌都可以上下升降活动,当它们下降时气流被挡住流向口腔的通道,改从鼻腔产生共鸣而呼出,这种声音称为"鼻音"。

发音器官示意图

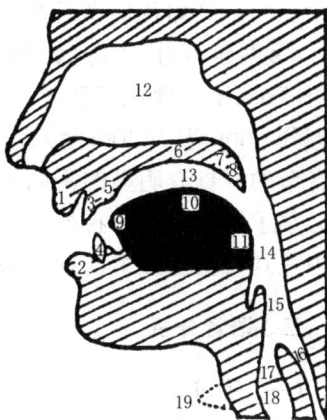

1. 上唇 2. 下唇 3. 上齿 4. 下齿
5. 齿龈 6. 硬腭 7. 软腭 8. 小舌
9. 舌尖 10. 舌面 11. 舌根 12. 鼻腔
13. 口腔 14. 咽头 15. 会厌 16. 食道
17. 气管 18. 声带 19. 喉头

(三) 语音的社会性质

语音是一种社会现象。语音不同于其他声音,它是语义的载体,也就是说,语音有表义功能,这种功能是社会赋予的,语音的社会性主要表现为民族特征和地域特征。语音的民族特征可以从不同语言的比较中显示出来,拿汉语和英语相比,我们辅音中的塞音、塞擦音都有不送气音和送气音的区别,用它们作声母的音节表示的意义各不相同,如:bāo(包)和pāo(抛),dào(到)和tào(套),gǎo(搞)和kǎo(考)等,如果把前后两个音节的声母读错了,它们的意义就完全不同了。这种语音现象即使在汉语其他方言里也都一样,如吴语上海话[pɔ](包)和[p'ɔ](抛),[tɔ](到)和[t'ɔ](套)的声母也不能互换。但是我们可以发现英语的语音系统中虽然部分辅音也同样有送气音和不送气音的区别,但它们并没有区别意义的作用,在发音上有随意性,如start(出发)同是两个 t,前一个读不送气音[t],后一个读送气音[t'],又如 paper(纸)前一个 p 读送气音[p'],后一个却读不送气音[p]。另外一个特征是英语一个单词中辅音可以同时出现好几个,而且位置不固定,但汉语的辅音充当声母时一个音节只能有一个,而且位置固定在音节的开头,辅音作韵尾时也只能有一个处在音节的末尾。每个民族各地方使用的地方方言也有它们各自的社会特征,如上例塞音、塞擦音中汉语普通话及其他方言都有送气音和不送气音的区别,但有些方言中还有一组浊辅音,如吴语上海话[go](搞)和[k'ɔ](考)不同于普通话语音的 g 和 k 两个声母,"搞"的声母是浊辅音[g],这类浊辅音普通话语音是没有的。又如我们学习普通话语音的一个重要问题是要分辨 zh ch sh 和 z c s 两组声母,姓陈(chén)不能说姓岑(cén),但是多数方言只有 z c s 一组声母,所以姓"陈"和姓"岑"发音是一样的。汉语还有好几种方言不能区分 nán(南)和 lán(兰),这两个音节发音相混,但普通话语音里这两个音节的声母有明显的不同。所以研究语音除了了解它的民族特征外,还必须了解它的地方特征。在推广普通话实现语音规范化、标准化的工作中尤其要重视这个问题,要研究出汉语方言和普通话的对应关系。

三、语音分析

(一)音节

一句话是由许多个词连起来构成的,听起来则是一连串的语音流过,人们听感上最容易分辨出来的语音单位是一个个音节,也就是这一连串语流中最自然的语音单位。在汉语中一个音节用一个方块字记录,如:"国家推广普通话,推行规范汉字"这一连串的语音,我们可以清楚地听出来共有 13 个语音单位,也就是有 13 个音节,把它们书写下来是 13 个方块汉字。普通话语音里有一种特殊的现象,凡"儿化韵"音节如"玩儿"写下来是两个方块字,但读起来却是一个音节"wánr"。汉语有非常丰富的词汇,但用来表达的语音音节却只有 400 个左右,其中常用音节仅占三分之一弱。学习普通话语音最简易的方法是读准这 400 多个音节。

(二)音素

音节只是最自然的语音单位,在发音时只要把每个音节略为延长一些就不难分辨出它里面还有一些语音单位。音节并不是最小的语音单位,把它们进行分析,还可以分析出最小的语音单位音素。以"普通话"pǔ tōng huà 3 个音节为例,它们就可以分析成"p、u、t、o、ng、h、u、a"8 个音素。

少数音节可以只有一个音素,如:ā(阿),yī(衣)(y 不作为音素只是书写时使用,下文再介绍),多数音节有几个音素构成。一个音节至多只能有 4 个音素。普通话语音共有 32 个音素,可以分成元音和辅音两大类。

1. 元音

也称母音,发音时气流通过声门时要振动声带,发出响亮、清晰的声音。发元音时气流在口腔里不受到发音器官的阻碍,只受口腔的调节,所以呼出的气流比较弱。pǔ tōng huà 3 个音节所含有的 7 个不同的音素中"u、o、a"是元音。普通话语音 32 个音素中有 10 个元音音素。

2. 辅音

也称子音,发音时气流通过声门时多数不振动声带,发音不响亮,少数辅音发音时气流振动声带,声音比较响亮。不论振动声带与否,辅音发音时气流在口腔里都要受到发音器官的各种阻碍,气流要通过阻碍才能发出声音,所以呼出的气流比较强。pǔ tōng huà 3 个音节所含有的 7 个不同的音素中"p、t、ng、h"是辅音,其中"p、t、h"发音时气流不振动声带,"ng"发音时气流要振动声带。普通话语音 32 个音素中有 22 个辅音音素。

(三)音位

音素是经过分析得出的最小的语音单位,但是在实际语言里我们可以发现有时候一些音节里的某个音素改变了,但这个音节表示的意义并不随之而改变(只是听感上有些别扭罢了),可见并不是每个音素都具有区别意义的作用。在一种语言里能够区别意义的最小语音单位叫音位。如前文中提到的 bāo(包)、pāo(抛),dào(到)、tào(套),gǎo(搞)、kǎo(考)三组音节都有着相同的韵母 ao,而每一组的两个音节又具有同样的声调阴平、去声和上声,它们所表示的意义是由不同的声母 b-p, d-t, g-k 来体现的,这说明在汉语中 b、p、d、t、g、k 是 6 个不同的音位,它们发音时有的是气流受阻的部位不同,有的是呼出的气流有强弱(所谓不送气与送气音)的区别,这可以说是汉语音位中的一个特点。同是这三组 6 个音素在别的语种,如英语里并不一定是 6 个音位,前文已经介绍过,英语音系中辅音虽也有送气音和不送气音,但它们却没有区别意义的功能,这三组 6 个音素仅是 3 个音位。在对外汉语教学中,我们不难发现,外国人读"不做"(zuò)和"不错"(cuò)往往读音相混,这说明英语音系中送气、不送气的辅音合成一个音位,而日语则没有送气辅音音位。在汉语普通话语音中我们还可以看到"bāo(包)"、"bā(巴)"、"bāi(掰)"、"biān(边)"4 个音节中都各有一个"a",

但是仔细体会一下这 4 个"a"的发音是有细微差别的,"bāo"的"a"比"bā"的"a"舌位略为靠后,而"bā"的"a"又比"bāi"的"a"舌位略为靠后,这 3 个"a"发音时舌位一个比一个往前移,如果用精密的国际音标来描写,可以用[ɑ](后 ɑ)、[A](中 ɑ)和[a](前 ɑ)表示,而"biān"中的"a"发音更与前 3 个"a"不同,它的舌位不仅最靠前,而且还比"bāi"中的"a"要抬高一些,国际音标中的[æ]可以描写这个音。在实际语音中这 4 个"a"如果发得不准确,不能区分出它们发音时舌位的前后或高低,却并不影响它们所表示的意义,因此这 4 个"a"并不是 4 个音位,只能看作是一个[A](典型的 ɑ)音位以外具有 3 个音位变体。

四、记录语音的方法及音标

(一)《汉语拼音方案》制订以前的记音方法及音标

学习和研究语音必须要有记录语音的符号,我国古代就用汉字来给汉字标音,东汉以后改用反切的标音办法,一直沿用了一千多年。随着语言研究方法的发展,之后又产生了注音字母。这些记录语音的方法为今天研究语音起到了积极作用。

1. 反切

反切开始于东汉,这种方法是采用两个字拼合起来为另一个字注音,即前一个字采用它的发声部分,称为反切上字,用今天的话说就是取反切上字的声母;后一个字采用它发声部分后面的音,称为反切下字,也就是取反切下字的韵母;至于声调只用反切下字的,上字的声调可以不管。例如"中华"两字,反切是"中,陟弓切","华,呼瓜切"。用今天拼音方案的声韵母来看,"中"是 zhōng,"华"是 huá,根据"弓"和"瓜"都是古平声,所以"中华"也一定是平声。这种注音方法在当时是有一定的作用的,因为它可以用少数汉字来为多数汉字注音认读,所以沿用了相当长的历史时期。直到今天,被人们广泛使用的工具书《辞源》上还可以看到反切注音。但是反切也具有一定的缺点,一是反切上字和反切下字都需要去掉该字的一个部分,如"华"要去掉"呼"的韵母 u,和"瓜"的声母 g;二是反切上字和反切下字如果读者不能认读,那么它就起不了注音的作用了,如"中"的反切上字"陟"(zhì)不是一个常用字,可能有不少人对它的读音不熟悉,也就很难知道"中"应该怎样读了。

2. 注音字母

注音字母是 1918 年制订公布的,它采用了符号表示声母、韵母和声调,改变了过去用汉字标音的方法,是研究语音标音方法的一大进步。注音字母在《汉语拼音方案》公布以前数十年中不论在识字和推广"国语"(即今普通话)各方面都起了很大的作用,《汉语拼音方案》声母、韵母的读音也是基本上沿用了注音字母的名称音。但是注音字母有一定的缺点,首先是它不是音素字母,一个符号可以包括两个音素,如复韵母 ai ei ao ou 用ㄞㄟㄠㄡ表示,鼻韵母 an en ang eng 用ㄢㄣㄤㄥ表示,无法显示韵母的韵腹和韵尾,在学习和研究上既不科学,使用也很不方便,另外,每个符号仍是简单的汉字笔画形式,书写不方便,不美观,又不能连写。它必然要被《汉语拼音方案》所替代。

　　3. 国际音标

　　国际音标是国际语音学会于 1888 年制定公布的记音符号,它表音细致,一个符号只表示一个声音,不能互换替代,便于研究各种语音系统,这套音标已为世界各国语音学界所公认。国际音标大部分采用拉丁字母小写的印刷体,如[a]、[b]、[c]、[i],再增加其他方法补充,如小写印刷体倒写的[ə][ɔ],小写印刷体合写的[æ][œ],小写尺寸的大写印刷体的[ʌ][ɛ]以及草体的[ɑ][ɛ]等,也借用其他语种的一些字母,如希腊字母[θ];新造一些字母如[ʔ]。也有在字母上加上符号,如我们常用的"～"表示鼻化元音[ã]。使用国际音标必须加上[　]表示。

　　目前我国语音学界在研究方言及少数民族语言时也都使用国际音标,因为《汉语拼音方案》只能用来描写普通话语音音系。我们在普通话语音教学中为了进行方音辨正或是说明普通话语音音变现象,也需要用少量国际音标来表示。

　　(二)《汉语拼音方案》

　　为了准确记录北京语音,在全国范围内推广普通话,中国文字改革委员会在 1956 年制订了一套《汉语拼音方案草案》,该《草案》几经修正,于 1958 年 2 月 11 日经第一届全国人民代表大会第五次会议正式通过。《汉语拼音方案》在 40 多年中为推广普通话已起到了积极的作用,它不仅是学习普通话的正音工具,也是当今使用电脑输入信息的符号之一。

　　《汉语拼音方案》的内容有五个部分,它采用了国际通用的 26 个拉丁字母,其中声母表、韵母表和声调符号基本上保留注音字母的读音。为了便于称呼,也为了国际友人学习的方便,《方案》增加了字母表(按国际使用的拉丁字母顺序排列),并参考国际上使用的拉丁字母名称以及汉语的特点制订

出了它的名称。名称的特点是凡元音字母均保留注音字母的读音,如 a、
o、e、i、u,不同于英语中的 a 读[ei], e 读[i:], i 读[ai], u 读[ju]。凡辅音
字母多数在字母前或后加上元音 ê(ㄝ)[ε],如 b(ㄅㄝ),d(ㄉㄝ),g(ㄍㄝ),
不同于英语后加 i 的浊辅音 b[bi:]、d[di:]、g[dʒi:]等,少数几个如 f、l、m、
s 把元音 ê 加在前面,可与英语读音相同。此外,清辅音 j 后加 ie(丨ㄝ),q
后加 iu(丨ㄡ)是考虑和外语发音接近。至于 w 和 y 两个字母是用作 u、i、ü
的音头,不充当辅音或元音,它们的名称仍与 u、i、ü 相同,w 呼读时为 ua,y
呼读为 ia。r 在外语中多数带卷舌色彩,但汉语中表示辅音 r(ㄖ)[ʐ]。

附　表

汉语拼音方案

(一)字母表

字母 名称	Aa ㄚ	Bb ㄅㄝ	Cc ㄘㄝ	Dd ㄉㄝ	Ee ㄜ	Ff ㄝㄈ	Gg ㄍㄝ
	Hh ㄏㄚ	Ii 丨	Jj ㄐ丨ㄝ	Kk ㄎㄝ	Ll ㄝㄌ	Mm ㄝㄇ	Nn ㄋㄝ
	Oo ㄛ	Pp ㄆㄝ	Qq ㄑ丨ㄡ	Rr ㄚㄦ	Ss ㄝㄙ	Tt ㄊㄝ	
	Uu ㄨ	Vv 万ㄝ	Ww ㄨㄚ	Xx ㄒ丨	Yy 丨ㄚ	Zz ㄗㄝ	

v 只用来拼写外来语、少数民族语言和方言。
字母的手写体依照拉丁字母的一般书写习惯。

(二)声母表

b ㄅ玻	p ㄆ坡	m ㄇ摸	f ㄈ佛	d ㄉ得	t ㄊ特	n ㄋ讷	l ㄌ勒
g ㄍ哥	k ㄎ科	h ㄏ喝	j ㄐ基	q ㄑ欺	x ㄒ希		
zh ㄓ知	ch ㄔ蚩	sh ㄕ诗	r ㄖ日	z ㄗ资	c ㄘ雌	s ㄙ思	

在给汉字注音的时候,为了使拼式简短,zh ch sh 可以省作 ẑ ĉ ŝ。

（三）韵母表

	i 丨衣	u ㄨ乌	ü ㄩ迂
a ㄚ啊	ia 丨ㄚ呀	ua ㄨㄚ蛙	
o ㄛ喔		uo ㄨㄛ窝	
e ㄜ鹅	ie 丨ㄝ耶		üe ㄩㄝ约
ai ㄞ哀		uai ㄨㄞ歪	
ei ㄟ欸		uei ㄨㄟ威	
ao ㄠ熬	iao 丨ㄠ腰		
ou ㄡ欧	iou 丨ㄡ忧		
an ㄢ安	ian 丨ㄢ烟	uan ㄨㄢ弯	üan ㄩㄢ冤
en ㄣ恩	in 丨ㄣ因	uen ㄨㄣ温	ün ㄩㄣ晕
ang ㄤ昂	iang 丨ㄤ央	uang ㄨㄤ汪	
eng ㄥ亨的韵母	ing 丨ㄥ英	ueng ㄨㄥ翁	
ong （ㄨㄥ）轰的韵母	iong （ㄩㄥ）雍		

（1）知、蚩、诗、日、资、雌、思等7个音节的韵母用 i，即：知、蚩、诗、日、资、雌、思等字拼作 zhi、chi、shi、ri、zi、ci、si。

（2）韵母儿写成 er，用作韵尾的时候写成 r。例如："儿童"拼作 ertong，"花儿"拼作 huar。

（3）韵母ㄝ单用的时候写成 ê。

（4）i 行的韵母，前面没有声母的时候，写成 yi（衣）、ya（呀）、ye（耶）、yao（腰）、you（忧）、yan（烟）、yin（因）、yang（央）、ying（英）、yong（雍）。

　　u 行的韵母,前面没有声母的时候,写成 wu(乌)、wa(蛙)、wo(窝)、wai(歪)、wei(威)、wan(弯)、wen(温)、wang(汪)、weng(翁)。

　　ü 行的韵母,前面没有声母的时候,写成 yu(迂)、yue(约)、yuan(冤)、yun(晕);ü 上两点省略。

　　ü 行的韵母跟声母 j、q、x 拼的时候,写成 ju(居)、qu(区)、xu(虚),ü 上两点也省略;但是跟声母 n、l 拼的时候,仍然写成 nü(女)、lü(吕)。

　　(5) iou、uei、uen 前面加声母的时候,写成 iu、ui、un,例如 niu(牛)、gui(归)、lun(论)。

　　(6) 在给汉字注音的时候,为了使拼式简短,ng 可以省作 ŋ。

(四) 声调符号

阴平	阳平	上声	去声
-	ˊ	ˇ	ˋ

声调符号标在音节的主要母音上。轻声不标。例如:

妈 mā	麻 má	马 mǎ	骂 mà	吗 ma
(阴平)	(阳平)	(上声)	(去声)	(轻声)

(五) 隔音符号

　　a、o、e 开头的音节连接在其他音节后面的时候,如果音节的界限发生混淆,用隔音符号(’)隔开,例如 pi'ao(皮袄)。

国际音标常用元音表

舌位高低 \ 舌位前后、唇形	前		央		后	
	不圆唇	圆唇	不圆唇	圆唇	不圆唇	圆唇
高	i	Y	ɨ	ʉ	ɯ	u
半高	e	ø	ə		ɤ	o
半低	ɛ	œ	ɐ		ʌ	ɔ
低	a		A		ɑ	ɒ

舌 尖 元 音

唇形 \ 舌尖位	前	后
不圆唇	ɿ	ʅ
圆唇	ʮ	ʯ

卷舌元音:[ɚ]([ɚr])[ə]舌位央不圆唇,r 表示卷舌符号。

国际音标常用辅音表

发音方法 ＼ 发音部位			双唇	唇齿	齿间	舌尖前	舌尖中	舌尖后	舌面前	舌面中	舌面后	喉
塞音	清	不送气	p				t	ʈ	ȶ	c	k	ʔ
		送气	p'				t'	ʈ'	ȶ'	c'	k'	ʔ'
	浊		b				d	ɖ	ȡ	ɟ	g	
塞擦音	清	不送气		pf		ts		tʂ				
		送气		pf'		ts'		tʂ'				
	浊			bv		dz		dʐ				
鼻音	浊		m	ɱ			n	ɳ	ȵ	ɲ	ŋ	
边音	浊						l					
擦音	清		ɸ	f	θ	s		ʂ	ɕ	ç	x	h
	浊		β	v	ð	z		ʐ	ʑ	j	ɣ	ɦ
半元音	浊		w, ɥ	ʋ						j(ɥ)	(w)	

汉语拼音字母和国际音标对照表

拼音字母	国际音标	拼音字母	国际音标	拼音字母	国际音标	拼音字母	国际音标
b	[p]	n	[n]	j	[tɕ]	r	[ʐ]
p	[p']	l	[l]	q	[tɕ']	z	[ts]
m	[m]	g	[k]	x	[ɕ]	c	[ts']
f	[f]	k	[k']	zh	[tʂ]	s	[s]
d	[t]	ng	[ŋ]	ch	[tʂ']	v	[v]
t	[t']	h	[x]	sh	[ʂ]		
a	[A]	ai	[ai]	ie	[iɛ]	uai	[uai]
o	[O]	ei	[ei]	iao	[iau]	uei	[uei]
e	[ɤ]	ao	[au]	iou	[iou]	uan	[uan]
ê	[ɛ]	ou	[ou]	ian	[iæn]	uen	[uən]
i	[i]	an	[an]	in	[in]	uang	[uaŋ]
u	[u]	en	[ən]	iang	[iaŋ]	ueng	[uəŋ]
ü	[y]	ang	[aŋ]	ing	[iŋ]	üe	[yɛ]
-i	[ɿ]	eng	[əŋ]	iong	[yŋ]	üan	[yæn]
-i	[ʅ]	ong	[uŋ]	ua	[uA]	ün	[yn]
er	[ɚ]	ia	[iA]	uo	[uo]		

思考题

1. 自然界有各色各样的声音，语音也是一种声音，它与其他声音有什么异同？

2. 结合具体的语音，分别说明音高、音强、音长和音色四种要素。

3. 熟悉人类的发音器官，并说出各部分的名称以及对发音的作用。

4. 学习和研究一种语音与了解语音的社会性质有什么关系？

5. 学习《汉语拼音方案》，学习音节是学习普通话语音的一条捷径。这句话怎样理解？

第二节　辅音和声母

一、辅音的特点及其与声母的关系

辅音是气流在口腔里要受到阻碍，气流必须克服阻碍而发出的音。发辅音时气流要克服阻碍，所以呼出的气流比较强，而且形成阻碍部分的肌肉紧张，其他部分的肌肉不紧张。多数辅音发音时气流不振动声带，称为"清辅音"，它们的本音不响亮，少数辅音发音时也振动声带，称为"浊辅音"，它们的声音比较响亮。普通话语音只有 m、n、l、r、ng 5 个浊辅音。在汉语一个音节里至多只能有两个辅音，而且位置固定在音节开头或音节末尾。一般情况下辅音不能独立成音节（少数浊辅音如 m、n 可作为叹词"呣"、"嗯"，部分方言有 m、n、ng 少量音节，如吴语口语的"鱼"[ŋ̩]、"亩"[m̩]）。

普通话语音共有 22 个辅音，其中 21 个可充当声母，它的位置在一个音节的开头部分（其中 n 也可以用在音节末尾作为鼻韵母的韵尾），只有一个 ng 只能用作鼻韵母的韵尾，不能充当声母。如"tōng"这个音节里"t"是声母，"ng"是韵尾，"nán"（南）一个音节里有两个"n"，前者是声母，后者是韵尾。

辅音和声母的关系非常密切，凡声母都是辅音，但辅音不全是声母，两者不能替代。这是分析音节得出的两种不同的概念。语音学里把音素分析成元音和辅音两大类，这是从构成音节的语音单位而言。我国音韵学传统的分析是把一个字的发声和收音分成两个部分，发声部分叫声母，收音部分叫韵母,这是从组成音节的成分而言。

语音教学一般都采用声母和韵母的概念。

二、什么是声母

根据汉语音韵学传统的分析,一个音节开头部分的音叫声,用来表示声的字母叫声母。"普通话 pǔ tōng huà"三个音节中 p、t、h 是声母。声母一般都由辅音充当,发音时本音多数不响亮。普通话语音共有 21 个辅音声母。也有零声母,不是辅音。

三、怎样学习声母

学习声母必须了解每个辅音的发音部位和发音方法。

(一)发音部位

辅音发音时气流通过口腔要受到发音器官形成的各种阻碍,气流必须克服这些阻碍才能发音。语音学里把辅音发音时发音器官形成阻碍的部分叫"发音部位"。普通话语音中 22 个辅音(包括 21 个声母和 1 个韵尾)共有 7 种不同的发音部位:

1. 双唇阻

发音时上下唇形成阻碍,称为双唇音,如:b、p、m; bǎo bèi(宝贝)、píng pàn(评判)、mǎi mài(买卖)。

2. 唇齿阻

发音时下唇靠向上门齿形成阻碍,称为唇齿音或齿唇音,如:f; fāng fǎ(方法)。

3. 舌尖前阻

发音时舌尖平伸和上齿背形成阻碍,称为舌尖前音,如:z、c、s; zì zé(自责)、cū cāo(粗糙)、sī suǒ(思索)。

4. 舌尖中阻

发音时舌尖与上齿龈形成阻碍,称为舌尖中音,如:d、t、n、l; dào dé(道德)、tàn tǎo(探讨)、nǎo nù(恼怒)、lǐ lùn(理论)。

5. 舌尖后阻

发音时舌尖上翘,与硬腭最前端(即齿龈后端部分)形成阻碍,称为舌尖后音,如:zh、ch、sh、r; zhèng zhì(政治)、cháng chéng(长城)、shì shí(事实)、réng rán(仍然)。

6. 舌面阻

发音时舌面前部与硬腭前部形成阻碍,称为舌面音,如:j、q、x;jī jí(积极)、qiū qiān(秋千)、xiǎo xīn(小心)。

7. 舌根阻

发音时舌头向后缩,舌根抬起与软腭形成阻碍,称为舌根音,如:g、k(ng)、h;gǎi gé(改革)、kè kǔ(刻苦)、huān hū(欢呼)、gōng kuàng(工矿,ng 是韵尾)。

(二) 发音方法

发音器官在口腔里形成阻碍的方式不相同,气流通过时克服阻碍的方法也不一样。语音学里把辅音发音时发音器官形成阻碍和克服阻碍的方法叫"发音方法"。22 个辅音(21 个声母和 1 个韵尾)共有 5 种发音方法:

1. 塞音

发音时阻碍气流的两个部分完全闭塞,挡住气流,然后这两个部分突然放开,气流冲过阻碍爆发成音,也可称为爆发音或破裂音。如:b、p、d、t、g、k。

2. 擦音

发音时阻碍气流的两个部分靠近,中间形成窄缝,气流从缝隙中摩擦而出,如:f、h、x、sh、s、r。

3. 塞擦音

这种发音方法可以说是塞音和擦音的结合,发音时阻碍气流的两个部分先完全闭塞,挡住气流,然后打开形成窄缝,气流从缝隙中摩擦而出,如:j、q、zh、ch、z、c。

4. 鼻音

发音时阻碍气流的两个部分完全闭塞,同时软腭下垂挡住气流通向口腔的道路,气流通过声门振动声带后由鼻腔流出,如:声母 m、n 和韵尾 ng。

5. 边音

普通话语音只有一个边音,发音时,舌尖抵住上齿龈,形成阻碍,然后舌尖的两边松弛下垂,气流振动声带后从舌尖两边流出,如 l。

22 个辅音之所以有 22 个不同的音色除了不同的发音部位和发音方法以外,在发音方法上还有两种不同的条件:

1. 送气音和不送气音

在发塞音和塞擦音时,阻碍气流的两个部分要完全闭塞,使口腔中气流不能流出,当发音器官突然打开时有一股很强的气流呼出,这样发出的音叫"送气音",如:p、t、k、q、ch、c;同样的发音方法,呼出的气流比较弱一点的音叫"不送气音",如 b d g j zh z。例如:bǎo(饱)—pǎo(跑)、dū(都)—tū(突)、gé(革)—ké(咳)、jī(机)—qī(欺)、zhí(直)—chí(持)、zuì(罪)—cuì(脆)。

2. 清音和浊音

辅音的特点是气流一般都不振动声带,发音不响亮,这类辅音叫"清音",普通话语音的塞音、塞擦音都是"清音",擦音中 f、h、x、sh、s 也是"清音";少数辅音气流要振动声带,声音比较响亮,这类辅音叫"浊音",普通话语音的鼻音、边音都是"浊音",擦音中的 r 也是"浊音"。

下面用《汉语拼音方案》的声母表分别总结辅音 7 种发音部位和 5 种发音方法,凡横排的每一行发音部位相同(唇齿音 f 与双唇音合并一行),竖行的发音方法相同,其中送气音与不送气音,擦音中的清、浊音用虚线划分开。

b	p	m	f	
d	t	n		l
g	k	(ng)	h	
j	q		x	
zh	ch		sh	r
z	c		s	

四、声母的本音和呼读音

普通话语音的声母多数是由清辅音充当,它们的本音(即气流呼出时发出的纯粹音)不响亮,不便于称说和教学。为了称说和教学的需要,《汉语拼音方案》根据注音字母传统的读音在声母的后面加上一个响亮的元音来呼读,这就是声母的呼读音。这些呼读音与字母表的读音多数不相同:

b、p、m、f+o　呼读为 bo、po、mo、fo;

d、t、n、l
＞+e　呼读为
g、k、(ng)、h

de、te、ne、le;
ge、ke、(nge)、he;

j、q、x＋i　呼读为 ji、qi、xi;

zh、ch、sh、r＋-i[ʅ]　呼读为 zhi、chi、shi、ri;

z、c、s＋-i[ɿ]　呼读为 zi、ci、si。

呼读音并不是辅音和元音的结合,它的作用只用来呼读、称说,便于辅音音素教学,在声母和韵母拼合成一个音节时,必须丢掉辅音后面所加的元音,仍用它的本音,如:ba 这个音节应该是 b-a ba,而不是 bo-a。zh、ch、sh、r 和 z、c、s,后加的元音是舌尖元音-i[ɿ]和-i[ʅ](元音部分再作详细介绍),《汉语拼音方案》用-i 表示这两个元音音素字母,这里加用国际音标表示。

五、零声母

普通话语音多数音节都分别由 21 个辅音处在音节开头部分充当声母,但也有一些音节开头部分没有声母,只由韵母独立成为音节,这些音节可以分成四类:

韵母 i 或有 i 开头的韵母自成音节,如:yí(移)、yá(牙)、yáng(羊)。

韵母 u 或有 u 开头的韵母自成音节,如:wù(务)、wěi(伟)、wáng(王)。

韵母 ü 或有 ü 开头的韵母自成音节,如:yǔ(雨)、yuán(元)、yùn(运)。

没有 i、u、ü 开头的韵母自成音节,如:ài(爱)、ān(安)、è(饿)。

这些音节虽然没有声母,但是在发音时仔细辨认可以发现它们的开头部分往往有一点轻微的摩擦成分,第一类带有近于元音 i 的摩擦音,第二类带有近于元音 u 的摩擦音,第三类带有近于元音 ü 的摩擦音,第四类则往往带有一点舌根部分的摩擦音。这些轻微的摩擦音既不具备元音的发音特点,也不同于辅音。语音学里一般用半元音来描写,表示这些音节前面也有一个类似声母的成分,可以称为"零声母"。因此,一般认为普通话语音 21 个声母以外,还有一个"零声母"。"零声母"的摩擦成分存在与否因人而异,与声调也有关系,阳平、上声字比较明显。"零声母"的有无与词义没有关系。

六、方音辨正

(一) zh、ch、sh 和 z、c、s 辨正

多数方言区的人读"战歌(zhàn gē)—赞歌(zàn gē)","春装(chūn zhuāng)—村庄(cūn zhuāng)","深林(shēn lín)—森林(sēn lín)"这三组词语时分不清它们之间读音有什么区别,"战"和"赞"的声母都读 z,"春"和"村"的声母都读 c,"深"和"森"的声母都读 s。这是因为从中古音发展到今天,这些字在多数方言里声母一律是 z、c、s,但普通话语音却分别有 z、c、s 和 zh、ch、sh 两类不同的声母,这就使方言区人学习时增加了困难,不仅发不准 zh、ch、sh,而且不能分辨出哪些字的声母是 z、c、s,哪些字的声母必须改变为 zh、ch、sh。

要解决这个难点,首先要刻苦练习 zh、ch、sh 的发音,准确掌握它们的发音部位,同时要把舌尖向上翘起。人们通常都把这组声母称为"翘舌音",而把声母 z、c、s 称为"平舌音",这顾名思义可以分辨这两类声母的区别。至于在具体语言里哪些字是翘舌音,哪些字可以不用翘舌,除了多听、多读、多记以外,还可以运用一些规律帮助我们分辨:

1. 利用普通话语音声韵配合的内部结构规律来分辨

(1) 韵母 ua、uai、uang 不和声母 z、c、s 构成音节。如:抓 zhuā,爪(～子)zhuǎ,刷 shuā,拽 zhuāi,揣 chuǎi,衰 shuāi,帅 shuài,庄、装 zhuāng,窗 chuāng,创 chuàng,双、霜 shuāng 等字的声母都肯定是翘舌音。

(2) 韵母 ong 不和声母 sh 构成音节。如:松 sōng,宋、送、颂、诵 sòng 的声母不要读翘舌音。

2. 利用古今语音演变规律来分辨

上古语音中有一部分声母类似今天 d、t 的字,演变到现代普通话语音中声母是 zh、ch、sh,因此可以利用与 d、t 有关的声旁的形声字来判定它们的声母是 zh、ch、sh。

(1) 从声旁看字的读音。绽 zhàn 的声旁是"定 dìng",滞 zhì 的声旁是"带 dài",治 zhì 的声旁是"台 tái",幢 zhuàng(又读 chuáng)的声旁是"童 tóng",这 4 个形声字在古代都从声旁 d、t 得声,演变到现代普通话语音声母一定是翘舌音 zh、ch。

(2) 从字看声旁的读音。调 diào、tiáo 的声旁是"周 zhōu",祷 dǎo、涛 tāo 的声旁都是"寿 shòu",悼 dào 的声旁是"卓 zhuó",这几个字的声旁"周"、"寿"、"卓"的读音都与今音 d、t 没有关系,但它们在古代既能用来作"调"、"祷"、"涛"、"悼"的声旁,可见在当时它们的读音是相似或相同的,把它和上面那种现象结合起来看,可以推知这几个作声旁的字:"周"、"寿"、"卓"的声母一定是 zh、ch、sh。但是随着语音演变也可能会有少数例外字。

(3) 利用形声字声旁类推。汉字中有大量形声字,凡声旁相同的字,它们的声母往往也相同,或者是声母的发音部位相同。例外字只是少数。如:

少 shǎo——少(～年)shào,沙、莎、砂、纱、痧、裟、鲨 shā(娑 suō,例外字);

叟 sǒu——嫂 sǎo,溲、搜、嗖、馊、飕、艘、螋 sōu(瘦 shòu,例外字)。

（二）r 和 l 辨正

r 和 l 两个浊辅音发音部位前后只差一点儿，如果舌尖接触没有到一定的位置，那么在音节里它们的音色几乎不容易分辨清楚，如"出入 chū rù"很可能发成"出路 chū lù"。这在部分方言区已是普遍的语音现象了。r 和 l 相混主要是发音部位掌握不准，这与把 zh、ch、sh 发成 z、c、s 有类似的情况，由于找不准 r 的发音部位，舌尖又不习惯上翘，因此舌尖靠前落到了发舌尖中音 l 的部位，在音节里就形成 ru、lu 不分现象了。要分清这两个辅音主要依靠发音练习，只要把舌尖上翘，略为靠后（即从齿龈往后移到硬腭前端）并且保持一点缝隙就能发成 r 的音色了。

从语音演变的结果也可以找到一些规律，有利于我们区分哪些音节的声母是 l，哪些不可能是 l。

中古音系中有一个声母"来"，它在演变过程中几乎没有什么变化（部分方言 l 和 n 相混属于另一种现象），不论普通话语音或方言都保留着"来"母原有的读音，即声母 l，所以可以得出一条规律，凡方言（n、l 不分的除外）声母是 l 的字，普通话声母也都是 l（作弄的"弄"nòng 是唯一的例外字，但"里弄"也读 lòng）。把它反过来说，如果方言声母不是 l，那么普通话语音也不可能读 l，上例"出路"的"路"lù，方言、普通话声母都是 l，但"出入"的"入"rù方言一般不读 l，以吴语上海话为例，它的声母是 [z]（s 的浊音如"是"的读音），说明"入"的来源不是"来"声母，而是另一个声母"日"，我们不应把它读成 lù。这条规律整理如下：

中古声母"来"——普通话声母 l
多数方言声母 l　　　　例如：人类（—lèi）、让路（—lù）、
　　　　　　　　　　　例如（lì—）。

中古声母"日"——普通话声母 r（或零声母 er）
部分方言（以吴语为例）声母[z]、[ȵ]（与 j、q、x 同部位的鼻音相当于吴语"尼"的读音）
　　　　　　　　　　　例如：人类（rén—）、
　　　　　　　　　　　让路（ràng—）、
　　　　　　　　　　　例如（—rú）、
　　　　　　　　　　　柔软（róu ruǎn）。

要记住 r 声母的字也可以采用形声字声旁类推。如：

柔 róu——揉、蹂、糅、鞣 róu。

嚷 rāng——瓤 ráng，嚷、壤、攘 rǎng，让（讓）ràng。

（三）n 和 l 辨正

　　n 和 l 是一对发音部位相同的浊辅音,发音近似,因此很多方言区读音相混,如官话区中的西南官话、江淮官话以及湘语、赣语、闽语的一部分。这些地区的 n、l 不分现象往往有一些相同的规律,当 n 和 i、ü 构成音节时,n 较少和 l 相混,只是读音为[ȵ],与普通话语音的 n 比较近似,如:泥 ní、念 niàn、娘 niáng、牛 niú、女 nǚ 等,但当 n 和其他韵母如 a、ai、ao、ei、an、ang、ong、u 等构成音节时 n 和 l 分混不清,往往没有一定的规律,而且发音人自己不能掌握。因此我们分清这一对声母,可以把重点放在 n 和 i、ü 以外的韵母相拼的音节上。

　　当然,首先要求发准 n 和 l,它们的发音区别只在于 n 是鼻音,发音时要控制气流必须从鼻腔呼出,而发 l 时必须堵塞鼻腔的通路,让气流从口腔呼出。在记字方面同样可以利用形声字声旁类推的方法。如:

　　　　奴 nú——拏、弩 nú、努、胬 nǔ,怒 nù。

　　　　卢 lú——芦、泸、颅、鸬、胪、鲈、轳 lú。

　　　　脑 nǎo——恼、瑙 nǎo。

　　　　老 lǎo——佬、姥 lǎo。

(四) f 和 h 辨正

　　f 和 h 的发音部位相离比较远,但是在语音演变中部分方言这两个辅音出现了分混,如粤语、湘语及邻近的湖北西南、闽语、吴语上海市外围区县等地都有 f 和 h 读音相混的现象,其中有把 f 读成 h 的,也有 h 读成 f 的,规律并不整齐,但是有些情况比较普遍,即当 h 和 u 或 u 开头的韵母构成音节时这些方言多数会把 h 读成 f,如:呼 hū、花 huā、昏 hūn、荒 huāng。如果能记住普通话语音 f 不和 u 开头的韵母相拼,那么除 fu、hu 相混以外,其他韵母的字可以确定应读 h 而不会误读成 f 了。至于粤语中部分 hu-的音节有的读 f,也有读零声母的,如:花 huā、火 huǒ、欢 huān、荒 huāng(古阴调字)声母读 f,华 huá、祸 huò、黄 huáng(古阳调字)读零声母-u。归纳下来,大致是阴平字读 f,阳平字读零声母-u(分化规律与古声母清浊,即声调的阴、阳有关)。要分清 f 和 h,主要应掌握这两个辅音的发音部位,当发 h 时下唇不能与上齿相接近,而发 f 时下唇必须上抬与上齿靠近。

　　利用形声字声旁类推是一个记字的好方法,如:

　　　　非 fēi——菲、啡、绯、扉、霏 fēi、诽、匪、榧、斐、翡 fěi,痱 fèi。

　　　　灰 huī——恢、诙 huī。

（五）j、q、x 辨正

中古音系有些声母的字在演变过程中现代部分方言声母是 z、c、s,就是所谓的"尖音",但普通话声母却是 j、q、x,如:"小心 xiǎo xīn"、"前进 qián jìn"、"精细 jīng xì",就是所谓的"团音"。部分方言区人由于发音习惯,对 j、q、x 不容易发准。使人感到仍带有尖音色彩。要改变这种语音现象最重要的是准确掌握舌面音 j、q、x 的发音部位,注意当舌面前部与硬腭接触或靠近时,舌尖一定是下垂在下齿背的部分,如果舌尖平伸就会与上齿背接触而发出近于 z、c、s 的音色了;另外,要了解普通话语音的 z、c、s 不可能和 i 或 i 开头的韵母构成音节,上述 3 个词语的声母一定是舌面音 j、q、x。近几年社会上又出现了另一种"尖音"现象,即发 j、q、x 时是用舌尖后端接近硬腭前端,发出的音色近于翘舌音 zh、ch、sh,如:"消 xiāo"读成"烧 shāo","小 xiǎo"读成"少 shǎo","墙 qiáng"读成"长 cháng","奖 jiǎng"读成"长 zhǎng"。这种语音现象在大城市的青少年中比较普遍,而且还在发展中,应加以纠正。

思考题

1. 辅音和声母有密切的关系,为什么不能把这两个概念简化成一个概念呢?

2. 普通话语音中 22 个辅音是怎样形成 22 个不同音色的?

3.《汉语拼音方案》声母表的排列形式与它们的发音有没有关系? 如果只用字母表而不采用声母表好吗?

4. 学习语音必须重视方音辨正,结合你自己的方言,方音辨正能不能起一些作用? 还存在哪些问题? 试找出辨正方法。

第三节　元音和韵母

一、元音的特点及其和韵母的关系

元音是气流通过声门振动声带后,在口腔里不受阻碍,只受调节而发出的响亮的音。发元音时呼出的气流比较弱,发音器官肌肉均衡地紧张。元

音发音响亮,是一个音节里主要的成分。它可以独立成为一个音节,如:é(额)、ī(yī 衣)、ū(wū 乌)、ú(yú 鱼)。汉语一个音节里最多可以有 3 个元音音素拼合而成,如:jiào(教)这个音节里 i、a、o 3 个音素都是元音。

普通话语音共有 10 个元音,其中 a、o、e、ê、i、u、ü、er 8 个元音可以独立作韵母自成音节,-i[ɿ]、-i[ʅ]两个元音不能独立成音节,只能作声母 z、c、s、zh、ch、sh、r 的韵母构成音节。普通话语音共有 39 个韵母,大大超过元音的数目,可见元音和韵母这两个概念与辅音和声母同样不能替代,凡元音都是韵母而韵母却并不只是元音,首先是一个韵母可以不止一个元音,如 pǔ tōng huà 三个音节里:pǔ 只有一个元音作韵母,可以说在这个音节里韵母 u 就是元音,huà 共有两个元音,它是两个元音复合而成的韵母,tōng 的韵母除元音 o 以外还有一个鼻辅音 ng 作韵尾,这是由元音与辅音结合而成的韵母,这些韵母都不能说就是元音。所以元音和韵母有密切的关系,却是两个不同的概念,韵母的范围比元音大得多。这两个概念与辅音和声母一样是分析方法的不同,前者是语音学分析音素的结果,后者是音韵学分析一个字音构成的成分的结果。

二、什么是韵母

根据汉语音韵学传统的分析,一个音节中声母后面的部分叫韵母。"普通话 pǔ tōng huà"三个音节里 u、ong、ua 都是韵母。韵母不能没有元音音素。一个元音音素可以独立成音节,如 é(额),它本身就是一个韵母。有的韵母只有一个元音,如 pǔ,tōng;也有一个韵母有两个元音的,如 huà;一个韵母最多可以有 3 个元音。普通话语音共有 39 个韵母。

三、韵母的分类

(一) 从韵母中元音音素的多少分类

1. 单元音韵母的学习方法

只有一个元音的韵母叫单元音韵母,一般称为"单韵母"。普通话语音共有 10 个单元音韵母。根据它们的发音特点,可以分成三类:

(1) 舌面元音　　a、o、e、ê、i、u、ü

元音发音时气流在口腔里不受阻碍,只受发音器官的调节。舌面元音发音时调节气流在舌面和硬腭部分,由于舌位的高低(即舌面与硬腭距离的大小)、口形的大小(即开口度的大小)以及唇形的圆、不圆(唇形的拢圆或有变化。其中一个元音是主要元音,发音最响亮。复合元音是元音音素的紧密结合,在人们听感上只是一个音,如复合元音 āi 听起来是一个新的音"挨"而不是原来两个单元音的音"阿姨"。复合元音也称"复韵母",按照复合的元音音素可以分成两大类:

(1) 二合元音韵母

① 前响二合元音(也称前响复韵母)。　由两个元音复合而成,主要元音在前面,这个元音开口度比较大,舌位比较低,发音时由前一个元音的舌位向后一个元音的舌位滑动,(舌位滑动的过程叫"动程")前一个元音声音响亮清晰,是主要元音(也称韵腹)后一个元音声音相对地轻短模糊是尾音(也称韵尾),实际上后一个元音只是舌位动程的方向,不到它的舌位,这个复合元音已经发完了。如:

　　ai　由发 a 的舌位(舌位比单元音 a 略靠前)向 i 的舌位滑动,舌位由低上抬,口形由大到小。如:āi 挨,cǎi pái 彩排。

　　ei　由发 e(舌位比后半高元音 e 略前)的舌位向 i 的舌位滑动,舌位略向前上抬,口形略收小。如:ēi 欸,bèi lěi 蓓蕾。

　　ao　由发 a 的舌位(舌位比发单元音 a 略靠后)向发 u 的舌位滑动,口形逐渐收拢,舌位到后半高略高于元音 o 的地位这个音就发完了。如:āo 凹,hào zhào 号召。

　　ou　由发 o(唇形略扁)的舌位向 u 的舌位滑动,舌位略为抬高,口形略为收拢。如:ōu 欧,shōu gòu 收购。

② 后响二合元音(也称后响复韵母)。　两个元音中后一个是主要元音(韵腹),发音响亮清晰,开口度大,舌位较低,前一个是介音(也称韵头)发音比较轻短,开口度小,舌位高。发音时由前一个元音的舌位滑向后一个元音的舌位,动程一路到底。如:

　　ia　由发 i 的舌位滑向 a 的舌位。如:iā(yā)鸦,jiā jià 加价。

　　ie　由发 i 的舌位滑向 ê 的舌位。如:iē(yē)耶,tiē qiè 贴切。

　　ua　由发 u 的舌位滑向 a 的舌位。如:uā(wā)蛙,guà huā 挂花。

　　uo　由发 u 的舌位滑向 o 的舌位,动程很短。如:uō(wō)窝,huǒ guō 火锅。

　　üe　由发 ü 的舌位滑向 ê 的舌位。如:üē(yuē)约,yuē lüè 约略。

以上五个复合元音都由 i、u、ü 作介音,独立成音节书写时要在前加 y 或 w。加 y 后 ü 的两点符号省略。

展开)各不相同,所以 7 个单元音有 7 种不同的音色。

　　a　舌位最低,口大开,唇形自然,如:ā(啊),dà shà(大厦)。

　　o　舌位后半高,口半闭,唇形圆,如:ō(哦),bó mó(薄膜)。

　　e　舌位后半高,口半闭,唇形不圆,如:é(俄),hé gé(合格)。

　　ê　舌位前半低,口半开,唇形不圆,如:ê(欸),yuè yè(月夜)。

　　i　舌位前高,口闭,唇形不圆,如:yī(衣),bǐ lì(比例)。

　　u　舌位后高,口闭,唇形圆,如:wū(乌),gǔ shū(古书)。

　　ü　舌位前高,口闭,唇形圆,如:yū(迂),jù jū(聚居)。

　　以上 7 个舌面元音的发音情况可以用一张四边形的图形象地列出它们发音时舌位的高低前后,口形的大小以及唇形的圆与不圆。这张图可称为元音舌位图。

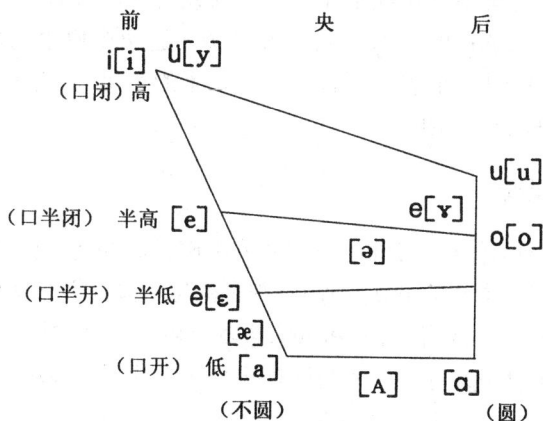

　　图中两条竖线用以表示唇形,左边表示唇不圆,右边表示唇圆。

　　7 个单元音都可以独立充当韵母自成一个音节。《汉语拼音方案》用 e 一个字母兼作两个元音,当前半低元音 ê 自成音节时加写"ˆ"符号与"e"区分。ê 只用于叹词"欸",使用频率很低,北方人常把"欸"读成 ei。ê 主要的用途是在复合元音 ie、üe 中与 i、ü 复合,复合后它不会和后半高元音 e 相混,所以上面的符号可以不写。《方案》还把 u 兼作两个元音,一是后高的 u,一是前高的 ü,发音不同,但在实际语言里同 u 和 ü 相拼的辅音多数不同,如:bu、du、gu、zhu、zu 是 u,ju、qu、xu 是 ü,可以从不同的辅音声母来分辨出哪是 u,哪是 ü,所以《方案》规定在一般音节里 ü 上两点符号可以省略,只有在 n、l 后面不能省略,如:nu、lu 是 u,nü、lü 是 ü。《方案》还规定 i、u、ü

3 个元音自成音节时要加 y、w,如:yī 衣、wū 乌、yū 迂。

(2) 舌尖元音韵母

舌尖元音发音时由舌尖的活动调节气流,是一种特殊的元音(也称特别韵母),其他语种里没有这类元音。普通话语音里有两个舌尖元音作为韵母。

-i[ɿ]　舌尖前高,不圆唇,通称舌尖前元音。发音时舌尖平伸对着上齿背,像发辅音 z、c、s 的部位,但舌尖与上齿背之间有一定的距离,气流不产生摩擦。如:zi、ci、si、zì cí(字词),zì sī(自私)。

-i[ʅ]　舌尖后高,不圆唇,通称舌尖后元音。发音时舌尖上翘对着硬腭最前端,像发辅音 zh、ch、sh、r 的部位,但舌尖与硬腭前端之间有一定的距离,气流不产生摩擦。如:zhi、chi、shi、ri、zhī chí(支持),rì shí(日食)。

舌尖元音-i[ɿ]和-i[ʅ]只能分别和 z、c、s 与 zh、ch、sh、r 构成音节,不能独立成音节,而且单独发音不容易,可以把音节 sī(思)和 shī(诗)延长发音,它们的后半部分音便是-i[ɿ]和-i[ʅ]的音。

《汉语拼音方案》用一个字母 i 兼作两个舌尖元音和一个舌面元音,因为这 3 个元音各与不同的辅音构成音节,如:zī(资)是舌尖前元音,zhī(知)是舌尖后元音,jī(基)、dī(低)、yī(衣)是舌面元音。可以从它们前面不同的辅音声母(或表示零声母的 y)来分辨它们各是哪个元音。当它们单独出现时在舌尖元音前加一个短横,表示该字母不是舌面元音 i,舌尖前、后两个元音还可各自加一个国际音标[ɿ]、[ʅ]以资区别。

(3) 卷舌元音韵母

这个元音发音时舌面与舌尖都有调节气流的活动,开始时舌面中央部分略为抬起发出元音 e(即国际音标里舌位央半高不圆唇的[ə],不是后半高的舌面元音 e,《方案》就用 e 表示),同时舌尖卷起接近硬腭轻轻一卷,立即放下,发出卷舌元音 er[ɚ],也称卷舌韵母。

er 不能与任何辅音构成音节,它单独成音节只有 ér(儿、而),ěr(耳、饵、尔),èr(二)等几个常用字。er 的主要作用是和韵母结合成“儿化韵”,如:小孩儿 xiǎoháir。卷舌元音的书写形式采用双字母,但“r”是用以表示卷舌的符号,在这里不等于辅音 r。

2. 复合元音韵母的学习方法

复合元音是两个或三个元音复合而成类似音节的音,发音时由一个元音音素滑到另一个元音音素的舌位上去,口腔的开合大小和舌位的高低都

(2) 三合元音韵母

由 3 个元音复合而成,简单地说是在二合元音 ai、ei、ao、ou 前面各加上 i 或 u 作为介音,它们的发音是中间一个元音开口度最大,声音最响亮清晰,前后两个元音发音都比较轻而短,中间的元音是主要元音(韵腹)。如:

iao 由 i 的舌位滑向 ao。如:iāo(yāo)腰,qiǎo miào 巧妙。

iou 由 i 的舌位滑向 ou。如:iōu(yōu)优,yōu xiù 优秀。

uai 由 u 的舌位滑向 ai。如:uāi(wāi)歪,shuāi huài 摔坏。

uei 由 u 的舌位滑向 ei。如:uēi(wēi)威,shuǐ wèi 水位。

三合元音发音时舌位动程比较大,开口度变化也比较繁多,其中 iou 和 uei 在前拼辅音声母或受不同声调的支配时读音略有变化,《汉语拼音方案》规定 iou、uei 前拼辅音声母时 iou 书写形式省略为 iu,uei 书写形式省略为 ui。这 4 个三合元音独立成音节时,i 和 u 都要改写成 y、w,如上例:yōu xiù 优秀,shuǐ wèi 水位。

普通话语音共有 13 个复合元音,其中前响二合元音有 4 个,主要元音在前面,后响二合元音有 5 个,主要元音在后面,三合元音有 4 个,主要元音在中间(也可称中响复合元音或中响复韵母)。拼写时声调符号一律标在主要元音(韵腹)上,iou 和 uei 省略后声调符号各标在后面的元音上,如:shuǐ jiǔ 水酒。

3. 复合鼻尾音韵母的学习方法

由一个或两个元音后面带上一个鼻辅音复合成的音,也称带鼻辅音韵母或鼻韵母。作为尾音的辅音在发音上与作声母略有不同,当舌头到这个辅音的发音部位时,气流随即由鼻腔流出发出鼻音,口腔的发音器官不再有其他动作,所以舌头依然停留在这个辅音的发音部位,这是提供我们检验发鼻尾音韵母是否准确的一个条件。

普通话语音复合鼻尾音的尾音共有两个,一是舌尖中音的 n,一是舌根音的 ng。发准复合鼻尾音的关键在于发准这两个鼻音,它们的发音部位不相同,发 n 时舌尖抵在上齿龈,软腭下垂挡住气流通往口腔的道路,当气流从鼻腔共鸣流出时,舌尖不解除阻碍,这个鼻音已经发完了,发 ng 时舌根部分上抬与软腭形成阻碍(这时舌尖应该下垂,不可能上伸到齿龈),同时软腭下垂挡住气流通往口腔的道路,当气流从鼻腔共鸣流出时舌根与软腭不解除阻碍,这个鼻音已经发完了,所以说在鼻尾音发完后检验自己的舌头停留在哪个部位就可以知道这个韵母的发音是否准确。

普通话语音共有复合鼻尾韵母 16 个,根据不同的尾音可分为两类:

(1) 8 个带 n 尾的韵母(通称前鼻音韵母)

an   发元音 a(舌位比发单元音 a 略靠前)后紧接着舌尖抵住上齿龈,同时软腭下垂,挡住气流,使气流在鼻腔共鸣后流出,舌尖与上齿龈不解除阻碍。如:ān(安),lán gān(栏杆)。

en   发元音 e(舌位比单元音 e 靠前、下降,即[ə]的音色)后,紧接着舌尖抵住上齿龈,同时软腭下垂挡住气流,使气流在鼻腔共鸣后流出,舌尖与齿龈不解除阻碍。如:ēn(恩),gēn běn 根本。

in   发元音 i 后紧接着舌尖抵住上齿龈,同时软腭下垂挡住气流,使气流在鼻腔共鸣后流出,舌尖与上齿龈不解除阻碍。如:īn(yīn)音,xīn qín 辛勤。

ün   发元音 ü 后紧接着舌尖抵住上齿龈,同时软腭下垂挡住气流,使气流在鼻腔共鸣后流出,舌尖与上齿龈不解除阻碍。如:ün(yūn)晕,jūn xùn 军训。

另 4 个是在 an 前分别加上 i、u、ü 3 个元音作介音,在 en 前加 u 作介音,发音情况与三合元音 iao、iou、uai、uei 类似,连续两个元音中,后一个元音发音响亮清晰,是主要元音(韵腹),所加的介音是韵头。如:

ian   发元音 i 后紧接着发 an(这时 a 受前高元音的影响,舌位略为上升如元音 ê 的音色)。如:iān(yān)烟,tiānbiān 天边。

uan   发元音 u 后紧接着发 an。如:uān(wān)弯,wǎn zhuǎn 婉转。

üan   发元音 ü 后紧接着发 an。如:üān(yuān)渊,quán quán 全权。

uen   发元音 u 后紧接着发 en。如:uēn(wēn)温,lùn wén 论文。

uen 和辅音声母结合成音节后与三合元音 iou、uei 同样有发音的变化,《汉语拼音方案》也作出规定,书写形式省略为 un,如上例 lùn wén,声调标在唯一的元音 u 上。其他 7 个一律标在主要元音上(如只有一个元音,该元音即主要元音)。凡有 i、u、ü 作介音的韵母独立成音节时要加写或改用 y、w,具体使用如下:ian—yan、uan—wan、üan—yuan、uen—wen、in—yin(in 只有一个元音 i,不能用 y 替代)。

(2) 8 个带 ng 尾的韵母(通称后鼻音韵母)

ang   发元音 a(舌位比发单元音 a 略靠后)后紧接着舌头往后缩,舌根部分抬起与软腭相抵,同时软腭下垂挡住气流,使气流在鼻腔共鸣后流出,舌根与软腭不解除阻碍。如:āng 肮,chǎng fáng 厂房。

eng　发元音 e(与 en 的元音一样)后紧接着舌头往后缩,舌根部分抬起与软腭相抵,同时软腭下垂挡住气流,使气流在鼻腔共鸣后流出,舌根与软腭不解除阻碍。如:fēng shèng 丰盛(现代无 eng 独立自成音节的常用字)。

ing　发元音 i 后紧接着舌头往后缩,舌根部分抬起与软腭相抵,同时软腭下垂挡住气流,使气流在鼻腔共鸣后流出,舌根与软腭不解除阻碍。如:īng(yīng)英、qīng jìng 清静。

ong　发元音 o(严格地说这个 o 的舌位比单元音 o 略微抬高)后紧接着舌头往后缩,舌根部分抬起与软腭相抵,同时软腭下垂挡住气流,使气流在鼻腔共鸣后流出。如:sōng dòng 松动(ong 不能独立自成音节,必须与辅音声母相拼成音节)。

另 4 个是在 ang、eng、ong 前分别加上 i 或 u 作介音,发音与 ian、uan、uen 情况相同。连续两个元音中,后一个是主要元音(韵腹),所加的介音是韵头。如:

iang　发元音 i 后紧接着发 ang。如:iāng(yāng)央、xiǎng liàng 响亮。

uang　发元音 u 后紧接着发 ang。如:uāng(wāng)汪、zhuāng huáng 装潢。

ueng　发元音 u 后紧接着发 eng。如:uēng(wēng)翁、jiǔ wèng 酒瓮(ueng 不能和任何辅音声母构成音节,只能独立自成音节,且常用字极少)。

iong　发元音 i 后紧接着发 ong。如:iōng(yōng)拥、xiōng yǒng 汹涌。

以上 8 个带 ng 尾的韵母中有 4 个只有一个元音,本身是主要元音,成音节时声调符号标在这个元音上,另 4 个有两个元音,声调符号标在后一个主要元音上。凡有介音的,成音节时要使用 y 或 w,韵母 ing 要前加 y,因为 i 是唯一的元音,不能用 y 替代。

(二)按不同的介音分类

39 个韵母有它们的共同点,有的没有介音,有的有介音(韵头)i、u、ü,我国音韵学对韵母的传统分类就是按它们有无韵头或不同的韵头分成四类,称为"四呼"。

开口呼　没有韵头而韵腹不是 i、u、ü 的,共有 16 个。

齐齿呼　有韵头 i 或韵腹是 i 的,共有 10 个。

合口呼　有韵头 u 或韵腹是 u 的,共有 9 个。

撮口呼　有韵头 ü 或韵腹是 ü 的,共有 4 个。

韵母 ong 和 iong 在中古语音中分别归入合口呼与撮口呼。现代语音学界对这两个韵母的归类问题论点不一。随着语音的发展,发音上不会没有细微的变化,这里采用《汉语拼音方案》韵母表的排列,ong 归入开口呼,iong 归入齐齿呼,便于教学。

韵 母 总 表

音素分类 / 四呼	单元音(单韵母)	复合元音(复韵母)	带鼻尾音韵母(鼻韵母)
开口呼	-i -i e r a o e ê	ai ei ao ou	an en ang eng ong
齐齿呼	i	ia ie	iao iou	ian in iang ing iong
合口呼	u	ua uo	uai uei	uan uen uang ueng
撮口呼	ü	üe	üan ün

从上面表中我们可以看到不论怎样分类,39 个韵母有好几组都是成系列的,有些韵母开、齐、合、撮四呼齐全,如:an、ian、uan、üan,en、in、uen、ün 等;有些只有三呼,如:a、ia、ua、ê、ie、üe、ang、iang、uang;也有两呼的。这样的系列与中古语音音系是基本符合的,随着语音发展、演变,多数系列没有变化。对照古代格律诗、词的用韵,凡是成系列的韵母都可以押韵,现代语音也基本相同。

四、方音辨正

(一) en、eng 和 in、ing 辨正

鼻韵母中 n 尾和 ng 尾在中古语音就有区分,随着语音演变,现代多数方言这两个韵尾都已相混甚至完全不分,但普通话语音这两个不同的韵尾的韵母区分得很清楚,如 shì zhèn(市镇)不同于 shì zhèng(市政),qīn jìn(亲近)与 qīng jìng(清静)意义不一样,但在多数方言里这两对词语的读音没有区别,这形成了方言区人学普通话语音一个普遍的难点。要发准这两个韵尾的韵母最重要的是准确掌握 n 和 ng 的发音部位,可以参考上文所介绍的检验方法,如果发完 en、in,舌尖仍抵在齿龈上,那么这个韵母发准了,如果舌尖是下垂的而且靠在下齿背后面,那么所发的韵母一定是舌根部分抬起的 eng、ing,反之也一样。

掌握了这两对韵母的发音后还需要分清常用字中哪些字韵母带 n 尾,

哪些字韵母带 ng 尾。

1. 普通话语音声、韵相配有一定的规律,可利用它来掌握一部分字的韵母

声母 d、t、n、l 和 en 不能构成音节。如:登、灯(d-)、腾、眷(t-),能(n-),冷(l-)的韵母肯定是 eng(在语音发展中不会没有变化,如"嫩"古音是合口呼,现代语音也曾读作 nùn,但 1986 年公布的《普通话异读词审音表》中已审订为 nèn,这是本规律中的例外字。"抟 dèn"、"恁 nèn"是方言词)。

声母 d、t、n 和 in 不能构成音节。如:丁(d-)、听、庭(t-),宁、凝(n-)的韵母肯定是 ing(口语音比较容易发生变化,"您"nín 也是本规律中的一个例外字)。

2. 利用方言与普通话语音的对应规律可以分清部分字的韵母

吴语没有 en、eng 的区别,凡普通话语音中这两个韵母的字在吴语中可以读 en,也可以读 eng,因人而异,经常混淆,但是如果这些字的声母是双唇音及唇齿音的 b、p、[b](b、p 的浊辅音)、m、f、v(f 的浊辅音),它们的普通话韵母绝大多数是 en 或 uen。如:本、奔、笨、喷、盆、门、闷、分、忿、闻等。例外字只有极少数,如:烹(pēng)、萌、盟(méng)。

3. 利用形声字声旁类推

如:

申 shēn——伸、呻、绅、砷 shēn,神、钟 shén,审、谂、婶 shěn。

生 shēng——牲、甥、笙 shēng,胜 shèng。

今 jīn——衿、矜 jīn,妗 jìn,衾 qīn,琴、芩 qín,吟 yín。

青 qīng——菁、睛、精 jīng,靖、静 jìng,清、蜻、鲭 qīng,情、晴、氰 qíng,请 qǐng。

(二) eng 和 ong 辨正

中古语音韵母"通"摄的字演变到现代语音不论方言或普通话一般都是韵母 ong,但在普通话语音里凡声母是 b、p、m、f 的字韵母都变成 eng,这就是方言区人常把绷 bèng,蓬 péng,蒙 méng,梦 mèng,风、峰、丰 fēng,逢 féng,奉 fèng 的韵母读成 ong 的原因。要改变这种语音习惯势力只要记住一条规律,在普通话语音里声母 b、p、m、f 不能和 ong 构成音节,准确的韵母应该是 eng,发这个韵母的元音不要把唇形拢圆。

(三) i 和 ü 辨正

单元音韵母 i 和 ü 都是舌位前高元音,发音近似,多数方言区人能分辨这对元音韵母的发音,在西南官话部分地区(如云南、贵州及广西部分)

没有ü类撮口呼韵母,吴语上海市崇明县也缺少撮口呼韵母,凡普通话语音中韵母ü或ü作韵头的字与齐齿呼i读音混淆。要改变这种语音现象应该多练习唇形拢圆的动作,i和ü舌位一样高低,发i时把唇形收拢成圆形,就可以发出ü的音色。如:容易(róng yì)——荣誉(róng yù); 记号(jì hào)——句号(jù hào)。也可以利用形声字声旁类推,掌握撮口呼的字。如:

  俞 yú——榆、瑜、逾、渝、愉、揄、觎 yú,喻、谕、愈 yù。

  云 yún——芸、耘 yún,运、酝 yùn。

（四）o、e、uo 辨正

中古语音韵母"果"摄有部分字演变到现代普通话语音,凡声母是双唇音b、p、m的,韵母都是单元音韵母o,如:bō(波)、pō(泼)、mó(摩),其他声母的字韵母多数是uo,如:duō(多)、guō(锅)、zuò(坐),但同是官话区的胶辽官话(东北沈阳及山东东北部)如声母是b、p、m的这类字韵母都是e,读成be、pe、me。o和e的发音区别只在于唇形的圆与不圆,要改变发音并不困难。还有些方言区的人把普通话的bo、po、mo读成buo、puo、muo,这同样不准确。o是单元音,发音时舌位始终如一,没有动程,但uo是复合元音,发音时舌位有极小的动程,口形由小到大,这个动程不易感觉,需要在练习中辨认。除了准确发音外,可以利用语音演变及普通话语音内部结构规律来纠正以上两种错误现象:

(1)普通话语音声母b、p、m、f不能和e构成音节(音节表中有一个me(么),这是用在"什么shén me"这个词中的轻声音节,没有固定的声调,读音轻短模糊,不足以说明m可以和e构成音节),所以凡方言中读be、pe、me的音节应改为bo、po、mo。

(2)普通话语音声母b、p、m、f不能和uo构成音节(单元音韵母o也不能和b、p、m、f以外的声母构成音节),所以方言区人错读为buo、puo、muo、fuo的音节应改为bo、po、mo、fo。

（五）an 和 ang 辨正

an和ang发音明显的区别是在于它们鼻尾音的不同,但被人们所忽略的是在部分方言区人的发音问题是在它们的元音a,如:安 ān、山 shān、官 guān 这类字容易与肮 āng、伤 shāng、光 guāng 发音相混。要纠正这种发音错误,主要在于分清这两个韵母的a,它们之间是有细微区别的,an中的a发音时舌位比单元音a靠前,调节气流的部位在舌面前部,国际音标是

[a]（称为前 a），ang 中的 a 发音时舌位比单元音 a 靠后，调节气流的部分在舌面后部，国际音标是 [ɑ]（称为后 a）。尽管舌位的前后差别很小，但掌握不好就会改变 an 和 ang 的音色，以致"船上 chuán shang"和"床上 chuáng shang"词义相混。

思考题

1. 元音和韵母这两个概念能不能通用？

2. 元音发音时气流在口腔里是怎样受到调节的？七个舌面元音的发音条件是怎样形成的？

3. 复合元音由两个或三个单元音组成，为什么它们的读音不会误听为是连续发两个单元音或是三个单元音？

4. 前、后鼻音韵母是方言区人学习普通话语音的难点之一，怎样掌握它们的发音？有没有切实可行的办法克服这一难点？

5. 结合自己的方言试找出本节中未提到的辨正方法。

第四节　声　　调

一、声调的性质和作用

学习和研究普通话语音，声调是一个重要部分。汉语是有声调的语言。声调是指一个字的字调，每个音节除声母、韵母以外，一定有一个声调贯穿始终。声调的形成是音高的变化，发音时声带拉紧，发出的声调就高，反之声带放松，发出的声调就低。汉语的声调有平、升、降或升降、降升的曲折型，都是由于声带松紧的变化形成的。所以说声调的高低升降的变化决定于音高。这种音高是相对的音高，女人发的高平调一般比男人发的高平调要高一些，但同一个人发不同声调的高低升降是不变的。

声调是汉语音节里不可缺少的重要组成部分，不同的声调可以改变音节所表示的意义。以常用音节 shi 为例：

```
shī yè    shí yè    shǐ yè    shì yè
失 业    实 业    始 业    事 业
```

　　以上四个词语中都有 shi,如果没有声调,就无法区别它们所表示的意义,由于声调的不同,一听就可以明白它们是四个完全不同的词语。

二、调类和调值

　　"调值"是指某一个声调的实际读音。上例中第二个词语"shí yè",发音时可以体会出发前一个音节时声音是上升的,后一个音节是下降的,这说明这两个音节声调的调值不相同。汉语各种方言都有声调,但同一种声调名称的调值并不都相同,如普通话语音的"天"是高而平的调子,而吴语上海话却是下降的调子。把调值相同的字归并成类,就叫"调类"。一种方言里有几种调值,就有几种调类。方言和普通话的声调都是从中古语音的"平、上、去、入"四声(根据声母的清浊,四声各分阴、阳,共计八类)演变而来的,在演变过程中有分化,有合并,发展的速度不一样,所以各种方言的调类多少并不相同,但不出于古四声(八类)的系统,而且演变规律比较整齐。调查的结果是吴语上海市区话现有 5 个调类,附近的苏州话则有 7 个调类,粤语广州话多至 9 种调类(入声因不同的元音,阴入分化成两类)等等。普通话语音发展较快,只有 4 个调类。

三、普通话语音的调类和调值

(一) 四声

　　普通话语音的调类名称是:阴平、阳平、上声、去声,统称四声。

　　四声的调值是:

　　阴平　起音高,音高没有变化,称为高平调,调值相当于 55。如:fāng 方,gāo chāo 高超。

　　阳平　起音中,升到最高,称为中升调,调值相当于 35。如:fáng 房;cháo liú 潮流。

　　上声　起音半低,降到最低后又升到半高,称为降升调,调值相当于 214。如:fǎng 访,lǐng dǎo 领导。

　　去声　起音高,一路降到最低,称为全降调,调值相当于 51。如:fàng 放,shèng lì 胜利。

　　四声的调值可以采用 5 度标记法形象地比较说明:

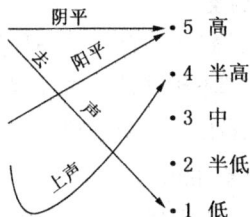

四声的调号实际上就是它们调值的调型。《汉语拼音方案》规定四声的声调符号为:阴平¯ 阳平ˊ 上声ˇ 去声ˋ

在音节里声调符号一律标在主要元音(韵腹)上。

(二)关于上声字调值的实际读音

上声的调值是降升的曲折调型,音长相对来说比较长,在实际语言里这个 214 调值往往发不完整,只有单独发一个上声字,或者上声字在词语的最后一个音节时才会发出完整的 214。如:

理 lǐ 道理 dào lǐ 原理 yuán lǐ 公说公有理(lǐ),婆说婆有理(lǐ)

当上声字在词语的前一个音节时,它的 214 调值就会随着语流而弱化,如:

理科 lǐ kē "理"在阴平字前面
理由 lǐ yóu "理"在阳平字前面 } lǐ 的实际调值是 211
理智 lǐ zhì "理"在去声字前面 } (上升部分弱化)。
理想 lǐ xiǎng "理"在上声字前面(即两个上声字相连),lǐ 的实际调值像阳平 35(下降部分弱化)。

语言里可能出现三个或更多上声字相连。在这种情况下要根据词语的结构划分成音节段,然后确定上声字的实际变读。如:

"小手小脚"结构可划成"小手|小脚" } 实际读音仍按两个上声相
"我俩永远友好"结构可划成"我俩|永远|友好" } 连,每两个音节中前一个音节读 35。

"小组长"结构是"小组|长"(一个小组的负责人),读音为 xiáo zú zhǎng。

"小老虎"结构是"小|老虎"(幼小的老虎),读音为 xiǎo láo hǔ。

上声字的变读是口语现象,《汉语拼音方案》规定在书写时不论上声字处在哪个位置,它的声调符号不能改变。

（三）轻声不是第五种调类

普通话语音里有些音节读轻声。轻声是一种又轻又短、比较模糊的调子，听感上与阴、阳、上、去的调值都不相同，但不能认为轻声是四声以外的第五种声调，从具体语言里可以明显地看出，凡读轻声的字都有它原来的声调。如：

> 东西 dōng xi　东西 dōng xī　同一个"西"原声调是阴平。
>
> 木头 mù tou　牛头 niú tóu　同一个"头"原声调是阳平。
>
> 桌子 zhuō zi　电子 diàn zǐ　同一个"子"原声调是上声。
>
> 谢谢 xiè xie　两个"谢"前一个原声调是去声。

从以上例子可以看出普通话语音四种声调的字在语言里都可以变读为轻声，这只是语言的需要而产生的音变现象。又如，当一个轻声音节处在不同声调音节的后面，它的读音虽属模糊却仍有音高的区别，如：

> 酸的 suān de　甜的 tián de　苦的 kǔ de　辣的 là de

这四个词语同有一个"的 de"，但实际读音在音高上有细微的区别，实验证明，"的"的读音在上声字后面音高略高于其他三声，在去声字后面它的音高最低，而在阴平、阳平字后面则音高处于中等。同一个字读轻声后如果没有它固定的调值，就说明轻声本身没有独立的调值，它不能成为四声以外的第五种调类。轻声只是声调的音变现象（有关轻声问题在第六节音变中再作介绍）。

四、古四声到普通话四声的演变规律

古四声平、上、去、入演变到普通话语音声调虽然也是四声，但古今的四声已不是一对一的对应关系，其中最明显的是入声一类已经完全消失，凡中古入声字都分别归并到平、上、去三种调类。根据声母的清、浊等原因在分化及归并中出现了"入派四声"和"浊上归去"等现象。古四声到普通话四声的演变规律可以列表如下：

古四声 ＼ 普通话四声	平		上			去		入		
	阴	阳	阴	阳		阴	阳	阴	阳	
	（清声母）	（浊声母）	（清声母）	（次浊声母）	（全浊声母）	（清声母）	（浊声母）	（清声母）	（次浊声母）	（全浊声母）
阴平	编(biān)							切(qiē)		

(续表)

古四声／普通话四声	平		上			去		入		
	阴	阳	阴	阳		阴	阳	阴	阳	
	(清声母)	(浊声母)	(清声母)	(次浊声母)	(全浊声母)	(清声母)	(浊声母)	(清声母)	(次浊声母)	(全浊声母)
阳平		便 (～宜) (pián)						节 (jié)			别　读 (bié)(dú) 及　族 (jí)(zú) 宅 (zhái)
上声			剪 (jiǎn)	勉 (miǎn)				铁 (tiě)			
去声					践 (jiàn)	线 (xiàn)	羡 (xiàn)	屑 (xiè)	末　溺 (mò)(nì) 力　肉 (lì)(ròu)	

浊声母可以分为"全浊"和"次浊"两类,表中凡分化时全浊声母和次浊声母归向不同的分别说明,凡归向一致的不另分列,如古阳上声字中全浊声母字一律归并到阳去,次浊声母字仍保留在阳上。古阳入声字中全浊声母字绝大部分归并到阳平,次浊声母字几乎全部归并到去声,所以表中仅阳上和阳入分列全浊与次浊声母,阳平和阳去只说明浊声母。

普通话语音没有全浊声母,只有4个次浊声母 m、n、l、r,汉语其他方言如吴语,都保留全浊声母(塞音、塞擦音、擦音中有[b][d][g][dʑ][dz][v][ɦ][z]等)。

从表上可以看出古今声调的演变基本还是有规律的,古平声中阴、阳分别归入今阴平、阳平,古上声字中阴上和阳上次浊声母字都归今上声,只有阳上中分化出全浊声母字归并到今去声,所以现代的上声字要比古代上声字略少("浊上归去"在其他方言中也普遍存在),而现代的去声字却比古代多得多了,而普通话的去声字尤其增多,因为有大量古入声次浊声母字几乎全部归并到普通话去声。由此可见同样的"四声",古今不能等同。

由于古今声调的演变有基本整齐的对应规律,所以朗读格律诗辨认"平仄"问题并不困难。古代把四声分成"平"和"仄"两类,平声是"平",上去入是"仄"。用今天普通话语音来看"平仄",凡阴平、阳平是古"平声",上声去声是古"仄"声。值得注意的是既有"入派四声",说明在阴平、阳平字中还有一部分是来自古入声字,这些字仍应看作是古"仄"声。

五、入声

入声是中古语音的一种调类名称,经过语音的发展演变,现代普通话语音中已经没有这一调类,上面表中说明了"入派四声"的演变规律,但很多方言至今仍有完整保留入声这一调类的。入声的发音特点是调值短促,而且入声字的韵母带有一个塞音韵尾,它不能像元音韵母那样可以延长发音,而是气流要受到塞音韵尾的阻塞。如普通话中"读书 dú shū"两个音节,发音都可以延长,但在有入声的方言(如吴语)区人读这两个音节时明显有区别,"书"可以延长,"读"无法延长,发韵母时感到喉部有堵塞,这是因为吴语的入声字韵母都带有一个发音部位在喉头的塞音韵尾[ʔ]。中古语音的入声字韵尾本有 b、d、g 三个,在演变过程中一般都发生了变化,至今保留这三个韵尾的只有粤语;其他方言的入声字韵尾多数变为喉塞音[ʔ],如吴语、闽语、赣语等。也有部分方言如湘语、西南官话凡古入声字已归并到其他调类中,多数归并到阴平及阳平,西南官话也有部分地区仍有入声调类,但发展中已丢失塞音韵尾。

六、方音辨正

(一)阳平和上声辨正

方言区人读普通话语音中的阳平字和上声字有一个比较普遍的问题,即阳平升不高,上声降不低,因此在听感上阳平和上声的音色混淆不清。从 5 度标记的表上可以看出阳平和上声共有一个由低上升的音高变化,但阳平的起点和终点都比上声高 1 度,而且上声在上升以前先有一个下降的音高变化,起点和终点都比阳平低,加之上声起音先要下降,所以总的音高显得略低,是四声中最低的调子,而且调型有曲折的特点。在练习这两个声调时要注意比较,可以选取声韵母相同的字区分它们的声调,如:gāo yuán(高原)—gāo yuǎn(高远),tiáo jié(调节)—tiáo jiě(调解)。

普通话语音中凡不送气的塞音、塞擦音 b、d、g、j、zh、z 和鼻韵母构成的音节没有阳平调("甭 béng"和"哏 gén"是方言字,属例外)。这条规律有助于我们掌握一部分应读上声的字。

（二）把方言入声字读成准确的普通话声调

汉语除官话区以外，其他方言大都有入声。作为方言区人首先要辨认什么样的音色是入声字，要体会它们短促的特点，一个简单的方法是用自己的方音数数字："一、二、三、四、五、六、七、八、九、十"，逐个延长试读，凡可以延长发下去的，不是入声字，不能延长发下去的都是入声字。从一至十中共有 5 个不能延长，它们是"一、六、七、八、十"，这 5 个都是入声字。

改变方言入声字为普通话声调是一个很重要的问题，可以利用古今声调的演变规律来掌握大部分入声字的普通话声调：

（1）方言中的入声字如果它们的普通话声母是 m、n、l、r，那么它们的普通话声调都是去声，如：脉 mài、密 mì、默 mò、目 mù、纳 nà、虐 nüè、立 lì、鹿 lù、绿 lǜ、落 luò、日 rì、热 rè、若 ruò 等（有少量口语常用字声调已起变化，应看作例外字，如：摸 mō、捏 niē、没〔没有〕méi、勒〔勒紧〕lēi）。

（2）方言中的入声字如果它们的普通话声母是不送气的塞音、塞擦音 b、d、g、j、zh、z，它们的普通话声调多数是阳平，如：白 bái、勃 bó、别 bié、独 dú、敌 dí、夺 duó、隔 gé、国 guó、集 jí、杰 jié、局 jú、宅 zhái、直 zhí、逐 zhú、杂 zá、泽 zé、族 zú。

如能掌握以上两条规律，相当于掌握了近三分之二方言入声字的普通话声调。

思考题

1. 声调是汉语一个音节里不可缺少的部分。这句话怎样理解？

2. 古四声与普通话四声有什么关系？它们之间的演变规律有哪些明显的特点？

3. 普通话语音中读轻声的字很多，能否把轻声另立一调类？

4. 用普通话阴平、阳平、上声、去声的部分字，试用你自己的方言来读，看有无分化、归并的现象，最后归纳出自己方言的调类。

5. 体会一下自己方言中有没有入声字，本章方音辨正中有关改变入声字读音的规律是否符合实际？

第五节　音节结构

一、什么是音节

辅音和元音是分析音节得出的最小语音单位,声母和韵母是分析音节的组成部分,声调是每个音节贯穿始终的又一组成部分。在实际语言里一连串的语流中人们听感上分辨出来的并不是辅音元音或声母韵母,而是一个个音节。音节是人们听感上最容易分辨出来的自然语音单位。如"努力营造规范的语言文字环境",这里共有 13 个字,读出来可以分成 13 个语音单位,它共有 13 个音节。在汉语里一个汉字就是一个音节。普通话语音里的"儿化韵"是一种特殊的语音现象,如"混着青草味儿",这里写着 6 个字,但是读起来却只有 5 个音节,其中"味儿"是儿化韵,两个字因音变而合成一个音节"wèir"。必须注意的是在诗歌里为了语言的节奏,"儿"往往是一个独立的音节,并没有和前面的音节结合成儿化韵,如"心儿插翅满天游",这里的"心儿"是两个字,读起来仍是两个音节,不能作"儿化韵"处理,这句话应该是 7 个音节。

二、普通话语音的音节结构和特点

汉语传统的分析把一个音节分成声母、韵母和声调三个组成部分。虽然有些音节没有辅音声母,但它们具有"零声母",普通话和方言都有同一现象。以普通话语音为例,韵母还可以分析成韵头、韵腹和韵尾三个部分,韵头和韵腹都必须是元音,韵尾有元音也有鼻辅音。一个音节不能没有韵腹(即一个音节不能没有元音)而韵头和韵尾可以缺一,也可以都没有。一个音节最多可以有三个元音连续组合,这就造成汉语音节的清晰、响亮、优美动听。在一个音节里辅音最多只能有两个,而且位置固定在音节的开头充当声母或是在音节的末尾充当韵尾。这是汉语音节结构的一个特点,其他语言往往可以连续几个辅音。如英语 splash(溅)共有 4 个辅音,而且有 3 个是连续出现的。汉语音节的又一特点是不能没有声调,这是汉藏语系所特有的。

试将汉语普通话音节列表分析如下:

音 节	声 母	韵 母			声 调
		韵 头	韵 腹	韵 尾	
评 píng	p		i	ng	阳平
论 lùn	l	u	e	n	去声
员 yuán		ü	a	n	阳平
文 wén		u	e	n	阳平
章 zhāng	zh		a	ng	阴平
努 nǔ	n		u		上声
力 lì	l		i		去声
营 yíng			i	ng	阳平
造 zào	z		a	o[u]	去声
规 guī	g	u	e	i	阴平
范 fàn	f		a	n	去声
的 de	d		e		轻声
语 yǔ			ü		上声
言 yán		i	a	n	阳平
文 wén		u	e	n	阳平
字 zì	z		-i		去声
环 huán	h	u	a	n	阳平
境 jìng	j		i	ng	去声

上表可以看出普通话语音音节结构的特点是：

（1）一个音节不可缺少韵腹和声调；其他部分并不必都齐全，一个音节最多有4个音素；

（2）韵头共有 i、u、ü 三个元音；

（3）作韵尾的元音有 i、u（表中未列出 u，作韵尾的 u 是在 ou、iou 两个韵母中），作韵尾的辅音有 n、ng 两个；

（4）辅音位置固定，作声母或作韵尾；

（5）韵母 iou（表中未列出）、uei、uen 与声母构成音节后的书写形式虽是 iu、ui、un，但分析音节结构时仍恢复为 iou、uei、uen，中间的元音不省略；

（6）i、u、ü 零声母音节的书写形式要用音头 y 或 w，但分析音节时 y 和 w 不需列出，因为这两个不是音素；

（7）ü 和 ê 在音节里一般都省略符号，但分析音节时必须加写符号以免与 u、e 相混（表中未列出 ê，如："学" xué 分析出的韵腹 e 必须写成 ê）；

（8）舌尖元音韵母-i[ɿ]、[ʅ] 必须加短横，与单韵母 i 区别。

三、普通话语音音节结构的规律

一种语音有它内部结构的规律，而语音演变也遵循着一定的规律，所以一个音节中声母、韵母和声调的配合都有一定的规律，不能任意拼合。

（一）普通话语音声母和韵母配合关系

声母 ＼ 韵母	开口呼	齐齿呼	合口呼	撮口呼
b p m	巴抛忙	比飘民	不普目	
f	发飞方		夫	
d t	刀涛	低挑	端托	
n l	拿老	你辽	奴罗	女略
j q x		机巧心		局全学
g k h	高康喝		古夸欢	
zh ch sh r	知插商扔		朱吹双若	
z c s	资擦桑		租崔孙	

上表总结出普通话语音声母和韵母的配合规律为：

（1）b、p、m 可以和开口呼、齐齿呼以及合口呼中的单韵母 u 构成音节；

（2）f 只能和开口呼以及合口呼中的单韵母 u 构成音节；

（3）d、t 可以和开口呼、齐齿呼、合口呼构成音节；

（4）n、l 可以和开、齐、合、撮四呼的韵母构成音节（但不能和合口呼中的 uei 构成音节，如：内 nèi、类 lèi 韵母不是 nui、lui）；

（5）j、q、x 不能和开口呼、合口呼构成音节；

（6）g、k、h、zh、ch、sh、r、z、c、s 与 j、q、x 相反，只能和开口呼、合口呼构成音节。

以上是各类声母和四呼韵母相配合的总规律，并不等于每个声母和每个韵母都有配合成的音节。详细的配合可参阅音节表。

（二）普通话声韵母与声调的配合关系

普通话语音中声韵母和声调的配合往往与古声母的清浊有关系，根据古浊声母的演变大致可以找出一些声韵母和声调配合的规律：

（1）古全浊声母演变到现代语音有"平声送气，仄声不送气"的规律，所以古全浊塞音、塞擦音演变到普通话语音中，凡声母是送气的 p、t、k、q、ch、c，声调多数是阳平（阴平来源于清声母）；凡声母是不送气的 b、d、g、j、zh、z，声调多数是去声（因为古浊上已归并到去声，所以上述声母的字较少有上声）。如：pán 盘，tái 台，kuí 葵，qián 前，chái 柴，cái 才；bèi 倍，dà 大，guàng 逛，jì 技，zhì 治，zì 字。

（2）古入声字是仄声，所以大多数普通话是 b、d、g、j、zh、z 的古入声字声调是阳平。

（3）普通话鼻韵母的字在古代都不是入声字，所以声母是 b、d、g、j、zh、z 的字没有阳平调（甭 béng、哏 gén 是方言字，属例外字）。

（4）m、n、l、r 是次浊声母字，在演变过程中除古入声字归入普通话去声外，其他不论平声或仄声字都分别归入阳平、上声、去声，基本上没有归入阴平的，但语言是发展的，有些口语常用的 m、n、l、r 声母的字已经变成阴平调了，但其中仍有部分字保留着阳平、上声或去声的读音，如：mā 妈、抹（抹桌子，又读 mǒ），māo 猫，mēn 闷（闷热，又读 mèn 苦闷），mēng 蒙（蒙骗，又读 méng 蒙蔽），mō 摸，捏 niē，lā 拉，lāo 捞，lēi 勒（勒死，又读 lè 勒索），liū 溜（溜达，又读 liù 一溜），lūn 抡，rēng 扔等。

四、普通话语音的常用音节

普通话语音的音节总共有 400 个左右，但出现的频率多少不一，据统计，在日常语言里经常使用的音节只占很少一部分，其中常用音节、次常用音节，又次常用音节总数只有 109 个，约占音节总数四分之一弱。

常用音节 14 个：de、shi、yi、bu、you、zhi、le、ji、zhe、wo、ren、li、ta、dao。

次常用音节 33 个：zhong、zi、guo、shang、ge、men、he、wei、ye、du、gong、jiu、jian、xiang、zhu、lai、sheng、di、zai、ni、xiao、ke、yao、wu、yu、jie、jin、chan、zuo、jia、xian、quan、shuo。

又次常用音节 62 个。

经过统计，这 109 个音节在语言中的出现率约占音节总数的 75％，学习普通话音节，应重点学好这些常用音节。

五、音节拼写中的几个问题

《汉语拼音方案》对音节的拼写形式作出如下规则：

(一) ê 的书写

e 一个字母兼作两个单元音音素，单独使用时，舌面前半低不圆唇元音 ê 有一个加写的符号"^"，但这个元音除音素教学以外，单独成一个音节是可有可无的。作为叹词"欸"，《现代汉语词典》采用的注音有 ê 和 ɑi，北方人口头常出现的多数是 ei。在音节表中有列 ê 的，也有列 ei 的。可见 ê 单独使用的出现频率非常低，一般不会造成书写上的麻烦。ê 主要作用在于与元音 i、ü 结合成复合元音 ie、üe，符号可以省略，因为后半高不圆唇元音 e 没有出现在 i、ü 后面的机会，所以把 ê 的符号"^"省略后不可能造成韵母的混淆。

(二) ü 的书写

u 一个字母兼作两个元音音素，单独使用时，前高圆唇元音 ü 加写两点符号。这两个音素在音节里书写形式有：

(1) 作零声母音节，前加不同的音头 y 和 w。如：

　　　　ü—yu、yue、yuan、yun；

　　　　u—wu、wan、wen。

(2) 与 ü 及撮口呼韵母可以相拼的声母绝大多数是 j、q、x，但 u 不能和 j、q、x 相拼，ü 上两点可省略，不会与 u 相混。如：

　　　　ju、jue、juan、jun，qu、que、quan、qun，xu、xue、xuan、xun。

(3) ü、u 共同可拼的声母只有 n、l，ü 上两点不能省略。如：

　　　　nu(奴)、lu(路)；

　　　　nü(女)、lü(吕)、nüe(虐)、lüe(略)。

(三) i、-i[ɿ]、-i[ʅ] 的使用和书写

i 一个字母兼作三个元音音素。舌尖元音 -i[ɿ] 和 -i[ʅ] 在音素教学时前加短横，与 i 区别。在音节里的书写形式有：

(1) i 独立成音节：yi(衣)。-i[ɿ]、-i[ʅ] 不能独立成音节。

(2) 与声母构成音节：

　　　　-i[ɿ]：zi(资)、ci(此)、si(私)；

　　　　-i[ʅ]：zhi(知)、chi(吃)、shi(诗)、ri(日)；

　　　　i：bi(比)、pi(批)、mi(米)、di(低)、ti(梯)、ni(你)、li(里)、ji(基)、qi

（气）、xi（希）。

凡齐齿呼中所有韵母中的 i 都是舌面元音 i,三者不会相混。

（四）iou、uei、uen 的书写

（1）韵母教学书写为:iou、uei、uen。

（2）在音节里书写为:

　　零声母音节:iou—you（优）,uei—wei（威）,uen—wen（温）。

　　与声母构成音节:iou—xiu（修）,uei—chui（吹）,uen—hun（昏）。

（五）y 和 w 的使用和书写

（1）齐齿呼零声母音节:yi（衣）、ya（鸦）、ye（耶）、yao（要）、you（优）、

　　　　　　　　　　　yan（烟）、yin（因）、yang（央）、ying（英）、

　　　　　　　　　　　yong（拥）。

（2）合口呼零声母音节:wu（乌）、wa（蛙）、wo（窝）、wai（歪）、wei（威）、

　　　　　　　　　　　wan（弯）、wen（温）、wang（汪）、weng（翁）。

（3）撮口呼零声母音节:yu（迂）、yue（约）、yuan（元）、yun（云）。

i、in、ing 只有 i 本身一个元音,必须在 i 前加 y；u 只有本身一个元音,必须前加 w。ü 一律前加 y 以免与 i 相混。

（六）隔音符号"'"的使用

凡开口呼零声母音节与前一个音节按词连写时,应在两个音节之间上角使用隔音符号,以免与前一个音节产生连读的混淆。如:

　　激昂 ji'ang——不是江 jiang；

　　饥饿 ji'e——不是街 jie。

有关词的连写及大写字母的使用,按照《汉语拼音正词法基本规则》的规定。

思考题

1. 汉语一个音节与一个方块字是不是相同？

2. 普通话语音音节结构的主要特点是什么？

3. 中古语音全浊声母字在演变过程中有"平声送气,仄声不送气"的规律,这与普通话声调有什么关系？

4. 齐齿呼、合口呼、撮口呼三类韵母的零声母音节使用 y 和 w 有些什

么作用？如果是开口呼韵母的零声母音节又该采用什么方法替代类似 y、w 的作用？

5. 为什么《汉语拼音方案》能将 e、u 兼作两个元音音素？将 i 兼作 3 个元音音素？它们在使用时会不会混淆？

第六节　音　　变

一、什么是音变

语言不是一个个音节发出的，而是一连串音节连续发出形成语流。在语流中音节与音节、音素与音素、声调与声调之间会相互影响，发生声音的变化，这种变化叫做"音变"。音变一般只是语言中的自然现象，在语言表达上没有什么作用，但也有部分音变如轻声、儿化韵等与词义或词性，甚至语法修辞有关系。

二、普通话语音中主要的音变现象

（一）轻声

1. 什么是轻声

轻声是声调的变化，有些音节由于音变，使原有的声调变成又轻又短，改变了音长、音强，甚至音高和音色，失去了原有的调值。例如：

东西 dongxī（表示方位）　东西 dōngxi（物）——"西"因轻声而失去了 55 调值，音长和音强弱化。

苗苗 miáomiao——同一个"苗"，重叠后第二个音节读轻声，失去了中升的 35 调值，变成轻短而带有低降的调型。

瓜子 guāzǐ（瓜的种子）　桌子 zhuōzi（名词后缀）——"子"读轻声后音长明显改变，而且韵母-i 的音色也改变成[ə]。

谢谢 xièxie——同一个"谢"，第二个音节从高降改变为低降的调型，音长和音强弱化。

同一个音节读轻声后，音高也不相同，前文（第四节声调）所举"的 de"在阴平后面音高约为 2 度，在阳平后面音高为 3 度，在上声后面音高高达 4 度，而在去声后面音高最低约为 1 度。

音节读轻声后不仅声调会失去原有的调值,同时还可以影响声母和韵母的音色。一般规律是凡普通话语音中不送气的塞音、塞擦音、擦音声母音节读轻声后,常常受影响变读为相对的浊音,而韵母则多数变读为[ə],也可能丢失,如:

爸爸 bàba→bà[bə]

我的 wǒde→wǒ[də]

两个 liǎngge→liǎng[gə]

人家 rénjia→rén[dʑiə]

桌子 zhuōzi→zhuō[dzə]

豆腐 dòufu→dòu[v]

2. 轻声音节的主要规律

方言区人不容易掌握普通话语音中读轻声的音节,但是有一部分必须读轻声,而且与词汇、语法有密切关系的轻声音节是有整齐的规律的,如:

(1) 作名词后缀的"子"、"儿"、"头"、"巴"以及"么"必读轻声。如:

桌子　盖儿　石头　尾巴　什么

(2) 助词"的"、"地"、"得"、"着"、"了"、"过"、"们"必读轻声。如:

红的花　慢慢地走　高兴得很　坐着看　去过了　同学们

(3) 动词后面表示趋向的"来"、"去"必读轻声。如:

走进来　走出去　走上来　走下去

(4) 表示方位的语素必读轻声。如:

桌上　楼下　屋里　窗外

(5) 重叠形式的动词、名词后面一个音节必读轻声。如:

试试　尝尝　看看　星星　宝宝　猩猩

(6) 语气词"啊"、"吗"、"吧"、"呢"等必读轻声。如:

行啊　对吗　请说吧　干什么呢

(7) 量词"个"必读轻声。如:

一个孩子

(8) 多数双音节单纯词的第二个音节读轻声。如:

玻璃　萝卜　玫瑰　牡丹　琵琶　葫芦

其他日常口语双音节常用词第二个音节读轻声,但没有明显的规律可循,需要在语言实践中逐步掌握,如:

　　先生　明白　事情　工夫　告诉　姑娘　暖和　马虎　耳朵

3. 轻声的作用

(1) 区别词义。如:

地方 dìfāng(与中央相对的行政区划)　　地方 dìfang(空间的一部分)

大意 dàyì(主要内容)　　大意 dàyi(不注意、粗心)

自然 zìrán(自然界)　　自然 zìran(态度不偏促)

女人 nǚrén(泛指成年女性)　　女人 nǚren(指妻子)

(2) 区别词性。如:

摆设 bǎishè(动词)　　摆设 bǎishe(名词)

利害 lìhài(名词)　　利害 lìhai(形容词、副词)

对头 duìtóu(形容词,正确、合适)　　对头 duìtou(名词,仇家)

花费 huāfèi(动词)　　花费 huāfei(名词)

(二)"一"、"不"及"七"、"八"的音变

"一"、"不"和"七"、"八"都是古代的入声字,发音短促,部分方言仍保持着短促的读音,不容易读出它们准确的普通话声调,而在普通话语音里这几个字的声调还会受其相连音节声调的影响而出现变读现象,但变调是有规律可循的。

1. "一"的变调

"一"的基本调是阴平 yī,在语言里作为序数或者处在词语的最后一个音节时声调没有变化。如:

　　一、二、三　　第一号　　他住在一楼　　表里如一

"一"在阴平、阳平、上声三种声调的音节前变读为去声 yì。如:

　　一天 yītiān→yìtiān　　一干二净 yìgān-èrjìng
　　一年 yīnián→yìnián　　一成不变 yìchéng-búbiàn
　　一晚 yīwǎn→yìwǎn　　一举两得 yìjǔ-liǎngdé

"一"在去声音节前变读为阳平。如:

　　一夜 yīyè→yíyè　　一见如故 yíjiànrúgù

"一"夹在动词中间读轻声。如:

看一看　想一想　试一试

2.“不”的变调

“不”的基本调是去声 bù,单独说时读本调去声。它只有在去声音节(即两个去声相连)前才变读为阳平。如:

不(bù)!　不(bù)!　这不(bù)好!

不是 bùshì→búshi　不去 bùqù→búqù

不稼不穑 bújià-búsè

“不”夹在两个动词或形容词中间读轻声。如:

去不去　要不要　好不好

3.“七”、“八”的变读

“七”、“八”的基本调都是阴平,作序数或处在词语后面时读阴平。如:

七、八、九　第七号　第八号　横七竖八 héngqī-shùbā

“七”、“八”只有一种变调的可能,即在去声音节前变读为阳平。随着语言发展,“七”、“八”的变调在逐步消失中,但在实际语言中还时有出现,如:

七倍 qībèi—qíbèi　　　　七擒七纵 qīqín-qīzòng

八万 bāwàn—báwàn　　　七上八下 qīshàng-báxià

“一”、“七”、“八”、“不”的变调只是口语现象,在拼写时一律书写它们的基本调。

(三)形容词重叠后的几种音变

形容词重叠后一般构成下面几种形式,其重叠部分有变调现象,如:

AA　慢慢地　快快地　满满地(第二个音节可变为阴平,也可以不变)

AA＋儿　慢慢儿地　快快儿地　满满儿地(第二个音节变为阴平)

ABB　绿油油　沉甸甸　黄澄澄(后两个音节一般变为阴平)

AABB　欢欢喜喜　高高兴兴　快快乐乐(后两个重叠部分可读阴平,也可以不变)

朗读时如表现出比较庄严的语气或书面语一般可以不变。

(四)语气词“啊”的几种变读

语气词“啊”是零声母音节,位在一句话的句末。在语言中它常常会受

前面一个音节最后一个音素的影响,产生连音或同化等变化,使"啊"变读为
"呀"、"哇"、"哪"等。这种变化不是随意而是有一定的规律的。如:

(1)"啊"前面一个音节最后一个音素是 i、ü,"啊"变读为"呀 ya",可写
作"呀",如:

雪白的大米啊! mi a啊 a→ia(ya)呀

他是谁啊? shei a啊 a→ia(ya)呀

你去不去啊? qu a啊 a→ia(ya)呀

(2)"啊"前面一个音节最后一个音素是 u,"啊"变读为"哇 wa",可写
作"哇",如:

去种树啊! shu a啊 a→ua(wa)哇

一起走啊! zou a啊 a→ua(wa)哇

真好啊! hao a啊 a→ua(wa)哇(ao 韵尾近似 u)

(3)"啊"前面一个音节最后一个音素是 n,"啊"变读为"哪 na",可写作
"哪",如:

还没干啊! gan a啊 a→na 哪

你肯不肯啊? ken a啊 a→na 哪

这儿近啊! jin a啊 a→na 哪

(4)"啊"前面一个音节最后一个音素是 ng,"啊"变读为 nga,没有汉
字,仍写作"啊",如:

这是大合唱啊! chang a啊 a→nga 啊

真好听啊! ting a啊 a→nga 啊

不能啊! neng a啊 a→nga 啊

(5)"啊"前面一个音节最后一个音素是-i[ʅ]或 er(包括儿化韵),"啊"
变读为 ra,没这个汉字,仍写作"啊",如:

大家吃啊! chi a啊 a→ra 啊

他考了第二啊! er a啊 a→ra 啊

什么事儿啊? shir a啊 a→ra 啊

(6)"啊"前面一个音节最后一个音素是-i[ɿ],"啊"变读为[z]a([z]是 s
的浊音),没有这个汉字,仍写作"啊",如:

原来如此啊！ci ₐ啊 a→[z]a 啊

千万不能自私啊！si ₐ啊 a→[z]a 啊

（7）此外，"啊"前面一个音节最后一个音素是 a、o、e、ê，"啊"一律变读为"呀 ya"，可写作"呀"，如：

原来是他啊！ta ₐ啊 a→ia(ya)呀

今天吃火锅啊！guo ₐ啊 a→ia(ya)呀

他唱的是山歌啊！ge ₐ啊 a→ia(ya)呀

快写啊！xie ₐ啊 a→ia(ya)呀

（五）儿化韵

1. 什么是"儿化韵"

一个音节的韵母和卷舌元音 er 结合起来，紧密地组成一个音节，使这个韵母产生卷舌色彩，这样的韵母叫做"儿化韵"。"儿化韵"是普通话语音的一个特点，发音时韵母随着结合起来的 er 同时卷舌，er 失去它的独立性，所以"儿化韵"只作为一个音节，如：花 huā，与 er 结合后变成 huār 一个音节。

2. 儿化韵在语言里的作用

儿化韵不只是普通话的语音现象，它在词汇、语法方面有区别词义和确定词性的作用，在修辞方面又有表示细小、可爱的作用。如：

（1）区别词义。如：

头（指脑袋）　头儿（指领头的人或指事情的开端"刚起头儿"）

眼（指眼睛）　眼儿（指小小的洞）

信（指书信，有形式）　信儿（口信，消息，一般无形式）

一点（一点钟，一点意见）　一点儿（很少量）

（2）确定词性。如：

盖（动词）　盖儿（名词）

画（动词）　画儿（名词）

活（形容词）　活儿（名词）

带有"儿化"的词一般都是名词，在动词中只有一个"玩儿"有儿化。

（3）表示细小及可爱的感情色彩。如：

小孩儿　小鸡儿　小鱼儿　铁丝儿

鲜花儿　山歌儿　苹果脸儿

3. 怎样读好儿化韵

韵母儿化以后读音变化并不完全相同,有些韵母开口度大便于卷舌,有些韵母开口度小不便于卷舌,所以在发音时有改变韵母的主要元音,也有丢掉韵尾等现象,这种读音变化是有规律的。

(1) 韵母中最后一个元音是 a、o、e、ê、u 的,在发元音的同时卷舌。如:

哪儿 nǎr　山坡儿 shānpōr　这儿 zhèr　小街儿 xiǎojiēr　水珠儿 shuǐzhūr

(2) 韵母有韵尾 i 或 n 的,丢掉韵尾,在发韵腹的同时卷舌。如:

盖儿 gàir→gàr　　香味儿 xiāngwèir→xiāngwèr

拐弯儿 guǎiwānr→guǎiwār　　嗓门儿 sǎngménr→sǎngmér

(3) 韵母 i、ü,要在 i、ü 后面加上一个[ə](《汉语拼音方案》写作 e)再同时卷舌。如:

玩意儿 wányìr→wányièr　　小曲儿 xiǎoqǔr→xiǎoquěr

(4) 韵母-i[ɿ],-i[ʅ],要丢掉韵母,改成[ə]同时卷舌,如:

铁丝儿 tiěsīr→tiěsēr　　没事儿 méishìr→méishèr

(5) 韵母是 ng 韵尾的,丢掉 ng,在发韵腹时口腔、鼻腔同时呼出气流使这个元音成为鼻化元音(国际音标采用符号"～"表示),发鼻化元音的同时卷舌。如:

药方儿 yàofāngr→yàofār　　小虫儿 xiǎochóngr→xiǎochōr

上述读音规律不使用于书写形式,凡各类韵母儿化后一律按照《汉语拼音方案》规定的书写形式,在原音节韵母后加上卷舌符号"r"。

思考题

1. 如果不掌握轻声词会不会影响交际?

2. 语气词"啊"、"呀"、"哇"、"哪"没有意义的区别,写作时任意选用可以吗?

3. 有人认为儿化韵是北京土话,为什么方言区人学习普通话还有必要学习"儿化韵"？

4. 怎样读好儿化韵音节？

<h1 style="text-align:center">第七节 音 位</h1>

一、什么是音位

《汉语拼音方案》介绍我们的普通话语音音系是 22 个辅音音素(21 个声母),10 个元音音素(39 个韵母),4 种声调,但是经过学习,我们接受的音素和声调调值已经超过了这些数字,仅是"音变"部分的知识就说明了可作为声母的辅音音素还有好几个浊辅音,而当元音音素 a 与其他音素结合成复合元音(复韵母)时又增加了发音相似的[a]、[ɑ]、[æ]等音素,在声调的实际发音里上声又增加了 211 和 35 不同的调值,说明在实际语音里经常出现的音素、声调要比我们熟知的声母、韵母、声调多得多,但这许多声音之间的区别很细微,略有变化并不改变词义,影响人与人之间的交际,所以人们并不注意它们之间有什么差别,长时间习惯地使用着。然而在实际语言里出现的那么多音素以及声调的调值是比较繁琐的,这些相似的声音又没有区别语义的作用,所以使用这种语言的人可以把这些众多的声音归纳起来,用一个声音来表示它。这种把实际语言里众多的音素或声调归纳而成的一个能区别意义的单位,就叫"音位"。在同一"音位"里若干声音相似的音素或声调称为该音位的"音位变体"。

二、音位的归纳

不同的语言有不同的音位系统,普通话和方言的音位系统也有区别。要把语言里各种复杂的声音归纳成整齐的音位系统一定要有社会基础,因为某些不同的声音在一个社会地区的人听感上很难区分,而其他社会地区的人却完全能区分,如西南官话和江淮官话有一部分地区的人对 n 和 l 两个音素在发音及听感上都相互混淆,"南 nán"和"兰 lán"可以混读,而且没有区别词义的功能。从语音的历史看,n 属"泥"母,l 属"来"母,应该是不同的声母,现代普通话和多数方言仍是两个不同的声母,但是在语音发展中,这些方言已经把这两个声母无条件地互相变读了,根据这样的社会基础,n

和 l 可以归纳为一个音位,以其中之一为"典型",另一个为音位变体。而在普通话语音以及其他方言区里"南 nán"不能读成"兰 lán",反之也一样,如果相互混读就会影响词义,所以 n 和 l 是两个不同的音位。拿大部分方言和普通话语音的音位系统比较,还有明显区别的是 zh、ch、sh 和 z、c、s,前后鼻音韵尾 n 和 ng 的音位问题。如吴语区人说"春装 chūn zhuāng"和"村庄 cūn zhuāng"声音完全相同,说"出身 chū shēn"和"出生 chū shēng"也没有不同,这是因为在这个社会地区没有 zh、ch、sh 和 z、c、s 两组不同的声母,也没有鼻音韵尾 n 和 ng 的区分,所以在吴语音位系统里普通话 zh、ch、sh 和 z、c、s 两组声母只有 z、c、s 3 个音位,而鼻音韵尾 n 和 ng 则归并为一个音位,同一个人在不同时间里可以发韵尾 n,也可以发韵尾 ng,听感上没有不同,也没有区别词义的作用。但是在普通话语音里"春装"不能说成"村庄","出身"也不同于"出生",说话和听话人都可以清楚地区分它们的不同,而且影响词义表达,所以在普通话语音除了 z、c、s 3 个音位以外,还必须有 zh、ch、sh 3 个音位,而韵尾 n 和 ng 是两个完全不能替代的音位。

　　一个音位可以只有一种声音,也可以有一组声音很相似的变体,这种变体的互换有的是没有条件的,发音人可以自由变读,本人感觉不出有什么区别,如上述方言区人对 n、l 音位的发音。但也有些音位变体是在一定条件下出现的,即某几个音素声音相似是在不同的环境中形成的,如前面已介绍过的普通话语音中元音音素 ɑ 在实际语言里有声音的变化,当它是单独一个音素或一个音节时,它发音是舌位央低,国际音标用[A]来描写,当它处在 i、u 后面结合成后响二合元音时,它不受前面 i、u 的影响,发音也是[A],但当它与 i 结合成前响二合元音 ɑi 以及与鼻辅音 n 结合成复合鼻尾音时,它的发音受前高元音 i 和舌尖鼻辅音 n 的影响而使舌位由央低往前移动为前低,音色略有改变,这就是前 ɑ,国际音标用[a]来描写;同样的,当 ɑ 与后半高元音 o(发音近于 u)结合成 ɑo 以及与舌根鼻辅音 ng 结合成 ɑng 时,它又受 o 及 ng 的影响而舌位由央低往后移到后低,音色已有改变,称为后 ɑ,国际音标用[ɑ]来描写。这 3 个 ɑ 声音极为相似,又如 ɑ 处在前高元音 i 和舌尖鼻辅音 n 中间结合成 iɑn 时,ɑ 先受 i 的影响发成前 ɑ,接着又受舌尖鼻音 n 的影响,舌位动程在还未降到前低时就往上抬,紧接着发 n,它实际下降的舌位是近于前半低元音 ê 的位置,这个声音与前 ɑ 又有区别,国际音标可用[æ]描写。这样一个元音音素 ɑ 在不同的条件下实际出现的声音有 4 个:[A][a][ɑ][æ],但发音人如果不能准确发音,任意改变其

中 ɑ 的读音,却并不会改变词义,影响交际,所以这一组繁多的声音可以归纳为一个音位,以[ʌ]为"典型",其他 3 个作为[ʌ]音位的变体。又如普通话语音的后半高不圆唇元音 e[ɣ]也有一组不同的声音,如:ei 因受韵尾 i 的影响而使 e 的舌位往前移,国际音标就用前半高元音[e]来描写,而在卷舌元音 er 中,为了便于卷舌,使 e 的舌位降低并前移,国际音标用央元音[ə]来描写。在归纳音位时就以[ɣ]为"典型",[e]及[ə]作为这个音位的变体。[ʌ]音位与[ɣ]音位的几个变体都伴有一定的条件。类似这种实际语言里众多的,却并没有区别意义的声音经过整理、归纳成音位后,可以得到整齐简单的语音系统,有利于学习和研究。

三、从语音实践中看普通话语音的音位系统

语音学界对普通话语音音位的归纳众说不一,没有作出定论,但经过《汉语拼音方案》的学习和运用,经过语音实践,大致可以看出普通话语音的音位和它们的变体。

(一)32 个音素音位

1. 10 个元音音位

ɑ[ʌ]　典型[ʌ]:妈[mʌ]　鸦[iʌ]　蛙[uʌ]　冤[yæn]

　　　　变体[a]:挨[aɪ]　外[uaɪ]　安[an]　弯[uan]

　　　　　[ɑ]:凹[ɑʊ]　要[iɑʊ]　肮[ɑŋ]　汪[uɑŋ]

　　　　　[æ]:烟[iæn]

o[o]　自成一个音位:博[po]　多[tuo]

e[ɣ]　典型[ɣ]:哥[kɣ]

　　　　变体[ə]:个[kə](轻声音节)　恩[ən]　丰[fəŋ]　儿[ər]

ê[ɛ]　典型[ɛ]:欸[ɛ]　耶[iɛ]　约[yɛ]

　　　　变体[e]:杯[peɪ]　威[ueɪ]

i[i]　典型[i]:衣[i]

　　　变体[ɪ]:挨[aɪ]　外[uaɪ]　杯[peɪ]　威[ueɪ]

　　　　　[j]:移[ji]　牙[jʌ]　炎[jæn]　羊[jɑŋ]

u[u]　典型[u]:乌[u]

　　　　变体[ʊ]:凹[ɑʊ]　要[iɑʊ]

　　　　　[w]:吴[wu]　娃[wʌ]　玩[wan]　王[wɑŋ]

ü[y]　典型[y]:育[y]　约[yɛ]　捐[tɕyan]　君[tɕyn]

变体[ɥ]:鱼[ɥy]　月[ɥɛ]　圆[ɥan]　云[ɥn]

-i[ɿ]　自成一个音位:资[tsɿ]

-i[ʅ]　自成一个音位:知[tʂʅ]

er[ər][ɚ]　自成一个音位:儿[ər](儿化韵中的 r 是卷舌符号,不作音位变体)

以上元音音位所举零声母阴调音节一律不出现零声母。

2. 22 个辅音音位

b[p]　典型[p]:爸[pA]　变体[b]:爸爸[pAbA](轻声音节变读为浊音)

p[p']　自成一个音位:怕[p'A]

m[m]　自成一个音位:妈[mA]

f[f]　典型[f]:发[fA]　变体[v]:豆腐[touv](轻声音节)

d[t]　典型[t]:答[tA]　变体[d]:我的[wodə](轻声音节)

t[t']　自成一个音位:他[t'A]

n[n]　自成一个音位:男[nan](前一个作声母,后一个作韵尾)

l[l]　自成一个音位:拉[lA]

g[k]　典型[k]:哥[kɤ]　变体[g]:哥哥[kɤgə](轻声音节)

k[k']　自成一个音位:科[k'ɤ]

ng[ŋ]　自成一个音位:刚[kɑŋ]作韵尾

h[x]　自成一个音位:喝[xɤ]

j[tɕ]　典型[tɕ]:机[tɕi]　变体[dʑ]:人家[ẓəndʑiə](轻声音节)

q[tɕ']　自成一个音位:欺[tɕ'i]

x[ɕ]　自成一个音位:希[ɕi]

zh[tʂ]　典型[tʂ]:支[tʂʅ]　变体[dʐ]:戒指[tɕiɛdʐə](轻声音节)

ch[tʂ']　自成一个音位:吃[tʂ'ʅ]

sh[ʂ]　自成一个音位:师[ʂʅ]

r[ʐ]　自成一个音位:日[ʐʅ]

z[ts]　典型[ts]:资[tsɿ]　变体[dz]:桌子[tʂuodzə](轻声音节)

c[ts']　自成一个音位:次[ts'ɿ]

s[s]　自成一个音位:思[sɿ]

(二) 4 个声调音位

阴平 55

阳平 35

　　上声214　典型214:美　变体211:处在非上声前　美声　美德　美丽
　　　　　　　　　　　　　35:处在上声前　美好
　　去声51　典型51:得胜　变体53:处在去声前　胜利

四、音位与音素的关系

　　普通话语音共有32个音素,经过归纳得出的音素音位也是32个,同是32个却不能把它们等同起来,认为普通话语音出现的只有32个音素。在归纳的过程中我们已经看到音素音位不论元音还是辅音,其中有不少音素音位都有若干个音位变体,这每一个变体都是一个音素,说明如果不加以归纳,那么在实际语言里出现的音素远远不只32个,音素之所以是32个,那是经过整理归纳出来的结果。由此说明音素和音位是两个不同的概念。在一个音节里如果把其中一个音素改变为另一个音素,要看它表示的意义是不是同样也有改变,有改变的,这个音素就是一个音位,如前例中的bāo(包)和pāo(抛)由于把声母"b"改换成"p",这两个音节所表示的意义不同了,说明"b"和"p"这两个音素在普通话语音里是两个音位,又如"出身"chū shēn和"出生"chū shēng,改变的只是它们的韵尾n和ng,但表示的意义明显不同,证明n和ng两个音素在普通话里也是两个音位。音位的概念应该是:能够区别意义的最小语音单位。在音节里如果其中一个音素改变了,它的意义没有改变,这个音素只是音素,在另一个例子中,元音音素ɑ[A]在不同的音节里可以有[a]、[ɑ]、[æ]3个不同的变体,如果把bāo(包)和pāo(抛)里的[ɑ]发音改变为[A]或[a],听话的人会感到这个音不准确,但仍可知道是"包"和"抛"两个音节,不至于影响意义的改变,那么[A]音位中的[a]、[ɑ]都是音素而不是音位。音素的概念应该是:最小的语音单位,它不一定具有区别意义的功能。音位和音素的关系很密切,有的音素是音位,也有些音素不是音位。

五、普通话语音的音位系统和《汉语拼音方案》

　　普通话语音里出现的音素是繁多的,但是《汉语拼音方案》只采用25个拉丁字母(v不用于普通话语音)加上一些符号增补,就能用来描写普通话语音系统的32个音素,说明《方案》的内容本身就是普通话的音位系统。至于25个字母是怎样描写32个音素的呢? 25个字母除y、w不作为音素外,其余23个字母中用作元音音素的只有5个:ɑ、e、i、o、u,用作辅音音素的也只有 18 个:b、c、d、f、g、h、j、k、l、m、n、p、q、r、s、t、x、z。
《汉语拼音方案》在不影响音位系统的条件下采用了一定的方法完整又简单
地描写了普通话语音的 32 个音素。增补的方法是:

同一个字母增加符号:ê、ü。

同一个字母兼作不同的音素:i、-i[ʅ]、-i[ɿ]。

两个字母合并成双字母:zh、ch、sh、er、ng。

思考题

1. 什么是音位?为什么要归纳语音的音位系统?

2. 普通话语音有 32 个音素,在归纳音位时音素音位也是 32 个,是否
可以说音素就是音位?

3.《汉语拼音方案》实际使用的只有 25 个拉丁字母,它用什么方法来
描写普通话语音的音素的?

4. 归纳一种语言的音位有些什么条件?

第八节　语　音　规　范

一、为什么要制订语音规范

普通话是以北京语音为标准音。作为普通话并不等于把北京话全部接
受下来,首先要去除北京话中的土音、土语,制定出标准、规范的普通话语
音,才能成为全国广大人民学习的民族共同语。但是在普通话语音中自身
还存在着不规范现象,有部分字的读音没有统一的标准,如:"比较 bǐ jiào"
有相当多的人读 bǐ jiao,"复杂 fù zá"有人读 fǔ zá,"教室 jiào shì"也有读
jiào shǐ 的,类似的读音不统一现象,使方言区人学习普通话时没有一个标
准可依据,增加了学习和使用的困难。1957 年到 1963 年普通话审音委员
会曾先后三次对流传在社会上一些读音不统一的字进行审核,订出了读音
规范,并发表《普通话异读词审音表初稿》,在社会上广泛使用,听取意见。
1985 年 12 月发表了经过修订的《普通话异读词审音表》。使许多有语音差
异的字终于有了标准和规范。2000 年 10 月 31 日第九届全国人民代表大

会常务委员会第十八次会议通过的《中华人民共和国国家通用语言文字法》总则第一条就提出了制订该法的目的是"推动国家通用语言文字的规范化、标准化及其健康发展,使国家通用语言文字在社会生活中更好地发挥作用,促进各民族、各地区经济文化交流"。还阐明了"国家通用语言文字的使用应当有利于维护国家主权和民族尊严,有利于国家统一和民族团结,有利于社会主义物质文明建设和精神文明建设"。由此可见在学习和使用普通话语音基础知识的同时还必须重视语音规范问题。

二、普通话异读词的规范

同一个词有不同的读音但词义没有区别,这种现象叫异读词。前面所说的"比较"、"复杂"、"教室"的读音问题就属于应审订的异读词。自从1957年第一次《普通话异读词审音表初稿》发表以来,几经修订,已经使大量的异读词取得了规范的读音,在社会上广泛使用、流传。经过审订的异读词数量较多,这里略举部分常用但还未被人们熟知的例字以作参考:

卑鄙	bǐ(统读)	不取 bì
乘车	chéng(动作义)	不取 chèng
惩罚	chéng(统读)	不取 chěng
从容	cóng(统读)	不取 cōng
呆板	dāi(统读)	不取 ái
悼念	dào(统读)	不取 dǎo
方法	fǎ(统读)	不取 fà
不妨	fáng(统读)	不取 fāng
复杂	fù(统读)	不取 fǔ
骨头	gǔ(统读)	不取 gú
一会儿	huì(统读)	不取 huǐ
混合	hùn(统读)	不取 hǔn
脊梁	jǐ(统读)	不取 jí
夹道	jiā(统读)	不取 jiá
比较	jiào(统读)	不取 jiǎo
粳米	jīng(统读)	不取 gēng
框架	kuàng(统读)	不取 kuāng
嫩	nèn(统读)	不取 nùn

虽然·	suī(统读)	不取 suí
骨髓·	suǐ(统读)	不取 suí
往返·	wǎng(统读)	不取 wàng
咆哮·	xiào(统读)	不取 xiāo
穴道·	xué(统读)	不取 xuè
亚洲·	yà(统读)	不取 yǎ
叶公好龙·	yè(统读)	不取 shè
暂时·	zàn(统读)	不取 zǎn
号召·	zhào(统读)	不取 zhāo

（详见《普通话异读词审音表》）

三、普通话语音中多音多义字的形成及其规律

多音多义字(简称多音字)是指字形相同,字义不同而字音也有区别的一部分字。如"曲折"和"曲调"的"曲"字形完全相同,但字义不一样,字音也有区别,前者是阴平调 qū,后者是上声调 qǔ;"长短"和"生长"同一个"长"也是音和义不相同,"长短"读 cháng,"生长"读 zhǎng。类似这种多音字中常用的就有 300 多个,要逐字辨认是比较困难的,必须找出一些规律帮助我们学习运用。

多音字形成的原因比较复杂,随着语言的发展,一个汉字可以产生引申义或假借义等各种变化,于是字义逐渐改变了、扩大了,读音也往往随之而发生变异,许多字的多音多义由来已久。近几十年来社会的发展突飞猛进,多音多义字的增加也势在必然,如一部分汉字简化以后与另一个音义不同的字形体合一,形成了新的多音字,如"纤维"xiān wéi 和"纤夫"qiàn fū 的"纤"就是从两个本来完全不同的字"繊"和"縴"简化而成的。凡此种种都可以整理出一些有利于掌握多音字的规律。经过归纳大致可以从几个方面来分辨,并各举一些常用例子。

(1) 由于语音演变,方言与普通话读音有了差异,部分地名、姓氏按照"名从主人"的原则,形成了一些多音字。外来词也根据音译而出现了不同的读音。如:

柏	bǎi	松～,～油　姓氏
	Bó	～林(德国地名,音译)
蚌	bàng	河～

	Bèng	～埠（安徽省地名）
仇	chóu	～恨，复～
	Qiú	姓氏
单	dān	简～，～独，账～
	Shàn	姓氏
	Chán	～于（古代少数民族首领称谓）
番	fān	几次三～，～茄
	Pān	～禺（广东省地名，上海市有～禺路）
葛	gé	纠～，～麻（植物名）
	Gě	姓氏，诸～（双姓）
华	huá	中～，才～，～丽
	Huà	姓氏，～山（陕西省山名，上海市有～山路）
济	jì	经～，救～
	Jǐ	～南（山东省地名）　又义：多　～～一堂
解	jiě	～放，～释
	jiè	～款
	Xiè	姓氏
乐	lè	快～
	Yuè	姓氏　又义：音～
六	liù	第～（数字）
	Lù	～安（安徽省地名、山名），～合（江苏省地名）
秘	mì	～密，～书
	Bì	～鲁（国名）
宁	níng	安～
	Nìng	姓氏　又义：～可，～死不屈
区	qū	地～，～别
	Ōu	姓氏
任	rèn	～何，～务，责～
	Rén	姓氏

（2）部分常用词在口语中逐渐改变读音，但在书面语、成语或组成复音词时仍保留原有读音。如：

| 薄 | bó | 与"厚"相对（书面语）　～弱，单～，淡～　又义：迫近 |

　　　　　　　　　　日～西山

　　　　báo　　（口语）　厚和～　～～的一层

剥　　bō　　　（书面语）　～削（xuē），～夺，～落

　　　　bāo　　（口语）　～果皮

给　　jǐ　　　供应（书面语）　～予，供～，自～自足

　　　　gěi　　（口语，单用）　这本书～你

勒　　lè　　　（书面语）　～索，～令

　　　　lēi　　（口语）　～死，～紧

熟　　shú　　（书面语）　～悉，～练

　　　　shóu　（口语）　菜煮～了

削　　xuē　　（书面语）　剥（bō）～，～弱

　　　　xiāo　（口语）　～果皮

血　　xuè　　（书面语）　～液，～统，～压，呕心沥～

　　　　xiě　　（口语，单用）　流了点～

(3) 部分字字义本有联系,但词性不同,读音也有区别。如：

泊　　bó　　　船附岸（动词）　停～

　　　　　　　恬静（形容词）　淡～

　　　　pō　　水（名词）　湖～,血～

藏　　cáng　把谷物保藏起来（动词）　收～,埋～,躲～

　　　　zàng　储藏东西的地方（名词）　宝～

盛　　chéng　盛物入器（动词）　～饭

　　　　shèng　兴旺,引申为茂盛（形容词）　～大,～情,～会

朝　　cháo　朝见（动词）　～向,～前,～阳（指向着太阳）花

　　　　　　　（名词）　～代

　　　　zhāo　早晨（名词）　～阳,～气

处　　chǔ　　安排（动词）　～理,～分,相～

　　　　chù　　居处（名词）　～所,办事～

传　　chuán　转（动词）　～递,～送,～达

　　　　zhuàn　贤人之书（名词）　～记,小～

创　　chuāng　伤口（名词）　～伤

　　　　chuàng　（动词）　～造,～作,开～

好　　hǎo　　"恶"è的反义词（形容词）　～歹,～处

	hào	"恶"wù 的反义词(动词)　爱～,～奇
假	jiǎ	虚伪的(形容词)　～造,～定,～冒
		借,引申为凭藉(动词)　不～思索,～公济私
	jià	(名词)　～期,请～
为	wéi	做(动词)　作～,～人,人～
	wèi	给,为了某人的利益(介词或动词)　～了,～什么,～人民服务
		引进行为的原因或目的(连词)　为方便检索,书后附有"附录"
兴	xīng	(动词)　～起,～奋,～风作浪
	xìng	兴致(名词)　～趣,～高彩烈
畜	xù	养(动词)　～牧,～养
	chù	家养的禽兽(名词)　牲～,～生

(4) 有些字简化以后与另一个音、义不相同的字字形合一,使之成为新的多音字。如:

背	bèi	～脊,～后,违～,～诵
	bēi	用背脊驮,负担　～负,～包袱(异体字"揹")
别	bié	分～,区～,类～。又义:～针
	biè	古义:违背,～扭("彆"的简化字)
发	fā	～生,出～,～达,～展("發"的简化字)
	fà	头～,毛～,～廊("髮"的简化字)
夹	jiā	～子,～道欢迎
	jiá	双层的衣、被　～袄,～被(异体字"袷")
尽	jìn	完,无穷无尽　～头,～力,～责("盡"的简化字)
	jǐn	～可能,～量,～管("儘"的简化字)
卷	juǎn	把东西曲裹成圆筒形　～尺,～心菜,～铺盖("捲"的简化字)
	juàn	书卷　考～,宗～,第一～
舍	shè	房屋　宿～,茅～,～间
	shě	弃　～弃,施～,～不得("捨"的简化字)
什	shí	多种　～物
	shén	～么("甚"的简化字)

占　zhān　～卜
　　zhàn　～领,侵～,～先("佔"的简化字)

(5)其他常用多音字没有整齐的规律可以归纳,但字义明显不相同。如:

挨　āi　顺次序　　～次,～个儿,～近
　　ái　遭受　　　～俄,～打
屏　bǐng　除去　　～除,～弃
　　píng　蔽　　　～风,～障,～幕
参　cān　谒见　　～见,～拜,～观　又义:～加,～考
　　cēn　不齐的样子　～差不齐
　　shēn　　　　　　人～,西洋～
场　chǎng　一定的处所　～地,广～,～所
　　　　　　(量词,多用于文体活动)一～电影,一～球赛
　　cháng　收禾的空地　～院,打～
　　　　　　(量词,指事情的经过)一～雨,一～战争
称　chēng　量轻重。称颂,引申为称说　～分量,～赞,～呼
　　chèn　对称,适合　～心,～职
恶　è　罪恶,"善"的反义　凶～,～劣
　　wù　讨厌,"好"(hào)的反义　厌～,可～,深～痛疾
　　ě　要呕吐的感觉　～心("噁"的简化字)
供　gōng　供给　～销,～应,～养老人
　　gòng　与祭祀有关之事、物　～品　～奉
　　　　　受审者陈述案情　口～,～认,～词,招～
喝　hē　～水
　　hè　呼叫　～彩
间　jiān　中间　中～,房～
　　jiàn　隔　～断,～隙,离～,～谍
将　jiāng　将要,引申为将近,将来　～就,～息
　　jiàng　率领,引申为带军者　大～,～校,～令(将军 jiāng
　　　　　是后起音)
降　jiàng　从高处下来,引申为下降　～临,～低,～生
　　xiáng　投降,引申为制伏　～服,～龙伏虎

角	jiǎo	兽角,隅,军中乐器	牛～,～落,～度,号～
	jué	竞赛,角色,古代酒器	～斗,～力,～逐,～色
结	jié	缔结	～合,～婚,～果,团～
	jiē		～实,～巴,～了个果子
空	kōng	虚,太空	～想,～虚,～洞,天～
	kòng	缺	～白,～缺,～闲
累	lěi	堆集,重叠,牵连	积～,罪行～～,连～
	lèi	烦劳	劳～
	léi	多余的事 ～赘	又:接连成串 果实～～
模	mó	法规	～范,规～
	mú	形	～样,～型
难	nán	不容易	困～(今读轻声),～处,～得
	nàn	责备	责～,非～
		乱事,引申为灾祸	灾～,空～
炮	páo	烧烤	～烙,如法～制
	pào		大～,鞭～
	bāo	炒	～羊肉
强	qiáng	强盛,"弱"的反义,引申为有余	～大,～健,～烈
	qiǎng	竭力,引申为强迫,勉强	～逼,～辩,勉～,～人所难
	jiàng	固执	倔～
省	shěng	减少 节～,～略	又:地方 江苏～
	xǐng	检查,观察,引申为看望父母,尊亲	反～,～察,～亲
提	tí	举,带	～取,～高,～供
	dī		～防
帖	tiē	安定,顺服	妥～,服～
	tiě	文告,小柬	请～,～子
	tiè	书法的临摹范本	碑～,字～
吓	xià	害怕	～了一跳,～唬
	hè		恐～,恫～
着	zhuó	附着,穿 衣～	～力,～落,～重,沉～
	zháo	感到,受到	～急,～凉,～火
	zhāo	比喻计策或手段	高～,这一～
	zhe	助词,读轻声	看～

思考题

1. 为什么要制订异读词读音规范？

2. 异读词与多音字有什么区别？掌握多音字的读音对提高普通话语音水平有什么作用？

第二章 文　　字

第一节　汉字的特点

一、音素文字、音节文字和汉字

文字是有声语言发展到一定历史阶段的产物,是用来记录有声语言的书写符号系统,是人类最重要的辅助性交际工具。文字跟语言一样,往往在不同的地域、不同的民族、不同的时代产生并发展演化,由于记录语言的方式和采用的形体不同,就会形成不同的文字体制。人类的文字发展到现在,尽管种类很多,但从文字体制上看,主要可以分为三大类:音素文字、音节文字、语素文字。

（一）音素文字和音节文字

音素文字是用一定的字母为书写单位,用字母来记录语言中的音素或音位的文字。音素文字由字母按照拼写规则拼合成词,字母本身不表示词的意义,像英语、俄语、德语等语言都采用音素文字来记录。

音节文字是以音节为最小的书写单位,一个书写符号表示一个音节,不同的音节用不同的符号代表。世界上现在使用的典型的音节文字是日本的"假名"。

音素文字和音节文字一般合称为表音文字。由于语言的音节和音素的数目是有限的,因而表音文字的书写符号,如字母和日本的"假名",也是有限的。同时,表音文字的字符本身不表示语言中的意义。

（二）语素文字

汉字是另一种体制的文字,汉字的字形不仅记录语言中的一个音节,而且还有字义,如汉字"手"不仅读出来是一个音节"shǒu",而且"手"这个字还表示了语言中的意义:人体上肢前端能拿东西的部分。因此,汉字所记录的不只是汉语结构系统中的语音单位,而且还是一个有意义的构词单位。可见,汉字记录的是汉语中最小的音义结合的单位——语素。所以,从文字的体制,即文字跟语言的关系来看,汉字是语素文字。

当然,汉字也记录了少量的非语素的音节,如"玻璃"、"蜻蜓"、"蜘蛛"、"苏打"等词语中的"玻"、"璃"、"蜻"、"蜓"、"蜘"、"蛛"、"苏"、"打"等字,这些字只有读音,代表一个音节,不独立表义。但这些汉字所记录的音节不同于音节文字中的文字符号,音节文字中的文字符号是专门用来记录语言中的音节的,而汉语中的这类音节仅仅是某个多音节语素或词中的具体音节,它们在"玻璃"、"蜻蜓"、"蜘蛛"、"苏打"等多音节语素或词中,虽然不表达意义,却有区别意义的作用,像"蝴蝶"、"骆驼"等语素中的"蝴"、"骆"等更是典型的别义音节。另外,这些记录具有区别意义价值的语素的汉字,在汉字总量中是很少的,不反映汉字的本质。

(三) 汉字的特点

由于汉字在本质上不同于音素文字和音节文字,因而汉字有如下一些特点:

1. 从书写形式上看,汉字是平面型方块体文字

从字体构造上看,汉字是由笔画组成的,而笔画在构字时不是一个笔画接一个笔画呈线性展开的,而是在一个二维平面里按照一定的顺序和结构多向展开的,一个汉字的或多或少的各种笔画总是分布在一个方块里,如"翼"字,由 17 画组成,但 17 个笔画(包括重复的)有秩序地分布在一个平面型的方框里。可见,从书写形式上看,汉字是平面型方块体文字。这是汉字从外观上或视觉上所体现出的最明显的特点。笔画也反映不出汉字的音节结构顺序。音素文字的字母在构词时是呈鱼贯式线性排列的,如英语的"language"由 8 个字母依次线性排列,字母的排列顺序也能大体上反映出音节结构的顺序,如 language——[læŋgwidʒ]。

2. 汉字的形音义之间原本存在一定的理据

汉字中有相当大一部分字的构造原来是有一定理据的,因此,有的字从它的字形可以联想到字义,如"人"、"口"、"山"、"火"、"手"、"上"、"下"、"田"、"刀"、"日"、"月"、"一"、"二"、"三",有的字可从它的组成成分猜测出大致的含义,如"林"、"森"、"看"、"从"、"明"、"刃"、"泪",有的字从它们的组成成分上可以大致推想出字义类属,如"江"、"河"、"湖"、"海"、"洋"、"池"跟"水"有关,"树"、"松"、"柏"、"槐"、"柳"、"杉"、"桐"等跟"树木"有关,"铁"、

"铜"、"锡"、"银"、"铝"、"铅"等跟"金属"有关。

传统上认为汉字是表意(义)文字,是形音义统一的,汉字有见形知义的特点。这种特点在古代汉字中表现得较为明显,古代汉字或象形、指示,或会意、形声,字形本身确有显义价值。不过,随着汉字的发展,古代汉字在经过隶变、楷化之后,符号性越来越强,字形显义的特点越来越减弱,尤其到了现代,汉字经过简化后,字形显义功能已经不是很明显,许多字的形音义之间的理据要经过一定的分析以后才能看出,而且相当一部分字的字义跟字形之间已经失去了联系。如"燕"字本是象形字,现在从字形上已经很难看出像"燕子"之形了;"亦"字本是指事字,指人的腋下,现在从字形本身也看不出字义了;形声字中,"镜"为"金"字旁,"妄"为"女"字旁,"管"为"竹"字头,"杯"为"木"字旁,"贱"为"贝"字旁等等,这些意符跟这些形声字本身的字义联系已经很难看出。

总之,汉字尤其是古代汉字的形音义之间原本存在的一定的联系,在现代汉字中已经逐步减弱,现代汉字已经不是典型的表意(义)文字了。

3. 从汉字所记录的语音单位来看,汉字记录的语音单位是汉语的音节

文字记录语言,必然和语言的语音系统相联系,音素文字是用字母记录语音系统中的音位,音节文字是用一定的符号记录语言中的音节。而汉字记录汉语是用整个字形跟语音相联系的,一个汉字代表一个音节(包括声调)。汉字虽然记录的语音单位是音节,但跟音节文字不同。音节文字是一个音节用一个符号表示,一个符号表示一个音节,音节总数不多,文字符号总数也不多。而现代汉语普通话中带声调的音节总数较多,大约一千几百个,但汉字总数更多,有好几万个,音节跟汉字并不一一对应,一个音节往往对应几个甚至十几个汉字,有的汉字也可能对应好几个音节,一形一音或一音一形的汉字并不多。可见,汉字从文字体制上看,不同于音节文字。

从现代汉字看,音节跟汉字的关系还有一种特殊情况,即存在两个汉字一个音节的情况,如"鸟儿"、"花儿"等写下来是两个汉字,读出来是一个音节,这是"儿化韵"现象。

汉字跟汉语音节的这种对应关系,正好适应了汉语语素的单音节性,使得汉字跟汉语之间有很强的适应性,这就保证了汉字长期稳定的发展。

4. 从汉字记录汉语的方式上看,汉字记录汉语不实行分词连写

用音素文字记录语言,一般是自左向右或自右向左横行展开,一个词里的所有字母一个挨着一个连着写,词与词之间留有空隙,以显示词与词之间

的界限,这种书写规则就叫做分词连写。如英语的"学校"写作"school",
"我们的学校"写作"our school",可见,在英语的书面语中分别词是很容易
的。而汉字记录汉语是一个字接着一个字,字与字之间留有空隙,如"我们
的学校",词与词之间在书面语中没有分界,因而汉字记录汉语没有分词连
写的规则。由于一个汉字基本上对应于汉语中的一个语素,像"我们的学
校",有 5 个语素,一个汉字就是一个语素,因而在汉语的书面语中分别语素
是较为容易的,分别词就较为困难些。

5. 从汉字自身来看,汉字数量多,字形结构复杂

汉字记录的是汉语中的语素,汉语语素的数量很多,因而汉字的数量也
非常多,从 3000 年前甲骨文发展到现在,汉字的总数有五六万以上,即使是
现代常用汉字和通用汉字也在 3000 到 7000 个之间。要使如此多的汉字在
形体上有所分别,汉字的构造单位和构造方式必然是多种多样的,这样就形
成了汉字在内部结构和外在形体上的一个明显特点:结构复杂多变。而音
素文字的字母对应的是音位,一种语言的音位数目是有限的,这样音素文字
的字母数目也是有限的,如英文字母只有 26 个,俄文字母只有 33 个。字母
本身的内部结构和外在形体都较为简单。

6. 从汉字跟时间和空间的关系来看,汉字具有一定的超时空性

汉字跟语音的关系并不密切,跟意义的关系较为密切,这就使得汉字具
有一定的超时空性。就时间来说,虽然古今汉语语音系统发生了很大的变
化,但由于汉字字形本身大体上是稳定的,所代表的字义变化也不大,所以
上古或中古的文献,对有一定文化水平的人来说,也能看懂或大体看懂。这
一点跟音素文字大不相同,音素文字由于记录的是语音系统中的音位,语音
系统变化了,拼音字母也就必然变化。所以,后代的人不经过专门的训练,
就很难识读前代的文献。从这方面来看,汉字的这一特点对于继承和传播
中国古代文化遗产是有利的。

就空间方面来看,由于汉字不跟语音密切联系,同一个汉字在不同的方
言区就可能有不同的读音,但不同方言区的人对同一个汉字的字义理解却
是相同的;有些方言之间语音差别很大,以致难以进行口头交流,可是把要
说的话用汉字写下来就基本能互相理解了。如果是音素文字,语音系统差
别太大,无论口头和书面都难以交流。这样看来,汉字在一定程度上具有了
超方言的特性。

可见,汉字具有贯通古今、沟通四方的功能,有利于传承中国古代文化,

有利于沟通不同方言区人民之间的交往。汉语汉文化源远流长,古代文化典籍丰富多样;汉语地域辽阔,方言分歧严重,汉字在一定程度上正适应了汉语汉文化和汉语方言的这些特点。

二、汉字的作用和传播

(一) 汉字的起源和作用

汉字是世界上历史最悠久的文字之一,即便从殷商时代的甲骨文算起,汉字也有三千多年的历史了。甲骨文是现今发现的成批的古代汉字,从文字体系上看,甲骨文已经是相当成熟的汉字,可以肯定地说,甲骨文绝不是最早的汉字。

一般来说,汉字的起源可以追溯到五六千年前的原始社会末期。据考古研究,早在新石器时代,某些文化发达地区的陶器上就刻有一定的符号,如西安半坡村出土的仰韶文化彩陶上的刻划符号、山东大汶口文化陶器上的陶符、陕西临潼县姜寨文化陶器上的刻划符号等等,这些“陶符”被认为是古代的“文字”,一些符号已经可以跟甲骨文或金文进行一一对照。这些“陶符”距今大约在五六千年前。

几千年来,汉字在中国文化的发展和繁荣中作出了巨大的贡献。首先,汉字的产生突破了口头汉语在语言交际上所固有的时间和空间上的限制,扩大了语言的交际功能。有声语言即口语,在古代只能口耳相传,用于当面或近距离交谈。从空间上看,远方的人无法听到;从时间上看,现在的人听不到过去的人说话,将来的人也听不到现在的人说话。口语交际的这种时空制约,限制了语言的交际功能,也不利于文化的继承和传播。汉字的出现突破了汉语在时间和空间上的限制。被文字记录下来的语言和文化不仅能传之远方,而且能传之未来。

其次,汉字的产生使得中华民族的悠久文化得以保存和传播,汉字为中华文化的繁荣和发展作出了巨大的贡献。几千年来,中华民族遗留下了难以计数的图书典籍、文物宝器,它们是中华文化的最直接的见证,而中华文化的保存和传播主要依赖于汉字的记录。这些典籍和宝器,记录了中国历史上出现过的政治、经济、文化、科学技术等方面的资料,是我们祖先各种经验和教训的总结,它们在中国历史的发展进程中起到无可估量的作用。所以,从这个角度看,汉字在推动中国历史和中国文化的发展中起到了积极的作用。汉字的超方言性也对维持华夏民族和华夏文明的统一起到了积极的作用。

再次,汉字的产生使得汉语除口语之外有了第二种存在形态——书面语。书面语的出现使得人们有条件对汉语语法结构和表达形式进行耐心细致的加工和规范,进而产生了文学语言,产生了标准语。书面语的提高又反过来促进口语的规范和提高。可见,汉字的产生在一定程度上促进了汉语自身的发展。

汉字自产生以来,几千年来一直为汉民族服务。汉字的发展走着一条独立发展的道路,汉字的演变也只是在其体系内部进行局部的变革,汉字的整体体制没有发生根本性的变化,因而汉字没有像埃及的圣书字和美索不达米亚的楔形字那样很早就消失,为其他体制的文字所代替。目前虽然进入信息社会、知识经济时代,汉字依然能很好地为汉民族服务。汉字编码技术及汉字信息处理技术的发展和完善,使得汉字很好地适应了信息社会和知识经济时代的要求。我们有理由相信,以汉字为载体的汉语必然在未来的网络世界及其他媒体中发挥更大的作用,古老的汉字也必将焕发出更加美丽的青春。

(二) 汉字的传播

汉字不仅是世界上历史最悠久、长期使用并将继续使用的文字,而且也是世界上使用人口最多的文字。汉字不仅为汉民族的文化繁荣做出贡献,也为其他民族的文化发展做出过贡献。秦汉时期,汉字传入越南,产生了"字喃";汉代初期,汉字传入日本,产生了"假名";晋初,汉字传入朝鲜和韩国,产生"谚文"。至今,日本和韩国还在使用部分汉字。由于汉字对东亚和东南亚的影响,从而形成了所谓的"汉字文化圈"。在国内,汉字曾经对一些少数民族的文字创制起到重要作用,如"契丹国书"、"女真字"、"西夏文"等都是仿照汉字而创制出的文字。当前,随着中国改革开放的不断深入,中国对外交流更加广泛,学习汉语的外国人不断增加,对外汉语教学蓬勃发展,学习汉字的人数也会不断增加的,汉字也将随着互联网、随着学汉语的热潮传播到世界各地。

思考题

1. 从文字跟所记录的语言的关系,即从文字的体制来看,世界上的文字可以分为几个基本的类型? 你认为汉字是属于何种类型的文字? 为什么?

2. 汉字具有哪些明显的特点?

第二节　汉字的形体

一、汉字字体的演变

汉字的形体简称"字体",字体是指同一种文字的各种不同体式,既包括历时的不同体式,也包括共时的不同体式。这里的"字体"不同于书法上因为不同的艺术风格而形成的不同的书法艺术流派,如"颜体"、"欧体"、"柳体"等。

从甲骨文算起,汉字的形体演变了三千多年,汉字字体从甲骨文、金文、篆书、隶书到楷书,经过了几种重大的变革。一般来说,某个朝代或某几个朝代流行某种字体,如殷商时代通行的是甲骨文,西周通行金文,战国时的秦国流行大篆,小篆是秦王朝的标准字体,也使用隶书,从秦王朝到两汉、三国主要使用隶书,魏晋以来一直通行楷书,隶书的草写体是章草,楷书的草写体是今草,处于今草和楷书之间的是行书。这种对应关系可用下图直观表示:

甲骨文→金文→ 篆书(大篆 → 小篆)→隶书(章草)→ 楷书(今草/行书)

　↓　　　　↓　　　　　↓　　　　　　　↓　　　　　　↓

殷　商→西周→战国时秦国→ 秦朝 →秦朝—三国→　魏晋以后

(一) 甲骨文

甲骨文是我国目前所能见到的最早的成批的成体系的较为成熟的汉字,它是三千多年前殷商时代通行的文字(出土的甲骨文中也有极少量的是西周早期的)。这种文字因为是刻在龟甲和兽骨上,所以叫甲骨文。甲骨文随殷商朝代的消亡而掩埋在废墟中,1899 年在河南安阳附近的小屯村商朝都城遗址的废墟中被发现,所以甲骨文又叫殷墟文字。目前已经发掘出的龟甲兽骨多达 10 万多片,已发现的汉字总数达 5000 多个,其中已经考释出意义的汉字约有 1000 多个,尚未认识的字多是人名、地名、族名等专名。

甲骨文的主要特点是字形由细瘦的线条构成,多直笔,拐弯处多是方笔,棱角分明,外形参差不齐,字的大小也不统一,这是因为甲骨文一般是用刀刻的,而且龟甲和兽骨质地坚硬(如图 1),所以甲骨文又称殷契、契文,

图 1 甲骨文

"契"就是用刀雕刻的意思。

甲骨文是古老的汉字,不带表音成分的字占绝大多数,图画特征比较明显,而且文字尚未经过统一,结构尚不定型,许多字可以正写、反写,笔画繁简不一,偏旁不固定,且可有可无,异体字较多。例如:

牢　　　　　即　　　　　射

鸟　　　　　遣　　　　　燎

祭　　　　　康

尽管如此,甲骨文已经是相当发达的文字了,可以用来记录较为复杂的内容,有些字已经带表音成分,有了假借字。

甲骨文从所记录的内容来看,主要是商代王室占卜的记录,刻在龟甲和兽骨上的文字也就是卜辞。

（二）金文

古人把青铜称作"金",所以把浇铸在或刻在青铜器上的文字称作金文。青铜器以钟鼎为多,所以,金文又称钟鼎文,其文辞被称作铭文。在青铜器上铸字,商代晚期即有,但不普遍,这里的"金文"主要指西周时代青铜器上的文字,后代于青铜器上浇铸的文字多是对西周金文的模仿。

金文和甲骨文的文字体系一脉相承,但也有差异,由于金文是浇铸而成的,所以笔画肥大厚实,丰满圆浑(如图2)。

在结构和行款上,金文更趋于整齐、匀称、方正,图画特征减少,文字的符号性增强,但异体字依然较多。可见,金文也还是典型的古文字。

图 2　金文

（三）篆书

篆书有大篆和小篆之分。大篆又有广义和狭义之分。广义的大篆指先秦时期的所有文字,包括甲骨文、金文、籀文、春秋战国时代通行于六国的其他文字。狭义的大篆专指春秋战国时秦国的文字。狭义的大篆一般以籀文和石鼓文为代表。籀文传说是《史籀篇》

里的字,石鼓文因刻在鼓形石上而得名(如图 3)。

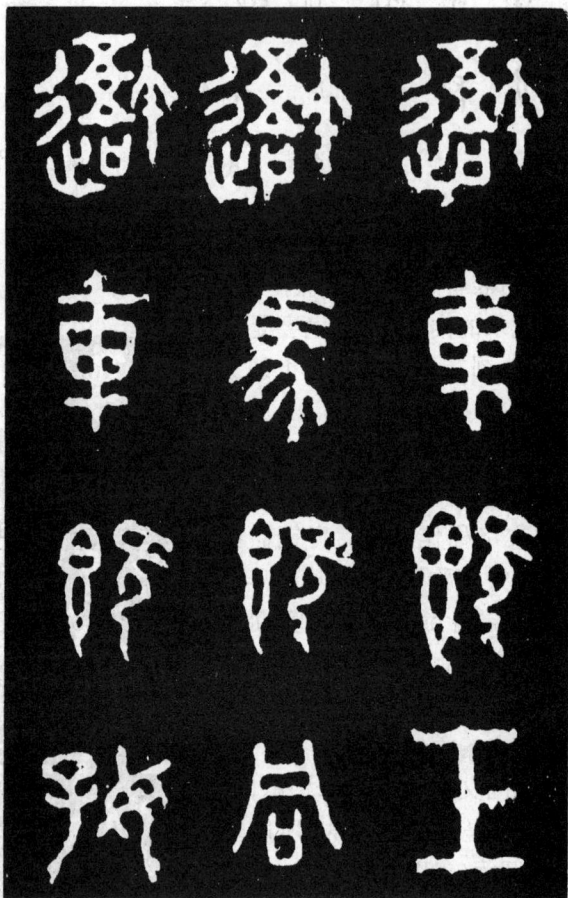

图 3 大篆"石鼓文"

春秋战国时秦朝时的大篆基本上保持了西周金文的写法,只是更加整齐匀称。

小篆是秦始皇统一六国后采用的标准字体,是在大篆的基础上发展而来的。秦始皇统一六国之后,为巩固政权,进行了一系列的改革,其中包括统一文字。秦王朝在大篆的基础上整理出小篆,作为标准字体向全国推行。从字形上看,小篆比大篆简化了许多,笔画比大篆简单,结构上更加匀称、整齐,线条略带弧形,偏旁也较为固定,减少了异体,字形进一步趋于定型化。小篆以泰山刻石为代表(如图 4)。

小篆是汉字第一次规范化的字体,小篆的诞生标志着汉字的统一,对汉字的规范化和符号化起到了重要的作用。

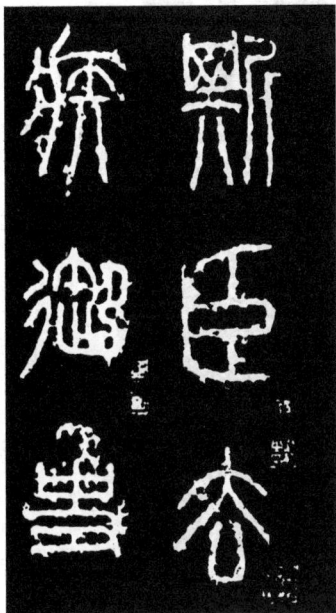

图 4 小篆"泰山刻石"   图 5 秦隶"睡虎地秦墓竹简"

(四)隶书

隶书分秦隶和汉隶。秦王朝以小篆为标准字体,同时还通行隶书。隶书是下级人员(徒隶)用于日常书写的辅助字体,这种字体起初接近于小篆,但比小篆方正一些,实际上是写得潦草一点的小篆(如图5)。

秦隶发展到汉代更加趋于简单易写,从而形成汉隶,是汉代通行的正式字体(如图6)。汉隶又叫今隶,相对的秦隶又称为古隶。

隶书的诞生在汉字发展史上占有重要地位,它是古汉字演变为现代汉字的转折点。隶书变古汉字的曲线线条为方折,变弧形为直线,从而形成笔画,这就突破了古代汉字的基本体式,变汉字为扁方形字体。隶书的笔画是平直的,笔势舒展,每个字都用"挑法",有波磔(即写捺笔有折波),字字有棱角。隶书用点、横、竖、撇、捺等笔画转写篆书所发生的汉字字体的变化,文字学上一般称为"隶变"。隶变改造了小篆的偏旁,使汉字进一步变成纯粹符号性质的文字,大大降低了汉字的繁难程度,奠定了楷书的基础。

图 6 汉隶"张迁碑"

（五）楷书

楷书又称"真书"、"正书"，"楷书"就是端端正正可做楷模的字体。一般认为楷书始于汉代，魏晋以后开始流行，是现代汉字的标准字体。

楷书是从隶书演变而来的，它的特点是隶书的波磔笔法被取消，笔画更加平直，字形方正，也更加简化，易于书写，楷书使汉字完全变为由笔画组成的方块形符号（如图 7-1、7-2）。

（六）草书

每种字体都可以写得草率，不过这里的"草书"专指汉代以后形成的一种字体。草书又分为章草和今草。章草是与汉隶相对应的一种字体，起于秦末汉初，因是用于奏章的一种草体，故称章草，一说流行于汉章帝时代，故名。章草仍保留了隶书的法式和风格，横画仍然上挑，左右波磔分明。但章草解散了隶体，笔画可以相连，更趋于简便。不过，章草整体书写，字和字之

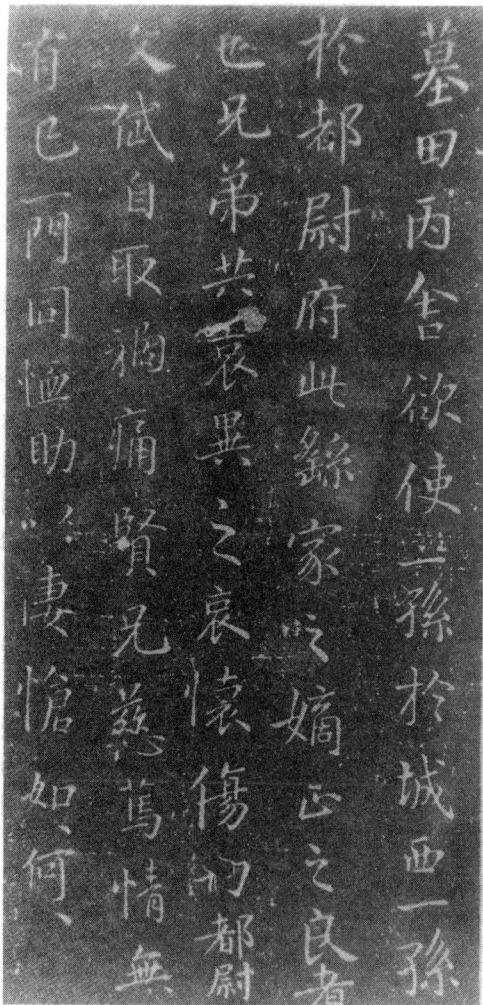

图 7-1　楷书钟繇"墓田丙舍帖"

图 7-2　楷书欧阳询字

间仍然分开。总之,写章草,横竖要古朴如隶书,而笔画连绵处,则旋转如今草(如图 8)。

今草是从楷书变化出来的,它一字内点画相连,一气呵成;字和字之间往往牵连不断,书写更加简易快速,但不易辨识(如图 9)。

唐代以后出现狂草,狂草往往混同偏旁,任意连写,变化多端,往往极难辨认,只能作为书法艺术看待,使用价值不大(如图 10)。

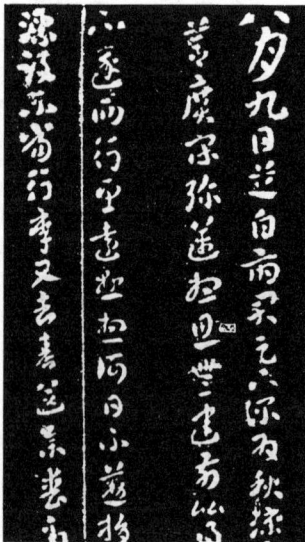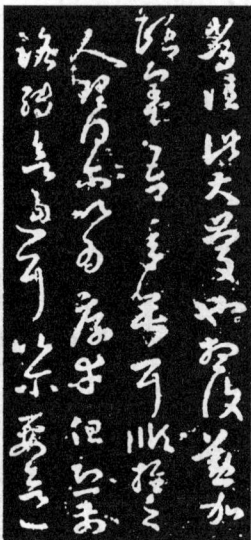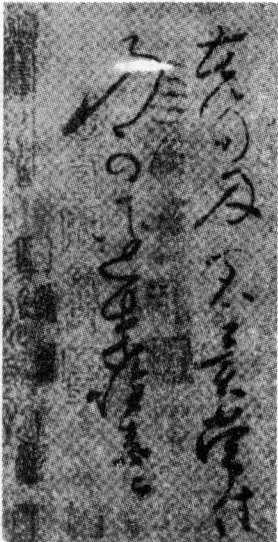

　　图 8　章草"秋凉帖"　　　图 9　今草王羲之　　　图 10　狂草怀素
　　　　　　　　　　　　　　　　　"十七帖"　　　　　　　"苦笋帖"

（七）行书

　　行书大约是在东汉末年以后今草和楷书盛行时出现的一种字体，它是介于今草和楷书之间的一种字体。楷书工整，但书写速度慢；今草书写速度快，但又不易辨识。而行书近于楷书而不拘谨，近于今草而不放纵，笔画虽连绵但各字独立，清晰易认（如图 11）。

　　行书是兼有楷书和草书的优点，是楷书的草化或草书的楷化，字形清晰易认而又书写速度快，实用性强，很受欢迎。因而行书长期流行，一般人手写汉字多用行书，行书也长期以来成为楷书的主要辅助字体，而其使用价值不在楷书之下。

二、汉字字体演变的趋势

　　汉字演变的过程是汉字字形字体逐步符号化、简化、规范化和稳定化的过程。就符号化来看，汉字从古代汉字的带有图画性的较多象形的文字经篆书、隶书，到楷书逐步变成不象形的符号化的书写符号。就简化来看，符号化的过程也就是简化的过程，主要反映在同字异形的减少，字的写法和结构的趋减。就规范化来看，小篆是汉字规范化的一个转折点，"隶变"之后汉

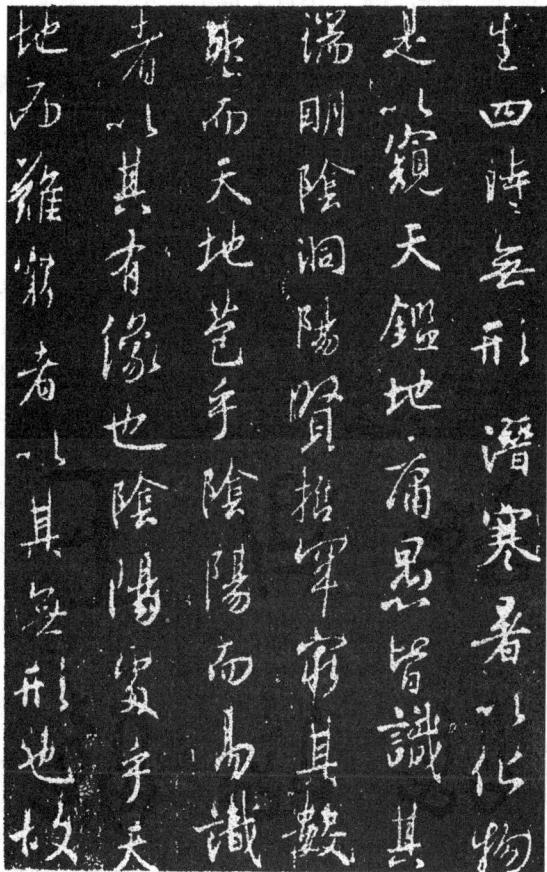

图 11　行书

字字形结构基本确定,楷书形成之后,字形进一步规范。就稳定性来看,小篆使汉字的笔画数和偏旁分布、书写形式固定下来,异体字减少;隶变之后形成新的笔形系统,字形成为扁方形;楷书之后汉字字形基本稳定,方块形体和结构基本定型。一千多年来楷书一直是汉字的标准字体。

　　字体变化的内因是书写者对汉字的简易需求和美观要求的结果。随着汉字应用场合的扩大和识写人数的增加,汉字作为记录汉语的工具,它的工具性越来越增强,人们越来越追求书写的快捷简便,从而逐步引起字体向简化的方向发展。同时,美观的需求,又使得笔画和偏旁的分布趋于合理,从而引起字体结构的变化。从外因上看,字体的演变跟书写工具、书写方式方法和书写材料的变化密切相关。甲骨文是用坚硬的工具刻在硬质的龟甲和兽骨上,必然线条细瘦,方折居多,大小不一;金文是浇铸的,因而可以浑厚整齐,多肥笔;有了毛笔和具有弹性的布帛和纸张,才可能有篆书的圆转、弧形的笔画,有隶书的波磔,有楷书的各种笔画;有了印刷术,楷书才能更加方方正正,流传千年。

三、现代汉字的形体

现代汉字是指现代汉语用字,即记录现代汉语的书写符号。一般来说,现代汉语(狭义的)被定义为现代汉民族共同语,即以北京语音为标准音、以北方话为基础方言、以典范的现代白话文著作为语法规范的普通话。可见,用于记录现代汉语普通话的汉字是现代汉字,当然也包括古今通用的汉字。

现代汉字也经过了一个不断发展的过程,这个发展过程主要是简化的过程,包括精简笔画和淘汰异体字,20世纪五六十年代国家有关部门陆续公布了一些关于文字改革的文献,如1955年公布了《第一批异体字整理表》,1964年公布了《简化字总表》,1965年公布了《印刷通用汉字字形表》,这些文献是现代汉语用字的基础,对现代汉字起到了规范和稳定的作用。狭义的现代汉字则专指这些文献公布以后所通用的汉字。

从形体上看,现代汉字经常运用的是楷书和行书,某些特殊场合,如雕刻印章,签名,书写对联、匾额、书法创作等,有时也运用草书、隶书、篆书,甚至甲骨文、金文。随着计算机技术的普及,存储在计算机字库中的字体可能更多,如粗圆体、幼圆体、琥珀体、魏碑体等。不过,现代汉字的标准字体是楷书,主要的辅助字体是行书,国家正式公布的文件和一般的报刊、书籍,用的都是楷书,而日常书写中一般都使用行书。

现代汉字的字体从使用手段上看又分为印刷体和手写体。现代汉字的手写体是指用手执笔直接写成的汉字,手写体汉字主要用楷书、行书,有时也运用草书、各类艺术字体及其他字体。手写体汉字按书写工具的不同被分为硬笔字和软笔字,硬笔字指钢笔字、铅笔字、圆珠笔字、尼龙笔字以及其他硬质笔尖写的字。软笔字主要指毛笔字。随着计算机的普及,手写汉字的机会在逐步减少,青少年手写汉字的能力包括正确率、美观性在下降,这应该引起教育界的重视,要注重加强青少年手写汉字能力的培养和训练。

现代汉字印刷体主要用于制作铅字排版印刷和计算机排版印刷,有固定的模式。现代汉字印刷体的标准字体是楷书以及楷书的各种变体。楷书

印刷体常见的变体有如下一些:

宋体,又叫老宋体、古宋体、灯笼体、普通体、白体(相对于黑体),宋体笔画横细竖粗,结构严谨端正,是印刷体中最通用的一种字体,适用于一般报刊、图书中的正文和注释。

楷体,又称正楷体、活体、大宋体,字体接近于毛笔手写楷书,字形端庄自然,适用于通俗读物、儿童读物、小学课本以及零星印刷品。

仿宋体,又称真宋体,笔画匀称细腻,字迹秀丽,常用来排印古书和杂志的正文。

长仿宋,是仿宋体的变形,但较仿宋体细长有立体感,常用来排印诗词文集和古籍。

黑体,又称黑头字、粗体、方体(方头体)、平体,黑体字形粗壮醒目,可用于文章大小标题以及文章中需要重点突出的内容。

随着计算机技术的发展,在排印文章、书籍等时,常可以选用更多的楷书变形字体和其他字体,丰富排印内容的形式,以达到醒目和美化的目的。

印刷体除了有字体选择外,还有字号选择。我国原有七种字号,按从大到小是一号字到七号字(如下表)。

印刷体各种字体字号表

	宋 体	仿宋体	楷 体	黑 体
初号	永	永	永	永
小初号	永	永	永	永
一号	永	永	永	永
二号	永	永	永	永
三号	永	永	永	永

（续表）

	宋　体	仿宋体	楷　体	黑　体
四号	永	永	永	永
小四号	永	永	永	永
五号	永	永	永	永
小五号	永	永	永	永
六号	永	永	永	永
七号	永	永	永	永

后来还增加了初号、特号、特大号、八号等一些字号。现在如果用计算机排版,字号选择的空间更大,如可以有小初号、小一号、小二号、小三号、小四号、小五号、小六号等的变化,也可以根据实际需要进行字号的放大和缩小。总之,随着印刷技术和计算机技术的发展,印刷用字在字体和字号的选择上更加自由了。

思考题

1. 汉字如果从甲骨文算起有了3000多年的历史,经历了许多变化,其中字体的演变最为明显。你认为汉字的字体演变可以分为几种类型,各流行于什么时代? 汉字字体的这种演变的总趋势是什么? 是什么原因制约着汉字字体演变的?

2. 汉字经过了几千年的不断发展,古今汉字有许多差异,但这些差异改变了汉字自身的性质没有呢? 为什么? 请你预测一下汉字在未来社会中的发展趋势。

第三节　汉字的构造

汉字的构造包括汉字的造字法和汉字字形结构的分析。

一、汉字的造字法

东汉时期,学者们已经总结出汉字的几种造字方法,如东汉许慎的

《说文解字》用"六书"来分析汉字的结构类型。"六书"包括象形、指事、会意、形声、转注、假借,实际上前四种是造字法,后两种只能看作汉字的使用方式,即用字法。现代汉字除了少数新造字和一些简化字外,多数是从古代汉字传承下来的,因而了解古人分析汉字构造的方法还是很有用处的。

（一）象形字

象形是用模拟事物形状来表示字义的一种造字方式,用这种方法造出的字就是象形字。如:

燕（）:像燕子的形体　　　　　口（）:像张开的嘴巴

首（）:像人头　　　　　　　日（）:像太阳的形状

山（）:像山的样子　　　　　鸟（）:像鸟的外形

火（）:像火焰　　　　　　　雨（）:像下雨状

木（）:像树木的形状　　　　贝（）:像贝壳的形状

刀（）:像刀形　　　　　　　牛（）:像牛头轮廓

羊（）:像羊头轮廓　　　　　门（）:像门之轮廓

车（）:像车之轮廓　　　　　瓜（）:像瓜蔓上的瓜

这些象形字有的简单,只像事物的大致轮廓,有的较为复杂,接近于图画。不过,象形字跟图画大不相同,象形字代表的是汉语中的语素,有特定的读音和意义,能跟其他字一起记录汉语。

象形字是古老的文字,它象事物之形,便于对字义的理解。但用象事物之形来造字的方法有其自身的弱点,如抽象的事物无法象形,复杂的事物难以象形,相近的事物难以区别。所以,象形字在汉字中的总量并不多。随着汉字形体的演变和事物自身的发展变化,古代的象形字到现代汉字只有少数可以看出或想像出所象之物的形状,如"人"、"口"、"田"、"网"、"井"、"雨"、"日"、"火"、"山"等,多数古代象形字已经难以看出或想像出其所象之物了,如"燕"、"鸟"、"牛"、"羊"、"鱼"、"车"、"舟"、"首"、"自"、"缶"、"耳"、"米"、"水"、"马"等等。

（二）指事字

指事是用抽象的符号或者在象形字的基础上加提示性的符号来表示某个语素的造字方式,用这种方式造出的字就是指事字。指事字可以分为两类。一是使用象征性符号的指事字。如:

　　上（一）：用一条弧线作基准，弧线上面加一短横，表示"上"这一方位

　　下（一）：在基准线下面加一短横，表示"下"这一方位

　　再如用"一"、"二"、"三"、"亖"表示一、二、三、四，也是用纯粹的象征性符号。纯粹象征性符号指事字数量很少。

　　另一种指事字是在象形字上加提示性符号构成的。如刀刃上加一点是"刃"（刃）字，口里加一短横是"甘"（甘），木字下部加一横是"本"（本）字，木字上部加一横是"末"（末）字，木字中间加一点是"朱"（朱）字等。其他像在人形的两臂下面加点是"亦"（亦，即"腋"的古字）；箭头下面画一条线，提示箭头落地，是"至"（至）字，再如"立、寸"等，也都是指事字。这类指事字的数量稍微多些。

　　不过，总的来说，指事字的数量是少的，因为用抽象的简单的符号表示或提示复杂的字义是十分困难的。

（三）会意字

　　会意是汇合两个或两个以上的字来构成一个字的造字方式，用这种方法造的字就是会意字。如：双木为"林"，三木为"森"；日月为"明"，人有目为"見"（见），止戈为"武"，人背靠木为"休"，三人为"众"，三石为"磊"，三日为"晶"，三车为"轟"（轰），三耳为"聶"（聂）。再如"伐"、"采"、"杲"、"涉"、"信"、"取"、"从"、"北"、"益"、"看"、"吠"、"出"、"析"、"兵"、"烦"、"淼"、"矗"等都是会意字。

　　合成会意字的原字在过去都是现成的字，随着字形的演变，有的单独不再成字，只能作为偏旁使用。由于会意字汇合了象形字和指事字成为新字，从而提高了造字的效率，会意字的数量远远大于象形字和指事字，不过会意字的数量还是远远小于形声字。

　　合字表义的造字方式也有局限性。首先可以用来合字的象形字、指事字数量不多，其次复杂的事物或抽象的事物依然难以表达；再次有些字的所会之意并不好琢磨，如"武"从止从戈，解释起来就有不同的看法，手抓耳朵为什么是"取"，现在人也难以理解。

　　古代的会意字有的在现在还可以看出，有的会意字随着字形的演变往往难以看出是会意字了，如"弄"、"祝"、"集"、"祭"、"聂"、"轰"、"匠"、"寒"、"友"、"兵"等，有的会意字后来变成了形声字，如"邮—邮"、"竄—窜"。

（四）形声字

象形字、指事字、会意字三类字字形本身没有表示字音的部分,因而字形本身跟语言的语音系统联系不紧密,只跟语言中语素的意义密切相关。形声字的出现使得汉字跟语言的语音系统联系密切起来了,字形中有了表音成分。

所谓形声就是一个表意成分跟一个表音成分合起来组成一个新字的造字方式,用这种方式造出来的字就是形声字。如"淋"字,"氵"表示字义的类属,"林"表示字音;"扶"字的"扌"表示字义的类属,"夫"表示字音;"斧"的"斤"表示字义类属,"父"表示字音;"花"的"艹"表示字义的类属,"化"表示字音。

形声字的表意部分被称为意符,也叫形符、形旁,如以上各字的"扌"、"氵"、"斤"、"艹",表示该字的意义范畴,即意义类属,跟某类事物、动作、状态等相关。形声字的表音部分被称作音符,也叫声旁、声符,如以上各字的"林"、"夫"、"父"、"化",表示该形声字的读音。

由于形声字的音符跟所记录的语素的读音相联系,因而比没有表音成分的象形字、指事字、会意字有相当大的优越性,同一个意符加上不同的音符就可以造出意义有关而读音不同的一大批字,如跟意符"扌"有关的字就有许多:抗、扛、打、搭、扶、提、拉、撞、抵、指、执、拽、把、拔、扒、捕、扑、拌、搬、拂、摸、抹……反过来,同一音符可以加上不同的意符也可以造出一大批读音相同或相关的一组字,跟音符"艮"读音相同或相关的字有:跟、根、茛、哏、很、狠、恨、痕,跟音符"良"读音相关的字有:粮、踉、浪、狼、廊、郎、朗、榔、琅、阆、锒、稂、娘、酿,等等。可见,形声造字法有很大的优越性,造字效率高,一经产生就有强大的生命力。东汉许慎的《说文解字》中,形声字就占有80％之多,到了现代,形声字已经占汉字总字数的90％左右。形声字的大量出现也说明汉字字形有了表音化的趋势。不过,形声字的音符自身并不是音位或音素符号,音符还是利用了原来的象形字、指事字、会意字、形声字。所以形声字音符的出现只说明汉字有了表音趋势和表音符号,并没有从根本上改变汉字的性质。

象形、指事、会意、形声是四种造字方法,是汉字表示语素的结构方式。古人所谓"六书"的另外两种即转注和假借,实际上是用字法,因为并没有造出新字来。

二、从造字法看现代汉字

现代汉字大多数是从古代汉字传承而来的,因而上面介绍的四种造字法也适合分析现代汉字中的大部分汉字,只不过经过隶变和楷化之后许多象形字和指事字已经不能明显看出其原有的造字方式,一些会意字的偏旁也发生了变化,一些形声字的意符不能准确表示义类,音符不能准确表音。同时,现代汉字的造字法跟古代相比也有些变化,如现代的一些新字的产生一般不再使用象形、指事的方法,新造的会意字虽然也有一些,但不如用形声的方法多。

近 100 年来新出现的汉字主要采用形声造字法,如:炸、烤、煨、叼、氧、氟、铱、氦、氖、氩、氪、氙、矽、碘、癌、腺、胺、嘧、啶、噻、碚、伍、畲、傣、吨、煲、咖、啡、啤、泵、哎、啦、嗨……

一些简化字也采用了形声的方法来简化,如:补、极、积、歼、讲、沟、护、钻、肿、运、惊……

早期的简化字如"迟"、"灯"、"响"、"犹"、"窃"、"炉"、"胆"等也是采用形声方法的。

新造字中也有少数会意字,如"茸"、"夯"、"籴"、"粂"、"凼"、"氽"、"仨"等,一些简化字也采用了会意的方法,如"灭"、"泪"、"帘"等,"孙"、"尘"、"笔"、"灶"、"从"、"体"等用会意方式形成的简化字早已有之。

此外,简化字中还使用了少数既不表意也不表音的符号,如"区"、"凤"、"赵"等字中的"乂","难"、"鸡"、"凤"、"邓"、"圣"、"发"、"仅"、"戏"、"轰"、"聂"、"欢"、"叹"、"汉"、"权"、"劝"等字中的"又",它们既不是意符,也不是音符,只是一种同语音和字义都没有联系的构字记号,这种记号有区别和显示字义的作用。当然,用"乂"和"又"作为构字记号来简化汉字的方法古已有之,如"难"见于明代,"鸡"、"凤"、"轰"、"赵"在清代也已经出现。

另有一些简化字采用了草书楷化的方法,使得原有的字形构造发生变化,如:長一长,專一专,書一书,為一为。这种方法也是古已有之,如"书"字敦煌文献中已经有草书形体了。

新造字中,有些字的造字法跟传统的六书不一致,如"甭"、"甮"采用的是切音合形合义的造字法,"甭"(béng)从字音上看是"不"和"用"的切音,字义是"不用",字形是"不"和"用"的合形;"甮"(fēn)字音是"勿"和"曾"的切音,字义是"不曾",字形也是"勿"和"曾"的合形。再如化学上有机化合物命名用字"巯"和"羰",从造字上看也较为特殊,"巯"(qiú)字音是"氢"和"硫"的切音,字义是"有机化合物中含硫和氢的基",字形则从"氢"和"硫"中各取一半构成;"羰"(tāng)字音是"碳"和"氧"的切音,字义是"有机化合物中含碳和氧的基",字形则从"氧"和"碳"中各取一半。这种造字法可以叫做省形的切音合形会义造字法。再如"乒"、"乓"是近音字"兵"通过减少笔画而形成的,"冇"通过其反义字"有"减少笔画形成的,这些字的造字法可以叫省形造字法或变形造字法。

新生字或新造字在现代汉字中的总数不多,但它们是汉字大家族中的新兴成员,其新出现的造字法也反映出汉字造字法的新发展。

三、笔画和笔顺

由于汉字字形的演变,分析现代汉字的构造不能再完全采用"六书"分析法。由于现代汉字符号性越来越强,分析字形可以采用构字笔画部件分析法:从整字中分析出部件,从部件中分析出笔画;也就是说,现代汉字是由笔画构成的,笔画组成部件,部件再构成整字。

(一)笔画的性质、类别和名称

笔画是构成汉字的最小单位。有的字直接由笔画组成,如"人"、"手"、"厂"、"月"、"日"、"木"、"小"、"一"、"二"、"禾"、"口",有的字是先由笔画构成部件,再由部件构成整字,如"休"、"明"、"和"。在书写过程中,从起笔到落笔所构成的点或线就是一个笔画。依照写字时笔势和走向,现代汉字的笔画有数十种不同的形式,即所谓笔形。这数十种笔画可以概括地分为两大类,一是基本笔画,一是派生笔画。

基本笔画是书写时笔画的方向始终没有变化的笔画。基本笔画一般指横(一)、竖(丨)、撇(丿)、点(、)、捺(乀),"提"(㇀)也可以归入基本笔画。掌握横(一)、竖(丨)、撇(丿)、点(、)、捺(乀)等基本笔画很重要,它们不仅是构成汉字的最基本的笔画,而且也制约着众多汉字按笔画和笔形排序的方式。《现代汉语通用字笔顺规范》、《GB13000.1字符集汉字笔顺规范》、《GB13000.1字符集汉字字序(笔画序)》等文件规定了汉字笔画的基本排列顺序:横一竖一撇一点一折(㇕)。

书写时笔画的方向有所变化的是派生笔画,又叫变形笔画,主要指各种各样的折笔,由于它们是两种以上基本笔画的连接,也叫复合笔画。派生笔画有20多种。下面是现代汉字笔画表:

笔画类别	序　号	笔画形状	名　称	例　字
基本笔画	1	一	横	"大"的第一笔
	2	丨	竖	"十"的第二笔
	3	丿	撇	"大"的第二笔
	4	丶	点	"立"的第一笔
	5	㇏	捺	"个"的第二笔
	6	㇀	提	"况"的第二笔
派生笔画	1	㇕	横折	"口"的第二笔
	2	㇉	横撇	"夕"的第二笔
	3	㇀	横钩或折	"宝"的第三笔
	4	㇆	横折钩	"内"的第二笔
	5	㇙	横折提	"讲"的第二笔
	6	㇄	横折弯	"设"的第四笔
	7	㇅	横折折	"凹"的第二笔
	8	㇈	横折斜钩	"凤"的第二笔
	9	乙	横折弯钩	"丸"的第二笔
	10	㇌	横撇弯钩	"陈"的第二笔
	11	㇛	横折折撇	"极"的第六笔
	12	㇋	横折折折钩	"仍"的第三笔
	13	㇎	横折折折	"凸"的第四笔
	14	㇗	竖提	"即"的第四笔
	15	㇄	竖折	"凶"的第三笔
	16	亅	竖钩	"于"的第三笔
	17	㇄	竖弯	"酉"的第五笔
	18	㇟	竖弯钩	"毛"的第四笔
	19	㇒	竖折撇	"传"的第五笔
	20	㇉	竖折折	"鼎"的第六笔
	21	㇉	竖折折钩	"弓"的第三笔
	22	㇋	撇点	"女"的第一笔
	23	㇜	撇折	"勾"的第三笔
	24	㇂	斜钩	"式"的第五笔
	25	㇉	弯钩	"豕"的第三笔
	26	㇃	卧钩	"心"的第二笔

实际上无论基本笔画还是变形笔画,在具体的汉字书写和印刷中都可能有些变化,如撇就有平撇(禾)和竖撇(月),捺有平捺(之),点有左点(办)和长点(刈);同时,由于不同笔画处于方块汉字的不同位置,同一笔画有时还有长短之别,如"肝"中有四横,长短不一。长短不一有时还用来区别不同的字,如"未"和"末",再如"日"和"曰"。可见,书写汉字时还要注意笔画的细微变化。

掌握笔画的笔形是正确计算一个汉字笔画数的关键。计算汉字的笔画数首先要用规范的字形,因为不同字体中,笔画并不一致。《印刷通用汉字字形表》和《现代汉语通用字表》等所规定的字形是现代汉字字形规范的主要依据。其次要掌握书写汉字的基本规则,这个规则主要有两条:第一,书写汉字时,在同一个笔画上,笔尖只能走一次,不能回头。第二,笔尖走向固定,如写横只能由左向右,写竖、撇、捺只能由上而下。根据这两条规则,一般汉字的笔画数都不难计算。只有当笔画的头和头相接时,计算时有些困难。遇到这种情况,可以按下面的办法具体对待:

笔画的头和头在左上角相接时,分为两画,如:厂、几、口、贝、田、甲。

在左下角相接的,如果是全包围的字,分为两画,如:口、回、四、曰、凸、古;如果是半包围的字,为一画,如:山、区、画、臣、凶。

在右上角相接的,是一画,如:刁、又、已、巾、尺、贝。

在右下角相接的是两画,如:目、甘、山、由、西。

(二) 笔画的组合关系

除少数字(如:一、乙)以外,多数汉字往往由多个笔画组成的,《现代汉语通用字表》所收的 7000 个字,平均笔画是 10.75 画,有的字甚至有几十个笔画,如"齉"有 36 画之多。多个笔画在一个方块内组成汉字,笔画之间就产生一定的空间关系。笔画之间的空间关系主要有三种:

相离关系。两个以上的笔画分布在一个方块之内,互不相连,如:八、三、川、二、儿、小、刁、心。笔画具有相离关系的汉字数量不多,字的笔画数也较少。

相接关系。两个以上的笔画分布在一个方块之内,笔画之间相互连接,但不交叉,如:口、石、刀、日、互、月、尸、曰、兄、工、弓、山、正、而、之、四、目、凹、凸、产。

相交关系。两个以上的笔画分布在一个方块之内,笔画之间相互交叉,如:车、九、丈、又、十、也、大、夫、丰、力、丸、七、土、子。

　　笔画之间的空间关系是识写汉字需要注意的问题,否则字写出来就不好看,甚至会写错字,如"冒"的第三笔和第四笔的两个横,跟第一笔和第二笔是相离关系,如果写成相接关系,就是错字了。再如"几"是相接关系,而"九"则是相交关系;"夫"的第三笔跟第一笔是相交关系,如果变成相接关系就成了"天"字;"力"是相交关系,"刀"则是相接关系。

　　多笔画汉字的笔画之间的空间关系往往不止一种,多数汉字是三种关系的综合,如"时"字共七笔,第一、第二、第三、第四笔构成"日"是相接关系,第五和第六笔是相交关系,第七笔跟其他笔画之间是相离关系。再如"画"、"必"、"或"、"竖"、"纲"等字也都包含三种空间关系。

　　(三)笔顺

　　为准确和美观地书写汉字,书写时还必须注意多个笔画在汉字中的书写顺序,即要注意笔顺。笔顺就是书写汉字时笔画的先后顺序。书写时笔顺安排得合理,可以使字写得准确、快速、匀称、美观。汉字笔顺安排的基本原则是:

　　先横后竖:十、干、丰、于。

　　先撇后捺:八、人、入。

　　先上后下:二、立、丁、合。

　　先左后右:川、州、做、街。

　　先外后内:月、同、风、用、凡。

　　先中间后两边:小、办、水、承。

　　先进去后关门(即先外后内再封口):回、国、田、目。

　　除了这些基本规则以外,还有一些补充规则,如多笔的横、竖笔画相接或相交时,最后一个横笔与竖笔相接时,要先竖后横,如"土"、"王"、"正";长竖与短横相接时,也要先竖后横,如"非"、"甘"。"儿"、"几"、"九"、"久"、"勾"等是先撇后折,而"刀"、"方"、"皮"、"女"则是先折后撇。含"凵"、"又"、"辶"等部件的字是先内后外,而含"匚"部件的字则是先上后内再左下包围。右上和左上包围的字是先外后内,如"厅"、"斤"、"厌"、"司"等字。"火"、"爽"等字是先两边后中间。包在主体内的点和右上角的点最后写,如"凡"、"瓦"、"兔"、"夕"、"丸"、"叉"、"犬"、"我"、"书"、"发"、"甫"、"武"等。

　　较为复杂一点的字的笔顺往往是上面这些规则的综合,如"辨"从整个字看是从左到右,从"辛"字看又有先上后下、先横后竖的规则;再如"赢"就包含先上后下、从左到右、先外后内、先撇后捺等规则。

　　有少数字的笔顺,社会上往往通行不止一种写法,取舍的标准是《印刷通用汉字字形表》、《现代汉语通用字表》、《现代汉语通用字笔顺规范》。《现代汉语通用字表》依据《印刷通用汉字字形表》确定的标准,规定了汉字的字形结构、笔画数和笔顺。但《印刷通用汉字字形表》和《现代汉语通用字表》的笔顺规范是隐性的,《现代汉语通用字笔顺规范》则把隐性的笔顺规范变成显性的,用跟随式、笔画式、序号式三种形式列出了 7000 个通用汉字的笔顺,如"上"的笔顺跟随式是丨卜上,笔画式是丨一一,序号式是 2 1 1。下面列举一些容易写错笔顺的字的跟随式笔顺和笔画数:

九 丿九	2 画	乃 丂乃	2 画
义 丶乂义	3 画	叉 フ又叉	3 画
与 一与与	3 画	及 丿乃及	3 画
五 一丁五五	4 画	车 一车	4 画
丹 丿冂刀丹	4 画	比 一七比比	4 画
瓦 一丆瓦瓦	4 画	方 丶亠方方	4 画
火 丶丷少火	4 画	丑 フ丑丑丑	4 画
区 一フ乂区	4 画	毋 乚口母毋	4 画
凹 丨凵凵凹凹	5 画	凸 丨凵凸凸凸	5 画
北 丨十扌北	5 画	讯 丶讠讯讯讯	5 画
必 丶心心必必	5 画	皮 一厂广皮皮	5 画
出 凵凵屮出出	5 画	母 乚口母母母	5 画
再 一丆冂而再再	6 画	舟 丶丿冂舟舟舟	6 画
臼 丨丁臼臼臼臼	6 画	巫 一丅工巫巫巫巫	7 画
辰 一厂厂尸辰辰辰	7 画	里 丨口日甲里里里	7 画
坐 丿亻从从坐坐坐	7 画	卵 丶丿卵卵卵卵卵	7 画
戒 一二干开戒戒戒	7 画	垂 一二千壬乖乖垂垂	8 画
肃 一ヨ肀肀肃肃肃肃	8 画	虎 丨卜广声虎虎虎虎	8 画
妻 一二三寺妻妻妻	8 画	非 丨非非非非非非非	8 画
重 一二千千千重重重	9 画	叟 丶臼臼臾叟叟叟叟叟	9 画
姜 丶丷䒑䒑美姜姜姜	9 画		
脊 丶丷冫冸㳄癶脊脊脊脊			10 画
乘 一二千千千乖乖乘乘			10 画
幽 丿幺幺幺幽幽幽幽幽幽			10 画

爽 一ナナヲヂヂ夵夵夵爽爽　　　　　　　　　　　11 画

敝 ゛゛゜广肖肖肖肖肖敝敝　　　　　　　　　11 画

兜 ゛′ (「 向 向 向 向 印 印 兜 兜　　　　　　　　11 画

率 ゛亠玄玄玄玄泫泫宓宓率率　　　　　　　　11 画

鼎 丨冂冂目目鼎鼎鼎鼎鼎鼎鼎　　　　　　　12 画

黑 丨冂冃冃田田里里里黑黑黑　　　　　　　　12 画

颐 一丆丆丆丆臣臣丏丏颐颐颐颐　　　　　　　13 画

聚 一丆丆丏耳耵耵聚聚聚聚聚聚聚　　　　　　14 画

僵 ′ (亻亻彳彳僵僵僵僵僵僵僵僵僵　　　　　15 画

燕 一廿廿廿廿甘甘甘甘菥菥燕燕燕燕燕　　　　16 画

噩 一丆丆丏丏罒罒罒罒罒罒噩噩噩噩噩　　　　16 画

赢 ゛亠亠广广庐庐庐庐贏贏贏贏贏贏贏贏　　　17 画

蠹 一丆丆亖亖毒毒毒毒毒毒毒毒蠹蠹蠹蠹蠹蠹蠹蠹蠹蠹蠹　24 画

四、部件和部件分析

（一）部件和部件名称

许多汉字可以分离出相关的两个或两个以上的部分,如"林"、"领"、"妗"等字可以分离出两个部分:林——木、木,领——令、页,妗——女、今;"晶"、"部"、"腰"等字可以分离出三个部分:晶——日、日、日,部——立、口、阝,腰——月、西、女;"诏"、"膊"、"爆"、"赣"、"戆"等字由三个以上的部分构成:诏——讠、刀、口,膊——月、甫、寸,爆——火、日、共、氺,赣——立、日、十、夂、工、贝。这些构成汉字的各个部分就是汉字的构字部件。部件是构成汉字字形的基本单位。部件具有组配汉字的功能。部件是由笔画组成的,"一"、"乙"是一个笔画,也是一个部件,这种部件叫单笔部件,如"乱"的最后一笔。但大多数部件是由不止一个笔画构成的,这叫多笔部件,如"乱"中的"舌"。有的部件可以独立成字,如"明"中"日"和"月","琴"中的"王"和"今","熄"中的"火""自""心"等就是成字部件;不能独立成字的部件叫不成字部件,如"扶"中的"扌"、"说"中的"讠"、"红"中的"纟"、"宝"中的"宀"都是不成字部件。

在汉字教学和汉字应用中,为了有效地利用部件,还必须给每个部件确定一个名称。而确定汉字部件的名称,首先要确定汉字结构部位的名称。汉字结构部位的名称,可以概括为五组(八种):

左"旁"右"边"。左右结构的字,左边的部位定为"旁",右边的部位定为

"边"，如"陈"是双耳旁、东字边，"柱"是木字旁、主字边。

上"头"下"底"。上下结构的字，上面的部位定为"头"，下面的部位定为"底"，如"盅"是中字头、皿字底，"笔"是竹字头、毛字底。

内"心"外"框"。全包围和三面包围的字，外面的部位定为"框"，里面的部位定为"心"，如"因"是大口框、大字心，"国"是大口框、玉字心，"闷"是门字框、心字心。

中"腰"。上中下结构和左中右结构的字，中间的部位定为"腰"，如"葬"是死字腰，"赢"是口字腰，"辩"是讠字腰，"粥"是米字腰。

四"角"。字的左上、左下、右上、右下部位定为"角"，如"骑"右上角大、右下角可，"攀"左上角木、右上角木，"赢"左下角月、右下角凡，"器"左上角口、左下角口、右上角口、右下角口。

至于部件本身的名称，一般来说，成字部件就用该字的读音去称说，"日"作为部件读"rì"，"车"作为部件读"chē"，"心"作为部件读"xīn"。多音的成字部件可以选用常用读音去称说，如"长"作为部件可以读"cháng"，"中"作为部件可以读"zhōng"。不成字部件有的有习惯性的称说名称，如：

宀：宝盖儿	冖：秃宝盖	忄：竖心儿	亻：单立人
艹：草字头	辶：走之儿	廴：建之儿	灬：四点底
刂：立刀旁	冫：两点水	讠：言字旁	卩：单耳旁
阝：双耳旁	扌：提手旁	囗：大口框	彳：双人旁
彡：三撇儿	犭：反犬旁	攵：反文边	氵：三点水
纟：绞丝旁	耂：老字头	疒：病字头	夊：折文旁
冂：同字框	衤：衣字旁	礻：示字旁	虍：虎字头
竹：竹字头	𧾷：足字旁	𭥀：学字头	钅：金字旁
饣：食字旁	爫：采字头	丩：纠字边	匚：区字框

有些不成字部件目前还没有比较一致的称说，可以选用一个以该部件组成的常用字来称说，如：

丬：将字旁	凵：凶字框	廾：共字头	𭕄：当字头
𝀥：党字头	旡：既字边	厶：私字边	巛：巡字心
巜：粼字边	勹：勹字框	𠀐：弄字底	攴：敲字边
爿：戕字旁	彐：雪字底	牜：特字旁	癶：登字头
龶：青字头	夫：春字头	疋：疏字旁	𦍌：羔字头

丷：拳字头	宀：角字头	⺈：甬字头	龺：韩字旁
彡：鬟字头	弋：栽字头	覀：要字头	屮：蚩字头
乁：虱字框	廾：弇字底	丂：亏字底	乚：乱字边

（二）部件分析

部件是分析汉字时的非常重要的概念，多数汉字都是由两个或两个以上的部件按照一定结构规则构成的，汉字数量虽然很多，但部件的数量却是有限的，只几百种，因而对构成汉字的部件进行科学合理的分析有助于汉字的教学和识读，一个部件组成的汉字分析可到笔画，多部件组成的汉字则需要首先进行部件的分析；汉字部件的分析也有利于汉字的信息处理，汉字的编码往往以部件为基础。

部件分析的关键是对部件的切分，如"和"可以切分为"禾"和"口"两个部件，"对"可以切分为"又"和"寸"两个部件，"部"可以切分为"立"、"口"、"阝"三个部件，"解"可以切分为"⺈"、"用"、"刀"、"牛"四个部件，"赣"则可以切分为"立"、"曰"、"十"、"夂"、"工"、"贝"六个部件。汉字部件的切分应该有一个统一的原则，这个原则应能使每一个人对任何汉字的切分结果都是一致的。考虑到汉字的结构，我们应该遵循从形切分的原则，即把一个汉字从字形上分解为若干个组成部分，如上面对"和"、"对"、"部"、"解"、"赣"的部件切分就遵循了从形切分的原则。

"和"和"对"只有两个部件，只有一种切分。"部"、"解"、"赣"都有两种以上的部件，就可能有不同的切分，如"部"可以切分为"立"、"口"、"阝"，也可以切分为"音"和"阝"；"解"既可以切分为"⺈"、"用"、"刀"、"牛"，也可以切分为"角"和"𨧀"，也可以切分为"⺈"、"用"、"𨧀"，还可以切分为"角"和"刀"、"牛"。所以，为了正确和有效的分析汉字部件，对多部件汉字就得再用"成字"和"组配"两条具体规则来规定切分出的结果。

"成字"是指切分下来的最小部件还能成字，如"部"的"立"、"口"，"解"的"用"、"刀"、"牛"，"赣"的"立"、"曰"、"十"、"工"、"贝"。"组配"是指切分出的部件虽不能成字，但具有组配成其他字的功能，如"阝"、"⺈"、"夂"等部件。"成字"和"组配"这两条具体规则的共同点是具有"生成作用"，即能作为其他字的构成部件。用这两条具体规则来衡量，"部"切分出"音"是不符合成字规则的，"解"切分出"𨧀"也是不符合成字规则的。

按照上述规则对汉字进行切分得出的最终结果，就是组成汉字的最小部件，最小部件就是不可再拆分的部件，又叫基础部件和单纯部件，如"和"

的"禾"和"口","对"的"又"和"寸","部"的"立"、"口"、"阝","解"的"⺈"、"用"、"刀"、"牛","赣"的"立"、"曰"、"十"、"夂"、"工"、"贝"。相对的由两个以上部件组成的部件叫合成部件,如"部"的"音","解"的"角"和"𦜉","赣"的"章"、"早"、"夅"、"贡"等。

多个基础部件构成的汉字,其部件的组合是有层次的,如"部"是由"立"和"口"先组成合成部件"音",再与"阝"组合的;"解"是"⺈"和"用"先组成合成部件"角","刀"和"牛"再组成合成部件"𦜉",最后两个合成部件组成"解"字。从分析角度看,处于第一层的部件是一级部件,如"部"的"音"和"阝","解"的"角"和"𦜉","赣"的"章"和"夅",处于第二层的是二级部件,如"赣"中的"立"、"早"、"夂"、"贡",处于第三层的是三级部件,如"赣"的"曰"、"十"、"工"、"贝"。最后切分出的部件叫末级部件,即基础部件、单纯部件、最小部件。再如"摄"一级部件有"扌"和"聂",二级部件有"耳"和"双",三级部件有"又"和"又",三级部件也就是末级部件,"聂"和"双"都是合成部件。汉字的末级部件650个左右,其中成字部件和不成字部件各300多个。

(三) 部件和整字

按照构成汉字部件的多少可以把汉字分为两大类,一是独体字,一是合体字。

独体字是指只有一个部件构成的字,如"人"、"口"、"木"、"禾"、"手"、"广"、"无"、"五"等。有些字虽然可以切分出一定的部件,但余下的部分不能处理为最小的部件,因而也只能看作独体字,如"大"、"串"、"丰"、"日"、"本"、"甘"等字,可以切分出"人"、"口"、"三"、"木"、"廿"等部件,但剩下的一横、一竖无法处理,"太"、"丸"、"刃"等字虽然可以切分出"大"、"九"、"刀"等部件,但剩下的一点无法处理,"车"、"东"虽然可以切分出"十"、"小"等部件,但剩下的部分也无法处理。这样的字只能作为独体字看待。下列汉字都宜看作独体字:

义、亦、夷、犬、两、八、凡、儿、二、三、川、斤、丁、七、于、州、万、下、上、丈、才、专、丏、不、屯、互、世、丙、平、吏、再、严、甫、更、束、事、柬、中、凸、且、申、由、甲、史、凹、曳、曲、番、九、及、久、升、乏、丹、失、丘、乎、乐、了、册、朱、乒、乓、垂、秉、重、禹、之、为、半、必、永、农、习、乃、也、习、乡、尹、丑、巴、书、电、弗、十、千、厂、四、卜、卡、内、冉、丫、人、入、个、勺、匕、几、亡、卞、卫、刀、办、么、又、叉、干、工、土、士、壬、开、天、夫、夭、央、央、夹、兀、尤、寸、弋、口、四、巾、山、币、夕、片、广、门、尸、尺、己、已、巳、弓、女、飞、小、孑、子、幺、王、玉、主、韦、未、末、来、术、歹、戋、戊、戍、成、我、牙、瓦、止、正、牛、毛、气、长、斤、爪、月、氏、火、灭、户、心、毋、母、水、龙、业、亚、目、田、皿、生、禾、白、百、瓜、耒、耳、西、虫、臼、自、臾、血、舟、米、聿、肃、艮、良、酉、豕、里、身、雨、韭、豸

独体字的数目是有限的,汉字中大多数是合体字。合体字是指由两个或两个以上的部件构成的字。如"休"由"亻"和"木"两个部件构成,"数"由"米"、"女"、"攵"三个部件构成,"摸"由"扌"、"艹"、"曰"、"大"四个部件构成,"懈"由"忄"、"ク"、"用"、"刀"、"牛"五个部件构成,"翰"则由"十"、"曰"、"十"、"人"、"习"、"习"六个部件构成,"麟"由"广"、"卅"、"ト"、"匕"、"米"、"夕"、"艹"七个部件构成,"懿"由"士"、"冖"、"一"、"口"、"ㄥ"、"冫"、"ク"、"人"、"心"九个部件构成。

传统的文字学把独体字叫"文",合体字叫"字"。六书中的象形字、指事字是独体字,会意字、形声字是合体字。现代汉字的独体字和合体字跟古代汉字的独体字和合体字有传承关系,现代汉字的独体字多数来源于古代的独体字,也有少数来自古代的合体字,如"秉"、"及"、"更"、"重"在古代是合体字,在现代成了独体字。有些字的繁体是合体字,简体则是独体字,如"龍"—"龙","專"—"专","門"—"门","書"—"书","衞"—"卫"。

现代汉字的合体字多数来自古代的合体字,少数来自古代的独体字,如"燕"、"鱼"、"泉"、"阜"等在古代是独体字,在现代成了合体字。

古今汉字独体字和合体字的变化是由于字体的演变和简化造成的。

(四)偏旁和部首

传统上对汉字字形的分析采用的是偏旁分析法,即用偏旁来分析合体字的构成。偏旁分意符(也叫形旁、形符)和音符(也叫声旁、声符)两种。会意字只有意符,形声字既有意符,又有音符。如"尘"由两个意符"小"和"土"组成,"男"由两个意符"田"和"力"组成,"磊"由三个意符"石"组成;"蚜"由意符"虫"和音符"牙"组成,"梨"由意符"木"和音符"利"组成,"键"由意符"钅"和音符"建"组成。偏旁中意符表示该字的字义类属,音符表示该字的大致读音。

偏旁跟部件一样,都是介于笔画和整字之间的构字单位,两者有一致的地方,如"男"的"田"和"力"既是偏旁,也是部件,再如"休"、"江"、"件"、"村"等字的两个部分既是偏旁,也是部件。但两者并不完全相等。偏旁是对会意字、形声字中表义或表音成分的分析,而部件是对现代汉字内部结构系统分析的结果,部件可以表义、表音,也可以不表义,不表音,如"绣"从偏旁来看,只有"纟"和"秀"两个偏旁,而从部件分析来看,则有"纟"、"禾"、"乃"三

个部件,"禾"和"乃"作为部件,在"绣"字中,既不表义,也不表音,只是构字的单位。再如"磨"从偏旁来看,只有"麻"和"石"两个偏旁,而从部件来看,则有"广"、"木"、"木"、"丆"、"口"五个部件,作为部件的"广"、"木"、"木"、"丆"、"口"在"磨"字中既不是意符,也不是音符。部件可大可小,是有级别的,而偏旁是固定的。

在汉字分析中还经常使用"部首"这一概念。部首是具有字形归类作用的偏旁,是专为汉字分类检索而设立的部目,即字书、字典(包括部分词典)中各部的首字,如字典中可以把从"山"的字编为一部,"山"就是该部的部首;把从"纟"的字编为一部,"纟"就是该部的部首。字典中大部分部首都是由汉字中有表义作用的偏旁充当的,如"日"、"木"、"土"、"力"、"子"、"女"、"大"、"目"、"瓜"、"鸟"、"皮"、"虫"、"鱼"、"米"、"车"、"鼻"、"革"、"黑"、"鼠"、"音"、"鹿"、"鬼"以及"纟"、"亻"、"攵"、"扌"、"艹"、"忄"、"灬"、"宀"、"冫"等都是具有表义作用的部首。不过,部首不同于部件。有些部首还可以再分为几个部件,如"鼻"、"革"、"黑"、"鼠"、"音"、"鹿"、"鬼"等都是《新华字典》中的部首,也都可以再分出两个或两个以上的基础部件。有些独体字不能再分析出更小的部件,但可以以起笔笔形的笔画作为部首,如"丁"、"三"、"于"、"上"、"下"、"丈"、"丰"、"万"、"才"、"干"、"夫"、"天"等独体字都以"一"(横)作为部首,"也"、"中"、"凸"、"凹"、"且"等独体字以"丨"(竖)作为部首,"入"、"九"、"乃"、"川"、"升"、"我"、"乒"、"乓"等独体字以"丿"(撇)作为部首。可见,部首既可以是意符,也可以是某些笔画,实际上在《新华字典》中"问"、"闷"、"闻"等字是以音符"门"作为部首的。

总之,部件、偏旁、部首三者虽有联系,但都不完全一致。

五、现代汉字的结构模式

合体字在现代汉字中占大多数,合体字是由两个或两个以上的部件按照一定组合方式组合而成的,部件组合成合体字的部位关系构成了合体字的结构模式。现代汉字有三种基本的结构模式,每种基本结构模式还可能有一种或数种派生的结构模式。各种结构模式可以用平面的方块结构图形来直观显示。

(一)上下关系

两个部件按上下关系构成整字,方块结构图形是"$\boxed{\begin{array}{c}1\\\hline2\end{array}}$",如:笔、芋、

吕、晋、李、要、艺、臭。

　　上下关系的字可以派生出上中下关系,方块结构图形是"▣(1/2/3)",如:曼、茸、葬、莹、案、密。有些字作为上下关系的字有四层以上,方块结构图形是"▣(1/2/3/4)",如:蔓、幂、豪、喜、簟、熹、膏、囊。

　　如果上下关系的字的上部或下部再由多个部件构成,则方块结构图形就可能比较复杂,如:

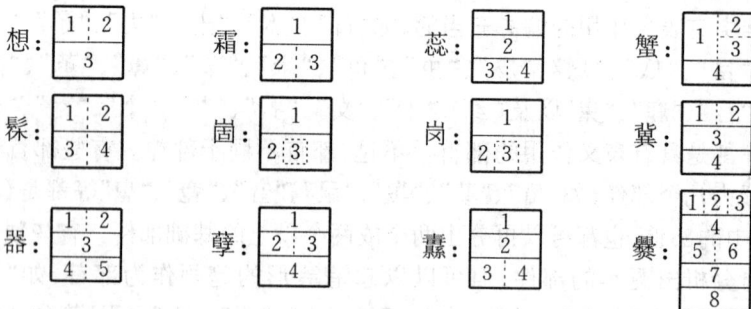

想:［1│2 / 3］　　霜:［1 / 2│3］　　蕊:［1 / 2 / 3│4］　　蟹:［1│2 / 3 / 4］

髹:［1│2 / 3│4］　　崮:［1 / 2│3］　　岗:［1 / 2│3］　　冀:［1│2 / 3 / 4］

器:［1│2 / 3 / 4│5］　　孳:［1 / 2│3 / 4］　　纛:［1 / 2 / 3│4］　　爨:［1│2│3 / 4 / 5│6 / 7 / 8］

(二) 左右关系

　　两个部件按左右关系构成整字,方块结构图形是"▥(1│2)",如:件、现、代、汉、位、切、根、即、科。

　　左右关系的字可以派生出左中右关系,方块结构图形是"▥(1│2│3)",如:斑、瓣、鞭、锨、惭。少数字有四层以上的构造,方块结构图形是"▥(1│2│3│4)",如:摊、潍、雌、雠。

　　左右结构的字的左部和右部不止一个部件时,其方块图形也可能很复杂,如:

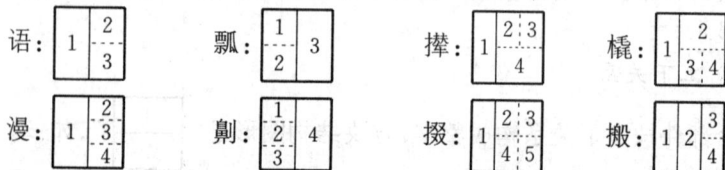

语:［1│2 / 3］　　瓢:［1 / 2│3］　　撵:［1│2│3 / 4］　　橇:［1│2 / 3│4］

漫:［1│2 / 3 / 4］　　劓:［1 / 2 / 3│4］　　掇:［1│2│3 / 4│5］　　搬:［1│2│3 / 4］

掰：⊞[1|2/3|4]　　飘：⊞[1|3, 2|4]

（三）包围关系

包围关系的字按部件包围和被包围的具体情况可以细分为全包围、三面包围、两面包围三种。

全包围关系，即四面包围关系，方块结构图形是"[1/2]"，如：国、回、团、因、圃、囡、园、囮、囵、囟、凶。"圆"、"圉"等字的方块结构图形还可以表示为"[1/2/3]"。

有的字是三面包围，又可以细分为上包围、下包围、左包围三种。

上包围字的方块结构图形是"[1/2]"，如：凤、冈、凡、向、闻。"周"、"凰"等字的方块结构图形是"[1/2/3]"，"网"的方块结构图形是"[1/2|3]"，"囡"的方块结构图形是"[1/2/3]"。

下包围字的方块结构图形是"[1/2]"，如：凶、函、凼、击、画。

左包围字的方块结构图形是"[2|1]"，如：匪、区、匡、匠、匝、医、匣。"匿"的方块图形是"[3|1/2]"，"甄"的方块图形是"[3|1|2]"。

两面包围的字也可以细分为左上包围、左下包围、右上包围三种。

左上包围字的方块结构图形是"[1/2]"，如：压、局、届、厄、病、庙、库、应。被包围的部分不止一个部件时，方块结构图形也很复杂，如：

尾：[1/2|3]　　履：[1/2|3|4]　　屡：[1/2/3]

左下包围字的方块结构图形是"[2/1]"，如：赵、赴、远、还、建、延、勉、

毡、匙、旭、尬。被包围的部分不止一个部件时,方块结构图形也很复杂,如:

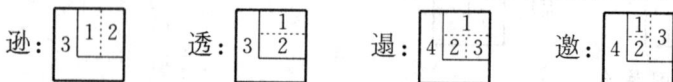

逊: 3|1 2　　　透: 3|1/2　　　遏: 4|1/2 3　　　邀: 4|1/2 3

右上包围字的方块结构图形是"1/2",如:勾、旬、甸、习、司、刁、且。

"虱"的方块结构图形是"1/2/3","匐"的方块结构图形是"1/2/3/4"。

汉字往往由多个部件组成,每个部件的复杂程度以及所占空间不完全相同,多个部件在构字时又要做到结构匀称合理,整字美观大方,这样,各个部件在整字中就要给予合理匀称的安排。除了上面介绍的基本结构模式和派生模式外,实际上,三个以上部件构成的汉字部件之间的结构关系还有许多,如"语"从整字来看是左右关系,但右边"吾"又是上下关系,"想"从整字来看是上下关系,但上面"相"又是左右关系,"品"、"晶"、"众"、"淼"、"森"等"品"字结构的字从整字来看是上下关系,下面又是左右关系,方块结构图形是"1/2 3","赢"从整字来看是上中下关系,下面又是左中右关系,方块结构图形是"1/2/3 4 5","燕"从整字来看是上中下关系,中间又是左中右关系,方块结构图形是"1/2 3 4/5","街"从整字来看是左中右关系,中间则是上下关系,方块结构图形是"1|2/3|4","剧"从整字来看是左右关系,左面则是左上包围关系,方块结构图形是"1/2|3","逊"从整字来看是左下包围关系,内部则是左右关系,"幽"从整字来看是下包围关系,内部则是左中右关系,方块结构图形是"2|3|3/4","圆"是全包围关系,内部则是上下关系,下面的"贝"又可以看作三面包围的上包围关系。有些字的结构更为特别,如"巫"、"爽"、"奭"、"噩"、"乖"只能称作框架关系或对称关系,方块结构图形只能表示为"2 1 3(巫、奭、乖)、2/3 1 4/5(爽)、2/3 1 4/5(噩)";像"串"、"禺"、"重"、

"虫"、"中"、"甲"因为中间有一竖自上而下贯穿,可称为穿插关系,也可以看作独体字。

从上面的分析可以看出,汉字结构模式虽然复杂多变,但也有很强的规律性。分析汉字结构模式很有意义,不仅有利于汉字的教学,而且有利于计算机汉字信息处理。

思考题

1. 形声字的出现使得汉字有了表音成分,形声字的音符代表了该字的读音,那么形声字的音符是否等于音素文字的字母和音节文字的音节符号呢? 为什么?

2. "六书"是传统汉字学分析汉字构造所总结出的六种方法,这"六书"还能不能用来分析现代汉字呢? 现代汉字在造字法上有哪些变化? 如何看待简化字中的"乂"(如"区"、"风")和"又"(如"鸡"、"圣"、"邓"、"发"、"观")等既不是意符也不是音符的部件在现代汉字中的作用? 为什么说现代汉字更适合采用构字笔画部件分析法?

3. 举例说明部件切分的原则。

4. 部件、偏旁、部首三者既有联系,又有区别,举例说明它们之间的关系。

第四节　字音、字义和形声字

汉字作为符号也有形式和内容两个方面。汉字的形式是它的形体,内容是语素,而语素又是语音和语义的结合。这样来看,汉字的形体就是记录汉语语素的语音和语义的物质载体,语素的语音和语义就是汉字所记录的实际内容,因而一个汉字实际上就是字形、字音、字义的统一体。可见,学习和研究汉字除了学习和研究汉字的形体外,还必须学习和研究汉字的字音、字义以及形音义三者的关系。

一、现代汉字的字音

(一) 北京语音是现代汉字的标准读音

汉字是记录汉语的语素的,语素包括语音和语义两个方面,所以汉字的字音实际上就是它所记录的语素的读音。语素的读音古今不尽相同,因而同一个汉字在不同历史时期的读音往往不同,如"打",《广韵》读都挺切、都冷切,即读"dǐng",现代读音为"dǎ";"矿",《广韵》读古猛切,即读"gǒng",现代读音为"kuàng"。现代汉字的读音当然指现代汉语中语素的读音。不过,许多字古今的读音还是一致的,如"同"、"消"的现代读音跟《广韵》时代的读音一致。现代汉字的标准读音是以北京语音为标准音的。

不过,有些字在北京话中也有不同的读音,如"呆"有人读"dāi",有人读"ái","械"有人读"xiè",有人读"jiè"。这种不同的读音并没有意义上的差别,这类一字多音同义的字就是异读字。有些字在不同场合读不同的音,如"熟悉"的"熟"读"shú","米饭已经熟了"的"熟"读"shóu",这种一字多音也属于异读字。异读字的读音是需要加以规范的,规范的依据是《普通话异读词审音表》,使用时应该选择经过审音的规范读音,如"呆"统读"dāi","械"统读"xiè"。

（二）同音字

由于汉语的音节数远远少于字数,必然会造成多个字读相同的音这种现象。这种读音完全相同,而字形和字义不同的一组字,就是同音字。同音字现象在现代汉字中十分普遍,如《新华字典》中读"yī"的字有 18 个,读"yí"的字有 28 个,读"yǐ"的字有 17 个,读"yì"的字有 72 个。

同音字的产生是音节数和字数不一致造成的。形成的具体原因有如下几个:

（1）造字时声音的偶合。由于音节数是有限的,造字时必然有不同的字声音偶合,如后造的字"钙"跟原有字"盖"、"概"、"溉"读音相同,"哚"跟原有字"朵"、"躲"读音相同,"陈"跟原有字"动"、"洞"、"冻"读音相同。声音偶合的同音字在同音字中比重最大。

（2）语音的简化。总的来说,古汉语的语音系统比现代汉语的语音系统复杂,在语音系统简化的过程中,原来不同音的字变为同音字,如在《广韵》中"东"和"冬"不同音,"支"和"之"不同音,"庚"和"耕"不同音,"清"和"青"也不同音,随着语音系统的简化,它们在现代汉字中变为同音字了。

（3）同源字。一个字滋生分化出一组字来,有的是同音字,如:"兼"分化出同音字"缣"、"鹣"、"鳒","冒"分化出同音字"帽","浮"分化出同音字"桴","崖"分化出同音字"涯"。

现代汉字的同音字虽然多,但一般不会对汉字的使用构成太大的影响,因为文字是在书面语中使用的,许多同音字并不是同形字,同音语素写下来往往在字形上是不一样的,字形能帮助区别同音字。

（三）多音多义字

跟同音字相反的是多音字,即一个字有不同的读音。多音字除了异读字(异读字是多音同义字)外,主要是多音多义字。多音多义字是指一个字(实际上指一个字形)有两个或两个以上的读音,并且不同的读音又跟不同的字义相联系。如"哄"在《新华字典》中有三种读音,分别对应三种意义,①hōng,好多人同时发声,②hǒng,说假话骗人,用语言或行动使人欢喜,③hòng,吵闹,搅扰。再如"差"字在《新华字典》中有四种读音,对应四组意义:

① chā,不同,不同之点;大致还可以;错误;差数。

② chà,错误;不相当,不相合;欠缺;不好,不够标准。

③ chāi,派遣去作事;旧时称被派遣的人,差役;差事。

④ cī,"参差"之"差"。

还如"和"字在《新华字典》中有五种读音,对应五组意义:

① hé,相安,谐调,平静,不猛烈;平息争端;数学上指两个或两个以上的数加起来的总数;连带;连词,跟,同;介词,对,向。

② hè,声音相应。

③ huó,在粉状物中加水搅拌或揉弄使粘在一起。

④ huò,粉状或粒状物搀和在一起,或加水搅拌;量词,洗衣物换水的次数;量词,煎药加水的次数。

⑤ hú,打麻将或斗纸牌用语,表示赢了。

多音多义字在现代汉字中数量比较多,据统计《现代汉语常用字表》中的 3500 个汉字中有多音多义字 405 个,占总数的 11.6%;《新华字典》中多音多义字也占总字数的 10%左右。多音多义字的大量存在给汉字教学、使用和汉字信息处理带来一定的困难,多音多义字一直是汉字教学和使用的难点和重点之一。在说话、阅读、朗读中遇到多音多义字时,要根据该字(语素或词)在上下文中的意义来决定其具体的读音,若有疑问,就必须多翻字典、词典,或者常请教他人。尤其人名、地名中涉及到多音多义字时,要根据"名从主人"的原则来决定读音,如"浒"在河南浒湾中读"hǔ",在江西浒湾和江苏浒墅关中读"xǔ";再如"堡"在"瓦窑堡"中读"bǔ",在"十里堡"中读"pù";"济"在"济南、济宁"中读"jǐ",一般情况下多读"jì"。"省"在元代人

"胡三省"的名字中读"xǐng"，"单"在"单于"中读"chán"，作为姓时读"shàn"。

二、形声字的音和义

（一）现代汉字中形声字占大多数

形声字是汉字发展到一定历史阶段的产物，殷商时代的甲骨文中，形声字只占 20％左右，到东汉时期的《说文解字》形声字已经占汉字总数的 80％以上，到清代的《康熙字典》形声字已达 90％。形声字在现代汉字中当然占大多数，就在《现代汉语通用字表》中的 7000 个汉字中，形声字已占 80％左右。有学者估计，在现在 6 万个左右的汉字中形声字可能超过 95％。形声字数量多主要是因为形声造字法优于其他造字方式。象形、指事、会意只着眼于表义，字的内部没有表音成分，形声字则是音义两全的结构，满足了人们希望文字联系语音的要求。另外，形声造字法容易造字，只要确定了所要表示的义类，选择好一个合适的意符，再找一个字作音符，一个新字就造出来了。

（二）现代汉字中形声字意符的作用和局限

形声字的意符和音符本来是为了显示字的义类，标示字的读音的，但随着汉字形体的演变、语音系统的变化、客观事物的发展、方言的分歧，在现代汉字中形声字的意符和音符有了很大的局限性。

形声字的意符是形声字的表义部分，它的作用主要是提示该汉字所记录的语素的意义类属。粗略地说，意符相同的形声字，在字义上或多或少的都与意符所标示的事物或动作行为、性质状态有关，即同意符的形声字属于同一个意义范畴。如以"艹"为意符的字，一般都跟花草等植物有关，再如以"衤"为意符的字一般跟衣物有关。

意符的另一个作用是帮助区别同音字。当一些形声字读音完全相同，所用音符也相同时，意符就成了区别这些同音的形声字的主要手段，如读音都为"kàng"、以"亢"为音符的字，如何区分呢？加单立人意符的是"伉"，加提手旁意符的是"抗"，加火字旁意符的是"炕"。这样，这些同音字就区别开来了。

由于形声字意符的表义作用和区别同音字的功能，因而有可能利用意符的表义作用来教学汉字，如利用意符来区别形似字和同音字，利用意符的类推作用来推导字义、字形。如辨析"剔"、"踢"、"惕"、"裼"等字的字形、意义和用法，就可以充分利用意符的表义功能，"从骨头上把肉刮下来"要用刀，因而是"剔"字；"抬起腿用脚撞击"要用脚，因而是"踢"字；"小心谨慎"要用"心"，因而是"惕"。

不过，意符的表义功能不是绝对的。在现代汉字中相当一部分汉字的意符已经不能有效地起到表义作用了。意符不能有效表义实际上包含几个层面。一是意符本身表义是空泛、笼统、粗疏的。从意符本身的性质来看，意符所表示的意义只是一类事物或动作行为、性质状态的共性，它不是也不可能表示某个类别中的各个具体事物或动作行为、性质状态的个性。如客观世界中有许多种类的树木，而都用一个意符"木"来表示，有各种各样的花草植物，也多用一个意符"艹"，这样形声字意符本身就难以具体显示出客观世界中千差万别的、种类繁多的花草树木。再如，人的内心世界是丰富、细腻的，而意符竖心旁或心字底也无法反映出人类的各种各样的具体的心理活动来。

其次，由于词义的演变和假借的广泛运用，由于客观事物本身的变化，现代汉字中相当多的形声字的意符已经看不出所表示的意义范畴了。如"治理"、"修理"、"管理"、"理由"的"理"以"玉"为意符，"理"的本义是治玉，而随着词义的演变，现代汉语中的"理"已经和"玉"没有什么直接的关系了；再如"欺骗"的"骗"以"马"为意符，"笨"以"竹"为意符，由于假借的原因，这些意符就变得没有意义了。"机器"、"机械"、"飞机"、"机车"、"机床"、"机电"、"机场"等词语中的"机"字全以"木"为意符，而在现代社会中，这些事物跟"木"的关系已经不大了，"床"、"楼"、"棚"、"椅"、"桥"、"枪"、"杯"、"板"、"桌"、"桶"、"梳"、"棋"、"柜"等字所表示的事物，在现代社会里已不限于用"木"制作了。这些字意符表义失效主要是由于客观事物本身变化了，而意符本身没有随之变化。

再次，限于造字之初人们的认识水平，某些形声字的意符选择本身就不够科学，以致意符表义不确切。如以"犭"为意符的字，在现代汉字中许多都不属于犬类。《新华字典》所收以"犭"为意符的字约 100 个（包括繁体），而"狐"、"狸"、"猪"、"猫"、"猴"、"猿"等多数字，都不属于犬类。甚至相当一些字，连动物也不表示。像"鲸"以"鱼"为意符，"思"、"想"以"心"为意符都是不科学的。

由于意符选择的不科学，有时不同类属的字会使用同一个意符，如"蛾"属于昆虫，以"虫"为意符，而"彩虹"的"虹"不属于昆虫类，也以"虫"为意符。

反过来,也有不同意符表示一个意义类属或同一个意义的,如"猿"和"猨"是同一种动物,却用不同意符,"猾"和"蝟"也是同一种动物,也用了不同的意符。"猨"和"蝟"都是兽类,不是昆虫,用"虫"做意符本身也不好理解。还如"说"、"讲"和"喊"、"叫"都是用口腔发音,却用了不同的意符。

可见,形声字的意符表义确有笼统、粗疏甚至不准确、不科学的缺点。不过,总的来看,现代汉字中形声字的表义功能还是很明显的。如有人对3755个常用字进行统计,"扌"旁的字共有184个,以意义是否跟"手"有关作为标准,不能有效表义的字只有"拙、捌"等有限几个。在对《新华字典》中"氵"、"心"、"亻"、"犬"四部所收的形声字表义度的分析中,人们发现,以"氵"为意符的字有383个,意义跟"水"有关的字有301个,占78%;"心"部字有60个,意义跟"心"有关的字有42个,占70%;"亻"部字218个,意义跟"人"有关的字是100个,占46%;"犬"部字有4个,只一个字跟"犬"有关,占25%。可见,只要谨慎细心,形声字的意符还是可以用来帮助人们掌握形声字的字义的。

(三)现代汉字中形声字音符的作用和局限

音符是形声字的表音部分,作用在于表示字的读音。如"粮"的读音跟音符"良"的读音相同,"莱"的读音跟音符"来"的读音一致,"猖"的读音跟音符"昌"的读音一样。既然形声字的音符跟形声字的读音有这样的关系,人们就可以利用音符来提高识读汉字的效率。如认识了"丁"(dīng),就可以读出一批以"丁"(dīng)为音符,跟"丁"(dīng)读音相同的字,如"仃"、"叮"、"盯"、"钉"、"玎"、"酊"、"耵"、"町"、"疔"等,也大致可以读出几个以"丁"(dīng)为音符,跟"丁"(dīng)读音相近的字,如"顶"、"订"、"钉"等。再如认识了"分",就可以读出以"分"为音符,读音跟"分"相同的一批字,如"芬"、"纷"、"吩"、"酚"、"氛"、"玢"、"棻"、"雰"等,也可以大致读出跟"分"读音相近的几个字,如"份"、"粉"、"忿"、"汾"、"棼"等。相当一批音符具有准确表音的功能,如"皇"、"希"、"代"、"段"、"奂"、"阑"、"历"、"厉"、"廉"、"农"、"容"、"式"、"斯"、"唐"、"亭"、"析"等音符都能较准确地表示字音。人们可以适当利用音符的表音功能和类推规律来学习和掌握汉字。

其次,音符可以被用来区别形似字,如"狼"和"狠",字形相近,区别在于使用不同的音符"良"和"艮";再如"抡"和"抢"、"沦"和"沧"、"伦"和"伧"的差别,只在音符的不同。

再次,音符还有类推字音,纠正方音的作用。汉语方言复杂,许多方言的字音跟普通话差别较大,普通话中的一些声母、韵母在许多方言中常常混淆,如许多方言中,z、c、s 跟 zh、ch、sh 不分,n 和 l 不分,in 和 ing、en 和 eng 不分等等。学习普通话时,可以利用形声字音符的表音特点,来类推一系列的普通话发音,从而取得较好的效果,如以"因"为音符的字一般读前鼻音"in",如"茵"、"姻"、"洇"、"氤"、"裀"、"铟"等,而以"婴"为音符的字一般读后鼻音"ing",如"樱"、"缨"、"撄"、"嘤"、"璎"、"鹦"、"罂"等;以"生"为音符的"胜"、"牲"、"甥"、"笙"、"性"、"姓"、"星"、"甥"等字一般读后鼻音,以"中"为音符的"妯"、"神"、"审"、"绅"、"砷"、"沖"、"胂"等字一般读前鼻音;像以"成"、"呈"、"京"、"令"、"名"为音符的字一般读后鼻音,而以"辰"、"今"、"辛"、"宾"、"民"为音符的字一般读前鼻音。再如"枝"、"肢"、"伎"、"吱"、"翅"等字以"支"作为音符,一般读卷舌音(zh、ch、sh),而以"子"为音符的字一般读平舌音(z、c、s),如"字"、"籽"、"孜"、"仔"等;以"中"为音符的"种"、"钟"、"肿"、"盅"、"忠"、"衷"、"仲"等字一般读卷舌音,而以"宗"为音符的"棕"、"综"、"踪"、"粽"、"淙"、"琮"等字一般读平舌音。以"奴"为音符的"怒"、"努"、"弩"、"孥"、"驽"等字一般读鼻音(n),以"卢"为音符的"颅"、"垆"、"泸"、"轳"、"胪"、"鸬"、"舻"等字一般读边音(l)。可见,依靠音符的类推规律,可以帮助区别、识记字音。

不过,音符的类推规律不是绝对的,同一个音符在不同的字中可能有读音差别,甚至差别很大。如"经"、"径"、"颈"、"茎"、"痉"、"刭"、"泾"、"迳"、"胫"、"轻"、"氢"等同音符的字都读后鼻音,而"劲"字却有前鼻音和后鼻音两种读音。再如"听"是后鼻音,而"芹"则是前鼻音。"寺"是平舌音,而以"寺"音符的"诗"、"侍"、"恃"、"峙"却读卷舌音。"浪"、"狼"、"琅"、"莨"、"稂"、"锒"、"粮"、"踉"等字以"良"为音符,读边音,而"娘"、"酿"也以"良"为音符却读鼻音。"喃"、"腩"、"蝻"等字以"南"为音符读鼻音,"喃"字也以"南"为音符却读边音。跟"劲"一样,"弄"、"称"都有两种读音,差别在于鼻音和边音、前鼻音和后鼻音。可见,利用音符进行类推一定要细心、谨慎。

由于古今汉语语音系统的变化,使得形声字音符的表音功能有了很大的局限。这种局限性主要表现在音符的读音跟形声字的读音不一样,音符的表音准确率不高。有的是声调不一致,如"方"是阴平字,而以"方"为音符的字却有阳平(如:防、妨、肪、坊、房)、上声(如:访、仿、纺、舫、昉)、去声(如:放)。有的是韵母不同,如"迸"跟"并","俾"、"荜"、"庳"、"髀"、"裨"、"婢"跟"卑","坝"跟"贝"都是韵母不同。有的是声母不同,如"豺"跟"才","豹"、"蚼"跟"勺","版"、"板"、"扳"、"阪"、"坂"、"舨"跟"反"都是声母不同。当然,有的是声韵调都不同,如"技"、"伎"、"芰"、"妓"跟"支","概"、"溉"、"慨"跟"既","读"、"犊"、"渎"、"椟"、"牍"、"黩"跟"卖","愎"跟"复"等等是声韵调都不同。像以"占"为音符的字,有的跟"占"(zhàn,zhān)读音相同,如"站"、"战"和"沾"、"毡"、"粘",有的则读音不同,如"店"、"掂"、"惦"、"坫"、"点"、"玷"、"阽"、"贴"、"帖"、"拈"、"钻"、"砧"、"苫"等。以"也"为音符的"地"、"池"、"他"、"她"、"施"、"拖"等字,全都跟"也"读音不同。

其次,有些形声字在造字之初,选择音符时就不严格,在没有同音字的情况下,往往选择读音相近的字来代替。这也是造成音符读音不准确的一个重要原因。

形声字的音符表音功能,据有人对《新华字典》的统计,有效率约在40％。可见,形声字的有效表音率是不高的。这就要求我们在利用音符识读汉字时,不能过于相信音符,一定要谨慎、细心,一遇字音有疑惑的字,就要查字典、词典或请教他人。

形声字的意符和音符都有表义或表音的功能,但又都有相当大的局限。不过,当意符和音符结合到一块儿时,它们所提供的信息量就会大大增加。这使得汉字在表义兼表音的文字系统内找到了一种合适的方式,这种表示语素的合理性,或许就是汉字得以长期存在的一个原因。

三、现代汉字的形音义关系

前面几节分别介绍了汉字的字形、字音、字义及其相互关系。下面对三者之间的复杂关系作一总结:

(1)一个字形只有一种读音、一个意义,这是单音单义字。这种字数量不多,多是不常用字,主要是一些专用字或较冷僻的字,如"氮"、"氚"、"氦"、"氖"、"氯"、"氢"、"氚"、"谠"、"刎"、"匿"、"蔫"、"遁"、"埵"、"鞔"等即是单音单义字。

(2)一个字形有不止一种读音,不止一个意义,这是多音多义字。如"和"字,在《新华字典》中有五种读音,有多种意义;再如"差"、"单"、"轧"、"都"、"斗"、"塞"、"打"、"量"等都是多音多义字。这种多音多义字也是一种同形字。

(3)一种字形有不止一种读音,却表示一种意义,这就是异读字。如

"呆"有人读"dāi",有人读"ái"(现在经整理统一读"dāi");再如"薄"有"báo"和"bó"两种读音,"血"有"xiě"和"xuè"两种读音,"剥"有"báo"和"bō"两种读音,这属于文白异读现象。

(4)两种或两种以上的字形只有一种读音,表示一种意义,这就是异体字。异体字也叫异形字、多形字,不同字形之间没有音义的差别。如"窗"有"牕"、"窓"、"窻"、"牕"、"牕"五种异体字,再如"瓶"和"缾"、"群"和"羣"也是异体字。异体字是汉字整理规范的对象,经整理,"窗"、"瓶"、"群"被确立为正体,"牕"、"窓"、"窻"、"缾"、"羣"等被淘汰。

(5)一种音义用不同的字形来表达,但不同字形只有笔画多少的差别,这是繁简字。如"陈"和"陳",后者是繁体,前者是简体;再如"汉"和"漢"、"学"和"學"、"龟"和"龜"等也都是简体和繁体的不同。现代汉字中繁体被淘汰。

(6)一种字形,一种读音,表示不同意义,这是同音字。如"拐骗"的"拐"和"拐弯"的"拐"、"奇怪"的"怪"和"怪罪"的"怪"、"羊毛"的"毛"和"一毛钱"的"毛"等都是同音字。这种同音字是同形字的一种。

同音字还可以指字形、字义不同,而字音相同的一组字,如"成"、"乘"、"盛"、"城"、"程"、"呈"、"诚"、"澄"、"丞"、"橙"、"承"、"裎"、"铖"、"埕"、"酲"等字都读"chéng"。这种同音字也叫同音异形字。

(7)一种字形,一种读音,多个字义,这是多义字。如"花"在《新华字典》中列有七种意义,"会"在《新华字典》中列有九种意义,"交"在《新华字典》中列有七种意义。多义字的意义指的是字的义项不止一个。

汉字形音义之间的对应关系是复杂的,反映出汉字记录汉语在字形跟音义上的矛盾。形音义之间的这种不对应和矛盾,正是我们学习和认读、使用汉字的困难所在。

思考题

1. 简述现代汉字形音义之间的关系。

2. 请举例说明形声字意符和音符的作用与局限性,并谈谈在现代汉字学习中应该如何利用意符和音符的作用。

第五节　现代汉字的标准化和规范化

一、汉字的整理

汉字的整理主要指汉字的简化,包括减少笔画和精简字数,还包括汉字标准字形的确立。

汉字的整理自汉字产生起就开始了,历史上也有过几次大规模的汉字整理,如秦始皇的"书同文"政策,20世纪上半期的限制和减少汉字字数的研究等。大规模的汉字整理发生在20世纪50年代以后,即以汉字简化、异体字淘汰、标准字形的确立等为标志的汉字改革运动。

简化汉字是20世纪后半期汉字改革的主要内容之一。1955年中国文字改革委员会公布了《汉字简化方案草案》,公开征求意见。1956年经国务院汉字简化方案审定委员会审定,国务院公布了《汉字简化方案》。1964年中国文字改革委员会在《汉字简化方案》的基础上编辑出版了《简化字总表》。该总表分为三个表。第一表是352个不作简化偏旁的简化字;第二表是132个可作简化偏旁的简化字和14个简化偏旁;第三表是应用第二表所列简化字和简化偏旁类推简化得出来的1754个简化字。三个表实际得出简化字共2236个。1986年国家语言文字工作委员会重新发表《简化字总表》时,又对个别字作了调整,总字数为2235个。

由于采用了"约定俗成,稳步前进"的方针,简化汉字取得了明显的效果。首先是减少了汉字笔画数目。《简化字总表》(1986年)共收简化字2235个,平均每字是10.3画。而被替代的2261个繁体字,平均每字是16画。相比之下,平均每字减少5.7画。其次是提高了阅读的清晰度,如简体的"弯"、"乱"、"龟"、"郁"、"体"、"总"、"灶"要比繁体的"彎"、"亂"、"龜"、"鬱"、"體"、"總"、"竈"清晰得多。再次是减少了通用汉字的字数,部分字的音符更加准确一些。简化时,由于采用同音替代或两个繁体用一个简体的方法,就减少了字数。如用"后"代替"後",用"谷"代替"穀",用"台"代替"臺",再如"鐘"和"鍾"合为"钟","滙"和"彙"合为"汇"。《简化字总表》中采用这两种方法共减少了102个繁体字。另有一些形声字的音符在繁体中已不能准确表音,简体中的音符注意了表音的准确性,如"態"、"證"、"戰"、

"護"简化为"态"、"证"、"战"、"护",音符都能较准确地表音。由于简化字减少了笔画,便于书写和认读,因而自推行以来受到广泛欢迎。

异体字由于音同义同形不同,一字多形,增加了学习和使用的负担,妨碍了汉字规范化。为了减少异体字,1955年文化部和中国文字改革委员会联合公布了《第一批异体字整理表》,根据"从俗从简"的原则,该表共选用810个字,淘汰了1055个字。之后,又对该表进行了部分调整,实际淘汰异体字1027个。《第一批异体字整理表》的发布和实施,有效地减少了汉字字数,给学习和使用汉字带来了方便,受到了广泛的欢迎。

由于印刷体字体之间存在一定的差异,给汉字学习、应用以及打字、排字等带来诸多不便。为了规范、统一通用汉字印刷体的字形,1964年文化部公布了《印刷通用汉字字形表》。该表共收印刷通用汉字6196个,按照"从简从俗"、"便于学习和使用"的原则,给每一个通用汉字规定了笔画数、结构和书写笔顺。这就消除了印刷用汉字字形上的分歧,同时,这些标准也是手写体的标准,这就大大提高了汉字字形的规范化程度,确立了通用汉字的字形标准。

1955年到1964年间,经国务院批准,35个县级以上地名的生僻字被改为常用字,这实际上也起到了减少汉字笔画的效果。

1959年国务院发布了《统一我国计量制度的命令》,根据这个命令,1977年中国文字改革委员会和国家标准计量局联合发出了《关于部分计量单位名称统一用字的通知》,对部分计量单位名称用字作了统一规定。这也在一定范围内对汉字使用起到规范作用。

《简化字总表》、《印刷通用汉字字形表》、《第一批异体字整理表》等文献确定了现代汉语用字的标准,使汉字进入了现代汉字的时代。

二、现代汉字的标准化

随着信息时代的到来,社会对汉字提出了更多更高的要求,其中最重要的一项要求就是实现现代汉字的标准化。

现代汉字标准化就是对现代汉语书面语用字进行全面的、系统的、科学的整理,做到"字有定量、字有定形、字有定音、字有定序",即定量、定形、定音、定序,简称"四定"。现代汉字的标准化可为我国的语文教育、对外交流、出版印刷、新闻通讯、各种文字机器、汉字的计算机信息处理等,提供用字的标准和规范。

（一）定量

定量就是规定现代汉语用字的使用总量。

甲骨文时代汉字只有几千个,经过三千多年的发展演变,汉字积累了相同多的字量。从历时来看,历代字书所收的汉字字数是在不断增加的,如:

《说文解字》(汉代):9353 个。

《广韵》(宋代):29194 个。

《字汇》(明代):33179 个。

《康熙字典》(清代):47043 个。

《汉语大字典》(当代):54678 个。

《中华字海》(当代):87019 个。

可见,就目前来看,汉字的总量是非常庞大的。但这些字中,有许多是异体字、繁体字,也有许多是历史上曾经使用过,而现代书面语中已经基本不用的"死"字。那么,现代汉语用字总量到底有多少呢? 20 世纪 50 年代,中国文字改革委员会曾经公布《现代用字统计报告》,认为现代用字是 9163 个。综合 1984 年公布的《汉字频度统计》(收字 5991 个),1986 年公布的《汉字频率表》(收字 4574 个),1992 年公布的《现代汉语字频统计表》中的《社会科学·自然科学综合汉字频度表》(收字 7754 个)的结果,一般来说,现代汉语书面语中使用的汉字总数大约在 1 万个。目前极需要研制《现代汉语用字全表》,以准确确定现代汉语用字总量。

这 1 万个左右的现代汉字,对学习和使用的人来说也还是一个非常大的数字。不同学习阶段、不同使用场合和不同要求的人,使用汉字的数量是大不一样的,如成人扫盲用字,中小学语文教育用字,对外汉语教学用字等,数量不会太多;一般阅读用字跟知识界和新闻界用字会不一样,古代文化研究或汉字研究学者就需要掌握更多的汉字。因而,在汉字定量研究方面,还必须在现代汉字的基础上研制出常用汉字和通用汉字。

为了适应语文教学、辞书编纂以及汉字机械处理和信息处理等各方面的需要,1988 年,国家语言文字工作委员会和国家教育委员会联合发布了《现代汉语常用字表》。该表共收常用汉字 3500 个,被分为两级,其中一级常用字 2500 个,二级次常用字 1000 个。这些字都是使用频率高,构词构字能力强,学科分布广和日常生活中使用度高的字,即属于在日常语体的现代汉语书面语中使用频率高的字,这些字都具有常用性、能产性、稳定性、简易性等特点。经过对 200 万字语料的计算机抽样统计检测,该表的一级常用字的覆盖率是 97.97%,二级次常用字的覆盖率是 1.51%,合计为99.48%。这说明《现代汉语常用字表》是符合实际的。常用字字表的研制成功,为成人扫盲,中小学语文教育,对外汉语汉字教学以及其他方面的汉字教学和汉字应用提供了科学的依据。

通用汉字就是书写现代汉语通常要用的字,是指一般报纸书刊上流通使用的记录现代汉语的字,即除去有特定使用范围的专门用字和罕用的生僻字以后留下来的一般要使用的字。据统计,现代汉语通用汉字一般在7000 个左右。1988 年国家语言文字工作委员会和新闻出版署在过去通用字研究的基础上,联合公布了《现代汉语通用字表》。该表共收通用汉字7000 个,包括了《现代汉语常用字表》的 3500 个常用字。这些字都是使用频率较高、构字能力较强、学科分布较广、日常生活使用度较高的字。

《现代汉语通用字表》是国家公布的规范字表,它规定了每个通用汉字的规范字形,包括笔画数、笔顺和笔画部件的组合结构等信息。该表的发布为汉字教育、汉字应用和汉字规范提供了科学的依据。

现代汉字定量工作已经取得了相当多的成绩,不过,也还有许多工作要做。比如从语文教育和对外汉语教学的汉字教学来看,还需要针对成人扫盲、小学、初中、高中不同学习阶段,针对留学生速成、初级汉语、中高级汉语等不同学习层次,研制出合理的汉字教学量,进一步做好现代汉字分级定量的研究工作。

(二) 定形

定形就是规定现代汉语用字的标准字形。

字形是文字符号的物质外壳,是书面语信息的载体,书写者和阅读者是通过字形这个媒介体才能进行交际的。可见,字形清晰、统一、合理、规范是进行书面语交际的基本条件,也是提高书面语交际效率的重要保证。随着汉字信息处理技术的发展,更需要汉字有明确规范的字形。

从汉字整理的历史来看,过去的汉字整理研究也非常注重对字形的规范和整理,并取得了相当大的成效。《简化字总表》、《印刷通用汉字字形表》、《第一批异体字整理表》、《现代汉语常用字表》、《现代汉语通用字表》等文献的发布,就基本上确立了现代汉字的标准形体。这些文献的发布,深受出版界、新闻界、教育界、计算机工作者的欢迎,促进了汉字的规范化和标准化。

不过,汉字的定形还有许多工作要做,如需要进一步整理异体字,需要整理同音同义字中的异形字,还需要进一步规范书写笔顺。

在已经公布的《第一批异体字整理表》中,还有个别地方需要修订。如"楞[愣]"条,把"愣"作为"楞"的异体字来处理是不够妥当的。因为"楞"音 léng,义同"棱",而"愣"音 lèng,义为"发愣",可见,"楞"和"愣"音义均不同,不能作为异体字来处理。再如"氛[雰]"条,"氛"和"雰"虽然都有"气"的含义,但"氛"指情况、情景,"雰"则指雾气。可见,"氛"和"雰"意义不同,不宜看作异体字。

汉字的书写笔顺,经《印刷通用汉字字形表》和《现代汉语通用字表》的规范,基本上有了一定的依据。但也还存在一些不够统一的地方。如"乃"和"及",结构相似而笔顺不同,"乃"字的起笔是折笔,"及"的起笔是撇。再如"叟"字的上部是先两边,后中间,而"插"字的下部是先中间后两边。而同样是左中右结构的字(或部件),有的是按左、中、右的顺序来书写,如"谢"、"辩"、"鞭"等字,有的则按中、左、右的顺序来书写,如"兜"字的上部。再如包围结构,一般是先外后内,如"虱"、"厘",但也有先内后外的,如"幽"、"凶",还有先写外面的一部分,再写里面的,最后写包围的另一部分,如"区"、"国"。同类结构的这些不统一现象,似乎应该进行修订,使同类结构字的笔顺统一,便于学习和应用。

再者,《印刷通用汉字字形表》和《现代汉语通用字表》的笔顺是隐性的,不仅使用不方便,而且应用中因理解不同会出现部分汉字笔顺不规范、不统一的现象,为此,国家语言文字工作委员会和新闻出版署又于 1997 年公布了《现代汉语通用字笔顺规范》,逐一显示出 7000 个通用汉字的笔顺,并调整和明确了"敝"、"脊"、"火"、"叉"、"乸"、"爽"的笔顺。这使得汉字笔顺的规范进一步具体化了。

现代汉字定形工作,除了上述三个方面外,对汉字笔画的种类、名称和具体写法,对汉字偏旁的数量、名称和具体写法,也需要加以研究,尽快制定出具体的规范和标准。

(三) 定音

定音就是指规定现代汉语用字的标准读音。现代汉语用字的标准读音是北京语音,需要定音的主要是异读词的字音。

异读词是指表示同一个意义的词中的字有不止一种读音,这属于现代汉语用字字音不确定现象的一种。如"凹陷"中的"凹"字曾有三种读音:āo、yào、wā,"庇护"中的"庇"曾有 bì、pì 两种读音,"发酵"的"酵"有 jiào、 xiāo 两种读音。异读词应该是字音标准化和规范化的一个重要方面。过去在异读词整理方面已经取得一定的成绩,普通话审音委员会于 1957 年到 1962 年分三次发表了《普通话异读词审音表初表》,1963 年编辑成《普通话异读词三次审音总表初稿》,共计审音 1800 多条。该表公布后,受到广泛欢迎,对现代汉语的语音规范和普通话的推广起到了积极的作用。不过,随着语言的发展,该表中的一些字音需要重新审定,如"呆板"中的"呆"的读音。另外,审音的结果也需要正式定稿,以利使用。1982 年以后,审音委员会又对异读词进行了重新审定,于 1985 年经国家语言文字工作委员会和广播电影电视部审核公布了《普通话异读词审音表》。这次审音修订是以符合普通话语音发展规律为原则,以便利广大群众学习普通话为着眼点,采取约定俗成、承认现实的态度。该表公布以后,异读词的读音均应该以此为准,如"凹陷"中的"凹"统读"āo","庇护"中的"庇"统读"bì","发酵"的"酵"统读"jiào","呆板"中"呆"统读"dāi"。

现代汉语用字的定音工作还应该包括人名、地名异读的审定,轻声词、儿化韵的规范等内容。

(四) 定序

定序是指规定现代汉语用字的排列顺序。字典、词典的编写,各类索引的编排,计算机字库的编制等等,都需要汉字有合理的稳定的排列顺序,以便于汉字的查检。可见,汉字的定序工作,主要指规定标准的汉字查字法。

汉字数量很多,查检不便,必须制订出科学、合理、简便的查字法。在汉字研究的历史上曾经采用过多种检字法,如义序法、音序法、形序法等。

义序法是按照字义来排列汉字顺序的,早期的字书如《尔雅》、《释名》以及《方言》等都采用义序法来排列汉字。如《尔雅》把要解释的词语根据意义分为 19 类,每条下先汇集一组同义词,然后用一个常用词来解释。义序法很难为汉字制订出合理、简便、一致的标准,因为汉字的字义分多少类,各类意义的排列先后,同一意义类别汉字的内部排列先后等等,都很难制订出科学合理的标准,存在相当大的任意性,因而检索起来较为困难。后世的字典、词典很少采用义序法来编排汉字。

音序法是按照字音来排列汉字的顺序。古代的韵书如《切韵》、《广韵》等都采用音序法。《汉语拼音方案》公布以前的《汉语词典》、《同音字典》、《第一批异体字整理表》等字典、词典及有关文献,是按注音字母的顺序来排列汉字的。当代的字典、词典,如《新华字典》、《现代汉语词典》以及《简化字总表》(1986 年新版)、《普通话异读词审音表》等都是按汉语拼音方案的拉丁字母顺序来排列汉字的。新版的许多字典、词典多有汉语拼音检字表。

按汉语拼音方案字母的顺序排列汉字,同音的字排在一块儿,同音的字则按字形的笔画多少以及偏旁的情况来排序。不过,从现行的字典和词典来看,不同的字典和词典对同音字的排列顺序往往不一致。如 huà 音节的字,《新华字典》的顺序是:化、华、桦、划、画、婳、话,《现代汉语词典》的顺序是:化、划、华、画、话、桦、婳。可见,按汉语拼音方案的字母顺序来排列汉字还必须制订更细致的排列规则。

音序法的优点是简明,查检方便,但是如果想查的字不会念,不知道读音,就无法查检了。所以,字典和词典使用音序法时,还需要配合使用其他检字法。

形序法是按照字形来排列汉字的。由于对字形的分解有多种方式,因而形序法又有笔画法、部首法、号码法等几种不同的检字法。

笔画法是根据笔画数和笔形的顺序来排列汉字的,又叫笔画笔形法。一般是先按笔画数从少到多排列,同笔画数的字再按起笔笔形的顺序排列,起笔笔形再相同的字则按第二笔的笔形顺序来排列,依次类推。至于笔形的顺序,对"点"、"横"、"竖"、"撇"、"折"五种较基本的起笔笔画的顺序有不同的主张,一般有三种顺序:

(1) 一丨丿丶乛("札"字法);

(2) 一丨乛丿丶("丙"字法);

(3) 丶一丨丿乛("江天日月红"法)。

目前常用的是第一种方法,如《印刷通用汉字字形表》、《现代汉语常用字表》、《现代汉语通用字表》以及《辞海》、《新华字典》和《现代汉语词典》的部首检字表等都采用这种方法。如《新华字典》和《现代汉语词典》"部首检字表"的"一画"顺序是"一丨丿、乙(乛丁乚)"。不过,遇到同笔画数、同笔形顺序的字,不同的字典或文献在排列顺序上仍可能有分歧,如"勺"、"丸"、"凡"、"夕"、"么"、"及"、"久"等字,笔画数相同,起笔笔形都是"丿",这时,不同的文献或字典在排列顺序上就不尽一致了。如:

《印刷通用汉字字形表》:勺、丸、凡、夕、么、及、久。

《现代汉语常用字表》:勺、久、凡、及、夕、丸、么。

《现代汉语通用字表》:么、久、勺、丸、凡、夕、及。

《新华字典》(部首检字表):么、久、丸、及("勺"、"夕"不在"丿"部)。

《现代汉语词典》(部首检字表):久、么、及("丸"、"勺"、"夕"不在"丿"部)。

可见,笔画法也还有需要进一步研究并加以规范统一的地方。

部首法是按照部首来编排汉字的方法。最早采用部首法来给汉字归类的是东汉许慎的《说文解字》。《说文解字》把具有相同表义偏旁的字汇集在一起,建立一个"部",每个部就用那个相同的偏旁作为代表,放在一部之首,这个字就叫"部首"。《说文解字》把全书的9353个字分为540个部,即有540个部首。《说文解字》首创部首法,这在汉字查检史上有重要的地位。但这种部首是据义归部的,面对的是小篆字体。后来随着楷书的通行,字体结构有所改变,字义也有所发展,这样,《说文解字》的归纳部首的原则和所立的部就不尽合适了。后代的字典、词典对部首多有变革。如明代的《字汇》及清代的《康熙字典》和旧《辞海》都将部首减少为214个。1979年版《辞海》是250个部首。《汉语大词典》和《汉语大字典》是200个部首,而《新华字典》和《现代汉语词典》就只有189个部首了。

可见,不同字典、词典确立的部首的数目很不统一。为了解决这一问题,1983年成立了"统一部首检字法工作组",以制订一个统一的部首法方案。工作组在1983年的《文字改革》上刊登了《汉字统一部首表(草案)》,共201个部首。《现代汉语常用字表》和《现代汉语通用字表》就采用了这个方案,但一些常用的字典和词典目前尚没有采用这个方案。

部首检字法的不统一给字典和词典的编纂和查检、汉字信息处理、汉字教学都带来一定的不便。今后应该在深入调查研究的基础上,制订出一个科学、合理的部首检字表。

号码法是按字形确定的号码来排列汉字的方法。这实际上是一种从字形着眼的确定汉字字序的方法。这种方法规定一套笔形和号码对应规则,按照规则把汉字的笔形转换成数字,然后再把数字组成代码。把代码由小到大排成系列时,与代码相应的汉字也就排成了序列。

号码法有许多种,通行的是四角号码法。四角号码法是1925年王云五发明的,早期商务印书馆出版的许多工具书都采用了四角号码法。《现代汉语词典》(1983年版,1996年版取消)、新版《辞海》和《辞源》都有四角号码检字法。这种方法是把汉字四角的笔形分为10种,用0到9十个数目字来代表。具体方法如下:

0:亠	1:一	2:丨丿	3:丶乀
4:十	5:扌	6:口囗	7:ㄱㄴ

8：ﾚ八　　　9：小

　　四角号码查字法的口诀是"横一垂二三点捺，又四插五方块六，七角八八九是小，点下有横变零头"。取角的顺序：左上角＋右上角＋左下角＋右下角。为区别同码的字，又增加了"附号"，即取右下角上方的笔形为附号，标以下标形式。例如：

　　　　端 0212_7　　晋 1060_1　　借 2426_1　　幢 4021_5

　　四角号码法的优点是按字形本身，来给汉字定序，避免了音序法、部首法先要了解字音和部首的缺点，也不要像笔画法那样先要数清笔画，因而查检方便、迅速。缺点是笔形和代码之间缺乏理据，需要死记硬背，且容易出错；同时，同码字也较多。

　　由于汉字字形复杂，字数众多，字形跟字音联系不密切，因而，各种检字法都不能做到尽善尽美。为解决这一问题，许多字典、词典，往往使用多种检字法，以互相补充，便于使用，如《新华字典》就有"汉语拼音音节索引"、"部首检字表"、"难检字笔画索引"，《现代汉语词典》有"音节表"、"部首检字表"，1983 年版还有"四角号码检字表"，《汉语大词典》有"部首表"、"单字笔画索引"、"单字汉语拼音索引"，《汉语大字典》也有"部首检字表"和"笔画检字表"，其他像新版《辞源》、《辞海》都有多种检字法供使用者选择，如《辞海》（缩印本 1999 年版）就有"部首笔画笔形索引"、"笔画索引"、"汉语拼音索引"、"四角号码索引"。

　　总之，在现代汉字标准化方面已经取得了许多成绩，这些成绩对汉字教学和汉字应用及汉字的现代化和规范化都起到积极的作用，但也还有许多问题需要进一步研究和解决，以进一步利于应用。

三、现代汉字的规范化

　　现代汉字的规范化应主要包括如下内容。

（一）按规范化的字形标准写字

　　现代汉字的标准字体是楷书，《印刷通用汉字字形表》及《现代汉语通用字表》中规定的楷书新字体是现代汉字印刷体的标准字体和规范字形，同时也是语文教学、书面交际、印刷出版、汉字信息处理的字形标准。因此，应当了解《印刷通用汉字字形表》及《现代汉语通用字表》的字形跟旧字形的一些差异。如（括号外是新字形，括号内是旧字形）：

（1）印刷体力求跟手写体一致,如:教(敎),益(益)。

（2）笔画和笔势尽量便于横写,如:丰(丰),羽(羽)。

（3）笔画的调整,包括笔画直化,如:直(直);笔画省减,如:者(者),吕(呂);笔画连接,如:研(研);笔画延伸,如:灰(灰)。

（4）部件的调整,主要是精简合并部件,像"冒"的上部,"青"的下部,"鹏"的左部,"肥"的左部,"前"的左下部等部件本来都不是"月",新字形合并为一个部件"月"("冒"字上部又有些变形)。

（5）结构的调整,如一些上下结构的字改为左右结构:群(羣)、略(畧)、默(嘿)。

新版的字典、词典如《新华字典》、《现代汉语词典》、《辞源》、《辞海》、《汉语大词典》、《汉语大字典》等在正文之前均有"新旧字形对照表",可参照学习。

（二）使用规范的简体字

《简化字总表》公布的简化字是现代汉字的标准字体,除文物古籍,书法、篆刻等艺术作品,题字或招牌的手书字等特殊情况,一般情况下都应该使用规范的简体字,既不乱造《简化字总表》中没有的简化字,也不要乱用繁体字。

简体字的标准是《简化字总表》,因而,使用简体字首先必须熟悉掌握《简化字总表》,掌握类推简化的范围,了解一些形近简化字的细微差别以及笔画数和笔顺。具体说应该注意以下几个方面的问题:

首先要了解《简化字总表》的结构。1986 年新版的《简化字总表》分为三个表:第一表收不作简化偏旁用的简化字 350 个,第二表收可作简化偏旁的简化字 132 个和简化偏旁 14 个,第三表收应用第二表所列简化偏旁得出的简化字 1753 个(其中"须"、"签"跟第一表重复)。三个表共收简化字 2235 个。由于第一表所收的字不可作类推偏旁用,因而需注意类推的范围。如"兒"、"幹"简化为"儿"、"干",但以"兒"、"幹"作偏旁的字"倪"、"霓"、"睨"、"鲵"、"擀"却不能简化其偏旁"兒"、"幹"。再如:

　　　灯(燈)、邓(鄧):登、瞪、凳、噔、蹬、磴、镫、澄、橙

　　　还(還)、环(環):擐、寰、鬟、缳、圜

　　　阶(階):皆、偕、揩、楷

　　　兰(蘭)、栏(欄)、拦(攔):阑、谰、澜、镧、斓

　　　仅(僅):谨、勤

　　以上各组冒号右边的字不能按左边的字来类推简化。再如"節"简化为"节",而"癤"却简化为"疖";"盧"简化为"卢",而"蘆"、"廬"、"爐"、"驢"则简化为"芦"、"庐"、"炉"、"驴"。当然,第二表中的132个简化字都可以作为简化偏旁去类推第三表中没有收入的其他未简化的字,如《现代汉语通用字表》中的"鲄"、"镵"、"鳍"、"鳡"等字就是《简化字总表》中没有的简化字,是用简化偏旁类推出来的。

　　其次,使用《简化字总表》要注意有些简化字跟繁体字不是一对一的关系,如"钟"对应"鐘"和"鍾"两个繁体字,再如"复"、"获"、"纤"、"坛"、"团"、"脏"、"只"、"当"、"发"、"汇"、"尽"、"历"、"卤"、"摆"、"弥"、"恶"、"签"等字都是一对二的,"蒙"、"干"、"苏"、"系"是一对三的关系,"台"则是一对四的关系。因而这些简化字在还原成繁体字字形时就必须注意字义和词义的准确对应,如"复印"对应的是"複印",而不是"復印","肝脏"对应的是"肝臟",而不是"肝髒"。再如"皇后"、"台甫"、"邻里"的"后"、"台"、"里"不是"後"、"臺"、"裏"的简体。

　　再次,要充分利用"注解"。《简化字总表》共有56条注解,这些注解的作用,一是具体说明简化字的规范字形的,二是具体说明如何正确使用简化字的。如"临:左是一短竖一长竖,不是一短竖一长撇","蚕:上从'天',不从'夭'","尝:是嚐的简化字,不是赏的简化字,赏的简化字是'赏'","借:藉口、凭藉的藉简化为借,慰藉、狼藉等的藉仍用藉"。再如"乾净"、"乾燥"的"乾"简化为"干",而同字不同音的"乾隆"、"乾坤"的"乾"没有简化。

　　最后还要注意1986年新版《简化字总表》跟1964年公布的《简化字总表》的不同,1986年重新公布的《简化字总表》对1964年公布的《简化字总表》作了个别调整,如:删去"迭[叠]","叠"不再作"迭"的繁体字;"覆"不再作"复"的繁体字,"复"字字头下删去繁体字"覆";删去"象[像]","像"不再作"象"的繁体字;"囉"不再作"罗"的繁体字,"囉"简化为"啰","瞭"读第三声简化为"了"(了解),读第四声不简化,仍作"瞭望";"在'余'和'馀'意义可能混淆时,仍用'馀',如文言句'馀年无多'";"雠:用于'校雠'、'雠定'、'仇雠'等。表示'仇恨'、'仇敌'时用'仇'。"这样,按照1986年新版的《简化字总表》"象"和"像"就是两个不同的字,如"表象"、"象征"、"抽象"、"现象"、"印象"、"映象"、"意象"、"血象"、"天象"、"景象"、"幻象"、"物象"、"征象"、"形象"等的"象"是"形状、样子"的意思,而"像差"、"录像机"、"像章"、"摄像"、"音像"、"肖像"、"图像"、"遗像"、"铜像"、"影像"、"偶像"、"胸像"、"画像"、"好像"、"活像"、"标准像"、"四不像"、"儿子像父亲"、"像亲人一样"、"像小狗"等的"像"是"比照人物做成的图形；相似；比方，如同"等意思。"象"、"像"跟"相"不同，"相"有"样子，容貌"的意思，如"相貌"、"本相"、"扮相"、"亮相"、"露相"、"面相"、"破相"、"色相"、"洋相"、"站相"、"喜相"、"长相"、"照相"、"可怜相"等。不过"相片"和"像片"可以通用。

（三）不用异体字

异体字是文字使用的赘疣，应当加以规范。《第一批异体字整理表》把那些通行时间长、使用范围广、笔画少的字作为规范字形，把不大通行、笔画比较复杂的字作为异体字淘汰了。除姓氏外（如姓"仝"，不应改用"同"，再如"喆"作为名字用字，也不应改为"哲"），一般不要使用被淘汰的异体字。

（四）纠正错别字

错别字包括错字和别字。错字指写得不成汉字，是规范标准的字典中查不出的字。如"长"写成"长"，"典"写成"典"，"丧"写成"丧"，"茫"写成"茫"，"熙"写成"熙"。别字是把该写的甲字写成了乙字，如把"已经"写成了"以经"，把"病入膏肓"写成"病入膏盲"，把"粤剧"写成"奥剧"，把"欣赏"写成"欣尝"，把"安排"写成"按排"，别字也叫白字。实际上，写别字，也是写错了字，因而错别字可以统称为"错字"。写错别字也是有一定类型的，了解错别字的类型有助于纠正错别字。常见的错别字类型有（括号内的字是正确的）：

(1) 增减笔画。如：

工具（具）	县长（县长）	喉咙（喉）
压迫（压）	澳门（澳）	淘汏（汰）

(2) 形近误写。如：

膛目结舌（瞠）	竭见（谒）	潜然泪下（潸）
抵掌而谈（抵）	瞻养（赡）	断壁颓桓（垣）

(3) 音同音近误写。如：

孤柱一掷（注）	遗笑大方（贻）	计日成功（程）
调以轻心（掉）	如法泡制（炮）	杯盘狼籍（藉）

(4) 受上下字影响而误写。如：

清淅（晰）	糢糊（模）	辉煌（煌）
脉膊（搏）	绉纹（皱）	沾污（玷）

要纠正错别字，首先必须端正写字态度，认识到写字的重要性，认真对

待写字,养成一丝不苟的写字习惯,并勤查字典,多向人请教,写完字后能认真核查。其次,必须了解汉字的形音义,掌握常用字、通用字的写法、读法、用法,学会区别形似字,辨别同音字。只有从字形、字音、字义三个方面去仔细辨析,才能尽可能地少写或不写错别字。

1. 从字形上分辨

不少形似字是音符相同,意符形似的字。如"盲"和"肓"、"瞠"和"膛"、"睑"和"脸"三组字,每组字内的两个字音符相同,不同在于意符,而且意符相似,分别是"目"和"月"。以"目"为意符的字跟眼睛有关,以"月"为意符的字跟肉体有关,"月"是"肉"的楷书变形。区别了意符,才有可能掌握字义,因而意符的字形字义可以用来区别各组形似字。再如"弧"、"狐"、"孤"三个字,音符相同,意符形似,意符"弓"、"犭"、"子"分别跟弓箭、兽类、小孩有关。再如以下各组字也都是意符形似:

梢—稍　　　桔—秸　　　枇—秕

棵—稞　　　抢—枪　　　扬—杨

有些字误写是由于某些部件形似(不一定是意符)而误,如"步"往往误写为"步",这是把部件"少"误为"少";"劣"、"省"往往误写为"劣"、"省",这是把部件"少"误为"少"。"尧"、"侥"、"烧"往往误写为"尧"、"侥"、"烧",这是把部件"戈"误为"戈"。再如"禹"、"禺"往往误写为"禹"、"禺",这是把部件"内"误为"内"。再如"针灸"的"灸"跟"炙热"的"炙"不同,区别在于部件"久"跟"月"的不同。

有些字形似可以通过字形分析来区别,如"戊"、"戌"、"戉"、"戍"、"戎"、"戒"等字极容易相混,这可以结合古文字的字形来分析它们的不同,以加深印象。

"戊"是象形字,在甲骨文中像一种斧头,一种武器,第一笔是"丿",字的中间是空的,"茂"字下面是"戊"。

"戌"是象形字,在甲骨文中像平口大斧头,一种武器,字的中间有一横。

"戉"也是象形字,在甲骨文中像大斧头,一种武器,第一笔是竖钩。"越"、"钺"、"樾"中的一个部件是"戉"。

"戍"是会意字,一人持戈,原义是守边,楷书字体使"人"部件变形,中间是一点。"蔑"、"篾"等字的下部是"戍"。

"戎"也是会意字,从戈从甲(甲胄),原义是武器,引申为军队、军事。现代汉字中的"贼"、"绒"、"狨"等字右边是"戎"。

"戒"也是会意字,在甲骨文中像双手持戈,原义是警戒。"诫"、"械"等字的右边是"戒"。

"戊"、"戌"、"戉"、"戍"、"戎"、"戒"等字通过字形和来源、原义的分析,加深了对字形、字义的认识。还可以利用口诀突出字形的不同之处,以进一步巩固这些认识,如"横戌点成中空戊,十字交叉便是戎,双腿立地就是戒"。还可以通过组词练习来说明用法,如"戍边"、"戍守","甲乙丙丁戊己庚辛","申酉戌亥","投笔从戎"、"戎马一生","警戒"。像"巳"、"己"、"已"等字也可以通过口诀来学习和识记,"封巳不封己,半封是个已",可以组成"辰巳午未"、"自己"、"已经"等词语来帮助记忆。

2. 从字音上分辨

有些形似字字音差别较大,如"亨"和"享",一笔之差,但"亨"读"hēng",凡由"亨"组成的形声字,韵母是"eng",如"哼"、"烹",字数有限;"享"读"xiǎng",由"享"组成的形声字,韵母一般是"un",如"谆"、"淳"、"鹑"、"醇"、"惇"、"埻"等字。利用形声字的音符相同、相近或相关,可以类推的特点,可以帮助学习和掌握同音符的一组字。如:

艮:跟、根、茛、哏、佷、恨、鞎、很、狠、恨、痕、恳、垦(以上字韵母为en),银、垠(以上字韵母为in)

良:良、粮、踉、茛、娘、酿(以上字韵母为iang),浪、狼、廊、郎、朗、椰、琅、嘟、啷、锒、稂、螂、薂(以上字韵母为ang)

段:锻、缎、椴、煅(以上字韵母为uan)

叚:假、葭、瘕、鰕、蝦、霞、暇、遐、瑕、猳、煆、蕸、睱、椴(以上字韵母为ia)

舀:稻、蹈、滔、韬(以上字韵母为ao)

臽:陷、馅、焰、鮨、焰、阎(以上字韵母为ian),谄(韵母为an)

仓:沧、舱、苍、伧(以上字韵母为ang),枪、抢、戗、呛、炝、跄(以上字韵母为iang),创、疮、怆(以上字韵母为uang)

仑:论、轮、抡、伦、沦、纶、囵(韵母为uen)

勺:芍、豹、趵(以上字韵母为ao),药、炮、钓、约(以上字韵母为iao),灼、酌、妁(以上字韵母为uo),的(韵母为i)

勾：沟、钩、购、构（以上字韵母为 ou）

3. 从字义上分辨

了解字义等于了解字的用法，因而有助于纠正错别字。如"栗"和"粟"常常有人用混，如果了解了两字的字义，就不会写错了，"栗"是一种树，如板栗树，故下面是"木"字；"粟"是一种粮食，即小米，故下面是"米"字。再如"颗粒归仓"的"颗"容易被写成"棵"，这是不了解字义的原因。"颗"意符是"页"，本义是小头，引申为量词时，一般用来计量圆形或粒状的东西，如"一颗红心"、"一颗珍珠"、"一颗子弹"；"棵"的意符是"木"，作为量词主要用来计量植物，如"一棵草"、"一棵树"。还如"眨"、"贬"、"砭"三个字容易相混，实际上"眨"跟眼睛有关，如"眨眼"，所以是"目"字旁，"贬"跟钱物、财货有关，"贬值"，所以是"贝"字旁，"砭"是用石针扎皮肉治病，如"针砭"，所以是"石"字旁。

实际上，如了解字义或字义来源，就不会把"汗流浃背"写成"汗流夹背"，把"一唱一和"写成"一唱一合"，把"草稿"写成"草槁"，把"提纲"写成"题纲"，把"规矩"写成"规距"，把"变本加厉"写成"变本加利"，把"天崩地坼"写成"天崩地折"，把"一筹莫展"写成"一愁莫展"，把"玷污清白"写成"沾污清白"，把"滥竽充数"写成"烂芋充数"，把"一鼓作气"写成"一股作气"。

可见，纠正错别字要从字形、字音、字义、字的来源等多方面入手。

（五）积极贯彻《中华人民共和国通用语言文字法》

2000 年 10 月 31 日第九届全国人民代表大会常务委员会第十八次会议通过了《中华人民共和国通用语言文字法》，同日国家主席签署主席令，颁布了这部法律，于 2001 年 1 月 1 日起执行。这部法律确立了普通话和规范汉字作为国家通用语言文字的法律地位，该部法律在"总则"的第三条中明确提出"国家推广普通话，推行规范汉字"，并对国家通用语言文字在国家机关、学校、新闻出版、广播影视、公共服务行业以及公共场所和公共设施、信息技术产品、广告、招牌、企业事业组织名称和在境内销售的商品的包装、说明等方面的使用都做出了明确的规定。如：

第九条：国家机关以普通话和规范汉字为公务用语用字。

第十条：学校及其他教育机构以普通话和规范汉字为基本的教育教学用语用字。

第十一条：汉语文出版物应当符合国家通用语言文字的规范和标准。

第十二条：广播电台、电视台以普通话为基本的播音用语。

第十三条：公共服务行业以规范汉字为基本的服务用字。

提倡公共服务行业以普通话为服务用语。

第十四条：下列情形，应当以国家通用语言文字为基本的用语用字：

（一）广播、电影、电视用语用字；

（二）公共场所的设施用字；

（三）招牌、广告用字；

（四）企业事业组织名称；

（五）在境内销售的商品的包装、说明。

第十五条：信息处理的信息技术产品中使用的国家通用语言文字应当符合国家的规范和标准。

第十八条：国家通用语言文字以《汉语拼音方案》作为拼写和注音工具。

第十九条：凡以普通话作为工作语言的岗位，其工作人员应当具备说普通话的能力。

第二十条：对外汉语教学应当教授普通话和规范汉字。

这部法律还为方言和繁体字、异体字等非通用语言文字的使用给予了特别的规定。

这部法律的制定和公布、颁行有着重要意义。首先，它有利于确立普通话和规范汉字事实上的"全国通用"地位，有利于增进各民族、各地区间的交流与沟通，增加中华民族的凝聚力，也有利于精神文明建设。其次，它有利于促进国家通用语言文字的规范化和标准化。再次，它有利于普及文化教育，有利于发展科学技术和提高社会信息化水平。最后，它有利于加强国家通用语言文字社会应用的管理。

《中华人民共和国通用语言文字法》贯彻了《中华人民共和国宪法》以及《义务教育法》等法律的基本精神，使得我国通用语言文字的使用和管理有了明确的法律依据。今后，语言文字工作者应当以这部法律为依据，积极宣传这部法律，进一步做好国家通用语言文字的现代化、标准化和规范化工作，积极推广普通话，推行规范汉字。

思考题

1. 汉字的整理在过去取得了哪些成果？你是如何看待这些成果的？

汉字能不能不断地简化? 你是如何看待汉字拼音化问题的?

　　2. 在目前的情况下,为什么要加强现代汉字的标准化工作? 怎样才能做好现代汉字的标准化?

　　3. 作为一名知识分子,你是如何积极贯彻执行《中华人民共和国通用语言文字法》的?

第六节　汉字的信息处理和汉字的应用

　　现代汉字的应用领域和应用方式较过去有了很大的变化。汉字的传统应用领域是人与人之间的交往,而现代汉字的应用领域,不仅人与人之间的交际领域扩大了,如打字、传真等领域,而且还增加了人与计算机交际的新领域。

一、人际应用

　　现代汉字用于人与人之间的交际可简称为"人际应用"。人际应用主要包括如下几个方面。

(一) 书写和阅读

　　汉字用于书写和阅读是汉字的基本的和传统的应用领域,汉字是记录汉语的书写符号系统,书写就是记录,记录的目的就是为了供人们阅读。汉字用于书写汉语有一定的优点,如汉字呈方块形,笔画集中,结构紧凑,所占的面积小,而每个字又多表示比较丰富的意义。汉字书写可横写,也可以直写(现代汉字绝大多数用于横写)。汉字还可以用于书法,成为艺术品。不过,从书写方面来看,汉字也有缺点,如笔画多,结构复杂,书写不简便,而且有一定量的形似字,往往容易写错。

　　汉字用于阅读有明显的优点,就是有扫读能力,一篇文章,扫一眼可以大致知道文章是讲什么的。这是因为汉字是平面型方块体文字,方块体省目力,平面型文字储存的信息量大,有利于阅读和扫读,俗话说"一目十行",就是这个道理。另外,汉字笔画多,结构复杂,也使得每一个汉字都有一定的个性特点,形象鲜明,区别明显,因而分辨率高。但汉字也有缺点,一字一形,字数多,难认难记,也难写,尤其对初学者来说,学习汉字困难较大。

(二) 书法和篆刻

　　汉字不仅是记录汉语的书写符号系统,而且由于汉字本身的结构特点,使汉字书写可能成为一种艺术,即书法艺术。书法家通过对汉字的笔画和字形结构、间架的巧妙搭配,通过笔势的多种变化,可以书写出风格各异的书法艺术作品。

　　篆刻是指镌刻印章,因为印章多为篆书字体,先篆(书写)后刻,后人就把镌刻印章叫"篆刻"。篆刻实际上也是书法艺术的一种。

　　(三)印刷、打字和传真等

　　汉字运用于印刷由来已久,现代汉字运用于印刷随着印刷技术和设备的发展,速度和质量大大提高了。打字技术的产生和飞速发展,也使得汉字印刷术和日常汉字书写形式发生变化,尤其进入计算机时代,汉字印刷、打字、书写都产生了质的变化。随着通讯技术的发展,汉字的复制、传输也进入现代化阶段,如可以通过复印机复制,可以通过传真机复制和传输,还可以通过网络传输。

二、人机应用和汉字信息处理

　　所谓人机应用就是利用电子计算机对汉字进行各种类型的信息处理,让计算机接受和理解汉字。汉字应用于计算机是汉字应用领域的扩大,也是汉字应用的一场革命。汉字应用于计算机就是指汉字的信息处理。

　　汉字信息处理经过语言文字学家和计算机科学家的长期努力,已经取得了许多成就。汉字的信息处理主要包括以下内容。

　　(一)汉字的计算机输入

　　汉字信息处理的第一步是要将汉字输入到计算机中去。目前汉字输入的方式主要有三种:汉字键盘输入、汉字字形识别输入、汉字语音识别输入。

　　1. 汉字键盘输入

　　汉字键盘输入是由打字键盘实现符号代码的输入。这是目前计算机信息处理系统中最常用的输入方式。目前常见的汉字键盘输入有两种,一是汉字编码输入法,另一是汉语拼音输入法。

　　汉字编码输入法是把每个汉字编成一个计算机可识别的代码,然后运用国际通用的小键盘把代码输入计算机。像"五笔字型输入法"就是一种较为常用的汉字编码输入法。这种输入法需要经过专门的学习和一定时间的练习才能熟练,学习时间相对较长。优点是速度快,重码少,适合专业录入员使用。

汉语拼音输入法是以汉语拼音连续输入为手段,而由计算机自动转换为汉字的一种汉字输入法。只要掌握汉语拼音和普通话,无须太多的学习和练习就能操作。但缺点一是因为不计声调,因而同音字多,重码多,选字费时,也容易出错;二是普通话不太好的方言区人,或汉语拼音不熟悉的人,使用起来困难较多一些。这两个缺点都影响了汉语拼音输入法的速度和效率。

2. 汉字字形识别输入

汉字键盘输入要靠人工点击键盘,速度不快,工作量也大。为此,科学家又研制出让计算机自动识别汉字的技术,即汉字字形识别输入法。这种输入法是通过图形扫描器(仪)对汉字文本进行扫描以使汉字输入计算机,实现扫描仪跟计算机的对接。目前汉字字形识别输入可以分为印刷体汉字自动识别和手写体汉字自动识别两种。印刷体汉字自动识别是国内汉字字形自动识别的主流,基本技术已经达到实用化阶段。不过这种输入,只能输入已经印刷好的成品,无法输入正在创作的作品。

手写体汉字识别又分为联机和脱机两种。联机手写体汉字识别,是由使用者在一块跟计算机连接的写字板上书写汉字,计算机同时接受笔的运行轨迹并进行识别输入。脱机手写体识别是识别预先手写在纸上的文字。手写体字形识别的效率不仅跟计算机识别技术本身有关,而且跟手写者的书写规范直接相关,规范清晰的字形总是更容易识别一些。

3. 汉字语音识别输入

汉字语音识别是计算机对人说的汉语口语进行语音分析,从而实现汉字输入。语音识别使人的口语语音通过话筒跟计算机连接,这就实现了人机的直接对话,不仅输入方式简单,而且输入速度快;但目前的计算机语音识别的效率和正确率还需要进一步提高。

(二)汉字的计算机输出

汉字输入计算机以后,要先转换成由相应的计算机系统所确定的机内代码,然后还原成汉字,再进行输出。汉字的计算机输出一般有两种形式,一是屏幕显示输出,按一定方式输入汉字以后,一般来说,跟计算机相连的显示器屏幕就可以直接显示出所输入的汉字。另一种是打印输出,由跟计算机相连接的打印机把输入的汉字打印出来。汉字输出的效果跟汉字字形点阵数相关,点阵数越大,字形失真就越小,字形库的容量也就越大,输入的汉字效果就好。目前,国内汉字信息处理系统字库存贮的数字化点阵规格有 15×16、24×24、32×32 等多种。

（三）汉字编码

汉字信息处理的关键技术是汉字编码。汉字编码就是把汉字变成可以输入计算机的代码，即汉字输入码的设计和编制。经过计算机科学家和语言文字学家的艰苦努力，汉字编码的技术已经基本解决，并且汉字编码的方案先后提出了几百种之多。但这诸多方案中，编制成软件形式可以上机应用的只有几十种，而真正被用户采用的，技术性能较优秀的还不到 10 种。因而，目前汉字编码的基本问题是汉字编码的标准化，即优化问题。

汉字编码方案优选的基本要求是易学、易记、易用。具体说是：①基本符号少，较容易实现盲打；②规则简单易记，操作方便易学；③一字一码，重码尽可能的少；④输入处理效率高，设备经济实用。目前，应该由专门的或权威机构，对众多的设计方案进行优选，取众家之长，设计出最佳方案，并做好推广使用工作。

目前使用的汉字编码方案主要有形码、音码、形音结合码三种。

形码是利用汉字字形特征如笔画、部件、偏旁、部首等而编制成的代码。常见的形码有笔形编码，如李金铠的八笔编码；部件编码，如王永民的五笔字型编码；部首编码，如王安的三角编码。

音码是按汉字字音，利用汉语拼音方案给汉字编码。音码有两种具体的方案，即全拼式和双拼式。

形码和音码都各有优点和缺点，为克服它们各自的缺点，人们又研制出形音结合码，如支秉彝的"见字识码"方案。

（四）汉字信息处理和汉字研究

为提高汉字信息处理的效率和质量，必须加强汉字自身的研究。首先必须加强汉字规范化和标准化的研究。汉字的规范化程度直接影响到汉字信息处理的速度和效率，汉字信息处理中的输入、输出、频率统计、汉字识别、语音识别等等都跟汉字的规范化密切相关，如果字形不规范，就难以自动识别，字形不标准也难以输入或输出。

其次，要加强汉字属性研究，只有对汉字的读音、笔画数、部件数、部首、部首笔画数、部首以外的笔画数、部首序号、笔顺、笔顺序号、结构方式、异体字、繁体字、旧字形、字频、字序号等等属性的充分研究，为计算机提供尽可能多的关于汉字的各种信息，才能提高计算机进行汉字信息处理的效率，扩展计算机汉字信息处理的各项功能。

　　总之,当今社会正处在信息时代,汉字信息处理正是我国各类信息技术发展的基础,因而我们必须投入足够的人力和物力,进一步加强跟汉字信息处理研究有关的各项工作,以加速我国信息技术的发展。

思考题

　　1. 在现代社会中,汉字的应用领域有了哪些变化? 现代汉字还能否适应现代社会对书写符号的需求?

　　2. 当前,汉字编码的方案有许多种,造成了人力、物力的大量浪费,你是如何看待这种现象的? 你认为评价一种汉字编码方案优劣的标准是什么?

第三章 词　汇

第一节　语素和词

一、语素和汉字

"语素"是由英语 morpheme 翻译而来的,也可以译成"词素"〔1〕。比较而言,用"语素"这一名称更好一些,因为语素的划分可以先于词,词素的划分必须后于词,而汉语中词和短语的划界,本身就存在着一些可此可彼或两难的现象。

语素是语言中最小的音义结合体,是能够区别意义的最小的语言单位。语素的作用和职能主要就是构词。因此,从总体上看,语素是一种构词单位,尽管自由语素也可以单独成词、自由运用。如果说词和固定短语是使用单位,那么语素就是备用单位。

确定语素的方法主要是替代法。所谓替代法,也就是对某个语言片段(一般是双音节)的各个成分进行同类替换。比如:

蜡烛	蜡烛	清洁	清洁
花烛	蜡人	清楚	纯洁
香烛	蜡纸	清白	圣洁
火烛	蜡笔	清爽	整洁

经过替换,可以发现,蜡、烛、清、洁这四个语言单位都可以在不改变基本语义的情况下,分别同其他相关的语素组合。所以可以确定:这四个语言单位都是语素。

---

〔1〕 在西方语言学中,morpheme 还可以是表示形态的语法单位。

在使用替代法时,要注意以下两点。

首先,一个双音节的或多音节的语言片段,在替换时必须是两个或多个成分同时都可以分别被替换,否则这种替换法是不符合要求的。比如:

蜘蛛　　蜘蛛　　　蝴蝶　　蝴蝶
喜蛛　　蜘×　　　粉蝶　　蝴×
檐蛛　　蜘×　　　彩蝶　　蝴×

“蜘×”、“蝴×”这样语言单位在现代汉语中都是不存在的,所以说,“蜘”和“蝴”不是语素〔1〕,只是一个音节。“蛛”和“蝶”在“喜蛛”、“粉蝶”中是语素,但“蜘”和“蛛”、“蝴”和“蝶”合起来还是一个语素〔2〕。

其次,在替换时,必须保持结构单位意义的基本一致。替代后的语素义同原来语言片段的语义要有一定的联系。比如:

马虎　　老虎　　猛虎　　幼虎　　雄虎
马虎　　马车　　马蹄　　马尾　　马匹

这样的替代显然是错误的。因为“马虎”中的“马”和“虎”同“马车”、“老虎”中的“马”和“虎”在意义上并没有什么联系,无法保持结构单位的基本一致。其实,两者的读音也不一样。“马虎”的“虎”必须读轻声。“马虎”是一个双音节的语素,表达的意思是“草率、疏忽大意”。这一点,还可以从这个词的书写形式上得到证明:因为“马虎”有时也可写作“马糊”。

既然语素是最小的音义结合体,那也就意味着所有的双音节、多音节语素都是不能随意拆开的,一旦拆开,要么不能表示任何意义,比如拆开的“蜻”和“蜓”、“鹧”和“鸪”等等,要么表示毫无联系的另外的意义。比如“伶俐”作为一个双音节的语素是不能拆开的,“伶”和“俐”拆开后,“伶”只有形、音而没有义。当然,“伶”也可以组成“伶人”、“名伶”、“坤伶”,但这个“伶”是指唱戏的演员,是一个语素,同“伶俐”的“伶”没有什么关系。此外,“伶”又可以作为音节构成“伶仃”、“伶俜”等联绵语素,一起表示“孤独”的意思,而这两个联绵语素中的“伶”也是不能自由替换的。至于成语“伶牙俐齿”这样拆开现象,可以这样解释:这种分离是有限的,两个音节虽然分开但互相呼应,双方仍然处在同一个定型的组合之中。

----

〔1〕 据考证,“蝴”在古代汉语中曾经是有音有义的语素,我们暂时不考虑古汉语的情况。

〔2〕 有两种观点,一种认为“蝶”在“蝴蝶”这个词中不是语素,而在“彩蝶”中才是语素;另一种观点认为“蝶”在“蝴蝶”中也是语素,“蝴蝶”是由粘着语素“蝶”和音节“蝴”构成的自由语素。

　　音译外来词的情况也是如此,比如"坦克"这个词是一个语素,一旦拆开,"坦"表示"平坦","克"表示"战胜",同"坦克"这种功防兼备的武器并没有直接的联系。同样,"吉"和"普"、"沙"和"发"也都不能拆开。所以说,语素是不能切分的最小的意义结合体。不过,这一规律只是一条基本的原则,是从整体上讲的,在实际语言使用中,还是有一些例外的,那就是"音节语素化"现象。

　　所谓音节语素化,主要就是指一些本来不表义的音节变成了表义的语素。比较常见的是音译外来人名、地名的首音语素化。这些音译名称本来是一个双音节或多音节的语素,但人们在使用时为了表达的需要常常将其拆开,用第一个音节代替整个语素。比如"英格兰(England)"本来是指英国的一部分,后来转指整个英国,现在可以用一个"英"字代替整个英格兰或英国,也可以用一个"美"或"法"代替整个"美利坚(America)"或"法兰西(France)"。再如"撒切尔"、"戈尔巴乔夫"是音译人名,指英国前首相、前苏联领导人,本来是不可分割的一个姓,但在报上有时可以看到这样的标题:"撒夫人急流勇退"、"戈氏面临新的挑战",这都是音节语素化现象。

　　而且,这种音节语素化还不仅仅限于地名、人名等专名,普通名词中也有。比如"bus"、"taxi",香港将其译为"巴士"、"的士",是两个音译外来语素。转借到内地后,"巴"、"的"逐渐语素化了,出现了"大巴"、"中巴"、"面的"、"打的"这样的用法,甚至还有"残的"、"马的"的说法。又如 Coco-cola"可口可乐",本是一种饮料,又是一种商标的名称,引入中国后,也已被拆开,并仿造出了"汾湟可乐"、"黄山可乐"、"天府可乐"等复合词[1]。再比如:

　　　　咖啡—奶咖　　涤纶—涤棉　　模特儿—名模

而一些双音节外来计量单位词的首音节,现在几乎都变成了一个自由语素:

　　　　欧姆—欧(电阻单位)　　伏特—伏(电压单位)　　安培—安(电流单位)

　　　　赫兹—赫(频率单位)　　米突—米(长度单位)　　瓦特—瓦(功率单位)

　　音节语素化包括两个方面:除了音译语素的首音节语素化之外,再就是联绵语素(多为动物名称)的音节语素化。联绵语素音节语素化与音译语素不同,不一定非得首音节,前后两个音节中的任何一个音节都有可能语素化

---

　　[1]　"卡车"、"酒吧"、"啤酒"中"卡"、"吧"、"啤",本身是单音节的音译外来词,不属于音节语素化现象。

而代替整个联绵语素。比如：

前一音节：鸳鸯—鸳侣　蟾蜍—蟾酥　蛤蜊—文蛤

　　　　　蜥蜴—巨蜥　螺蛳—田螺　螳螂—螳臂

后一音节：蚂蚁—工蚁　麒麟—麟角　骆驼—驼毛

　　　　　蝴蝶—蝶泳　蜘蛛—蛛网　鹌鹑—鹑衣

联绵语素和语素化音节虽然所指相同，但是除了音节的双、单差异之外，还有一个重要的区别：前者是成词的自由语素，后者是构词的粘着语素。

　　总之，语言是一种社会现象，是一直在发展变化的，而且，几乎所有的语言规律都是有例外的。正确的认识态度应该是：既不能因为有例外就否定一般的规律，也不能因为有规律就无视例外的存在，应该具体情况具体对待。所以，可以这样说，一般情况下，语素是不能分离的最小语言单位，但在特定的情况下有些可以拆开使用。

　　汉字是记录汉语的书写符号系统。汉字同汉语是对应的，基本上是一个汉字一个音节。而汉语中的语素绝大部分也是单音节的；所以，从整体上看，大多数汉字和语素具有对应关系，因此人们称汉字为语素文字。然而实际上，汉字同单音节语素的关系相当复杂，在音、义、形三方面都存在着错综复杂的交叉关系。大致有八种情况：

	音	义	形	例　字	字数	语素	关　系
1	同	同	同	拽、走	1	1	同　一
2	同	同	异	村/邨	2	1	异　体
3	同	异	同	花¹/花²	1	2	同　形
4	异	同	同	熟 shú/shóu	1	1	异　读
5	异	异	同	乐 lè/yuè	1	2	多　音
6	异	同	异	奔/跑	2	2	同　义
7	同	异	异	从/丛	2	2	同　音
8	异	异	异	大/没	2	2	全　异

　　关于语素和汉字的关系，还有一点需要说明。前面讲语素和汉字，没有专门讨论音节，因为一般来说，语素、汉字、音节存在着严整的对应关系，除非是双音节、多音节语素。但是单音节语素中有两种情况比较复杂，较难处理，那就是儿化和合音。

儿化是在音节后面附加一个卷舌的动作,某个音节儿化以后仍然是一个音节。这时的"儿",自然不同于单独成音节的"耳 ěr"、"二 èr",儿化是不能自成音节的[1]。其实,现代汉语中的儿化有两种,一种不是构词的,儿化以后读音虽略有改变,但并不改变原词的意义和功能,只是附加色彩略有不同,儿化以后带有亲切的意味。比如:鸟—鸟儿、花—花儿、歌—歌儿等。这种儿化是开放性的,"儿"有音无义,不算一个语素,儿化以后还是一个语素。另一种儿化是封闭性的,是构词儿化,比如:头—头儿、盖—盖儿、画—画儿、亮—亮儿等等。词根"头"、"盖"、"画"、"亮"本身是一个语素,儿化以后,虽然仍然是一个音节,读音也是略有改变,但意思和功能都改变了,所以这种"儿"算一个语素,儿化以后是两个语素。

合音是指"俩 liǎ、仨 sā、廿 niàn、卅 sà,别 bié、甭 béng、叵 pǒ、咱 zán,啦 lā、喽 lōu,巯 qiú(氢硫合音)、羟 qiǎng(氢氧合音)、羰 tāng(碳氧合音)"等原来的两个语素合并读为一个音节的现象。此外,还有一些文言合音语素,如"诸—之乎/之于"、"盍—何不"等。这些合音字,从来源看,大都是由两个语素、两个音节合成的,但着眼于现在,认为这些汉字所表示的都是一个完整的概念,认为它们是一个音节、一个汉字、一个语素的单纯词更符合已经发展了的语言实际。也就是说,如果不是以文字所表示的原来的意义概念为依据,仅仅从音节的角度认为这些合音语素是一个语素是可以接受的,也是比较合理的。再比如,"图书馆"当然是三个语素,而"圕"尽管读音相同,再算作三个语素显然是行不通的。

二、语素的分类

为了弄清语素是怎样构成单词的,需要对语素进行分类。大致可以从五个不同的角度对汉语的语素进行分类。

(1)从语素的音节构成看,可以分成三类:单音节语素、双音节语素和多音节语素。单音节语素是汉语语素的基本形式。比如:人、马、走、看、大、好、子、头,啊、呀、诶、哦等。单音节语素写出来并不一定就是一个汉字,像鸟儿、花儿,眼儿、画儿也是单音节语素,但写出来是两个汉字。不过,儿化

---

〔1〕 有例外,"马儿"有时是儿而不化,这种读法的马儿的"儿"既不同于女儿的"儿",也不同于"头儿"的"儿"。女儿的"儿"是词根,自成音节,"头儿"的"儿"是词缀,不成音节,马儿的"儿"是词缀,但自成音节。

语素当分为两类:鸟儿、花儿是单音节语素的单纯词,眼儿、画儿是由两个语素组合而成的单音节合成词。

双音节语素情况比较复杂,大致有四种情况:联绵语素,音译语素,拟声语素,叠音语素。

联绵语素大都是古代汉语遗留下来,一般不宜拆开来理解。根据读音又可以细分为三个小类:

　　　　双声：踌躇　枇杷　仓促　玲珑　参差　吩咐
　　　　叠韵：徘徊　混沌　蜻蜓　玫瑰　荡漾　烂漫
　　　　其他：垃圾　杜鹃　珊瑚　囹圄　玛瑙　魁梧

少数既是双声又是叠韵的联绵语素,比如辗转、辘轳、孑孓等,由于数量较少,不必专列一类,可以归为双声或叠韵。

音译语素主要是借自印欧语,尤其是英语的,比如:尼龙、色拉、雷达等;但也包括借自国内少数民族语言的,比如:喇嘛、阿訇、戈壁、哈达、格格等。

拟声语素可以分为两种,模拟自然界声音的可以称为象声语素,比如:扑通、滴答、哗啦、咯吱等;模拟人类自己的声音,可以称为感叹语素,比如:哎哟、喔唷、嘟哝、嘀咕等。

叠音语素都是重叠音节而构成的语素。比如:孜孜、潺潺、淙淙、猩猩、蛐蛐、姥姥等。孜、潺、淙、猩、蛐、姥都是没有意义的音节,不能单独使用。

多音节语素有两类,一类是自由的音译语素,再一类是粘着的形容词生动形式后缀:

　　　　音译语素:东不拉　萨其马　蒙太奇　苏维埃　阿斯匹林　歇斯底里
　　　　生动后缀:不愣登　咕咙咚　不溜秋　了呱唧　里巴叽　里胡哨

　　(2)从语素本身的构词能力看,也可以分为三类:自由语素,不自由语素,半自由语素。

自由语素是既能够独立成词,又能同别的语素自由构词的语素。比如:

　　　　山:山脉　　山峰　　山洞　　冰山　　江山
　　　　看:看病　　看法　　看齐　　查看　　偷看
　　　　美:美观　　美妙　　美好　　完美　　鲜美

有些语素在某些义项上可以独立成词,但在另一些义项上意义已经类化,其自由度已降低,只能与别的语素组合,呈现定位、粘着的趋势,正在成为一种类词缀。比如:

角:英语角　　恋爱角　　　换房角　　　股票角

热:出国热　　气功热　　　英语热　　　电脑热

意识:申奥意识　基层意识　创新意识　名牌意识

不能独立成词,只能同别的语素组合成词的语素叫不自由语素(又叫粘着语素)。比如:

器:器材　　器官　　器皿　　兵器　　仪器

悉:悉心　　悉数　　获悉　　熟悉　　得悉

乎乎:胖乎乎　热乎乎　蔫乎乎　傻乎乎

蒙蒙:灰蒙蒙　雾蒙蒙　蒙蒙亮　蒙蒙细雨

能够独立成词,但一般不能同别的语素构成合成词的单音节语素,尤其是一些表示语气和感叹的语素,可以称之为半自由语素。比如:吗、吧、哩、呗、呐、啦、喽、哼、哦、噢、哇、嘿、嗨、哼、呸、嚇、喔、哟、咄、咦、嗤、嘘、吓、嚯、喷、嘻、喝、嗬、诶等[1]。这类语素在现代汉语中数量有限,所占比率很小。

从另一个角度看,自由语素和半自由语素都是成词语素,不自由语素是构词语素,自由语素也是构词语素。三种语素的构词和成词能力如下:

	自由语素	不自由语素	半自由语素
成词语素	＋	－	＋
构词语素	＋	＋	－

(3) 从语素组合所处的位置看,可以分为两种:定位语素和不定位语素。组合时位置不固定的,称为不定位语素。

组合时位置固定,只前不后、只后不前的或只能插在一个词中间的,称为定位语素,也可以细分为三类:

1) 前定位语素

　　　阿(阿公、阿飞)

　　　非(非理性、非本质)

2) 后定位语素

　　　子(刀子、辫子)

---

[1] 这类语素有时可以重叠构词,比如"哇哇叫"、"嘿嘿笑",但不能同别的语素组合构词。

头(斧头、甜头)

3) 中定位语素

里　乎　得　不

从构词的角度看,不定位语素就是词根(root),不自由的定位语素也就是词缀(affix)[1],前定位语素叫前缀(prefix),后定位叫后缀(suffix)。根据语义是虚化还是类化,词缀可以分为真词缀(下面有时也简作词缀)和类词缀。类词缀意义没有完全虚化,但位置趋于固定。

不定位语素可称为实素,定位语素可称为虚素。

(4) 从语素组合成词的替换能力看,可以分为两类:可替换语素和不可替换语素。一般情况下,无论是自由语素还是粘着语素,无论是定位语素还是不定位语素,只要是语素,就应该可以替换。但现代汉语中,也有少量不适用替代法的语素。譬如苹果、槐树、渤海中的苹、槐、渤。这类语素有音有义,也是最小的音义结合体,但是,它们的构词能力极其有限,只能同某个特定的语素组合。譬如苹、槐、渤,只能同果、树、海组合。由于这类语素不适宜替换法,只好采用剩余法来确认此类语素,就是将一个可以自由运用的语言片段(也就是单词)中可替换的语素提取,剩下的部分虽然不能替换,但只要它有音有义,具有表义作用,就应该认定也是语素——不可替换的语素,或者叫剩余语素。比如:

菠:菠菜　鳜:鳜鱼　荞:荞麦　牦:牦牛

槐:槐树　苋:苋菜　蕹:蕹菜　柏:柏树

渤:渤海　泰:泰山　漯:漯河　渭:渭河

卡:卡车　恤:恤衫　尼:尼姑　苹:苹果

剩余语素与有音无义的音节不同,有音无义的音节大都是双音节语素中某一个音节语素化后剩下的另一个音节。比如"蝴蝶"、"蜘蛛"、"螃蟹"、"骆驼"中的"蝴"、"蜘"、"螃"、"骆"都是有音无义的音节。"蝶"、"蛛"、"蟹"、"驼"加上这四个音节之后语义不会发生任何变化。"蝶"、"蛛"、"蟹"、"驼"和"蝴蝶"、"蜘蛛"、"螃蟹"、"骆驼"的差别仅仅在于前者是构词语素,后者是

---

[1] 严格地讲,定位语素并不完全等于词缀,有些语素是定位语素,但意义基本没有虚化,也没有类化,所以仍然是词根。前定位词根如:惦×、碉×、褒×、敦×、谴×、卓×、赝×。后定位词根如:×缋、×址、×膊、×帜、×晰。

成词语素——"蝶"、"蛛"、"蟹"、"驼"是单音节的粘着语素,加上"蝴"、"蜘"、"螃"、"骆"以后,就成了双音节的自由语素。而"菠"、"鳜"、"荞"、"牦"就不同了,它们是有意义的,都具有区别意义的作用。"菜"、"鱼"、"麦"、"牛"都是表类别的上位概念自由语素,加上了"菠"、"鳜"、"荞"、"牦"之后就成了另一个下位概念词。所以说,"菠菜"、"鳜鱼"、"荞麦"、"牦牛"都是由两个语素构成的偏正式复合词。当然,剩余语素内部也略有不同。譬如"菠"、"韭"、"蕹"、"苋"、"豇"、"荞"、"槐"、"柏"、"牦"、"鳜"、"蛔"、"蝗"是物名剩余语素;"渤"、"泰"、"滦"、"渭"是地名剩余语素;"卡"、"恤"、"尼"、"苹"是外来剩余语素[1]。

(5)从语素在单词中所起的作用看,可以将语素分为表义语素和别义语素。上面提到的绝大多数语素都是表义语素,别义语素在单词中不表示明确具体的意义。比如:

> 户:窗户　物:人物　家:国家　狸:狐狸
>
> 记:忘记　干:干净　觉:睡觉　寐:梦寐
>
> 兄:兄弟　马:人马　量:质量　少:多少

表义语素所表的义虽然同该语素构成的单词的词义存在着或多或少的差异,但必定会存在着一定的联系。别义语素的语素义在该语素构成的单词的词义中基本上没有反映,但仍具有一定的别义作用。譬如"国"和"国家"的意义差异就是靠"家"区别的。一般说来,别义语素在该单词形成之初曾经表过义,随着词义的变化,现在尽管也能区别一点语义,但总的看来,只剩下一个形式,只起到构词作用,相当于一块化石,所以又可以叫化石语素。此类语素所构成的单词都是偏义复词。又可以分为两种情况,一类是典型的偏义复词,譬如"窗户"、"人物"、"国家"、"狐狸"、"忘记"、"干净"、"睡觉"、"梦寐"等。另一类则存在着同形的联合短语,譬如"兄弟"、"人马"、"质量"、"多少"、"动静"、"甘苦"、"利害"、"好歹"等,当它们只表示其中某个语素"弟"、"人"、"质"、"多"、"动"、"苦"、"害"、"歹"的语义时,是偏义复词;同时表示两个语素的语义时,是联合短语。

三、词和短语

比语素高一级的单位是词,词是最小的能够独立运用的语言单位。

---

[1] "卡车"的"卡"不同于"卡片"的"卡",后者现在是自由语素,可以说"持卡"、"刷卡"。

　　确定一个语言单位是不是词,关键就看该单位是不是最小的能够独立运用的语言形式。如果只看是不是最小的,那么语素比词更小,但语素不能独立运用;如果只看能不能独立运用,那么短语也可以,但短语不是最小的;所以必须把两者结合起来。

　　确定一个单位是不是词,可以从三个角度加以观察。

　　首先,除了少数异读词以外,词的语音形式是固定而单一的,比如"血"、"给"作为语素既可以读成 xuè、jǐ ,也可以读成 xiě、gěi ,但一旦构成词以后,其读音是固定而单一的。比如:血 xiě 糊糊、血 xiě 淋淋,血 xuè 色素、血 xuè 小板;给 jǐ 予、供给 jǐ,给 gěi 以,交给 gěi。由此可见,语素进入词以后,语音是确定的。

　　其次,词的意义是明确而融合的。有相当一部分词的意义不是语素义的简单相加:有的语素义缺损了,如:干净、质量,有的转化了,如:千金、傀儡,有的融合了,如:眼红(羡慕而妒忌)、眼热(羡慕而希望得到),而所有这些词义都是在词这级单位上体现出来的,它们同语素义既有关又不同,所以说词义都是整体而融合的。

　　再次,词的功能是定型而完整的。语言单位的功能类型只有到词这一级才完全定型下来。实词都可以充当句法成分,虚词不能充当句法成分,都可以表示相关的语法意义。而在语素这一级,其功能是不太明确的。比如"口"、"学"、"快"作为语素的功能是不确定的,它们可以是名素、动素、形素,也可以是量素、名素和副素。再比如"关"作为一个动素,加上"心"之后就成了一个动词,加上"于"之后,就成了一个介词,就"关"本身而言,也可独立成词,所以,语素的功能是不确定、不完整的。当然,汉语中兼类词的功能同语素也有相似之处,必须进入更高一级语言单位才能确定。

　　鉴定一个语言单位是不是词,大致可以采用三种方法:问答鉴定法,提取鉴定法,扩展鉴定法。

　　问答法就是看一个语言单位能不能单用,能单用的、能单独回答问题的就是实词,反之,很有可能是不自由语素或虚词。比如"我很喜欢漫画"这句可以分别提问:谁很喜欢漫画? ——我;你很喜欢什么? ——漫画;你觉得漫画怎么样? ——(很)喜欢。

　　提取法是将一个句子中可以单用的实词提取后,再确定剩余的成分是不是词,一般来说,虚词都不能单独回答问题,所以提取实词后剩下的都是虚词。比如"我和妻子终于回到了阔别多年的故乡",可以单用的成分提取以后,剩下"和"、"了"、"的"都是虚词。现代汉语的副词虽然归入实词,但副词具有粘着、定位的特点,所以有些双音节的副词适用问答法,有些不行,而单音节副词一般只适用提取法。譬如:他什么时候走的? ——刚刚/＊刚/刚走;你什么时候走? ——马上/＊就/就走。

扩展法是指一个语言单位的中间能不能插入其他成分。譬如偏正式中插"的",联合式中插"和"。凡是能插"的"、"和"的,就是短语,反之则是词。比如"大车"、"过去"和"大船"、"来去"。前者不能扩展为"大的车"(大车是一种供牲畜或人力拉的车,并不是体积大)、"过和去"(过去是动词或名词,不是动词"过"和动词"去"并列);而"大船"却可以扩展为"大的船","来去"可以扩展为"来和去"。由此可见,"大车"和"过去"是词,而"大船"和"来去"是短语。再比如"生姜"和"生肉"、"金笔"和"金表"的差异也是如此,前者不能扩展,后者可以。即:"生姜"不是"生的姜","金笔"不是"金的笔";"生肉"就是"生的肉","金表"就是"金的表"(至少外壳是金的)。

短语又称为词组,是词和词组合的结构形式。关于词和短语的区别,可以从三个角度去考察。

1. 概念内容

同一个语言形式,作为词时,所表示的概念内容比较简单,而作为短语时,所表示的概念内容相对复杂。比如"买卖"、"东西"、"开关"、"好歹"作为词时只表示一个概念,即"做生意"、"物品或现象"、"一种装置"、"不好的情形",而作为短语时所表示的是两个相关的概念,即"出售和购进","东方和西方","打开和关上","好和坏"。当然这种区别也是相对的,有时词也可以表示复杂的概念,而短语也可以表示简单的概念,因为词和概念本来就不是对等的,比如爷爷＝爸爸的爸爸,化肥＝化学合成肥料。

2. 语音特征

词的语音形式是固定而单一的,上面作为词的"买卖"、"东西"、"好歹"的后一个语素必须读轻声,并且中间不能出现停顿,而短语中的每一个词必须读本来的语音,中间可以有停顿。再比如"下水",当"水"读轻声时,是一个词,表示"可以食用的牲畜的内脏",如"羊下水"、"猪下水"。读成 xià-shuǐ 时,则是一个短语,比如"轮船要下水了";而且可以停顿、拆开,如"风庆轮终于下到水里了"。当然,并不是说作为一个词,某个音节一定要读轻声。不管怎么讲,作为一个双音节词,它的两个音节中间至少不能有分离和停顿。比如"下水",不读轻声,也可以是一个词,比喻"做坏事",如"拖人下水",但不能分离,不能说成"拖人下到水里了"。

　　3.组合关系

　　词和短语的结构关系非常相似,都可以有复合、附加和重叠等基本类型,而且复合式都有五种基本结构关系。但词内部语素和语素之间是凝固的,不能分开和随意替换,而短语内部的词和词之间是离散的,可以分离和自由替换。比如"胆怯"和"胆子小","眼熟"和"眼睛疼",我们不能说"胆太怯、胆不怯",但可以说"胆子太小、胆子不小",不能说"眼有点熟"但可以说"眼睛有点疼"。

　　上面区分语素和词,词和短语的原则和标准,应该说只是从总体上讲的,如果落实到具体的一个个的词,也还是有一些两可或两难的情况。比如:

	例　　子	意义融合性	结构凝固性
a	眼熟　下水	+	+
b	看书　胆子小	—	—
c	笔谈　中国日报	—	+
d	帮忙　走后门	+	—

上面a组是词,b组是短语,那么c组、d组怎么办? 这是两种介于词和短语之间的语言单位。归入哪儿都可以,也都有点不合适。通行的办法是从音节的角度着手,将"笔谈"、"帮忙"归入词,"中国日报"算作专用短语(固定词语),"走后门"归入惯用语。

　　对于词和短语的界线以及语素的自由和粘着的界线,既要看到区别之所在,也要承认模糊的一面。其模糊性包括三个方面:①时间:古代—现在;②语体:书面—口头;③用途:特殊——一般。比如"身"和"目"现在都是一个粘着语素,而按照古代的用法,可以是一个词,表示"亲身"和"眼睛",可以说"身体力行"、"目不暇接"。当然应该以现当代为准,至少应该以20世纪20年代以来的用法为标准。

　　再比如"鼠"和"师",书面上可以说"胆小如鼠"、"尊师重教",但口头上要说"胆子小得像个老鼠"、"尊敬教师,重视教育"。显然,分析语素的自由与否应该以口语为鉴别依据,因为书面语是历史的继承,并不代表现代汉语的实际情况。

　　又比如,"盘"和"箱"古代可以单用,但现在作为名词不能单用,要加后缀"子",说成"盘子"、"箱子",但用作量词时,就可以不要加"子",如"一盘水果"、"一箱饼干",在这里,"盘"和"箱"确实是词。

总之,像"身"、"目"、"鼠"、"师"、"盘"、"箱"这样的语言单位,在现代汉语口语中都应该看作粘着语素,而不应该看作自由语素(单词)。

四、词的分离与短语的缩略

(一) 词的分离

现代汉语中有相当一些词可以拆开来使用,对于这一类词,有人认为合在一起是词,拆开来的时候就是短语。其实,这种词无论是合还是离,都是词,只不过离的时候是一种特殊的分离或变化形式而已。这种可离可合的语言单位,一般都称为离合词。

1. 离合词的种类

从构词的角度看,离合词有三种。

(1) 动宾式。如:毕业、罢工、当面、导航、革命、注意、如意、就职;

(2) 联合式。如:鞠躬、洗澡、游泳、睡觉、游行、考试、登记;

(3) 动补式。如:看清、提高、放下、说服、听见、打倒。

其中动宾式离合词数量最多,常用的就有 200 多个。

2. 离合词的特点

(1) 从构词的角度看,有相当大一部分离合词的两个语素中,总有一个是粘着语素。比如下面诸词中都有一个不自由的语素:闭幕、贬值、播音、捣乱、将军、请愿、撒谎、行贿、酗酒、致富、作主、捣蛋、辞职、道歉、发愁。

(2) 从内部的搭配关系看,前面的动素和后面的名素之间都受到严格的限制,不能用同义和近义的语素替换。比如"毕业"、"叹气"、"聊天"、"起哄"、"失眠"、"遭眼"、"沾光"、"抗旱"的"业"、"气"、"天"、"哄"、"眠"、"眼"、"光"、"旱"都是不可替换的。

(3) 从离合词的功用看,有三点值得注意。

首先,一部分离合词是兼类词,有的是名兼动,如:签证、移民、命题、存款、刹车、导游、贷款。有的是形兼动的,如:倒霉、灰心、得意、丢人、要命、吃惊、争气、狠心;使用时要注意词性和功能,只有动词性的才有离合的问题。

其次,动宾式离合词再另带宾语时就不能再分离了,如:注意这个问题、不放心这件事、担心你来迟了、起草相关文件。

最后,使用分离的形式都是为了使表达更加具体,明确。比如下面各离合词分离的形式就比粘合形式更为生动:

我真想见他一面。这个忙我帮定了。他去告你的状了。

我真想跟他见面。这件事我一定帮忙。他去你家告状了。

3. 离合词的性质

离合词分离、拆开后词的性质并没有发生变化。比如"洗澡"在语义上同"洗一个热水澡"、"澡还没洗呢"中的"洗·澡"所表达的意思基本一致,没有改变[1]。而且,在句法上"澡"在现代汉语中是一个粘着语素,不能独立充当句法成分,认为"澡"单独充当宾语和主语,是讲不通的。再比如"帮忙"同"帮了我一个大忙"、"这个忙我帮定了"中的"帮·忙",意思也一样,而"忙"虽然可以独立成词,但单用的"忙"是形容词,同"帮忙"的"忙"意思不同,功能也不同。所以,分离后尽管在句法功能上相当于一个短语,但只是以一种特殊的结构方式存在着。合的时候是常式,离的时候是变式,变式是一种为了某种语用需要的特殊表达形式,不妨称为短语词。

现代汉语中常用的离合词有 400 个左右,从历史发展的角度看,这是汉语单词向双音化过渡时的中间状态现象。也就是说,一部分原来的离合词慢慢凝固了,一些新兴的离合词又不断产生了,离合词永远是一个动态的现象。

离合词离合的方式具有一定的类推作用,比如"小便"本来是偏正式的名词,现在"小一次便"似乎也可以说。但离合词又不能随意类推,比如"动一次员"、"留他的神"等说法是不规范的,应当是"动员一次"、"留神他"。所以,使用分离式离合词必须符合大众的语言习惯。

二、短语的缩略

在语言的使用过程中,由于语言交际的经济性原则的作用,或者是主观上出于表达简洁性的需要,复杂的短语又可以被简缩为一个缩略语。

总体上看,短语的缩略可以分为两大类:词语简称和数词略语。

(一) 词语简称

词语简称大致有五种类型。

1. 提取型——提取原词各一语素而成

(1) 取两词的第一个语素($A^1B^1 + A^2B^2 = A^1A^2$):体检、电大、人流。

(2) 取前词前素后词后素($A^1B^1 + A^2B^2 = A^1B^2$):归侨、整风、高校。

---

[1] 这就像"慷国家之慨"中的"慷慨"仍然是一个联绵语素一样。

(3) 取前词后素后词前素($A^1B^1+A^2B^2=B^1A^2$):理化、港澳、防治。

2. 截取型——截取原专用短语的一部分

(1) 取原短语后一部分:(人民)公社、(中国人民)解放军。

(2) 取原短语前一部分:西藏(自治区)、复旦(大学)、童涵春(药房)。

3. 选取型——选取原短语中最主要的语素再重新组合

(1) 拼合选取:上海师范大学——上师大,上海市第六人民医院——六院,北大西洋公约组织——北约,政治协商会议——政协。

(2) 变序选取:第三女子中学——女三中、第九国营棉纺厂——国棉九厂。

4. 替代型——选取原短语中代表性语素或音节替代整个专用短语

(1) 语素替代型:汪工程师——汪工,张总经理/张总工程师——张总,张局长——张局。

(2) 音节替代型:乌市、呼市、法国、美国。

"北"、"政"、"人"、"长"是语素,而"乌"、"呼"、"法"、"美"都是原音译语素中的一个音节。

5. 共戴型——保留相同的语素作为共有成分

(1) 双项共戴:出入境、离退休、中西医、军烈属。

(2) 多项共戴:一二三等、高中低档、老少边穷地区。

有些简称经过长期使用,已经凝固成一个单词了。人们在使用中已很少用全称,再用就显得啰嗦了。如:化肥、初中、高中、劳保、泰斗等。

(二) 数词略语

数词略语也有五种类型。

1. 简括型——根据原来的数项和共有的语素或义素进行概括

(1) 数括:三好(思想好、学习好、身体好)、三峡(瞿峡、巫峡、西陵峡)、三通(通航、通邮、通商)、三包(包退、包修、包换)。

(2) 义括:七情(喜、怒、哀、惧、爱、憎、欲,或指喜、怒、哀、乐、悲、恐、惊),五味(酸、甜、苦、辣、咸),五谷(稻、麦、豆、高粱、黍子),五官(耳、鼻、口、目、舌),六畜(猪、牛、羊、马、鸡、狗)、七窍(两眼、两耳、两鼻孔、一嘴),六书(象形、指事、会意、形声、转注、假借)。

数括是根据原词的共有语素概括,义括是根据原词共有的意义概括。

2. 联括型——将含有相同语素或义素的几方面的情况一起概括

(1) 双联式:三老四严(大庆人提出的:当老实人、说老实话、做老实事,严密的组织、严格的要求、严肃的态度、严明的纪律),三吏三别(杜甫的史诗:新安吏、潼关吏、石壕吏,新婚别、垂老别、无家别)。

联括也可以是数括和义括相结合:三纲五常(君为臣纲、父为子纲、夫为妻纲,仁、义、礼、智、信)。

(2) 多联式:三参一改两结合(干部参加劳动、职工参加管理、群众参加监督,改革不合理的规章制度,内外结合、干群结合[1]),五讲四美三热爱(讲文明、讲礼貌、讲道德、讲秩序、讲卫生,环境美、语言美、心灵美、行为美,热爱祖国、热爱社会主义、热爱中国共产党)。

3. 附加型——在简括的基础上对内容进行概括,并添上附加语

(1) 后附加:七不规范(不随地吐痰、不乱扔垃圾、不损坏公物、不破坏绿化、不乱穿马路、不在公共场所吸烟、不说粗话和脏话)。

单说"七不",就是简括型,"七不规范"就是附加型。再比如:

三不主义(不抓辫子、不扣帽子、不打棍子),三大运动(土地改革、抗美援朝、镇压反革命),双百方针(百花齐放、百家争鸣)。

(2) 前附加:建安七子(汉末魏初七位文人:孔融、陈琳、王粲、徐幹、阮瑀、应玚、刘桢),东北三省(黑龙江省、吉林省、辽宁省)。

4. 比况型——在数括或义括的基础上结合比喻进行艺术加工

比如:岁寒三友(松、竹、梅),四君子(梅、兰、竹、菊),扬州八怪(郑板桥等八人),三大法宝(统一战线、武装斗争、党的建设)。

5. 字面型——纯粹根据文字或词语的字面形式进行概括

(1) 字母概括:三 C 革命(计算、通信、控制——英语这三个词均由"C"打头),三 S 研究(斯诺、史沫莱特、斯特朗——三人名字均以"S"打头)。

(2) 字数概括:八字宪法(水、土、肥、种、密、保、工、管),三字秘诀(稳、准、狠),五会(听、说、读、写、译)。

(3) 字句概括:三八作风(坚定正确的政治方向,灵活机动的战略战术,艰苦朴素的工作作风;团结、紧张、严肃、活泼)——前面三句话,后面八个字,所以叫三八作风。

思考题

1. 确定汉语语素的基本方法是什么? 具体操作时应该注意哪些问题?

---

〔1〕 这是"四清"时期的一句口号。

2. 汉字和单音节语素之间一共存在着哪些关系类型?
3. 可以从哪几个角度对汉语的语素进行分类,怎样分类?
4. 词和语素有哪些差别?
5. 什么是汉语中的"音节语素化"? 应该怎样看待这一现象?

第二节　词的构造

一、词根和词缀

词当中表示基本词汇意义的语素,叫做词根,表示附加意义的语素,叫做词缀。合成词包括词根加词根构成的,也包括词根加词缀构成的。词根加词根的合成词如"人民"、"工人"。词缀分为前缀、后缀和"中缀",如"老虎"是前缀加词根,"凳子"是词根加后缀。"看一看"、"想一想"中的"一"是中缀。在印欧语中,有一种后缀表示同一个词的变化形式,如英语 boys 中的"s",通常称为构形后缀,或称为词尾。汉语没有这种词缀。"们"、"了"、"着"、"过"有些近似,但是它们并不一定附着于词根,有时附着于短语。如"老师和学生们"、"讨论并通过了"。有人把它们叫做"语缀"。

总之,词缀是用来构词的,词尾(语缀)是用来构形的,现代汉语中并没有严格意义上的词尾,虽然现代汉语中确实存有语缀,但由于语法化程度比较低,一般倾向于称之为助词。

从汉语的构词情况看,合成词的结构形式是一个持续变化的历史过程。而且,即使在现当代,合成词的内部结构方式仍然处在不断变化之中,所以,出现过渡状态和存在中间状态是很自然的。我们在分析汉语的构词法时,既要有一定的鉴别标准,又要有动态的发展眼光,辩证地看问题。比如"手",一般都认为是词根,是自由语素,可以组成:手杖、手铐、手术、动手、撒手、招手等词。然而,"手"的义项很多,当它表示"擅长某种技能,从事某种活动的人"时,它又是不自由的定位语素,只能后置,如:选手、旗手、枪手、凶手、对手、敌手、舵手、黑手、猎手、高手、打手、国手、杀手、新手、老手、水手、歌手、扒手、快手。这个"手"有点接近于"者",但"作者"、"读者"的"者"不能改为"手","枪手"、"水手"的"手"也不能改为"者"。而"老者"同"老手"的意义不同。可见,比起英语表示动作执行者的后缀(譬如"er")来,汉语的"手"

更多地保留了一些原词义：虽已经定位，但又没有虚化，既不同于词根，又不同于词缀，是一种中间状态，或者说是过渡状态。关于这种语言现象，姑且称之为类词缀，那些既定位又虚化的词缀，则可以称之为真词缀，也可以直接称为词缀。

二、词的构成方式

（一）单纯词

单纯词从音节的角度看，可以分为单音节、双音节、多音节三种。

单纯词都是由一个语素构成的，绝大多数的单音节单纯词都是既是语素又是词，只是观察的角度和所处的地位不同而已。双音节和多音节的单纯词，大都不再参与构成合成词。

单音节的如：山、水、走、看、美、好、再、也、我、你、叮、咚、呢、呀、鸟儿、花儿。单音节词基本上都是单纯词，但有例外，那就是儿化。"卷儿"、"信儿"、"头儿"虽然是单音节的，却是合成词。

双音节的单纯词共有四类。

1. 联绵词

根据读音，联绵词可以分为三类：

(1) 双声：琉璃、惆怅、琵琶、慷慨、坎坷、拮据、唐突；

(2) 叠韵：蜻蜓、迷离、窈窕、汹涌、伶仃、郎当、妖娆；

(3) 其他：牡丹、颥颥、玛瑙、疙瘩、鹧鸪、妯娌、蟋蟀。

关于联绵词，有五个方面值得注意。

(1) 双声是指两个音节的声母相同，如果两个音节都是零声母，也可以归入双声，比如：犹豫、逶迤、委蛇。叠韵是指韵相同，而不是韵母相同，也就是介音的有无、同与不同都可以不计较。所以徘和徊、玫和瑰，虽然韵母不同，但仍然是叠韵的。

现代汉语的"韵"可以有十八韵和十三辙两种不同的标准。这两者大多相通，但也有一些不同，比如"朦胧"、"曚昽"，从十八韵的角度看，不是叠韵，分属庚韵和东韵；从十三辙的角度看，都是中东辙，现在一般以十三辙为准，可以归入叠韵。

(2) 所谓双声、叠韵都是以现代汉语语音为标准的，古代汉语的语音到现在已发生了很大的变化。有些音节古代是双声、叠韵，后来不是了；有的古代是，现在仍然是；少数古代不是，现在反而是了。所以现在只以现当代北京语音为依据。

（3）联绵词是由音得义的，而不是从形得义的。所以一个联绵词往往有不同的书写形式。比如：辗转、展转；仓卒、仓猝、仓促。符定一的四卷本《联绵词典》，朱起凤的《辞通》都收录了大量的联绵词，绝大部分都有不止一种写法，多的甚至有十来种。有些不同的形体用现代语音来读，相距甚远，但在古代是相同或相近的。

（4）由于汉字是形音义三位一体的，古人使用联绵词，总是尽量在保持这个词的读音的基础上，替这两个字加上相关的形旁，以使其能兼表意义。比如"慷慨"从"心"，"琉璃"从"玉"，"朦胧"从"月"，"汹涌"从"水"。这些后加上去的形旁，对于人们理解和记忆联绵词很有好处。时间一长，一些联绵词就会被后人当作合成词看待，将其拆开使用。如：伶俐—伶牙俐齿，慷慨—慷国家之慨；或加以重叠：朦胧—朦朦胧胧，疙瘩—疙里疙瘩。不过总体上看，联绵词还是单纯词。

（5）由一个音节加上一个粘着语素构成的联绵词，比如"蝴蝶"、"蜘蛛"、"麒麟"、"蚂蚁"、"蟾蜍"等，还是应该归入双音节的单纯词。凡是合成词，一定要由两个语素组合而成。

2. 音译词

音译词是以读音相近的字翻译外族词语而形成的单纯词。比如：

咖喱、克隆、逻辑、吉普、沙发、列巴、犹大

音译词之所以是单纯词，是因为构成该词的两个音节同该词的意义没有必然的联系，并不是说该词在它的源语言中一定就是单纯的。比如，同样是"camera"，译成"开麦拉"是单纯词，而译成"照相机"，就成了合成词。词汇的单纯和合成仅仅是从构词的角度讲的，同实际所表示的概念并无必然的联系。一些兼顾意义的音译词。譬如"苦力"、"声纳"，从语音的角度看是音译，但从语义的角度看又是意译，所以不是单纯词，而是合成词。

3. 叠音词

叠音词是重叠音节构成的词。叠音词中的音节在现代汉语中都是不能单独表义的，比如：孜、脉、炱、猩、惺、蛐、蝈，在现代汉语中都是不能单用的。构成叠音词的每一个字在词典中一般都没有单独解释的，必须看它的叠音形式才能了解其意义。

从句法功能看，叠音词有名词、副词、形容词、动词多种。从表达功用看，大致可分为三类。

（1）情状类：依依、切切、脉脉、落落、沾沾

　　　　　　堂堂、孜孜、翩翩、炭炭、冉冉

　　　　　　姗姗、津津、洋洋、泅泅、济济

（2）指称类：侉侉、姥姥、惺惺、猩猩、奶奶、蝈蝈、蛐蛐

（3）拟音类：淙淙、潺潺、浩浩、咕咕、汩汩、嗷嗷、侃侃

4. 拟声词

模拟自然界和人类自己声音的词，都是拟声词。比如：

　　哐啷、呼噜、滴答、哈哈、嘻嘻、咔嚓、哗啦、轰隆

根据模拟声音的性质，拟声词可以分为象声和感叹两大类，都有拟声和转用两种：

拟声类　模拟声音：扑通、叮当、哗啦、轰隆、劈啪

　　　　转用指称：布谷、知了、乒乓、靰鞡、轱辘

感叹类　模拟声音：哎呀、啊呀、啊唷、哎哟、呜呼

　　　　转用陈述：呜咽、嗫嚅、嘀咕、嘟哝、唏嘘

　　象声词主要是摹拟自然界的声音，只要音近就可以。感叹词一般同人的感情的发泄、身体的条件反射有关。大多数拟声词的字形标志是"口"字旁，但也不一定。比如："噗嗵"可以写成"扑通"，"叮咚"可以写作"丁冬"。拟声词可以充当定语和状语，也可以单独使用。转用指称或陈述的拟声词可以充当主、宾语或谓语。

　　拟声词同一般表义的实词和虚词都不同，它们是以表音为主的。拟声词同具体概念之间并无必然的联系。比如"沙沙"既可表示风刮后树叶发出的声音，也可以表示人在沙滩上的脚步声。"咯吱咯吱"既可以表示挑扁担的声音，也可以表示搽肥皂的声音。

（二）合成词

合成词可以分成三大类：复合式、加缀式、重叠式。

1. 复合式

复合式都由词根加词根直接组合构成的，这是汉语词汇构成的基础形式。主要有五种基本的类型：联合、偏正、补充、动宾、主谓。

（1）联合型。根据联合型两个语素内部的语义关系可以分为同义、类义、反义和偏义四个小类。比如：

　　同义：休息、计算、制造、声音、根本、周全、完整、喜欢

类义：江山、眉目、岁月、领袖、心肠、血汗、骨肉、细软

反义：动静、来往、早晚、开关、教学、始终、横竖、买卖

偏义：忘记、师傅、窗户、睡觉、国家、质量、糟粕、人马

　　根据两个语素的功能联合型又可以分为名素＋名素、动素＋动素、形素＋形素三大类,每一类内部都有同义、反义、类义和偏义四种。归纳如下:

	名素＋名素		动素＋动素		形素＋形素	
同义	声音	道路	制造	休息	周全	孤独
	根本	仓库	计算	喜欢	完整	奇怪
反义	天地	彼此	来往	动静	早晚	横竖
	矛盾	师生	奖惩	教学	轻重	高低
类义	江山	眉目	飞跃	攻击	细软	聪明
	笔墨	口舌	调查	整理	广大	艰难
偏义	国家	雷霆	睡觉	忘记	干净	利害
	泥泞	舟楫	梦寐	警惕	好歹	瘫痪

　　(2)偏正型。一般说来,偏正型的中心语素决定这个词的词性。

　　1)名素为中心成分

　　　　名＋名:草帽、马路、火车、手表、桥墩、蜂房

　　　　形＋名:白酒、黑板、新房、香肠、平台、红旗

　　　　动＋名:开水、试卷、摇篮、考场、住宅、走狗

　　2)动素为中心成分

　　　　名＋动:席卷、瓦解、响应、囊括、龟缩、鱼贯

　　　　形＋动:重视、冷藏、轻信、热爱、小看、速记

　　　　副＋动:胡闹、暂停、再生、顿悟、稍息、漫谈

　　上面2)式第一小类的情况比较复杂,而且容易与主谓型相混,须要进一步分析。首先,根据名素和动素的语义关系,还可以分出比况、凭借、时空三种情况。比如:

　　　　比况(像 N 一样地 V)式:鱼跃、蝉联、蚕食、虎视、鸟瞰、鸠集、鼠窜、狐疑、蜂拥、粉碎、雷动、云集、鼎立、冰消、包举、尾随

　　　　凭借(以/用 N 来 V)式:笔谈、手谈、言传、目送、目击、力荐、力争、

力促、力图、体会、体谅、体味、风干、法治

时空(在 N 时/处 V)式:中立、空袭、空战、西晒、午休、午睡、夜战、夜游

其次,要注意与主谓式的区别。这一点,关键就是看名素和动素之间的相互关系,是 V 陈述、说明 N 的,还是 N 限定、修饰 V 的。比如:"夏至"是主谓,"夏收"是偏正;"身受"是主谓,"身教"是偏正;"口红"是主谓,"口授"是偏正;"眼热"是主谓,"眼看"是偏正;"体检"是主谓,"体验"是偏正。

再次,同样是偏正,还要注意内部语义关系的不同,比如:"水解"是凭借式,"水葬"是时空式;"火葬"是凭借式,"火急"是比况式。甚至一些同形词和多义词内部也会有不同结构关系和构词方式。比如表示"河流似的人群"的"人流"是比况式,表示"人工流产"的"人流"是凭借式;表示像"火一样烫"的"火烫"是比况式,表示"用火来烫"的"火烫"是凭借式。

最后,就句法功能而言,除了上面列举的谓词外,还有一部分名+动是名词或名动兼类词,比如:间隙、夜宵、夜盲、春耕、秋收、时鲜、地勤、晨练、冬眠、左倾、右倾等;有些则是区别词,比如水磨、油爆、水煮、电动、汽暖、油印、刀切等。

3) 形素为中心成分

名+形:火红、雪白、碧绿、肤浅、漆黑、橘黄

形+形:鲜红、浅黄、深蓝、嫩绿、蔚蓝、微妙

动+形:透明、飞快、镇静、滚圆、喷香、通红

(3) 补充型

1) 动素在前

动+动:看见、打倒、放开、扩展、推翻、展开

动+形:改善、纠正、证明、冻僵、降低、说明

2) 名素在前

名+量:函件、竹竿、土方、钟点、枪支、房间

名+名:雪花、心扉、熊猫、月球、耳朵、脑海

名+名补充型[1]与名+名偏正型的区别在于语义重心在前还是在

---

[1] "名+名"的补充式,有的书上称之为后偏式,以后素修饰前素,当然也可以,不过这样偏正型的范围要扩大。

后;是后补充前,还是前修饰后。比如:"雪花"是像花似的雪,同"雪景(有雪的风景)"内部语义关系不同。"花朵"是"朵"(指植物花苞的形状)补充"花",与"花瓣"的关系也不同。再比如,"熊猫"和"猫熊"所指相同,但前者是补充型,后者是偏正型。

(4) 动宾型——都是动素在前

动＋名:关心、留意、效力、用功、投机

动＋形:举重、吃香、讲和、入迷、失明

动＋动:效劳、取笑、怀疑、抱怨、催眠

动素后面出现的动素和形素,大都是指称化的"事"、"物"、"现象"、"情况"等。

(5) 主谓型——都是名素在前

名＋动:海啸、地震、人为、兵变、事变、胃下垂、脑震荡

名＋形:性急、手软、眼红、肉麻、心虚、头疼、月亮、胆怯

此外,还有一种主谓型的词,从语义关系看,实际上是一种逆序支配(动宾)关系。比如:物产、口罩、木刻、海拔、轴承。

除了以上五种基本的复合型之外,还有两种不太常用的类型:

(6) 连动型——两个动作具有先后承接关系

贩卖、退休、接管、考取、报销、认领、扮演

查封、抽调、割让、借用、借调、撤换、领养

(7) 兼语型——两个动作分别与主体和客体有关

逼供、请教、促进、逗笑、逗乐、遣返、迫降(xiáng)

引见、召见、召集、劝退、劝降、请教、迫降(jiàng)

2. 加缀式

加缀式可以分为两大类:一类是加虚化词缀,又称真词缀;一类是加类化词缀,又称类词缀。无论是加真词缀还是类词缀,又都可以分为前、后、中三类。真词缀是指位置完全固定,意义基本虚化、读音大都弱化的词缀;类词缀是指位置基本固定,意义正在类化、读音保持不变的词缀。类词缀是由词根向真词缀转化的中间过渡形式。

(1) 附加真词缀

1) 前缀

老[1]:老师、老婆、老外、老爱、老板、老乡、老鸹；

　　　老鹰、老虎、老鼠;老酒、老拳、老百姓、老玉米

阿:阿姨、阿哥、阿姐、阿婆、阿爸、阿妹、阿Q

小:小丑、小姐、小蜜、小辫、小菜、小青年、小市民

　　"小"还保留了一定程度的词根义,但又不同于类前缀,其中的"小"义已经基本虚化。比如"小姐"和"大姐","小辫子"和"大辫子"虽然不同,但并没有实质性的区别。

　　2) 后缀

子:桌子、椅子、骗子、推子、空子、矮子

头[1]:砖头、骨头、想头、来头、花头、赚头

儿:信儿、头儿、摊儿、画儿、零碎儿、破烂儿

然:偶然、突然、井然、竟然、居然、纵然

巴:结巴、下巴、尾巴、眨巴、磕巴、掐巴

乎:断乎、几乎、近乎、悬乎、合乎、在乎

为:大为、广为、极为、甚为、最为、颇为

其:更其、何其、极其、尤其、与其、惟其

地:忽地、蓦地、霍地、猛地、倏地、兀地

着:朝着、为着、沿着、乘着、趁着、随着

自:暗自、独自、径自、亲自、擅自、竟自

而:忽而、既而、时而、继而、幸而、从而

是:凡是、还是、就是、煞是、要是、于是

价:别价、不价、整天价、成年价、震天价

家[1]:老人家、姑娘家、女儿家、小孩子家

　　前面已经指出,儿化可以分为两种:一种是构造新词的,即在词根后附上儿化以后,原词的词性或词义发生了明显的变化。如:眼儿、个儿、黄儿、卷儿、串儿。还有一种并不改变原词的词性和词义,只增加附加色彩。如:鸟儿、花儿、月儿、玩儿。同样,"们"也有两种:构词后缀和表群体的助词。"爷们"的"们"是构词后缀,"学生们"、"同志们"、"姑娘们"中的"们"是助词。而"娘儿们"、"哥儿们"都是歧义的,"们"既可以是构词后缀(指某一个人),也可以是助词(指两个或几个人)。

　　3) 中缀

　　　里[1]:傻里傻气、糊里糊涂、肮里肮脏、古里古怪

　　　乎:神乎其神、难乎其难、微乎其微、玄乎其玄

（2）附加类词缀

类词缀是一个半开放的类,它们一部分比较接近于真词缀,一部分接近于词根;此外,现代汉语中还有一些双音节词根正在逐渐地向类词缀转化;所以现代汉语到底有多少个类前缀,并没有一个确切的数目,因此各家所列的类词缀范围大相径庭。

1）类前缀

半:	半自动、半元音、半封建、半殖民	semi-
超[2]:	超音速、超短波、超声波、超固态	super/ultra-
次:	次大陆、次生矿、次范畴、次声波	sub-
单:	单细胞、单晶体、单相思、单名数	single/mono-
双:	双唇音、双宾语、双方言、双职工	di/bi-
反:	反比例、反作用、反封建、反冲力	anti/counter-
非:	非金属、非卖品、非婚生、非晶体	non/un-
类:	类前缀、类人猿、类行星、类词缀	quasi-
前:	前总统、前臼齿、前科学、前苏联	pre-
亚:	亚热带、亚硫酸、亚音速、亚健康	sub-
准:	准宾语、准平原、准军事、准前缀	para-
多:	多角度、多层次、多侧面、多方位	poly/multi-
全:	全天候、全方位、全自动、全武行	all/whole-
泛:	泛神论、泛灵论、泛生论、泛大陆	pan-
后:	后印象派、后现代主义、后工业化时代	post-

上面这十五个类前缀基本上都是借鉴外语,尤其是英语的。下面这些则是一些汉语的词根在长期的使用过程中逐渐定位、类化的:

　　　可:可爱、可怜、可取、可笑、可悲、可耻

　　　自:自救、自给、自立、自强、自爱、自重

　　　见:见罪(≈怪罪)、见告、见笑、见谅、见教、见怪

---

[1]　在噼里啪啦、劈里啪啦、叽里咕噜中的"里"不是中缀,是一个音节。

[2]　"超市"、"超人"的"超"不是前缀,"超市"是"超级市场"的简称,"超人"是偏正型复合词。

有：有方、有趣、有意、有害、有志、有利

打：打点、打扫、打量、打扰、打听、打搅

相：相逢、相依、相通、相处、相告、相救

加：加意、加害、加紧、加劲、加封、加以

本：本人、本校、本国、本届、本月、本年度

伪：伪科学、伪政权、伪君子、伪定语、伪组织

大：大白天、大热天、大伏天、大年初一、大年三十

老^2：老二、老三；老姨、老儿子、老闺女、老妹子

2）类后缀

在类后缀中，有相当一些是指人的，有褒义也有贬义的；有的结合面宽，有的结合面窄。其中一些借喻式的类后缀多带有贬义。比起英语 er、or、ar、ee、iee，汉语指人类后缀含义生动形象、丰富多彩，但结合面大都比较窄：

者：编者、使者、长者、旁观者、目击者

员：学员、教员、会员、指挥员、教导员

手：旗手、舵手、生手、猎手、多面手

师：宗师、法师、厨师、技师、调音师

才：天才、奇才、人才、秀才、庸才、奴才

士：博士、战士、女士、勇士、壮士、武士

生：书生、门生、考生、旁听生、插班生

夫：农夫、车夫、大夫、丈夫、武夫

工：电工、技工、木工、瓦工、临时工

民：船民、难民、烟民、股民、彩民

汉：好汉、穷汉、懒汉、男子汉、门外汉

头^2：丫头、对头、滑头、姘头、二婚头

佬：阔佬、乡巴佬、美国佬、小赤佬

徒：暴徒、歹徒、匪徒、赌徒、叛徒

棍：光棍、赌棍、恶棍、讼棍、学棍

倌：羊倌、猪倌、牛倌、堂倌、新郎倌

匠：木匠、瓦匠、巨匠、工匠、泥水匠

鬼：烟鬼、酒鬼、色鬼、死鬼、势利鬼

蛋：混蛋、傻蛋、笨蛋、坏蛋、傻瓜蛋

迷：球迷、影迷、戏迷、官迷、京剧迷

翁：老翁、富翁、渔翁、主人翁、不倒翁

犯：战犯、凶犯、罪犯、刑事犯、教唆犯

友：工友、校友、票友、忘年友、发烧友

虫：网虫、懒虫、蛀虫、应声虫、糊涂虫

家²：冤家、亲家、兵家、病家、商家、厂家

家³：作家、画家、文学家、艺术家、音乐家

派：托派、左派、反动派、当权派、两面派

户：储户、关系户、专业户、个体户、暴发户

盲：文盲、色盲、法盲、科盲、音乐盲、电脑盲

族：工薪族、打工族、上班族、追星族、绿卡族

非指人的后缀一部分源自汉语自身，一部分也是从外语中翻译过来的：

法：讲法、手法、枪法、看法、想法

坛：歌坛、乒坛、体坛、影坛、文坛

别：派别、级别、性别、国别、类别

具：工具、文具、雨具、饮具、道具

种：工种、品种、剧种、军种、兵种

件：物件、元件、零件、附件、标准件

体：流体、液体、固体、气体、离子体

带：温带、热带、寒带、信风带、地震带

线：战线、防线、生命线、死亡线、风景线

机：手机、微机、录像机、搅拌机、计算机

学：力学、神学、法学、伦理学、动力学

业：农业、工业、商业、畜牧业、金融业

器：凶器、武器、吸尘器、净水器、计算器

观：悲观、乐观、审美观、道德观、价值观

性：弹性、酸性、理论性、思想性、海洋性

度：深度、广度、透明度、能见度、新鲜度

率：比率、概率、出勤率、回收率、回头率

品：毒品、药品、消费品、耐用品、军用品

式：蝶式、蛙式、火箭式、喷气式、雷锋式

型：轻型、重型、全能型、流线型、波浪型

感：性感、动感、失落感、紧迫感、超脱感

气:娇气、傻气、书生气、孩子气、学究气

界:影视界、教育界、体育界、科技界、理论界

论:速胜论、进化论、泛神论、唯物论、概率论

角:英语角、恋爱角、球迷角、票友角、人才角

热:气功热、考研热、出国热、英语热、电脑热

动词、副词中也有不少带类后缀的:

腾:折腾、闹腾、倒腾、翻腾、欢腾

得:记得、懂得、认得、觉得、值得

切:急切、迫切、恳切、殷切、贴切

以:可以、用以、借以、足以、予以

化:绿化、美化、淡化、简化、细化

来:本来、从来、素来、向来、历来

还有一些是双音节的类后缀,大都是近年来才形成的:

主义:自由主义、虚无主义、马列主义、沙文主义

效应:热岛效应、温室效应、名人效应、马太效应

意识:基层意识、忧患意识、申奥意识、"中心"意识

工程:希望工程、扶贫工程、五个一工程、二一一工程

现象:超生现象、王宝森现象、克拉克现象、流失生现象

对于双音节的类后缀,要注意与同形的复合词相区别。比如:工程[1](复合词):土木建筑或生产制造部门用较大而复杂的设备进行的工作,如:采矿工程。工程[2](类后缀):泛指某项需要投入巨大的人力和物力的工作,如:菜篮子工程、费改税工程。再比如:现象[1]:事物在发展过程中的外部表现和联系,如:奇怪的现象;现象[2]:泛指某项特别值得人们关注和重视的具有典型意义的事情和状况,如:围城现象、丽珠得乐现象。总之,这类类词缀都是由相关的复合词类化而来的。

除此以外,现代汉语中还有不少跟在单音节形素后面的叠音形式,以及其他生动形式,可以称之生动式后缀:

乎乎:粘乎乎、稀乎乎、稠乎乎、胖乎乎

蒙蒙:灰蒙蒙、雾蒙蒙、黑蒙蒙、迷蒙蒙

溜溜:灰溜溜、酸溜溜、光溜溜、圆溜溜

冲冲:兴冲冲、急冲冲、气冲冲、怒冲冲

沉沉：暗沉沉、阴沉沉、灰沉沉、昏沉沉

墩墩：胖墩墩、肉墩墩、圆墩墩、矮墩墩

晃晃：白晃晃、亮晃晃、明晃晃、银晃晃

朴朴：红朴朴、香朴朴、粉朴朴、白朴朴

森森：阴森森、寒森森、黑森森、凉森森

油油：绿油油、青油油、黑油油、碧油油

悠悠：乐悠悠、慢悠悠、轻悠悠、颤悠悠

生生：活生生、白生生、脆生生、好生生

腾腾：乱腾腾、慢腾腾、雾腾腾、喧腾腾

滋滋：乐滋滋、甜滋滋、喜滋滋、美滋滋

不唧：傻不唧、咸不唧、凉不唧、贱不唧

兮兮：脏兮兮、憨兮兮、怕兮兮、神经兮兮

巴巴：干巴巴、紧巴巴、皱巴巴、可怜巴巴

不溜秋：灰不溜秋、黑不溜秋、花不溜秋

咕隆咚：胖咕隆咚、圆咕隆咚、黑咕隆咚

了呱唧：傻了呱唧、楞了呱唧、蠢了呱唧、笨了呱唧

里吧叽：软里吧叽、滑里吧叽、粘里吧叽、苦里吧叽

3）类中缀

现代汉语的类中缀只有两个，"不"和"得"：

不：看不见、展不开、写不完

得：看得见、展得开、写得完

需要注意的是，"来得及、来不及、吃得消、吃不消"中的"得"、"不"不是中缀，因为我们没有"来及"、"吃消"的说法。

关于加缀式构词，有三点值得重视：

（1）现代汉语中有些词缀与不同的词根组合，可以构成不同词性的词。表明汉语词缀同所构单词的句法功能的联系是比较松散的。比如：

于 {
动：便于、属于、等于、位于
介：对于、关于、基于、由于[1]
副：终于、过于、苦于、善于
连：由于[2]、至于、以至于
}

$$
然 \begin{cases} 形 : 突然、偶然、茫然、井然 \\ 副 : 断然、忽然、果然、竟然 \\ 连 : 虽然、既然、纵然、固然 \end{cases}
$$

$$
乎 \begin{cases} 动 : 近乎、合乎、在乎、类乎 \\ 形 : 玄乎、晕乎、邪乎、热乎 \\ 副 : 几乎、断乎、确乎、似乎 \end{cases}
$$

(2) 同一个汉字,可以代表不同的语素,有时是词根,有时是类词缀,有时是真词缀。表明汉语的词根、类词缀、真词缀同文字之间不存在对应关系。比如:

$$
头 \begin{cases} 头^1(无义,轻声) 真后缀 : 骨头、木头、想头、甜头、苦头 \\ 头^2(一种人) 类后缀 : 对头、姘头、滑头、刺儿头 \\ 头^3(顶端) 词根 : 烟头、针头、箭头、布头、矛头 \\ 头^4(首领) 词根 : 寡头、巨头、工头、把头、领头 \end{cases}
$$

$$
家 \begin{cases} 家^1 \ 真后缀 : 姑娘家、女人家、老人家、小孩子家 \\ 家^2 \ 类后缀 : 儒家、法家、兵家、商家、厂家 \\ 家^3 \ 类后缀 : 艺术家、思想家、歌唱家、文学家 \end{cases}
$$

(3) 上面分析了现代汉语中的词根、真词缀、类词缀的一般情况。其实,进一步细究起来,还可以发现,在现实语言中,从词根到真词缀,中间至少可以分为四个不同的阶段:不定位词根＞定位词根＞类化词缀＞虚化词缀。也就是说,从词根到真词缀是一个由自由到定位、由类化到虚化的连续统,中间并没有明确的界限。那么,区分词根和词缀的依据是什么? 基本的标准是:只要某个语素在语义不变的情况下可以同别的语素自由组合、换位,就应该认为它还是词根;如果某个语素在位置上趋于固定,语义上开始类化,就应该认为它已是类词缀了;一旦某个语素不但位置固定,而且语义虚化、读音弱化,就应该认为它转成真词缀了。

从另一个角度看,除了复合和附加有时不易分清以外,即使复合词内部,也不是每一个词都可以非常清楚地作出结构分析的。有人统计了《现代汉语词典》5 万多条词儿(熟语除外),发现其中大约有 5％的双音节词不能作出明确的内部结构关系分析。这大致有四种情况:一种是有些双音节词的语素义同词义的关系很难确定,所以这些词究竟是单纯词还是合成词,合成词又是什么型的很难确定,比如"含糊"、"奚落"、"斯文"、"麻利"、"呜咽"、

"狼狈"、"冬烘";二是有些词内部关系比较复杂,中间隐含了一些成分,字义比较难以讲清,如"桑梓"、"谢幕"、"祝酒"、"卧病"、"饿饭"、"请问"等;三是有些词是后人割裂原文而形成的。比如《书·君陈》"惟孝,友于兄弟",后人将"友于"借指兄弟,"友于之爱"指兄弟之情。又《论语·为政》"吾十有五而志于学,三十而立,四十而不惑,五十而知天命,六十而耳顺,七十而从心所欲,不踰矩。"后人又将"而立"借指"三十";最后一种情况是日语借词,其内部的结构关系与汉语有所不同,如"想象"、"景气"、"象征"、"卫生"、"文明"、"取缔"等。

（3）重叠式

重叠式单词是语素重叠后组成的合成词。主要有三种:

　　　　副素＋副素:偏偏、常常、刚刚、仅仅、单单、万万、稍稍
　　　　名素＋名素:哥哥、姐姐、爷爷、叔叔、爸爸、妈妈、弟弟
　　　　形素＋形素:好好、美美、平平、隐隐、久久、暗暗、多多

形素＋形素的重叠式大都成为具有副词功能的词,用来修辞动词,如:"好好想一想"、"多多拜托"。

三、词的内部构造层次

凡三个以上语素组成的词,其内部都是有层次的。像"宽银幕"这三个语素,是先有"银幕",再有"宽银幕"。下面是词的构造层次分析(加箭头的表示附加词缀):

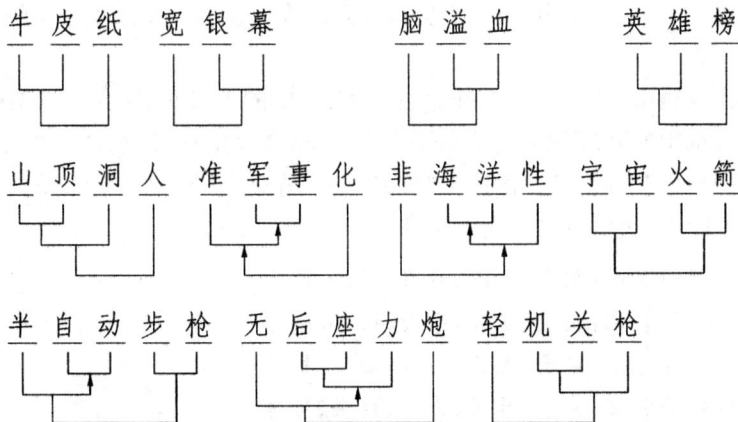

思考题

1. 请指出前缀和后缀与词头和词尾的区别。
2. 为什么说汉语的词根和词缀的区别和划分是相对的？
3. 什么是偏义式复合词？应该根据什么样的标准来确定偏义式复合词？
4. 区分真词缀和类词缀的依据和标准是什么？
5. 现代汉语中的中缀和类中缀各有哪些？区别中缀和结构助词的标准是什么？

第三节　词 的 聚 合

本节讨论现代汉语单词的词音、词形、词义及其相互之间的关系，主要讨论多义词、同音词、异形词。

一、单义词和多义词

只有一个义项的词叫单义词。一般说来，一个词在产生之初，其意义大都是单一的，只有基本义。在长期的使用过程中，一些词在基本义的基础上产生了派生义，就成了多义词；那些词义始终没有发展出新义项的单词就一直是单义词。

现代汉语中，单音节词大都比较常用，其中的单义词，比率不算高。双音节单纯词中的联绵词和音译词有相当一部分也是单义词，比如"汹涌"、"玫瑰"、"伶仃"、"尼龙"、"雷达"、"沙发"等。在双音节合成词中，单义词占有一定的比率，大致可以分为以下几类：

专有名词：北京、上海、台湾、李白、巴金
事物名称：衣服、皮鞋、手表、钢笔、茶几
科学术语：电子、元音、函数、血压、针灸
称谓名称：父亲、母亲、哥哥、姐姐、舅舅

有相当一些新词语，刚刚进入交际领域，所以一般都是单义的。比如：

　　特区、倒爷、枪手、软盘、扶贫、光盘、手机

　　有两个或两个以上义项而这些义项之间又具有内在联系的词,称之为多义词。

　　多义词都是由单义词发展变化而来的,这是语言音义矛盾和词义发展演变的必然结果。一种语言的语音形式是有限的,客观的事物、现象则是无限的,以有限的形式反映无限的内容,就有矛盾。用已有的词语记录新的意义,可以有效地解决这一矛盾,多义词既记录了新的意义,又不增加新词,从而使得词汇既丰富发达又简明经济。一般的规律是,使用频率越高的词,义项也就越多。

　　现代汉语中的单音节动词大都是多义的,譬如"打"和"解"在《现代汉语词典》中分别有 25 个和 8 个义项。而双音节词多义词的义项就要少得多,一般都只有两三个义项,譬如以"打"和"解"组成的多义合成词大都只有两个或三个义项。

　　多义词形成以后,各个义项的情况并不相同,有的是基本的,有的是派生的;有些经常使用,有些偶尔使用。作为派生基础的义项就是基本义,经常使用的义项就是常用义。基本义同常用义虽然有时正好重合,但通常是不对应的。编纂词典时所采用的义项排列顺序一般就采用这两种方法。如《简明牛津英语词典》将基本义放在前面,这样可以看出一个词的发展脉络,《朗曼当代英语词典》则将常用义放在前面,这样比较便于查找和初学者使用,二者各有各的用处。目前通行的《现代汉语词典》基本上也是按照词义发展的顺序排列义项的。

　　多义词的各个义项所出现的语言环境是互补的,比如"老"的基本义是"年岁大"引申出来的义项有:"陈旧的(老房子)"、"原来的(老一套)"、"历时久的(老字号,老厂)"、"长久地(伤口老不见好)"、"经常地(老出问题)",而这些不同的义项所出现的语言环境既是各不相同的,又是互相补充的。

　　如果同一个语境中可同时适用两个义项,就会产生歧义。比如:"扶"有两个相关的义项:①用手支撑使人、物不倒;②用手支撑使自己不倒[1]。所以,"小女孩扶着老奶奶"这句话就有歧义,到底是谁扶谁、谁依靠谁呢?没有语境提示难以确定。

---

　　〔1〕 这两个义项,《现代汉语词典》放在一起了。

　　再比如"借"有"借出"和"借入"两层意思;"生"既可以表示还没有长熟,也可以表示还没有煮熟。所以下面两句都是有歧义的:

　　　　他借我那本书,还没看完呢。　　　这些南瓜还是生的,不能吃。

　　到底是他借给我,还是我借给他;南瓜是没长熟,还是没煮熟,都有可能。这种两可的情况一般说来是应该尽量避免的。但有时候也可以有意识地利用词的多义造成双关。比如曲波的《林海雪原》:"可是匪徒们走上这几十里路的大山背,他们没想到马蹄上的麻袋片全踏烂掉在路上了,露出了他们的马脚。""露出了马脚"既指露出了马的脚印,是基本义;又指匪徒们暴露了逃窜的目标,是比喻义。这里同时使用这两层意思,大大增加了语言的表现力和形象性,生动而又风趣〔1〕。

二、同音词和多音词

(一)同音词

　　凡是读音相同、意义又没有联系的两个或多个词,称为同音词。由于汉语是语素文字,与拼音文字相比,汉语里面的同音词比率较高。据统计,在现代汉语双音节词中,同音词占 16% 左右,在 2 万多个常用词中,同音词占 10% 左右,这个比率比起印欧语系的语言来,是相当高的。

　　对于同音词,可以从词形和词义两个角度加以考察。从词形的角度看,同音词可以分为异形的和同形的两种。

　　1. 异形同音词

　　形式不同,读音相同的词就是异形同音词。比如:

　　　　正视—正式　　　裁减—裁剪　　　事物—事务
　　　　计议—记忆　　　地域—地狱　　　初诊—出诊

　　有些读音完全相同的词还不止两个,可以多到四五个。比如:

　　　　失事—师事—施事—失势
　　　　记事—济事—技士—继室
　　　　形式—形势—刑事—行事
　　　　人事—人氏—人世—人士

---

〔1〕 "露马脚"的出处据说是明朝开国皇帝朱元璋的发妻马皇后没有缠过脚,当了皇后以后一直很注意,没有暴露。不料一次外出,大风掀开了轿帘,还掀起了长裙,露出了她的脚。

比较而言,单音节异形同音词更多,比如:shì 这个读音有"是"、"事"、"市"、"试"、"士"、"世"、"噬"、"舐"、"室"、"氏"、"弑"等多个。但需要注意的是,有相当一些单音节的同音字,不是单词,而是语素。譬如读 shì 的就有"柿"、"视"、"仕"、"恃"、"峙"、"侍"、"式"、"谥"、"嗜"、"释"、"示"、"适"、"莳"、"誓"、"逝"、"势"、"似"等多个。

异形同音词由于形体不同,写出来就可以区分,一般不会引起理解上的歧义。需要注意的是同形同音词。

2. 同形同音词

形式相同,读音也相同,意义又没有联系的词称为同形同音词。比如:

>一角钱—没长角　　出太阳—一出戏
>在开会—会说话　　抱小鸡—抱孩子
>风化(风俗教化)—风化(风吹雨淋使岩石产生变化)
>自负(自己负责)—自负(自以为了不起)
>新生(新的生命)—新生(新来的学生)
>仪表(人的外表)—仪表(测量温度、血压、电量等的仪器)
>黑人(黑色人种)—黑人(没有户口的人)

同形同音词在一定的上下文中大都能区分开来,不会影响交际。比如:

>获得了新生—招来了新生　　白头翁叫了—白头翁谢了

从词义的角度看,异形同音词又可以分为异义同音词与同义同音词。比较而言,异义同音词占大多数。比如:

>计议—记忆　　报复—抱负　　消瘦—销售
>行程—形成　　形相—形象　　忧郁—优裕

但同义同音词数量也不算少。比如:

>传颂—传诵　　素来—凤来　　权利—权力
>界限—界线　　协同—偕同　　推卸—推谢

同义同音词既是同音词,又是同义词,这就造成了部分语义比较接近的同义同音词同异形词存在着划界问题。

(二) 多音词和异读词

凡是一种词形具有两种或两种以上读音,就是同形多音词,简称多音词。

严格地讲,多音词可以分为两类:一类是具有相同词形但读音和语义都不同的两个或两个以上独立的词,一般称之为多音多义词。另一类是同一个词具有两种或两种以上不同的读音,一般称之为异读词。它们之间有着本质的区别。

单音节的多音多义词都是一些常用词,比如"乐 lè"和"乐 yuè"、"干 gān"和"干 gàn",这在前面第一节已有所涉及。双音节的同形多音多义词往往同轻声有关,比如下面右边诸例的读音均为前重后轻:

> 大爷—大爷　　特务—特务　　鸡眼—鸡眼
> 星星—星星　　丈夫—丈夫　　照应—照应

多音多义词的词性可以相同,上面诸例均是;当然也可以不同。如:

> 反正—反正　　自然—自然　　地道—地道
> 精神—精神　　造化—造化　　大意—大意
> 大方—大方　　生气—生气　　干事—干事

同形的多音多义词大都是由于表达的需要,由短语的融合或词的分化发展而来的,严格地讲,多音多义词应该叫同形异音词,既然读音不同,就应该认为是两个词了。

下面的情况不属于多音多义关系,是短语与词的关系,尽管也是词形相同,音义不同。如:

> 东西—东西　　兄弟—兄弟　　买卖—买卖
> 开关—开关　　拉手—拉手　　利害—利害

前例都是并列短语,两个字都要重读;后例都是单词,后一个语素要读轻声。

异读词不同于异读字,比如下面不同的读音,应该归入异读字。

> 塞 sāi— sè　　剥 bāo—bō　　薄 báo—bó
> 熟 shóu—shú　　血 xiě—xuè　　秘 mì—bì

这些异读的语素一旦构成了词、或者成为了词,就成了异读词。如:

> 塞 sāi 车—堵塞 sè　　　　剥 bāo 皮—剥 bō 削
> 薄 báo 饼—薄 bó 命　　　熟 shóu 人—成熟 shú

细分起来,异读词的差异大致有五种情况:

> 声母:机械(jī xiè—jī qiè)　　波浪(bō làng—pō làng)
> 韵母:剥削(bō xuē—bāo xiāo)　　收获(shōu huò—shōu hù)
> 声调:古迹(gǔ jī—gǔ jì)　　比较(bǐ jiào —bǐ jiǎo)

声韵:巷道(xiàng dào—hàng dào)

声韵调:供给(gōng jí—gōng gěi)

异读词往往与文白异读有关,文读的一般都是粘着语素,只能参与组合成词,而白读的往往是自由语素。上面前一种读法是规范的。

从发展变化的角度看,单音多义词与多音多义词、同形同音词的相互关系可以概括为:单音多义词分化为多音多义词(同形异音词)是由于词义的变化导致了读音的改变,单音多义词分化为同形同音词是由于词义引申导致了联系的中断和单词的分化。

(三) 同音词产生的原因及其修辞作用

现代汉语同音词产生的原因,大致有四个方面。

(1) 造词的偶合。词汇是不同时代、不同地区的人造出来的,造词时只考虑需要,未及考虑同已有的词的读音雷同,从而造成了同音。如:药典—要点,邮船—油船。

(2) 语音的简化。语音的演变同语义变化并不平行。汉语的语音,尤其是汉语的韵尾,自古到今一直存在着简化的趋势,从而使一些原来不同音的词变成了同音。如:酒[tsiou]和九[tçiou];蓝[lam]和兰[lan];清[tsʻiŋ]和轻[tçʻiŋ];剑[kam]和箭[tsian],本来都不同音,现代都成了同音词。

(3) 意义的分化。有些同形同音词本来是多义词,随着引申义的中间义项的消失,多义义项前后失去联系,就成了同形同音词了。比如"管":本来指竹管,引申为"管状钥匙",如"郑人使我掌北门之管(《左传》)",于是"掌管"就有了"管理"义。现在"管状钥匙"义已消亡,"管子"的"管"和"管理"的"管"成了同形同音。再比如"刻",本义是"雕刻",古人计时用漏壶,在木板上刻九十九条标记,一刻是十四分钟多一点,一天一百刻(后来改为十五分钟一刻,一天九十六刻)。现在漏壶已经不用,"雕刻"的"刻"与"十五分钟"的"刻"就成了同形同音词。

(4) 词语的借用。汉语借用外来词通常要把外来词转化成汉化的词,这就使得一些借词的语音同汉语原有的词重合了起来。比如蒙古语 jam(驿站)的"站"同"站立"的"站",英语 meter 的"米"同"大米"的"米", tin 的"听"同"听力"的"听",watt 的"瓦"同"瓦片"的"瓦",都是由于词语借用造成的同音。

就同音词的作用而言,一般说来,一种语言中同音词一多,或多或少会产生一些消极作用,尤其是容易引起误解和歧义。但如果有意识地利用同音

词,有时也能收到一些积极的修辞效果。例如:

1) 一语双关。比如:举国谢君——热烈欢迎谢军载誉归来。

2) 构成歇后。比如:窗口吹喇叭——鸣(名)声在外;旗杆上绑鸡毛——好大的掸(胆)子。

3) 粘连对举。比如:一部《渴望》引起了更大的渴望;田间的诗深入田间。

三、异形词和同源词

(一)异形词

1. 异形词的性质

异形词又叫异体词。所谓异形词,就是指同一个词,具有两种或多种不同的写法。譬如:交代—交待、赢利—盈利、伙伴—火伴、担心—耽心等。异形成语性质也基本一样,如:书声朗朗—书声琅琅、蛊惑人心—鼓惑人心、迷迷忽忽—迷迷糊糊等。所以,异形词也就是读音和意义完全相等,只是词形有所不同的同一个词。

一般情况下,异形词之间只是形体不同,也就是其构词所用的语素,或者说汉字不同,但是在意义、读音和用法这三个方面应该是相同的。根据教育部和国家语委异形词规范研制组专家的统计,现代汉语中共有1500多组异形词。2001年12月教育部已经签署发布了我国《第一批异形词整理表》(下面简作《整理表》)。根据"积极稳妥、循序渐进、区别对待、分批整理"的原则,该表先给出了普通话中经常使用,公众取舍比较明显的338组异形词的推荐使用词形,供社会各界选用。同时,该表对当前社会上流行的含有非规范字的异形词,则提出了明确的规范。所以,我们今后在使用这些词的时候,首先应该以《整理表》为依据,尽量选用该表推荐的词形。当然,对于《整理表》尚未涉及的其他1000多组异形词,我们也可以加以调查、收集、研究,从而选择一种词形使用。至于含有非规范字的异形词,就更不应该使用了。

下面通过异形词与异体字、同义词的比较,剖析异形词的性质和状况。

(1) 异形词和异体字

异形词属于词汇层面,异体字属于文字层面,按理说,两者是没有关系的。但是,汉语的词毕竟是要靠字(语素)来构成的,这就使得异体字同异形词具有了某种联系。目前情况是,经过50年代国家对异体字的整理,凡是含有异体字的异形词,无论是单纯的还是合成的,绝大多数都已有了明确的规范。比如"床单—牀单"、"窗台—牎台"、"徘徊—俳徊"、"仿佛—彷彿—髣髴"等等,只有前者才是符合规范的词形。再比"韬略—弢略"、"翻译—繙译",由于"弢"和"繙"已被确定为异体字,那么由此构成的就是不宜继续使用的异形词。但是,迄今为止,还有少数异体字国家尚未加以整理,所以,像"庵子"和"菴子"、"叱食"和"呇食"、"喂食"这样的由异体字构成的异形词仍在并存通用,还需要一个明确的规范。

（2）异形词和同义词

同义词是两个或几个在意义上接近的一对词或一组词,是相关的两个词或几个词,而异形词是同一个词的不同写法。然而,当有些同义的两个词读音相同,而且意义又非常接近时,就会与异形词相混。通常认为,只要语义、色彩或用法方面有一点差异的词,就应该归入同义词。比如下面各组词都应该是同音同义词而不是异形词:

　　暗淡—黯淡　年轻—年青　含义—涵义　国事—国是
　　耽搁—担搁　枝蔓—支蔓　辩白—辨白　斗拱—抖拱
　　环球—寰球　核算—合算　反映—反应　沟通—勾通
　　权利—权力　宏大—洪大—鸿大—闳大—竑大

鉴别异形词和同义词的主要的标准就是看意义（包括理性义和附加义）和用法是否相同,完全相同的是异形词,略有不同的就是同音同义词。

2.异形词的类别

首先,从音节的角度看:

单音节异形词:吧—罢　拣—捡　庵—菴　粘—黏　掺—搀—攙

双音节异形词:根底—根柢　粗鲁—粗卤　措辞—措词　耷拉—搭拉
　　　　　　　　耿直—鲠直—梗直　仓促—仓猝—仓卒—伧促
　　　　　　　　盘踞—蟠踞—盘据　罗索—罗唆—罗嗦—啰嗦

多音节异形词:百叶窗—百页窗　红彤彤—红通通
　　　　　　　　湿漉漉—湿渌渌　义无反顾—义无返顾
　　　　　　　　直截了当—直捷了当

比较而言,双音节占绝大多数,单音节和多音节的比较少,而且多音节当中三音节占了大多数,四音节的多为音译外来词或异形成语。下面主要讨论双音节的异形词。

其次,从读音的角度看:

同音异形词:标志—标识   含糊—含胡   酒涡—酒窝   烂漫—烂熳

异音异形词:咔叽—卡其   包票—保票   芥菜—盖菜

　　　　　　冰淇淋—冰激凌   迪斯科—迪士高

　　　　　　普希金—普希庚   跟斗—跟头—筋斗—斤斗

　　一般情况下,语音是词的外壳,只要读音不同,就应该被看作两个词。所以,两个或几个词之间读音不同,必须在特定情况下,譬如由于音译外来词的选字不同,或者由于古今语音的变化差异等等,才可以认为是异形词。对于这类异音异形词的取舍,涉及形音两个方面,《整理表》暂时还没有整理规范,只推荐选用。

　　再次,从构词的角度看,有单纯异形词和复合异形词。

　　单纯异形词都是由一个语素构成的词,都是由音得义的;由于声音基本相同,所以常常会出现不同的写法。包括:

联绵异形词:仓皇—仓黄   踯躅—踯蹰   叮咛—丁宁   马虎—马糊

音译异形词:乌拉—靰鞡   沙拉—色拉   东不拉—冬不拉

　　　　　　曼陀琳—曼陀铃

拟声异形词:吧嗒—叭哒   喀嚓—咔嚓   咕唧—咕叽   叮当—丁当

复合异形词由两个语素构成,根据语素的异同,包括:

半同素异形词:淫雨—霪雨   笔画—笔划   倒霉—倒楣   抹杀—抹煞

　　　　　　　惟有—唯有   担心—耽心   倒腾—捣腾   寒碜—寒伧

全异素异形词:毂辘—轱辂   栏杆—阑干   溜达—蹓跶   腼腆—靦觍

比较而言,半同素异形词最多,单纯异形词也不少,而全异素异形词较少。

　　3. 异形词的规范

　　异形词产生的原因相当复杂,所以规范异形词,必须具体问题具体分析。长期以来,异形词一直是汉语词汇研究和语言规范化的一个热点和重点。为了促进语言的健康发展,避免主观武断,对于异形词的规范必须采取慎重的态度。所以,这次《整理表》并没有明确规定哪个词形规范,哪个不规范,而是提出了推荐词形,以供人们选用。总的说来,只要意义和用法有所区别的两个词,就应该都保留,归入同义词。譬如"词典—辞典"、"必须—必需"、"素来—凤来"都不是异形词,因为它们在意义、功能、用法方面都存在细微的差异。至于像"终身"和"终生","聪敏"和"聪明"等,不但意义不同,而且读音也不同,就更不应该算作异形词了[1]。反过来,对于那些在意义、功能、用法三方面完全相同的典型的异形词,当然应该进行规范,具体的方法就是保留或者说选用其中的一个,舍弃或者尽量不用另外一个或几个。

经过多年的调查研究,这次国家教育部在签署发布《整理表》的同时,也提出了整理异形词的通用性、理据性和系统性三项原则。

(1) 通用性原则。所谓通用性,就是根据词频统计和社会调查,选取目前公众普遍使用的词形作为推荐词形。据考察,目前通行的异形词,90%以上在使用中已经逐渐显示出用频的差异,所以,对于这些词自然应该推荐使用那个更为通用的词形。比如"按语—案语"、"斑白—颁白"、"本分—本份"、"参与—参预"、"车厢—车箱"、"筹码—筹马"、"瓷器—磁器"、"漂泊—飘泊"等,《整理表》都推荐使用前一个词形。这样做,显然是由语言的约定俗成的社会属性所决定的。从另一个角度看,符合通用性原则的词形大多同该词的理据习惯原则是一致。通用性是整理异形词的首要原则。

(2) 理据性原则。所谓理据性,就是指某些异形词目前较少使用,或词频没有显著的差异,难以根据通用性原则确定取舍,则可以从语言发展的理据角度,推荐一种较为合理的词形。比如"规诫—规戒","诫"、"戒"为同源字,在古代两者都有告诫、警戒义,但现代"诫"多表告诫义,"戒"多表警戒义,而"规诫"是以言相劝,与"诫"的语素更为吻合,所以《整理表》推荐"规诫"为选用词形。

(3) 系统性原则。所谓系统性,就是指词汇内部存在着互相关联的一个个系列,在整理异形词时,要尽量考虑同语素系列词用字的一致性。比如"侈靡—侈糜"和"靡费—糜费",根据使用频率难以确定取舍,但同系列的异形词"奢靡—奢糜",前一词形占有明显的优势,所以,从整个系列出发,前两个词也都应该以含有"靡"的词形为推荐词形。

(二) 同源词

在汉语词汇中,两个或几个读音(主要是古代汉语语音)相同或相近,意义相近或相通的词,就是同源词。同源词在历史上曾经来自于同一个语源,常常以某一个概念为中心,形成一个词族。同源词的各个词之间在语音上可以相同,也可以有细微的差别,在语义上则必须有密切的联系(至少在古汉语中是如此)。如:

---

[1]　这几组词在有些讨论异形词规范的文章中被认为是异形词,应该规范掉其中的一个。

　　　筐—框　　　满—漫　　　宽—阔　　　空—孔
　　　角落—旮旯　　大—太—泰　　　合—阖—盒—盍
　　　中—钟—终—衷　　　慢—蔓—漫—缓—幔

　　由于古今语音系统的变化,再加上许多词语的词义已经发生了或多或少的改变,所以确定同源词,应该以古代,尤其是上古汉语的语音系统和词汇意义作为标准。从另一个方面看,许多古代汉语的同源字发展到现代,有的仍然是可以自由运用的词,有的已经成了不能自由运用的粘着语素。比如根据王力《同源字典》,"分"、"半"、"片"、"别"、"判"是一组同源字,现在看来,这些字仍然是同源词。而《同源字典》的"迁"、"纡"这两个同源字,到现代都成了同源语素。所以,应该注意区分同源字和同源词。

　　对于同源词的研究,不但有助于汉语词汇发展史研究,而且对于现代汉语的同音词、同义词,乃至异形词的研究,都具有相当重要的理论意义和实践意义。然而,有关这方面的工作,现在还比较薄弱,有待于进一步加强。

思考题

1. 现代汉语中哪些类别的双音节词一般都是单义词?
2. 异读词和多音词的区别是什么? 怎样区分这两种不同的词?
3. 汉语同音词产生的原因有哪几个方面? 同音词在使用中有哪些作用?
4. 请从不同的角度谈谈同音同形词和单音多义词之间的区别和联系。
5. 可以从哪几个角度对异形词进行分类? 异形词的规范原则是什么?

第四节　词义的性质

一、词义的特征

(一) 词的意义与形式

　　任何一个词都是意义与形式的结合体。意义包括词汇意义和语法意义,这是就实词而言的,虚词一般没有明确的词汇意义,只有语法意义。形式又可以分为内部形式和外部形式。下面以"国家"和"对于"为例:

国家
　意义
　　词汇意义：阶级统治的工具，由军队、警察、法庭、监狱
　　　　　　　等机构组成，是阶级矛盾不可调和的产物。
　　语法意义：常充当主语宾语或定语，不能充当谓语补
　　　　　　　语和状语，可受数量短语修饰，不能受副词
　　　　　　　修饰，不能重叠。
　形式
　　内部形式：合成词，复合式、联合型、偏义类
　　外部形式：guó jiā，[kuo³⁵][tɕiA⁵⁵]

对于
　意义
　　词汇意义：没有明确的词汇义。
　　语法意义：表示对待或关涉的对象，用作话题标记。
　　　　　　　与引介的介词宾语一起可以充当状语、句
　　　　　　　首修饰语或定语。
　形式
　　内部形式：合成词，加缀式，词根十类后缀。
　　外部形式：duì yú，[tuei⁵¹][y³⁵]

　　确定一个词的意义和形式，必须有一定的时代标准，比如上面分析的依据是现、当代汉语。如果是古代汉语、近代汉语，情况就大不一样了。因为外部形式一直在变，内部意义也会变。譬如"国家"在古汉语中并不是偏义复词。《论语》中有"丘也闻有国有家者，不患贫而患不均，不患寡而患不安"；"有"是"治理"，诸侯的封地是"国"，大夫的封地是"家"，所以"国家"是同义类联合型的。同样，在古代，"对于"的"对"还是个动词；"于"是一个介词，同介宾一起充当的"对"的补语。

（二）词义的相对性

　　从一个实词的词汇意义看，它是一个互相关联、错综复杂的对立统一体。细分起来，大致有互相依存的四个方面。

　　1. 客观和主观的统一

　　词义都是客观事物和现象在人们头脑中的反映，比如当人们研制出一种可以重复使用的太空运载工具时，就会造出一个新词"航天飞机"（英语的shuttle 是旧词添新义）。当人们组织起来援助贫困地区失学儿童时，就出现了新名词"希望工程"。即使虚构的事物，也具有一定的客观基础，具有一定的真实成分。比如"龙"、"凤"、"鬼"、"神"，它们仍然是客观事物在人们头脑中曲折的反映。

　　但另一方面，词义又都含有主观因素。不同历史时期的人，由于思维能

力、观察角度、认知方式的差异,对客观事物和现象的认识就会很不相同。比如同样是"水"、"盐"、"糖"、"酒",化学家和一般人的认识就大不相同;而无神论者和有神论者对"鬼"、"神"、"天堂"、"地狱"的认识更是大相径庭的。即使同一个时代,观点大致相同的人,对具体的词的认识也不会一样,比如:"漂亮"这个词,大家都知道是"美观而好看",但具体到每一个人,几乎人人都有自己的看法和主观的认识。这里面必然涉及到每一个人的性别、年龄、民族、阶层、文化、修养等因素。俗话说"萝卜青菜,各有所爱",就是这个道理。总之,客观性和主观性统一于词义之中。

2. 概括和具体的统一

作为贮存在人的大脑或写在词典中的词义都具有概括性。比如"车子"的词义是"陆地上有轮子的运载工具",它概括了各种车辆的共同特点,舍弃了它们的差异。即使专有名词,也具有概括性。比如"上海",它就概括了上海有史以来七百多年的历史,尤其是从 1840 年口岸开放到各国租界的开拓,从冒险家的乐园到改革开放的"龙头"等等,都由这一个词概括了。但另一方面,词义又都具有具体性。也就是说在特定的上下文和话语中,词义的所指对象又必然是十分清楚的,明确的。比如有人说"我的车子不能骑了,一点气也没有了"。这里的"车子"是指"自行车",而且是说话人的那辆 26 英寸的凤凰牌自行车。再比如说"这个人真不是人",这里的两个"人"的词义当然比词典里的"人"的意义更加具体。词典里给"人"下的概括性定义是:能制造工具并使用工具进行劳动的高等动物。而这里的前一个"人"指的是某一个具体的人,具有特定的国籍、种族、肤色、阶级、阶层、文化水平、道德修养、秉性品格等等;而后一个"人"虽然不是指具体的人,但也不是一般的概括意义的人,而是指一般的人所应该具有的道德品质、信誉人格、处事方式、待人接物的态度等等。从表义的逻辑角度看,前一个"人"重在人的外延,后一个"人"重在人的内涵。

3. 明确和模糊的统一

在一般的情况下,词义的范围、量度、差异是清楚的,否则人们无法进行交际。比如"钢笔"、"铅笔"、"毛笔"、"圆珠笔",或者说"软笔"、"硬笔",它们所指是清楚而明确的。再比如"炒"、"炖"、"煎"、"烩"、"炸"、"烤"、"蒸"、"煮"等,这些烹饪方法之间的界限也是很明确的。但词义还有模糊性的一面,比如"凌晨"与"早上"、"早上"与"上午"、"上午"与"中午"、"中午"与"下午"、"下午"与"黄昏"、"黄昏"与"晚上"、"晚上"与"夜里"的界限是模糊的,到底是几点几分,没有标准,各个季节也不一样。再比如"青年"到底是多少岁以下,没有一个明确的标准,是 23 岁、35 岁、40 岁、45 岁,似乎都可以。再比如"快"和"慢","高"和"矮","大"和"小"都没有一个明确的标准,其界限都是模糊的。总之,词义在很大程度上是相对明确的。比如"他一年忙到头"再确切一点就是"他一年 365 天,几乎天天在忙,从来不休息"。其实还存在着一定的模糊性。一般辞书都说:现行历法规定平年每年 365 天,闰年 366 天。这样的表达是明确的,如说成每年 360 多天就显得比较含糊。同样,有人说:在工人中组成了一个老中青三结合的技术革新小组。这句话是模糊的,但却是清楚的。如果说成"在工人中组成一个 50 岁到 60 岁的老工人、35 岁到 49 岁的中年工人和 18 岁到 34 岁的青年工人的技术革新小组",那就太啰嗦了,反而不通顺了。

换一个角度看,上面的那句话(平年 365 天,闰年 366 天),在天文学家看来,还是模糊的。因为实际上地球围着太阳绕 4 周的时间并不是 1461 天,确切地讲,地球围绕太阳一周的时间是 365 天 5 小时 48 分 46 秒,4 年相加是 1460 天又 23 小时 15 分 4 秒。这样一来,每隔 3 年加一天是加多了。总之,明确和模糊是相对的,在语言表达中各有各的作用。世界是在不断变化之中,永远不会有一个绝对明确的标准。

4.稳固和变异的统一

词的外部形式同该词所指的对象、现象之间本来没有必然的联系,但一旦确定下来,约定俗成了,它们的关系必然是十分稳固的。尽管语音会发生变化,但这种变化只能在一定的范围内,一定的规律中进行。而且,就一个时代,比如现当代的角度看,音和义之间的关系是不能随意改变的。比如"我要去河南",只要略为改变一个声母,把"n"换成"l",就变成了"我要去荷兰"了。听的人当然会产生误解。而另一方面,就语义内容本身来说,它又是不断地在变化的,社会发生变化,人的认识发生变化,词义也就会发生相应的变化。比如"车",在古代只指人力车、畜力车,而现在可以包括各种机动车:火车、汽车、电车、摩托车、助动车等等。又比如"嘴",本来专指鸟嘴,人嘴叫"口",而现在"嘴"可以指一切动物包括人,甚至用具,比如茶壶的嘴。再比如"抓手"本来的意思很简单,就是指各种器具和装置上的,可以用手提拿的一个部件,近年来又可以指从事某项活动时,可以入手的、并加以掌握、控制的关键所在。"瓦"本来可以指用瓦制成的各种陶器,现代只指铺在房顶上的一种建筑材料。又比如"兵",在古代本指兵器,如"兵不血刃"、"短兵相接"，现在指士兵；"走"在古代指奔跑，现在指行走。

总而言之，词义的构成是一个对立统一的相依相存的系统，各种倾向是相辅相成的，过分强调任何一方面都是不符合辩证法的。

二、词义的构成

任何一种语言的词义都是由多种因素构成的复杂系统。就一些多义词而言，每一个词的意义也是一个综合的系统。只要是实词，一般都具有与概念相关的核心意义——理性意义，此外还有一系列附加意义，也可以叫色彩。附加义种类很多，比较重要的有四种：评价义、语体义、理据义和搭配义。理性义是每个实词都有的，附加义则不一定：有的多一些，有的少一些；有的明显，有的不明显。

1. 理性义

词义中同概念相关的部分是理性义，又称逻辑义。它是人们对所指对象或现象的区别性特征的概括反映。比如：女墙——城墙上凹凸形的短墙；家庭——以婚姻和血缘关系为基础的社会单位。理性义又可以分为两种：通俗义和专门义。通俗义是普通人对所指对象的一般性认识，专门义是具有专门知识的人对所指对象的特殊性认识。比如"圆"的通俗义是"像太阳、车轮、脸盆等东西的形状"，而专门义则是"在平面上，一个动点以一定点为中心，一定长为距离而运动一周的轨迹"。再比如"水"，通俗义是"无色的透明液体"，专门义则是"分子由两个氢原子和一个氧原子组成的最简单的氢氧化合物，无色、无臭、无味的液体，在标准大气压下，零摄氏度凝固成冰，100 摄氏度沸腾成汽，4 摄氏度时密度最大，密度为 1.0×10^3 千克/立方米。"通俗义和专门义是相对的，专家有时也用通俗义，普通老百姓也有知道专门义的。这同一个民族、一个人的文化水平、知识素养有关。

2. 评价义

评价义指由一个词所体现出来的反映了说话人对所指对象的评价和主观态度。也可以分两个方面：感情义和含蓄义。感情义主要表示说话人对有关事物和现象的褒贬情感和态度。看到一个打扮新潮入时的女人，可以说她"时髦"，也可以说她"娇艳"。再比如：收购—抢购，详细—烦琐，教导—教唆，粗犷—粗野，赞美—奉承，千方百计—挖空心思，重整旗鼓—卷土重来，侃侃而谈—夸夸其谈，雄心勃勃—野心勃勃等。

名词也可以包含感情义,如:佞臣—忠臣,技能—伎俩,名声—荣誉。

含蓄义是说话人对所指对象的一种相对委婉含蓄的评价。比如我们说"男子汉",除了表示其理性义"成年男性"外,也含有坚强、健壮、有气度、充满了阳刚之气等意味。"妇道人家"除了表示"成年女性"的理性义外,又含有柔弱、气量小、没见识、胆子小等意味。同样"女人"、"女士"理性意义相同,但"女士"则带有尊重的意味。当然,并非每一个词都有评价义,比如"杯子"、"钢笔"、"课本"就没有明显的评价义。

3. 语体义

语体义又称风格义。是一些词经常用于某种特定场合而形成的风格色彩。它反映了词与交际场合的关系。可以分为两大类:口头语体和书面语体。口头语体通俗活泼,自然随便,有时带有方言色彩。书面语体严谨规范,庄重典雅,常常带有文言色彩。比如:亲嘴—接吻,熟悉—熟稔,碰头—会晤,爱人—配偶,老爸—父亲,热心—热衷。书面语体还可以根据使用场合,进一步分为文艺语体,如:孩提、岑寂、安澜(太平)、阑干(参差错落);政论语体,如:公民、专政、复辟、人权;科技语体,如:裂变、催化、等价、化合;事务语体,如:函告、转发、抄送、特此;外交语体,如:照会、抗议、奉告、声援等。法律语体,如:诉状、嫌疑、原告、自诉等。

4. 理据义

理据义是由造词的理由和依据所形成的字面表层意义及其形象色彩,包括意趣情调和联想意义等。理据义有的正确,有的不正确。错误的如:酱油、铅笔、鲸鱼。酱油不是油,铅笔不含铅,鲸鱼不是鱼。它们所反映的是歪曲了的事物特征。一般说来即使正确的理据义,也会因为其历史的局限而变得不确切。比如"马路"、"火车",随着时代的前进,现在"马路"上不再走马,"火车"也不再烧火了。有时理据反映的只是词义的表面特征,比如"菜刀"、"网球",其实,"菜刀"并不限于切菜,而"排球"、"羽毛球"比赛时也有网,但不管怎么讲,词的理据总会或多或少使人产生联想。比如"考虑"、"斟酌"、"权衡"、"琢磨"这四个词的理性义相同,但"斟酌"使人联想到自斟自酌,慢慢品尝,重在细细品味;"权衡"使人联想到秤锤、秤杆及其分量和轻重,重在仔细掂量;"琢磨"使人联想到琢玉磨骨,精心加工,重在精雕细刻,而"考虑"则重在考量、思虑,没有明显的联想色彩。

一般说来,比较明显的理据义有两种,一种是形象意义,一种是文化意义。形象意义是指构词的语素所显示出来的一种具体生动的直觉形象感。

根据人的感官,大致可以分为形感,如:鸡冠花、仙人掌、白头翁、佛手、脑海;动感,如:闯江湖、开夜车、炒鱿鱼、撞车、上钩;色感,如:墨鱼、雪豹、白茫茫、绿油油、黑森森;声感,如:嘻嘻哈哈、稀里哗啦、轰隆隆、笑哈哈、乐呵呵、淙淙、潺潺等等。

　　文化意义主要有三种情况:历史信息、异域信息、文学信息。有些词是由典故形成的,成语中所含典故最多。双音节词有些也含有典故,比如:推敲(韩愈和贾岛的故事)、染指(郑灵公请太医吃甲鱼,不给子公吃,子公将指甲伸入甲鱼汤中)、入彀(唐太宗看见新进士鱼贯而入,高兴地讲:天下英雄尽入吾彀中矣,表示受人控制操纵)、蛇足(《战国策》中画蛇添足的故事);三音节的如:莫须有(秦桧迫害岳飞的罪名)、破天荒(唐朝时荆州每年送去的举人均考不上进士,称天荒;后来刘锐考上了进士,称破天荒)。有些外来词反映了外族的社会背景和异域情趣,比如:沙龙、摩登、卡通片、霹雳舞。有些专有名词则反映了社会文化背景和思想倾向、情趣格调。比如红娘、诸葛亮、孙悟空、阿 Q、白毛女等等,都已家喻户晓,成了一种特定人物的代名词。

　　5. 搭配义

　　搭配义是指某些词由于特定的搭配习惯而形成的相互制约关系,它反映了词与词的选择关系和使用范围。

　　比如表示"养育"的意思,现代汉语中有:赡养,扶养,抚养。但它们的搭配对象不同,赡养的是父母及其他上辈,扶养的是配偶和其他平辈的人,抚养的是子女、下辈及幼小的弟妹。

　　有些词或语素的搭配对象同一定的性别有关,比如由语素"芳"、"玉"、"丰"、"香"、"秀"等所构成的单词一般都同女性有关,尤其同青年女性有关。比如:芳名、芳龄,玉照、玉体,丰腴、丰满,秀发、秀气,香腮、香艳、香消玉殒。

三、词义的分解

(一) 义项分析

1. 义项的性质

　　为了充分认识和有效掌握词义,必须学会分解词义、分析义项。编纂词典,一般总是把词的理性义分解为若干个义项加以说明,有时也顺便指出附加义,尤其是语体义,多用符号加以标记。比如《现代汉语词典》的解释是:

大肚子:①〈口〉指怀孕。②〈口〉指饭量大的人(用于不严肃的口气)。③〈方〉对地主,资本家的憎称。

津梁:〈书〉渡口和桥梁,比喻用作引导事物或过渡的方法和手段。

可以看出,"大肚子"有三个义项,"津梁"现在只有一个义项,即它的比喻义。

词的义项都是从该词出现的语言环境中归纳出来的。比如我们说"这个人太骄傲了,总是过高地估计了自己。"这里的"骄傲"是自以为了不起的意思;而我们说"大家都为北京申奥成功而感到骄傲"时,这里的"骄傲"是"自豪"的意思;当我们说"长城是中华民族的骄傲"时,它的意思却是"值得自豪的人或事物"。所以"骄傲"这个词在现代汉语中有三个义项。词的义项,有四种情况值得注意:

(1)词的义项是由特定的词形表示的语义单位。比如"汉字 hàn zì"这个词有它特定的形式,由于它只有一个义项,其词义就是它的义项——"记录汉语的文字系统"。像"骄傲"那样有多个义项,就须要对其意义进行分解,分解出来的意义作为一个个的语义单位,也都同"骄傲 jiāo ào"这个词的形式密切相连。

(2)词的义项既可以是独立运用的语义单位,也可以是只能参与组合的语义单位。换句话说,词的义项既可以是词义,也可以是语素义。比如上面"骄傲"的三个义项都是词义。而"生¹"有六个义项:①生育:生孩子;②生长:生根发芽;③生存:起死回生,生死与共;④生命:丧生,舍生取义;⑤生计:谋生,营生;⑥生平:一生一世,今生今世。其中只有前两个义项是词义,后面四个都是语素义。

(3)词的义项是概括的、固定的语义单位。一个词在不同的语言环境中可能具有各种临时的、特殊的意义,但这些意义不属于义项。比如"放下包袱,开动机器",其中"包袱"比喻思想负担,"机器"比喻"脑筋、思维器官"。但"包袱"的比喻义是固定的,而"机器"离开了特定的语境就没有这种意义。所以"包袱"有"妨碍人的行动、思想的障碍"这个义项,而"机器"没有"脑筋、思维器官"这一义项。

(4)词的义项既互相联系,又互相补充。一个词的几个义项之间是环环相连的,各自独立的,即各义项出现的语言环境是各不相同的。比如"生²":

① 这西瓜是生的——(果实)没有成熟

② 生吃瓜果要洗干净——(食物)没煮或没煮熟

③ 生石膏的建筑用途很广——(原料)没有加工过的

④ 初来乍到,人生地不熟的——(关系)生疏不熟悉的

⑤ 不要生搬硬套——(态度)生硬的、勉强的

⑥ 手被挤得生疼——(感情或感觉上)程度很深地

这六个句子中的"生"代表了"生²"的依次相关又各不相同的六个义项。这些义项有的是词义,有的是语素义,前五种是形容词性的,最后一种是副词性的。

2. 义项的分类

一个词如果有几个义项,那么这几个义项之间的地位不是并行平等的,其中必有一个义项是基本的。而其他义项都是由这个义项直接或间接地发展、引申、转化而来的。需要注意的是,基本义是相对于派生义而讲的,并不一定就是语源学上所说的造字的本义。比如"走"的本义是奔跑,基本义是行走,"天"的本义是"头顶",基本义是"天空"。当然基本义和本义也可以重合,比如"水"和"山"的本义就是基本义。基本义派生的途径主要有两条:直接引申和间接转借。

(1) 在基本义的基础上经过推衍发展直接派生的义项叫引申义。比如"紧"的基本义是两物密切合拢(捆得很紧),引申出三个义项:"不宽裕(过紧日子)","不放松、严格(对孩子管得很紧)","没有充分的时间和余地,很急迫(风声很紧)"。

引申是最主要的派生方式,共有三种类型:辐射型、连环型、并存混合型。辐射型就是以基本义为中心向四面辐射引申,连环型就是以基本义为先导向后面环环引申。比如下面"嫩"的引申方式就是辐射型的,"沐浴"的引申方式就是连环型的:

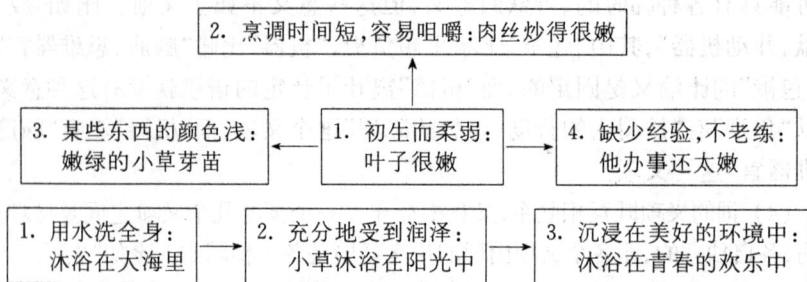

2. 烹调时间短,容易咀嚼:肉丝炒得很嫩

| 3. 某些东西的颜色浅:嫩绿的小草芽苗 | ← | 1. 初生而柔弱:叶子很嫩 | → | 4. 缺少经验,不老练:他办事还太嫩 |

| 1. 用水洗全身:沐浴在大海里 | → | 2. 充分地受到润泽:小草沐浴在阳光中 | → | 3. 沉浸在美好的环境中:沐浴在青春的欢乐中 |

在实际语言中,辐射和连环常常是交叉并存的,也就是混合型。如"快"的基本义是"愉快、高兴",比如"大快人心"、"拍手称快"等,派生义有:①爽

快、痛快;②迅速;③速度;④赶快、从速;⑤灵敏;⑥锋利;⑦将要[1]。其派生方式就是:

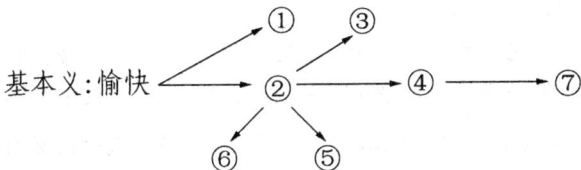

基本义:愉快

(2) 在基本义的基础上通过某种修辞手段间接派生的义项叫转借义。转借的方式也可以分为三种:借喻、借代和谐音。

借用一个词的基本义来比喻另一种事物,所产生的意义就是比喻义。比如“疙瘩”,本指皮肤上突起或肌肉上结成的硬块,现比喻“不容易解开的思想问题”;“辫子”本指把头发交叉编成的条条,现比喻“把柄”。再如:

> 高潮:水位上升的最高潮位——事物发展的最高阶段
>
> 酝酿:造酒的发酵过程——做好各项准备工作
>
> 搁浅:船进入水浅之处,不能行驶——事情遇到阻碍不能进行
>
> 傀儡:木偶戏里的木头人——受人操纵的人、组织、机构
>
> 锻炼:锻造和提炼——通过体育运动使身体强壮或经受考验
>
> 风波:风浪波涛——比喻纠纷和乱子(赛场风波、政治风波)

这后两个词,《现代汉语词典》中只列了比喻义,没列基本义,同前面所讲的“津梁”一样,表示基本义已消失了。需要注意的是,比喻义同修辞学上的比喻不是一回事,它们既有联系,又有区别。联系是指比喻义产生的途径就是各种比喻格,区别在于比喻义是固定的属于词的一个义项,修辞上的比喻是临时的,打比方而已。

通过词的借代方法派生新的意义称之为借代义。借代义同比喻义的区别就在一个重在相似性,一个重在相关性。比如“千金”借代为小姐或女儿,“孔方兄”借代为钱,“饭碗”借代义是工作,“口舌”借代为说话(多费口舌)。再如:

> 干戈:借代义是战争　　　玉帛:借代义是和平
>
> 狼烟:借代义是战争　　　烽火:借代义是战争

---

[1] 有人认为⑦已成为同形同音。

"干戈"、"狼烟"、"烽火"都可以指战争,但代体不同、搭配义不同,比如"化干戈为玉帛"、"大动干戈"、"狼烟四起"、"烽火连天"等。有些借代义的形成同特定的出处有关。比如:

而立:指三十岁	不惑:指四十岁	知命:指五十岁
古稀:指七十岁	泰山〔1〕:指岳父	东床〔2〕:指女婿

借代义同借代的关系与比喻义同比喻一样,既有联系,又有区别。

通过读音的相似性而转化衍生出新的词义,就是谐音义,谐音是一种不太常用的转借方法。比如现在人们把"有些傻气,做事莽莽撞撞的人"称为"二百五"。这个词义的产生就同谐音有关。据说古代时,常常把五百个铜钱串起来,用纸包好,再用蜡封上,这样用时就不必再数了。后来有人发现五百个铜钱太多,不便使用,就把二百五十个铜钱封起来,称之为"半封",而"半封"同"半疯"音相同,所以人们就把有些傻乎乎的人,莽莽撞撞的人称为"二百五"。现代汉语的"气管炎—妻管严"、"床头柜—床头跪"也可以算是用这一方法转借而成的诙谐幽默的谐音词。

综上所述,汉语词义发展、引申的途径,可以大致归纳如下:

词义
派生 {
直接派生(引申式):(链锁、辐射、混合)源于词汇意义自身发展
间接派生(转化式):(比喻、借代、谐音)源于词汇使用方式变化
}

(二) 语素义和词义的关系

词是语素构成的,既可以由一个语素构成,也可以由两个或几个语素组合而成。无论以何种方式构成的词,词义和语素义必然会存在着一定的联系。凡是单纯词,其词义就等同于语素义。至于合成词,情况相对复杂,词义和语素义间存在着各种不同的关系。大致有三类:直接对应型、间接联系型、曲折反映型。

---

　〔1〕唐玄宗时封禅泰山,张说任封禅史,他利用手中的权力提拔了自己的女婿。唐玄宗问其原因,边上一个唱戏的人说"此泰山之力也",意思是说张说借皇帝封禅泰山任封禅史而提拔了女婿。后来就以泰山称岳父。
　〔2〕晋代太尉郗鉴派一位门客到王导家去选女婿,门客回来说:"王家的年轻人都很好,但听到有人去选女婿,都拘谨起来,只有一位在东床上敞开衣襟吃饭的人,好像没听到似的。"郗鉴说:"这正是一位好女婿。"就把女儿嫁给了他。这人就是后来大名鼎鼎的王羲之。后人就以"东床"称女婿。注意,古时候的"床"是坐具而不是卧具。

1. 直接对应型

直接对应型有两种情况:一种是词义与两个语素义都相同。比如:

忧愁:忧愁≈愁、忧愁≈忧　　哀伤:哀伤≈伤、哀伤≈哀

明亮:明亮≈明、明亮≈亮　　长久:长久≈长、长久≈久

另一种是词义是两个语素义之和。比如:

科技＝科学技术　　文艺＝文学艺术

集训＝集中训练　　劳改＝劳动改造

2. 间接联系型

间接联系型也有两种情况,一种是词义只相当于其中的一个语素义,另一个语素的意义在该单词中已经虚化或消失了。比如:

忽地≈忽　　更为≈更　　极其≈极　　但是≈但

取决于≈取决　　忘记≈忘　　商榷≈商　　人马≈人

另一种是词义相当于语素义加上隐含的内容。比如:

掠美≈掠夺别人的美名

谢幕≈演出闭幕后演员在台前答谢观众

救火≈在失火现场灭火和抢救

3. 曲折反映型

曲折反映型主要是指词义经过转借引申,表面上看,语素义同该词的词义之间没有什么联系。主要有两种情况,一种是比喻,两者具有相似性。比如:

染指—比喻分取非分的利益

骨肉—比喻紧密相连不可分离的关系

领袖—比喻国家、组织、政治团体的领导人

另一种是借代,两者具有相关性。比如:

东西—代指物品　　巾帼—代指妇女

须眉—代指男子　　银发—代指老人

(三)义素分析

1. 义素的性质

义素是词义构成的最小意义单位,也是词的区别性特征。义素的基本性质是:①它是义项的组成成分;②它没有特定的语音形式;③它是比较一组相关的词而分析出来的区别性语义特征。比如:

	衣着	脚穿	有筒	着地
靴子	+	+	+	+
鞋子	+	+	-	+
袜子	+	+	+	-

在这里,"衣着"、"脚穿"对于这三个词来讲是共同的特征,是用来同其他事物相区别的,这是它们的共同义素;而"有筒"、"着地"则是组内的区别义素。共同义素和区别义素都有区别意义的作用(对外或对内),总称区别性特征。

2. 分析方法

义素分析的方法可以从三个方面来掌握。

(1) 基本原则

①对等性原则,分析出来的义素组合必须与义项的所指范围相等,不能过宽或过窄;②系统性原则,义素分析必须在一定的词义系统中进行;③简明性原则,义素分析要力求简单明确,用尽可能少的义素来揭示同组词义的共性和区别。

(2) 基本方法

① 确定范围。义素分析一般总是在一些相关的词,也就是同一语义场当中进行,只有一组相关的词才可以比较,才更容易选出经济适用的义素。比如:

	感伤	有声	有泪
哭	+	+	+
泣	+	-	+
号	+	+	-
哀	+	-	-

② 比较异同。义素分析最基本的方法就是比较相关词义的异同,找出一组相关义项的区别性语义特征。比如上面诸词,就是找出了这四个词异同的相关义素,这样就可以转化为义素来分析。再比如:

	人	成年	男性
男人	+	+	+
女人	+	+	-
男孩	+	-	+
女孩	+	-	-

③ 列出义素。也就是用各种方法把比较的结果一一列出。比如：

	女人	在男家	与男人	成家
出嫁	＋	＋	＋	＋
娶亲	－	＋	－	＋
入赘	－	－	－	＋
结婚	±	±	±	＋

(3) 基本模式

1) 名词模式。名词模式同逻辑中的"属加种差"定义方式相对应。

$$N\{义项\}=[属性^1(类属)……属性^2……属性^n]$$

①		植物	木本	丛生	高大
	乔木	＋	＋	－	＋
	灌木	＋	＋	＋	－

②		学校成员	在校工作	从事教书	高级职称
	教授	＋	＋	＋	＋
	讲师	＋	＋	＋	－
	校工	＋	＋	－	－
	学生	＋	－	－	－

③		坐具	靠背	扶手	转动	弹簧
	凳子	＋	－	－	－	－
	椅子	＋	＋	－	－	－
	转椅	＋	＋	＋	＋	－
	沙发	＋	＋	＋	－	＋
	沙发椅	＋	＋	－	－	＋

2) 动词模式。动词的模式主要涉及行为的主体和对象、方式和原因等。

$$V\{义项\}=[(主体)方式、动作(客体)、因果]$$

	手臂	移动	方向
举	＋	＋	向上
伸	＋	＋	向前
招	＋	＋	前后
摇	＋	＋	左右

再比如"推"、"拉"、"提"、"按"这四个动词,都是用手接触物体,使物体移动,只是方向不同:向前还是向后,向上还是向下;结果不同:着地还是悬空,移动还是变形。所以,可以利用义素分析法,按照动词分析基本模式分析如下:

	用手	接触物体	使移动	移动方向	物体状态
推	+	+	+	前	向前或变紧
拉	+	+	+	后	向后或变松
提	+	+	+	上	向上或悬空
按	+	+	+	下	向下或变紧

3) 形容词模式,状态形容词的义素分析模式重在感觉、基调和搭配等。

A｛义项｝＝[感觉][基调]情状｛搭配关系……｝

词 目	感觉	底色	情状	搭 配
白茫茫	[视]	(白)	[一望无际]	｛云／雾／雪／大水 ………… ｝
白蒙蒙	[视]	(白)	[模糊不清]	｛烟／雾／汽／蒸汽 ｝
白皑皑	[视]	(白)	[纯洁干净]	｛霜／雪／雪原／冰川 ………… ｝
白花花	[视]	(白)	[光亮耀眼]	｛钱／银元／大洋／元宝 ……… ｝
白晃晃	[视]	(白)	[闪光发亮]	｛刀／剑／梭镖／刺刀 ……… ｝
白生生	[视]	(白)	[光洁如玉]	｛牙齿／皮肤／器皿／装饰物 … ｝
白了了	[视]	(白)	[清癯无血]	｛脸／面色／脸庞／面孔 ……… ｝
白苍苍	[视]	(白)	[淡而无色]	｛无／路／头发／脸色 ………… ｝

3. 义素分析的作用

义素分析是随着语义学的兴起而产生的一种新兴的语义分析方法。它是现代语言学的一个重要成果和一种基本的方法,它可以深入到词义内部的微观结构,独立地反映词义之间的区别与联系,是语义分析形式化、精确化的有效方法之一。其作用主要有三个方面。

(1) 义素分析可以帮助我们准确地理解、掌握和解释词的理性义。比如:

	受动者	动作	工具和方式	目的和结果
烤	把食物	放在	火苗上	使熟或干
炸	把食物	放入	热油里	使熟或脆
煮	把食物	放到	沸水里	使熟或烂
蒸	把食物	放进	蒸汽中	使熟或热

(2) 义素分析可以清晰地显示同义词附加义之间的细微差别:

		母亲	妈妈	娘	家慈	令堂	萱堂	老太太	妈咪
称呼	面称	+	+	+				+	+
	背称	+	+	+	+	+	+	+	+
	自称	+	+	+	+				+
	他称	+	+			+	+		
情态	谦卑				+				
	恭敬	+				+	+	+	
	一般	+	+	+					+
口气	庄重	+			+	+	+		
	随意		+	+					
	亲热								+
语体	书面	+			+	+	+		
	口头		+	+				+	+
	通用	+	+		+	+			

(3) 义素分析可以明确显示词语使用时伴随情况的不同。比如:

词目	感觉	呈现模样	伴随情况
笑哈哈	视+听	口腔自然张开	开心或被逗乐地
笑嘻嘻	视+听	略微露出牙齿	得意或不怀好意地
笑呵呵	视+听	嘴巴略微翕动	欢愉而轻松地
笑咧咧	视	嘴角向两边伸展	心满而意足地
笑吟吟	视	面部略带笑意	欣喜或愉悦地
笑盈盈	视	满脸充满笑意	愉快而慈祥地
笑眯眯	视	眼皮微微合拢	知足或赞许地

当然,义素分析法作为一种分析词义的方法,虽然具有一定的直观性和可操作性,但也具有一系列难以克服的缺点,主要就是在具体的分析中,选定范围、确定模式、列举义素往往具有一定的主观性和随意性,而且,也不是现代汉语中所有的词语都适宜使用义素分析法进行分析的,而这一切都是以后需要进一步深入研究、加以改进的。

思考题

1. 词义的直接引申和间接派生的方式各有哪几种?

2. 请分别举例说明汉语词义的对立统一性及其内部的构成。

3. 怎样区分词义和语素义？这两种意义在使用中各有什么特点？

4. 义素分析的原则和步骤是哪些？义素分析的作用和局限是什么？

5. 在对汉语的名词、动词和形容词进行义素分析时,各应采用什么样的方法？

第五节 词义的聚合

一、语义场

（一）语义场的性质

对不同的词的意义进行比较,可以看到一些词的词义与另一些词的词义具有某些共同的特征和相互的关系。比如:青菜、白菜、花菜、芹菜、韭菜、菠菜、大白菜、卷心菜……这些词都有一个共同的义素:食用草本植物。人们根据这些词在词义上的共同特点和相互关系,把它们分成大大小小不同的类,组成了一个一个词义的聚合,这就是语义场。所以,语义场就是通过相关的词之间的比较,根据它们在词义上的共同特点而划分出的聚合关系。

属于同一语义场的词都具有共同的义素,但另一方面,它们之间又存在着不同的义素,以显示彼此的差别。比如:

	交通工具	公用	有轨	用电	线路固定	地面运行
公共汽车	＋	＋	－	－	＋	＋
无轨电车	＋	＋	－	＋	＋	＋
出租汽车	＋	－	－	－	－	＋
地 铁	＋	＋	＋	＋	＋	－
轻 轨	＋	＋	＋	＋	＋	±
有轨电车	＋	＋	＋	＋	＋	＋

通过义素分析,这六个词之间的区别与联系,可以看得很清楚。同一个词,处于不同的语义场中,由于受同一语义场中其他词义的制约,其意义会有所不同。比如:

旅馆—车站—码头—公园—剧场:公共场所

旅馆—宾馆—旅店—旅社—客栈:旅客住处

总之,同一个词在不同的语义场中,会具有不同的语义上的特征。

(二)语义场的层次

语义场内部有不同的层次,上一层次中某个词的义素必然为下一层次的各词所有,而下一层次又必然有自己的特殊义素。比如:

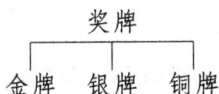

```
            奖牌
    金牌   银牌   铜牌
```

奖牌是它们共有的义素,而含金/镀金表第一,含银/镀银表第二,含铜/镀铜表第三。这些义素不是共有的。

上位层次的词可以称为上位词,下位层次中的词称为下位词。上下位词的关系从逻辑角度看,就是属种关系,对于上、下位词要注意三点:

(1)上下的相对性。上位词也有可能还有自己的上位词,而下位词也可以有自己的下位词。上位词对于自己的上位词来讲是下位词,而下位词对自己的下位词来讲又是上位词。比如:

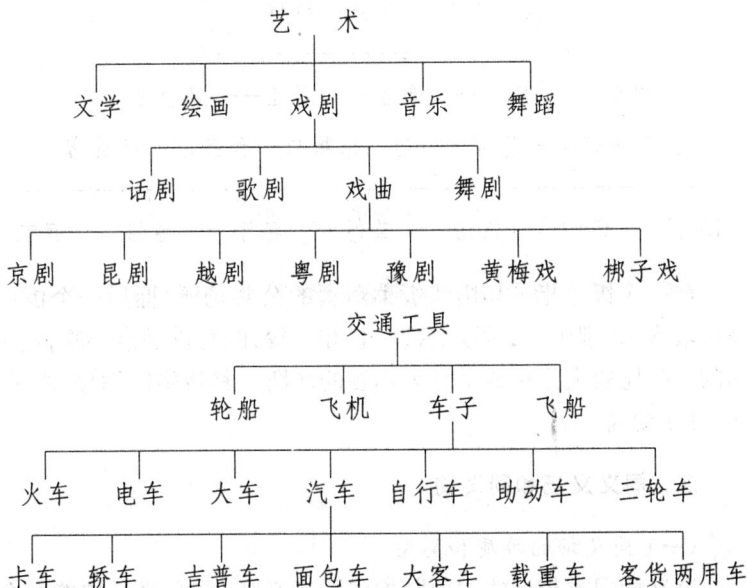

```
                艺 术
    文学   绘画   戏剧   音乐   舞蹈
            话剧  歌剧  戏曲  舞剧
    京剧 昆剧 越剧 粤剧 豫剧 黄梅戏 梆子戏

                交通工具
        轮船   飞机   车子   飞船
    火车 电车 大车 汽车 自行车 助动车 三轮车
    卡车 轿车 吉普车 面包车 大客车 载重车 客货两用车
```

(2)对称的自足性。一般说来,一个词总归有自己的上位词或下位词。

但语义场中表示相互关系的词也有一些可以没有上位词。比如：

丈夫一妻子　　教师一学生　　上级一下级

这些没有上位概念的词大都可以合称，如"夫妻"、"师生"、"上下级"等。总之，语义场同逻辑的类属关系并不完全对等，它主要是由同一层次的各个词构成，可以没有上位词，这种情况往往是两个对称的词。当然，两个对称义词也可以有上位词。比如：

中医一西医　>　医学

（3）词语的兼属性。一个词如果有多个义项，就可以在不同的语义场中构成不同的语义关系。汉语中有些词既表示属概念，又表示种概念，这样，一个词就可以分别出现在上下位词中。比如：

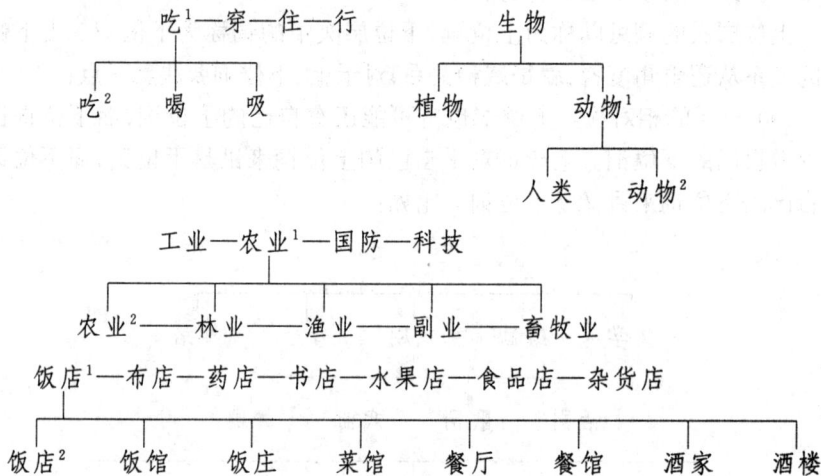

吃¹—穿—住—行　　　　生物
吃²　喝　吸　　　　植物　　动物¹
　　　　　　　　人类　动物²

工业—农业¹—国防—科技
农业²——林业——渔业——副业——畜牧业

饭店¹—布店—药店—书店—水果店—食品店—杂货店
饭店²　饭馆　饭庄　菜馆　餐厅　餐馆　酒家　酒楼

前一个饭店指一切出售饭菜酒食的公共场所，而后一个饭店特指一种规模较大、级别中上，可以兼营中餐和西餐，既可以随意小吃，也可以承办酒席的一种比较大众化的供食客用餐的场所。其规格比酒楼、酒家要低，比饭庄、餐厅要高。

二、同义义场和同义词

（一）同义词的性质和类型

意义相同或相近的词可以构成同义义场，同义义场中的各个词叫做同义词。关于同义词的性质，要注意以下四点：

（1）同义词之间的关系是词义与词义的关系。词义和语素义不能构成同义词。比如：

老—迈（素）　　　活—生（素）

"迈"、"生"、"行"虽然有"老"、"活"、"走"的意思，但都不是词义，而是语素义。只说"老迈"、"年迈"、"生还"、"生龙活虎"、"步行"、"行军"，不能说"年纪很迈"、"一条生狗"。

（2）同义词之间的关系是词的义项同义项的关系。单义词之间当然是一对一的；多义词就可以一对多。比如：

骄傲¹—自满　　荒废¹（田没人耕种）—荒芜—废弃
骄傲²—自豪　　荒废²（不抓紧时间）—浪费—糟蹋

（3）同一个词不同形式之间是同一关系，不是同义关系。比如：

烦琐—繁琐　　　颠狂—癫狂　　　纪录—记录
梗直—鲠直—耿直　　罗嗦—罗唆—罗索—啰唆

这些词来源可能不同，古代音义也可能有所不同，但现在音义没有区别，是具有同一关系的异形词。

对原词增减一个语素，只要意义不变，是该词的另一种构词形式。比如：

手指→手指头　　树墩→树墩子　　（加了虚化后缀）
数字←数目字　　提包←手提包　　（省略一个语素）

这些词本来就是同一个词，《现代汉语词典》大都只以一个词条立目。

（4）词与词的语法变化形式之间不是同义关系。比如：

慌张—慌里慌张　　最—最最
考虑—考虑考虑　　家—家家

对于同义词的分类，可以从语义关系和构词形式两个角度着眼。

首先，从语义关系的角度看，广义的同义词可以为等义与近义两类：

一类是理性义完全相同，附加义略有不同的等义词。如：

火柴—洋火　　星期—礼拜　　　无线电—收音机
离别—别离　　年轻—年青
山芋—红薯—白薯—甘薯—红苕—番薯

一类是理性义有所差异，附加义也有不同的近义词。如：

鼓励—勉励　　　愉快—高兴　　　感激—感谢

父亲—老爸　　　思念—想念—怀念

监狱—牢房—囹圄

同意—赞成　　　改正—纠正—矫正

愤慨—愤怒—愤懑—愤恨

　　其实,所谓等义,也是相对的等义。比如"火柴"刚从外国引进时叫"洋火",这种称呼现在已淘汰了,因而不能用于正规的场合。"礼拜"这个词同基督教的宗教仪式有关,其理据义带有宗教色彩。而"星期"的说法同我国古代历法二十八宿中的"七曜"有关,即"日"、"月"、"火"、"水"、"木"、"金"、"土",古人把"日"、"月"也称作"星",而西方历法一周七天,Sunday,Monday 也是太阳日、月亮日,日语也是如此。"无线电"源于英语的 wireless(严格地讲,wireless 是 wireless telegraphy 的省略形式)收音机源于 radio,理据义不同,搭配义也不同。"无线电爱好者"决不能说成"收音机爱好者"。而"离别"和"别离"是同素异构,"离别"的使用面广一些,更常用一些;"山芋"的各种称呼大都带有地方色彩,通用范围,理据色彩不一。"年青"和"年轻"这两个词,《现代汉语词典》的解释是:年青:处在青少年时代;年轻:年纪不大,多指十几岁到二十几岁。好像差不多。然而,它们的搭配关系不同;在"你还年轻/年青"、"年青/年轻人啊,要珍惜这来之不易的机会"两句中,两个词可以通用,但是在"我爷爷看起来比你爷爷年轻"一句中,则不能用"年青",只能用"年轻"。

　　从构词的角度看,又可以分为三类:

　　1) 全同素同义词:

爱怜—怜爱　　笨拙—拙笨　　察觉—觉察　　计算—算计

感情—情感　　担负—负担　　妒忌—忌妒　　开展—展开

　　这类同义词多为逆序联合式,意思较接近,使用范围、频率有差别。有些语义不同,如"算计"还有暗中谋划害人的意思。有些构词方式不同,"展开"是补充式,"开展运动"和"展开画卷"不能互换。有些范围有大小、搭配有差异,如"精神食粮"和"粮食生产"。

　　2) 半同素同义词:

保护—保卫　　保持—维持　　爱惜—爱护　　完成—完毕

安顿—安置　　嘲讽—嘲笑　　干涉—干预

这一类同义词所占比重很大,语素的异同给辨析同义词提供了方便。同中求异,抓住异点和侧重点,就可以区别清楚了。

3) 全异素同义词:

鞭策—督促　　答应—允许　　干净—清洁　　颠覆—推翻
目的—宗旨　　同意—赞成　　拂晓—黎明　　观点—见解

这一类同义词大多差异较大,辨析时必须结合实际用例。

多音节同义词中,三音节的数量不多,有些是外来词。比如:

维他命—维生素　　破天荒—破题儿
一瞬间—一刹那　　多角度—多视角
自行车—脚踏车　　无线电—收音机

四音节的都是同义成语,虽然也能构成同义义场,但不是一般意义上的同义词。比如:

乱七八糟—污七八糟　　东山再起—重整旗鼓
蠢蠢欲动—跃跃欲试　　夸夸其谈—侃侃而谈

(二) 同义词的差异和辨析

同义义场中各词的基本意义都是一致的,至少在某一义项上它们之间有着共同的义素,而且主要义素都是相同的。但另一方面,各同义词之间必然会有一些或大或小,或显或隐的差别。而这些差别,尤其是一些细微的差异,正是须要重点掌握的。要想准确地反映客观事物之间的细微差别,表达对客观事物的各种感情态度,适应各种语体风格,就必须学会辨析同义词之间的细微差别。

同义词之间的差别,大致表现在两大类、八个方面:

1. 理性意义方面的差异

(1) 范围大小

有些同义词所指对象的范围有大小之别。比如:

粮食＞食粮　　时代＞时期　事件＞事变＞事故　灾难＞灾荒＞饥荒　家族＞亲属＞家属＞家眷。

粮食指一切谷物,食粮指人吃的粮食,如前所述,它们的搭配关系也不同。时代和时期都是社会或人生发展的某一时期阶段,但时代所指的时间较长,常常指历史上以经济、政治、文化等状况为依据而划分的某个时期,比如"石器时代"、"毛泽东时代";而时期是指具有某种特征的一段时间,一般指非常的一段时间,如"抗日战争时期"、"文化大革命时期"。事件和事变都是指历史上、社会上发生的重大而不平常的事情,但事变特指突然发生的政治性、军事性事件。比如"七七事变"、"西安事变";事故指意外发生的损失和灾祸,比如"工伤事故"、"责任事故"。灾难指天灾人祸所造成的严重损失和痛苦;灾荒一般只指天灾,自然现象给人造成的损害;而饥荒的范围更小,只指庄稼收成不好或没有收成。家族,包括同一血统的几辈人,是一个群体;亲属指有血缘关系和婚姻关系的人,家属指家庭户主以外的所有人员,家眷只指妻子儿女,有时还可以专指妻子。范围大小的差异,基本上都是名词。

（2）程度轻重

改革＞改良　嗜好＞爱好　相当＜非常＜万分＜极其＜最
绝密＞机密＞秘密　　哀求＞恳求＞祈求＞请求
优异＞优秀＞优良　　毁坏＞破坏＞损坏

改革是全面的,改良是局部的;改革是深入的,改良是表面的;嗜好是特别的喜爱,爱好是一般的喜爱;损坏的可以修补,破坏的轻重不等,毁坏的彻底完了。再如:

酷爱＞珍爱＞钟爱＞心爱＞喜爱（指事物）
慈爱＜怜爱＜疼爱＜偏爱＜宠爱＜溺爱（指人,尤其指孩子）

酷是程度极深,珍是特珍重,钟爱是从心底里爱,喜爱是很有好感。从慈爱到溺爱,依次为:仁慈地爱,深情地爱,关切地爱,偏袒地爱,娇宠地爱,无原则地、百依百顺地爱,语义逐步加深,以至过量。程度轻重的差异,基本上都是谓词和副词。

（3）语义侧重

绝大多数的半同素同义词,其区别就在于语义侧重点不同。比如:

坚定—坚决　解除—废除　爱惜—爱护　公平—公正
隐藏—隐瞒—隐蔽　　侵犯—侵凌—侵占

坚定侧重于定,即不动摇,坚决侧重于决,即不犹豫;解除侧重于解,即去掉约束,废除侧重于废,即废止不用。爱惜重在珍惜,爱护重在保护;公平侧重平等公正,公正侧重于不偏不倚,正直不阿。隐藏、隐瞒、隐蔽都是把真相和实际情况掩盖起来。"藏"是躲起来不让人发现,"瞒"是蒙骗别人不说真相,"蔽"是掩盖起来不让人发现;"犯"重在进犯别国领土或损害别人的利益,"凌"重在冒犯欺凌,"占"重在将别国的领土和别人的财物据为己有。语义侧重的差别,基本上也都是谓词。

(4) 具体与概括——也就是个体与集合

　　人—人类　　　山—山脉　　　枪—枪支　　　湖—湖泊
　　书—书本　　　马—马匹　　　纸—纸张　　　花儿—花朵

一般说来,具体名称都是单音节的,概括名称大都是名素＋量素组成的后补式双音节复合词。但名量式也有例外,如:"房间"和"竹竿"都不是集合名词,因为可以说一间房间,一根竹竿。其次,也并不是所有的集合名称都是名素加量素组成的,少数可以是名＋名的联合式双音节复合词,如:湖泊、船舶、弹药、厂矿、书籍等等。此类同义词基本上都是名词。

2. 附加意义方面的差异

前面分析词义时曾经讲过,除了理性意义之外,词义还有评价义、语体义、理据义、搭配义。那么除了上面与理性义有关的四个方面的差异之外,还可以从附加义的四个方面入手进行辨析。

(1) 评价不同。主要是感情上的褒贬色彩的有区别。比如:节俭—吝啬,浅显—肤浅。其实,从褒、中、贬的相互关系看,实际上有四种情况:

褒—贬	中—贬	褒—中	褒—中—贬
保护—庇护	充满—充斥	攻克—攻占	成果—结果—后果
果断—武断	手段—伎俩	温馨—温暖	鼓励—鼓动—煽动
创造—杜撰	比较—比附	瞻仰—观看	雄辩—论辩—诡辩
顽强—顽固	排除—排斥	光辉—光线	团结—联合—勾结

此外,还有一种带有评价色彩的含蓄义。比如:

　　诚实—老实　奶油小生—白面书生
　　女士—女人—女子—女性

诚实和老实都是指一个人言行跟内心一致,不虚假。但隐含的含蓄义不同:"诚实"含有思想行为良好、品德高尚的含义;而"老实"还隐含着不聪明、不灵活、胆子小,甚至懦弱无能的意思。

奶油小生和白面书生都是指青年男子,但奶油小生指又白又嫩的漂亮小伙子;白面书生指又白又嫩的有文化的青年男子;前者的含蓄义是指没有男子汉气质,缺乏阳刚之气,后者的含蓄义是文弱无力,书生气十足,两者都含有一定程度的戏谑、嘲讽的口气。

　　女士、女人、女子、女性都指成年女性,含蓄义略有不同,女士带有尊敬的意味,女人带有轻视的意味,女性重在内在的本性,女子主要指性别。比如常说,她是一位新女性(思想新、观念新);她是一个弱女子(体质弱、性格弱)。再比较:女士们、先生们,女人和男人。这个女人心太狠了;这位女士挺时髦的。

　　(2)语体区别。可以分为口头语体、书面语体、通用语体。也有四种模式:

书—口	书—通	通—口	书—通—口
恐吓—吓唬	若干—一些	水泥—洋灰	赞誉—称赞—夸奖
邂逅—碰到	踌躇—犹豫	太阳—日头	母亲—妈妈—妈咪
诞辰—生日	吝啬—小气	散步—溜达	晤谈—交谈—拉呱儿

从另一种角度看,书面语体还可以分为文艺、事务、科技、军事等:

　　文艺—通用:子夜—半夜　晶莹—光亮　寂寥—安静　飞翔—飞

　　事务—通用:莅临—光临　擢升—提拔　部署—安排　兹—现在

　　科技—通用:胸腔—胸膛　月球—月亮　稀释—冲淡　颅—脑袋

　　军事—通用:匍匐—爬行　拂晓—早上　俯伏—趴下　投掷—扔

关于语体,还有一种区别的角度那就是:

　　文言—通用:蟾蜍—蛤蟆　苗裔—后代　附丽—依附　囹圄—监狱

　　方言—通用:晓得—知道　睏觉—睡觉　窝囊—无能　龌龊—肮脏

　　文言体不同书面体,两者是交叉的。书面语不一定都是文言词语。文言词都是古代汉语中流传下来的词,主要是从来源着眼的。

　　(3)理据差别。几乎所有同义词之间的理据均不相同,不过有些同义词其他方面的差异比较显豁、突出,而有些同义词理据义的差异比较重要、醒目。而且,理据义常常还能透露出一些词的语源。下面分析一下理据义差异比较明显的同义词。比如:

　　　沙龙—客厅　摩登—现代　傀儡—玩偶　脑海—脑际

　　　露马脚—露馅儿　　爪牙—走狗—帮凶　　玫瑰红—紫红

　　沙龙也是客厅,印欧语中的 saloon,并不都是指一般的客厅,常指有闲阶级层、文人雅士清谈的场所。引申为具有某种共同兴趣爱好的团体。摩登和现代都相当于英语的 modern,但理据义不同,摩登指合乎潮流、时髦,现代指当前的时代;所以摩登女郎着重指外表,现代女性,着重指内在,一个是打扮入时风流高雅,一个是作风新、观念新、思想解放。傀儡是木偶戏、皮影戏里有人在下面操纵的木头人,玩偶是供儿童玩耍的用木头、布、泥土等做成的小人像。所以傀儡重在受人操纵,玩偶重在受人摆布,傀儡政权、玩偶之家绝不能互换。脑海、脑际都是指思维记忆的器官,但脑海具有形象义,使人联想到海的特性,所以可以说:十五年前的往事又浮上了脑海。玫瑰红和紫红所表示的颜色基调相当接近,但玫瑰红给人一种形象感,一种联想,在英语中 rose 就是爱情的象征。所以玫瑰红给人一种温馨的感觉。爪牙、走狗、帮凶都是帮坏人行恶的人,但各有形象意义,爪牙是猛禽猛兽的武器,比喻充当下人的武士,原无贬义;走狗,本指猎狗,比喻受人豢养而为人作恶;帮凶重在帮人干坏事。

　　再比如,解手—如厕:明初洪武、永乐年间,官府将今山西洪洞、临汾一带的民众移民至山东一带,由于怕他们逃跑,便把他们的手用绳索捆扎好连起来,挽结而行。移民如要大小便,便叫"(给我)解手",这样"解手"就有大小便之意,而"如厕"字面义十分清楚,没有隐含的理据。鸡眼—胼:都可以指脚掌上的硬块。但"鸡眼"其实是"胼"的分音词,"胼"字拉长,一个音节一拉就变成了两个音节——鸡眼,同时,脚底有些小硬块确实又圆又硬,像鸡的眼睛,所以鸡眼一词就用开了。

　　(4)搭配差异。前面已经指出,词语之间的搭配关系主要表现在三个方面:语义关系不同,语法功能不同,用词习惯不同。

　　理性义的语义侧重不同常常导致搭配关系的不同,也就是说,有相当一些同义词,从理性义看,它们是语义侧重不同,从附加义看,又是搭配的语义关系不同。比如:

　　　　爱戴—爱护　关怀—关心　暴露—揭露　观察—察看
　　　　维持—保持　诞辰—寿辰—生日　赡养—扶养—抚养

　　爱戴只用于下对上,爱护只用于上对下;关怀只适用于上级对下级,而且对象只能是人,而关心既可以上,也可以下,可以是人,也可以是事,可以是别人,也可以是自己。"暴露"和"揭露"都是使原来隐蔽的事物显露出来,公开出来,暴露既可以是自己,也可以是别人,既可以是一般的思想状况,也可以是坏人坏事,揭露只能是别人的坏事。观察既可以是具体的事物,也可以是抽象的现象或属性,而察看一般只能是具体的事物。维持的是秩序、治安等,保持的是清洁、记录、习惯等。同样都可以说维持关系、保持关系,相比起来,维持更积极一些。诞辰只适用于伟人、重要的人物,寿辰只适用于上了年纪的人,生日则适用于一切对象。总之,绝大多数半同素同义词都是由于语义侧重的不同导致了搭配关系的差异。

　　语法功能的差异同句法组合有关。比如,聪明—智慧:"勤劳智慧的中国人民"，"智慧"可以换成"聪明"，但可以说"很聪明"，不能说"很智慧"。充满—充足："充足"不能带宾语，"充满"可以，如"充满了幻想"；"充满"不能受程度副词的修饰，"充足"可以，如"光线很充足"，"经费很充足"。睡觉—睡眠："他正在睡觉"，"他缺乏睡眠"，不能互换。必须—必需："必须"是副词，是务必之意，"必需"是动词，是"一定得有"；如"必须坚持真理"，"必须按时出席"；"植物生长必需阳光和水分"。"必需品"（出远门要带的必需品）绝对不能说成"必须品"。再比如，暂时—暂且，当地—当场，当前—当即，分别是名词和副词，搭配功能也各不相同。

还有一种情况是，有些理性义大致相同的词，其中一个是兼类词，另一个不是，其搭配功能各不相同，兼类的搭配功能要多于非兼类的。比如：

爱好[1]—喜欢。打算[1]—想法。教训[1]—训诫。标志[1]—标记

其功能差别在于：

爱好/喜欢唱歌，她的爱好/*喜欢；我的打算/想法，打算/*想法自己先去；牢记长辈的教训/训诫，好好教训/*训诫他；一种标志/标记，标志/*标记一个时代的诞生

习惯搭配就是在语法功能一致，语义差别不明显的情况下，搭配关系各有自己的固定对象。严格地讲，搭配习惯在一定程度上也同各词之间细微的语义差异和侧重有关，然而，既然这种搭配关系已经形成，就可以从习惯的角度加以考虑。比如：

改善（关系、生活、环境）—改正（缺点、错误、坏习惯）

担负（责任、任务、费用）—担任（职务、工作、总书记）

体现（要求、原则、政策）—表现（愿望、品质、作风）

（理由、准备、时间）充分—（精力、雨量、体力）充沛—（光线、经费、资源）充足—（时间、经济、物质）充裕

再比如：优良和优秀、艰苦和艰难这两对同义词，我们可以说成绩优良/优秀，优良/优秀的品质；可以说非常优秀、相当优秀；但不能说非常优良，相当优良。艰苦和艰难意思比较接近，搭配不同。艰苦多作定、状语，也可以作谓语，而艰难多作谓语，一般不能作定语、状语。所以，可以说"艰苦生活、生活艰苦"，也可以说"生活艰难、处境艰难"，一般不说"艰难生活、艰难处境"；像"艰苦奋斗"和"行动艰难"中的"艰苦"和"艰难"绝对不能互换。

上面列举了分辨同义词的两大类八个方面。实际上，同义词之间的差

别是错综复杂的,是由多种因素共同形成的。所分析的这些方面,只是每一组同义词比较突出的方面,实际上这些同义词往往还可以从另一些角度加以辨析。比如:诞辰、寿辰、生日,搭配关系不同是很明显的,其实它们语体义也不同,诞辰是书面语体,显得庄重,寿辰和生日都是通用体,生日则接近于口语体;从评价义的角度看,诞辰和寿辰的对象必定是值得我们尊敬或值得怀念的人,其含蓄义具有积极的倾向。可以说列宁的诞辰、纪念鲁迅的诞辰,却不能说希特勒的诞辰;可以说老爷爷的寿辰,不能说那个老家伙的寿辰,生日则没有这些内涵义。又如,同样是表示人结束生命,褒义的如牺牲、逝世、作古、仙逝、归真、光荣了、见马克思等等,中性有死了、老了、去世、归天、归西、谢世、见上帝、回老家、见背等等,贬义的有毙命、蹬腿、翘辫子、一命呜呼等;成语有与世长辞、寿终正寝、溘然长逝等等。而这些词语在搭配义、语体义、理据义等方面各有不同。所以我们辨析同义词应该从多角度进行。

　　此外,在分析同义词时要注意区分语境同义。语境同义是指某些词必须在特定的语境中才是同义。比如:他推了醉鬼一把,想着"勿饮过量"的格言,在黑暗中低声问:"你灌了几斤?""嘿嘿,才喝了四两。"(柳青《创业史》)再比如:读书人家的子弟熟悉笔墨,木匠的孩子会玩斧凿,兵家儿早识刀枪……(鲁迅《不应该这么写》)"灌"和"喝"、"熟悉"、"会玩"和"早识"都是语境同义,不是同义词。

　　(三)同义词的表达作用

　　汉语是世界上同义词最丰富的语言之一,同一种事物,同一个动作,同一个现象往往有许多同义词可以选用,写文章时,恰到好处地选用同义词对于增强语言的表达效果具有多方面的积极意义。其作用大致有六个方面:

　　1. 表达细致入微,精确严密

　　叶圣陶《蚕和蚂蚁》:"蚕的灰白色身体完全露出来了,连成一个平面,在那里波动,它从木架上往下爬,恨不得赶紧离开,脚的移动就加快……它觉得尾巴一阵疼痛,身不由主地扭动了一下。"三个"X动"同义词用得各得其所,恰到好处,说明叶老观察事物非常仔细,非常精确。

　　2. 行文避免重复,富于变化

　　李瑛《一月的哀思》:"社员们,伫立在田野上,瞩望你;工人们,肃立在机器旁,呼唤你;千万名战士持枪站在哨位上,悼念你。"诗中分别使用伫立、肃立、站三个词,搭配精妙恰当,显得情文并茂。

　　3. 表义充分完足,增强语势

　　毛泽东《中国人民解放军公告》：坚决、彻底、干净、全部地歼灭一切敢于来犯之敌。一连四个状语，后三个是语境同义词。这四个词从态度、状态、结果、范围四个方面限定了"歼灭"这个动作，极大地加重了语气，突出了情态，增强了的公告感染力。

　　4. 可以表达不同的感情色彩

　　比如一篇散文这样写："元旦刚过，敬爱的周总理与世长辞了。大风雪中的中国瞬间开放了亿万朵白花……七月盛夏，朱委员长不幸逝世……九月金秋，毛主席他老人家又无可挽回地离开了我们。"前面讲过，"死"可以有许多同义词，同样是褒义的，也可以有好几种表示法。这里用了多种同义表达形式，体现了惋惜崇敬的心情。

　　5. 可以适应不同的语体风格

　　由于语义色彩不同，不同的词有不同的使用场合。比如写"结婚请柬"："××先生、××女士：兹定于 10 月 12 日晚 6 时 30 分在南京东路燕云楼燕山厅略备菲酌，恭请光临。"当然不宜写成："现在已经决定，10 月 12 日晚 6 时 30 分在南京东路燕云楼饭店燕山厅请你们吃饭，希望你们前来。"既然写请柬，就要用雅一点的词语。

　　6. 可以谐调音节，增强节奏感

　　郭小川《青纱帐——甘蔗林》："这里却是南方，而不是遥远的北方；北方的高粱地里没有这么甜，这么香；北方的青纱帐里没有这么美，这么亮；这里却是甘蔗林而不是北方的青纱帐。"这第三句的美和亮，自然不能写成美丽、明亮，不然同上面的甜、香就不协调。当然，如果前面改成甜蜜、芳香，那么后面就必须用美丽、明亮。总之，在这首诗里面，用甜、香、美、亮这四个词，音节整齐、韵脚和谐，简洁明快、富于节奏。

三、反义义场和反义词

（一）反义词的性质

　　两个意义相反或相对的词可以构成反义义场，这两个词就叫做反义词。反义义场一般都是二元的。对于反义词的性质可以从三个方面去理解。

　　首先，反义词的存在是以客观事物的矛盾对立为前提的。比如正一反，对一错，大一小。但是有的反义词反映的客观事物本身并不是互相矛盾的。比如：山一水，天一地。换句话说，构成反义词的，既可以是关系义场，又可以是异质义场。异质义场的两个词相互间并没有实质性的矛盾，这些词之所以构成反义义场是社会习惯决定的。

其次,构成反义义场的两个词必须是属于同一意义范畴的词。比如:"大一小"都属体积,"正一反"都属方向,"胜利一失败"都是(在斗争或竞赛中)打败对方/被对方打败。所以,都是反义词。而"美观一粗糙"就不能构成反义义场,因为不属于同一意义范畴:美观是指(物体的样式)好看、漂亮;而粗糙是指(物体的表面)不精细、不光滑。美观的反义词应该是难看,粗糙的反义词应当是光滑。

最后,反义词是词义与词义、词与词的关系,词和短语不能构成反义词。所以,贞洁和不贞,良好和不良,忠诚和不忠都不是反义词。同一个词的前面加上类前缀"非"、"不"也不能构成反义义场:党员和非党员、金属和非金属、婚生和非婚生、送气和不送气、带音和不带音、规则和不规则,都不是反义词。当然,有门一没门,有理数一无理数,有机化学一无机化学,可以构成反义义场,是反义词。

反义词一般都要求音节对称,但有一些也可以不对称。比如:

  难一容易 贵一便宜 脏一干净 笨一聪明

易、贱、洁、智在现代汉语口语中不能单用,易、贱已不再是难、贵的反义词了。当然,作为语素,尤其是在对举中,还是可以用的。比如:难易适中、贵贱不论等。

(二)反义义场的类型

从反义义场两个成员——A 和 B 的相互关系看,反义词内部可以细分为四类:①互补反义词;②相对反义词;③依存反义词;④对称反义词。

互补、相对、依存都属于关系义场,对称属于异质义场。关系义场和异质义场的区别是前者有矛盾关系,后者无矛盾关系;前者有逻辑基础,后者有社会基础。这四类反义词的相互关系可以表述如下:

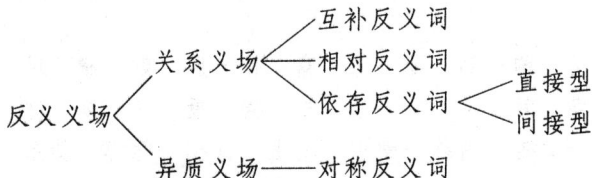

```
                              互补反义词
               关系义场 ———— 相对反义词
                              依存反义词 ——— 直接型
反义义场                                     间接型

               异质义场 ———— 对称反义词
```

1. 互补反义词($A=\bar{B}$,$B=\bar{A}$;$\bar{A}=B$,$\bar{B}=A$)

在互补反义义场中,肯定 A 必定否定 B,肯定 B 必定否定 A;反过来,否定 A 必然肯定 B,否定 B 必然肯定 A。两者中间绝不允许出现第三种情况:

存—亡　真—假　对—错　内—外　生—死　动—静

曲—直　有—无　全—缺　分—合　正—反　沉—浮

男—女　断—续　即—离　是—非　开—关　雌—雄[1]

出席—缺席　正确—错误　正面—反面　正数—负数

"不存"就是"亡","不真"就是"假";反过来,"不亡"就是"存","不假"就是"真",其余可以类推。互补反义词之间的反义关系是绝对的,所以又可以称之为绝对反义词。

2. 相对反义词($A\in\overline{B}, B\in\overline{A}; \overline{A}\neq B, \overline{B}\neq A$)

在相对反义义场中,肯定 A,就否定 B;肯定 B,就否定 A。但是不能逆推,否定 A,不一定就是 B;否定 B,不一定就是 A。两者之间可以有中间状态和其他情况:

厚—薄　忙—闲　前—后　贫—富　快—慢　大—小

古—今　高—低　粗—细　冷—热　软—硬　迟—早

新—旧　清—浊　美—丑　轻—重　善—恶　升—降

迅速—迟缓　清明—腐败　轻易—艰难　切实—浮夸

厚就肯定不薄,薄就肯定不厚;但是反过来,不厚不一定薄,不薄不一定厚。其余可以类推。相对反义词都处在同一语义场的两端,所以又可以称之为极性反义词。

3. 依存反义词(有 A 必有 B,有 B 必有 A;A 和 B 互相依存)

在依存反义义场中,肯定 A 并不能否定 B,肯定 B 也不能否定 A。两者的关系是:有 A 必有 B,有 B 必有 A,A 与 B 相互共存,互为前提。在依存反义义场中,两种行为、形状、情况,两方面的人、物、事,都是相互依存的。这种依存关系又可以细分为两个小类。

(1) 直接依存,指 AB 双方必须同时存在,或同时进行,或同时实现,两者缺一不可:

买—卖　购—销　娶—嫁　赢—输　胜—败　赚—赔

伞—柰　教—学　争—让　打—挨　授—受　攻—守

行贿—受贿　训练—受训　攻击—抵抗　师傅—徒弟

---

〔1〕 关于两性对立的词,是互补反义词中的特例,可以有例外。因为实际存在极少数的两性人,是由于胚胎畸形发育形成的。此外,公母、雌雄也有例外,经过阉割的公鸡、公猪,也不再是**严格**意义上公鸡、公猪了。

出售—购买　移交—接收　演出—观赏　上级—下级

有嫁,才有娶;有卖,才能买;有人输,才有人能赢;反过来,正因为有人娶,才能嫁掉;有人买,才能卖掉;有人赢,才会输掉。其余可以类推。

有时会出现交叉依存,即二对二,或多对多、多对二。比如:

父/母—子/女　哥哥/姐姐—弟弟/妹妹

祖父/祖母—孙子/孙女　伯伯/伯母/叔叔/婶婶—侄子/侄女

汉语中有五对概念:"借"、"租"、"贷"、"沽"、"酤",它们是同一个词或语素,但都包含正反两个义项(有的是语素义),这两个义项之间其实也是这种反义关系——直接依存反义关系[1]:

借¹—借²　租¹—租²　贷¹—贷²　沽¹—沽²　酤¹—酤²

(2) 间接依存,指 A、B 两个方面,A 的存在、实施并不需要 B 同时存在、实施,但 B 的存在和实施要以 A 的存在和实施为先决条件。虽然 A 和 B 无须并存,可以先有 A 再有 B,但是 A 的存在、实施通常在意念上还是与 B 互为条件或互相依存的:

争—让　要—给　问—答　与—受　赠—答　送—收
借—还　产—销　当—赎　存—取　挣—花　传—接
提倡—响应　出师—班师　包围—突围　冻结—解冻
昏迷—苏醒　提问—答复　租赁—归还　讨价—还价

取必须以存为前提,还必须以借为前提;没存谈不上取,没借谈不上还。当然,存了以后不一定取,借了以后不一定还。不过,从词义之间的隐含关系来讲,A 的存在和实施还是以 B 为条件的,借的时候是以今后还为条件的,否则不是借是要,对方则是送,存的时候是以今后取为条件的,否则不叫存叫赠或捐。总之,这两者还是互为条件的,只是不在同时存在、实施,依存关系是间接的。再比如:尽管有时装的时候并没有考虑到卸,但没有装自然也就无从卸,所以 A 和 B 还是存在着互相依存的关系。

直接依存和间接依存的区别在于:直接是同时的、显性的、现实中的,必然是双方一起参与的。间接是异时的、隐性的、意念上的;可以是两方面的行为、情况。如:包围—突围,提问—回答,讨价—还价;也可以是单方面的

---

〔1〕沽、酤在古代都是词,如:沽¹ 名钓誉,待价而沽²。酤¹ 酒而酸,买肉而臭。(《淮南子·说林训》)夏旱,禁酤² 酒。(《汉书·景帝记》)现在只剩语素义,但偶尔在书面语中还可以单用。

行为、情况,如:出师—班师,租赁—归还,昏迷—苏醒。

　　4. 对称反义词(A 和 B 互相独立,A 和 B 虽然对立,但没有矛盾)

　　凡是由异质义场构成的反义词都是对称反义词,在异质义场中,肯定 A
或否定 A,对 B 均不产生直接影响,反之亦然:

　　　　　质—量　经—纬　春—秋　黑—红　红—白　点—面
　　　　　晴—雨　文—武　朝—野　城—乡　土—洋　方—圆
　　　　　博—专　本—标　工—拙　言—行　天—地　僧—俗
　　　　　国产—进口　自动—手动　城市—农村　文科—理科
　　　　　民用—军用　重点—普通　乐音—噪音　中医—西医

　　对称反义词的特点是:①不以对方的存在为前提;②没有客观的矛盾关
系;③往往由社会习惯决定。从另一个角度看,那就是,对称反义往往带有
一定的主观性、随意性和习惯性。

　　(三) 反义词的使用

　　反义词在使用中有五个方面的问题值得注意。

　　(1) 互补反义和相对反义在特定语境中可以转换。比如互补反义可以
当作相对反义用:不死不活;半推半就;不真不假;若即若离(即,靠近;离,分
开);男不男,女不女,死不死,活不活。其实这只是一种语言现象,从逻辑上
讲,不死不活还是活,半推半就还是就,只是假装推辞了一下而已;若即若
离,不是指同时既即又离,而是一会儿即,一会儿离;男不男,女不女,其实还
是男的像女的,或女的像男的。

　　(2) 多义词有几个义项,每个义项都可以有自己的反义词义或反义语
素义。同一个词可以有相对的几个反义词。大致有以下三种情况:

　　1) 一个词有多个义项,各义项都有自己的反义词义或反义语素义。
比如:

　　　　　正房—偏房　正面—反面　正数—负数　正牌军—杂牌军
　　　　　戴正—戴歪　正高—副高　正气—邪气　正对面—斜对面
　　　　　顺利—挫折　顺利—坎坷　顺利—麻烦
　　　　　民主—独裁　民主—集中　民主—专制
　　　　　民主—专横　民主—专政

　　2) 一个词可以同一组同义词分别组成反义义场;两个相对反义词,譬
如"冷"、"热",在不同的语义场中,所具有的词义辖域宽窄可以不同。比如:

```
      高兴 ┐
      快乐 │ 同
痛苦 ＜ 愉快 │ 义        冷 — 凉 — 温 — 暖 — 热
      痛快 │ 关        ├──┤            ├──┤
      幸福 │ 系        冷 ——— 温 ——— 热
      喜悦 ┘              ├────┤
```

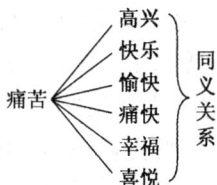

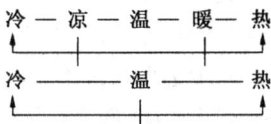

3）词义之间可以构成交叉和非交叉、对称和非对称的反义关系。比如：

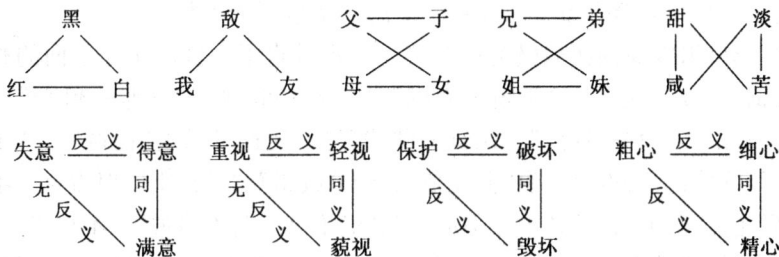

```
   黑          敌      父 ── 子   兄 ── 弟   甜 ╳ 淡
  ╱ ╲        ╱ ╲      ╳          ╳         ╳
红 ── 白    我    友   母 ── 女   姐 ── 妹   咸    苦
```

```
失意 ─反义─ 得意    重视 ─反义─ 轻视    保护 ─反义─ 破坏    粗心 ─反义─ 细心
无 ╲   │同    无 ╲   │同    ╲   │同    ╲   │同
反 ╲  │义    反 ╲  │义   反 ╲  │义   反 ╲  │义
义   满意      义   蔑视      义   毁坏      义   精心
```

正因为一个反义词可以有不同的对应词，所以一个同义义场同另一个同义义场构成反义关系就可能形成全面反义和交叉反义两种情况：

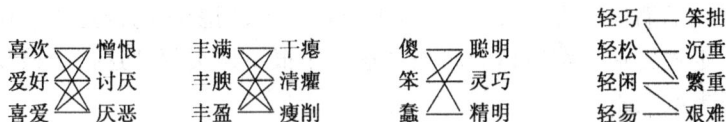

```
喜欢 ╳ 憎恨    丰满 ╳ 干瘪    傻 ┐ ┌ 聪明    轻巧 ── 笨拙
爱好 ╳ 讨厌    丰腴 ╳ 清癯    笨 ╳ 灵巧    轻松 ╲ 沉重
喜爱 ╳ 厌恶    丰盈 ╳ 瘦削    蠢 ┘ └ 精明    轻闲 ╲ 繁重
                                          轻易 ── 艰难
```

（3）在对举的语言环境中的临时反义不是真正的反义词。比如：毛泽东《论持久战》中的“妥协还是抗战？腐败还是进步？”妥协和抗战、腐败和进步之间是临时反义现象，构成了临时反义词。严格地讲，妥协的反义词是斗争，腐败的反义词是廉洁。毛泽东这样用是适应特定的表达需要，是一种修辞现象。鲁迅曾写道：“我惭愧：我终于还不知道分别铜和银；还不知道分别布和绸，还不知道分别官和民，还不知道分别主和奴。”（《野草·狗的驳诘》）在这里，铜、布代替卑贱的人和物，银和绸代替高贵的人和物。鲁迅所举的这四个方面，后两对本来就是反义词，前两对也是临时反义词。其中的铜和银、布和绸都是一种借代法。

（4）相对反义词内部具有不平衡现象。也就是说，积极义的相对反义词在使用时可以涵盖消极义的相对反义词。比如：高—矮，深—浅，宽—窄，长—短，厚—薄，浓—稀，密—疏等。当我们问“这棵树有多高”时，“高”包括了“矮”；问“这个池塘有多深”，也包括了“浅”。所以一般不能说：“这棵树有多矮?""这个池塘有多浅?"除非事先已经知道它很矮,很浅,才可以这样问。正因为如此,积极类语素可以组成高度、深度、宽度、长度、厚度、浓度、密度,而消极类语素不能这样构词,没有"矮度"、"浅度"、"窄度"、"短度"、"稀度",只有"低度(用于酒)"是例外。当我们说"这张桌子有四尺长、两尺宽"时,其中的长和宽包括了短和窄,因为还可以说"这张桌子只有一尺长,半尺宽",但不能说"这张桌子只有一尺短,半尺窄"。由于积极类语素可以涵盖消极类词,所以使用频率也不大一样。

　　还有,积极类词和消极类词在接受否定时也不一样。比如下面的相对反义词"坚强—软弱"、"清晰—模糊"、"节约—浪费"、"文雅—粗野"、"幸福—痛苦"、"诚实—狡猾"、"深刻—肤浅"等。我们可以说"很诚实"、"十分诚实"、"最诚实",也可以说"很狡猾"、"十分狡猾"、"最狡猾",但否定时不一样,只能说"很不诚实"、"十分不诚实"、"最不诚实",不能说"很不狡猾","十分不狡猾","最不狡猾"。因为人们在选用反义词时,总归要尽量选用积极类词。既然是这样,为什么不直接说"很诚实"、"十分诚实"、"最诚实"呢?那么为什么积极类词可以用程度＋否定呢?因为虽然从语义上看积极的否定式等于消极的肯定式,但在语用的表达上,用积极的否定式总比用消极的肯定式更加委婉得体。比如:"这孩子很不诚实"和"这孩子很狡猾",语用效果就大不一样。

　　(5) 反义词和同义词是相对的。一般说来,同义词和反义词是相反的,但从另一个角度看,同义词和反义词又是相对的——同义词内部也存在着反义关系。比如:

　　　　拉—推　提—按　妻—妾　源—流　销—售　听—闻

　　这六对词之间都是既有同义关系,又有反义关系。比如销和售、听和闻有相同一面,也有相反一面,分别是动作的起始阶段和终结阶段。

　　再如有关"看"的语义场可以认为都是同义的,但从另一个角度看,内部又存在反义:

行为开始—行为结果	注意地看—随意地看	下对上—上对下	向近处看—向远处看
视瞧—见晬	盯瞄—瞥瞟	觇省—鉴察	瞅张—眺望
仰视—俯视	张望—瞭望	瞻望—凝望	鸟瞰—仰望

　　从上位概念看,所有这些与看有关的词都是同义词,从下位概念看,不少具有反义关系。换句话说,同义词都有共同的义域,反义词也必须有共同

的义域;所以,当强调其相同的一面时,它们是同义词;而同义词之间又有差别,有些差异正好相反相对,强调其异的一面时,它们又是反义词。总之,同义义场和反义义场具有相对性。

(四) 反义词的作用

现代汉语反义词相当丰富,正确地、巧妙地使用反义词,可以使人们在对比鲜明的情况下,认清事物的正伪优劣、是非善恶,收到很好的表达效果。其作用大致有五个方面。

1. 揭示矛盾,对照鲜明

就是把事物的矛盾和对立揭示出来,加以对照。比如:"墙上芦苇,头重脚轻根底浅,山间竹笋,嘴尖皮厚腹中空。"(毛泽东《改造我们的学习》)又如:"……将丰富的材料加以去粗取精,去伪存真,由此及彼,由表及里的改造制作工夫……"(毛泽东《实践论》)再比如鲁迅《再论雷峰塔的倒掉》:"悲剧将人生有价值的东西毁灭给人看;喜剧将那无价值的撕破给人看。"

2. 对举映衬,言简意赅

反义词可以对举,通过对偶的形式,构成言简意赅、富有哲理的警策之类的语句。比如:"勤则易,惰则难"、"居安思危,戒奢以俭"、"聚少成多,积微致巨"、"明枪易躲,暗箭难防"、"宁可站着死,不愿跪着生"、"勤奋是点燃智慧的火花,懒惰是埋葬天才的坟墓"、"革命家赤胆忠心,虽死犹生;野心家祸国殃民,虽生犹死"。

3. 强调语义,加强语气

主要是通过反义词的连续使用,增强语言的气势。比如:"一个人坚强还是懦弱? 诚实还是虚伪? 文明还是粗野? 文雅还是粗俗? 慷慨还是自私? 温柔还是粗暴? 好学还是懒惰? 审美观点对不对? 生活趣味高不高? 这一切……是别的职能部门不好管,也不便管的。"(《人民日报》社论)再比如:"我相信到那时,到处是活跃的创造,到处是日新月异的进步,欢歌将代替悲叹,笑脸将代替哭脸,富裕将代替贫穷,康健将代替疾苦,智慧将代替了愚昧,友爱将代替了仇杀,生之快乐将代替了死之悲哀,明媚的花园将代替了凄凉的荒地。"(方志敏《可爱的中国》)作者连用10对反义词热情地讴歌了美好的未来,文章酣畅淋漓,气势磅礴。又如:"我们大家辛辛苦苦为的是什么? 就为的一个心愿:要把死的变成活的;把臭的变成香的;把丑的变成美的;把痛苦变成欢乐……"(杨朔《京城漫记》)

4. 浑括概指,形象生动

反义词,尤其是相对反义词,总是处在一个语义场的两端,所以反义对举往往可以统指整个范围的全部。如老舍《骆驼祥子》:"在他赁人家的车的时候,他从早到晚,由东到西,由南到北,像被人家抽着的陀螺;他没有自己。"这里,"早晚"、"东西"、"南北",实际上是指祥子无论什么时候,无论什么地方都在为生活奔波忙碌。又比如老舍《四世同堂》:"东边道上有一大块阴影,挤满了人:老幼男女,丑俊胖瘦,有的打扮得漂亮入时,有的只穿小褂短衫。"同样,"老幼"、"男女"、"丑俊"、"胖瘦"四对反义词,实际上概括了各种年龄、性别、长相、体态的人。其实,不老不幼,不丑不俊。不胖不瘦的人占大多数,这些人当然也包括在内了。

5. 错综婉曲,富有新意

相对反义词 A 的否定式与 B 的肯定式在语义上是接近的。在表达上有着不同的效果。交替使用,可以收到错综委婉的效果。比如赵树理《李有才板话》:"张德贵,真是好,跟着恒元舌头转;恒元说个长,德贵说不短;恒元说个方,德贵说不圆。"这样肯定否定交替,既有讽刺性又有幽默感。

有时还可以通过反义联想,临时仿造反义词,显得新颖别致。比如:"读者也许会觉得这是一条新闻吧,其实只是一条'旧闻'而已。"毛泽东《反对党八股》:"有些天天喊大众化的人,连三句老百姓的话都讲不出来,可见他就没下过决心跟老百姓学,实在他的意思是小众化。""旧闻"、"小众化"都是临时反义词,修辞上也叫仿词。

思考题

1. 什么是同义义场和反义义场?

2. 什么是语义场划分过程中的上下的相对性和词语的兼属性?

3. 同义词的辨析可以从哪几个角度入手? 同义词有哪些表达作用?

4. 互补反义词和相对反义词的根本区别是什么? 两者是否有相通之处?

5. 请举例说明同义词和反义词的基本差异和内在联系。

第六节　词义的变化

一、语境和词义的分化

（一）什么是语境

语境是语言环境的简称。大致可以分为两类：狭义的语境，指文章中的上下文（context）和讲话时的前言后语。广义的语境范围很大，大致包括三个方面：①交际双方本身的文化教养、知识水平、生活经验、语言风格、方言基础等；②交际的时间、场合、背景、目的，牵涉的其他人物及双方的辅助性交际工具，比如表情、姿态、眼神、手势等体态语（body language）；③交际双方所处的社会性质和时代特点，交际双方的思维方式、文化习惯、民族心态等等。所有这一切都会对词义的表达和理解产生一定的作用和影响。总之，语言环境是词义分化的最重要的因素。

句子是最直接的语境，比如"杜鹃"是两个具有不同意义同音词，一旦进入句子，语义就会自行分化：山上的杜鹃开了，树上的杜鹃叫了。一个"开"、一个"叫"就是两个"杜鹃"最直接的语境。又如"别吹了"，"她又在拍了"。脱离了一定的上下文，究竟是表示字面义还是引申义，不清楚。一旦进入了语言环境，意思也就清楚了。"别吹了，火都熄了。""别吹了，我们早就知道了。""她又在拍了，尘土全都飞到屋里来了。""她又在拍了，但愿这次可别拍到马腿上。"可见，一旦进入了语境，词义就分化了。

除了上面的狭义语境外，广义语境也会对词义产生影响，因为从交际双方本身看，如果说话人对听话人的背景了解不够，或者双方对谈话中所含的文化内涵了解不透，也会影响对词义的掌握和理解。据说有一个美国学术代表团到中国访问，一位中方官员偕夫人前往机场迎接。当翻译介绍到这位夫人时，美方团长曾学过几年汉语，就按照美国人的习惯，很有礼貌地说："您的夫人真漂亮。"那位官员连忙说："哪里，哪里。"美国团长听懂了，觉得很奇怪，心里想，你怎么搞的，还要问我哪里漂亮，其实我是礼节性的客套话。只好说，"全身上下，哪里都漂亮！"其实欧美人说"你夫人漂亮"有一定程度的礼貌因素，而中国人说"哪里哪里"是委婉地否定别人的赞美之词，表示谦虚。由于双方所处的社会背景、文化习俗不同，所以闹了笑话。由此可见,缺乏文化背景知识就不能确切地理解词语字面背后的实际义。

(二)语境对词义的分化

语境对词义的分化涉及到许多因素,相当复杂,主要的有六个方面。

(1)语境使词义单一化。词往往是多义的,但是一定的语境中只能使用一个义项。比如"打"是一个多义词,但是"～铁"这样的语境中只适用"敲打"这一义项;在"～格子"中只适用"画"这一项;在"～伞"中只适用"撑"这一义项,在"～酱油"中,只适用于"买"这一义项。总之语境的存在使词义单一化了。同样,语境也可以分化同音词,比如"仪表堂堂"和"仪表测试"就可以分化两个同形的"仪表"。

(2)语境使词义具体化。词义具有概括性。比如"马"的词义是:四肢强健,颈有鬃,尾有长毛,供乘骑或拉车的家畜。这个意义具有相当的概括性,可以指公马、母马,壮马、瘦马,老马、小马,古代的马、现代的马,中国的马、外国的马,雄健威武的马、老弱病态的马,张三家里的马、李四画里的马,等等,简直难以列举。但是当我们说:"李广骑马飞射","石东根醉醺醺地骑在马上挥舞着指挥刀"(吴强《红日》),当然就只能指汉朝时候的和解放战争孟良崮战役时某一匹具体的、特定的马。

(3)语境使词义增加临时义。相当一些词出现在一定的语境中,就会增加一些新的临时的义素。比如"观鱼"的"鱼"增添了[＋活]的义素,而"煎鱼"的"鱼"增加了[－活]的义素。同样,"养鸡"的"鸡"和"冻鸡"的"鸡"也分别会有上述两种义素。而"鸡又叫了"和"鸡下蛋了"的"鸡"也分别会有[＋活][＋公]和[＋活][－公]的义素。拍电影和看电影,画画和赏画,其中的电影和画分别增添了[－完成]和[＋完成]的义素。又比如"修车"的"车"和"刷车"的"车"分别增添了[＋损坏]和[－干净]的义素。

(4)语境能使词的附加义发生变化。比如"酒肉"原本无贬义,和"朋友"搭配,"酒肉朋友"就有了贬义。再比如"糟糠"和"露水"本来也没有感情色彩,一旦同"夫妻"组合,就分别有了褒义和贬义,"糟糠夫妻"是患难与共、相濡以沫的夫妻,而"露水夫妻"则是同床异梦、各取所需的临时夫妻。再比如"马列主义"本无多少感情色彩,一旦同理论家组合就有褒义,同老太太组合就有贬义,"马列主义理论家"是学有专长的理论专家,而谌容小说《人到中年》中的"马列主义老太太"则是仗势发号施令、难以伺候的高干夫人。再比如"牛"本来没什么感情色彩,一旦进入语境就会有不同的附加色彩。比如"甘当老黄牛"、"愿为孺子牛",说的是牛的吃苦耐劳、勤勤恳恳;而"老牛拉破车",又突出了"牛"的行动迟缓、效率低下,"牛骥同皂(槽)"〔1〕将牛与马相提并论,突出了牛的无能和懦弱的一面。有些格式也可以使词的附加义发生变化。比如"身段"和"模样"本来是中性的,一旦进入"要X有X"格式,就有褒义,进入"要X没X"格式,就有贬义。总之,语境可以使一些词语产生各种临时的附加义。

(5)语境使词的内涵义凸现。内涵义属于评价义的一种。是说话人对所指对象的一种非直接的主观评价,反映了人们对事物特征的主观认识,具有不稳定、可增减、要在具体语境中方能显示的特征。从另一个角度看,由于客观世界的事物和现象是丰富多样、多彩多姿的,用以指称事物和现象的词语在具体语境中必然会引起人们各种联想,激发人们多方向的想像。比如同样是拿水来作比喻,其内涵义丰富异常:

① 庄子《山木篇》:君子之交淡如水。

② 刘禹锡《竹子词》:长恨人心不如水,等闲平地起波澜。

③ 秦观《鹊桥仙》:柔情似水,佳期如梦,忍顾鹊桥归路。

④ 冯梦龙《古今小说》:自古道妇人生性如水,反复无常,况烟花之辈。

⑤ 朱自清《荷塘月色》:月光如流水一般,静静地洒在这一片叶子和花上。

⑥ 流行歌曲词:阿里山的风景美如画,阿里山的姑娘美如水。

上面六句中的"水",分别表示这样六种内涵义:①淡泊、②平允、③柔顺、④善变、⑤轻盈、⑥多姿。正因为"水"具备这些特性,所以能产生上述丰富多彩的联想。

(6)语境为解释词义提供依据。比如新版《辞源》对"妻子"的解释是:"①妻,子为助词。《诗·小雅·棠棣》:'妻子好合,如鼓如瑟。'"这一举例之所以不确,就在于编者没有考虑语境,即这首诗产生的时代背景。据考查,"妻子"在先秦所有的文献中都是一个并列的联合短语,指"妻子和子女"。比如孟子《离娄下》:"好财货,私妻子,不顾父母之养,三不孝也。"而到魏晋南北朝以后,"妻子"既可以指"妻",是一个词,也可以仍然是"妻和子女"。这就要靠语境来分辨了。比如同样是杜甫,他的"剑外忽闻收蓟北,初闻涕

---

〔1〕 牛骥同皂(槽)指庸人与贤人同处一起。

泪满衣裳；却看妻子愁何在，漫卷诗书喜欲狂"中的"妻子"和他的《新婚别》中"结发为妻子，席不暖君床"中的"妻子"就不一样。前句是妻子和子女，后句是"妻"，和现代义一样。其实在各个不同时代的文献中，"妻子"可以分别表示：①妻子和儿女；②妻子和儿子；③妻子和女儿；④老婆、夫人。

二、词义的发展和变化

词义是一个历史范畴，随着社会生活的变化和人的认识的深化，就会变化和演化。

（一）词义变化的原因

（1）社会生活的发展。新事物的出现及旧事物的消亡都要影响到词义。比如"飞"原来只指鸟、虫鼓动翅膀离开地面前进，而现在可以指利用机械比如螺旋桨、喷气等在空中飞行，包括飞机、飞船等离开地面甚至地球飞行。

（2）人的思想意识的改变。比如"云"，古人以为是"山川气也"。这个词义反映了当时人们对"云"的认识，而现在我们知道，"云"是由水滴、冰晶聚集而形成的悬浮在空中的物体。现在的认识要比过去更加深刻，更为科学。

（3）语言内部因素的相互作用。比如语音的变化可以分化词义，在汉语中在一些单音节的名词、形容词中增加一个去声读音，就可以表示相关的动作，从而导致词义变化。比如：种 zhǒng—种 zhòng，好 hǎo—好 hào，泥 ní—泥 nì。

（二）词义变化的类型

大致有以下四个方面，分属词义本身的变化和语素义的衍化这两类。

1. 深化与精确

词义的深化和精确，是指词的理性义所反映的对象没有变化，但人的认识改变了，所以词义也变了。这大都是些常用的事物和现象。比如"人"，《说文》的解释是：天地之性最贵者。直到1915年出版的旧《辞源》的解释还是"动物之最灵者"。而现在的认识是：能够制造并能使用工具进行劳动的高等动物。显然是大大深化了。再比如"电"，《说文》的解释是：阴阳激越。《康熙字典》的解释是：盖阴阳暴格分争，激射；有火生焉，其光为电，其声为雷。表明"电"本来就是闪电。而现在知道，电是有电荷存在和电荷变化的现象，是一种重要的能源，广泛运用于生产和生活各个方面。

精确与深化有着密切联系，认识深化了，词义也就精确了。比如"土"，

《说文》：地之吐生物者也。这个解释实际上只指出了"土"的一种功能特征，并不确切。而现在的认识是：地球表面的一层疏松的物质，由各种颗粒状矿物质、有机物质、水分、空气、微生物组成，能生长植物。这个解释才指出了"土"的本质，不仅指出了土的功用，更主要的是说明了土的组成。再比如，"牛"，《说文》到《康熙字典》的解释都是"大牲也"。这实际上只是描述了它的外貌特征；而现在的解释是：体大，头上有角，能耕田拉车的反刍类哺乳动物。现在的词义从外貌特征到功用特征、再到生物特征三个方面进行了概括，显然要深刻、精确得多。

2. 扩大和缩小

首先，一些专有名词由特称变成了泛称，比如：江、河，原来只指长江和黄河，现在泛指一切河流。再比如"脸"，原来指脸颊，即眼睛下面的一小块部分；现在的脸，古人称之为"面"。再比如"睡"，原来只指"打瞌睡"；现在的睡，古人称之为"寝"，躺倒叫卧，睡着叫眠、寐。所以有"寝室"、"废寝忘食"、"卧室"、"仰卧起坐"、"睡眠"、"不眠之夜"等说法。

即使近 20 年来，词义也发生了深刻的变化。比如"水分"，本来指物体中所含的水，现在又可以指不真实、不必要的、加进去的成分。例如"文章要提炼水分，力求精练"。"这个统计里面有水分。"又比如"包装"，本来指用纸、盒等把商品包起来，也指包裹商品的东西。而现在又可以指"企业、演员的形象塑造"，可以指"人的装束打扮、企业的宣传"等。例如："这位女歌星经香港音像出版商包装以后，反而失去了自己的深受观众欢迎的风格。"又比如现在男孩和女孩的使用域大为扩展，已扩大到十七八岁到二十七八岁的男女青年；而且，把自己的男友称男孩，女友称女孩，这种用法显然是受港台的影响。上面都是指词义的扩大。

词义缩小的情况正好相反。比如"宫"，上古泛指房屋。到了汉朝以后，民房不再称宫，帝王的居室，如"未央宫"、"雍和宫"称宫。到了现在，只指文化娱乐场所，如"少年宫"、"文化宫"，词义日益缩小。又比如"结婚"，古代指"结亲、通婚"，并不仅仅指男女双方结为夫妻。比如《汉书·张骞传》："其后，乌孙竟与汉结婚"。现在只能指男女双方当事人本人的行为、关系。"丈夫"，原来泛指"成年男子、大丈夫"，现在指女方的配偶。"汤"，原来指热水，比如"固若金汤"，又比如"林冲只得由两个差人端汤洗脚"。现在只指烹调菜肴的汁水。

3. 转移与转化

　　转移是指词的理性义发生了变化。比如"去",本来指离开某人某地,《诗经·魏风·硕鼠》:"逝将去女,适彼乐土。"《孟子·公孙丑》:"孟子去齐。"现在说:"我去上海。"意思正好相反,本来指出发地,现在指到目的地。词的重心转移了。再比如"闻",原来指用耳朵听,而且是听到了,现在指用鼻子辨别气味[1]。

　　"替"原来指废弃、衰微。比如"兴替",现代指"代替"。"热烈",原来指权势很盛,晋《抱朴子·刺骄》:"生乎世贵之门,居乎热烈之势。"现在指情绪兴奋、激动。有些词义的转移并不明显,不细加注意就不易察觉,而这正是须要注意的。比如《儒林外史》第三回写范进中举发疯,他丈人胡屠户打了他一巴掌,把他打醒了。邻居说:"胡老爹方才这个巴掌打的亲切……"这个"亲切"是"真切、清楚、确实、一点不含糊"的意思,不是现在的"亲密、热爱而关心"的意思。又比如"书记"本来指办理文书及誊写工作的人员,地位并不高,现在指党团等各级组织的负责人,比如党支部书记。又如,"检讨"原指检查和讨论,现指对自己在工作生活上的不良表现的总结。"爱人"原指恋爱中的女性一方,现指夫妻的任何一方。再比如,"少年"原来的年龄是三十来岁,如辛弃疾说"少年不识愁滋味",相传岳飞所写的《满江红》:"莫等闲,白了少年头"都是指三十来岁的年龄。贺知章的"少小离家老大回,乡音无改鬓毛衰",因为同"小"连用,才指十几岁。即使到了 20 世纪,茅盾的《子夜》是 30 年代的作品,还把三十来岁的人(雷参谋)称之为少年。然而,近几十年来,少年只能指十到十五六岁。只有在"少壮派"的语素义中才保留了青壮年的义项。这种上限大大降低同"男孩"和"女孩"上限大大提高,形成了鲜明的对比。

　　词义转化是指词的理性不变,附加义,尤其是评价义发生了变化。比如"爪牙"本来指鸟兽的用于攻击的爪子和牙齿。引申为武臣,如《诗经·小雅·祈父》:"祈父,予王之爪牙",本来没有贬义,现在指坏人的党羽和走狗。"复辟"的"辟"本指君主,指失位的君主复位。《明史·王骥传》:"石亨、徐有贞等奉英宗复辟",没有任何贬义,现在只指反动统治复位,不一定指君主。"勾当"原指一般的事情,可以用于褒义。如《儒林外史》第一回:"这是万古千年不朽的勾当,有什么做不得。"甚至到了上个世纪二三十年代,也还可以

―――――――――

　　〔1〕注意:闻≠听,就像视≠见。所以可以说"听而不闻,视而不见",英语中的 listen to 与 hear, look at 与 see 的差异,也是如此。

这样用。蒋光慈《少年漂泊者》十七章:"他对我说,倘若他能出狱时,一定要做从前的勾当,一定要革命。"现在由中性义而转化为贬义了。也有从中性转为褒义的。比如"领袖"现在是褒义词,指国家、政治团体、群众组织的最高领导人。而在元明戏曲、小说中,它可以是贬义的。关汉卿的小令中的"戏班领袖"是中性的,《金瓶梅》中蒋竹山对李瓶儿讲西门庆是"打老婆的班头,坑妇女的领袖"是贬义的。"女强人"这个词本来是贬义的,直到改革开放前一直是"女强盗、女土匪"的意思,港台至今还在使用这一义项,而现在却是褒义词,指特别有事业心的成功的女人。

4. 脱落与显化

词义脱落与显化指词的原有义素的脱落和潜在语义的显化,同上面三种情况性质不同,这些现象都与语素义的衍生有关,是一种语素层面上的语义重组和变化。

所谓脱落,是指语素组合时语素义中若干义素的脱落,这种脱落现象并不是指该词的词义已发生这种变化,而是指特定的组合搭配中,在相关的语义干涉下,某个义素脱落了。比如"洗"有[＋用水＋去污]的义素,一旦组成了"干洗","洗"的义素就变成了[－用水＋去污];烫有[＋热能＋使物体变形]的义素,而"冷烫"的"烫"的义素则是[－用热能＋使物体变形]。语素"妻"的义素是[男性的人生伴侣＋结婚],而未婚妻中的"妻"由于"未婚"的干涉,其[＋结婚]的义素已经脱落。其他如:冷焊、干溜、哑铃、飞船、裙裤、白夜、豆奶、日光浴、单相思、家庭离婚、无性杂交、无性繁殖、空中客车等等,其中的"焊"、"溜"、"铃"、"船"、"裤"、"夜"、"奶"、"浴"、"相思"、"离婚"、"杂交"、"繁殖"、"客车"都会出现某种程度的义素脱落。义素脱落一般都是因为用原有的语素组成新词而发生的。本来各个语素都有自己特定的义素构成,但一旦进入某个特定的组合中,由于受到相关义素的干涉和限制,原来的某些义素就会缺失和脱落。

词义显化的情况正好相反。就是指某些词就其所构成的语素义来看,应该可以表示某种含义,但实际上该词原来并没有这层意思。但在一定的条件下,由于语用需要的触发,加之构词语素本身的多义性,这些潜在的意义就显现了出来。比如本来"婚龄"指结婚的年龄,"学龄"指入学的年龄。而"党龄"、"工龄"却是指入党后的年数、参加工作后的年数。现在由于表达的需要"婚龄"、"学龄"、"工龄"的另一义项显化了。

再比如"洋教练",本指来中国从事教练工作的外国人,而"洋保姆"指为外国人当保姆的中国人。现在"洋教练"和"洋保姆"的另一个潜在的义项正在显化。比如"羽毛球队和乒乓球队退役队员出国当洋教练的大有人在,而且深受所在国的欢迎。""在国外工作生活十分紧张,生了孩子就不得不雇个洋保姆,而且她们大多干得还真不错。"

类似的例子还有:市标、触电、空调、名模、太空人、空中飞人等。"市标"既可以指市级标准,也可以指城市标志(上海的市标是白玉兰、河船和螺旋桨)。"触电"原指人或动物接触电流,造成肌体受损,甚至死亡;现在又可以指戏剧演员参与演电影,拍电视剧。如:"早在1983年,她就先于同团何赛飞、陶慧敏等人第一个'触电',将电影《花烛泪》的女主角——落难小姐白玉凤刻画得楚楚动人。""空调"既可以指一种制冷制暖的机器设备,现在又指加工资时只调级不加薪。"名模"本来可以指著名的劳模,现在多指著名的模特儿。"太空人"既可以指宇宙飞行员,近年来可以戏称那些在内地工作太太不在身边的人。"空中飞人"指杂技表演的一种特技,也可以戏称有些跨国公司的雇员(由于他们家在国外或境外,必须频繁地飞来飞去,被称为空中飞人)。总之,这些词的另一个意义的产生,都是由于语素的多义而触发的,跟一般意义上的词义引申完全不同。

词的潜义显化是某些词的语素组合本来就可以有两种或多种可能,只是造词之初,只选用其中之一,后来在一定语用需要触发下另一潜在的可能性被激活了,就呈现了出来;或者说本来这种潜在的可能性是隐性的,但在一定的语用条件下变成了显性的。

思考题

1. 请分别说明广义语境和狭义语境的性质和区别。
2. 在词语的具体使用中,语境对词义会产生哪些影响?
3. 导致汉语词义变化的原因有哪些?其中什么原因是最重要的?
4. 汉语词义变化的基本类型有哪几种?请分别举例说明。
5. 社会生活和科学技术的发展同词义变化的关系主要体现在哪些方面?

第七节 词 汇 的 构 成

一、什么是词汇

词汇又称语汇,英语叫 vocabulary,是一种语言里所有词语的总和。不但包括各种词,还包括简称略语、专有名词和固定词语等等。词汇同词语的关系是个体与集体的关系,词汇是一个集合体,是不可数的。

一种语言只有一个词汇,但是如果这种语言有多种方言,这个方言中所有词语的总和也可以称为某某方言的词汇,这种方言词汇同全民族的词汇是总体和分支的关系。一个人或一部书(主要是一些大家和经典名著)所使用的词语总和也叫词汇,不过这种词汇同全民族的词汇不一样。所以英语称之为 glossary,即特别的词语汇编。比如著名的 Shakespeare Glossary,中国也出了不少这样的词汇集。如《左传词典》、《世说新语词典》、《水浒传词典》、《金瓶梅词典》、《红楼梦词典》等等。

词汇又可以分共时词汇和历时词汇。一个时期的,尤其是现当代的一种语言中所有的词语的总和,是共时平面的词汇。从这种语言有文字记载所出现的词语算起,一直到现在的词语总和,就是历时的词汇。词汇是积累的,所以既然一直算到了现在,那么这种从古至今的历时词汇,实际上也已包括了现当代的共时词语。从纯共时的角度看,一种比较发达的语言,在共时平面上至少有 10 万条以上的词语,《现代汉语词典》1996 年修订版收 6 万多条;目前中国社科院正在编一本 10 多万条、500 多万字的《现代汉语大词典》。英语的这类词典如 Concise Oxford English Dictionary、Webster's New Collegiate English Dictionary 收词也都在 10 万左右。如果是历史词典,古今皆收的,《汉语大词典》(罗竹风主编)有 37 万多条,5000 多万字,12 卷,加一卷索引。英国的 Oxford English Dictionary 收词 40 余万条,后来又出了四本补编。1989 年美、英、加三国学者利用电脑将这两部分合在一起共出了 20 卷,收词 50 多万条。汉语由于语素和词不易分辨,实际语言中到底有多少条词存在着一定的模糊性。即使印欧语言,一本词典收词的数目也很难有个精确的数字,因为像英语的"blind"和"blindness"究竟算一个词还是两个词,而"look at"一类的短语词到底是否可以算一个词,一直存在着不同的看法。

就一种语言而言,词汇量越大,这种语言就越发达,这是无疑的。汉语和英语都是世界上词汇最发达的语言之一。就个人来说,掌握的词汇量越大,语文水平也就越高,受过良好教育的成年人,掌握母语词汇一般都在 3 万条左右;Shakespeare Glossary 收了 2.5 万多条。从学习外语的角度讲,8000 条词是基本的要求,3 万条是较高的标准。[1]

总之,词汇是一个系统,可以从纵的角度看,也可以从横的角度看,可以从总体上看,也可以从某一个特定的范围看。下面着重从共时平面谈谈现代汉语的词汇。

二、基本词汇与一般词汇

(一) 基本词汇

基本词汇是基本词的总和。基本词汇和语音、语法一起构成语言的基础,反映了语言的基本面貌。基本词反映人类对自然界、人类本身和社会生活的一些最基本的概念。它们使用率高,生命力强、适用面广。大致包括九个方面:

① 有关自然界事物的:天、地、山、水、风、云、水、火、电、雷;
② 有关生活和生产资料的:米、菜、布、灯、刀、笔、车、船;
③ 有关人体各个部分的:眼、心、头、手、脚、腿、牙、血、脑;
④ 有关亲属关系的:父、母、兄、妹、姐、弟;
⑤ 有关人或事物行为、变化的:走、跑、吃、想、写、来、去;
⑥ 有关人或事物性质、状态的:大、小、好、坏、多、少、高、低;
⑦ 有关指称和代替的:我、你、他、这、那、谁;
⑧ 有关数量和单位的:十、百、千、万、个、只、尺、寸;
⑨ 有关方位和时间的:上、下、左、右、内、外、东、西。

基本词大都是实词,也有一部分虚词。从整体看,基本词汇主要有三个特点:

1. 稳固性

基本词在人类交际中一直是必不可少的,它在千百年中为不同时代的人们服务,反映了人类思维中的一些最基本的概念。许多基本词从甲骨文

---

〔1〕 据调查,英美国家的一般受过良好教育的成年男子,掌握的词汇量都在 3 万条以上。

时代到现在一直在为汉族人很好地提供服务,直到今天我们每天还在使用这些词。例如:牛、马、门、天、地、山、水、左、右、大、小等,很显然,这些年代久远的基本词今后还将继续被人们一再地使用下去。

基本词汇之所以具有这么强的稳固性,是由于它所标志的事物和概念都是极为稳定的。说它稳固,并不是一成不变,事实上基本词也在变,主要就是作为语素保留在语词之中。

2. 能产性

语言要表现新出现的事物和新的概念,就需要不断地增加新词或者使原词增加新义,而这两种方法都是以基本词为基础的,因为基本词都是人们最熟悉的,以此为基础创造出来的词人们易于接受,所以基本词绝大多数都是构词语素,都可以以此构成几十个甚至几百个词。比如"火"这个词在甲骨文里就有了,在这 3000 多年中,以此为基础构成了许许多多的词。就以现代汉语中仍然通用的词来统计,"火×"的词共有 90 多个,比如:火把、火光、火海、火坑、火苗、火山、火速、火势……"×火"的词有 80 来个,比如:军火、炭火、萤火、炮火、玩火、救火、走火、开火……;其他如火辣辣、火药味、导火线、萤火虫等三音节的有 10 来个。而带有"火"的成语包括"火×××"、"×火××"、"××火×"、"×××火"等四种共有 36 个,比如:火烧眉毛、火上加油、火树银花、火中取栗、烽火连天、炉火纯青、趁火打劫、热火朝天、心急火燎、水深火热、刀山火海、十万火急、抱薪救火、灯蛾扑火、隔岸观火、急如星火等等。现代汉语用"火"构成的词共计 220 多个,如果加历代上出现过的,现代已不用的,一定会超过 300 个。再比如"大"本就是人"大",甲骨文中也已有了,在现代汉语中,光"大×"词就有 110 多个,加"大××"、"大×××"、"×大"、"××大"、"×大××"、"×××大"等总共达 350 多个。如:大变、大刀、大胆、大局、大型、强大、博大、广大、浩大、巨大、大团结、大革命、大自然、大总统、大处落墨、大刀阔斧、大快人心、大庭广众、胆大心细、地大物博、好大喜功、尾大不掉、长篇大论、鼎鼎大名、洋洋大观、真相大白、发扬光大、自高自大、贪小失大、声势浩大;甚至还有"大×大×"的固定语型,如:大吹大擂、大模大样、大是大非、大手大脚、大慈大悲、大摇大摆。由此可见,基本词的能产性是多么的强。

当然,基本词的能产性也不是绝对的,其实有关亲属称谓的和一些表示程度范围、关联、语气的基本词是不能产的,这同这些词所表示的意义和使用的领域有关,虽然常用,但很少构成复合词。

3. 全民性

换个角度看也就是常用性。全民性是说这些基本词的流行地域很广,使用频率很高。全民族的人都理解,都要用,而且几乎人人要用,天天要讲。换句话讲,基本词是不受阶级、阶层、行业、地域、文化、性别、年龄等条件的限制的。总之,整个语言社会中的每一个人、每时每刻都在使用这些基本词。

稳固性、能产性和全民性这三个方面其实是相通的,三个方面是相辅相成的。正因为经常使用,不轻易变动,所以就稳固。也正因为它稳固而经常被使用,人们才自觉地将它们作为构词的材料,作为构成新词的基础,从而促进它的能产性。反过来讲,由于能产,产生了一大批以此构成的词,人们必然会经常不断地使用它们,从而促进了它们的全民性,又进一步加强了它们的稳固性。

上述三个特点是从总体上讲的,尽管有一部分基本词不能产,有相当一些基本词已成了语素不能单用,但这并不能改变基本词的基本属性。

(二) 一般词汇

基本词汇是词汇的核心,基本词汇以外的词语,除少数罕用词外,都是一般词汇。基本词汇和一般词汇的关系是核心和外围的关系。

一般词汇包括:①古语词;②新造词;③外来词;④方言词;⑤行业词;⑥固定词语(成语、惯用语、歇后语及类固定词语);⑦俗语、隐语、俚语、切口;⑧其他(包括简称略语、专有名词、阶级习惯语、谦辞、敬辞、詈辞等等)〔1〕。

上述分类是多角度的多次分类,它们之间是交叉的。比如新造词里面可以有外来词和方言词,甚至行业词;有些成语是外来的;有些外来词是先由某个方言引入的,新造词有简称,古语词中有专名。总之,它们之间你中有我,我中有你,不是并列的。

一般词汇是总称,其单独的个体,可以称之为一般通用词,简称通用词。通用词的特点是它具有较强的灵活性,是经常变动的。随着社会生活的发展,大量的新词新语产生,比如:手机、电脑、航天、激光、能源、污染等等,这些新词总是先进入一般词汇,然后有少量进入基本词汇。同样,随着社会的变动,一些旧词消失了,比如文革词语"武斗"、"串连"、"工宣队"、"赤脚医生"等现在已经消亡。

通用词数量很大,一般总在十几万,因此,几乎没有一个人能将本民族

---

〔1〕 关于俗语、俚语、隐语、谦辞、敬辞、詈辞、禁忌语、阶级习惯语等,本教材不讨论。

语言中的所有通用词全都掌握;人们一般只是掌握其中的一部分,总是在生活、工作的实践中习惯性地掌握和使用一些与自己的环境和素养有关的通用词。比如分析语音时的清音、浊音、边音、鼻音,一般的工人、农民、打工仔、打工妹根本就不了解,也没有必要了解。所以,一种语言词汇量的大小主要在于一般词汇。一个人理解和表达能力的强弱,也同他掌握的一般词的多少有关。掌握了多少一般通用词,掌握了哪些一般通用词,不但可以反映一个人的语文水平,而且还能折射出他的职业和社会角色。

基本词汇和一般词汇有区别,更有联系,由于语言的发展变化,尤其是基本词的发展、替代,两者之间并没有绝对的明确的界线。基本词汇和一般词汇之间既互相依存,又互相渗透,互相转换。从前的基本词可以随着社会的变革而转向通用词。比如"君",在古代,尤其是整个封建社会是很常用的词,也较能产,所以是基本词。比如:君王、君侯、君主、君国、君子、暴君、储君、帝君、国君、昏君、清君侧、请君入瓮,当然"君"也可以是对人的尊称,比如孟尝君、春申君。但随着时代的变迁,上述用法已很少用,而且像郎君、诸君、伪君子、正人君子、梁上君子等说法口语里说得也不多,称某人为"××君"的用法,在现代汉语中也不太普遍,"君"发展到现在,已转入了通用词。

另一方面一些新造词由于社会发展的需要,既常用又能产,而且地位日益稳固,也就由通用词转化成了基本词。比如"党"本来带有贬义,是通用词,有"死党"、"余党"、"党阀"、"党徒"、"党棍"、"党同伐异"、"结党营私"、"狐群狗党"等说法。现在特指中国共产党,带有褒义,是基本词。比如:党报、党员、党籍、党派、党委、党课、党旗、党校、党章、党费、党务、党风、党性、党纪、党纲、党史、党证、党中央、党支部、党小组;政党、整党、建党、退党、入党、脱党、叛党等等。再比如"原子"、"集体"本来是通用词,现在也正在向基本词转化。比如:原子弹、原子能、原子核、原子武器、原子反应堆;集体化、集体性、集体户、集体主义,大集体、小集体、集体所有制等。

总之,基本词汇和一般词汇是语言的核心和基础,既有区别,又有联系。

三、古语词、新造词、方言词、外来词、行业词

一种语言的词汇的来源是十分丰富的,既可以不断地从古代书面语中继承一些有用的成分,也可以从其他民族的语言中吸取有用的成分丰富自己。此外,民族共同语还可以从其他方言吸收有用的成分,从各行各业的专

门词汇中吸取那些通用的成分,另一方面,随着社会生活的发展,人们为了交际的需要又不断地创造新词新语。

这些古语词、新造词、外来词、方言词、行业词都带有一定程度的语体色彩,在表达方面具有独特的不可替代的作用。它们是一般词汇的分支。

（一）古语词

古语词可以分两种:历史词和文言词。

历史词所表示的事物或现象在本民族的现实生活中已经消失,只是在涉及到历史事件、现象、人物或涉及到外民族的特定情况,再或者为了达到一定的修辞效果才会使用。历史词大致可以分为四类:

（1）器物名称。如:鼎、鬲、鷹、阙、戟、笏、殿、祭坛;

（2）典章制度。如:门阀、科举、九品、礼部、进士、举人;

（3）官职名称。如:宰相、太尉、司马、御史、巡抚、知县;

（4）人名地名。如:轩辕、精卫、共工、长安、大都、东京。

历史词的作用大致有四个方面:

（1）用于学术专著尤其是历史专著。

（2）用于历史小说、戏剧、电影、电视剧等。比如姚雪垠的长篇巨制《李自成》;凌力的反映捻军起义的《星星草》里面都使用了大量的历史词。再比如电影《林则徐》、《甲午风云》、《知音》,电视剧《李世民》、《唐明皇》、《杨贵妃》、《努尔哈赤》、《雍正王朝》、《康熙王朝》等也都使用了大量的历史词。

（3）用于特定的外交场合和反映外族的情况。有相当一些历史词虽然在本民族的现实生活中已消失,但是在外民族的现实生活中还是存在的。如"英国王储查尔斯与黛安娜王妃正式分手"、"安妮公主的浪漫史"、"荷兰女王陛下"、"尼泊尔王太子殿下"。

（4）为了达到一定的修辞目的。比如:"中国的小皇帝们是充满希望的一代,又是十分危险的一代。""皇帝的女儿——不愁嫁。"又比如毛泽东《改造我们的学习》:"自以为是老子天下第一","'钦差大臣'满天飞"。

所谓文言词就是指那些在古代汉语中使用的词语,它们所代表或指称的事物、现象、关系等在现实生活中仍然存在,但是绝大多数已经被通俗易懂的现代汉语词语所替换。这类词一般很少在口头中使用,大多用于特定的书面语。大致有两类:

（1）文言实词:苗裔（后代）、孳乳（繁殖）、笑靥（酒窝）、囹圄（监狱)、壁立(高峻)、玷污(弄脏)、亵渎(轻慢)、聆听(听)、败北(失败)、拜谒(拜访)、邂逅(遇到)、兹(现在)、忤(违背)、纵(放走)。

(2) 文言虚词:毋(别)、俱(都)、尚(还)、之(的)、啻(只)、与(和)、甚(很)、亦(也)、矣(了)、乎(吗/呢)、而已(罢了)。

文言词的作用大致有三个方面:

(1) 可以使语言言简意赅,凝练匀称。比如:

凡此十端,皆救国之大计,抗日之要图。当此敌寇谋我愈急,汪逆极端猖獗之时,心所谓危,不敢不告。倘蒙采纳、抗战幸甚,中华民族解放事业幸甚,迫切陈词,愿闻明教。(毛泽东《向国民党的十点要求》)

又比如周恩来《悼李公朴、闻一多》:

今天在此追悼李公朴、闻一多两先生,时局极端险恶,人心异常悲愤。但此时此地,有何话可说? 我谨以最虔诚的信念,向殉道者默誓:心不死,志不绝,和平可期,民主有望,杀人者终必覆灭。

(2) 可以表示庄重的感情色彩和典雅的文体色彩。比如:

惊悉埃德加·斯诺先生不幸病逝,我谨向你表示沉痛的哀悼。(毛泽东《致斯诺夫人的唁电》)

又比如毛泽东《中国人民解放军布告》:

人民解放军所到之处,深望各界人民予以协助,兹将宣布的约法八章,愿与我全体人民共同遵守之。

(3) 可以突出某种幽默、讽刺的修辞效果。比如:

这些朋友们的心是好的,他们也是爱国志士。但是"先生之志则大矣",先生的看法则不对,照了做去,一定碰壁。(毛泽东《论持久战》)

使用古语词要注意:首先,一定要适应实际的需要,必须用得贴切,应该充分考虑所写文章的评价义、语体义。否则就有可能出现半文不白,掉书袋的现象。其次,有相当一些古语词词义艰涩、冷僻,在现代汉语中已基本淘汰。除非为了特殊的需要,一般不宜使用。比如巉峻(山势高而险)、倍畔(背叛)、辑睦(和睦)、虺㱡(马疲劳)、龆龀(tiáo chèn 儿童,童年。龆 tiáo〈书〉儿童换牙,龆年=童年;龀 chèn 小孩子换牙)。

（二）新造词

1. 新造词的性质

新造词是指随着社会生活的发展而不断创造出来的词,新造词是一般词汇中的一个重要的成员,与其他成员不同的是:新造词总是以反映新概念、指称新事物、新现象的面貌出现的。新造词是一个历史范畴,总是以一个特定的时代为标志的。比如"五四"前后产生的新词现在已经不认为是新造词了。1949 年以后产生的新造词也不应该再算新造词。现在一般认为以 1978 年以后产生的词语为新词语,到了 21 世纪后半期,这些词也就不再是新造词了。新造词产生以后,首先进入一般词汇,少数后来进入了基本词汇。相当一部分使用一段时间后就退出了流通领域,昙花一现成了历史词。比如文革期间的"大串联"、"忠字舞"、"红卫兵"、"文攻武卫"等。

创造新词是丰富语汇的一个重要的途径。一般说来,新词是几乎每天都产生的。新造词产生的频率同社会生活的变化成正比。社会生活,包括政治、经济、文化、科技领域的变化越大、越剧烈,新造词出现也就越多。比如从汉朝到清朝中叶的 2000 年,每个朝代产生的新词不多,因为社会生活变化不大。而 1840 年之后,尤其是甲午战争后,"五四"运动前后,解放以后,文革期间,改革开放以来这几个阶段,都产生了许多新造词。当然,现在只把改革开放以来产生的词算作新造词。

2. 新造词的范围

这 20 多年来,新事物、新现象、新概念层出不穷,新造词也不断地出现,据不完全统计,大约产生了五六千常用的新造词。比如:影碟、特区、软件、超市、代沟、法盲、扶贫、促销、扫黄、走穴、休闲、牵头、打假、促销、待业、公关、下岗、空嫂、大腕、大款、倒爷、热点、抢滩、搞活、手机、理顺、反思、腾飞;立交桥、钟点工、教师节、责任制、个体户、万元户、透明度、打工族、再就业、双休日、夏时制;校园歌曲、大龄青年、希望工程、亲子鉴定、网络大学、千年虫等等。

新造词产生的途径主要就是利用原有的基本词根据需要而随时创制出来的。但也有相当一部分是由港台转借的,或从外语翻译而来的。比如××族、发烧友、镭射、买单;比基尼、卡拉 OK、黑匣子、霹雳舞、航天飞机、艾滋病、疯牛病等。

有两种情况虽然表示了新义,但不是新造词。

一是旧词兼表新义。比如"水分"、"包装","水分"现在又可以指不真实、多余的成分。"包装"又可以指演员和公司的形象塑造。"抓手"原指物体部件可以供手抓的装置,现在又可以指开展某项工作的一个关键的部分和契机。这些都属于词义的扩大。

二是旧词义复活。有些现象原来就有,这些词本来也流行过,只是一度消失了,随着这些事物和现象的再次出现,这些词又复活了。比如:当铺、股票、交易所、老板、掮客、经济人等。

3. 新词的创制与使用

首先,创造新词应该考虑社会基础,也要考虑语言基础。社会基础是造出来的新词必须是社会交际需要的,语言基础是指创造的新词要符合汉语的构词规则,易于理解和接受。比如汉语原来已经有一个简称"空姐",前几年上海航空公司在下岗女工中招乘务员,出现了一个新词"空嫂"。那么有了空姐之后有没有必要再造一个空嫂呢? 与空姐相对,空嫂自然是指大龄和已婚的,空姐是年轻而未婚的。但实际情况是"大龄和已婚"本来也可以叫"空姐",比如东方航空公司的 500 多位空姐中,已婚的达 200 多人,可她们却都被人称为空姐。中国民航规定乘务员最大年龄为 45 岁,那么是不是每个空姐都要称为空嫂呢? 而且,是否结婚,纯属个人私事,有些人很年轻已结婚,有些人年龄很大还未婚,怎么称呼她们呢? 由此看来"空嫂"这个词只能用于充当乘务员时已经结婚而且年龄较大的女性,用处并不大。有一段时期,"×嫂"已呈泛滥之势,解放军的妻子被称为"军嫂",援藏干部的妻子被称为"藏嫂";地铁招"地嫂",商城招"商嫂",铁路招"列嫂"……而随着时间的推移,使用的频率正在下降。所以,一个新词最终是否能被人们接受既要有其社会基础,还要经受时间的检验。同样,引进港台词的新词语也是如此,比如内地原来有公共汽车和出租汽车,引进了"巴士"和"的士"以后,作为一个词,使用频率并不高,但作为语素却在汉语中广泛使用开了,出现了"小巴"、"中巴"、"大巴";"面的"、"轿的"、"板的"、"残的"。

其次,要注意区分新造与生造。新造词不是生造词,将两个语素生硬拼凑的生造词是不会得到承认的。比如"损毁"、"跨裂"、"撑支"、"抖颤"等。使用生造词既不能达到表情达意的目的,对语言也是一种污染。对于港台地区的新造词也不宜全盘吸收,而是应该择善而从。当然话又要说回来,新造和生造之间并无绝对的界限,有些词刚出来像是生造,后来被一再地广泛使用,也就成了新造词了。至于哪些港台词该吸收,也没有绝对的标准。比如"关爱"、"主理"、"楼花"、"登场"就有逐渐被接受的趋势。

（三）方言词

1. 方言词的性质

对方言词的性质，存在着有不同的理解。实际上，一般所说的方言词有两重含义，一是流行于各个方言地区而没有在普通话中通行的词。另一是指已经被吸收进普通话带有方言色彩的词。我们分别称为方言词[1]和方言词[2]。方言词[1]和方言词[2]的区别有两点：其一是读音，前者读方音，后者读标准音。比如"邪气"、"莫老老"是方言词[1]，而"瘪三"、"尴尬"是方言词[2]。其二是系统，前者是属某个方言内部的词，具有自己完整的一整套系统性，而后者属共同语中的词，已融入普通话的语音系统。

2. 方言词[1]

我国有七大方言：北方方言、吴方言、湘方言、赣方言、闽方言、粤方言、客家方言。每一个方言内都有一些流行于该方言区内的方言词。比如：太阳，北京土话叫"老爷儿"，湖北方言叫"日亮"，河北话中可以称为"日头"，还有的地方称之为"日头爷"、"太爷"、"阳婆"的。妻子，陕西称"婆姨"，湖南称"堂客"；厨房，吴方言称"灶间"，闽北方言叫"灶前"。再比如人称代词，吴方言中的"侬"、"伊"、"阿拉"，粤方言中的"渠"，客家话中的"其"。这类方言词数量极其巨大，一般只在一个特定的范围内流行，有的广一些，有的窄一些。对这些方言词进行系统的调查、整理，比较、研究正是方言学者的任务。中国幅员辽阔，方言复杂，调查工作远未完成，尤其以往的方言调查，较多地注重于语音，对词汇、语法调查还不很深入。特别是同词异义和异词同义现象值得注意。

所谓同词异义，就是指同一个词在不同的方言中可以表达不同的意思。比如"馒头"在吴方言中既可以指有馅的"包子"，又可以指无馅的"馍"，而在北方方言中，馒头一般是无馅的；再比如"蚊子"在四川话中既可以指蚊子，也可以指苍蝇，而在华北、东北方言中只能指吸人血液的害虫。"汤水"在浙江话中既可以指"菜肴的汁水"，又可以指"热水"，上海话现在还可以说"面汤水"，而北方方言中只指菜肴的汁水；"水"在广州话中既可以指"水"又可以指"雨"，比如"下雨"叫"落水"。

异词同义就是指用不同的词语形式来反映同一个事物、现象。比如北京话叫"小偷"，广州话叫"鼠摸"，四川话叫"三只手"，西安话叫"贼娃子"。有时所用的语素相同，但语素顺序不同，比如"客人"和"人客"，"公鸡"和"鸡公"。异词同义的现象在各方言中是十分普遍的。比如有关妻子的称谓就有"女人"、"老婆"、"婆姨"、"婆娘"、"堂客"、"女客"、"老妈"、"老媪"、"家主婆"、"屋里的"、"老迎客"等等。

3. 方言词[2]

有相当一些本来是流行于某一个特定区域的方言词,由文学作品,包括小说、电影、电视剧、流行歌曲(现在还包括广告词)的传播,慢慢地进入了普通话之中,为广大群众所理解。普通话之所以要吸收方言,不外乎三个原因:

其一是有些东西是该方言区特有的,比如长沙话的蕹(wèng)菜,广州话中的洋桃,东北话中的靰鞡(wūlā,用乌拉草做的一种防寒鞋),再比如龙眼、橄榄、槟榔等。这些词在普通话里没有对应词,只好直接吸收、引入。

其二是有些方言词能表达丰富复杂的思想内容,普通话里没有相应的词可以替代。比如吴方言中的"噱头"(引人发笑的话、举动)、"龌龊"(不仅用于肮脏,还带有卑劣之义)、"转念头"、"吃不消"、"拆烂污",粤方言中的"鱼腩"和"生猛"、"×仔"和"×妹"等等,都具有特定的含义;北京土话中的"窝囊",山西话中的"编算"(作弄),河南话中的"磨蹭",也都是由于能表示特定之义而被吸收。

其三是有些方言词可以表示特定的感情色彩和地域色彩,在文艺作品中使用可以增强生动性和真实感。比如"瘪三"、"亭子间"、"弄堂"、"坍台"、"货色"、"里手"、"带劲"、"门道"、"别扭"等词如果用得恰当,自然也能增强文学作品的表现力。再比如韩邦庆《海上花列传》多用吴语词:"我为仔看见耐面孔浪有点龌龊来浪,来嘞笑。"很富有表现力。

方言词[1]同方言词[2],方言词[2]同通用词之间并没有一个明确的界线。方言词[2]都是由方言词[1]发展而来,一般都在语音上发生了变化(向普通话靠拢),比如吴方言的"尴尬"、"蹩脚",现在已经成了方言词[2]。而方言词[2]使用时间长了,方言色彩进一步淡化,人人都懂了,大家使用,地域色彩进一步弱化,就成了普通话的通用词,比如"搞"本来是个方言词,现在已经成了普通话中的一个使用频率极高的基本词了。

4. 港台方言词

近20年来,大陆从香港、台湾吸收了许多词语,比如:作秀、饮茶、接轨、入围、纯情等,这也是一种吸收方言词的途径,只是台湾方言词的读音,大都与普通话比较接近。有些方言词香港用粤方音,台湾用闽方音,引入后也一律读为普通话。从港台引入的方言词,有相当一些在普通话中没有完全对应的词,比如创意、心态、楼花、按揭等;有些词大陆本来就有,只是语义或色彩不同,比如瓶颈、管道、联手、拍拖、策划、投入("投入"大陆原指投到某种场合中去,港台指卖力、专注)等。吸收港台方言词的深层心理基础是崇尚心态和趋新意识,比如港台以广场和花园来指称大厦、公寓、别墅,账台叫收银台,结账叫买单,推出新商品叫新登场等等,目前已经被大陆人士广泛接受。此外,港台和内地还存在着一些同形异义的词。比如下面诸词在香港和大陆都有,但意义很不相同。在香港:班房＝教室,脱稿＝交稿脱期,地牢＝地下室,返工＝重新上班;内地:班房＝监狱,脱稿＝写完稿件,地牢＝地下牢房,返工＝质量不合格重做。这是阅读港台书报杂志时应当引起特别注意的。

总之,方言词是共同语词汇的一个重要的来源,吸收方言词可以满足交际的需要,增加语言的活力,但在吸收和使用时,应该遵循普遍性、需要性和明确性三项原则。

(四) 外来词

1. 外来词概说

关于外来词,要区分两个不同的概念,一是外来概念词,一是外来形式词。外民族的概念被汉语吸收时,都是外来概念,一开始的时候汉人吸收这些概念时,总是连形式一起吸收的,但使用到后来,人们往往舍弃了外来概念的原有形式,用汉语的语素另造一个新词,所表达的概念基本不变,但有时也会产生或多或少的变化。这种经过汉化的词,从语源上讲是外来词,但在形式上已看不出外来、异域的情调和痕迹了。

为了便于区分,可以把汉语的外来词分为三种:①外来词[1] 是已经汉化的外来词,也就是外来概念词。②外来词[2] 是保留外来形式的外来词,也就是典型的外来词、狭义的外来词。③汉化外来词和外来形式词合在一起是外来词[3],也就是广义的外来词。

从汉语吸收外来概念的时间看,早在史前就已开始,汉民族本来就是古代黄河流域及西部黄土高原上的一些民族逐渐融合而成的,同时,与南方一些少数民族的祖先也早就有了交往,不过当时吸收外来概念的情况大都已不可考证了。西汉张骞出使西域,东汉以后佛教传入中国,汉族人吸收了不少新的概念,汉语中增加了许多外来词,如狮子、葡萄、珐琅、琉璃、浮屠、魔罗等。明朝万历年间,天主教传入中国,一些传教士带来了西方的新概念和新知识。几何、天主、上帝、基督就是明末进入汉语的。不过汉语真正大规模吸收外来词是在 1840 年鸦片战争之后,尤其是 19 世纪末 20 世纪初及以后的一段时间,随着西学东渐,大量的外来概念和词语进入了中国,这一势头在改革开放的今天仍然十分强劲,直到现在汉语还不断地吸收外来词。

2. 汉化外来词

汉化的外来词,严格地讲已不是真正的外来词了,只是从来源的角度看,它们曾经由外来概念形成的。就汉化方式而言,主要采用以下四种:

(1)添符。添符是指在音译外来词的基础上,在表音节的字形上面再加上义符(形旁),使原来的外来词变成了汉语词。比如:badaga(大宛)蒲陶→葡萄,puru(藏)普罗→氆氇,farang(波斯)法蓝→珐琅,其他如骆驼、袈裟、玻璃、琉璃、唢呐、僧伽、柠檬等都是这样汉化的。此外,现在有些化学元素的命名,如锂、钠、铋、铒、铜、镨、镥等,也采用了这种音译兼添符的方式。

(2)类比。类比是一种特殊的意译,它是将外来概念同汉语原来固有的事物加以比照,在意译的时候用加类前缀的方式来表示这些概念的来源。比如:pound 英镑,dollar 美元,wafuku 和服,koswi[伊]胡荽。这种方法现在只有"洋×"还能产。比如:

胡:胡椒 胡瓜 胡麻 胡笳 胡琴 胡桃
番:番茄 番薯 番椒 番瓜 番客 番菜
旗:旗袍 旗民 旗人 旗官 旗妇 旗兵
倭:倭寇 倭娘 倭奴 倭扇 倭缎 倭船
洋:洋枪 洋炮 洋装 洋行 洋烟 洋人

(3)意译。意译就是依照外来概念的意义,利用汉语的构词材料,并按照汉语的构词方式创造新词。历史地看,现代正在使用的许多意译外来词,一开始都是音译的,后来才改成了意译。下面各词括号里面就是曾经被采用过的比较流行的音译法:

sentiment（生的闷特）情感　　　dictator（狄克推多）独裁者
inspiration（烟士披里纯）灵感　　penicillin（盘尼西林）青霉素
democracy（德谟克拉西）民主　　bourgeois（布尔乔亚）资产阶级

(4)仿译。仿译就是在意译的过程中尽可能地保留原词的字面意思、仿照原词的构词方式,就是汉语词的内部形式仍然仿照原词。比如:

generation-gap 代沟　　　　　gray hount 灰狗
hot dog 热狗　　　　　　　　subconscious 下意识
supermarket 超级市场　　　　soft ware 软件

用上述这四种方法吸收的汉化外来词,现在一般的书上已不把它们看作外来词了。

3. 外来形式词

这些都是严格意义上的外来词。汉语吸收时大致采用了以下四种方式:

(1) 纯粹音译。不考虑所用汉字的意义,只求声音近似地借音。比如:

阿訇 哈达 喇嘛 冬不拉 萨其马 戈壁 马达

可可 比基尼 克格勃 欧佩克 尤里卡 克隆[1]

(2) 音兼意译。在选用声音近似的汉字时,有意识地用一些意思比较符合原词的语素。比如:

shock 休克	coolie 苦力	sonar 声纳	tenant 佃农
logic 逻辑	mango 芒果	index 引得	engine 引擎
shampoo 香波	tissue 体素	humour 幽默[2]	vitamin 维他命

(3) 半音半意。对引入的概念进行分解,一半用音译一半用意译。比如:

applepie 苹果派	ice-cream 冰淇淋	X-ray 爱克司光
Cambridge 剑桥	motorcycle 摩托车	neon-lamp 霓虹灯
chauvinism 沙文主义	New Zealand 新西兰	

(4) 音译加注。就是在音译的基础上再加上表示该事物类别的语素。又可以细分为两个类,一类是该词的词义在感染中,类语素正在渐渐脱落,可加可不加。比如:

opium 鸦片(烟)	jeep 吉普(车)
elnina 厄尔尼诺(现象)	champagne 香槟(酒)
tango 探戈(舞)	cartoon 卡通(片)
marathon 马拉松(赛跑)	golf 高尔夫(球)

另一类或者不太常用,或者因为音节的缘故,类语素必须附加。比如:

sardine 沙丁鱼	cannon 加农炮	rife 来福枪
maccaboy 马可巴鼻烟	bar 酒吧	beer 啤酒
shirt 恤衫	car 卡车	card 卡片

---

[1] 古代已有"克隆",与现代的"克隆"无关。clone 一词源于希腊 Klon。

[2] 古代已有"幽默"。幽默,《汉语大词典》解释为沉寂无声。《楚辞·九章·怀沙》:"昫(shùn)兮杳杳,孔静幽默。"(萧红)《生死场》十二:"山羊完全幽默和可怜起来。"

其实,究竟是否需要加上类语素,并没有一个明确的界限。譬如下面三种酒,加不加类语素都可以。比较而言,越是前面的,越倾向于不加:

whisky 威士忌(酒)　　brandy 白兰地(酒)　　champagne 香槟(酒)

(5)直接借用。随着汉民族外语水平的提高和表达的需要,当前正呈现出一种新的形势——越来越多的拉丁字母直接进入了汉语。大致有两种情况:一种是直借型。比如:

CEO　GDP　IMF　DNA　APEC　BBC　MTV　KTV　GBS
ISO　CPU　CD　DVD　WTO　WC　SOS　TV　UFO

另一种是混合型,在借用外语字母时,再加上汉语的解释。比如:

AA 制　CT 扫描　BP 机　三 S 研究　三 C 革命　三 K 党
AB 角　B 超　卡拉 OK　SOS 儿童村　T 恤衫　pH 值

无论是直借还是混合,其中有相当一些都是原词首字母的缩写。比如:

KuKlaxKlau→KKK(三 K 党)

Computerized Tomography→CT(扫描)

除了上面五种外来形式词〔1〕之外,还有一种特殊的借形词,那就是从日语中转借来的汉语词。也可以分为两类:一类是日本学者借用汉字创制的译名。比如:

革命　文明　具体　宪法　主义　古典　演绎　想象　乐观

这些词在古汉语中大都是一个短语,意思也与现代日语词不同。比如:

汤武革命,顺乎天而应乎人(《易·革》)

见龙在田,天下文明。(《易·乾》)

冉牛闵子,颜渊则具体而微。(《孟子·公孙丑》)

赏善罚奸,国之宪法也。(《国语·晋语》)

敢犯颜色,以达主义,不顾其身。(《史记·太史公自序》)

思旧故以想象今(《楚辞·远游》)

乐观时变(《汉书·货殖传》)

还有一种就是日本人直接利用汉语材料创造的。比如:

景气　金融　引渡　体操　取缔　客观　主观　能动　内在

---

〔1〕有人认为直接型其实不是外来词,而是外语词,也有一定的道理。

总之,在 19 世纪末 20 世纪初,汉语从日本转借过来大量的借词。这些词的概念自然是外来的,构词材料却是汉语的,尤其是日本人自创的,数量相当可观,一直到现在还有少量日语词被汉语吸收。再比如:

物质 政党 共产 组合 元素 直接 资本 场合 手续
放送 人气 原理 系统 集团 经验 战线 信号 有机
细胞 间接 写真 料理

日语借词与汉语词在外在形式方面非常接近,而且都是用汉语的语音读的,所以,不懂日语的人一般很难体会到这些词是外来的。同直接借用拉丁字母相比,日语词是借形借义不借音,拉丁字母是借形借义还借音。

4. 汉语吸收外来词的特点及需要注意的问题

从上面的分析可以看出,汉语吸收外来词的一个最为显著的特点就是汉化,这显然是由汉语自身的特点决定的。正因为汉语是一种没有严格意义上形态变化的分析性语言,所以在吸收外来词的时候,总是想方设法使之符合汉语的语言特点,适应汉民族的民族心态和思维方式和习惯。因此,在吸收外来词的过程中,进行各种各样的变化不仅是不可避免的,而且是完全必要的。汉语吸收外来词大致有三个方面的特点:

(1) 形式上的特点

不管是音译,还是音兼意译,半音半意,甚至是日语转借,一旦进入汉语后就必须按照汉语的方式来读音;分成一个个首尾不相连续的音节,并带上抑扬顿挫的四声:

tank[tæŋk]→坦克 tǎnkè   golf[gɔlf]→高尔夫 gāo ěr fū
civil-law(minpo)[日]→民法 mínfǎ
activity(nodo)[日]→能动 néngdòng

"tank"、"golf"本来都是单音节的,但进入汉语之分,分别成了双音节和三音节的了,而且还带上了声调。

(2) 功能上的特点

不管以何种方式引入汉语的外来词,一旦进入汉语,就必须同汉语的特点相一致,必须舍弃一切与该词有关的性、数、格、体、态、时的形态变化,而必要时则必须带上汉语特有的量词和助词。比如:

a jeep 一辆吉普   three jeeps 三辆吉普
shock→is shocked — have been shocked 震惊→感到震惊(了)

无论是"a jeep"还是"three jeeps"在汉语中都是吉普,而第三人称现在时同第一人称现在完成时,在汉语中的区别仅仅是多一个"了"而已。

(3) 语义上的特点

有相当一部分外来概念进入汉语后语义会发生变化或分化。比如有些词进入汉语后,只表示了它的一个义项,如 copy,本来有副本、摹本、复制品、电影拷贝等多种意思,进入汉语后,"拷贝"只能表示最后一个义项。又如 cartoon 本来有草图、底图、漫画(包括政治漫画和连环漫画)、动画片等意思,汉语中的"卡通"只能指最后一个义项。之所以如此,是汉语里其他概念已有词语表示,只有那一个新概念才需要借英语的形。分化的情况如:romantic 本来既可以表示风流的,在爱情方面热烈奔放,行为放荡,不拘小节;也可以表示荒诞的,夸大的,充满幻想和激情的;进入汉语后分别由两个词来承担:"罗曼蒂克"和"浪漫"。再比如 modern 一词进入汉语后就有了意译和音译两种形式。"现代"一词同 modern 在时间上已经有了一定的差异,modern 可以指 15 世纪以来的情况,相当于"近代的"。而"摩登"一词指只承担了"时髦的"这一层意思。"摩登女郎"指打扮入时,"现代女性"则指思想观念新。再以近年来十分流行的"酷"为例。cool 本来是凉爽的,引申为令人满意的,绝妙的。比如:He looked cool in his new clothes。他穿那件新衣服帅极了。That's cool with me. 这对我再好不过了。"酷"在汉语中,除了表示令人满意的,绝妙的,主要指一种被青少年所崇尚、追求的美好而前卫的形象和气质。进入汉语后,"酷"已经渗透到我们社会的方方面面,甚至出现了"玩酷"、"扮酷"、"显酷"、"比酷"这样的合成词。

引进外来词,应该注意的问题有三。

(1) 音译、意译并存,尽量用意译,不必为了崇洋而硬用音译。比如不用手杖、通行证、弹簧锁,而用斯的克、派司、司必灵锁;不用舞会、饼干、甜饼,偏要用派对、克力架、曲奇。当然,需要音译就音译,但最好的方法是音、义兼顾,譬如新近出现的 paparazzi 就是一个很好的例子。paparazzi 这个词,香港意译为狗仔队、苍蝇蚂蟥,《英华大词典》(新版)译为无固定职业摄影师,《英汉辞海》译为猎奇摄影者、专门追逐名人偷拍照片的摄影师或记者,《参考消息》报道译为追踪摄影队,似乎都太长。在黛妃遇车祸时有人译为跟屁记者,可谓五花八门。其实,这个词来自于意大利方言,源于意大利著名摄影师 Tazio Secdviazali,他在 50 年代起便追逐名人拍照。后来意大利导演 Fellini(费利尼)在 1959 年拍了一部电影,名为 La dolce vita(《美好的生活》,香港译为《露滴牡丹开》),片中以他为原型塑造了一个叫 Paparazzo 的记者,意思是 buzzing insect 嗡嗡叫的昆虫,所以有人译成跟屁虫、跟屁记者。不过,译成"拍拍垃圾(拍拍吹吹,像垃圾似的拍马者)"似乎更好一些,既保留了原词的音,又兼顾了原词的义。

(2) 不管是音译还是意译,尽量选用通俗易懂、流行普遍、言简意赅的一个。比如用"冰淇淋"、"巧克力"、"迪斯科"、"歇斯底里"、"色拉"、"桑巴",而不用"冰激凌"、"朱古力"、"的士高"、"歇私德理"、"沙拉"、"姗巴"。人名也是如此,用"斯大林"、"普希金"、"恩格斯",不用"史太林"、"普式庚"、"安格尔斯"。其实,选用哪一种译法,最重要的就是要得体。比如下面几个词各有几种表现形式,在不同的场合,有的适用直接借用,有的适用音译,有的适用音兼意译:clone,克隆、无性繁殖;E-mail,伊妹儿、易媒儿、电子邮件;viagra,万艾可、伟哥、枸橼酸西地那非(片);APEC,艾佩克、亚太经合组织。

(3) 对港台吸收的外来词要择善而从。比如:laser、space shuttle、computer、show;港台分别译为"镭射"、"太空梭"、"电脑"、"秀"。其中"电脑"一词因其简捷而优于"电子计算机","太空梭"也比"航天飞机"译得更加形象;而"秀"、"镭射"则不如"表演"、"激光"(或莱射),"秀"给人以做戏的感觉,"镭射"则让人感到像一种放射元素。此外,地名"雪梨"(悉尼)、"纽西兰"(新西兰)等;人名"列根"(里根)、"布希"(布什)、"戴卓尔"(撒切尔)、"甘乃迪"(肯尼迪)、"戈巴契夫"(戈尔巴乔夫)等,也是应该以大陆的译名为准。

(五) 行业词

行业词是各种行业和学科中使用的专门用词。广义的行业词可以细分为两种,一种是专科词语,一种是行业词语。

1. 专科词语

又称专门术语。主要是自然科学、社会科学各个不同领域的术语及学科名称。这类词语对于发展科学文化事业具有十分重要的意义。比如:

　　哲学:矛盾 实践 精神 物质 唯物 唯心 二律背反
　　化学:化合 分解 氧化 电离 溶解 干馏 电解
　　医学:血型 理疗 脱水 休克 气胸 肠梗阻 心肌炎
　　数学:正数 负数 函数 代数 微分 通分 约分 二次方程
　　教育学:教养 教案 教具 教材 启发式 素质教育
　　金融学:信贷 贷款 利息 结账 核算 销售 货币 利率
　　语言学:辅音 元音 主语 谓语 把字句 连谓句 存现句

专科词语的特点有四个:系统性、单义性、国际性、开放性。

(1)系统性。就是指每一门学科都有一整套满足本学科需要的专科词语,相互之间既有区别又有联系,形成了一个个系统。

(2)单义性。就是这类专科词语同基本词以及一些文学用词不同,它们都有比较严格的定义和明确的义域,一般都只有一个义项,不然就不利于科学的发展。

(3)国际性。就是指这类术语在各个民族各个国家之间几乎都有,而且非常对应,一般都不带有语体色彩、褒贬色彩、联想色彩,很少有民族个性和民族文化内涵。

(4)开放性。就是指这一系统是发展的,而不是封闭的、固定不变的;学科的发展必然会不断地有新的专科词语进入各个学科。

2. 行业词语

行业词语是指社会的各行各业中所使用的词语,是由于社会分工不同造成的,往往同人们所从事的职业有关。

行业词具有专用性和单义性,这同专科词是一致的,但又有不同的地方。那就是具有自源性和民族性,大部分行业词是如此。比如:

工业:切削　模具　冷焊　钻床　热处理

商业:盘点　脱销　畅销　促销　清仓　抢手

军事:点射　射程　反潜　续航　防化　登陆

外交:照会　国书　备忘录　豁免　最惠国

体育:中锋　后卫　点球　弧圈球　二传手　短平快

行业词语与一般的专门术语不同,它通常为一定的社会集团服务,有相当一些既无全民性,也无国际性。当然,行业词也有与专门术语相同的地方:它们都可以超越地域,都是依附于民族共同语而存在,都具有单义性。

行业词是丰富普通话词汇的重要的来源之一。有相当一些行业词都可以随着科学知识的遍及和某一行业的发展而渐渐地被推广,为广大人民所了解、掌握。比如:市场、提炼、腐蚀、后台、道具、闭幕、反应,都是由行业词的意义扩大而进入一般通用词的,又如:二传手、短平快等,也都产生了引申义,进入了一般老百姓的生活之中。再比如:比重、水平、渗透、麻痹、消化、进军、尖兵、攻坚,也都是由于专门词语获得了一般意义,进入了全民流通领域。当然,在一般情况下,使用人们不很熟悉的行业词的时候,必须先有一个交待,以免引起误解。

思考题

1. 基本词的特点有哪几个方面,基本词与一般通用词具有什么样的关系?

2. 使用历史词和文言词各需要注意哪些问题?

3. 创制新词和吸收港台的新造词,各应该注意哪些方面?

4. 从方言词[1] 到方言词[2],再到普通话通用词的变化动因是什么?

5. 汉化外来词和外来形式词各有哪些小类? 汉语吸收外来词的特点是什么?

第八节　固　定　词　语

　　固定词语是指一些在结构上相当于一个短语、使用时则相当于一个词的语言单位。固定词语内部基本上都是凝固的,它们在使用时同语言中的词一样,都是直接进入词汇系统,是词汇中的一员。这一点同一般短语很不一样,一般短语都不是词汇中的成员,必须分解为一个个词才能进入词汇。正因为词汇中既有词,又有这些短语,所以词汇又可以称为语汇。

　　现代汉语固定词语主要包括成语、惯用语、歇后语三个部分。从总体上看,固定词语的特点就是内容丰富、形式精炼,可以概括为四性:结构的定型性、语义的融合性、功能的整体性、风格的民族性。当然,从固定词语内部看,这三类熟语各有自己的特点,它们既有区别又有联系。除此以外,现代汉语中还有不少搭配固定的专用短语以及一些尚未完全凝固的类固定词语,包括定型搭配和固定语型。

一、成语

(一)成语的概况

　　成语是相沿习用的具有书面语色彩的固定词语。汉语的成语既不同于idiom 也不同于 proverb;idiom 相当于习语,proverb 则接近于谚语、箴言。所以一些学者宁愿将汉语的成语译为 set phrase,当然也只能是近似。从汉语本身来讲,研究成语的论著很不少,成语词典更是不下几十种。迄今为止,有关成语的定义很多,各有特色,各有所长。比较而言,较为完整严密的定义是:成语是人们长期习用的、意义完整、结构稳定、形式简洁、整体使用的定型短语[1]。

现代汉语中一共有多少条成语呢? 如果包括那些比较罕用的、冷僻的成语,比如:歙漆阿胶(胶漆相粘,比喻情投意合)、燃犀温峤(晋温峤毁犀角以照明,比喻洞察事物之精微),包括省体(省体就是对原成语缩简后的省略形式,比如:蛇足<画蛇添足;瓜李之嫌<瓜田不纳履,李下不整冠)、异条(恋恋不舍—恋恋难舍,莫名其妙—莫明其妙),大致有 2 万条。上海辞书出版社的《中国成语大辞典》,收了 1.8 万多条,当然也有漏收的;河南人民出版社的《汉语成语大辞典》,收了 1.7 万多条;两书可以互补。此外,近年来又出了一些大型的成语词典,总数也都接近 2 万条。其实,在这些成语中,通用的只有六七千条,而其中最常用的,只有 3000 多条。

（二）成语的特点

成语的特点大致包括五个方面。

1. 历史的习用性

也就是说,成语是历史的产物,绝大多数是历史上沿用流传下来的,这可以从三个方面得到证实。①在意义内容上,绝大多数成语所反映的内容都是古代的事件、人物、传说、寓言等,新创的很少。②在形成时间上,大多数成语都已具有 1000 年到 2000 年的历史,有的甚至更早。有人统计了上海教育出版社的《汉语成语词典》(不包括补编)中的 5500 多条成语,发现其中有出处的有 4600 多条,先秦和秦汉占 68%,魏晋南北朝占 15%,隋唐占 9%,宋朝占 6%,元、明、清只占 2%。③在语言形式上,成语中保留了不少古代汉语的语音、词义和语法现象。比如否(pǐ)极泰来、图穷匕见(xiàn);感激涕(眼泪)零(落下),含辛茹(吃)苦;岁不我与(=与我)、惟命是从(=从命)。这些读音、词义、句法形式都是历史上习用的。

2. 意义的整体性

意义的整体性也可以从三个方面去理解。①成语的意义是整体表示的,不是像一般的短语那样是各个词的意思的总和或相加。比如鸡毛蒜皮≠鸡毛和蒜皮,井底之蛙不是井底的青蛙,而是比喻目光短浅的人,欢天喜地同"天"和"地"更没有任何关系,只是表示非常高兴而已。②大多数成语

---

[1]　当然这个定义也还可以推敲,精益求精。

有来历和出处,讲的是一个完整的故事和事件。比如"尺短寸长"源自于《楚辞·卜居》的"尺有所短,寸有所长",比喻各有长处和短处,要看不同的场合;"风声鹤唳",指淝水一战,苻坚的败军,将风声和鹤叫声也当作了追兵的声音,闻风丧胆;都有一个完整的故事。③许多成语言在此而意在彼,含义深刻,耐人寻味。比如"满城风雨",同城里刮风下雨无关,主要是指消息一经传出,就众口喧腾,到处议论。又如"神工鬼斧"(《庄子》)主要指的是工艺美术、文艺作品的技艺精巧,令人叹为观止,同真正的鬼、神并没有多少联系。总之,成语在表义时是整体的、完整的,其中的词和语素单独不能表达意义。

3. 结构的凝固性

所谓结构凝固,也可以从三个方面来理解。①词序固定,一般不能随意变动。左右逢源≠右左逢源或左逢右源,谈笑风生≠笑谈风生。只有少数并列关系的成语,前后可以互换,正大光明=光明正大,海角天涯=天涯海角(互换后意思不变,只是哪一个更常用一些)。②语素定型,不能随意调换。比如浑水摸鱼≠浑水摸虾,望尘莫及≠望灰莫及,百花齐放≠百花齐开。③字数固定,一般不能随意增减。比如不痛不痒(批判议论不中肯,没有触及要害)≠既不痛又不痒;洛阳纸贵(左思《三都赋》构思10年写成后风行一时,抄的人多以至纸也涨价,比喻著作风靡一时)≠洛阳的纸很贵。

4. 韵律的谐调性

汉语是有声调的语言,音调抑扬顿挫,具有音乐美,成语突出地体现了这一特点,具有韵律和谐的特点。①四个音节,构成两两相对的格式既均衡平稳、匀整对称,又铿锵和谐,节奏明快。如:闻鸡/起舞,指鹿/为马,实事/求是,掩耳/盗铃,暗箭/伤人,赴汤/蹈火。这种节奏形式合乎汉民族的语言心理,所以即使有些成语在结构是上三·一组合,读起来还是两·两节拍:狐·假/虎威,名·副/其实,无·所/适从,身·先/士卒,胸·有/成竹。②不少成语音节之间讲究平仄配合,既有同调反复,又有异调错综,声调高低起伏,变化多端,具有旋律美。比如同调反复有,平平仄仄:和颜悦色、朝思暮想;仄仄平平:义愤填膺、坐井观天。异调错综的有,平仄仄平、仄平仄平:重见天日、画龙点睛;平仄仄平、仄平平仄:心不在焉、汗流浃背。③一些成语通过音节的反复和重叠,体现出韵律性与和谐性。如滔滔不绝、依依不舍、落落大方、大名鼎鼎、虎视眈眈、忠心耿耿;兢兢业业、形形色色、浑浑噩噩、卿卿我我等。

5. 形式的整体性

汉语成语的形式是非常整齐的,据统计,四音节的成语占了95％以上。当然,两、三、五、六、七、八、十、十二个音节的成语也是有的。比如:染指、入彀;莫须有、破天荒;欲速则不达、坐山观虎斗;五十步笑一百步、此一时彼一时;醉翁之意不在酒,天涯何处无芳草;项庄舞剑,意在沛公;以小人之心,度君子之腹;只许州官放火,不许百姓点灯。其实八个音节的成语可以归入双四字格,比如:四体不勤,五谷不分;螳螂捕蝉,黄雀在后;一波未平,一波又起;只知其一,不知其二;庆父不死,鲁难不已;一人得道,鸡犬升天;落花有意,流水无情等。总之,四字格是汉语成语的基本形式,这种形式既整齐匀称,又简洁明了。它具有两个突出的优点:①四字格同汉语四声相配合,可以有效地调动平仄,显示高低起伏、抑扬顿挫的变化。②四字格是组成各种各样结构形式的最低限度,既可以有短语关系,也可以有复句关系,结构形式完备,表义丰富多彩。

(三) 成语的来源

汉语的成语绝大多数都是有出处的,其来源都可以考证,也有少数出处不可考。成语的出处既多又杂,而来源(出处≠来源)不外乎六个方面。

1. 神话寓言

主要是指上古先秦的一些神话寓言。如补天浴日(《淮南子》)、女娲补天(指人能胜天《淮南子》)、羲和浴日(羲和,太阳神。见《山海经》)、夸父逐日(《山海经》)、天马行空(才气纵横,毫无拘束。见《山海经》)、精卫填海(不畏艰险,不达目的不罢休。见《山海经》)、封豨长蛇(封,大,豨xī,猪,比喻贪婪横暴的人。见《左传》)、自相矛盾(《韩非子》)、掩耳盗铃(《吕氏春秋》)、狐假虎威(《战国策》)、画蛇添足(《战国策》)、南辕北辙(《战国策》)。神话大都描写人与自然的斗争,富有想像力和浪漫色彩,而寓言大都借题发挥,具有教育意义,富有说服力,充满了哲理性和智慧。

2. 历史事件

历史事件是指历史上确有其人其事的情况,后人对此加以概括,形成了成语。比如:灭此朝食(齐侯斗志坚决但急于取胜事,见《左传》)、一鼓作气(曹刿论战事,见《左传》)、图穷匕见(荆轲刺秦王事,见《战国策》)、卧薪尝胆(越王勾践事,见《史记》)、负荆请罪(廉颇、蔺相如事,见《史记》)、萧规曹随(指萧何、曹参事,见《史记》)、三顾茅庐(刘备请诸葛亮事,见《出师表》)、东山再起(谢安隐居复出事,见《世说新语》)、请君入瓮(来俊臣治周兴事,见《资治通鉴》)、痛饮黄龙(岳飞抗金事,见《宋史》)。

3．诗文语句

我国古代有着丰富的典籍,经史子集各部中都有许多脍炙人口的语句,这是提取成语的重要求源。如爱屋及乌(《尚书》)、信誓旦旦(《诗经·卫风·氓》)、当仁不让(《论语》)、知己知彼(《孙子》)、奋不顾身(《报任安书》)、老骥伏枥(《步出夏门行》)、妄自菲薄(《出师表》)、情随事迁(《兰亭集序》)、佶屈聱牙(《进学解》)、虚无缥缈(《长恨歌》)、水落石出(《醉翁亭记》)。

4．民间俗语

这些成语一开始可能产生于口头,但后来被人广泛地引用,也是通过书面流传下来。不管它们是以什么方式进入书面语,有一点是肯定的,一开始都是老百姓创造的。比如投鼠忌器,《汉书·贾谊传》:"里谚曰:'欲投鼠而忌器。'"同病相怜,《吴越春秋》:"子不闻河上之歌乎?'同病相怜,同忧相救。'"狗尾续貂,《晋书·赵王伦传》:"每朝会,貂蝉盈坐,财人为之谚曰:'貂不足,狗尾续。'"宁为鸡口,不为牛后,《战国策·韩策》:"臣闻谚曰:'宁为鸡口,毋为牛后。'"桃李不言,下自成蹊,《史记·李将军列传》:"谚曰:'桃李不言,下自成蹊。'"成也萧何,败也萧何,南宋洪迈《容斋随笔》:"故俚谚曰:'成也萧何,败也萧何。'"铁树开花,明王济《君子日询手记》:"吴浙间有语云,见事难成,则云铁树开花。"有些来之于古代的民间歌谣。李代桃僵(本指患难与共,互相爱护;现指代人受过,互相顶替),《汉乐府·鸡鸣高树巅》:"桃花露井上,李树生桃旁。虫来啮树根,李树代桃僵。树木身相代,兄弟还相忘。"扑朔迷离(表示错综难辨,模糊不清),《木兰诗》:"雄兔脚扑朔,雌兔眼迷离;两兔傍地走,安能辨我是雄雌。"

5．借自外语

由于成语具有很强的民族性,所以从外族借用的成语比外来词少得多,外来成语的借入大多同翻译佛经有关。比如五体投地、现身说法、想入非非、昙花一现、六根清静、梦幻泡影、衣钵相传、在劫难逃、大千世界、聚沙成塔、天花乱坠、不可思议、心花怒放、一尘不染、飞蛾投火等,这些成语原来大多都与宗教教义有关,现在获得了新的含义。从西方语言中吸收的成语凤毛麟角,如:三位一体、杀鸡取卵(《伊索寓言》)、火中取栗、象牙之塔、连锁反应;有些不是四字格的:旧瓶装新酒,多米诺骨牌,鳄鱼的眼泪,以眼还眼、以牙还牙,武装到牙齿等。

6．现代新创

词汇中有相当数量的新造词,但成语中的新成员却极为稀少。20 世纪

后 50 年中出现的固定词语,勉强可以算得上成语的只有十几条。比如:

糖衣炮弹　一往无前　快马加鞭　求同存异　土洋并举

洋为中用　广开才路　破旧立新　不破不立　中西结合

新创成语之所以较少,这是由成语的特点决定的,因为成语本来就具有很强的历史性。

上述六个方面的来源,其实并不是完全并列的,内部具有一定的层次性,可以表述如下:

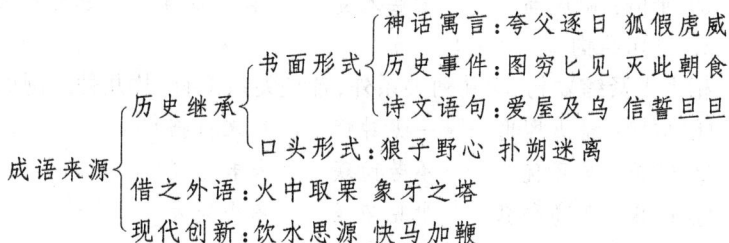

```
                        ┌ 神话寓言:夸父逐日 狐假虎威
              ┌ 书面形式 ┤ 历史事件:图穷匕见 灭此朝食
       ┌ 历史继承 ┤         └ 诗文语句:爱屋及乌 信誓旦旦
成语来源 ┤        └ 口头形式:狼子野心 扑朔迷离
       ├ 借之外语:火中取栗 象牙之塔
       └ 现代创新:饮水思源 快马加鞭
```

成语六种来源之间比率的相差较大,主要集中在前三类,后三类数量不多,不到十分之一。

(四)成语的构造

汉语成语百分之九十五以上是四字格的,八字格成语也就是两个四字格;所以关键是分析四字格的成语构造。四个汉字是组成各种结构形式的最低限度,在结构关系上可以有多种组合。总共有四种类型:短语结构、复句结构、特殊结构、无理结构。

1. 短语结构

这是最基本的成语结构形式。有两大类,十二种。例如:

(1)联合关系

① 主谓联合:才疏学浅　　地广人稀　　口是心非　　天长地久

② 动宾联合:翻江倒海　　开源节流　　作揖打躬　　飞檐走壁

③ 定中联合:赤胆忠心　　前因后果　　飞禽走兽　　千丝万缕

④ 状中联合:纷至沓来　　朝令夕改　　车载斗量　　土崩瓦解〔1〕

⑤ 并列联合:古今中外　　起承转合　　金石丝竹　　犬马声色

---

〔1〕"车载斗量"是用车载,用斗量;"土崩瓦解"是像土一样崩塌,像瓦一样分解。所以都是状中关系,而不是主谓关系。

（2）非联合关系

① 主谓：波澜壮阔   沧海横流   风华正茂   衣冠楚楚

② 动宾：叱咤风云   闪烁其词   出其不意   颠倒黑白

③ 定中：谦谦君子   庞然大物   害群之马   百年大计

④ 状中：惨淡经营   安然无恙   不欢而散   半路出家

⑤ 补充：一败涂地   危在旦夕   逍遥法外   置之度外

⑥ 连谓：见兔顾犬   浅尝辄止   手到病除   解甲归田

⑦ 兼语：调虎离山   请君入瓮   有口难言   令人神往

2. 复句结构

相当于紧缩复句,除并列关系外,各种关系都有,共九种。例如:

① 承接：稍纵即逝   一见钟情   兵来将挡[1]

② 转折：虽死犹生   不劳而获   未老先衰

③ 因果：曲高和寡   少见多怪   贪小失大

④ 目的：守株待兔   杀鸡儆猴   围魏救赵

⑤ 让步：罄竹难书   百读不厌   插翅难飞

⑥ 假设：有志竟成   操刀必割   除恶务尽

⑦ 条件：百炼成钢   盖棺定论   熟能生巧

⑧ 递进：得陇望蜀   得寸进尺   精益求精

⑨ 取舍：宁死不屈   宁缺毋滥   舍生取义

3. 特殊结构

特殊结构分为两种:嵌数式和重叠式。

① 嵌数式：乱七八糟   五花八门   三长两短   一清二楚

            丢三落四   四平八稳   七零八落   十全十美

② 重叠式：三三两两   口口声声   吞吞吐吐   忸忸怩怩

            大大咧咧   卿卿我我   婆婆妈妈   形形色色

4. 无理结构

无理结构是指无法用一般的句法关系来分析的一些四字格。大致有两种:讹变、省略。

（1）讹变型。比如"逃之夭夭"源自于"桃之夭夭,灼灼其华"(《诗经》),"夭夭"是艳丽繁盛貌,"桃"讹变为"逃"。"半间不界"(尴尬),原指不深刻、

---

〔1〕 承接与连谓的区别在于逻辑上的主语可以不是同一个,少数还用了关联词语"一"。

肤浅(《朱子语类》)。间、界,读音变了,现在吴方言中仍读"尴尬"。

(2) 省略型。比如"依样葫芦"是依样画葫芦的省略式,省略了谓语"画",状语和宾语就搭配在一起了。又如"鲁鱼亥豕(shǐ)",意谓鲁成了鱼、亥成了豕,指文字错误,四个语素并不是并列的。

总之汉语成语绝大多数都可以从内部结构或语义关系上作深入分析的,不能分析结构的成语,数量十分有限,都是具有特殊原因的。

(五) 成语的作用

成语的作用是多方面的,可以从不同的角度去观察。这里着重讲成语的表达作用、表达效果。主要有三点:

1. 言简意赅

成语表达的概念和语义,内涵十分丰富,四个字可以表达相当复杂的思想内容。在实际语言中,成语表达的信息要比一般词语多得多,一个成语往往既可以表示所要表达的实际语义,又能通过字面,传递一种历史文化信息。所以成语用得好,就可以收到言简意赅、事半功倍的效果。比如:

> 我们一定要打破陈规,<u>披荆斩棘</u>,开拓我国科学发展的道路,既<u>异想天开</u>,又实事求是,这是科学工作者特有的风格,让我们在无穷的宇宙长河中去探索无穷的真理吧!(郭沫若《科学的春天》)

由于成语概括力强,信息量大,一些纲目,文章的标题常常使用成语,用得好,显得精炼醒目。例如:

> 玉渊潭三民工触电,<u>十万火急</u>;白衣战士连夜抢救,<u>转危为安</u>。

2. 整齐匀称

成语作为一种四字格的语言形式,非常整齐匀称,可以用来协调句式,恰当地使用成语,不但可以增加文章的整齐感,而且读起来铿锵有力,节奏感强,非常符合汉民族喜欢和谐对称的语言心理。例如:

> 农会会员<u>漫山遍野</u>,<u>一呼百应</u>;土豪劣绅抱头鼠窜,无处躲藏。(毛泽东《湖南农民运动考察报告》)

> 他们无需说话,只要更深地把自己投进物理的世界,在这里<u>披荆斩棘</u>,<u>浴血奋战</u>;<u>专心致志</u>,刻苦攻关。(柯岩《奇异的书简》)

当然也可以整齐与参差相间。比如:

> 总之是没有人去理他,使得他<u>茕茕孑立</u>、<u>形影相吊</u>,没事可做了,只好挟起皮包走路。(毛泽东《别了,司徒雷登》)

3. 生动形象

许多成语本身就是借助于修辞手法构成的,恰当地使用这些成语就可以起到各种修辞效果,比如比喻、夸张、对照、讽刺等等,从而使语言更加生动形象,含蓄活泼,富有感染力,读后令人回味无穷。比如:

真正的铜墙铁壁是什么? 是群众,是千百万真心实意拥护革命的群众。(明喻)

敌人对于我军的积极性总是估计不足,对于自己的力量总是估计过高,虽然他们同时又是惊弓之鸟。(暗喻)

却说那国王倚着龙床,泪如泉涌,直哭到天晚方住。(比喻兼夸张)

因此,自私自利,消极怠工,贪污腐化,风头主义等等,是最可鄙的;而大公无私,积极努力,克己奉公的精神,才是最可尊敬的。(对比)

或作讲演则甲乙丙丁,一二三四的一大串;或作文章,则夸夸其谈一大篇,无实事求是之意,有哗众取宠之心。华而不实,脆而不坚,自以为老子天下第一,"钦差大臣"满天飞。(对照、讽刺)

(六)成语的运用

1. 成语运用的方式

除了一般使用方式外,成语可以活用。

活用,就是为了表达的需要,可以临时打破某些成语的定型结构,加上或减去一些成分,赋予该成语新的意义和色彩。

(1)节略截缩。截取成语的一部分或删除成语中的一些语素,使之更加简洁。比如:

此等追叙,似乎蛇足。(沈德符《万历野获编》)

我恍悟自己的阅历太少。(丰子恺《随感十三则》)

上面分别是画蛇添足和恍然大悟的节缩。

(2)扩展拆离。扩充原成语的结构,截取原成语语素,重新组句。比如:

姑息足以养奸,斩草务必除根。　触景方能生情,耳目为之一新。

取民歌之长,补新诗之短。　幸权门之灾,乐豪家之祸。

事实胜于雄辩,水落自然石出。　作者兴风,编者助澜。

(3)转义借用。活用字面义或改变原成语的感情色彩。比如:

连长又看一看张振武的脚,一双大头鞋"空前绝后"前边露着脚抬

头,后边露着脚后跟。(袁静《伏虎记》)

2. 成语使用的难点

成语使用的难点是运用成语的过程中需要特别注意的一些问题。主要包括三个方面:

(1)深刻理解成语,尤其是其中关键字的含义

对于成语,绝不能望文生义想当然,也不能不求甚解,似懂非懂,一定要了解它的出处。既要了解它的现在意义,也要了解它的过去意义。既要了解实际的意义,又要了解字面意义,尤其是对关键词语的意思。比如:

义愤填膺:膺从月,胸膛;举一反三:反,类推;相形见绌:绌,不足;以邻为壑:壑,大水坑;魂不守舍:舍,身躯;不刊之论:刊,删削;刚愎自用:刚,固执;愎,任性;无稽之谈:稽,根据;差强人意:差,甚、殊,后转化为稍微、大体上还能使人满意;戮力同心:戮,并力,合力;大放厥词:厥,其、他的;暴殄天物:殄,灭绝。

又如:百足之虫死而不僵,僵,倒下。僵不是僵硬,是倒下,由于足多死而不倒。陆游诗句"僵卧孤村不自哀,尚思为国戍轮台"的"僵"是"躺下"的意思。

还要注意成语中的联绵词,不能望文生义,比如:首鼠两端、首施两端:首鼠、首施,迟疑不决、瞻前顾后;虚与委蛇:委蛇,随顺貌,假意殷勤,敷衍应付。这两句成语同鼠和蛇这两动物没有任何关系。

如果不求甚解,就会造成成语误用。比如:某足球教练接受《新民晚报》记者采访时说:"当然,目标没有实现,就必须自食其言,男子汉大丈夫,一言既出,驷马难追。"(《激情教练算错账》,《新民晚报》1997年11月19日第八版)"自食其言"指自己讲过话不算数,不是自己只好被迫兑现自己许下的诺言,意思正好用反了。其实,应该讲必须遵守诺言,或者讲不能自食其言。因为他当时讲的是如果自己所执教的球队冲不上甲A,将立即辞职并且终生不从事教练工作,那时还剩两轮比赛。

(2)注意相近成语之间的各种差异

1)侧重不同

苟且偷生——重在生存;苟且偷安——重在安逸。

心安理得——在于心理舒坦;问心无愧——在于良心不愧。

视而不见——不注意 不留心;熟视无睹——不关心、不重视。

眉开眼笑——欢乐喜笑之意;眉飞色舞——得意兴奋之态。

偷天换日——改变性质,换里不变表;偷梁换柱——改变外表,换表不换里。

左右为难——没有办法不知怎么办;进退两难——遇到困难,处境尴尬。

承前启后——用于学问、传统、事业的继承和开创;承上启下——多用于文章的过渡自然、结构紧凑前后照应。

唇齿相依——比喻关系非常密切,亲密友好,不可分离;唇亡齿寒——强调利害关系一致,相互依存。

又如:日薄西山、日暮途穷、山穷水尽、穷途末路都含有"穷尽"到了尽头的意思。"日薄西山"是比喻衰老的人或腐朽的东西接近死亡;"日暮途穷"比喻没有前途,计穷力尽;"山穷水尽"比喻陷入了困境和绝境;"穷途末路"指走投无路没有出路。此外,"日薄西山"和"山穷水尽"可以用于正面人物,而"日暮途穷"、"穷途末路"只能用于反面人物。

2) 程度轻重

自作自受＜自食其果　　栩栩如生＜惟妙惟肖

沾沾自喜＜洋洋得意　　信口开河＜信口雌黄

箭在弦上＜一触即发＜千钧一发　　手足无措＜束手无策

阮囊羞涩＜囊空如洗＜家徒四壁＜一贫如洗

自以为是＜自命不凡＜目空一切＜不可一世

3) 褒贬色彩

跃跃欲试——蠢蠢欲动　　千方百计——挖空心思

侃侃而谈——夸夸其谈　　重整旗鼓——卷土重来

无与伦比——无以复加　　见机行事——看风使舵

扬眉吐气——趾高气扬　　任劳任怨——逆来顺受

忠心耿耿——死心塌地　　再接再厉——变本加厉

独树一帜——别出心裁　　各抒己见——各执一词

4) 语体色彩　(文言—通用)

失之交臂——当面错过　　向壁虚造——闭门造车

殚思竭虑——苦思冥想　　车殆马烦——人困马乏

毫厘不爽——分毫不差　　众说纷纭——七嘴八舌

5）搭配对象

比如同样是指"静"，"万籁俱寂"是指自然环境，没有一点声音；"鸦雀无声"指人物环境，指许多人在一起不发出声音。同样是指粗心、马虎，"粗心大意"指思想作风，为人粗心不拘小节，"粗枝大叶"指工作作风、办事不细心马马虎虎。同样是形容"多"，"成千上万"指人多；"汗牛充栋"指书多；"触目皆是"指同类事物现象就在眼前，到处都是；"比比皆是"，比比，到处，指同类事物和现象出现的范围广，哪儿都有；"俯拾即是"指同类事物现象很多，得来非常容易。"不胜枚举"指同类例子多，举不过来；"不可胜数"指同类事物现象数量多，数不过来。"络绎不绝"指时间先后相续，同类的事物不断出现；"鳞次栉比"指空间的共时排列，连绵不断。"罄竹难书"指罪行罪恶多，重在写不尽；"擢发难数"也指罪行、罪恶多，重在数不清。

6）理据色彩

白云苍狗—变化无常	水落石出—真相大白
非驴非马—不伦不类	风雨同舟—同甘共苦
俯首贴耳—低三下四	饕餮成性—贪得无厌

前者有形象色彩，后者无；前者有文化内涵，后者无。两个成语常常一起连用。

（3）注意成语的字形和读音

先看字形（括号内是错的）：

按部（步）就班	变本加厉（利）	不假（加）思索	高屋建瓴（领）
既往不咎（究）	草菅（管）人命	各行其是（事）	大声疾（急）呼
一筹（愁）莫展	走投（头）无路	处心积（极）虑	并驾齐驱（躯）
川（穿）流不息	陈词滥（烂）调	痴心妄（忘）想	动辄（辙）得咎
断章取义（意）	风靡（糜）一时	趋之若鹜（骛）	鬼蜮伎（技）俩
汗流浃（夹）背	鞠躬尽瘁（粹）	戒骄戒躁（燥）	坚韧（忍）不拔
拾金不昧（味）	昙（坛）花一现	完璧（壁）归赵	喧（宣）宾夺主
提（题）纲挈领	响彻云霄（宵）	原形毕（必）露	直截（接）了当
趾（扯）高气扬	支（枝）离破碎	缘（援）木求鱼	班（搬）门弄斧
振振（陈）有词	责无旁贷（代）	偃（掩）旗息鼓	一枕黄粱（梁）
真相（象）大白	好高骛（鹜）远	治丝益棼（纹）	焕（涣）然一新

有些成语本来就有两种或两种以上的写法：好高骛（务）远、夫唱（倡）妇

随、喜气洋洋(扬扬)、如雷贯(灌)耳,括号内的写法也可以,也能讲通,但不常用,而且意思也不完全一样。

有些成语经常写错,就积非成是了。有两种情况:一种是现在两种写法都算对,意思也无明显差别;可以称之为正体和变体。如:

蛊(鼓)惑人心　名不副(符)实　装腔作(做)势　琅琅(朗朗)上口

另一种是两种写法都对,但意思略有差别。如:前仆后继一前赴后继,仆,倒下,赴,前往;固步自封一故步自封,固,停止,故,原来;反唇相稽一反唇相讥,稽,计较、责问,讥,讽刺指责;莫名其妙一莫明其妙,名,说出来,明,知道;发愤图强一发奋图强,发愤,下决心,发奋,振作奋起。至于"唾手可得"和"垂手可得"意思就差得很远了。

上面是字形,下面是读音(括号内是正确的读音):

安然无恙(yàng)	稗官野史(bài)	别出机杼(zhù)
瞠目结舌(chēng)	咄咄逼人(duō)	风驰电掣(chè)
风声鹤唳(lì)	河清难俟(sì)	怙恶不悛(hù quān)
恪守不渝(kè)	苦心孤诣(yì)	万马齐喑(yīn)
一抔黄土(póu)	倾箱倒箧(qiè)	涸泽而渔(hé)
不稂不莠(láng yǒu)	喟然长叹(kuì)	呶呶不休(náo)
皮开肉绽(zhàn)	强词夺理(qiǎng)	恃才傲物(shì)
畏葸不前(xǐ)	振聋发聩(kuì)	纵横捭阖(bǎi)
谆谆教导(zhūn)	惴惴不安(zhuì)	否极泰来(pǐ)
心广体胖(pán)	信手拈来(niān)	趑趄不前(zī jū)
未雨绸缪(móu)	为虎作伥(chāng)	一蹴而就(cù)
一暴十寒(pù)	被发文身(pī)	济济一堂(jǐ)
多财善贾(gǔ)	啼饥号寒(háo)	向日衣绣(yì)

二、惯用语和歇后语

(一)惯用语

惯用语是指人们口语中短小定型的习惯用语。它有四个特点:

1. 多样

惯用语的结构形式灵活多样,富于变化。与成语形成了鲜明的对照。从音节上看,三音节较多,比如:半瓶醋、长舌妇、开倒车、放空炮、走过场、敲边鼓。但四、五、六、七、八个音节的也不少。比如:吃定心丸、捅马蜂窝、好戏在后头、蚂蚁啃骨头、井水不犯河水、生米煮成熟饭、死马当作活马医、不蒸包子争口气、捡到篮子里都是菜、半路杀出个程咬金。

2. 形象

惯用语在语义上很少用抽象的字眼来描绘事物,说明道理,而是用比喻。比如:蜻蜓点水——比喻人们做事不深入,不踏实;胡子眉毛一把抓——比喻做事不分轻重缓急;快刀斩乱麻——比喻做事迅速果断,速战速决。都很形象。

3. 上口

惯用语在风格上总的特点是浅显易懂,具有鲜明的口语色彩,这也与成语相反。绝大多数惯用语一看就懂,一听就会,大都带有一些调皮幽默的色彩,当然有时也免不了粗俗土气。其口语性主要表现在用词和结构两方面。比如:捏一把汗,吃哑巴亏,打小算盘,揭不开锅,勒紧裤腰带,摸老虎屁股。在结构上就是可长可短,可分可合,十分灵活。此外,惯用语所用比喻的喻体也都是十分通俗易懂的。

4. 灵活

惯用语在使用过程中,结构形式可以随着表达的需要而改变。比如:①换字。脚踩/踏/登两只船;赶/打/拿鸭子上架。②加字。碰(了一个软)钉子;拉(自己老婆的)后腿;出(什么)洋相。③重叠。敲敲边鼓;咬咬耳朵;耍耍鬼把戏;打打小算盘。④变序。高调好唱,事情难办;给她小鞋穿;墙脚早已被挖掉了;我看你是鬼把心窍给迷住了。当然,灵活性是相对的,换字、加字、重叠、变序并不能从根本上改变该惯用语,所以它还是一种定型的短语。比如说成"赶野鸡上架"、"碰了一个螺丝钉"、"拉老婆的手臂"就不是惯用语了,因为这样是从根本上拆散、改变了惯用语。

(二) 歇后语

歇后语是由近似谜面、谜底两部分组成的带有隐语性质的口头语。可以分为两类:喻义的和谐音的。

(1) 喻义的歇后语前一部分是一个比喻,后一部分是对它的解释。后面的解释又可分为字面义和转化义两个小类。

字面义就是对比喻的直接说明。比如:

八仙过海——各显神通　　小和尚念经——有口无心
狗逮耗子——多管闲事　　大海里捞针——没处寻找

　　　　泥菩萨过江——自身难保　　老牛追兔子——有劲使不上

转化义是字面义的引申和使用范围的扩大或改变：

　　　　石板上钉钉子——硬碰硬　　骑着毛驴看唱本——走着瞧

　　　　快刀切豆腐——两面光　　　擀面杖吹火——一窍不通

　　　　懒婆娘的裹脚——又臭又长　大路边上的电线杆——靠边站

　　从形式上看，前后两个部分一般各是一个短语，但有时也可以是一个词，一条成语。比如：

　　　　铁公鸡——一毛不拔　　　玻璃球——又圆又滑

　　　　发高烧不出汗——胡说　　穿孝衣拜天地——悲喜交加

　　(2) 谐音的歇后语后一部分借助于与前一部分同音和音近的关系来表达意思，又是一种言在此而意在彼的双关修辞方式。下面括号中才是真正要表达的意思：

　　　　和尚打伞——无发（法）无天　外甥打灯笼——照舅（旧）

　　　　小葱拌豆腐——一青（清）二白　卖布不带尺子——存心不量（良）

　　　　上鞋不用锥子——针（真）好　窗口吹喇叭——鸣（名）声在外

　　　　老虎拉辗子——谁赶（敢）　纸糊的琵琶——弹（谈）不得

歇后语有三个特点：

1. 依存性

　　从组合形式看，歇后语都是由前后两部分互相依存的，无论是喻义的还是谐音的。当然在具体使用时后一部分可以省略或隐含，但表达的实际意思还在于这省略或隐含的这一部分。比如：

　　　　你山水不用对我这么客气，给我磕头，我也不会把侄女给你，哼，黄鼠狼给鸡拜年（没安好心）。

　　　　你原是个老贫农，合森又是咱部队上的干部，你这样做，不是大水冲倒龙王庙吗（自家人不认自家人）？

2. 民族性

　　同成语一样，歇后语的构成材料大都同汉民族的文化、历史习俗有关，具有较强的民族文化色彩。比如：

　　　　韩信点兵——多多益善　苏州买了扬州卖——不图赚钱光图快

　　　　李双双死丈夫——没喜旺（希望）了　梁山的军师——吴（无）用

3. 通俗性

歇后语一般都用于口头上和一些通俗的文艺作品中。通俗易懂、生动形象、新巧活泼。比如：

看你，隔着门缝儿瞧人（把人看扁了），我可是河边生河边长的。

他是个抱着元宝跳井（舍命不舍财）的老财阀。

通俗性的优点是浅近又不失巧妙，俏皮又略带幽默，因此深受老百姓的喜爱。缺点是不严肃、不庄重，所以正规的公文、政论文、科学论文中不宜使用歇后语，至于那些低级趣味、思想不健康的歇后语更是不能乱用，比如：光屁股坐板凳——有板有眼，拉尿攥拳头——暗中使劲。有些歇后语用了会伤害民族感情，比如：老回子拾了一个猪蹄子——吃也不是，扔也不是。这样的最好别用。

（三）成语同其他熟语的区别和联系

成语同惯用语、歇后语也有一个划界问题。

1. 成语与惯用语

两者既有区别又有联系，有时有交叉重合现象。在形式上成语多为四字格，惯用语多为三字格。比如：

开倒车——倒行逆施　　随大流——随波逐流

放空炮——坐而论道　　抱粗腿——趋炎附势

同为四字格时，惯用语多为 1＋3、3＋1 式，如：打一落水狗、眼皮子一浅；成语多为 2＋2 式，如：穷追一不舍、鼠目一寸光。

在语源上成语多有出处，惯用语均无出处；语义上成语有褒有贬，惯用语贬多褒少；在风格上成语庄重典雅，惯用语活泼随便；在结构上，成语定型凝固，惯用语灵活自由。

对于有些固定词语，存在着不同的看法，一般说来，凡形式整齐、语源明确的归入成语，反之归入惯用语。试比较：

烈火真金——真金不怕火烧

说一不二——说一是一，说二是二

至于"一言堂"、"一窝蜂"、"一溜烟"、"热锅上的蚂蚁"、"捏一把汗"、"驴头不对马嘴"等，从形式和语源看，似是应归入惯用语[1]。

---

〔1〕《中国成语大词典》作为成语收录。

2. 成语与歇后语

歇后必须有两部分组成,同成语差距较大,不易混淆;两者的风格色彩也很不相同。比如:

> 针尖对麦芒,尖对尖——针锋相对 蛤蟆撵鸭子,找死——自取灭亡

> 竹篮打水,一场空——一枕黄粱 搬起石头砸自己的脚,自找苦吃——自作自受

但成语也可以充当歇后语的某一构件。有人统计了 2240 条歇后语,其中有 197 条用了成语,占 9%。比如:

> 铁公鸡——一毛不拔 耗子钻书橱——咬文嚼字

> 擀面杖吹火——一窍不通 上了膛的子弹——一触即发

大都是成语在后面部分,也可以前后都用成语。如:

> 逆水行舟——不进则退 掩耳盗铃——自欺欺人

> 瓮中捉鳖——十拿九稳 飞蛾投火——自取灭亡

> 韩信点兵——多多益善 蚂蚁撼树——不自量力

这种含有成语的歇后语,从前后关系看,还是应归入歇后语。

三、类固定词语

类固定词语主要是指一些准凝固性的四字格短语,当然也可以包括一些非四字格的固定格式。四字格类固定词语有以下两个方面的特点。

首先,在结构上,既有固定的语型部分,又有可变的替换成分。例如:

爱 X 不 X:爱理不理	爱看不看	爱信不信	爱给不给
没 X 没 Y:没大没小	没完没了	没心没肺	没日没夜
不 X 不 Y:不三不四	不上不下	不男不女	不清不楚
大 X 大 Y:大鱼大肉	大智大勇	大灾大难	大是大非
半 X 半 Y:半工半农	半哄半劝	半死半活	半神半鬼
百 X 不 Y:百玩不厌	百看不厌	百吃不腻	百治不愈
X 东 Y 西:指东打西	拆东补西	说东道西	指东划西
X 头 X 脑:傻头傻脑	鬼头鬼脑	虎头虎脑	贼头贼脑

其次,在意义上,固定部分规定了整个短语的格式义和关系义,可变部分表示了整个短语的具体义和实用义;两者配合互补,相辅相成。例如:

七 X 八 X：七说八说　　七改八改　　七问八问　　七搭八搭
四 X 八 Y：四通八达　　四乡八邻　　四邻八舍　　四仰八叉
七 X 八 Y：七拼八凑　　七灾八难　　七拐八弯　　七死八活
前 X 后 Y：前思后想　　前堵后追　　前呼后应　　前松后紧
X 言 Y 语：闲言碎语　　胡言乱语　　慢言细语　　片言只语
X 天 Y 地：哭天号地　　喊天叫地　　铺天盖地　　冰天雪地

　　类固定词语与成语既有联系，又有区别。联系是指，有些类固定词语随着可变部分使用的经常化，搭配关系的凝固化而渐趋定型，就变成了成语。比如：

声东击西　　顶天立地　　半推半就　　七手八脚　　百折不挠
百思不解　　豪言壮语　　花言巧语　　前俯后仰　　前仆后继
欢天喜地　　花天酒地　　惊天动地　　四面八方　　七嘴八舌

　　区别是指，类固定词语的可变部分都是可以有限替换的，所表示的语义大都是字面意思，而不像成语那样结构凝固，语义浓缩，常常言在此而意在彼。值得注意的是，有些类固定词语是分别由两种语型组合而成的。比如：

前言后语　　不言不语　　胡言乱语　　千言万语　　七言八语　　没头
没脑

这几个类固定词语既可以认为是由语型前 X 后 Y、不 X 不 Y、胡 X 乱 Y、千 X 万 Y、七 X 八 X、没 X 没 Y 构成的，也可以认为是由语型 X 言 Y 语、X 头 X 脑构成的。这种双重格式的叠合也是类固定词语有别于成语和其他单词的独特之处。

　　在汉语词汇体系中，类固定词语是介乎于成语和单词之间的重要一环，是一种正在形成和发展中的特殊的词汇现象。据统计，在整个词汇系统中，四字格的类固定词语占有相当高的比率，而且其能产性还比较强。下面是一些常见的语型：

边……边……　　各……各……　　忽……忽……　　屡……屡……
无……无……　　可……可……　　有……有……　　且……且……
现……现……　　相……相……　　小……小……　　是……是……
或……或……　　随……随……　　如……如……　　若……若……
似……似……　　非……非……　　乱……乱……　　一……一……
越……越……　　自……自……　　愈……愈……　　时……时……

紧……慢……	得……且……	说……道……	死……活……
似……非……	缺……少……	胡……乱……	既……又……
连……带……	千……百……	屡……不……	明……暗……
一……二……	一……不……	一……半……	半……不……
不……而……	大……特……	……模……样	……眉……眼
……腔……调	……心……意	……手……脚	……声……气
……思……想	……三……四	……七……八	……来……去
……前……后	……上……下		

从另一个角度看,由于各种类固定词语的凝固程度、搭配能力、表达作用和使用频率各不相同,情况比较复杂,所以,掌握和熟悉这些类固定词语,不但能够更为有效地理解和驾御汉语的语汇,而且对于自然语言的计算机处理,也是一条重要的途径。

思考题

1. 汉语成语的特点有哪些？成语的来源主要有哪几个方面？

2. 运用成语的方式有哪几种？使用成语应该注意哪些问题？

3. 惯用语、歇后语同成语相比,各有哪些特点？

4. 现代汉语中的类固定短语的结构特点是什么？类固定短语同成语的区别有哪些？

5. 汉语的语音、文字和语法三方面的特点对汉语词汇的影响表现在哪里？

第四章 语 法

第一节 语 法 概 说

一、什么是语法

语法是语言的结构规律,即词、短语、句子等语言单位的结构规律。我们理解一个句子,不但要懂得该句子每一个词所表示的词汇意义和语义关系,还要了解语言单位之间的结构关系、组合层次、分布位置以及词类的功能,也就是语法意义。词汇意义所反映的是客观事物及其相互之间的联系,以一定的客观事物和现象作为概括的对象,而语法意义所反映的是语言单位——词、短语、句子的功能和性质特征及其相互之间的关系,语法以语言结构为概括的对象。比如:

> 什么事情让你们这么高兴?
> 高高兴兴而来,平平安安而去!
> 快告诉我,让我也高兴高兴。

说汉语的人都知道用"gāo xìng"[kau⁵⁵ ɕiŋ⁵¹]这组声音来表达"愉快而兴奋"的意思。所以,这三个句子中"高兴"的词汇意义是基本一致的,但语法意义却各不相同。"高兴"是基本形式;"高高兴兴"是性质形容词的 AABB 重叠式,表示程度的加深;而"高兴高兴"是某些动态形容词的 ABAB 重叠式,表示使某人获得某种体验或感受。

语法意义同词汇意义具有本质的区别,词汇意义具体实在,要想扩大词汇量,就必须一个一个地去学、去记,所以叫做积累词汇。而语法意义抽象概括,一条规律往往可以概括一大批同类语言现象。比如说一部分比较常用的双音节性质形容词的重叠形式是 AABB 式,表示程度加深,那么,除了可以说"高高兴兴上班去"以外,自然也可以说"漂漂亮亮地打了一个大胜仗"，"大大方方地登上了讲台"，"密密麻麻地写满了字"，"干干净净地上托儿所"等等。当然，AABB 式是部分褒义和中性义性质形容词的重叠形式。如果是贬义的，一般要用 A 里 AB 式，比如"啰里啰唆"、"糊里糊涂"、"流里流气"等。同样，部分动态形容词可以以 ABAB 方式重叠，所以除了可以说"高兴高兴"以外，也可以说"凉快凉快"、"舒服舒服"、"轻松轻松"等。

　　语法分为词法和句法两个部分。词法研究的范围包括词的语法分类、词的分布和功能等语法特征。上面讲"高兴"的变化就属于词法范畴的。句法的研究范围包括短语、句子的结构类型、组合搭配的规律及其表达功用等。比如：

　　　　空气新鲜（主谓）—新鲜空气（偏正）

　　　　市场繁荣（主谓）—繁荣市场（述宾）

　　　　撰写文章（述宾）—撰写的文章（偏正）

　　　　孩子脾气（比况）—孩子的脾气（领属）

　　　　我们老师（同位/偏正）—我们的老师（偏正）

　　　　学习文件（述宾/偏正）—学习的文件（偏正）

语序的变化和虚词的增加导致了结构或语义的改变。这些属于短语的语法结构规律。再比如：

　　　　＊请你把一支钢笔递给我。　＊你把废纸果皮不该乱扔。

　　　　＊她把孩子又想念了一次。　＊如果渴了，你就把茶喝。

　　为什么上面四个"把"字句都是错误的呢？凭语感人们都可能讲出一些，但学了语法以后，就可以比较准确地指出这些句子错在何处了。上面四句分别违反了使用一般"把"字句所须要遵循的四个方面的规范：①"把"字宾语应该是定指的至少是已知的；②否定词和助动词应当位于"把"字前面；③动词的词义必须具有一定的处置意味；④动词后面还要有其他成分以表示结果。

　　还需要指出的是："语法"这个术语，实际上有两种含义。首先，语法是语言的结构规律，是存在于语言深层的客观规律和变化规则。这种规律是不以人们的主观意志为转移的，它随着语言的产生而产生，发展而发展。其次，语法又可以指语法学和语法书。语法学是研究语言结构规律的科学，是人们对客观的语法规律的主观认识和说明。语法书是语法研究成果的记录，因而也属于语法学的范围。比较而言，上述前一种含义具有客观性，后一种含义具有主观性。两者的关系是，客观的现象、规律是基础，主观认识必须以客观事实作为依据;主观的认识是一门科学,客观事实必须通过主观认识而得到提炼、归纳和整理。

国外有人将语法(grammar)用在更大的范围上,认为语法不但包括词语的结构关系和变化规律,而且还包括语音、语义的规律,这就是广义的语法。在广义语法中,一般所说的语法,即狭义的语法被叫做句法(syntax)。

总之,"语法"这一术语既有客观和主观这两个方面,又有和狭义广义两个层次。而本书所说的语法是狭义的语法,既有汉语的语言事实为基础,又融入了编写者的主观认识。

二、语法学的种类

一门学科分支学科的建立,总是同它的研究方法、目的、对象密切相关的。由于研究的方法、理论、对象的不同,语法学可以分成若干种类。

1. 从研究者采用的方法看,语法可以分为比较语法(comparative grammar)和描写语法(descriptive grammar)

比较语法又称历史比较语法,主要指的是亲属关系语言之间的比较,此类语法兴盛于 19 世纪的欧洲,主要是比较印欧语系内部各亲属语言之间的关系。比如:

英语	古英语	德语	法语	拉丁语	梵语
father	fadar	Vater	père	pater	pitā

亲属语言的比较研究,可以揭示出语言形成和发展的历史过程,对民族学、人类学、历史学都具有重要的价值。同样,对方言的历史,也可以进行比较研究。比如同一个"三":

北京话	上海话	福州话	广州话
[san^{55}]	[sɛ]	[saŋ]	[sam]

方言内部的比较研究,对于了解民族共同语的形成和发展,具有重要的意义。

描写语法重在研究某一语言在发展过程中一定时期的语法构造。描写语法主要是对语言体系作断面的、静态的客观描写。一般说来,描写的都是现、当代的语言。描写语法通过详尽仔细的描写和分析,把人们实际使用的语言的语法构造非常清楚地刻画了出来。尽管由于受时代背景、自身理论的局限,所描写的规律不一定完全符合客观实际,但不管怎么讲,描写语法在建立语法体系和分析语言结构这两个方面的作用是极为重要的。

2. 从研究者的理论背景看,有传统语法(traditional grammar)、结构主义语法(structural grammar)和转换生成语法(transformational generative grammar)等

传统语法主要指 18 世纪以来直到当前学校中所使用的一些术语、概念、规则和理论。传统语法来源于古希腊、拉丁语法。传统语法的特点之一就是把语法分为词法和句法两部分,词法主要讲词形变化,句法主要讲造句法。传统语法一般都是以规则为纲,较少注重活的口语和习惯用法。不过,由于长期使用于教学,积累了许多正确运用语言的规则,所以还是很有价值的。而且,传统语所使用的术语,人们一般都较为熟悉,因而比较便于学习和推广。传统语法很注重词类同句法成分的对应关系,比如:名-主、宾-动-谓、形-定、副-状。这种对应关系在印欧语系诸语言中具有一定的普遍性,在汉语中则不一定可行。比如"<u>去</u>也可以,<u>不去</u>也可以,随便你"、"今天<u>星期天</u>,昨天<u>星期六</u>"两句分别是动词做主语,名词做谓语。在析句方法上,传统语法重视句子的格局、主干,要求找出中心词,认为其他成分都是依附于中心词的。这种方法对分析句子的基本格式是很有用的,但难以看出句子的层次,譬如"(于福的)<u>老婆</u>是(小芹的)<u>娘</u>。<u>他</u>[昨天晚上]吃〈坏〉了<u>肚子</u>。"这样分析出来句子的基本格局显然同句子的原义不符。传统语法在语法教学方面一直占有比较重要的地位。早年的英语语法都是以传统语法为背景的。多年来,在我国中学里所教的语法知识也主要是以传统语法为背景和基础的。

美国的布龙菲尔德是结构主义的集大成者,他的经典名著《语言论》出版于 1933 年,对后代产生了巨大的影响。在我国,丁声树、吕叔湘等人合写的《现代汉语语法讲话》(1961)是成功地运用结构主义方法写成的重要的汉语语法著作。赵元任 1968 年在美国出版的 A Grammar of Spoken Chinese (吕叔湘译为《汉语口语语法》,1979)是汉语结构主义语法的名著。结构主义语法强调语言结构中成分之间的对应关系,重视语法体系的系统性和严密性,对于语法单位的分类主张以形式标志和功能分布为依据,反对从意义出发。在析句方法上,采用直接成分分析法,强调语言单位的层次性,比如,同样是定中关系的偏正短语,运用结构主义的层次分析法就要比传统语法的析句方法更为科学,也更加清楚明了:

(我的)(那件)(新买的)(米色)(短袖)(真丝)衬衫

我的那件新买的米色短袖真丝衬衫
_____
　　_____
　　　　_____
　　　　　　_____
　　　　　　　　_____
　　　　　　　　　　_____

　　总之,结构主义对语言的描写十分详细,重视语言的层次性和系统性,讲求分布、替换、对立、互补等研究方法,具有很多优点。但是它不从语言运用的角度研究言语,只重视形式和分布、注重语言的结构而不重视语言的变化,也存在着一定的局限。

　　转换生成语法是由美国的乔姆斯基开创的。他于 1957 年出版了 Syntactic Structures(《句法结构》),1965 年又出版了 Aspects of the Theory of Syntax(《句法理论若干问题》),从而奠定了这一理论的基础。乔姆斯基认为仅仅描写语言的使用形式即语言行为是不够的,应该说明隐藏在这种行为后面的人类普遍而又特有的语言能力。一个掌握了某种语言的人,能够听懂和造出他从来没有接触过的句子,就在于他具有这种语言能力。他认为语言是由深层转向表层的。转换语法强调以有限的规则造出无限的合格的句子,强调形式与意义的结合,动态与静态的结合。转换生成语法对语言具有一定的解释力,对心理学、数理逻辑、计算机语言处理也具重要的作用。不过,由于该语法的创始人乔姆斯基不断修正自己的理论——他在 1965 年提出标准理论后,1970 前后提出扩展的标准理论,此后又不断地提出了支配和约束理论、最简方案等等。而且,他的那套转换规则比较抽象、繁琐,所以转换语法对语法教学影响不大。用转换生成语法理论写成的汉语语法论著较少,其中比较重要的有徐烈炯、黄正德、日本的桥本·安妮等人写的语法论文和著作。

　　除上面所说的三种语法理论外,乔姆斯基以后西方又出现了许多语法理论,比如格语法、蒙塔古语法、配价语法、认知语法、系统功能语法、短语结构语法等等。这些语法也都在某些方面对汉语语法的研究和教学产生过一定程度的影响。

　　3. 从研究对象的范围看,有普通语法和个别语法之分

　　普通语法指适用于各种语言的普遍性原则。个别语法指某种语言的语法规律。常见的语法都是个别语法。比如我国第一部语法《马氏文通》就是一部个别语法,专讲古代汉语的历史语法。而 R·夸克等人合编的 A Com-

prehensive Grammar of English Language(《英语语法大全》)自然是英语的
个别语法。普通语法大多是一种语言哲学理论,比如法国 17 世纪的《普遍
唯理语法》就是一部重要的普通语法著作。再比如前面提到的乔姆斯基,他
认为句子是从潜存于人脑的深层结构通过对语音和语义的处理而转换为表
层的,并且认为这一理论适用于人类一切语言,所以转换生成语法也是普通
语法。普通语法和个别语法是一般和特殊的关系。了解了一些普遍性较大
的语法现象,当然有助于对个别语言的语法现象的研究和观察。而深入地
研究和观察一些个别语言的语法现象,自然也有助于深化普通语法的理论。
在欧美,多年来总有相当一些人致力于普通语法的研究,成果还不算少,缺
点是这些语法家大都对非印欧语系的语言不太熟悉,所总结的一些规律有时
并不一定适用于汉语。中国在普通语法理论方面还比较滞后,这同汉语自身
的特点以及近百年来中国的语法研究发展史,乃至社会历史状况都有关。既
然对自己的母语研究还不够深入、系统,自然谈不上研究人类一切语言的语
法规则了。不过,这种状况自上个世纪 80 年代以来正在慢慢地改变。

　　综合以上所述,语法学的种类及其相互关系,可以大致归纳如下:

$$语法\begin{cases}研究所用的方法:比较、描写\\研究的理论背景:传统、结构、转换生成\\研究对象的范围:普通、个别\end{cases}$$

　　除了上面所说的语法分类以外,还可以有其他的一些分类的角度。

　　比如从研究所切入的角度看,有历时语法(diachronic grammar)和共时
语法(synchronic grammar) 之分。历时语法主要在于述古以明今,共时语
法主要在于述今以明用。具体地讲,历时语法的研究目的就在于追溯语言
的历史发展,研究语言的演变规律,从纵向的角度切入研究语言的发展变
化。通过历时的研究可以解释现在和预测未来。如丹麦的奥·叶斯帕森的
《近代英语语法》、我国杨伯峻、何乐士的《古汉语语法及其发展》就是典型的
历时语法专著。共时语法着眼于当代活的语言,从横向的角度切入研究语
言的结构规律,以指导语言的实践。R·夸克等人编著的 A Grammar of
Contemporary English(《当代英语语法》)、我国的《现代汉语语法讲话》(丁
声树等)、《语法讲义》(朱德熙)都是典型的共时语法著作。历时和共时是可
以相互交叉的:共时研究也可以以历史上某一个时代的语言为研究的对象,
而历时研究则可以一直追述到现当代。

　　从研究者的教育目的看,有理论语法、教学语法和习惯语法之分。理论语法又叫专家语法。理论语法主要是对语法问题进行专门的探索与研究,揭示语言中尚未被认识或认识不够充分的语法规则,探讨语法的研究方法和理论。如王力的《中国语法理论》、高名凯的《汉语语法论》、朱德熙的《语法答问》。有些理论语法著作旁征博引,提出许多问题而不作结论,如吕叔湘的《汉语语法分析问题》。

　　教学语法是在语法教学中使用的语法学及其语法书,一般指在中小学传授本国语时使用的语法,所以,教学语法又叫"学校语法"。教学语法的主要任务是向中、小学生传授基本语法知识,进行规范化的语言教育,教育学生学好、用好母语:写得正确、说得正确、用得正确。比如我国上世纪50年代中和80年代初分别制订的《暂拟汉语教学语法系统》和《中学教学语法系统提要(试用)》就是典型的教学语法。

　　一般说来,教学语法大多是规定性的,而专家语法大多是描写性的。教学语法往往会沿用旧的术语和体系,采用已有定论的或折中的说法,因而多接近于传统语法。理论语法大多比较激进,往往刻意求新,显得很有主见,所以往往借助于新的语法理论。总的说来,理论语法具有较高的学术价值,但传播的范围有限;教学法语法具有较强的实用价值,但较少创新和发展;两者各有自身的价值,相辅相成。

　　习惯语法又称"参考语法",这种语法主要是详细地记载某一语言中的习惯用法(usage)。参考语法一般不求系统和无须创新,只是尊重语言事实,尽可能地条分缕析,详加说明。参考语法对本民族的人来讲,用处不是很大,因为本民族人从小浸润在母语中,对各种习惯虽然讲不出什么道理,但用起来一般不会出错。比如英语说 an ox、a pig、a horse、a sheep、a fish,而汉语却要分别说成:一头牛、一口猪、一匹马、一只羊、一条鱼。这种语法对外国学生学习非本族语特别有用。参考语法必须一条一条规则地讲,所以往往分得很细,篇幅巨大,所编成的成果与其说像一本教科书,不如说像一本词典。英国的荷恩比等编写的 English Sentence Patterns and Usage 就是非常实用的英语参考语法。而我国吕叔湘主编的《现代汉语八百词》则是现代汉语最重要的参考语法书。

　　当然,上面所讲的语法学分类都是交叉的,一种语法体系、一本语法书往往可以从多个角度去观察。反过来,有些语法书的特征并非都是很明显的,介于两者之间的情况也是常有的。比如大学里学的语法既不是严格意义上的专家语法,但也不同于中学里所学的教学语法——大学《现代汉语》的语法部分既反映了编写者的语法观,又考虑到同中学语法体系的衔接、学生的接受程度及实用价值,是一种折中的语法。

三、语法的性质

对于语法的性质,可以从三个方面来认识。

1. 概括性

语法是抽象的,语法规则具有高度的统摄性。一种语言中具体的词汇成员数量巨大,具体的句子数量更是无穷无尽,而语法类别和语法格式的数量却相当有限。人们掌握了有限的语法规则和语法格式,就可以控制数量巨大的词汇成员,造出无数的各式各样的句子,表示无限多样、丰富多彩的意思,从而使得复杂的语言交际成为可能。

为了概括说明句子的构成、变化、分类,就要说明词和短语的构成、变化、分类;为了说明短语,也要对各种词的性质做出概括。语法规则不仅适用于具体的词语,而且还适用于各种各样的短语和句法格式。

那么,语法是怎样从语言事实中抽象、概括规则的呢?具体的方法就是组合和聚合。

组合关系是线形序列中依次出现的语法成分之间内在结构关系。合成词是语素的组合,短语是词的组合,句子是词、短语的组合。汉语的组合手段有两类,一是靠语序,如"奶牛/牛奶"、"神经中枢/中枢神经",二是靠虚词,如"人民英雄/人民的英雄"、"服务社会/为社会服务"、"天气凉了,要多穿些衣服/因为天气凉了,所以要多穿些衣服"。

聚合关系是各级语法成分组合过程中所形成的同类相聚的类别关系。在语素层级上,词根是一个聚合,词缀又是一个聚合;在词的层次上,各级别的词类,实词、虚词;名词、动词、形容词等等,就是大大小小的聚合。为了说明组合和聚合,下面举两个例子:

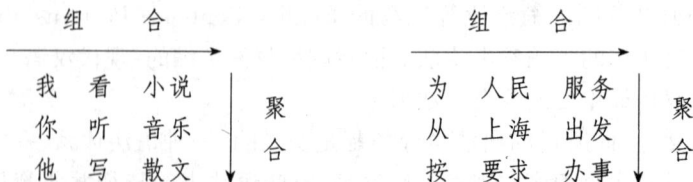

组　　　合 →			聚合
我	看	小说	聚
你	听	音乐	合
他	写	散文	

组　　　合 →			聚合
为	人民	服务	聚
从	上海	出发	合
按	要求	办事	

上面横看是组合关系,竖看就是聚合关系;相同的组合关系形成了一个个词

类的聚合。

弄清了组合关系和聚合关系,就可以得到词语类别和结构模式。语法所研究的就是揭示各种词语类别的性质和说明各种语义关系不同的结构模式,说明组合的类与聚合的类及其相互关系,而一般不管具体的意义。正因为语法具有抽象的概括性,所以从语法的角度看,"我看小说"、"你听音乐"、"他写散文"的语法意义都是一样的。

2. 层次性

层次是指语言单位的组合,不是处于同一平面的,而是内部有主次、松紧之分,有层次、有套叠的。语言单位组合在一起,基本上都是层层套叠,两两组合的。除了一些特殊的结构单位外,无论多么复杂的语言单位,都是由"直接成分"(immediate constituent)组成的,而直接成分本身又往往又是由更小的直接成分组成的。比如:

(生物遗传学家们)非常/深入地/研究了/杂交/玉米的/退化

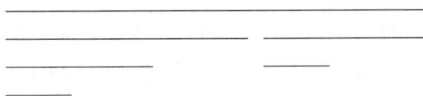

这就表明语言的组合是有层次性的。其实,"非常、深入、研究、杂交、玉米、退化"内部也是由两个"直接成分"构成的,但这是属于构词法范畴,而通常认为是属于词汇学范围的。

直接成分通常都是两个成分互相对应的,但联合短语、连谓短语是例外,它们的直接成分可以是两个,也可以不止两个,甚至多达七八个,十多个。

正因为语法具有层次性,所以句子中的词语就可以有限递归。例如,名词前加定语构成偏正短语,再以偏正短语为中心语,前加定语,也就是以整个偏正短语替换中心名词,构成扩展了的更大的偏正短语。从理论上讲,这种替换可以无限制地扩展下去,但是在语法上,这种递归是有限的,一般不会超过 7 项。通过不断的递归,句法结构的层次越来越多,结构关系由简单变复杂,从而满足了表达复杂的思想内容的需要。比如:

衬衫→真丝衬衫→短袖真丝衬衫→米色短袖真丝衬衫→新买的米色短袖真丝衬衫→那件新买的米色短袖真丝衬衫→我的那件新买的米色短袖真丝衬衫

3. 民族性

任何一种语法都是成体系的,是有条理的整体,都是由聚合关系和组合关系构成的规则系统。语法体系同语法一样,也有两层含义,一是客观性的语法体系,一种语言只有一个。一是语法学家的语法体系,这种体系带有主观因素,一种语言可以有许多大同小异的主观性语法体系。然而,不管是客观性的体系还是主观性的体系,都会具有一定的民族性。所谓民族性,就是指各个民族的语法都有自己的个性特征,彼此之间虽然有共同之处,但总归都有自己的民族特点。比如,汉语说"学生们",英语说"students",但"们"的用法和意义同"s"显然很不相同。再比如语序在汉语中非常重要,"保罗看见了玛丽"和"玛丽看见了保罗"是意思完全不同的两个句子。而"屡战屡败"和"屡败屡战",前句表示无能、窝囊,不堪一击;后句表示勇敢、顽强,不屈不挠。"有什么,要什么"和"要什么,有什么";前者是贪婪,后者是富有。而拉丁语的语序却相当灵活。比如:

Paulus vidit Mariam	Mariam vidit Paulus
Vidit Paulus Mariam	vidit Mariam Paulus

上面 4 句的语序虽然各不相同,但意思基本一样,都是保罗看见了玛丽。这是因为 4 句的 Paulus(保罗)都是主格,Mariam(玛丽)都是宾格。也就是说,在拉丁语中,句子的主语、宾语并不以位置的前后为标准,尽管位置的不同在语用上还是有着细微的差别的。

　　总的说来,学习语法既不能过分强调语法的普遍性而忽视各个语法的个性特点,也不能过分夸大语法的民族性而忽略了人类语法的共性特征。

四、语法意义和语法手段

　　1. 语法意义

　　语法意义就是通过一定的形式表现出来的各类语言单位的关系意义和功能意义。语法意义是同词汇意义相对而言的。两者既有区别又有联系。比如说"走着"、"说着"、"写着"、"喝着"它们词汇意义各不相同,但语法意义却是一致的,都表示"进行体"或"持续体"。实词的语法意义是伴随着词汇意义而存在的,虚词一般只有语法意义没有词汇意义。语法意义都是抽象、概括的,而且总是处于严格的对立、互补的系统之中。

　　2. 语法手段

　　语法手段是把语法形式的共同点加以归纳成的。语法手段种类很多,这里主要讲汉语中常用的四种语法手段:语序、虚词、语调、重叠。而其中前两种是最主要的。

(1) 语序。有时也可以称之为词序,就是通过词和词结合时排列的先后顺序来表达不同的语法意义。比如:"客人来了—来客人了。"有时候,汉语语序的变化主要同语用需要有关。比如:"你淋着雨没有—雨淋着你没有","我看过这本书了—这本书我看过了—我这本书看过了"。

(2) 虚词。虚词在汉语中也是一种重要的语法手段。比如:"他当过两年兵—他当了两年兵。"(现在是兵或不是)"还有两天才去买票—还有两天就去买票。"(买得早与迟)"他不来吗? —他不来呢?"(分别是是非问和特指问)这些句子所表示的不同语法义和附加义,就在于所用虚词的各不相同。

(3) 语调。语调在书面上不一定能表现出来,在口语中很有作用。比如:"他读过这本书。—他读过这本书?""我没有做/不好的事。—我没有/做不好的事!"意思大不一样。同样一句"你干的好事",到底是赞扬还是责备,也取决于语调和语言环境。

(4) 重叠。不同词类的重叠形式往往可以表示不同的语法意义。比如:动词 AABB 表示某种状态:摇摇晃晃、晃晃悠悠;形容词 AABB 表示程度加深或适中:清清楚楚、大大方方;名词 AABB 表示纷繁多样:坑坑洼洼、瓶瓶罐罐;量词 AABB 表示每一或逐一:层层叠叠、点点滴滴。

五、学习和研究语法的意义

人从孩提时代就学会了说话,也学会了理解别人所说的话,也就是说已经学到了感性的语法知识,已经能够不自觉的运用语法规则了。语法规律是客观存在的,是每个人在学说话的时候自然而然地无意识地习得的。因此,人们不学语法,也能说话写文章。但是我们对语法不应该满足于感性阶段的认识,还必须把它提高到理性认识的高度。不学习和研究语法规则,就说不出语句构造的所以然。只有懂得了语法,才能自觉地运用它,才能提高自己了解语句结构、探求词语意义的敏感度,才能自觉地注意语法规范,从而提高鉴别正误和驾驭语言的能力。此外,掌握了语法知识,还可以有效地提高语言教学的效果,提高民族的文化素质,使我们的语言更加健康、规范、更富于表现力。从实用的角度看,随着我国对外开放和交往的发展,中外文化交流日益频繁,随着我国加入世界贸易组织,中外经济关系、商业往来日益密切,学习汉语的外国人也越来越多,作为一个中国人,作为一个大学生,为了适应迅速发展的新形势,我们自己当然应该学好自己的母语语法。从另一个角度看,21 世纪已经到来,这是一个信息的时代,是一个电子计算机在社会生活中发挥巨大作用的时代。为了提高工作效率,信息时代的计算机必须能够处理自然语言,要想真正做到计算机处理汉语的程序化、自动化,就须要深入地研究汉语的语法规则,使之更加有效地为汉语的计算机处理服务。

退一步讲,即使不作进一步的研究,作为一个 21 世纪的大学生,也应该具备一定的语法修养。不懂母语语法就是一种知识的缺憾。这就好比只知道用水、喝水而不了解水分子是由两个氢原子和一个氧原子构成一样。而且,学会了汉语语法,在学习其他语言时,还可以自觉地进行对照和比较,从而有效地、较快地学好、学会一门外语。还有一点,那就是学了分析语法的方法,对训练自己科学的思维方法也是大有裨益的。

总之,现代汉语语法值得我们每一个大学生花大力气认真学习。

思考题

1. 语法的广义和狭义、主观性和客观性各表现在哪些方面?

2. 从研究方法、理论背景和研究对象这三个角度着眼,语法学应该怎样分类?

3. 语法的性质体现在哪些方面? 应该怎样看待这些性质?

4. 请指出语法特征和语法功能、语法意义和语法手段的区别与联系。

5. 在当前的情况下,学习语法的作用和意义各是什么?

第二节　词的分类(上)

本节首先讨论划分词类的原则、依据和标准,然后依次分析体词、谓词、加词和代词。

一、划分词类的标准

词类是词的语法分类。划分词类的标准,就汉语来说,主要是词的语法功能,因为汉语的形态不发达,最为有效的鉴别依据就是词的语法功能。分类的目的在于说明词的用法和语句的结构。

词的语法功能指的是:①充当句法成分的能力;②词与词的组合能力;

③词的粘附能力。同类的词大体有相同的功能,所以可以将语法功能作为划分词类的标准。

首先,词的语法功能表现在能不能单独充当句法成分上。汉语中的大多数词都可以单独充当句法成分。比如:"太阳"、"北京"、"学校"、"东方"、"美丽"、"升"、"起"、"红"、"多"、"很"等词可以组成"太阳红"、"太阳升起来"、"北京很美丽"、"北京学校很多"、"东方升起红太阳"等语句。这些能充当句法成分的词,统称为实词。现代汉语中共有八类实词:名词、动词、形容词、数词、量词、区别词、副词、代词。实词既有词汇意义,又有语法意义。另一些不能单独充当句法成分的词,如"把"、"从"、"和"、"而"、"如果"、"即使"、"了"、"的"、"吗"、"啊"等统称为虚词。现代汉语的虚词共有四类:介词、连词、助词、语气词。虚词一般没有词汇意义,只表示语法意义。

需要指出的是,客观世界的语言现象是很复杂的,本书说实词可以充当句法成分,虚词不能充当句法成分;实词既有词汇意义,又有语法意义,虚词只有语法意义,只是就一般情况而论的。落实到每一个具体的词类,情况并没有这么简单。比较突出的是副词。由于汉语的副词内部本身比较驳杂,有些意义比较虚化,有的意义比较实在,有的能够单用,有的不能单用。根据不同的标准,将副词归入实词或虚词都有一定道理,也都存在着一定的困难。比如副词"很"、"再"、"就"、"又"、"也"等,虽然都可以充当句法成分,但它们没有词汇意义,只有语法意义。总之,现代汉语的副词是介乎虚实之间的一类词。现在中学实行的"系统提要"和一些教科书、语法书以及绝大多数的虚词词典都将副词归入了虚词,而我们教材从基本的句法功能出发,将副词归入了实词,都是一种权宜的处理方法。

此外,名词中的方位词和动词中的趋向动词,从所表示的意义和具有的句法功能看,其实也已经并且正在虚化过程中,也是两种介乎虚实之间的准虚词。本书仍然将它们分别留在名词和动词之内,作为附类。一方面是考虑到这两类词本身都还保留了实词的功能和用法,另一方面也是为了同通行的语法体系相一致。

汉语中还有两类以模拟声音为主的特殊词类:象声词和叹词。象声词和叹词的作用主要就在用于模拟自然界的各种声音或人类自己无意识的声音。一般的词,不管是实词还是虚词,都属于第二信号反应系统,而象声词和叹词属于第一信号反应系统。一般的词都有能指(声音)、所指(意义)、内容(指称)三个方面,而象声词和叹词大都没有具体的意义,只能模拟某种特

定的声音。在功能上,象声词和叹词经常充当句子成分,尤其是独立成分,较少同句子的其他成分发生关系充当句法成分。比如:

> 轰隆,外面传来一阵巨响! 噼里啪啦,火越烧越旺了。
>
> 啊,这儿的景色多美啊! 哎呀,我当时怎么就没想到呢?

不过,象声词和叹词有时又可以充当句法成分。比如:

> 北风[呼呼]叫,大雪纷纷飘。(状语)
>
> 开花时节,蜜蜂满野嘤嘤嗡嗡,忙得不亦乐乎。(谓语)
>
> 他哼了一声,就头也不回地走了。(述语)
>
> 只听见电话里发出(喂喂)的声音。(定语)

正因为象声词和叹词大都不表示具体的意义,所以不少语法书将其归入了虚词。也正因为大多数象声词和叹词可以充当句法成分,所以有些语法书上把这两类词归入了实词。其实,这两类特殊的词,归入虚词或实词都存在着一定的困难,因为它们同虚词和实词都没有多少共性,应该另外处理,算作特殊词类。所以,本书决定将象声词和叹词单独处理,作为一种与实词、虚词并列的特殊词类——拟音词。

其次,实词内部各类词的区别主要表现在词与词的组合能力上。哪些词能同哪些词组合,以什么样的方式组合,组合后发生什么样的关系,哪些词不能同哪些词组合,都是区别各类实词的重要的标准。比如下面四组词:

A. 正史	高地	急件	小费
B. 正视	高举	急需	小看
C. 正确	高傲	急躁	小心
D. 正式	高效	急性	小型

A组各词都不能受副词“不”的否定,都可以充当主、宾语,而且主要充当主、宾语;此外,A组诸词都能够与表示数量的短语(比如一部、一片、一份、一点)组合,组合方式是量词短语在前,组合后构成的结构都是偏正短语。

B、C两组情况正好相反。前面都可以用“不”来否定,而且一般都不能在前面直接加上量词短语,经常充任的成分是述语、谓语或者定语,而不是主语、宾语。由此可见,A组和B、C两组在语法功能上具有明显的区别。前者可以称之为体词(A组诸词都是体词中最主要的一种,名词),后者可以称之为谓词。

B组诸词后面都可以带上“一下”、“一次”、“一遍”之类表示动量的量词短语,组成动补短语,而C组诸词一般没有这种用法。而且,B组各词大都可以带宾语,而 C 组词都不能带宾语。C 组词前面可以加上"很"表示程度,而 B 组词则不行。据此,可以再把这两组词区别开来,B 组词是动词,C 组词是形容词。

D 组虽然和 A 组一样,也不能用"不"否定,但 D 组既不能充当主语和宾语,也不能充当述语、谓语和补语,只能充当定语(少数可以充当状语);而且 D 组的前后都不能附加量词短语。据此,可以把 D 组和 A、B、C 三组分开,称之为加词(D 组诸词是加词中的一类,区别词)。

这样,根据实词的组合能力,我们可以把现代汉语实词分为三个大类:体词、谓词和加词,体词包括名词和数量词,以充当主语、宾语为主;谓词包括动词和形容词,以充当谓语、述语为主;加词包括区别词和副词,以充当定语、状语为主。当然体词和谓词在一定条件下也可以充当定语、状语。另外还有一类特殊的代词,是根据表达功能划分出来的特别词类;从功能上看,代词可以分别替代体词、谓词和加词。

再次,虚词的语法功能表现在它们同实词或短语的关系上。它们能同哪些实词或短语组合,怎么组合,组合后表示什么样的附加意义,都是区分各类虚词的重要标准。所以,词和词之间的相互关系及其搭配后所表示的相应的语法意义,是划分虚词的主要依据。比如:

    E. 从　　　　向　　　　把　　　　对
    F. 呢　　　　吗　　　　吧　　　　呀

E 组和 F 组的词都不能充当句法成分,都是以表示语法意义为主的。它们的区别是:E 组诸词一般总是放在名词或名词性短语之前,组成一个语法单位来限制或修饰后面的成分的,既可以构成状中式偏正短语,也可以构成定中式偏正短语。比如:

    从北京来　　向他们学习　　把他叫来　　对老师很有礼貌
    向南的公路　　对祖国的忠诚　　对中东形势的全面估价

而 F 组词总是放在句末或句中停顿处,表示语气或口气,比如:

    你看过《红樱桃》吗?　　为什么要取名《红樱桃》呢?　　快去看吧。
    你呢,你见过吗?　　那天啊,正下着雨。　　我呀,从来就不信邪。

由此可见,E 组和 F 组各词的附着功能以及所表示的意义是很不同的。E 组是前置性的介词、F 组是后附性的语气词。

总之,确定汉语的词类,其基本的依据和标准就是词的语法功能,包括充当句法成分的能力、词与词的组合能力。当然,词的重叠、粘附能力,甚至形态特征也可以作为划分汉语词类的标准,但只能作为辅助性的参照标准。

综上所述,可以把现代汉语的词类系统大致归纳如下:

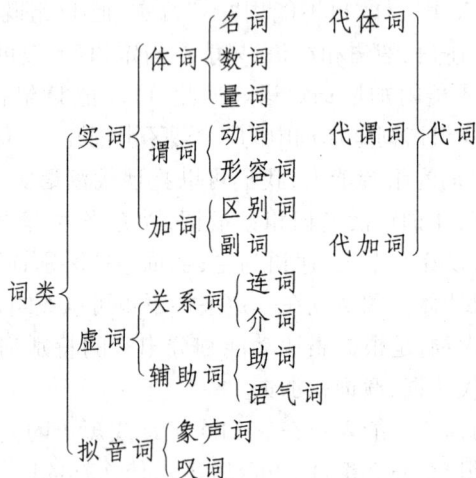

```
                    ┌ 名词      代体词 ┐
              ┌ 体词┤ 数词            │
              │     └ 量词            │
         ┌ 实词┤     ┌ 动词    代谓词 ├ 代词
         │    │ 谓词┤ 形容词          │
         │    │     └               │
         │    └ 加词┌ 区别词          │
         │          └ 副词      代加词 ┘
   词类 ┤          ┌ 连词
         │    ┌ 关系词┤ 介词
         ├ 虚词┤
         │    └ 辅助词┌ 助词
         │            └ 语气词
         └ 拟音词┌ 象声词
                 └ 叹词
```

二、体词

体词是主要充当主语和宾语的词。现代汉语体词主要包括三类:名词、数词和量词。

(一) 名词

1. 名词的分类系统

名词主要是指称人和事物的,除了指称具体的人或事物的名词之外,名词也可以表示一些抽象的概念、性质、关系等。下面是名词的分类系统:

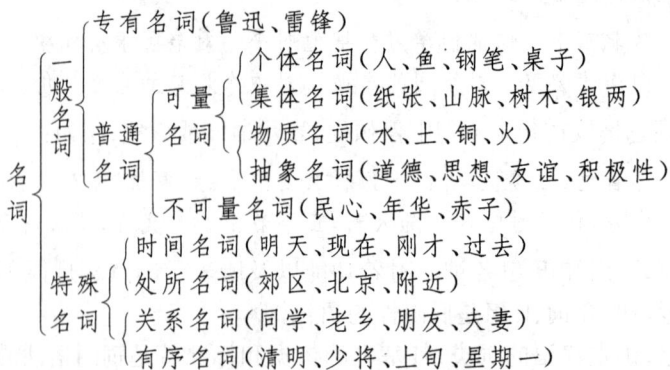

```
        ┌ 一般┌ 专有名词(鲁迅、雷锋)
        │ 名词│       ┌ 可量┌ 个体名词(人、鱼、钢笔、桌子)
        │    │ 普通│ 名词┤ 集体名词(纸张、山脉、树木、银两)
        │    │ 名词┤     │ 物质名词(水、土、铜、火)
   名词 ┤    │    │     └ 抽象名词(道德、思想、友谊、积极性)
        │    │    └ 不可量名词(民心、年华、赤子)
        │    │
        │ 特殊┌ 时间名词(明天、现在、刚才、过去)
        └ 名词┤ 处所名词(郊区、北京、附近)
             │ 关系名词(同学、老乡、朋友、夫妻)
             └ 有序名词(清明、少将、上旬、星期一)
```

2. 名词的语法特点

名词的语法特点主要体现在以下五个方面。

(1) 名词都可以充当介词宾语,同介词一起构成介词短语。

介词的基本功能就是附在名词或名词性短语前面组成介词短语,充当状语、定语或补语。比如:为人民服务、从上海出发、与群众的联系、给敌人以重创。可以位于介词后充当介词宾语是名词最主要的语法功能之一。

(2) 名词经常充当主语、宾语和定语。

名词充当主语和宾语是无条件的,只要是名词就应该可以充当主语、宾语。充当定语不是名词的基本功能,绝大多数名词可以直接充当定语,有些要带"的"充当定语。比如:

教师是(人类)(灵魂的)工程师。(现在)的大学生肩负着二十一世纪建设祖国的重任。

名词一般不能直接充当状语,但表示方式(电话联系、广播找人)、原因(友情出演)、比况(产量直线上升)时可以直接充当状语。时间名词、处所名词、方位词都可以无须带"地"直接充当状语,而且,时间名词都可以位于主语之前充当句首修饰语。比如:

咱们[明天]见　我[现在]就改　昨天晚上他才回来　当时我们也在场　请[屋里]坐　[中原]苦战　您二位请[楼上]坐

(3) 名词大都可以受量词短语的修饰。

个体名词主要受个体量词的修饰。比如:一条鱼、一坛酒、一盘牛肉、一支钢笔、一碟茴香豆。除了个体名词,其他名词和量词的组合都要受到限制。①集体名词不受个体量词短语的修饰,一般只能用"批"、"些"、"点"等集合量词来表示不定数。比如"一批船舶"、"一些枪支"、"一点纸张"。②抽象名词没有具体的形状,一般只能用表示类别的"一种"、"一类"来修饰。比如"一种情感"、"一类看法"。③专有名词表示独一无二的人或事物,一般也不受量词短语的修饰。但是为了强调,如"中国出了一个毛泽东";进行比较,如"三个臭皮匠,一个诸葛亮";用于比况,如"一个李公朴倒下去了,千千万万个李公朴站起来了";表示特例,如"绝不允许搞两个中国","一个北京市就有十几个刘慧芳";就可以接受个体量词修饰。④时间名词和处所名词充当状语时一般不受量词短语修饰,但充当主、宾语时可以受量词短语修饰。比如:一个晴朗的早晨、在某个地方、一共有两个后院。至于不可量名词,任何情况下都不能受量词的修饰。比如:﹡一个赤子、﹡一位笔者、﹡一位女方、﹡一个世人。

(4) 在特定条件下名词可以受副词的修饰。

一般情况下,不能说"不爱情"、"非常智慧"。但是:①名词在对举时可以受副词的修饰。比如:人不人,鬼不鬼;僧不僧,道不道;小王就小王,多一个人总比少一个人强。②有序名词入句后可以直接受副词修饰。比如:已经清明了,小河还没有解冻。都大姑娘了,还疯疯癫癫的。已经少先队员,还哭鼻子。都快老太婆了,还跳什么迪斯科。

(5) 名词对举时可以重叠或复叠。

一般情况下名词不能重叠。比如:"电话电话"、"电电话话"、"马马"、"牛牛"都不能说。但在两种情况下可以重叠或复叠。一是名词量化,即有些名词可以表示单位,带有量词的性质时,可以重叠。比如:天天、年年、队队、家家户户。重叠的量化名词表示的是"每一"兼表"众多",比如"日日夜夜"、"分分秒秒"。二是部分名词对举时可以复叠。两个单音节名词复叠,既可以是同义的,也可以是类义的。比如"山山水水"、"枝枝叶叶"、"瓶瓶罐罐"、"条条框框"、"坑坑洼洼"等等,名词复叠表示"全面而纷繁"的意思。少数重叠或复叠的名词已定型为成语,比如:婆婆妈妈、方方面面、风风火火,而且往往用的是引申义和比喻义。

3. 关系名词和方位词

关系名词分为对等关系名词和互逆关系名词两种。两类关系名词有不同的分化形式。前者如:同学、同窗、同事、同僚、同党、同乡,朋友、战友、好友、净友、世交、知交、布衣交、忘年交,对象、对手、对头、对方,仇人、情人、敌人、爱人、亲家、冤家、本家,伙伴、舞伴、老伴,表亲、至亲、姻亲,情敌、仇敌、死敌、邻居、街坊、乡亲等等;后者如:夫妻、夫妇、伉俪、兄弟、姊妹、姑嫂、祖孙、师徒、师生等等。比较下面两句:

　　　　小张和小李是学生。＝小张是学生。＋小李是学生。

　　　　小张和小李是同学。＝小张是小李的同学。＋小李是小张的同学。

方位词是名词的一个附类。方位词有单纯和合成两类。单纯的有:上、下、前、后,东、南、西、北等。合成的有:之上、之下、之前、之后,之东、之南、之西、之北,之内、之外、之中、之间,以上、以下、以前、以后,以东、以南、以西、以北,以内、以外等等。方位词都具有粘着、定位、封闭的特点。

　　方位词一般只能附在名词或名词性短语的后面,组成方位短语,既可以表示空间关系,比如:会议室里、桌子上;也可以表示时间关系,比如:开会以前、出国之后。方位词基本上都是后附的,但有时也可以单独充当句法成分。比如:上有老,下有小;前怕狼,后怕虎。名词附上方位词后构成的是方位短语,方位短语常常充当介词宾语,组成带有方位词的介词短语,比如:在会议室里、在开会以前。

（二）数词

1. 数词

　　数词不同于数目,数词是有限的、封闭的,数目是无限的、开放的。在现代汉语中,一、二、三、十、百等是数词,而十一、三十四、一百零八、一万两千三百四十是数目。数词也不同于数目表示法。比如同样是表示概数,既可以直接用概数词"几"、"两^2"等来表示,也可以用各种概数表示法,比如在数词连用或后附各种概数助词等。下面是现代汉语的数词系统:

$$
数词
\begin{cases}
系数词:一、二、三、四……九、十、零、半、两^1、双 \\
（大写）:壹、贰、叁、肆、伍、陆、柒、捌、玖、拾、佰、仟 \\
位数词:十、百、千、万、亿、兆 \\
系位数词:廿、卅 \\
数量数词:俩、仨 \\
概数词:两^2、几、多、数、无数、多少、若干、许多
\end{cases}
$$

　　系数词和位数词的区别在于:单用时,系数词是表示"一"到"十"的个体数目的,位数词是表示"十"的倍数的整体数目的。比如:三个朋友、百年大计、万里长城。合用时,当系数词在前、位数词在后组成一个数目时,系数和位数之间是相乘的关系。比如"二十"、"二百九十"就等于"二乘以十"、"二乘以百加上九乘以十"。当位数词在前、系数词在后组成一个数目时,系数和位数之间是相加的关系。比如"十二"、"二十九"就等于"十加二"、"二十加九"。两个位数词连用,级别低在前、级别高在后时,也可以是相乘的关系。比如"百万"、"千万"、"十亿"就等于"百乘以万"、"千乘以万"、"十乘以亿"。[1]但级别高在前、级别低在后时,则多表示概数。比如"百十个人"、"千百年来"、"亿万民众"。

───────────────

〔1〕 这种组合方式,后面的位数只限于"万"和"亿","十百"、"十千"、"百千"都不能接受。

现代汉语数词"十"既是系数词，又是位数词。当"十"前面有系数词时，是位数词，比如"六十"。当"十"单独使用、后接量词时，是系数词。比如回答"一共来了多少人?"可以说"正好十个"。而"百"、"千"、"万"都只是位数词，所以不能说"＊正好百个"、"＊正好千个"、"＊正好万个"。而必须说"正好一百个"、"正好一千个"、"正好一万个"。

"双"是一个兼类词，既是数词，又是量词。作为数词时，多用来表示成对的两个事物，一般后面不再用量词，有语素化的倾向。比如：

　　　　双职工　双眼皮　举双手赞成　双重国籍　男女双方　双管齐下

作为量词时，用来修饰成双成对的东西，前面有数词。比如：

　　　　一双手　两双鞋子　三双筷子　几双袜子　一双长满老茧的大脚

系位数词是既含有系数又含有位数的特殊的数词，而数量数词是数词和量词的合音词，这两类数词在现代汉语中使用范围有限，要受到语体的限制。

在现代汉语中，表示数目除了直接用数词表示以外，也可以用各种数目表示法来表示。下面是现代汉语的概数、序数、倍数、分数的表示方式：

数目表示法
- 概数方式
  - 后加概数助词"上下"、"左右"、"开外"、"把"、"来"、"多"：三十上下、百把
  - 相邻基数(系数＋系数/位数＋位数)连用：六七、万千、亿万
- 序数方式
  - 附加式：基数后加助词"第"、"初"、"老"：第一、老二、初三、初十
  - 序列式
    - 天干：甲、乙、丙、丁、戊、己、庚、辛、壬、癸
    - 地支〔1〕：子、丑、寅、卯、辰、巳、午、未、申、酉、戌、亥
    - 生肖：鼠、牛、虎、兔、龙、蛇、马、羊、猴、鸡、狗、猪
  - 借用式：冠、亚、季、殿、孟(伯)、仲、叔、季；A、B、C……Z；Ⅰ、Ⅱ、Ⅲ、Ⅳ……Ⅸ、Ⅹ、Ⅺ、Ⅻ
- 倍数方式：基数后加"倍"：三倍、二十多倍、两千一百多倍
- 分数方式：在分母和分子间用"分之"：十分之一、千分之三

关于数词及其数目表示方式，还需要注意以下几点：

(1) 零与〇。"零"表示的是没有，"〇"("〇"现在已收入《现代汉语词

---

〔1〕　天干和地支相配可以得到 60 个复合序列词，从甲子到癸亥，也可以用于排序，主要是用于纪年。十二生肖和地支的顺序是逐一对应的。

典》)表示的是空位,比如"一九九〇年"也可以写成"一九九零年"(较少见)。但"五〇〇公斤"不能写成"五零零公斤"。"两万零二十四元"="二〇〇二四元",只读一个零。"从零开始"不能说"从〇开始","年纪已经八十有零"也不能说"八十有〇"。"二〇五号"不能写作"二零五号",但说成"二百零五号"是可以的。"零下二度"的"零"不能用"〇"。"这样一来,效果等于零",也不能说"等于〇"。

(2) 廿、卅和兆。"廿 niàn"、"卅 sà"只在特定的场合使用,如"廿四史"、"廿四桥"、"五卅运动"等[1]。"兆"在古代汉语中是概数词,表示"众多",如"兆民"、"兆庶"。在现代汉语中,"兆"作为前缀,构成"兆赫"、"兆安"、"兆周"时,是 10^6 即百万(million)。在单用时,尤其是用在与日本事务、日元有关的数目时,"兆"是 10^{12} 即万亿,相当于英国和德国的 billion(million million)[2]。比如:日本政府高达 18 兆的内需计划,无疑有助于减轻日元升值和贸易顺差的压力(这里 18 兆=18 万亿)。此外,在现代计算机术语中,一个千字节 KB=1024 个字节,一兆字节 MB=1024 个千字节。

(3) 二、两和俩、仨。"二"和"两"的区别在于:首先,同位数词合用组成系位复合数目时,"两"只能在位数词"百"、"千"、"万"的前面,"二"可以在"十"、"百"、"千"、"万"的前面,也可以在"十"的后面。比如:两百、两千,二百、二万,*两十四、*二十两,二十四、二十二。其次,成对的东西,用"两"不用"二"。比如说"两袖清风"、"两腿发软"、"两耳不闻窗外事",不能用"二",因为用"二",往往意味着还有"三",而用"两"就意味着没有三了。比如,"我们也有两(*二)只手,不在城里吃闲饭"。再次,"二"可以不用"第"直接表示序数,而"两"只能表示基数[3]。所以,二胎≠两胎(抓计划生育,要控制"二胎"),二层楼≠两层楼,二次大战≠两次大战。当然,"二"、"两"也有相通的一面:除了"两两油"不能说,凡是与度量衡连用时,"二"、"两"都可以通用,比如"二尺布"和"两尺布"、"二亩地"和"两亩地"都可以说。

"俩"是"两个"的合音,所以"老两口"绝不能说成"老俩口"。"仨"是"三

---

〔1〕 此外,还有卌 xì 和皕 bì 分别代表"四十"和"两百",现在已经不用了。
〔2〕 美国和法国的 billion 是 10 亿(thousand million)。
〔3〕 两点钟的"两"表次序,这是唯一的例外。

个"的合音,比如"咱哥仨从小一起长大"、"仨瓜俩枣"。

(4) 序数与概数。序数最基本的表示法就是前加助词"第",此外,也可以加"初"、"老"。"初"后面的数词不超过"十","老"不超过"九"。严格的讲,"头"不是表示顺序的,而是指前面的部分的,比如:头一回=第一回,而头三个月≠第三个月。序数还有两种表示法。一个用传统的天干、地支,在年龄方面也可以用生肖。另一个就是借用阿拉伯数字、罗马数字(Ⅰ、Ⅱ、Ⅲ、Ⅳ、Ⅴ、Ⅵ、Ⅶ、Ⅷ、Ⅸ……),或者直接借用 26 个拉丁字母以表顺序(a、b、c、d、e、f、g……)。汉语传统的"冠"、"亚"、"季"、"殿","孟"、"仲"、"叔"、"季"都可以表序。"殿"既是第四,也可以是入选、入围的最后一名,如殿军、殿后。"孟"、"仲"、"季"可以同季节词合用:孟春、仲夏、季春,仲夏夜之梦。

概数数目的表达方式,除了在基数词后面加上概数助词"多"、"把"、"来"、"上下"、"左右"、"开外"和相邻两个基数词连用两种方式外,也可以用概数词"几"、"两^2"、"数"、"多"、"许多"、"若干"、"多少",还可以在基数后面加上概数词"几"、"多"、"好几"等。比如:

　　　一百儿来块　　两千元左右　　两千多亩地　　两三个　　五六里路
　　　百儿八十　　千儿八百　　拿了几把椅子就走了　　喝两杯
　　　借两块钱给我　　十几　　三十多　　二十好几　　三十开外

在使用中,"两^2"、"数"、"许多"、"若干"等主要用于陈述句,"多"、"多少"等主要用于疑问句,而"几"一般不受限制。比如:

　　　喝两盅　　数小时　　数十种商品　　许多人　　许多年过去了　　若干年前

　　　这口井有多深?　　你有多少钱?　　这个村子有多少户人家?

　　　我有几本书。　　几百头奶牛。　　来了几个人?　　你在家能住几天?

(5) 分数与倍数。分数最基本的表示法就是在分母分子中间插入"分之",常用的情况是把分母定在百或千。还有一种表示法就是当分母是"十"的时候,分母可以不出现,直接用分子加上"分"或"成"。比如"只有三分的把握"、"有八成的希望"、"产量增加了一成"。

倍数的表示法是在基数后加"倍"字。但也有例外,比如"年方二八"是倍数关系,不是系位数关系,所以是十六岁,不是二十八岁。还要注意区分

"翻番"和"加倍"的方式。翻一番＝加一倍,但翻两番≠加两倍。"翻番"是以累计乘二的方式增加的。"翻两番"就是增加三倍,或相当于原来的四倍。"翻三番"是增加七倍。

(6) 数词兼名词、代词。"亿"和"百"兼有名词的用法。比如:年过半百,投资一个亿、追加三个亿。"几"、"多少"、"甲"、"乙"则兼有代词的用法。比如:二加二等于几? 四乘六等于几? 我知道多少说多少。有多少人就准备多少套工具。再比如:甲先出发,乙十分钟后沿原路追赶。从甲地到乙地共有三十公里。

2. 数词的语法特点

数词可以直接做主、宾语,比如:一加二等于三,三除以三等于一。在现代汉语口语中,数词不再直接修饰名词,但是在书面语中,数词仍然可以修饰名词,比如:一草一木、一针一线。这种用法多保留在成语中,如"九牛二虎"、"万水千山"等。同样,书面语中数词也可以直接修饰动词充当状语。比如:三进山城、四上庐山,一泻千里、一蹶不振。

现代汉语中,数词经常同量词一起构成量词短语,作定语或补语——表示物量作定语,表示动量作补语。比如:(两张)牛皮纸、(一本)日记簿,去了(一趟)医院、回了(一次)娘家。量词短语有时也可以充当同位语。比如:讲好小费十块,怎么又赖账了呢? 一夜输掉大洋八十元。甚至充当谓语,比如:现场勘察发现:军裤一条,衬衣三件,军用水壶两个。你以为你是什么? 草包一个。

现代汉语中,倍数只能用来表示增加,不能用来表示减少,分数既可以表示增加,也可以表示减少。需要注意的是,增加(了)、增长(了)、上升(了)、提高(了)——不包括底数,只指净增数。增加到/为、增长到/为、上升到/为、提高到——包括底数。如果原有二十元,增加了三十元,就是增加到五十元。同样,减少(了)、降低(了)、下降(了)——指差额。减少到/为、下降到、降低到——指余数。如果原有四十元,减少了十元,还剩三十元,也可以说减少到三十元。

(三) 量词

量词是表示计量的单位,可以分为三大类——物量词、动量词和时量词。物量词和动量词都有专用、借用之分。一般情况下专用的都是固定的、封闭的,而借用的都是临时的、开放的。

1. 量词的分类系统

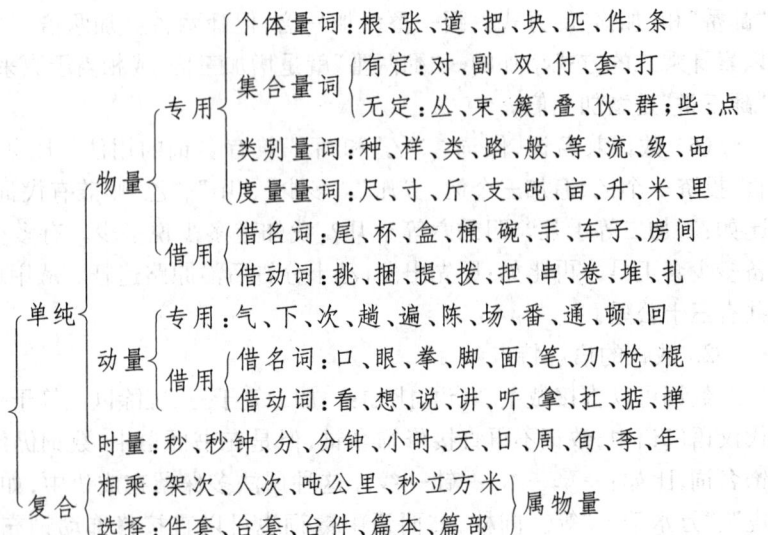

个体量词：根、张、道、把、块、匹、件、条

集合量词 { 有定：对、副、双、付、套、打
　　　　　 无定：丛、束、簇、叠、伙、群；些、点 }

专用 类别量词：种、样、类、路、般、等、流、级、品

度量量词：尺、寸、斤、支、吨、亩、升、米、里

物量 借用 { 借名词：尾、杯、盒、桶、碗、手、车子、房间
　　　　　 借动词：挑、捆、提、拨、担、串、卷、堆、扎 }

单纯 动量 专用：气、下、次、趟、遍、陈、场、番、通、顿、回

借用 { 借名词：口、眼、拳、脚、面、笔、刀、枪、棍
　　　 借动词：看、想、说、讲、听、拿、扛、掂、掸 }

时量：秒、秒钟、分、分钟、小时、天、日、周、旬、季、年

复合 { 相乘：架次、人次、吨公里、秒立方米
　　　 选择：件套、台套、台件、篇本、篇部 } 属物量

2. 量词的使用

关于量词的使用，需要注意以下几点：

（1）量词一般不能单独充当句法成分。通常情况下，量词只有和数词或指示代词组成量词短语后才能充当句法成分。比如：一块糕、去一次、这三块、这包糖、那一趟。作为一类实词，量词有时也可以单用，尽管这种单用是相当有限的。首先，当数词"一"前面有指示代词"这"、"那"时，"一量"的"一"可以省略。比如：这（一）块肥皂泡沫很多。那（一）台电视机更清楚。此外，述宾短语中宾语前的"一量"的"一"也可以省略，量词可以单独充当定语。比如：买（一）件衣服、讲（一）个故事。其次，"些"和"点"是特殊的量词，可以省略数词"一"单独作定语、补语。比如：有（一）点伤感、有（一）点特别、有（一）些落伍了，前（一）些日子、买（一）点水果。大了（一）点、小了（一）点，快（一）些、慢（一）些。比较而言，"些"可以指多，"点"只能指少，所以表示多量强调的"好"可以修饰"些"，不能修饰"点"。比如："有些—有好些"，"有点—＊有好点"。再次，量词短语内部可以有限扩展，量词可以直接受形容词的修饰。比如"一包"、"一条"、"一本"、"一筐"可以说成"一大包"、"一长条"、"一厚本"、"一满筐"。

（2）量词的借用和专用并没有绝对的界限，从语言的历时发展看，大多数专用的量词都是通过借用名词或动词逐渐定型而形成的。比如"口"从表示"人"的"口"借来计量单位，现在再用来限定"猪"就接近于专用的了。

"包"本来是动词,长期借用也就成了专用的了,即使没用动作"包",也可以称"包"。在由名词和动词向量词转化的过程中,一般总会有一个名量、动量兼类并存的阶段。比如:根泡在水里—两根红蜡烛,一把刀—三刀白纸;正在捆柴火—两大捆柴火,去挑点水—买了一挑水。

(3)有些量词可以表达不同的意思,兼属不同的量词小类。比如"把"和"副",既可以是个体量词:一把椅子、一把雨伞、一把小提琴,一副笑脸、一副严肃的样子、那副可怜相,也可以是集合量词,比如:一把胡子、一把沙子、一把眼泪、一把屎一把尿,一副筷子、一副手套、一副象棋、全副武装。而量词"个"是个泛化量词,既可以是个体量词,也可以是类别量词,还可以是集合量词。比如:一个孩子、一个苹果,一个心愿、一个理想,差个四五岁没关系、走个百儿八十里不在话下。有些量词既是物量词又是动量词。比如:刮了一阵狂风—在家瞎忙一阵,一顿丰盛的晚餐—狠狠批评了他一顿,看了一场电影—夫妻俩大闹了一场,有这么一回事—去了好几回,一把精致的小提琴—悄悄地拉了我一把,幸福的三口之家—狠狠地咬了他一口。有些名词虽然还不是名量兼类词,但能兼表量词的语义。比如:家、户、村、乡、队、区、县、校、省等。

(4)近几十年来,现代汉语中出现了一批复合量词,主要有两类:一类是相乘复合:架次、人次、件次、台次,吨公里、秒立方米等。比如:阿富汗战争期间,英美两国平均每天出动轰炸机 300 架次以上。这"300 架次"可能是 30 架 10 次,也可能是 20 架 15 次。一类是选择复合:件套、台套、台件、篇本。比如:美国旧金山市圣保罗医院日前向上海第六人民医院赠送 50 台套医疗器械。"医疗器械"有的要用"台",譬如 CT 扫描仪,有的要用"套",譬如激光手术刀,所以必须用复合量词"台套"。

(5)量词的使用既有习惯性又有选择性,比如一头牛、一匹马、一只羊、一口猪、一条鱼或者一尾鱼、一张桌子、一把椅子、一条凳子,尽管各量词之间也存在着一定的语义差异,但发展到现在,都可以认为是固定的搭配习惯使之然。但是,从另一个角度看,量词的使用有时又可以有一定的选择性,比如:点状物可以选"点"、"粒"、"颗"、"滴",线状物可以选"线"、"丝"、"条"、"支",面状物可以选"片"、"面"、"幅"、"方"。具体到每一个名词,比如"笔"可以选杆、支、管,"井"可以选口、眼、座,"花"可以选朵、束、簇,"船"可以选艘、条、只,"书"可以选用部、册、卷、本等。

3. 量词的作用

量词的表达作用主要有三个方面：

(1) 区别语义。首先，量词用与不用有时意思大不一样。比如：给你一刀一给你一把刀，给他一棍子一给他一根棍子。不用量词是动量补语，用了量词就是带数量的宾语。其次，用专用量词可以分化歧义。比如"个"是泛化量词，有时会引起歧义，可以改用专用量词：一个学生的建议→一位学生的建议/一项学生的建议。一个教师的报告→一位教师的报告/一份教师的报告。再次，选用近义量词可以显示细微的语义差异。比如：一弯新月、一钩新月，一点希望、一些希望、一线希望、一丝希望，去了一趟、去了一回，看了一遍、看了一次、看了一下、看了一阵，意思都存在着微妙的区别。

(2) 表达色彩。主要是感情色彩。比如："一尾鲜鱼"和"一条臭鱼"，"一伙歹徒"和"两位教授"。再比如："表扬了一番"和"批评了一顿"的"一番"和"一顿"不能互换，因为褒贬色彩正好相反。又如"乱说一气"、"胡侃一通"的"一气"和"一通"都带有明显的贬义色彩，改成"乱说一遍"、"胡侃一阵"虽然也可以，但感情色彩就显不出来了。而"把两位犯人押上来"、"来到了一群专家的跟前"之所以不行，就在于感情色彩用反了。

(3) 协调音节。使用重叠的量词，常常可以起到协调音节的作用。比如阮章竞的诗歌《漳河水》"层层树，重重山，层层绿树重重雾，重重高山云断路。"就是因为利用量词来协调音节的，显得回环优美，匀称和谐。再比如贺敬之的《回延安》"一条条街道宽又平，一座座楼房披彩虹，一盏盏电灯亮又明，一排排绿树迎春风。"利用量词短语重叠，构成了排比句中的复叠，显得气势贯通，整齐协调，铿锵有力。

4. 量词及量词短语的重叠

大多数量词都可以重叠，重叠后作主语、定语，表示"每一"或"许多"。比如作主语：个个都是神枪手、顿顿都吃炸酱面、句句都是笑话、回回都遇到她。作定语：条条大路通罗马、件件展品都是一流的。作状语表示"逐一"，比如：步步高升、层层包围、代代相传。作谓语表示众多或连绵不断，常常对用。比如：夏日的夜晚，微风阵阵，繁星点点。捕鱼场上，螺声阵阵，渔歌声声。村子上空，白云朵朵，炊烟缕缕。

数词"一"同量词组合后也可以重叠，重叠形式是一A一A，或省略成"一AA"。作用同量词重叠基本一致，也是作主语、定语表示"每一"、"许多"。比如：我们厂的小伙子，一个个都是好样的。水中那一个个闪光的波纹圈，就像许多只眼睛在注视着我。作状语时表示"逐一"，比如：人们便一个个走开了,再也不来了。试比较:一幢一幢的楼房,一望无际。——表示"众多"。一幢一幢地验收房子,非常严格。——表示"逐一"。

"一AA"有时可以省略成"一一",但必须满足以下三个条件:①"A"必须是名量词。比较:看着她们一个个(一一)走上工作岗位——看着她们一次次(＊一一)在工作中取得成绩。②所修饰的名词必须是独立的个体。比较:她将来信一封封(一一)展示给他看——她将课本一张张(＊一一)翻过去。③所修饰的名词必须是定指的。比较:他把稿子一篇篇(一一)投给了不同的杂志社——他一篇篇(＊一一)地写了许多稿子。

三、谓词

谓词是主要充当谓语、述语和补语的词。现代汉语的谓词包括两类,动词和形容词。

(一) 动词

1. 动词的分类

一般的做法是根据动词的表义功用进行分类[1],其实,动词的分类还是应该根据动词的句法功能差异。动词的语义具有不同的特征,具有不同特征的动词往往也会有不同的功能,所以也可以作为划分动词小类的依据。这样,着眼于动词不同句法功能和语义特征,就可以有不同的分类角度,得到不同的动词小类。

(1) 根据宾语分类

根据动词带宾语的情况,可以分为及物动词和不及物动词两类:及物动词又可以分为两种情况,一种是必须带宾语。比如:

在于　趋于　处于　得以　给以　加以　借以　予以　装作
当作　促使　成为　招致　合乎　在乎　博得　觉得　懒得

再一种是可以带宾语的,但有时也可以不带宾语的,这种动词占了绝大多数。比如:

讲　听　吃　看　说　想　讨论　批评　出去　学习　保护
研究　管理　完成　指点　观察　考查　建设　打量　考虑

---

〔1〕比如,行为动词:走、坐、看、听、走、打、拿、批评、宣传;心理动词:爱、恨、怕、想、喜欢、害怕、想念、觉得;存现动词:有、是、在、存、存在、出现、失去、消失等。

可以带宾语的动词从所带宾语的数量看,又可以分为带单宾语的和带双宾语的两类,能带两个宾语的动词叫双宾动词。比如:

　　　送　教　给　借　问　劝　罚　骗　偷　告诉　通知　叮嘱

从所带宾语的性质看,有的可以带体词性宾语,有的可以带谓词性宾语,有的既可以带体词性宾语也可以带谓词性宾语。比如:

　　　带体宾:骑　买　喝　捆　扎　驾驶　修理　参观　看望　属于
　　　带谓宾:打算　要求　希望　以为　认为　感到　允许
　　　带体谓宾:教　问　喜欢　害怕　同意　需要　赞成　告诉

不及物动词也可以分为两种,一种是不能带宾语的动词,即典型的不及物动词。比如:

　　　咳嗽　睡觉　游行　考试　休息　生存　失败　巡逻　答辩
　　　劳动　工作　合作　约会　毕业　结业　完毕　成功　生活

再一种是可以带施事宾语的动词。比如:

　　　来　去　死　活　病　站　躺　坐　蹲　爬　趴　伸　跪　眇

　　有人认为,这类动词既然带了宾语,就应该归入及物动词。但是从结构关系看,这些词和施事宾语的关系是句子层面的组合,不是句法层面的搭配。而且,从逻辑关系看,它们所带的宾语都是动作的主体,可以认为是为了表达的需要而后移的,所以习惯上仍归入不及物动词。

　　(2) 根据重叠分类

　　根据是否可以重叠,可以把动词分为两类。可以重叠的动词又有两种情况,一种是可以完全重叠的。比如:

　　　看看　听听　试试　考虑考虑　打听打听　研究研究

另一种是部分重叠,一些述宾式离合动词只重叠第一个音节。比如:

　　　见见面　洗洗澡　睡睡觉　理理发　散散步　打打拳　练练笔

有些动词不能重叠,譬如能愿动词、趋向动词、属性动词、存现动词等。比如:

　　　会　应　能够　出　有　是　丢　醉　具有　敢于　懒得　存在

　　(3) 语义特征分类

　　一组语义特征往往具有正负值,根据动词对某个语义特征取值的情况可以进行分类。

根据[±自主]的语义特征,可以把动词分为自主动词和非自主动词:

　　看　走　停　拉　送　打　表扬　称赞　改革　过去　下来
　　忘　见　懂　会　掉　摔倒　着迷　误会　得到　值得　以为

根据[±持续]的语义特征,可以把动词分为持续动词和非持续动词:

　　拿　挂　开　停　读　做　前进　保持　奔跑　发展　编辑
　　丢　掉　灭亡　失去　丢掉　进去　爆发　倒塌　认为　接到

(4) 根据特征列出附类

有些动词具有较强的个性,虽然数量不多,但十分重要,可以作为动词附类。比较重要的动词附类有:判断动词、趋向动词、能愿动词。

综上所述,可以归纳如下:

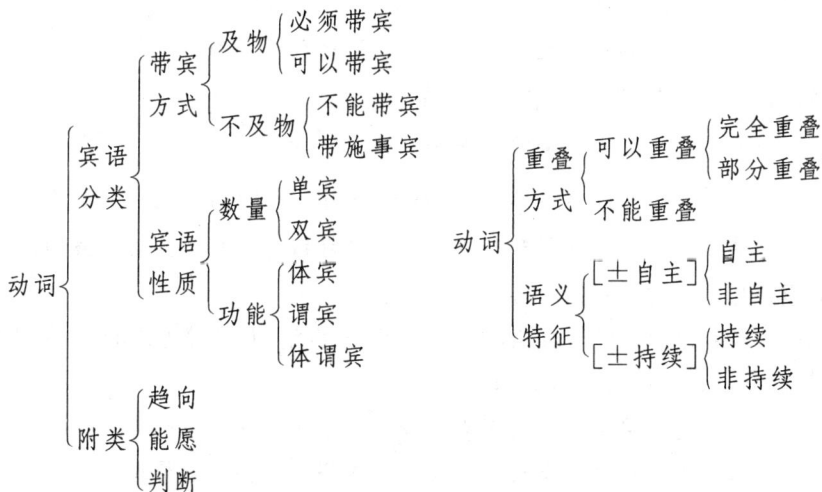

动词
- 宾语分类
  - 带宾方式
    - 及物
      - 必须带宾
      - 可以带宾
    - 不及物
      - 不能带宾
      - 带施事宾
  - 宾语性质
    - 数量
      - 单宾
      - 双宾
    - 功能
      - 体宾
      - 谓宾
      - 体谓宾
- 附类
  - 趋向
  - 能愿
  - 判断

动词
- 重叠方式
  - 可以重叠
    - 完全重叠
    - 部分重叠
  - 不能重叠
- 语义特征
  - [±自主]
    - 自主
    - 非自主
  - [±持续]
    - 持续
    - 非持续

2. 动词的基本功能

动词的基本功能主要表现在以下几个方面:

(1) 大多数及物动词都可以带宾语,也可以不带宾语。比如:

　　看　看书　学　学英语　认识　认识老李　复习　复习功课

但有些动词必须带宾语,称为粘宾动词。比如:

　　姓王　属鸡　加以改进　濒临灭绝　属于人民　位于南方

这类动词涉及的对象可以移到主语前面作为话题,充当主谓谓语句的大主语。比如：

　　　　这本书我看过了。　英语我学了好几年了。　老李我以前就
　　　认识。

不及物动词在一般情况下不能带宾语。述宾式不及物动词大都可以分离，
比如：

　　　　鞠了个躬　见他一面　生谁的气　站好最后一班岗　撤了他的职

　　（2）大多数动词都可以带动量补语。比如：

　　　　读三遍　骂一顿　看一回　跑一趟　去一次　查一下　见一面

但也有少数动词后边不能带动量短语，比如：

　　　　盼望　佩服　飘扬　期望　情愿　热爱

　　（3）大多数动词可以带时态助词"着"、"了"、"过"。比如：

　　　　保持　表扬　补充　布置　重复　担任　调查　分析　改造

少数动词后不加"着"、"了"、"过"，比如：

　　　　是　会　应该　懒得　乐于　加以　作为

　　（4）大多数动词有 AA、A 了 A、A一A 和 ABAB 重叠形式。比如：

　　　　看看　尝尝　吹了吹　点一点　锻炼锻炼　分析分析　鼓励鼓励

这些重叠形式一般带有短时或尝试的意义。

　　（5）大多数动词可以前加"不、没（有）"来否定，并且都可以有"V 不 V"
或"V 没 V"的提问形式。比如：

　　　　是不是　能不能　去不去　情愿不情愿　知道不知道
　　　　值得不值得　死没死　有没有　成不成　得逞没得逞

　　（6）绝大多数动词或动词短语可以受副词的修饰。比如：

　　　　在办理　正在表演　已经产生　都赞成　大力提倡　尽情歌唱

心理动词都可以受程度副词修饰。比如：

　　　　非常喜欢　十分害怕　相当担心　有点想念　极其讨厌

有些动词带上宾语可以受程度副词修饰。比如：

　　　　很有纪律　相当有礼貌　非常守时　十分讲道理　更加想家了

　　（7）"进行"、"加以"、"给以"、"予以"、"作"等没有实在语义的动词可以

称为形式动词。这些动词一般都要表示具体意义的动词充当宾语,其作用就是使作宾语的动词由陈述转向指称。有时还可以在宾语动词前面再加上定语。比如:

予以表扬　给以配合　进行周密的调查　加以认真的考虑　作了认真的安排

3. 动词的附类

(1) 判断动词

典型的判断动词只有一个"是",此外"为"、"即"、"系"等也可以表示准判断。"是"在主语和宾语之间有多种用法,主要有五种:

(1) 表示等于什么或属于什么。比如:

老舍是《骆驼祥子》的作者。　北京是中国的首都。(同一关系)
牛是反刍类动物。　鲁迅是伟大的文学巨匠。(种属关系)

(2) 表示事物的存在、存有。比如:

靠墙是一张书桌。　大厅的西南角是服务台。
到处是庄稼,遍地是牛羊。　他满身是泥。

(3) 表示事物的特征、质料。比如:

这孩子是双眼皮。　这一年,人家是丰年,我们是歉年。
周围其实并没有墙,而是密密匝匝的树。　茶具是唐三彩的。

(4) 表示事物之间的关系、联系。比如:

火车从北京开出是早上五点半。　一份盒饭是二十五元钱。　他仍然是一身农民打扮。　那时国民党是飞机加大炮,我们是小米加步枪。

(5) 表示比喻、比况。比如:

困难是弹簧,你强他就弱,你弱他就强。　人是铁,饭是钢。
长征是宣言书,长征是宣传队,长征是播种机。

(2) 趋向动词

趋向动词包括单纯趋向动词和复合趋向动词两种:

	上	下	进	出	回	过	起	开
来	上来	下来	进来	出来	回来	过来	起来	开来
去	上去	下去	进去	出去	回去	过去	×	开去

复合趋向动词是两种位置的综合表达。"来"、"去"以说话人的位置为

着眼点的,"上"、"下"、"进"、"出"、"回"、"过"、"起"以对方或其他事物的位置为着眼点的。比如,有一个人在半山腰,山下的人喊"快爬上去呀",山上的人则喊"快爬上来呀",这里的"上"是对爬山人而言的,"去"、"来"则是由喊话人的位置决定。再比如一个人站在门口,外边的人要说"快进去啊",里边的人则说"快进来啊"。

"起"可以表示物体向上:搬起石头、举起红旗。也可以表示事物随动作而出现:奏起了国歌、点起了篝火、响起掌声。还可以表示开始:一部《二十四史》从何说起、队伍由此排起。"开"可以表示人或事物随动作分开:把箱子打开、眼睛睁不开。也可以表示展开:抡开铁锤,大干起来。迈开大步朝前走。还可以表示开始:消息很快在团部传开了;一见到亲人她就哭开了;听到这个消息,心里便打开了鼓。

"起来"表示起始态,比如"说着说着就哭起来了"。"下去"表示继续态,比如"你说下去"。"说下去"和"说着"不同,前者是经过停顿后再继续,后者是指持续不断地说。"下去"和"起来"都可以表示情况开始发生,逐渐加深。"下去"多跟在含消极意义的词语后,"起来"多跟在含积极意义的词语后面。比如:敌人一天一天烂下去,我们一天一天好起来。积累的经验渐渐地多起来了。储备的粮食一天天少下去,可救援车还是不见踪影。"下去"、"起来"不能换用。"下去"和"下来"都可以表示持续地发展的过程,"下来"着眼于眼前,指过去到现在。"下去"着眼于将来,指现在到将来。比如:总算坚持下来,还要坚持下去。这个自古流传下来的习俗,必然还将继续流传下去。

"上"可以表示动作的结果,往往含有合拢的意思。比如:关上窗户、销上后门、戴上手套、看上了那位英俊潇洒的运动员。也可以表示开始并继续。比如:大家劝你休息,怎么又看上了。这些家伙又折腾上了。会议还没开始,大家就议论上了。

"下"可以表示动作完成,往往含有脱离的意思。比如:卸下零件、脱下皮鞋、摘下几朵月季花、定下计策、打下基础、留下地址、写下了光辉的诗篇、拍下了珍贵的照片。"下"用在"得"后面,还可以表示可能,比如:这间房子八个人怎么住得下? 这个教室挺大的,再来十个人也坐得下。不就二十斤么,这个口袋装得下。

"来"、"去"等用在动词后面表示趋向,有两种位置:寄来十块钱—寄十块钱来;请来一个人—请一个人来。区别在于,前式是陈述,表示已然行为,后式是祈使,表示未然行为。所以,凡是自主动词都可以有两种表达形式,而非自主动词。只能有前式,不能有后式。比如:飞来了一只信天翁、迎来了新的一年、传来了一阵脚步声、飘来了一股香味。

普通话中"起"一般不能同"去"组成复合趋向动词"起去"。"开去"也不太常用,只能跟在动词"飘"、"走"、"移"、"传"等的后面,比如:思绪飘移开去、消息传播开去。

(3) 能愿动词

能愿动词又叫助动词,主要表示三种意义:

可能:会　可　能　可以　可能　能够
意愿:要　肯　敢　愿　愿意
必须:该　应该　应当　应　得(děi)

表可能又可以分为两种情况,一种表示有能力,一种表示有可能。试比较:

腿伤得不重,还能走路。　满天的星星,哪能下雨啊。

能愿动词的主要用法是充当状语,比如:今天不会下雪。我们要实现四个现代化。你不该迟到。但是能愿动词又可以单独作谓语,这是不同于副词的地方。比如:这样做可以吗? 可以。你到底愿不愿意? 真的不愿意。

能愿动词同一般动词的区别主要在于:

能愿动词一律不能带宾语,不能重叠,不能带时态助词。大都可以用在"X 不 X"这个格式中(得 děi 除外)。能愿动词经常组成正反并列联合短语。比如:他会不会来。拍张照片可以不可以。你这样做应该不应该?

有些能愿动词的否定之否定并不等于肯定,有些则等于肯定。比如:

不能不去=必须去≠能去　　不会不去=肯定去
不敢不去=只好去≠敢去　　不该不去=该去
不肯不去=一定要去≠肯去　不应该不去=应该去
不可不去=应当去≠可以去　不可能不去=肯定/必然去

造成这种差异的原因主要是否定强度的不同,也同各词本身的能愿义有关。

(二) 形容词

1. 性质、状态及其分类

形容词可以分为两大类:一类能用"不"否定,能加"很"表示程度,大多能直接修饰名词,如,"好"、"远"、"安定"、"仔细",是性质形容词;另一类具有表示程度的构词形式,比如,"雪白"、"通红"、"黄灿灿"、"古里古怪",是状态形容词。与性质形容词相比,状态形容词具有以下特点:

(1) 状态形容词不能受程度副词修饰。比如:

　　很白—*很雪白　　　　　太黑—*太乌黑

　　有点红—*有点红通通　　非常直—*非常笔直

(2) 状态形容词不能受"不"修饰。比如:

　　不安静—*不静悄悄　　　不糊涂—*不糊里糊涂

(3) 状态形容词不能带补语。比如:

　　红得很—*通红得很　　　白得耀眼—*白茫茫得耀眼

(4) 状态形容词不能进入"越来越____"的格式。比如:

　　越来越白—*越来越雪白　　越来越黑—*越来越漆黑

(5) 状态形容词不能用于比较,不用在"比"字句中。比如:

　　今天比昨天冷—*今天比昨天冷丝丝

　　小李比小王胖—*小李比小王胖咕隆咚

对于性质形容词,还可以从不同的角度加以分类。首先,根据是否可以带时态助词、趋向动词和能否受副词"没(有)"的修饰,可以把性质形容词分为动态形容词和静态形容词。凡是可以带时态助词或趋向动词表示时态义,同时又可以受否定副词"没(有)"修饰的,就是动态形容词,反之,则是静态形容词。比如:

　　红　黑　胖　大　热　暖和　激动　轻松　急躁　糊涂　凉快

　　对　刁　笨　馋　丑　漂亮　优美　暧昧　文静　草率　沉重

其次,根据是否可以带确定量度的数量补语,可以将性质形容词分为量度形容词和非量度形容词。量度形容词大都是单音节的,而且大都是积极、消极配对的。比如:

　　大/小　热/冷　高/低　重/轻　粗/细　深/浅　厚/薄

　　远/近　迟/早　贵/贱　快/慢　宽/窄　松/紧　长/短

状态形容词都是由性质形容词变化而来的,绝大多数形式都是由古代的句法形式变成了现在的词法形式。根据其构词方式,可以分为 AA 式、AB 式、AABB 式、ABB 式、A 里 AB 式、A 不 X(Y)式等多种。比如:

AA 式:皑皑 斑斑 勃勃 苍苍 纷纷 赫赫 朗朗 累累
AB 式:笔直 笔挺 冰冷 冰凉 猴精 花白 金黄 蜡黄
AABB 式:病病歪歪 惊惊咋咋 兢兢业业 满满当当
ABB 式:矮墩墩 白皑皑 白茫茫 颤悠悠 沉甸甸
A 里 AB 式:花里胡哨 稀里糊涂 肮里肮脏 古里古怪
　　　　　糊里糊涂 马里马虎 慌里慌张 娇里娇气
　　　　　莽里莽撞 小里小气 流里流气 洋里洋气
A 不 X(Y)式:灰不及及 酸不唧唧 矮不墩墩 白不呲咧
　　　　　白不拉几 黑不溜秋 傻不棱登 灰不溜秋
　　　　　紫不溜丢 酸不溜丢 蔫不唧 蔫不溜

此外,状态形容词还有 XXA 式、AXY 式、AXYZ 式、ABXY 式等其他形式。比如:

梆梆硬 冰冰凉 溜溜光 溜溜平 麻麻亮 酸里巴唧
傻里呱唧 愣里呱唧 晕里咕唧 疯了呱唧 蠢了呱唧
圆咕龙冬 黑咕隆咚 老实巴交 可怜巴巴

2. 形容词的功能
(1) 定语和状语
性质形容词和状态形容词都可以充当定语。性质形容词充当定语大致有两种情况:直接作定语,带上"的"作定语。比如:

红太阳 白手绢 好孩子 漂亮妈妈 伟大祖国
美的旋律 坏的设备 美丽的风景 苍翠的松柏

还有少数性质形容词通常不能充当定语,是唯谓形容词。比如:

广 妥 昏 滥 久 好受 起劲 齐心 过瘾 累赘 吃香

状态形容词充当定语也有两种情况,一般都须要带上"的"。比如:

笔直的马路 雪白的衬衣 笔挺的西装 香喷喷的饭菜
大大咧咧的样子 白花花的银子 沉甸甸的稻穗
娇滴滴的声音 空荡荡的屋子 慌里慌张的神情

也有一部分状态形容词可以直接充当定语。比如:

皑皑白雪 滚滚人流 赫赫战功 缕缕青烟 漫漫长夜
茫茫大海 蒙蒙细雨 区区小事 花白胡须 细高个儿

　　单双音节性质形容词都可以充当状语,单音节形容词充当状语一般不带"地",双音节形容词充当状语,"地"可加可不加。比如:

　　　　乱说　多看　难学　慢走　细想　高喊　粗看　长住　小跑
　　　　快跑　容易把握　正确理解　耐心地等待　粗暴地干涉

状态形容词做状语大都是加"地",少数可以直接做状语。比如:

　　　　干巴巴地说　灰溜溜地退下去　怒冲冲地质问
　　　　糊里糊涂地犯了错误　重重围住　慢悠悠走过来
　　　　羞答答说了几句话　密密麻麻写满了字　纷纷落下

　　(2) 谓语和补语

　　性质形容词做谓语,通常要前加程度副词或后加程度补语,状态形容词大都可以直接做谓语,有些后面要加"的"。比如:

　　　　她很美　井很深　孩子很顽皮　空气相当新鲜　味道好极了
　　　　他保守得很　白雪皑皑　生机勃勃　心事重重　议论纷纷
　　　　衣服雪白的　马路笔直的

性质形容词可以直接做补语,也可以在"得"后做补语。比如:

　　　　看好　吃饱　拉长　走远　站稳　听清楚　说明白　洗干净
　　　　绑牢固　摆整齐　穿得漂亮　讲得好听　唱得难听　绿得可爱

状态形容词做补语都要带"得"。比如:

　　　　画得笔直的　擦得雪亮的　炒得喷香的　打扮得流里流气的
　　　　变得乌黑乌黑的　眼睛睁得溜圆　小手冻得冰凉　脸气得铁青

　　(3) 宾语和主语

　　有些形容词可以用在心理动词或感觉类动词后边充当宾语。比如:

　　　　嫌脏　爱热闹　怕麻烦　贪便宜　讨厌懦弱　追求幸福
　　　　喜欢安静　觉得好听　显得威风　感到凉飕飕的

少数性质形容词可以充当主语,其述语通常是判断或使令类动词。比如:

　　　　方便是最主要的　漂亮又不能当饭吃
　　　　谦虚使人进步　骄傲使人落后

　　3. 形容词的重叠

　　性质形容词大都可以重叠。单音节的重叠为 AA 式。比如:

好好 细细 大大 轻轻 快快 早早 远远 整整 紧紧
满满

双音节的重叠式为 AABB 式。比如：

干干净净 快快乐乐 老老实实 冷冷清清 冒冒失失
明明白白 漂漂亮亮 大大方方 整整齐齐 马马虎虎

不能重叠的形容词有些是表示不如意性状的,如"＊丑丑"、"＊蠢蠢"、"＊卑卑鄙鄙"、"＊冷冷漠漠"。有些是带有书面语色彩的,如"＊美美丽丽"、"＊清清洁洁"、"＊伟伟大大"、"＊勇勇敢敢"。带有贬义的性质形容词,多用"A 里 AB"式重叠。比如：

古里古怪 粗里粗糙 糊里糊涂 慌里慌张 毛里毛糙

性质形容词重叠以后在功能上就转向了状态形容词,譬如前边不能再加程度副词,也不能用"不"否定,而且做定语、补语都须要加"的"。比如：

＊很矮矮的个子 ＊非常轻轻的脚步声 ＊不干干净净的房间
明明白白的事情 冷冷清清的景象 站得高高的 装得满满的

随着这种重叠形式使用的经常化,这种构形的重叠就也会转向构词的重叠。譬如前面提到的 A 里 AB 式状态形容词大都是由性质形容词重叠定型化而形成的。

部分动态形容词可以用 ABAB 的形式重叠,表示使某人具有某种感受或体验。比如：

畅快畅快 快活快活 冷静冷静 凉快凉快 亲热亲热
轻松轻松 清醒清醒 热闹热闹 清静清静 暖和暖和

形容词 ABAB 重叠式和动词 ABAB 重叠式的根本区别在于前者不能带宾语,凡是重叠以后带宾语的都是形动兼类词,而且大多具有致使义。比如：

活跃活跃气氛 端正端正态度 清醒清醒头脑 暖和暖和身子

AB 式状态形容词的重叠方式也是 ABAB 形式,大多要带"的"。比如：

通红通红 笔直笔直 漆黑漆黑的 雪白雪白的 碧绿碧绿的

4. 量度和兼类

量度形容词都可以以量词短语作谓语。这些量词短语大都由数词和度量衡量词"米"、"尺"、"丈"、"里"、"公里"、"斤"、"吨"等组成的。比如：

高一米 重两斤 长二尺 厚两寸 深两米 宽三丈 粗一分

这类短语都有结构歧义。拿"高一米"来说,可以是主谓关系,表示"高度为一米",还可以是述补关系,表示"比既定的标准高出一米"。这类短语中的量词短语和性质形容词有些可以调换位置以构成偏正短语。比如:

两斤重　一米高　三尺长　两寸厚　两米深　三丈宽

消极义量度形容词,比如"低"、"矮"、"短"、"薄"、"浅"、"窄"、"轻"等前边不能受量词短语修饰,像"两斤轻"、"一米矮"、"二尺短"、"三丈狭"都是不能说的。不过,消极义量度形容词后边可以带上量词短语做补语。比如:

低一公分　矮三分　短一米　薄一毫米　浅一尺　窄两米

这些量词短语只能是述补关系,不可能是主谓关系,都没有歧义。这些短语一般多用以比较差额的,常常可以用在表示比较的句子中。比如:

比他轻十二公斤　比别人矮三分　这块比那块薄一毫米

形容词是不能带宾语的,凡是带宾语的形容词都是形动兼类词。形动兼类词带宾语主要有六种情况。

(1) 形+使动宾≈使 NA。比如:

繁荣经济　端正态度　安定人心　稳定情绪　平整场地

(2) 形+意动宾≈认为 NA。比如:

重男轻女　重数量,轻效益　重义轻利　登泰山而小天下

(3) 形+自动宾≈NA 了,都是由"NA 了"的"N"移位而形成"VN 了"。比如:

瞎了眼　哑了嗓子　好了疮疤　烂了一筐桃子　碎了一大块玻璃

(4) 形+对动宾≈对 NA。比如:

宽大俘虏　淡泊名利　亲近小人　冷淡小张　疏远小李
厚了张三,薄了李四

(5) 形+比较宾≈比 NA。比如:

快了小马两分钟　高他一个头　贵了两块钱　多了两个人
少了一本书　迟了半小时　大我两岁　矮他一截

(6) 形+存现宾≈NA(在某处)。比如:

家里荒了两亩地　门口横着一条长凳子　山区活跃着一支小分队
近来街上流行花旗袍

四、加词

加词是主要充当定语和状语的词。现代汉语加词有两类：区别词和副词。

（一）区别词

1. 区别词的构词形式

与其他词类不同，区别词在构词形式上具有比较明显的特征。可以分为两种方式：一种是附加式，在词根后面带上或前面加上类词缀，一种是复合式。附加式区别词占有相当高的比率，常见的有：

带"式"：中式　西式　男式　女式　老式　旧式　新式
带"型"：大型　轻型　流线型　防爆型　应用型　复合型
带"性"：真性　假性　急性　世界性　全球性　国际性
带"等"：初等　中等　高等　上等　下等　优等　头等
带"级"：初级　中级　甲级　乙级　丙级　特级　超级
带"色"：湖色　藕色　米色　彩色　茶色　酱色　桃色
加"有"：有形　有关　有机　有色　有声　有线　有轨
加"无"：无毒　无轨　无机　无辜　无期　无穷　无声
加"非"：非常　非法　非理性　非正义　非正规　非本质
加"超"：超级　超龄　超等　超导　超额　超短波　超导体
加"双"：双边　双重　双轨　双份　双季　双峰　双生
加"多"：多元　多维　多价　多倍体　多民族　多用途
加"单"：单程　单孔　单项　单式　单轨　单面　单色

复合式区别词数量也不少，比如：

野生　机动　经典　袖珍　椭圆　家养　木质

从词源看，有些复合式区别词是某个短语由于语用的经济原则缩减而成的。比如：

公社乡镇开办的企业—社办企业　祖宗流传下来的秘方—祖传秘方
国家投资经营的企业—国营企业　军事方面使用的物资—军用物资

有一些则是由于名词经常充当定语，逐渐丧失充当主、宾语的功能，成了专职的前加词。比如：

医务(人员)　常务(理事)　百科(知识)　彩色(电视)

2. 区别词的句法功能

区别词的基本功能就是充当定语。具体表现为：

(1) 绝大多数区别词都可以直接修饰名词的，尤其是单音节的。比如：

　　　金戒指　银镯子　男同事　女同志　正教授　副校长

双音节区别词做定语后面可以加"的"，也可以不加"的"。比如：

　　　额外任务—额外的任务　　正当理由—正当的理由
　　　民营企业—民营的企业　　非法手段—非法的手段
　　　野生动物—野生的动物　　古典音乐—古典的音乐

同中心语结合比较紧密的双音节区别词定语，后面一般不能有"的"比如：

　　　常务理事　行政命令　机要秘书　有机玻璃　无机化学

(2) 在一定的语言环境中，被区别词直接修饰的名词可以不出现，结果就形成了区别词直接充当主语、宾语的情况。比如：

　　　寄挂号　拍加急　这种病急性好治，慢性难治。　圈中的长毛兔，雌多雄少。　您挂长途还是短途？　你这次查出来是阳性还是阴性？
　　　其实是男是女都一样。　原来判的是无期，后来改为有期。　中号还小了一点，还是要一件大号的吧。

(3) 区别词不能用"不"否定，不能受程度副词修饰。其否定形式一般要用"非"。比如：

　　　*不大型　*不国产　*不法定　*很民用　*非常临床
　　　非婚生　非国营　非人造　非合法　非临床　非国产

少数可以受程度副词修饰的区别词，都是一些正在转化中的形容词兼区别词。比如：

　　　很封建　很高级　太低级　太正式　相当典型　非常直接

(4) 区别词在充当定语时，常常可以两个或几个连用。比如：

　　　大规模集成电路　常绿木本植物　袖珍英汉双解词典
　　　高熔点稀有金属　便携式家用电脑　国产彩色名牌电视机

双音节区别词连用构成并列关系的，如果连用的区别词的后一个语素是相同的，往往删除前一个区别词里相同的语素。比如：

　　　大型、中型企业——大中型企业

中等、上等水平——中上等水平

中程、远程导弹——中远程导弹

中档、高档家具——中高档家具

在现代汉语中,有一小部分区别词既可以充当定语,也可以充当状语。比如:

廉价商品　正式文件　直接关系　共同纲领　高速火车

廉价出售　正式通知　直接联系　共同前进　高速前进

(二) 副词

1. 副词的性质、范围和分类

与印欧语系诸语言相比,汉语的副词是一类比较特殊的词类:既具有实词的某些语法特点,比如可以充当句法成分,部分副词可以表示一定的指代功能,有些还可以独用甚至单独成句,所以可以将其归入了实词。但是从另外的角度看,副词又具有虚词的某些个性特征,比如粘着、定位、虚化、封闭,个性强于共性,大都词汇意义空灵,语法意义突出。尽管现代汉语副词的绝对数量并不很多,但其功能和用法纷繁多样,相当复杂,而且使用范围广,频率高;尤其是汉语本身缺乏严格意义上的形态变化,许多在印欧语言中分别由别的词类承担的语法任务,在汉语中往往要靠副词来完成,所以副词在汉语词类系统中具有重要而特殊的地位。

副词是一类半封闭的词类,比起名、动、形这三类开放类词,副词的数量要少得多,典型的副词只有 500 多,而比起严格意义上的虚词——连词、介词、助词、语气词来,副词的数量又要多得多。从另一个角度看,由于语言的不断发展和虚化,现代汉语的副词仍然处在不断增长和消亡的过程中,副词的范围又是在不断变化的。

副词的句法功能比较单一,但具体用法灵活多样,而且内部差异较大。从语义的角度着眼,大致可以分为六个小类:

(1) 程度副词:很　非常　略微　尤其　稍稍　相当　有点

(2) 范围副词:都　全　统统　只　仅　光　单　一共　总共

(3) 时间副词:马上　业已　曾经　忽然　一再　再三　渐渐

(4) 情态副词:尽情　亲自　胡乱　径直　相继　擅自　公然

(5) 否定副词:不　没　未　别　非　休　莫　勿　甭　没有

(6) 语气副词:索性　反正　果然　居然　幸亏　简直　恰恰

再进一步细分,程度副词,可以分为绝对程度副词和相对程度副词,每一类内部还有不同的程度级别。大致情况如下：

相对程度副词				绝对程度副词			
最高级	较高级	比较级	较低级	过量级	极高级	次高级	略低级
最　顶	更　越	还^{2}较	稍　微	太^{1}过	极　透	很　特	小　些
最为	更加	比较	稍微	过于	极端	非常	有点儿
绝顶	格外	较为	略微	过分	极其	十分	有些
无比	愈益	较比	稍许	异常	透顶	相当	一点儿

范围副词则可以分为概括性范围和唯一性范围两大类。比如：

　　　　都　全都　统统　通通　通统　统共　一共　总共　一总
　　　　仅　仅仅　就　单　单单　只　唯　光　独　独独　惟独

时间副词实际上包括两种：表示时态和时制〔1〕、表示频率和重复。比如：

　　　表时制和时态：曾　曾经　已　已经　暂　暂且　即　即将
　　　　　　　　　　　一向　历来　从来　向来
　　　表频率和重复：常　常常　经常　时常　渐　渐渐　逐渐
　　　　　　　　　　　偶　偶尔　再　再三　一再　重新

　　据此，可以把现代汉语副词分类情况归纳如下：

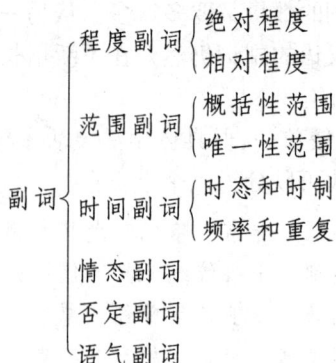

```
                      ┌ 绝对程度
            程度副词 ┤
                      └ 相对程度
                      ┌ 概括性范围
            范围副词 ┤
                      └ 唯一性范围
                      ┌ 时态和时制
  副词 ┤    时间副词 ┤
                      └ 频率和重复
            情态副词
            否定副词
            语气副词
```

　　2. 副词的语法特征

────────────

〔1〕 时态(aspect)又可以叫"体"，时制(tense)又叫"时"。

(1) 副词都能做状语,大多数副词还可以充当句首修饰语。比如:

　　也许她已经走到半路上。　难道这种产品还会受欢迎吗?

"已经"、"还"修饰句中谓语,"也许"、"难道"是句首状语,修饰全句。少数副词可以充当补语。比如:

　　坏透了　糊涂透顶　感慨万分　好得很　好极了

(2) 副词是附着性的,大多数不能单用。比如问"味道怎么样?"只能回答说"好"或"很好",不能说"很"。只有一部分副词,比如"不"、"别"、"没有"、"马上"、"也许"、"大概"、"一点儿"等可以单用。比如:

　　什么时候出发?　马上。　　你去吗?　不,我不去。

(3) 有一部分副词能起关联作用。既可以独用,也可以合用。

1) 独用:说了又说　打不赢就走　说清楚再走　不去也可以　这样
　　　　更没有道理

2) 合用:又白又胖　不偏不倚　越忙越乱　既聋又哑　也好也不好
　　　　非去不可

3) 和连词配合使用:不但……还　　只有……才　　既然……就
　　　　　　　　　除非……才　　如果……就　　即使……也
　　　　　　　　　虽然……却　　不论……都

3. 副词同其他词类的区别

有些形容词和副词意思很接近,都可以做状语,但副词只能做状语,形容词还可以做定语、谓语。比如"忽然下起雨来了"和"突然下起雨来了"都可以说,但还可以说"这个消息太突然了"、"突然事件"。"偶然也去看场电影"和"偶尔也去看场电影"看似一样,但还可以说"这次事故完全是偶然的"、"这完全是偶然事故"。所以,"突然"、"偶然"是形容词。

"白"、"怪"、"老"、"净"、"直"、"挺"、"光"、"快"等都是同音同形。在"白布"、"怪人"、"老年"、"干净"、"直线"、"裤子很挺"、"面子很光"、"快进快出"中,它们都是形容词,在"白跑一趟"、"怪好的"、"老早"、"身上净是泥"、"痛得直哭"、"挺沉的"、"光吃不做"、"天快亮了"中都是副词。同音同形与兼类的区别在于同音同形不但功能不同,而且在语义上也相差很远,而兼类仅仅是功能不同,在语义上是有比较密切的关系的。

动词"没有"、"没"和副词"没有"、"没"的区别是用在谓词(动词、形容词)前是副词,用在体词(名词、代词)前是动词。副词"没有"否定行为、状态曾经

发生或存在,动词"没有"否定事物的存在或对事物的领有。比如:

　　　　从来没有见过这样的场面。　　没有枪,没有炮,敌人给我们造。
　　没有调查就没有发言权。

　　时间副词和时间名词有时也混淆。比如"曾经"、"通常"是副词,"过去"、"往常"是时间名词,尽管都可以充当状语,但时间名词还可以充当主语或宾语。试比较:

　　　　他曾经去过北京—他过去去过北京。过去的事情就别提了—＊曾经的事情就别提了。

　　　　你往常/通常不肯吃请,今天怎么一请就应了呢？—今天因为有事,所以比往常＊通常回来晚些。

　　有些区别词同情态副词比较接近。其区别在于,凡是基本功能充当定语,尽管有时也可以充当状语的,仍然算作区别词。比如下面的"超龄"、"成片"、"永久"、"定期"是区别词:

　　　　超龄球员—超龄服役　　　成片绿地—成片开发
　　　　永久协议—永久怀念　　　定期存款—定期检查

而那些基本功能充当状语,只是在虚化动词的宾语前偶尔充当定语的词,还是算作副词。比如下面的"公然"、"大力"、"亲口"、"迎头"是情态副词:

　　　　加以公然愚弄　进行全力抢救　作出亲口承诺　予以迎头痛击

　　4. 语义指向和内部差异

　　使用副词须要注意副词的语义指向。比如:

　　　　数学、物理、化学都学得很好,只有生物学得差一些。

"都"前指,"只"后指。不过"都"在疑问句中通常后指。比如:

　　　　在美国这么些年,你都去过哪些地方？　　你都点了哪些冷菜?

即使同样是前指,情况也很复杂。比如:

　　　　这些书我都看过了。这本书我们都看过了。这些书我们都看过了。

前句"都"指向"这些书",次句"都"指向"我们",末句脱离语境是有歧义的,"都"可以同时指向"这些书"和"我们",也可以只指向"这些书"和"我们"中的一项。语义指向的不同,常常会引起歧义,须要认真分辨。比如:

　　　　小东东最喜欢大熊猫。　　副总理分别会见了两个工商界团体的代表和当地的一些新闻记者。

"最"指向"小东东"指的是在所有的小朋友中,指向"大熊猫"指的是在所有的动物中。"分别"指向"两个工商界团体",会见一共是三次,指向"两个工商界团体的代表和当地的一些新闻记者",会见总共是两次。当然,在一定的语境中歧义往往可以自行消除。

同类副词,在用法上的差别值得注意:

同样是否定"去","不去"是说话人就自己的意愿说的。"没去"是说这种行为尚未成为现实。"别去"是对别人的行为进行禁止和劝阻。再比如"还"和"更"都可以表示程度,但"更"的比较项可以隐含。试比较:

> 我这支钢笔还不如那支呢。 我这支钢笔更不如那支呢。

前句是两项比较(这支和那支);后句虽然出现三个比较项,但从"更"的语义关系看,仍然是两项比较。后句说全了是"你这支钢笔不如那支,我这支钢笔比你这支更不如那支"。是将两支钢笔相同的一面(不如那支)作比较。

"他果然迟到了"和"他居然迟到了"是预设不同,前句的预设是"他会迟到",后句的预设是"他不会迟到"。再比如:

> 他还要来呢,别关门。他还没来呢,别关门。

都是说"他要来",前者的预设是"对方认为他不来了",后者的预设是"对方认为他已来了"。

五、代词

1. 代词的性质和类别

代词不是根据句法功能划分的词类,它是根据表达功能,即是否具有替代或指称功能划分出来的一种特殊的词类。从功能上看,代词主要替代体词,有些则可以替代谓词。代词的语法功能同它所替代的实词和短语大致相当。比如:

> 你们最需要的是<u>什么</u>?——我们最需要的是<u>粮食和枪支弹药</u>。
> 你<u>随意打断别人的讲话</u>是不礼貌的。——你<u>这样</u>是不礼貌的。
> 这种咖啡的味道<u>怎么样</u>?——(这种咖啡的)味道<u>很好</u>。
> 海底世界<u>非常</u>有趣,我当然想看看。——海底世界<u>这样</u>有趣,我当然想看看。(代加词)

从替代或指称的对象看,代词可以分为三大类:人称代词、疑问代词、指示代词,这是比较通行、实用的分类方式。下面是代词的分类系统:

$$
\text{代词}
\begin{cases}
\text{人称代词}
\begin{cases}
\text{单数：我、咱、俺、你、您、他、她、它（牠、伊）}\\
\text{复数：我们、咱们、你们、他们、她们、它们（俺们）}\\
\text{其他：自己、自个儿、大家、大家伙、人家、别人、他人、之、其}
\end{cases}\\
\text{指示代词}
\begin{cases}
\text{基本：这、那、该、此、斯、是、兹、然、彼、夫}\\
\qquad\quad\text{儿、里、些、样、么、般、阵儿、点儿、么着、么些}\\
\text{派生：这 ＋＋＋＋＋＋＋＋　＋　＋}\\
\qquad\quad\text{那 ＋＋＋＋＋＋＋　＋　＋}\\
\text{其他：每、各；另、另外；该、别、别的；一切、任何、所有}\\
\qquad\quad\text{某、其他（其它）、其余、有的、有些、该、彼此、如此}
\end{cases}\\
\text{疑问代词}
\begin{cases}
\text{问事物、时间、处所、数量：谁、何、什么，哪儿、哪里、几时、}\\
\qquad\qquad\qquad\text{多咱，几、多少}\\
\text{问方式、性状、原因：怎、怎么、怎的、怎样、怎么样、怎么着、}\\
\qquad\qquad\qquad\text{如何、为什么}
\end{cases}
\end{cases}
$$

2. 人称代词

人称代词分为三种：第一人称、第二人称、第三人称，表群体义加"们"。"它"既可以指有生命的，也可以指无生命的。

如果不是特别强调，不管性别如何，第三人称复数应该一律用"他们"。"他（她）们"的用法是不规范的，读起来也不顺口。"妳"这个字也不宜出现于正式的场合。"她"除了指第三人称女性外，还可以指令人喜爱的或尊敬的事物，比如"祖国"、"母校"、"党"等。

"您"是第二人称的敬称，"您"古代是"你们"的合音形式，所以，口语中没有"您们"的说法。口语中一般说"您二位"、"您几位"，书面上"您们"是可以接受的。

"我们"和"咱们"的区别。"我们"既可以用于"排除式"，也可以用于"包括"式。"咱们"不能用于排除式。包括式包括听话人，排除式排除听话人。比如："你安心养病吧，我们走了。""你不相信我的话，我们就下一盘当场比试。"前句的"我们"不可以换成"咱们"，后一句的"我们"可以换成"咱们"[1]。此外，在语体方面，"我们"是通用体，"咱们"是口语体，正规场合一般不用。"我"和"我们"有时可以灵活运用的。比如："我们认为"实际上

────────────────

〔1〕 在新闻语体中，尤其在记者采访中，采访人为了同采访对象拉近距离，有时特意用"咱们"来代替"你们"，这不是包括式。

是"我认为"。"我国"、"我校"实际上就是"我们国家"、"我们学校"。

　　"咱"是一个口语体代词,既可以相当于"我",又可以相当于"咱们"。比如"姚光兰说:'咱怎么跟人家比,咱得向人家看齐。'"这里是"咱"≈我。"吴天宝眯着眼笑了起来:'好,好,不用斗嘴,不服气咱就赛赛。'"这里的"咱"≈咱们。"俺"既等于"我",也可以等于"我们",带有明显的北方方言色彩。

　　此外,反身代词"自己"、总称代词"大家"、他称代词"人家"值得注意。

　　"自己"有三种用法:

　　(1) 复指。跟在复指对象后面。比如:

　　　　我自己知道。　　他自己愿意去的。　　小张自己不好,谁也别怪。

　　(2) 回指。直接充当主、宾语回指前面出现过的某人。比如:

　　　　我看了半天,自己也不懂。　　你这样下去,只会害了自己。

　　(3) 替代。替代句中未出现的某个主体。比如:

　　　　自己动手,丰衣足食。　　自己的事情自己解决。

　　"大家(大伙儿)"称代一定范围内所有的人。比如:

　　　　我们大家　　大家都知道了。　　大家的事,大家关心。

也可以指某个对象以外的所有人。比如:

　　　　我的意见,大家考虑一下。　　老师刚讲完,大家立即表示赞同。

　　"人家"也有三种用法:

　　(1) 指具体的人,相当于第三人称。比如:

　　　　咱们怎么跟人家比,人家是三八红旗手了。

　　(2) 相当于别人,跟"自己"相对。比如:

　　　　人家的东西不能要。　　文章是写给人家看的,要明白易懂。

　　(3) 转称自己(多为青年女性),略带不满的口吻,有时带有撒娇的口气。

　　　　人家都急死了,你连信也不来一封。　　你说你要看金庸小说,人家拿来了,你又不要了。

　　人称代词在一定的语言环境中可以虚指。比如:

　　　　大家我看看你,你看看我,谁也不愿先走。

　　　　班委会上,你一言我一语,发言十分踊跃。

　　"之"、"其"是文言文中留下来的人称代词,在现代汉语书面语中可以使用:

晓之以情,动之以理。不能任其发展。难以自圆其说。

3. 指示代词

指示代词"这"和"那"是相对的。"这"是近指,"那"是远指。比如:

　　这是你们的老师,快过来敬礼。　　那是你们的老师,快过去敬礼。
　　这件衣服不好看,那件衣服好看。　　这边是人,那边是马。

用于回忆过去时,通常要用"那",不用"这"。比如:

　　那时候我还是个小孩子。　　＊这时候我还是个小孩子[1]。

"这"、"那"有时可以用在专有名词前。比如:

　　原来这小红本姓林,小名红玉,因犯了宝玉、黛玉的名,便改唤做小
红。　　出了天王殿,便能望见那正阳殿。

"这"、"那"也可以虚指:

　　咱不图这,不图那,就图那娃人品好,干活勤快。

"每"、"各"、"某"、"其他"、"另"、"一切"等也是指示代词。"每"、"各"都
是分指,"某"是不定指,"其他"是旁指,"一切"是统指。

"每"、"各"虽然都是分指,都是指全体中的任何一个,但是有一定的区
别,"每"侧重于"同"的一面,"各"侧重于"异"的一面。"每"接近于 every,
"各"接近于 each,"每天都去一趟"里的"每"不能说成"各"。比如:

　　每人都有两只手。　　各人有各人的难处。　　每人一把号,吹得很
协调;各人一把号,各吹各的调。　　每个家庭都有自己的幸福和欢乐,
但各家又有各家的忧愁和烦恼。

作为不定指代词,"某"主要指没有或不能明确说出来的人或事物。比如:

　　我们一行五人前往驻沪空军某部采访。

"其他"是旁指,是指特定范围以外不能明确的人或事物。在指人时写
成"其他",指物时写成"其它"是欠妥的,应该都写成"其他",因为这里的
"他"本来就不是一个人称代词,而是一个指示代词。汉语里的"他"本来也
是指示代词。比如:

　　他乡遇故人,便觉分外亲。　　不能将教育经费挪做他用。

---

[1] 作者为了追求表达的生动,故意用当时态来描写过去时,"这时候"可以指过去某时。但
这个"这"还是近指。

"斯"、"是"、"兹"≈这、这个。比如:

　　斯人　斯时　斯人独憔悴。　生于斯,长于斯。　是日天气晴朗。
是夜,两人促膝谈心,直至天明。　是可忍,孰不可忍?　兹事体大,念
兹在兹。

"然"≈这样、那样、如此。比如:

　　也不尽然。　知其然,不知其所以然。

"该"表示特定指,如该校、该生、该人、该犯,多用于特定场合。

"彼"有两个意思:①那、那个:此起彼伏、由此及彼。②对方:知己知彼,
到达彼岸。彼此:互指,那个和这个,双方。比如:不分彼此,彼此互助。

"夫":那个、那些。如:

　　夫人不言,言必有中。　汝不知夫螳螂乎?

4. 疑问代词

疑问代词主要是表示疑问,尤其是构成各种类别的特指问。比如:

　　谁不同意?　有何见教?　你都去了哪儿?　你到底想要什么?
　　感觉怎么样?　为何不回答?　为什么又迟到了?

当然在反问句中也可以不表示疑问。比如:

　　怎么会不知道呢?　还有什么更珍贵的呢?　有谁会去自讨苦吃呢?

疑问代词有时可以重叠,表示"不止一个"。带有列举的意思。比如:

　　他告诉我谁谁来过了。　他说他来了没几天,哪儿哪儿都去了,花
了多少多少钱,买了什么什么东西。

疑问代词的非疑问用法主要有三种:

(1) 任指。指代相关的任何人或物。

　　她谁的话也不听。她哪儿也不想去。我什么都不想吃。

(2) 虚指。指代不知道、说不出或不想说的人或物。

　　我好像在哪儿见过她。　他也没说什么,只是要你自己多保重。
　　全场里好像有谁在抽烟。　喝他个痛快。　打他个落花流水。

(3) 不定指。不定指一般都是对举的,又称对称性不定指。

　　派谁去谁就去。　爱怎么办就怎么办。　能干什么就干什么。
有什么样的父亲就有什么样的儿子。

此外,疑问代词"什么"还可以表示否定和用于例举等。

　　什么老字号,越老越不值钱。　　什么保证呀,承诺呀,统统不值钱。
　　什么故意绷大价,什么中途倒车,什么死等好座,他都没学会。

思考题

　1. 根据汉语的特点,划分汉语词类应该以什么为标准?
　2. 为什么近年来汉语中副词修饰名词的现象越来越多了?
　3. 心理动词和表示心理活动的性质形容词有什么区别?
　4. 那些可以充当状语的区别词,为什么不宜归入副词?
　5. 代词既可以从使用的角度、也可以从功能的角度划分小类,哪一种分类更有用?

第三节　词的分类(下)

　　在这一节中,主要讨论虚词和拟声词,同时还将对汉语的词类问题进行简短的小结。

　　虚词的数目不多,典型的虚词只有连词、介词、助词、语气词四类。这些虚词基本上都具有以下六个方面的共性:①不能充当句法成分,②搭配关系粘着定位,③没有明确的词汇义,④数量全都封闭,⑤使用频率相对较高,⑥内部成员个性突出。虚词的功用主要是附着或连接词或短语表达各种语义关系,表示各种语法意义。虚词虽然看似数量不多,但使用频率很高,用法复杂多样。而且,实词大多是共性大于个性,而虚词基本上都是个性大于共性,所以必须逐个学习、逐个记忆。

　　就这四类词的个性特征而言,连词和介词比较接近,都是用于协助实词表达结构关系义的,所以可以统称为关系词,而助词和语气词比较接近,都是用于协助实词表达辅助性意义的,所以可以统称为辅助词。

一、关系词

(一)连词

1. 连词的基本状况

连词是连接词、短语、分句、句子的虚词。

连词同具有关联作用的副词的区别在于:连词不能单独充当句法成分,没有限定和修饰作用,只有连接作用。根据其功能,连词可以分为三类:

(1)连接词和短语的组合连词:和、跟、与、同、及、或等。

(2)连接分句和句子的关联连词:即使、既然、尽管、宁可、尚且、虽然、所以、从而、与其、只要、然而、否则、但是、因而、况且、因此等。

(3)既能连接词、短语,又能连接分句的兼类连词:并、并且、而、而且、或者、还是、由于、因为、只有、不管、无论等。

连词连接句子所构成的语言单位就是句组(或者叫句段)。譬如下面连词"然而"、"一方面……另一方面"所连接的就是句组:

　　　　四十年沧海桑田,那宽广自由、生生不息的深层质素,参透领悟了吗?你说不出。<u>然而</u>,你却敢肯定:纵然再活千遍万遍,你的选择依然只有一个。

　　　　这些天他心里一直惴惴不安,昨天一场事情虽然勉强应付过去了,却使他更加烦恼起来。<u>一方面</u>他十分痛惜这送到眼前的大把抓钱的机会白白地错过,实在追悔莫及。<u>另一方面</u>他又生怕事情闹得不可开交,自己无法下台。

2. 连词和介词的区分

在连接词和短语的连词中,"和"、"跟"、"与"、"同"这四个词常常连接名词和名词性短语,表示并列关系。比如:

　　　　我的生活和/跟/与/同工作。　北京和/跟/与/同上海我都很喜欢。

但是,这四个词也都可以用作介词。比如:

　　　　我和/跟/与/同小王商量过。　祥子和/跟/与/同车主吵了起来。

大致的区别是:"跟"带有口语色彩,"与"带有文言色彩,"跟"显得随便,"与"显得庄重。比如"战争与和平"不宜说成"战争跟和平"。"和"、"同"书面语口语都用,如果一起使用,一般把"和"用作连词,"同"用作介词。比如:

　　　　小王同小张和小李吵了一架。　小李和小张同小王吵了一架。

既然这四个词都是既可以作连词,又可以作介词,那么,我们怎么分辨呢?概括起来,大致有以下五种方法:

(1)替换法。就是用"他/她们俩"来替换"N^1 跟 N^2",能替换的是连词,反之是介词。

N¹ 跟 N² 爱看戏＝他们俩爱看戏

N¹ 跟 N² 耍滑头≠他们俩耍滑头

(2) 互换法。就是 N¹ 跟 N² 前后互换,能互换的是连词,反之是介词。

N¹ 跟 N² 爱看戏＝N² 跟 N¹ 爱看戏

N¹ 跟 N² 耍滑头≠N² 跟 N¹ 耍滑头

(3) 分解法。就是将"N¹"和"N²"分解开来,分别同"V"相结合,能分解的是连词,反之是介词。

N¹ 跟 N² 爱看戏＝N¹ 爱看戏＋N² 爱看戏

N¹ 跟 N² 耍滑头≠N¹ 耍滑头＋N² 耍滑头

(4) 插入法。就是在"N¹"与"跟"之间插入状语,能插入的是介词,反之是连词。

N¹ 跟 N² 爱看戏≠N¹ 经常跟 N² 爱看戏

N¹ 跟 N² 耍滑头＝N¹ 经常跟 N² 耍滑头

(5) 转化法。就是将"N¹"转移到"V"之后重新组合。能转化的是介词,反之是连词。

N¹ 跟 N² 爱看戏≠跟 N² 爱看戏,N¹ 认为没有必要。

N¹ 跟 N² 耍滑头＝跟 N² 耍滑头,N¹ 认为没有必要。

当然,上述分化方法也有一定的局限性,譬如遇到一些具有特殊语义特征的短语时,还必须借助于其他特定的分化手段。

3."和"类连词的连接功能

连词"和"一般情况下只能连接体词性词语,但在一定的条件下也可以连接谓词性成分。大致有以下两种情况:

(1) 当谓词性词语充当主、宾语,表示指称义时。比如:

提高和普及不能偏废。 我从战士们身上看到了强烈的爱和恨。

(2) 充当谓语的谓词性词语是双音节的,前面要有附加成分。比如:

他们的品质那样的纯洁和高尚。 问题还须进一步调查和研究。

连词"而"、"而且","并"、"并且"都可以连接谓词性短语。下面着重分析"而"的功用。"而"的用法很多,主要有三种:

(1) 连接并列成分。既可以是对等的,也可以是转折的。比如:

舒而美 任重而道远 热烈而镇定的情绪 紧张而有序的工作

（2）连接状语和中心语。比如：

> 侃侃而谈　姗姗而来　为人民的利益而死　为共产主义而奋斗

（3）连接主谓语。虽然在主谓语之间,实际上关联了前后两个命题,表示转折关系。比如：

> 作家而不为人民写作,那算是什么作家?　　民族解放战争而不依靠广大群众,毫无疑问将不能取得胜利。　　在当时,一个车夫而想发财致富,无异于痴心妄想。

句中的"作家"等于是说"作为一个作家",后面两句也是如此。

"及"和"以及"这两个连词有同也有异。相同的是"及"和"以及"所连接的成分有时有主次之分,有时也可以不分。比如：

> 人员、图书、设备及其他配套设施
>
> 对个体经济及资本主义经济的改造
>
> 工业、农业、交通运输业以及其他行业,都取得了巨大的成就。
>
> 十年来,钢铁、煤炭,以及纺织、化工等行业部门都有了很大的发展。

不同的是"以及"还是关联连词,可以连接分句。比如：

> 他问了我很多问题,那里的气候怎么样,生活是否过得惯,以及(*及)当地老百姓对我怎么样等等。

还有,"及"后面一般都要接"其",而"以及"后面接"其他"。比如：

> 元宵之夜,广大教职工及其家属都参加了文艺联欢会。
>
> 老陈、小李以及其他好几位编辑人员都在会上发了言。

（二）介词

1. 介词的基本状况

介词主要用在名词或名词性短语前面,也可以用在一些指称性的谓词性词语前面,共同组成介词短语,所以介词又可以叫前置词。介词后面的成分叫介词宾语,与动词宾语性质不同,由于介词是虚词,介宾之间的组合是粘着的附加关系。

介词短语主要可以充当状语、定语、补语,有时用作句首修饰语。比如：

> 从上海出发　把大门关上　向雷锋学习　按要求办事
>
> 被困难吓倒　对坑蒙拐骗非常鄙视　以博学多才而名闻遐迩
>
> 沿街的店铺　随队的记者　和老朋友的关系

给敌人以沉重的打击。 集众家之所长于一身。

沿着这个方向,你们继续向前搜索。按设计要求,我们又作了改进。

照这个方子,你去抓几服中药。对于这些问题,我已经考虑很久了。

"走向胜利"、"献给人民"、"走到北京"、"来自五大洲"、"忠于人民"、"落在你身上"、"前往杭州"、"生于上海"等结构形式,既可以认为"向胜利"是一个介词短语,充当"走"的补语,也可以认为"走向"相当于一个动词,"胜利"直接充当宾语,整个"走向胜利"是述宾短语。

介词同中心语之间的语义,既纷繁复杂,又多种多样。包括:

时间:自去年年初起	从那时候至今	打从晌午开始
处所:在书架上找书	顺着山沟跋涉	沿着大街叫卖
方向:连连向后退却	往东偏南搜索	朝天空放空枪
范围:就合同法而言	论技术他不行	除老李都去了
工具:用沙锅炖鸡汤	以财产作抵押	拿脚背去垫球
依据:照我说的去办	按原计划执行	根据合同办事
对待:对我们很礼貌	冲王老板发火	向解放军学习
原因:因迟到而受罚	以精明而著称	由吸烟而引起
目的:为我日夜操心	替他们多想想	我给你想办法
与事:跟小二黑结婚	同王小姐大闹	和魔鬼打交道
处置:把炉子生起来	将道理讲清楚	拿李键先开刀
被动:被警察抓住了	让小偷偷走了	叫喇叭吵醒了
介引:管我叫活雷锋	归你的你拿走	给他们赔不是
伴随:随团前往朝鲜	乘势发动反攻	趁机溜了出去
比较:南段较北段高	小李比小张强	离成功差远了

对于上面的语义分类,还须注意两点:首先,不少介词是多功能的,在不同的搭配中,可以表示不同的语义关系。比如"从"既可以表时间,也可以表处所,还可以表方向。其次,具有上述语义关系的介词短语的句法功能存在着相当的差异。比如表被动和处置的只能作状语,而表处所的既可以作状语,也可以作句首修饰语,少数还可以作补语。

2. 介词和动词的区别

汉语的介词绝大多数是动词虚化而来的。有些词至今还是动介兼类词。动词和介词的区分大致有四个方面:①介词不能单独作谓语中心,动词可以;②介词不能以任何方式重叠,动词可以;③介词不能带时态助词,动词可以;④介词都不能带补语,动词可以。

"为着"、"随着"、"沿着"、"趁着"、"照着","为了"、"除了","通过"、"经过"后面的"着"、"了"、"过"现代已不是时态助词了,已经成了构词语素。有些动词也不能重叠,不能带补语,甚至不能带有时态助词,譬如"属于"、"懒得"、"乐意"等,但它们都可以单独作谓语中心。

区分介词和动词,要特别注意动介兼类词。下面各对例句中都有动介兼类词,前句中的是动词,后句的是介词。比如:

你千万要把好这一关。	你可别把大门关上。
我来替你,你回去吧。	我真替你感到难过。
这方面我比不过小李。	小李可比我强多了。
他在图书馆找参考书。	他在书架上找参考书。
这几幢房子朝北。	他朝我一个劲地点头。
别拿我的东西好不好。	别拿我开玩笑好不好。
别管我,你自己先去。	他们管我叫"活地图"。
敌人很快又冲了上来。	他近来老是冲我发火。
一个往东,一个往西。	打蛇就要往死里打。
葵花永远向着太阳。	别再向他提意见了。
车来了,你们让一让。	钢笔让弟弟弄坏了。
他给了我好几本书。	他给我买了一本书。
年度计划已通过了。	通过自学完成学业。
我为谁,还不是为你。	大家为此都很担心。
别以为离了你就不行。	离北京还有五公里。

此外,"作为"也是动介兼类词。比如"把音乐作为业余消遣,把冬泳作为锻炼身体的最好方法"是动词。"作为领导,既要以身作则"、"作为艺术制品,石雕,根雕,各有特色,难分高下"是介词,接近于英语的"as"。

关于"为"的读音和词性要特别注意。一般情况下,动词读为阳平。比如:"为所欲为","为非作歹"。介词读作去声。比如:"为国争光","为人民服务"。但是有例外,动词表示"帮助"、"卫护"之意时,读去声。比如:"我为谁,还不是为了你"、"一人为大家,大家为一人"中的"为",是动词,都要读去声。此外,介词"为"在表示被动时,要读阳平。如"为正义人士所不齿"、"为广大群众所喜闻乐见的文艺形式"。

3. 部分介词用法辨析

介词的用法很复杂,下面对"对"、"对于"、"关于"、"在"等几个介词的用法进行辨析。

(1)"对于"、"对"和"关于"。"对于"和"对"都是用来介绍动作的对象及有关的人和物,大多可以通用。比如:

把余钱存入银行,对(于)国家和个人都有好处。

区别在于,当"对"表示"向"和"对待"这两种意思时,只能用"对",不能用"对于":

你没对(﹡对于)我说实话。   他对(﹡对于)老师很有礼貌。

"对"、"对于"的一个常见错误是主客体颠倒。比如:

﹡那段史无前例的动乱岁月,对于这些老三届知青是很熟悉的。

"关于"主要用来引介相关事物,表示范围、提示。"关于"和"对于"有时可以互换。比如:

关于这个问题,我没什么意见。   对于这个问题,我没什么意见。

区别在于"关于"偏重范围,"对于"偏重对象。细分起来有三点。

首先,表示关联涉及用"关于",表示对待对象用"对于"。比如:

关于这个问题,可以参考下列书刊。

对于青年学生,要引导他们向前看。

其次,"关于"组成的介词短语,只能位于主语之前。"对于"组成的介词短语,可以在前,也可以在后。比如:

关于马太效应,我很感兴趣。   ﹡我关于马太效应很感兴趣。

对于马太效应,我很感兴趣。   我对于马太效应很感兴趣。

最后,"关于"组成的介词短语是一个自由的可以单用的语言单位,"对于"组成的介词短语是一个粘着的不可以单用的语言单位。"对于＋宾语"后面必须有后续成分。比如:

对于重庆谈判,我们必须具有充分的思想准备。

而"关于＋宾语"可以单独作标题。比如:

关于领导方法的若干问题 关于健全党委制度的若干方法

(2)"在……上/中/下"。"在"经常同方位名词"上"、"中"、"下"组成带

有方位名词的介词短语,即可以表示时间和空间关系。比如:

　　在解放前　在建设中　在书桌上　在院子里　在水缸里　在教室里

"在……上"、"在……下"也可以表示条件和范围。比如:

　　在导师的悉心指导下　在同学们的帮助下　在这个问题的认识上

"在……上"、"在……下"中间必须插入名字性成分,如果是动词必须是表示指称义的动词而不是陈述义的。也就是说,上面的"指导"和"帮助"都不能受时间副词的修饰。比如:

　　*在导师的时常指导下　*在同学们的常常帮助下　*在大家的立刻赞同下　*在这个问题的一再认识上

"在……中"的"在"有时候是动词。比如下面的"在"仍是动词:

　　艾滋病在蔓延中。　青藏铁路在设计中。　地铁二号线在建设中。

当"在……中"还有后续成分,充当句首修饰语时,"在"仍然是介词。比如:

　　青藏铁路在设计中,广大工程技术人员遇到了许许多多原来意想不到的技术难题。

　　地铁二号线在建设中,隧道公司的科研人员克服了地质构造复杂,地下管线众多的种种困难;最后终于提前半年完成了施工任务。

二、辅助词

(一) 助词

1. 助词的性质和类别

助词是附着在其他语言单位上的,表示一定辅助性附加义的虚词。根据所起作用和所表意义的不同,助词大致可以分为七类:

　　助词 {
　　结构助词:的[1]、地、得
　　时态助词:着、了、过
　　时制助词:的[2]、来着、来[1]
　　比况助词:似的、似地、一样、一般、般、样
　　表数助词:第、初、老,来[2]、把、多、上下、左右、开外
　　列举助词:等、等等、云、云云、的[3]、什么的
　　其他助词:们、被、给、连、的话、看
　　}

助词的个性特征很强,各个小类之间在附着对象、表义方式、虚化程度、

使用频率等各个方面都相差较远。之所以都归入助词,就在于:功能上,它们都是附着的,大都是后附,少数是前附;在作用上,它们都是辅助的,是用来辅助各类实词、短语和句子的;在表达上,它们都是以表语法意义或范畴意义为主的;在读音上,它们大都要发生一定程度的音变,有相当一些要弱化并读成轻声。

　　2. 结构助词和"的"字短语

　　结构助词的读音都是"de",在书面上写成"的"、"地"、"得"三个,这可以使书面语的结构关系更清楚。为了增强语言的准确性,避免歧义,必须学会分辨它们之间的细微差别。

　　首先,形式动词"进行"、"加以"、"予以"、"作了"以及"给……以"等格式后面的动词之前,要用"的",不用"地",因为该动词表示的是指称义。比如:

　　　　大家热烈地讨论了倡议书的每一项条款—大家围绕着倡议书,进行了热烈的讨论。

　　　　他仔细而又周密地调查了每一个细节—他对这件事的来龙去脉,作了周密的调查。

　　　　我们必须严厉地打击票贩子—我们必须给票贩子以严厉的打击。

　　在主语位置上,用"的"和"地"似乎都可以。比如:

　　　　严厉的批评对她有好处—严厉地批评对她有好处。

　　　　周密的调查很有必要—周密地调查很有必要。

区别在于:前句的"批评"、"调查"是指称义,"严厉"、"周密"是定语;后句的"批评"、"调查"是陈述义,"严厉"、"周密"是状语。前句讲的是什么样的"批评"、"调查",重在内容;后句讲的是怎么样是"批评"、"调查",重在方式。虽然都可以用,但表义重点不同。

　　"得"、"的"也须区分。比如:

　　　　这头牛拉的比拖拉机拉的还多—这头牛拉得比拖拉机拉的还多。

前句指东西多,主语是"的"字短语;后句指牛力大,主语是"这头牛"。

　　　　小李师傅说得很对,完全符合实际情况—小李师傅说的很对,完全符合实际情况。

前句是讲话的方式、过程,当然也包括内容没有出现差错,强调讲话的状态。后句是讲话的内容没有差错,强调讲话的内容和性质。

　　此外,还要注意助词"得"和语素"得"的区分。比如:

看你急得,等我把话讲完么。　看你忙得,一头的汗。

"得"是结构助词,后面的状态补语在对话语境中隐含了。再比如:

这个人我认得。　这件事情我还记得。　这样做一点都不值得。

"得"都是构词语素。其他如"博得"、"认得"、"赢得"、"获得"、"懒得"、"落得"、"觉得"中的"得"也都是语素。

"的"附在名词、动词、形容词及其相关的短语的后面可以组成"的"字短语。比如:

木头的　说的　参观的　这家饭店的　卖菜的　日本制造的

"的"字短语的基本功能是充当主语、宾语。比如:

金属的不如竹子的　大的太大,小的太小　买的没有卖的精

区别词后边带"的"也可以做宾语或主语。比如:

这家厂是民营的,不是国营的。　简装的不好,我要精装的。　野生的更值钱。　这个水库是中型的。　这台电视机是彩色的。

"的"短语概括性较大,相当于一类的人或事物。比如:

现在种田的、做工的、教书的,甚至当兵的,都在为经济建设而奔忙。

这种说法,比"农民"、"工人"、"教师"、"军人"来得概括。但"的"字短语显得不够尊重,有点随意。比较:

送信的—邮递员　教书的—教师　当兵的—战士

"N 的"、"A 的"一般没有歧义,而"V 的"是有歧义的。[1] 根据"V"的配价性质,可以分为三类,只能联系一个论元的 V^1,可以联系两个论元的 V^2,能够同时联系三个论元的 V^3。V^1 的没有歧义,V^2 的有歧义,V^3 的有双重歧义。比如"死的死,伤的伤",没有歧义。"反对的是他的父亲"有两个意思:他反对父亲,父亲反对他。"给的并不多"有三个意思:一是给东西的人并不多,一是给的东西并不多,还有是得到东西的人并不多。比如:

这年头,要饭也不容易,人们手头都不宽裕,即使给,<u>给的</u>也并不多(给的=给的东西、钱物)。

当时候车室里的人是不少,但这年头人的观念变了,真正愿意<u>给的</u>

---

〔1〕　N、A、V 分别是英语 noun(名词)、adjective(形容词)、verb(动词)的简称。

并不多(给的＝给的主体、施舍者)。

　　他虽然自称乐于施舍,但在这么多向他要钱的乞丐中,他真正能够给的其实并不多(给的＝给的对象、接受者)。

　　"的"还有两种特殊的用法。比如:

　　今天我的东,我请客。　谁的原告,谁的被告。　他的党委书记,我当厂长。

　　别生我的气。　开大家的玩笑。　告老师的状。　他的篮球打得好。　他的文章写得好。

前一种"的"主要表身份、职务等,后一种"的"构成伪定语,表相关范围、对象、主体。

　　"是……的"形式里面的"是"和"的"到底是动词＋结构助词,还是副词＋语气词,有时不易分清。可以用三种办法来辨析:

　　(1) 增添法。凡是"的"后能补出中心语的,是"动词＋结构助词"式。比如:

　　这是图书馆的→这是图书馆的(书)。他这样是有道理的→他这样是有道理的(＊做法)。

　　(2) 省略法。凡是"是……的"可以一起省略的,是"副词＋语气词"式。比如:

　　这是图书馆的→＊这图书馆的。　这样是有道理的→这样有道理。

　　(3) 否定法。凡是否定在"是"前的,是"动词＋结构助词"式,在"是"后的,是"副词＋语气词"式。比如:

　　这是图书馆的→这不是图书馆的。　这样是有道理的→这样是没有道理的。

当然,有时也会出现歧义,三种办法看似都适用。比如:

　　她爸爸是戴眼镜的→她爸爸是戴眼镜的(人)→她爸爸戴眼镜。→她爸爸不是戴眼镜的→她爸爸是不戴眼镜的。

这是两种语义内容用了同一个句法形式,是歧义句。其实,同样的形式,句法重音是不同的:"动词＋结构助词"式"戴眼镜"重读,"副词＋语气词"式"是"重读。

　　3. 时态助词和时制助词

时态助词主要表示的是"体"(aspect),而不是"时"(tense)。"时"和"体"是一对既有联系又有区别的语法范畴。"时"可以分为"过去"、"现在"、"将来"等,"体"可以表示一般、进行、实现、经历等。比如,"着"表示进行体,既可以是现在的进行,也可以是过去进行或将来进行:

　　　现在他们正开着会,你可千万别进去。

　　　那天下午他们正开着会,有个委员晕倒了。

　　　明天上午十点他们正开着会,我怎么好进去。

同样,"了"表示实现体,既可以是现在实现,也可以是将来实现或过去实现:

　　　下了课同学们来到了操场上。　她现在已到了上海。

　　　下了课到我办公室来一下。　到了上海就来信。

　　　那天我下了课立刻就走了。　昨天我离开时她已经到了上海。

"了"加在表示性状的动词和性质形容词之后,不是表示完成,而是表示性状的实现。比如:

　　　他懂了不少道理。(原来不懂,现在开始懂了)

　　　他已经死了很久了。(过去就进入并且一直处于死的状态)

　　　父亲头发白了不少,还瘦了很多。(原来不白不瘦,现在变白变瘦了)

"过"表示经历态,表示过去有过某种经历。

　　　我们游览了长城。(已实现)　我们游览过长城。(有某种经历)

　　　他去了北京。＝He has gone to Beijing.　他去过北京。＝He has been to Beijing.

　　　他当过班长。(暗示现在不是班长,着眼点是过去)

　　　他当了班长。(暗示现在成为班长,着眼点是现在)

"过"也可以用在形容词之后,表示过去有过某种状态。比如:

　　　生孩子后,她胖过一阵子。　她年轻时也曾漂亮过,风流过。

　　　"着"既可以表示动作正在进行,也可以表示状态正在持续。比如:

　　　他正穿着新衣服呢!(动作进行)　他穿着一身新衣服。(动作遗留状态的持续)

所以,"山上架着炮"既相当于"山上正在架炮",也相当于"炮架在山上"。

　　　汉语的时态助词往往还可以兼表"时",所谓兼表时制是指无其他参照点的状态下,这3个词隐含时制因素。一旦加上参照点,当然可以分别表示现在、过去、将来。"着"、"了"、"过"在体、时方面的特点可以大致归纳如下：

助　词	时　态	完　成	延　续	兼表时制
着	进行体	－	＋	当　时
了	实现体	＋	＋	近　时
过	经历体	＋	－	远　时

时制助词"的"表示过去时间，常用动宾之间，离合动词的内部。比如：

他昨天上午八点半进的城。　回来坐的飞机。　你在哪儿念的中学？　他深夜一点钟才睡的觉，再让他睡一会儿。　是你引诱的我！现在装什么假正经。

"来着"、"来"都是表示不久前刚发生的事，多用于口语，接近于英语的现在完成体，比如：

这些天你都忙些什么来着？　你干什么来着，看你满头大汗的。刚才他说什么来着？　这几天你都看些什么书来？　昨天他说要带些什么来？

4. 其他各类助词

比况助词必须同所附着的词、短语一起组成比况短语。主要充当定语、状语、补语，有时也可以充当谓语。比如：

暴风雨般的掌声　黑塔似的虎妞　火一样的热情
杨二嫂飞也似的跑了。　火箭像流星一样划过了夜空。
看他高兴得像小孩似的。　脚冷得像站冰窟窿里似的。
这家伙几天没吃饭似的。　同学们一个个落汤鸡似的。

表数助词有的表序数，有的表概数。表序数的都是前附的。比如：

第一名　第一百一十六名　正月初五　老大和老二

表概数的等都是后附的。比如：

五十来岁　一百多天　一百块钱左右　尺把深的水　五十岁开外

要注意表数助词"来"和时制助词"来"的区别。时制助词来[1]是"来着"的简略形式。比如：

上次妈跟你说什么来？　局长不知哪里见过令爱来，极为中意。

　　表概数的"前后"、"左右"、"上下"都是后附的,差异在于:"前后"只用于时间,不用于年龄、距离、重量。如"五十岁左右"、"八十斤左右"、"一万字左右"、"四十公里左右"都不能用"前后"。"上下"多用于成十的数之后,可以用于年龄、距离、重量,但不用于时间。再比如:

　　　　四十岁上下　二十里上下　三十斤上下　一千字上下
　　　　大约六点钟左右(前后＊上下)　总共八个月左右(＊上下)
　　　　二百米左右(＊上下)　六十里左右(上下)

　　列举助词"等"、"等等"、"云"、"云云"、"的³"、"什么的"都是用来帮助列举的。"等"既可以是列举未尽,也可以是列举穷尽后的煞尾。比如:

　　　　唐朝大诗人李白、杜甫、白居易等。
　　　　水、电、煤气及取暖设备等均未安装。
　　　　英、法、西、俄、中、阿拉伯等六种语言为联合国工作语言。

"等等"一般都表示列举未尽,而且可以重复为"等等,等等",表示还有很多。
"云"、"云云"多用语转述,一般是用来煞尾的,比如:

　　　　说方鸿渐由德国克莱登大学授博士学位,将赴各国游历考察,秋凉四月,闻各大机关正竞相礼聘云。
　　　　最后几句谓"有碍观瞻"、"此风不可长"云云。

　　"的³"、"什么的"可以表示列举未尽,也可以用于列举后的煞尾。比如:

　　　　苹果、香蕉的买了一大堆。　　也就是这家店针头线脑的还能买到。
　　　　扣除原料、税收什么的,只能保本。　　感冒药什么的,都得自己准备。

　　"们"主要是表示群体复数的,"们"同确数是相排斥的,"六个学生们"、"三千多名工人们"都是不能说的。表示抽象的一类人时,尽管是多数、是群体,也不能加"们"。比如:

　　　　科学家(＊们)是祖国的宝贵财富。　　儿童(＊们)是祖国的花朵。
　　　　教师(＊们)是人类灵魂的工程师。　　妇女(＊们)能顶半边天。

"们"除了表示群体复数外,还可以表示连类复数,表示同类的人。比如:

　　　　祥子们说说笑笑,拉着车走了。　　大赤包、蓝东阳们这下是失算了。
　　　　夫妻们在家里免不了说些私房话。　　自从村里驻上鬼子后,亲戚们也不再互相走动了。

"们"还可以用在专有名词后面表示比况复数。比如:

　　　　临江市的诸葛亮们　　记中国的尤伯罗斯们〔1〕　新时代的雷锋们

"们"一般不用于动物名词之后,但借喻、拟人、借代等修辞用法除外。比如:

　　　　北平已为老鼠们净了街,北平已不是北平人的北平。

　　　　兔子跑到一半,看到乌龟还在后面爬,就睡起觉来,小动物们在一旁越看越急。

　　　　报社的一帮"眼镜们"都表示不服气,说他们也要参加比赛。

近年来,非修辞用法的动物和非生物后面加"们"的用法有日益增多的趋势。

　　　　"所"的作用主要有三点:

　　(1) 同"被"、"为"组成"被……所""为……所"的格式,表示被动。比如:

　　　　被世人所唾弃　　为汉奸所害　　为广大群众所欢迎

　　(2) 同"的"配合,将主谓短语转化为偏正短语,比如:

　　　　"四人帮"所犯下的滔天罪行　　我所喜欢的那棵月季花

　　(3) 放在单音节动词前组成所字短语,比如:

　　　　所见所闻　　所学非所用　　夺人所爱　　强人所难

　　"被"是用来表示被动的;"给"用于口语,加强处置性。

　　　　敌人被消灭了。(助词)　　敌人被我们消灭了。(介词)

　　　　花瓶叫弟弟给打烂了。(助词)　　花瓶给弟弟打烂了。(介词)

　　　　那本书爸爸给拿走了。(助词)　　那本书给爸爸拿走了。(介词)

　　"连"主要是用来强调的,"连"后面的成分,既可以是体词性的,也可以是谓词性的,后面通常要有"也"、"都"配合使用。比如:

　　　　连校长的话也不听了。　　连问也不问就走了。　　连我也不认识了。(有歧义)

　　"的话"是用来帮助假设的,既可以同假设连词配合,也可以单用,比如:

　　　　如果下雨的话,就顺延一个星期。　　找不到她的话,给她姐姐也行。

　　"看"用于加强尝试态,大多用在重叠动词后面,必须读轻声。比如:

──────────

〔1〕 尤伯罗斯是美国洛杉矶奥运会的组织者,他第一个把奥运会办成了一项商业活动和赢利的事业。

尝尝看　想想看　试试看　写篇文章看。　先服几味药看。

（二）语气词

1. 语气词的性质和类别

我们平时说话，每一句都会带有一定的语气，如果没有语气，也就不成为句子了。汉语语气的表达主要借助于语调、语气词、语气副词及叹词等，而且这些手段还可以配合使用。

从所起的作用看，典型语气词就是那些在现代汉语中使用频率特别高，分布领域比较广，所表语气相对复杂的那几个语气词，总共只有六个：啊、吗、吧、呢、了、的；除了典型的语气词之外，都是一些使用频率相对较低的语气词。

从语音的变化看，单音节语气词大都可以分为基本语气词和派生语气词两种情况。基本语气词就是指某个最常用的最典型的语气词，派生语气词是指在某个基本语气词的基础上由于所处环境的不同而出现的读音变体，或者是两个语气词连用而形成的合音变体，再或者是同一个语气词的被书写成不同的形式变体。比如：

啊（ā）──→呵、呀、哇、哪[1]、哈、呦、哎、呦；吧（bā）──→罢、呗（＝罢哎）、啵（＝吧呕）；了（lē）──→啦（＝了啊）、咯、嘞、啰（了哦）、喽（了呕）；吗（mā）──→么（麽）、嚜、嘛（么啊）；呢（nē）──→呐、哩、咧、哪[2]（＝呢啊）

2. 句末语气词的类型和用法

典型语气词虽然只有"啊"、"吗"、"吧"、"呢"、"了"、"的"六个，但这六个语气词的用法相当复杂，基本涵盖汉语语气词的各种用法。

（1）"啊"和"吧"。"啊"，受到前一音节的影响，可以分别写成"呀（ya）"、"哇（wa）"、"哪[1]（na）"等。"啊"用在陈述句句末，主要起到延缓语气的作用，有时还可以起到加强解释、提醒、申明等的作用。比如：

谁不想参加劳动，就是没有工夫啊。这可是咱们部队的老传统啊。

小妹妹，你可别介意啊。你还要指挥全连的呀！他们还没有死心哪。

用于疑问句句末，无论是是非问、特指问还是正反问，都有舒缓语气的作用，尽管在不同类别的疑问句中，所起的作用强弱并不完全一致。比如：

明天你也去上海呀？这么晚了，你还要出去啊？你说的是南京东路步行街呀？

你明天去哪儿啊？那么我们谁去买才呀？他们明天来不来啊？

用于感叹句句末和祈使句句末，"啊"的基本作用仍然是，在表达请求、劝

告和命令,或者表示感慨和惊叹的同时,使句子的语气略微舒缓一些:

> 你也去看看哪!　等等我啊!我马上就好。　你看呀!他又在写了。
> 风景多美啊!　这几个孩子多么可爱呀!　外面的风刮得好大啊!

"吧"主要表示说话人对自己的看法不很肯定,尽管在不同的句类中,其揣度性语气的强弱并不相等。在陈述句句末,表示叙述不很肯定;在疑问句句末,希望对方给予证实;在祈使句句末,可以使请求、命令、劝告、催促等的语气略为舒缓一些。比如:

> 遮丑,这大概是人类的本能吧。　恐怕他已经到了吧。　该不会是小张会来了吧。　工厂大概已经停产了吧?　你不介意我再提问几句吧?　你妈妈还没有回来吧?

"吧"还可以在表示列举、选择、让步、容忍时强化延宕的语气。比如:

> 就说小张吧,他从小开始练的。　譬如喝茶吧,里面也有许多讲究。
> 去吧,又没有时间,不去吧,又有点不甘心。　就算你说得有道理吧,你也应该给他一个机会。　即使你心中有气吧,也不该随意发作。
> 丢了就丢了吧,以后注意一点就是了。

(2)"吗"和"呢"。"吗"是一个典型的疑问语气词。"吗"在疑问句中的基本功用就是突显疑问焦点,强化疑问语气。从"吗"所附着的疑问句形式类别看,主要用于是非问句句末,也可以用于附加问〔1〕、回声问。比如:

> 你喜欢我吗?　已经准备好了吗?　他能原谅我吗?　你会改变主意吗?
> 今天是星期六,是吗?　她并不是一个好学生,不是吗?
> 我今天要拿五只。——五只吗?你今天一只也别想拿到。

从"吗"所附着的疑问句的疑问程度看,既可以用于疑问度为百分之百的真性疑问句,也可以用于疑多于问、甚至完全肯定的假性疑问句。比如:

> 他也是新来的吗?　这件事情他知道了吗?　他们也要一起去吗?
> 你以为少了你就不行了吗?　这一切难道还是我的过错吗?

"呢"既可以用于疑问句,也可以用于陈述句,既可以用于句末,也可以用于句中。用于疑问句时,"呢"主要用于特指问、选择问、正反问,不用于是

---

〔1〕　附加问就是在一个陈述后面,再加上一个肯定或否定的附加疑问形式。

非问。"呢"在疑问句中其实并不真正负担疑问信息,其主要功用在表示一种深究的语气。比如:

> 谁是那位不速之客呢?他们会到哪儿去呢?我到底怎么办呢?你想喝点什么呢?你们为什么不解释呢?
>
> 是我去看你呢,还是你来看我呢?派小张去一趟好呢?还是派小王去一趟好呢?你到底去不去呢?

有时还兼有指明焦点的作用,主要是指明疑问焦点。试比较:

> 你知道老李是哪个地方的人吗? 你知道老李是哪个地方人的呢?

前句用"吗",重在问"知道还是不知道",而后句用"呢"则指明了疑问点"哪个地方"。同样,"呢"也可以用在没有任何疑问信息的反问句。比如:

> 谁不知道她难侍候呢? 我怎么可能不知道呢? 这样的人谁还会同意和她合作呢?

"呢"直接跟在一个体词或体词性短语后面,可以构成一种特殊的疑问句。主要有两种功用,一种是问该人和物的处所,一种是问对策。比如:

> 车呢?(≈车在哪儿呢?) 钥匙呢? 你的借条呢? 你爸爸呢?
>
> "我们决定弃权了,你呢?"(≈你打算怎么办?) "妈妈明晚有事,不回家吃饭了。""我呢?"(≈我怎么办,谁管我吃饭呢?)

(3)"的"和"了"。作为语气词,"的"用于陈述句句末,主要用以加强对事实的确定和未来的推断,表示一种明白无误、显而易见的语气。比如:

> 我昨天问过李先生的,这不可能的。 我曾经调查过的,不会错的。 你不要这么大惊小怪的。

语气词"的"常和副词"是"配合使用。比如:

> 问题是明摆着的。 我这话不是随便说的。 我是绝对不会和他们一般见识的。

"的"有时也可以用在疑问句和感叹句的句末,以加强对疑问点和感叹事实的确定。比如:

> 一个人死了之后,究竟有没有灵魂的? 你是怎么搞的?这样重要的事情也会忘记的?
>
> 这样的折腾,真够她受的! 就是你亲口说的! 事情就是叫你们这些家伙弄坏的!

作为语气词,"了"用于陈述句句末也可以表示对已然事实的确定和推断,但与"的"不同的是,"了"重在报告一个新的情况。比如:

问题早已解决了。　稿子交给他们了。　我早就猜到你的心思了。
肯定是又发生什么意外了。　这件事情就这样定了。

"了"表示新的情况,一般都是有预设的。比如"问题早已解决了"的预设是"听话人以为问题还没解决","稿子交给他们了"的预设是"听话人以为稿子还没有交"。

所谓"已然"是从"体"的角度说的,同"时"并没有必然的联系,所以"已然"的情况,并不一定都是发生在过去。比如下句说的是将来的情况:

到年底的时候,我走了,你妈妈也走了,你们俩打算去哪儿过年?

"了"有时也可以用于疑问句和感叹句句末,以加强对新情况(就说话人的角度看)的疑问和感叹。比如:

你读几年级了?　你来了多久了?　今天谁去值班了?
这个消息太诱人了!　这儿的风景可美了!　你也太不像话了!
她俩相差实在太远了!

"了+没有/(是)不是"多用于询问新情况和反问。比如:

离婚后她又嫁人了没有?　我跟你讲的问题你考虑了没有?　稍为有点起色又抖起来了不是?　你这样做有点太心急了是不是?

3. 其他句末语气词的用法举例

其他双音节语气词主要有:也好、也罢、的话、着呢、便了、罢了、而已等,三音节只有"就是了"一个。

(1)"也好"和"也罢"。这两个词都表示容忍语气——对某种措施、办法、行为、观点等虽然不满意,但既然已经存在也就算了。比如:

说说也好,免得以后误会。　你暂时不想去也罢,在家把功课复习一下。　如果有可能,让她下去锻炼锻炼也好。　你不愿帮我忙也罢,可你居然去帮黑子他们的忙,叫我怎么说呢?

成对使用的"也好……也好"、"也罢……也罢"表示不管怎么样,结果都一样。比如:

学文科也好,学理科也好,都必须把语文、数学、外语的基础打好。

(2)"着呢"、"便了"和"的话"。"着呢"也可以写作"着呐"。一般只能用

在性质形容词的后面,对该形容词进行量的强调,带有夸张的口气。比如:

今后的路还长着呢。　我心里烦着呢。　她说的话难听着呢。

需要加以分辨的是时态助词"着"+语气词"呢"的"着呢"。比如:

你说下去,我听着呢。　你到底准备怎么办,我还等着呢。

两者的区别在于,时态助词都是附在动词后面的,"呢"即使不用也不影响表达;而语气词"着呢"一般只能附在形容词后面,"呢"也不允许分离、省略。

"的话"也是助词兼语气词,凡是用在句末,用于帮助表示假设的"的话",是助词。语气词"的话"常用在"哪里"、"哪儿"的后面。比如:

我该好好谢谢你。——哪里的话!　今天晚上没有给你丢脸吧?——哪儿的话,你讲得太好了。　我很讨厌,是吧?——哪儿的话。

(3)"罢了"、"而已"和"就是了"。这三个语气词都含有把事情往小里、往轻里说的意味,对前面的陈述有所减轻和冲淡。常同副词"不过"、"只"、"只好"、"只有"、"无非"等配合使用。比如:

我只不过说说罢了,你别当真。　行李已经准备得差不多了,无非是再买一些路上吃的点心罢了。

这虽然于死者毫不相干,但在生者,却只能如此而已。　我听了之后,也只好笑笑而已。　挑拨离间,造谣中伤,阴谋家的招数,大抵如此而已。

你闭了眼睛就是了,什么也别管。　少什么东西,只管跟他说就是了。　你不要听他的话就是了。

"便了"多用于早期白话,表示应允的语气,略等于"就是了"。比如:

你别急,容我慢慢下手便了。　如果我败在你的手里,由你处置便了。

4. 句末语气词的连用顺序

现代汉语中典型语气词有六个,即:啊、吗、吧、呢、了、的。根据这几个语气词在句末连用时的位序,可以将它们分成四类:A 类语气词"的",B 类语气词"了",C 类语气词"吗(么)"、"吧"、"呢",D 类语气词"啊(呀、哇、哪)"。这四种语气词共现连用时,其排列顺序是有规律的,总共有9 种顺序:AB、AC、AD、BC、BD、CD、ABD、ACD、BCD。比如:

AB:唉,这一家子也真够辛苦的了。　这样看来,他俩是早已知道的了。   姑奶奶,你的福气是可以写包票的了。   那一定是无可药救的了。

　　AC:父亲跟女儿这样说话的吗?   鲁迅纪念馆,你去过的吧?   这些字到底是谁写的呢?   还够吃三个月的呢!   你没见,还有更稀罕的呢!

　　AD:要是让别人知道了,对你会有影响的啊!   到时候,这么多事情也够你忙的啊!   真正忙起来,也真够你受的啊!

　　BC:刚才不给你放在桌子上了么?   妈,你拆看人家的信了吧?   我还以为他已经走了呢。   妈不是已经吃了您的药了么?

　　BD:怎么,你们都已经知道了啊?   将来大家受过教育,不会再重男轻女了啊!   吵得可凶啦(=了啊)!   这两个人可怪啦,见了面准顶嘴。   我早就把你看透啦。

　　CD:事情就是这样嘛(=么啊)!   这简直是开玩笑嘛!   说起他学骑车,可真逗人哪²(=呢啊)!   这阵儿,四邻八庄都起事儿啦,欢腾着哪(=着呢啊)!

　　ABD:这么说来,你去了解的时候,他俩已经知道的啦(=了啊)。你先喝碗水,也累得够瞧的啦!   两间小屋里就挤得满满的啦。   疯哥,你也甭藏藏掖掖的啦!

　　ACD:这还是他亲口说的哪²(.=呢啊)!   这件事也真够窝囊的哪²!

　　BCD:你听见我刚才说的话了嘛(=么啊)?   看来人家早就把它给琢磨透了哪²!

上面语气词的连用排列,至少可以给我们以下的启示:

　　从连用顺序看,语气词连用的规则总的说来是比较严整的,一般很少出现逆向排序的连用。从所表示的语气看,连用的两个或三个语气词在所表语气方面并没有完全融合,而是各自仍然还保留自己原来的语气,不过前面的语气明显地减弱了,重点都落到了最后一个语气词上面了。从连用的数量看,语气词连用大多是两个,少数也可以是三个的,但其中 ACD 和 BCD 这两种顺序是比较少见的,而且往往出现合音现象。

　　5. 句中语气词的位置选择

　　能够出现句中的语气词,总的说来,数量不算多,只有"啊"、"呢"、"吧"、"么"、"嘛"、"哪"、"啦"等几个。但语气词可以在句中出现的位置却是相当丰富多样的。既可以出现在不同的句子成分之间,也可以出现的不同句法成分之间,还可以出现在同一个句法成分之内。下面先描述各类句中语气词在出现的具体位置,然后再讨论一下制约句中语气词使用的各种因素。

(1) 句子成分之间。包括句首修饰语、提示语、独立语三类。比如：

昨天晚上吧，我跟老李吵了一架。　现在呢，基本上已经没有什么希望了。　至于校长那里么，我会去解释的。　除了他们两个啊，其他人差不多都不赞成。

祖国啊，我的母亲；党啊，母亲的心！　她的两个妹妹啊，一个是小学教师，一个是宾馆服务员。

大妈，照我看哪，不给钱就不去！　听说呀，最近上头又有什么新政策了。　小李这个家伙，据我猜想啊，很有可能是在跟我们耍滑头。

(2) 句法成分之间。包括主谓之间、述宾之间、述补之间、状中之间、近宾和远宾之间五类。比如：

龙须沟啊，不是坏地方！　教师嘛，就应该起到表率作用。　他们哪，连个影子都见不到。　价格么，是贵了点，不过货绝对是真的。王老师也去了吧？——王老师吗，好像没看见。

我觉得呢，她这几天好像有点不太对劲。　我们认为啊，这种可能性完全可以排除。

那小子瘦得呀，简直像个猴子。　她俩笑得啊，连眼泪都出来了。

学生对老师嘛，本来就该尊重。　这是她为孩子啊，献上的一份爱心。

他送我们哪，两把精致的小提琴。　王老师送给我啊，一句忠告——要相信自己。

值得注意的是，为了突出状语将句中状语提到句首，往往也可以用语气词。比如：

跟聪明人啊，我也不抖机灵儿了。　打小吧，我就特喜欢看匪警片。

(3) 句法成分之内。就是指语气词在同一种句法成分之间，包括主语内部、谓语内部、述语内部、宾语内部、定语内部五类。比如：

老程平时就喜欢使枪弄棒，刀啊枪啊的摆满了一屋子。　黑暗留下了一个网，山哪，河哪，田哪，都被它盖在了网的下面。

晚会上大家唱啊笑啊，跳啊闹啊，折腾了好一阵子。　走哇走哇，师徒五人终于来到一座大山前。　哭呀，骂呀，她一个人闹腾了半天。

老头还喜欢养个猫啊狗啊鱼啊的。　他每次从工地上回家时，身上净是灰啊土啊的。

（4）从表达的功用看，句中语气词的使用同句末语气词的使用性质完全不同，句中语气词并不表示句子的语气类型。它主要有两个作用：一是预示停顿的作用，一是表达口气的作用。句中停顿的时间长度通常只是句末停顿的一半，这些语气词的出现，预示着后面将要出现也较短的停顿。句中语气词所表示的口气，则多为舒缓、委婉或延宕、迟疑的口气。

三、拟音词

拟音词是以模拟声音为主的特殊的词类，包括叹词和象声词两种。

（一）叹词

1. 叹词的性质和范围

叹词是一种通常独立于句法结构之外，以模拟人类自己的声音、表示人类自身情感为主的特殊的词类。由于叹词自身的特点以及研究者们的各自的主观认识，有关汉语叹词，曾经存在着一些不同的见解：一是名称不一，汉语叹词的名称，曾有过叹词、感叹词、情叹词等多种。一是界限不清，早期的语法书大都没能明确区分象声词和叹词，有的即使区分了，其中的界限和范围也不一致，尤其是对于表示应答称呼的呼应词究竟应该归入哪一类，看法并不统一。再一个是归类不定，叹词究竟是归入虚词，还是归入实词，抑或是归入特殊词类，甚至是不列入任何词类，一直没能取得共识。

现代汉语叹词的数量并不多，常用的总共只有三十多个；大多是单音节的，譬如"啊"、"哦"、"噢"、"哈"、"哇"、"嘿"、"嗨"、"哼"、"呸"、"嚇"、"喔"、"哎"、"唉"、"哟"、"咄"、"咦"、"嗤"、"呵"、"嘘"、"吓"、"嚯"、"啧"、"嘻"、"喝"、"嗬"、"诶"等，也有一些是双音节的，譬如"啊呀"、"哎呀"、"嗨呀"、"喔哟"、"哎唷"、"哟嗨"等。值得注意的是，同一个叹词，往往可以有不同的词形，譬如：啊—呵、哟—唷、嗤—嗨、喝—嗬、诶—欸等。而且，同一个词形，往往可以有不同的读音，譬如：诶（ê，ei，ai）、唉（ei，ai）、哟（yo，yao）、嗯（n，ng）、呕（ou，ao）、哎哟（aiyo，aiyou，aiyao）等，而"啊"则可以分别读成四种不同的声调等。

叹词和语气词及象声词之间存在着一些兼类的情况。"啊"、"哇"、"呕"、"哟"等都是叹词和语气词的兼类词，当它们单独使用时，就是叹词，附在句末或某个句法成分后面时，就是语气词。一般认为，模拟自然界的各种声音的是象声词，模拟人类自己的各种感叹的声音是叹词。然而，对于像"喂"、"嗯"、"唔"这些没有感叹性但主要模拟人类声音的呼应词，却存在着不同的看法。其实,比起象声词,这些词更接近叹词,可以归入叹词。

2. 叹词的结构功能

叹词的句法结构功能主要有两种,一种是基本的功能,就是充当句子成分,一种是变通的功能,就是充当句法成分。充当句子成分的用法主要有三种:用于句首,用于句中,用于句后。比如:

哦,我知道了。　　咦,你又来了。　　哈,还真不简单。　　哇,这么多菜啊。　　啊,多可爱的小生灵啊!　　哼,还说是公平竞争呢。　　啧,啧,头发烫得多漂亮啊!

徐主任,咦,哪儿去了?　　咱这里,哈,就数你的脾气好。　　她,哼,和大杂院里的娘儿们没有什么两样。　　孩子,哎,这也是没有办法的办法呀。

水!——舀点水来,嗨!　　又到了星期日了,唉!　　便宜你这小子了,哼!　　我怎么会碰到你这样无赖的家伙,呸!

充当句法成分的叹词位置相当灵活,可以充当定语和状语,也可以充当谓语和述语,还可以充当宾语和补语。比如:

一大半人的嘴巴不自觉地张开,时时还漏出"啧!啧!"的叹美声。秦敏一扬脸,哈哈笑起来。　　疼得他哎哟哎哟地喊了起来。　　她什么也不说,只是嘿嘿地笑。

他扬着浓浓的眉毛,咧着嘴巴狠狠的咦了一声。　　人们纷纷"啧"着嘴唇,赞叹着。

他怒目而视地吐一口唾沫道:"呸!"。说上三句"哈哈",两句笑话。

充当句法成分的叹词,大都具有一种活用的痕迹,是将叹词当作名动形实词来用。这种进入短语内部的组合方式,严格地讲,是属于言语层面的临时性的动态的组合。

3. 叹词的表义功用

叹词的表义功用与语气词比较接近,主要表示各种语气、情感和情态,少数也可以用于应答和允诺。概括地说起来,叹词所表示的心情、感觉、态度主要有以下六个方面。

(1) 喜悦或赞叹。比如:

嘿嘿,你真能说!　　哈哈!丰收了,还能不高兴!　　啊,我亲爱的祖国!　　呵!闰土的心里有无穷无尽的希奇的事,都是我往常的朋友所不知道的。　　哇!好大的蛋糕啊!

（2）悲伤或无奈。比如：

　　　　咳，不提周海我还不伤心呢！　　唉，这不怨我呀！　　嘿！比比人家，看看自己！　　嘻！老喽，连鼻子都不中用了。　　唉，还有什么可说的呢！

（3）意外或惊讶。比如：

　　　　啊！你吓了我一跳。　　哎呀，这怎么可能呢！　　咦！怎么我的钱还在？　　嘀！你怎么在这里！　　嚯，他后来真去了，没有出意外吧？

（4）提醒或领悟。比如：

　　　　哎，老弟，以后要改改你的坏脾气了。　　哎呀，老大爷，你找谁啊？哦，你昨天找我原来是要给我说媒，要我嫁人啊？　　噢，原来是这件事！

（5）鄙视和唾弃。比如：

　　　　哼！你就跟他们是一路货。　　哼，妈不像你，见钱就忘了命。　　一个男子汉，干什么吃不了饭，偏干伤天害理的事！呸！

（6）招呼与应答。比如：

　　　　喂，年青人，你找谁？　　嗨，你俩上哪儿去？　　嗯，军长就是这么跟我说的。　　嗯！对了，他是比以前改多了。　　嗨，可以这么认为，不过并不确切。

　　从表达的角度看，首先，所表示的心态、情感与各个叹词之间并不存在对应关系。同一个叹词，往往可以表示多种情感，而相同的情感，常常可以用不同的叹词来表达。比如"啊"可以分别表示赞叹、惊讶、领悟等等：

　　　　啊！何等壮丽的景象啊。　　啊，简直不得了了。

再比如"哟"、"哎呀"、"哎哟"、"哟嗬"等都可以表示惊讶：

　　　　哟，你也在这儿哪。　　哎呀，这怎么办呢？　　哎哟，这么大的力气啊！　　哟嗬，是你呀？

　　其次，无论是单音节叹词，还是双音节叹词，都有一些叹词可以重复或复叠，以加强所表达的情感和语气。比如：

　　　　哎哎，她真是交了好运了。　　哦哦，多美呀！　　唉，唉。你简直不能想象我激动到什么程度！　　呵呀呵呀，真是愈有钱，便愈是一毫不肯放松，愈是一毫不肯放松，便愈有钱。

（二）象声词

1. 象声词的性质和范围

象声词主要是模拟各类事物声音的。事物的声音复杂多样,无法在口语中穷尽地、准确地模拟出来,在汉语中,某些事物发出的一些声音,即使有相应的音节,有时也无法用相应的文字来标记。因此,从本质上看,自然界各种事物的声音多于口语中的象声词,而口语中的象声词又多于书写出来的象声词。因而出现了这样的情形:同一个象声词可以表示多种不同的物声,同一种物声可以用不同词形的象声词来标记。

对于汉语中这类拟声单位,目前尚有三个方面的问题存有不同的看法。首先,名称尚未完全统一。迄今为止,各家说法有"象声词"、"拟音词"、"表音词"等多种。就其通行程度而言,当推"象声词"和"拟声词"。本书之所以叫"象声词"而不用"拟声词",是因为"象"主要指相像,体现了语言单位同事物声音的某种相似性的关系;而"拟"主要指模拟,体现了语言使用者模仿事物声音的某种能动性行为的结果;显然,前者更切合语言实际。

其次,归属难以确定。象声词的语法功能相当复杂,既能直接进入静态的语言单位——在抽象的短语中充当句法成分,也可以作为一种动态的语言单位——在具体的句子中充当句子成分。总的说来,象声词比较多的是充当独立语、插入语等句子成分。自从《马氏文通》以来,有关汉语象声词的归属和范围一直存在着不同的看法。有的将其归入虚词,有的将其归入实词,有的则在虚实之外另设一个包括象声词和叹词的特殊词类。其实,象声词既非严格意义上的实词,也非严格意义上的虚词,而是一种特殊的拟声词。

2. 象声词的功能

从不同的角度看,象声词的功能包括单独使用功能、句法组合功能和模拟表达功能三个方面。

(1)独用功能。象声词独用时,可以作为一个句子成分,也可以单独成为一个句子;可以一次使用,也可以多次重复;可以位于句首,也可以位于句中。比如:

　　咯喳,车把断了。　咣,门被什么人一脚踢开了。　咔嗒咔嗒,随着剪刀声音一落,两根乌黑的大辫子已经永远地离开了她。　轰隆隆,轰隆隆。外面传来了一阵又一阵的炮声。

　　"咕咕咕咕咕咕咕",一顿机关炮,打得山头烟火直冒。　连着响起来的冲床声就变成"匡当匡当匡当匡当"地一直响下去,响个没完。

大多数象声词可以独立使用,少数像"琅琅"、"轰然"一类的象声词一般不能独立使用。总体上看,象声词的独立性比叹词要低一些,充当句法成分的概率比叹词要高得多。

(2) 组合功能。象声词可以在句中充当定语和状语,单纯的象声词后面常带数量词"一声"。充当定语时一般要有"的",充当状语时,可以没有"地"。比如:

> 我听见头脑里"嗡"的一声,墙壁随即转动起来。　　只听"轰"的一声巨响,车身摇晃一下就停了。　　她看了看那只嘀嘀哒哒响的马蹄表。　　他老婆扑哧一声笑了。　　扑通一声跪倒在地上。　　小王的耳朵嗡嗡直叫。　　小河的水哗哗哗哗地向东流去。　　把门一关,就呼呼地睡去了。　　土块噼里啪啦地落了他们一身。

象声词也可以充当谓语和补语。直接作谓语的句子往往是对举性的。比如:

> 一路上,车声隆隆,马蹄哒哒。　　铁匠铺里,你丁丁当当,我当当丁丁,好不热闹。

象声词也可以单独充当谓语,后面常需要带"的"。比如:

> 敌机在天上嗡嗡着。　　祥子拿了支烟放在唇间吧唧着。　　敌人家伙什儿好,也不顶事,抵不住咱们战士的猛冲猛打,一打,就哗啦了。旗子在风中哗啦哗啦的。

"嘀咕"、"咕哝"、"叨咕"之类的转用类象声词可以带"着"、"了"、"过",也可以直接带宾语、补语,或者受副词的修饰,还可以用肯定否定并列式提问。比如:

> 这些天她老是叨咕你们两个。　　他在肚子里咕哝了一句。　　后来,她又嘀咕了好长时间。　　你别咕哝了好不好?　　那么,她知道以后还嘀咕不嘀咕了?

象声词作补语时,后面常带"的"。比如:

> 大娘呢,穿着拖鞋便跑,笑得咯咯的。　　盐籽蹦进了油锅,炸得哗哗剥剥的。

象声词偶尔还可以充当主语和宾语。比如:

> 隐约可辨的唧唧喳喳和嘻嘻哈哈,是女工们工间休息的谈笑声。
> 他耳朵里灌满了轰轰轰!轧轧轧!啵啵啵!他又听见了听惯了的

"哇……乌……"

(3)虚拟功能。象声词的主要功能是模拟事物的声音。拟音可以分为实拟和虚拟,实拟是对客观事物的声音的据实模拟,上面所举的例子都是实拟。虚拟是对客观上不存在但在心理上能感受到或想像到的声音的虚构模拟。比如:

> 他的面孔"唰"地变白了。　　他接过纸条一看,脸"腾"地一下红了。

"面孔"和"脸"事实上不会发声,通过虚拟情态,能化无声为有声。同样,对抽象的心理活动,也可以用虚拟的方法,化抽象为具体。对不易觉察的声音的虚拟可以化隐为显,化小为大。比如:

> 心里"咯噔"一声,压上块铁饼,脸色也就暗下来了。
> 我听了心里"扑通扑通"直跳。我的牙齿刚才又"吸吸"痛了几下。
> 听到这消息,她的眼泪"唰"地一下流下来。
> 身上是冰凉的,身子一贴近地皮,寒气"嗖嗖"地直往肚皮里钻。

四、词类问题小结

词类是根据词的语法功能划分出来的,然而词的语法功能往往是相互交错、参差不齐的。

一方面,各类词的语法功能并不是该类词中的每个成员都会具备的。即对内缺乏普遍性。比如形容词可以重叠,充当定语,但有些形容词却不能重叠,不能单独充当定语。另一方面,某个语法功能往往不是某类词所专有的,即对外缺乏专有性。比如:名词经常充当主宾语,这自然不错,但动词、形容词在一定条件下也可以充当主宾语。

所以,在为汉语的词进行分类时,必须分清主要与次要,普遍与个别,一般与特殊,经常与偶然之间的关系。如果眼睛只盯着那些例外的现象,那就没多少规律可谈了。

下面着重谈一谈兼类、活用、同音、多义之间的关系。兼类的条件有两点:①具备两类词的语法特征,分属不同的功能范畴;②不同功能之间词汇意义密切相关。比如:

> 两千多名代表参加会议(名),他们代表了全国十二亿人民(动)。
> 这是我们这儿的规矩(名),不过这孩儿还蛮规矩的(形)。
> 这件事很麻烦(形),给你带了许多麻烦(名),那就麻烦您了(动)。

兼类最主要有三种:名兼动、形兼动、名兼形。比如:

> 名兼动:研究　组织　准备　翻译　导演　编辑
> 形兼动:协调　繁荣　方便　健全　严肃　端正
> 名兼形:困难　危险　自由　矛盾　科学　烦恼

　　同形主要是指同音同形,其条件也有两点:①句法功能可以相同也可以不同;②词汇意义之间没有明显的联系。比如前面提到过的"光"、"挺"、"直"、"真"、"净"、"老"、"快"、"怪"。

　　词类活用是甲类词在特定条件下为了表达的需要,故意出格一下,用作乙类,这也有两个条件:①句法功能的转变是临时的;②不同功能之间的意义具有内在联系。比如:

> 像他这样的,不运动运动他,还了得?
> 作家的脑子里又意识流了一下。　孩子在战场上光荣了。
> 比雷锋还雷锋。　这一切的确十分堂吉诃德了。

　　多义是词汇学里的概念,指同一个词具有两个和两个以上的义项。多义也有两个条件:①句法功能大致相同;②各个义项之间密切相关。比如:

> 这口井很深。　这本书很深。　新叶很嫩。　肉丝很嫩。　这孩子还很嫩。　他年纪老了。　这房子老了。　竹笋长老了。　肉丝炒老了。

　　同形可以不同音,譬如"大意"、"造化"、"地道"、"反正"的后一个音节都可以分别读本调和轻声。多义也可以不同音,譬如"乐 lè—乐 yuè"、"和 hé—和 hè"。但这些都不在句法功能所需要分辨的范围之内。凡是读音不同意义又不同的词,不管它形式如何,都不是同一个词。

思考题

1. 根据哪几条标准,可以有效地区分汉语中的动词和介词?
2. 应该怎样分化汉语中的"和"、"跟"、"与"、"同"等连介兼类词?
3. 怎样才能区分结构助词"的"、时制助词"的"和列举助词"的"?
4. 为什么说叹词和象声词归入实词和虚词都不合适?
5. 词的兼类和活用以及同音之间的区别和联系是什么?

第四节　短　　语

一、短语的结构类别

（一）实词和实词组合的短语

短语是词和词按照一定方式组合起来的语言单位。词和词的组合,可以是实词和实词的组合,也可以是实词和虚词各为一方的组合。常见的实词和实词组合的短语主要有以下几种:

1. 主谓短语

由主语和谓语两部分组成。主语是谓语陈述的对象,谓语是说明和陈述主语的。两部分是陈述与被陈述的关系。主谓短语按照其内部的结构成分,可分为如下几种形式:

(1) S＋V／S＋VP

鸡叫　大家讨论　我说　考试结束　我们唱

我们唱歌　弟弟吃饭　学生学习文化　我去北京

豆撒得满地　爷爷睡得很晚　我去一趟　大家唱起来

(2) S＋A／S＋AP

花红　经济繁荣　意志坚强　祖国昌盛　身材魁梧

人累得要命　花儿多得很　柿子已经熟透

(3) S＋N／S＋NP

明天晴天　十月一日国庆节　今天星期三

这张桌子三条腿　他黄头发　鲁迅浙江人　一斤白菜五分钱

(4) S＋SP

我国资源丰富　水乡歌声阵阵　这个人态度傲慢

2. 述宾短语

由述语、宾语两部分组成。前一部分是述语,主要由动词充当;后一部分是宾语,是述语支配、关涉的对象。两部分是支配和被支配的关系。述宾短语按照其内部的结构成分,可分为如下几种形式:

(1) V＋N／V＋NP

有人　是他　吃菜　爱科学　关心集体　发展经济　记在心中

有不少朋友　是一位记者　了解不少情况　来自祖国的北疆

（2）V＋V/V＋VP

喜欢吃　值得干　主张去　贪图享受　妄加评论

喜欢吃冰棍　值得干一下　主张去杭州　害怕来北方出差

（3）V＋A/V＋SP

爱干净　避免拥挤　安于清贫　难以安静　过于严格

值得大家去一趟　禁止你们抽烟　主张小王当班长

3. 述补短语

由述语、补语两部分组成。前一部分是述语,主要由动词和形容词充当;后一部分是补语,对述语加以补充和说明。两部分是补充和被补充的关系。述补短语按照其内部的结构成分,可分为如下几种形式:

（1）V/A＋V/A

学懂　戳穿　踢进　飞出去　急坏　暗下去　忙起来

吃饱　长大　拧紧　晒干　说清楚　搞明白　安排好

（2）V/A＋得＋V/A/VP/AP/SP

学得懂　踢得进　听得清楚　说得明白　闷得慌

擦得非常干净　飞得很高　笑得弯下了腰　气得说不出话

热得满头大汗　说得一个钱不值　写得谁也看不懂　走得两腿发硬

（3）V＋量词短语

砍一刀　踢一脚　去三次　读两遍　住三天　休息一个月

4. 偏正短语

由修饰语和中心语两部分组成,前一部分是修饰语,分为定语和状语,后一部分是中心语。两个部分之间是修饰和被修饰的关系。偏正短语按照修饰语性质的不同,可分为定中短语和状中短语两种形式;按照其内部的结构成分,可分为如下几种形式:

（1）N/V/A/NP/VP/AP/SP＋（的）＋N/NP

大型工厂　特等茶叶　英雄气概　研究生宿舍　好朋友　卫生城市

群众的智慧　美丽的秋天　抢来的时间　大伙都不想去的理由

电影的艺术水平　便宜的内销衬衫　节省下来的许多时间

(2) N/NP＋的＋V/A

　　资料的查找　合同的签订　老师的光临　尊贵客人的到来
　　狐狸的狡猾　中国主人的好客　情况的特殊　来往人员的复杂

(3) F/A/V/PP＋(地)＋V/A/VP/AP

　　很好　十分舒服　极端负责　不去　紧张劳动　努力学习　积极参与
　　从口袋里掏出　在黑板上写字　自上海出发　跟小王打网球
　　静静地等待　挨得紧紧地坐着　气喘吁吁地进来　抱歉地说

(4) VP/NP＋V

　　不住地说　有计划地提高　很感兴趣地看　形式主义地看问题

(5) F＋N/NP

　　刚星期二　才十一月　最中间　只三个人

5. 联合短语

由两个或两个以上部分组成,各部分之间有并列、递进、选择等关系。有的直接组合,有的靠关联词组合,有的部分之间用顿号或逗号隔开。联合短语按照其内部的结构成分,可分为如下几种形式:

(1) N/NP＋N/NP

　　教师和学生　我们或你们　三个教师和五个学生　北京、上海和天津

(2) V/VP＋V/VP

　　又说又笑　讨论并且通过　吃、穿、用
　　共同学习并且共同研究　参观校园和做学术报告　看得懂和听得懂

(3) A/AP/SP＋A/AP/SP

　　聪明伶俐　年轻而且要强　伟大而质朴　美观、便宜、耐用、实惠
　　好得很和差得很　十分优秀、优秀和比较优秀

6. 同位短语

两个部分相互叠用,相互指称,同表一个事物。同位短语各个组成部分可以是以下几种类型:

(1) N/NP＋N/NP

　　中国的首都北京　厂长王一林　意大利人马可·波罗

(2) N＋D/D＋N

老王他们 十月一日那天 四婶自己 他们几个人 我们青年人

(3) D+D

我们大家 他们自己

(4) N/D+量词短语

夫妻两个 他们三位

7. 连动短语

由两个或两个以上的动词性词语连用,它们之间没有联合、偏正、述宾、述补、主谓等关系,中间没有语音停顿,没有关联词语,也没有复句中分句之间的各种逻辑关系。根据动词的不同,可以分成以下几种类型:

(1) VP+VP

拿笔写字 走过去开门 打电话叫车 买个闹钟看时间

(2) 动词"来/去"+V/VP;V/VP+动词"来/去"

游泳去 去游泳 坐飞机来 来打电话

(3) 动词"有"+V/VP

有能力完成 有办法说服 有机会上大学 有资格参加会议

8. 兼语短语

一个述宾短语和一个主谓短语套叠在一起,而且述宾短语中的"宾语"兼作主谓短语的"主语"。根据动词的不同,可以有以下两种类型:

(1) VP+NP+VP

请他参加 允许他经商 求他回答问题 称他为老师傅 当他是傻瓜

(2) 动词"有"+NP+VP

有人出国 有弟弟考大学 有个村庄叫赵庄 有个学校在徐汇区

9. 量词短语

由数词、指示代词、疑问代词与量词组合而成。前一部分是数词、指示代词、疑问代词,后一部分是量词。量词短语按照其内部的结构成分,可分为如下几种形式:

(1) 数词+量词

一个(人) 两封(信) 三双(袜子) 五碗(水) 一口袋(米)

(大哭)一场 (去过)两回 (讨论)三次 (抽)一鞭

第二(天)　头班(车)　二分之一个(苹果)　零点六个(百分比)

八九个(学生)　三四辆(轿车)　二十多头(牛)　三十来里(路)

(2) 指示代词＋量词/代词＋数词＋量词

　　这幅(画)　这个(人)　那份(礼物)　那位(来宾)

　　这一幅(画)　这三个(人)　那两份(礼物)　那五位(来宾)

　　每位(旅客)　每份(礼物)　各国(政府)　各种(方法)

(3) 疑问代词＋量词

　　哪个(人)　哪桩(纠纷)　几件(事儿)　几里(路)　多少斤(鱼)

10. 方位短语

由两个部分组成。前一部分是词或短语,后一部分是方位词。方位短语按照其内部的结构成分,可分为如下几种形式:

(1) 一般实词＋方位词

　　屋子里　讲台上　西湖边　书架旁　宴会后　考试前

(2) 时间词/处所词＋方位词

　　星期一前　三点钟后　两个钟头前　三年内　两个月之外　半天中

　　长安街北　徐家汇西　北京以南　亚洲以东　邮局前　图书馆以内

(3) 一般短语＋方位词

　　一个金黄的鸟笼里　宽大的前额下　高楼与平房之间　十月一日国庆节那天之前　在学习方法的提高上

　　打完球之后　洗得满头大汗以后　我出国之前

(二) 实词和虚词各为一方组合的短语

1. 介词短语

由两部分组成。前一部分是介词,后一部分是词或短语。介词是这类短语的标志。根据介词后接成分的不同,介词短语可以分成以下两类:

(1) 介词与词的组合

　　往北京(挂电话)　向沙漠(展开攻势)　同老李(去北京)　比去年(暖和)　凭证件(借书)　按照惯例(要进行考试)　为了孩子(去市场打工)

　　向我(传达指示)　从这里(去北京)　被你(拖苦了)

　　向北(挺进)　从下往上(爬)　朝东(驶去)　在外(呆的时间长)

上述介词短语,主要是介词与名词、代词、方位词的组合。

(2) 介词与短语的组合

　　　向远在五十里外的目的地(进发)　为不听话的学生(伤透了脑筋)
比高大的男人还要高大(的女保姆)
　　　在学校、机关、事业单位(工作)　将原文与译文(对了一遍)
　　　朝首都北京(开去)　把小王小李这两个学生(累垮了)
　　　在黑板上(写字)　从海面上(升起)
　　　对改建学生公寓(有什么意见)　与汽车被砸(有什么关系)

上述介词短语,主要是介词与名词性的偏正短语、联合短语、同位短语以及
方位短语的组合,也包括介词与述宾短语、主谓短语的组合。

　　2."的"字短语

　　由两部分组成。前一部分是词或短语,后一部分是助词"的"。"的"是
这类短语的标志。根据"的"字前附成分的不同,"的"字短语可以分成以下
几类:

　　(1) N/NP+的

　　　木头的(容易坏)　(钥匙是)新写字台的　我们的(还在办公室)

　　(2) 区别词+的

　　　男的(排在左边)　女的(排在右边)　(满把都是)银的和铜的　黑
白的(便宜)　彩色的(要五六百块)　一等的(就有三人)

　　(3) V/A/VP/AP+的

　　　来的(都是客)　(那两个是)新加盟的　高的和矮的(都是外籍球
员)　最不欣赏的(是言而无物的文章)　开卡车的(是老张)

　　(4) SP+的

　　　我们反对的(是说空话的人)　(这一班学生都是)我教过的　(上
海大剧院是)建筑师们吸收了悉尼歌剧院的优点创造出来的

　　3."所"字短语

　　由两部分组成。前一部分是助词"所",后一部分是动词。"所"是这类
短语的标志。例如:

　　　(心有)所感　(各取)所需　所剩(无几)　所见所闻
　　　所撰写(的论文)　所珍藏(的书籍)　所认识(的老师)　所依靠
(的力量)　所知道(的事实)　所亲近(的朋友)

4. 比况短语

由两部分组成。前一部分是词或短语,后一部分是助词"似的"、"一般"、"一样"、"般"等。"似的"等比况助词是这类短语的标志。根据比况助词前附成分的不同,比况短语可以分成两种类别:

(1) 词与比况助词的组合

墨似的(乌云)　乞丐似的(男子)　闪电般(窜了过去)

逃跑一般(滚了出去)

(乐得)什么似的　(气得)什么似的

上述比况短语,主要是名词、动词、疑问代词"什么"和比况助词的组合。

(2) 短语与比况助词的组合

爆豆锅般的(嘴里)　小火星似的(亮光)　得了气管炎一样(干咳)

箭出弦似地(飞了出去)　雷鸣般的(掌声)

上述比况短语,主要是偏正短语、述宾短语和主谓短语与比况助词的组合。

二、短语的功能类别

(一) 短语的功能分类

词的语法功能表现在能否充当句法结构成分上,句法结构成分,既包括主语、宾语和述语,也包括定语、状语和补语。按照这个功能标准,我们区分了实词和虚词,并对实词的下位层次进行了三分。

短语从外部的语法功能进行分类,大致和实词相当,也可以分成体词性短语、谓词性短语和加词性短语三类。

(二) 体词性短语

体词性短语的语法功能是主要作主语、宾语,一般不作述语。联系结构上的分类情况看,体词性短语包括以下类别:

1. 体词为中心的偏正短语

高大的建筑物　新买的钢琴　木头房子　以前的事　一张照片

2. 带有定语的以谓词为中心的偏正短语

你的到来　他的突然出现　孩子的关心　内心的焦急　狐狸的狡猾

3. 由各类体词组成的联合短语

优秀品质和高尚情操　她跟她的孩子　这一个与那几个

4．同位短语

　　我的同学张明　中国的首都北京　国务院副总理吴邦国

5．"的"字短语和由名量词组成的量词短语

　　过路的　卖菜的　穿红衣服的　一件　两个　一百零八条

6．由名词组成的主谓短语

　　今天星期五　10 月 1 日国庆节　两元一斤　一斤两元

（三）谓词性短语

　　谓词性短语的功能与谓词一样,在句子中主要作谓语,有时也能作主语和宾语。从短语的结构分类上看,谓词性短语包括以下一些短语:

1．述宾短语

　　增加收入　怕脏　来了客　给他钱　是书　有东西

2．述补短语

　　看完　说得好　去过两次　洗得满头大汗　美极了　红得发紫好看得很

3．连动短语

　　上山采药　说着笑起来　有资格晋升　走出去关上门　来祝贺

4．兼语短语

　　叫他来　有人认为　劝他出国　称他为队长　请家里人吃饭

5．由两个或两个以上的动词、形容词组成的联合短语

　　讨论并且通过　来或者去　勇敢而且顽强　又高又大

6．以动词、形容词为中心的偏正短语

　　不来　刚去　辛苦地劳动　很好　非常满意　不很明白

7．由动词、形容词作谓语的主谓短语

　　红旗飘扬　我去　我们唱歌　弟弟吃饭　学习努力　意志坚强

（四）加词性短语

　　现代汉语中的加词主要是指区别词、副词。区别词和副词既不能像体词那样,在句子中主要充当主语、宾语,同时也可以充当谓语、定语、状语等;

也不能像谓词那样,在句子中主要充当谓语,同时也可以充当主语、宾语、定语、状语、补语等。可见,体词和谓词可以充当多种成分,都是多功能性的,而区别词和副词的功能是单一的,在句子中只能充当定语和状语,由于定语和状语都是修饰语,都是附加在其他词语之前的,所以把这两类词称作为加词。

与加词具有相同功能,只可以充当修饰语的短语是加词性短语。

1. 介词短语

介词短语主要的语法功能是作状语,在句子中比较多的是修饰动词性词语。如:

　　从北京(来上海开会)　把那只杯子(打碎了)　被貌似忠厚的人(骗了)　比去年(热多了)　用这把刀(切肉)

上述只能用于句中的介词短语,大都表示与事、共事、比较、工具、受事、施事等意义;而表示关涉、时间、目的、依据等意义的介词短语,作状语时不仅可以位于句中,还常常位于句首,作句首修饰语。如:

　　对于这个问题(我不准备多说)　为了孩子的幸福(她会献出一切)

　　从开学以后(我就没有安定过)　根据这个原则(你去办理)

2. 其他只能做修饰语的短语

一部分以"形容词＋名词"方式组成的偏正短语,只能作状语,而不能作其他成分。如:

　　全方位(考察)　小批量(生产)　多角度(观察)　大幅度(提高)

一部分固定短语或类固定短语,也只能作修饰语,大多数时候是作状语,不能作其他成分。如:

　　一个劲儿地(钻研)　经年累月地(磨炼)　苦口婆心地(劝解)

三、短语同词与句子的区别

(一)短语同词的分界问题

1. 短语和词的区别

短语和词的区别主要表现在以下两个方面:

(1)结合的程度不同

词的结合程度比较紧,构成词的各语素之间不能插入其他成分。如"黑板"、"高深"、"大学"等都是词,不能扩展成"黑色的板"、"高又深"、"大的学校"。短语的结合程度比较松,构成短语的各词之间可以插入其他成分。如"说话"、"唱歌"、"新书"都是短语,可以说成"说大话"、"唱一支歌"、"新的书"。

(2) 表达的意思不同

词表达的意思往往不是单纯的几个语素意义的相加,而是融合在一起表示一种与其相关的特定的含义。因此它表达的意义是固定的、凝结的、不可分割的。如"打算"是词,它的意义不是既打又算,而是指对某一事情或行为预先所做的安排、计划和设想。构成短语的词与词的组合是临时的,表达的意义不是融合在一起的,也不是固定的、凝结的和不可分割的。如"打球"是短语,"打"是动作,"球"是"打"的对象,它们各自保留着本身的意义,并没有融合成新的概念。

2. 短语和词的区分方法

区分短语和词,一般采用扩展法。扩展法也叫作隔开法,如果两个实词之间可以用别的词语隔开的,是短语;反之,则是复合词。

运用扩展法,可以根据不同的结构插入不同的词语。

(1) 联合短语可以用插入"和",或扩展成"又……又"等来与复合词加以区别。如:

　　　　你我→你和我　　　　　好坏→好与坏

　　　　高大→高与大　　　　　报纸杂志→报纸和杂志

上述组合可以扩展,是短语。

　　　　根本≠根和本　　　　　尺寸≠尺和寸

　　　　贵重≠又贵又重　　　　热烈≠又热又烈

上述组合不可以扩展,所以是词。

另外,这一类结构还可以通过其他辅助手段来区分词和短语,如有些结构可以根据是否有轻声音节来进行鉴别:成词语素与成词语素的组合,只要后一个语素读成轻声,那么这个结构就必定是词,不是短语。可以用这种方式鉴别一些有平行格式的组合。如:

　　　　东西(方向东和西)　　　　东西(一样物件,名词)

　　　　兄弟(哥哥和弟弟,短语)　兄弟(弟弟,名词)

　　　　买卖(买和卖,短语)　　　买卖(一种交易行为,名词)

还可以根据这个结构的意义是本义还是引申义来进行鉴别:有许多联合式

组合,它们的本义往往是短语,而现代汉语用的则是它的引申义,引申义往往是词。这种情况,可以在具体的上下文中加以识别。如:

矛盾:本义:不同的兵器;引申义:言语行为自相抵触。

矛盾是古代两种不同的兵器。(本义,短语)
他们俩的意见有矛盾。(引申义,词)

皮毛:本义:野兽的皮、毛;引申义:表面的知识。

狐狸的皮毛都是极贵重的御寒制品的原料。(本义,短语)
别看他夸夸其谈,这方面也不过略知皮毛罢了。(引申义,词)

笔墨:本义:写字绘画的用具;引申义:文字或文章。

笔墨和纸砚,合起来便称为"文房四宝"。(本义,短语)
西湖美丽的景色,不是用笔墨可以形容的。(引申义,词)

(2)定中式偏正短语与附加式复合词的区别,可以运用扩展法,在两个语素之间加上"的"进行鉴别:

布鞋　熟肉　旧书　白布　高山　大眼睛　烂香蕉

上述组合中可以插入"的",可以说"布的鞋"、"熟的肉"、"大的眼睛"、"烂的香蕉"等,所以是短语。

白铁　草图　壁画　火车　粗心　晚会

上述组合不能插入"的",不能说"白的铁"、"草的图"、"壁的画"等等,所以是词。

与这个问题相关联的是"名词＋方位词"的组合,也可以用扩展法加以区别,能插入"的"的是一类,不能插入"的"的是另一类。例如,下列①②都不能插入"的",应看作一类,是方位短语;③可以插入"的",如"树林的旁边"、"我们的前面"等,所以是偏正短语。

① 树林边　桌子上　学校旁　春节前　工作后
② 村子以东　开学之前　朋友之间　中学毕业之后　一百元左右
③ 树林旁边　我们前面　桌子上头　电影院前头

(3)述补短语可以用插入"得"或"不"或者其他成分与复合词区别。如下面三组中:

① 证明　改进　说穿　纠正　推迟　扩大　决定
② 看见　打倒　叫醒　完成　发动　打开　气坏

③ 放大 缩小 学好 降低 增多 提高 抓紧

①组中的各例,两个组成成分之间不可以插入其他成分,所以是词。②组中的组合,两个组成成分之间可以插入,如"看见→看得见/看不见"、"打开→打得开/打不开"等,但不能插入其他成分,这种插入称作为有限插入。③组中的组合,两个组合成分间除了插入"得"、"不"外,还可以插入其他成分,如"放大→放得大/放不大→放得非常大→放得一点儿也不大","学好→学得好/学不好→学得怎么好"等等,这种插入有别于②组的插入,所以可以称作为自由插入。②组和③组可以扩展,所以都应该看作为短语。

述补组合中三音节以上的,一般都看作为短语,如"说明白"、"看清楚"、"打扫干净"、"整理完毕"等,不管它们能不能加以扩展。

(4) 述宾短语可以用插入"了"、"着"、"过"等与复合词区别。如:

① 动员 耐劳 伤心 知己 监工 司令 示威
② 买书 吃饭 说话 走路 读书 唱歌 写字

上述①组不能插入,例如不能说"动了员"、"耐了劳"、"知了己"等,是支配式复合词;②组可以插入,可以说"买了书"、"吃着饭"、"说过话"等,是述宾短语。

像下列离合词,如:

鞠躬 洗澡 理发 结婚 造谣 打赌

这一类结构,通常不隔开使用,但有时也可以说"鞠了一个躬"、"洗了澡"、"理一次发"等等。一般的处理方法是,把没有隔开使用的看作词,隔开使用的,则看作短语。

(二) 短语同句子的分界问题

1. 语音上的差异

短语和句子在语音方面的差异,体现在下列三个方面。

(1) 句子具备语调,短语不具备

来了。/来吧?/来!
出太阳了。/出太阳了?
小张去北京了。/小张去北京了?/小张去北京了!

"出太阳"、"小张去北京"都是短语,短语只有具备了语调,才有可能成为句子。

(2) 短语只有句法重音,句子还有句子重音、焦点重音

句子可以有句子重音,句子重音是短语所不具备的。句子重音是逻辑重音,是语用上的需要,它往往可以改变句子的句法重音。如:

好天气!　　　明天休息。

"好天气"可以重读"天气","明天休息"可以重读"明天",只要表达上需要。

一个句子可以从不同的语用需要出发,选择表达的重点,这个表达的重点可以称为焦点,一般需要重读。在书面上,焦点重音可以用副词"是"作标记以显化。如:

小李考上了大学?(不是别人吗?)
小李考上了大学?(不是保送的吗?)
小李考上了大学?(不是大专吗?)

(3)句子中可以有较长的停顿,短语没有停顿或只有较短的停顿

短语的结构一般比较短,说的时候中间没有停顿,如果有停顿的话,书面上也只能用表示较短停顿的顿号,大多用在联合短语中:

上海、天津、广州和重庆　　爱科学、爱和平、爱人民

而大多数短语没有停顿,即便是两个组成部分结合较松散的主谓短语,中间也无须停顿。

句子中一句话中间的停顿可以用逗号,分句之间可以用分号,句子结束的时候可以用句号、问号、感叹号等来表示不同的停顿。如:

他的神色,还是那么安详;他的举止,还是那么凝重。

2. 句法上的差异

短语和句子在句法上的差异,表现在以下几个方面:

(1)短语中有较严格的语序,句子中则相对灵活

从短语的结构看,语序相对固定。语序不同,意义就不一样。如:

花红—红花　　　　　　计划经济—经济计划
方便群众—群众方便　　豆腐一碗——碗豆腐

句子的语序则相对灵活,为了交际的需要,常常会出现短语所不可能具备的改变语序的情况:

正常的语序	改变了的语序
小鸟飞了。	飞了,小鸟。
这是张老师的讲稿。	这是讲稿,张老师的。
他吞吞吐吐地交代了不少问题。	他交代了不少问题,吞吞吐吐的。

(2) 句子中可以有特殊成分,短语中没有

作为句子,除了有与短语相同的成分之外,还具有特殊成分,有两种特殊成分是短语所不具备的。

　　　　杭州,我知道那是个天堂一样的地方。

　　　　爷儿俩,一个跑原料,一个搞销售。

上述例子中的特殊成分是提示成分。

　　　　喂,什么时候了,还不开船?　　　明天据说会下雨。

上述例子中的特殊成分是独立成分。

(3) 句子中可以有表示语气的成分,短语中没有

短语是静态单位,所以没有语调;句子是动态的表达单位,具有一定的语气,主要用语调表示,有时用表示语气的词语,这是短语不具备的。如:

　　　　他上大学了。

　　　　你是什么时候上大学的?

3. 语义上的差异

短语和句子在语义上的差异,体现在以下几个方面:

(1) 短语常有歧义现象,句子有一定的上下文,歧义现象比较少

汉语的短语中存在着许多歧义现象,造成歧义结构的主要因素是层次构造不同、语法关系不同等等,如下列短语都是有歧义的:

　　　　发现敌人的哨兵　进口设备　补充材料　这是梅兰芳的唱片

句子中由于上下文的限制,短语中的歧义在动态的句子中往往可以清除。

(2) 句子中可以有超常搭配,短语中没有

词语的搭配要符合句法上和语义上的要求。短语要严格地受到这种制约,违反搭配原则的短语是不合格的;动态的句子则由于表达的需要,往往可以突破这种限制,如:

　　　　这次中国进入决赛的十名选手,有三名参加过上届世锦赛,阵容比
　　　较“豪华”。

　　　　国际体坛畅销的乒乓球运动已在中国推向市场。

说阵容“豪华”,不用常规的搭配“强大”,“最受欢迎”的乒乓球运动,被说成是“最畅销”的,都是偏离了词汇意义上的超常搭配,这种搭配只能在句子中才会出现。

四、复杂短语和短语的分析

（一）简单短语和复杂短语

简单短语和复杂短语的根本区别不在于组成成分的多少,而在于组合层次的多少。

简单短语是指词与词在一个层次上的组合,而复杂短语则指两个或两个以上的层次上的组合。如:

教师和学生　机关学校　吃饭　又吃又唱　好得很

教师、学生和工友　工厂、企业、机关、学校、医院及社区

上述短语都是简单短语,联合短语中的并列项可以是两项,也可以是三项或者四项、五项,从理论上说是可以无限延长的。下列短语才是复杂短语:

教师和学生的宿舍　吃饭的时候　在北京玩得很好

（二）层次分析法

1. 层次分析法的原则和步骤

对复杂短语进行结构层次分析的方法叫作"层次分析法",层次分析法又叫作"直接成分分析法"。关于切分的原则,语法学界尽管有不同的看法,但归纳起来不外乎结构、功能、意义三条原则。所谓结构原则,是指切分后的语言片段各自能成为一个结构;所谓功能原则,是指切分后的语言片段可以按照汉语的语法规律搭配;所谓意义原则,是指切分后的语言片段不能违背原来短语所具有的意思。如:

一朵/红花(√)一/朵红花(×)一朵红/花(×)(要求符合结构原则)

一家研究单位的/工程师(√)一家/研究单位的工程师(×)(要求符合功能原则)

毒害儿童的/黄色读物(√)毒害/儿童的黄色读物(×)(要求符合意义原则)

层次分析法主要包括两个步骤,即①切分结构层次;②确定结构关系。

2. 层次分析的运用

层次分析法是结构主义语言学最常用的方法之一。遵循层次分析的原则,对一个复杂短语进行具体分析时可以采取两种不同的步骤,即从大到小的步骤和从小到大的步骤。两种分析方法的结果一致,不过步骤上

是有差别的。例如分析复杂短语"教师和学生的宿舍",采取不同的分析方法是:

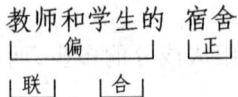

```
教师和学生的  宿舍          教师 和学生的  宿舍
└──偏──┘ └─正─┘            └──联合──┘
└联─┘└─合─┘                └────偏正────┘
（从大到小的方法）            （从小到大的方法）
```

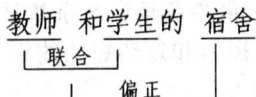

我们认为采取从大到小的方法比较合适:①从小到大的分析,须先确定基本的语言单位,有时会遇到词与非词的界限难以确定的问题。从大到小的分析可以避免这种麻烦。②从小到大的分析,必须分析到最大的层次才可以结束。从大到小的分析可以适可而止。③多重复句的分析是从大到小的,短语的分析可以与复句的分析一致。

按照从大到小的分析方法,量词短语和方位短语就可以不再往下分析。例如下列短语中的"一本"、"窗台上"就可以不必再切分:

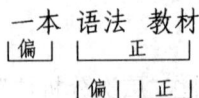

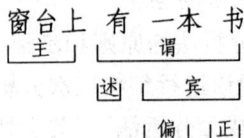

```
一本 语法 教材          窗台上 有 一本 书
└偏┘ └──正──┘          └主┘ └──谓──┘
    └偏┘└正┘              └述┘└宾─┘
                             └偏┘└正┘
```

短语中有实词与实词的组合,也有实词和虚词的组合。对短语进行分析,除了"介词短语"和"'的'字短语"外,对虚词是不作分析的,例如"高大的楼房"、"艰巨而光荣"、"打了开水"中的虚词"的"、"而"、"了"等,切分时都可以不必考虑。如:

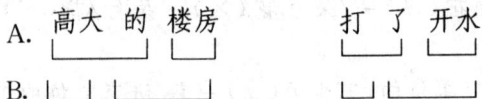

```
A.  高大 的 楼房        打 了 开水
    └──┘└─┘ └─┘        └─┘└─┘ └─┘
B.  └──┘└───────┘      └───┘└───┘
```

有的可以放在"└┘"的里边,如 A 式;有的可以放在"└┘"的外边,如 B 式。不管是放在里边还是放在外边,都不再继续往下切分。介词短语和"的"字短语中的虚词,对直接揭示复杂短语的关系有密切的联系,所以切分时就不能对这里的虚词忽略不计。如:

```
关于 他的 问题          一个 卖菜 的
└介┘ └──构──┘          └偏┘ └──正──┘
    └偏┘└正┘              └"的"┘└构┘
```

（三）一些特殊的复杂短语的分析

1. 双宾语的层次分析

从层次分析法的原则和要求来看,对双宾语的切分用三分的方法是不适宜的,应该采取如下的分析。如:

告诉　他　一个消息
└述┘　└　　宾　　┘
└述┘　└宾┘

2. 联合短语、连动短语与兼语短语的切分

(1) 联合短语与连动短语的切分

联合短语与连动短语根据并列项的多少,作不同的分析:如果是两项的,用二分的方法;如果是三项的,用三分的方法;以此类推。如:

清洁　而明亮　　　　　　躺着　看书
└联┘　└合┘　　　　　　└连┘└动┘

保时　保质　保量地　完成　任务　　出门　上　街买　菜　去
　└　　偏　　┘　　└正┘　　　└连┘　└　　　┘└动┘
└联┘└合┘└　　合　　┘└述┘└宾┘　└述┘└宾┘└述┘└宾┘

2. 兼语短语与复杂的连动、兼语套用的短语的切分

(1) 兼语短语的切分

由于兼语短语中的述语$_1$后的充当受事宾语的名词又充当述语$_2$的施事或系事,因此,在层次分析时,这个成分就要做两次切分。如:

请　老师　讲课　　　让　他　去
└述┘└宾┘　　　　　└述┘└宾┘
　　└主┘└谓┘　　　　　└主┘└谓┘

(2) 复杂的连述短语的切分

一个语言片段中,既包含了连动短语,又包含了兼语短语,这种复杂的短语叫作连动和兼语的套用。连动和兼语的套用有两种格式,一种是[(兼语)+(连动)],一种是[(连动)+(兼语)]。如"派人去通知小王马上来报到"就是属于第一种格式,是兼语套连动的语言片段。对这种语言片段用框式图解法表示,首先要把关系搞清楚,第一刀切准,然后再层层往下分析,一直切分到词为止,上述语言片段的切分如下:

派　人　去　通知　小王　马上　来　报到
　述┃宾
　主┃　　　　　谓
　　连┃　　　　　动
　　　述┃宾
　　　　主┃　　谓
　　　　　偏┃　正
　　　　　　连┃动

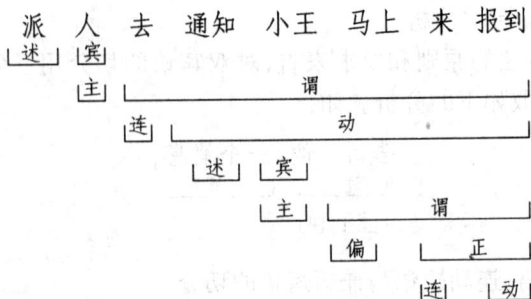

这个语言片段切分时注意：

(1) 既然是兼语套连动的格式，那么第一刀当然是切分出兼语短语来；

(2)"通知小王马上来报到"是一个述宾短语，而不能切分成"通知小王／马上来报到"，这不是一个兼语短语，"通知"不是表示使令、促成意义的动词；

(3)"去通知"和"来报到"都分析成连动短语，"通知"、"报到"都是"去"和"来"的目的。

下面我们再分析属于第二种格式的连动套兼语的语言片段：

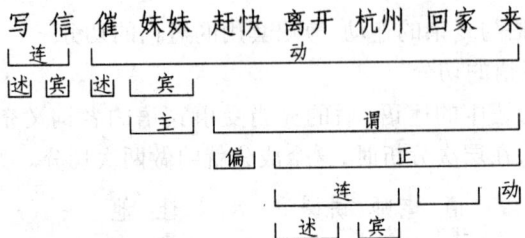

写　信　催　妹妹　赶快　离开　杭州　回家　来
　连┃　　　　　动
述┃宾　述┃宾
　　　主┃　　　　谓
　　　　偏┃　　　正
　　　　　　连┃　　　动
　　　　　　述┃宾

分析这个语言片段时应注意：

(1) 第一步应切分出连动短语来，第二步再切分出兼语短语；

(2)"回家来"也作连动处理，"来"前置表示目的在后，"来"后置表示目的在前，"回家"是"来"的目的。

3. 多项修饰语的切分

多项修饰语是指偏正短语中中心语前面同时有几个修饰语，包括多项定语和多项状语。

多项修饰语和后面修饰语之间的关系，可以出现三种不同的情况。下面以多项定语为例，因为多项定语比多项状语更为多见，也更为复杂一些。

(1) 联合式多项定语

联合式多项定语是指修饰语本身就是一个联合短语。多项定语之间先构成联合短语,以一个联合短语与中心语发生修饰关系,因此,联合短语各成分之间的关系是并列的,处在同一层次上;联合短语内的成分可以是两个,也可以是两个以上。如:

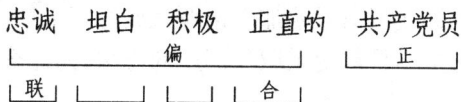

忠诚　坦白　积极　正直的　共产党员

（2）递加式多项定语

递加式多项定语是指中心语是一个偏正短语,每项定语都分别与中心语发生联系,形成多项修饰语的递加,各项定语之间不能随意组合,用框式图解法表示,形式上是"右向"的,也就是从左到右依次切分,如:

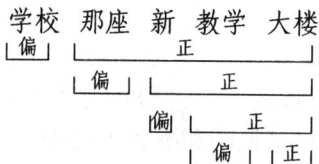

学校　那座　新　教学　大楼

（3）直接式多项定语

直接式多项定语是指修饰语本身是个偏正短语,每项定语都只能修饰其后的那个定语,只有最后一个定语才与中心语发生联系。用框式图解法表示,形式上是"左向"的,可以从右向左依次切分,如:

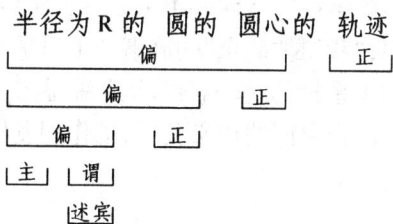

半径为R的　圆的　圆心的　轨迹

4.“状＋动＋宾”的切分

动词前边有状语,后边有宾语,宜采取"先切头,后去尾"的方法。如:

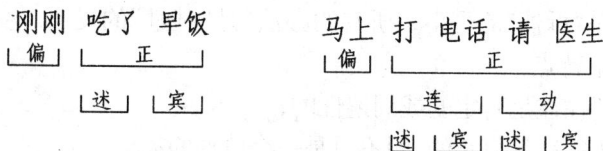

刚刚　吃了　早饭　　　马上　打　电话　请　医生

思考题

1. 短语的结构类别和短语的功能类别之间有什么样的关系？
2. 是不是任何词或短语只要加上语调就成为句子？
3. 层次切分时是不是都要采取"二分"的方法，为什么？

第五节　句 法 成 分

一、主语和谓语

（一）主语的语义类型

主语和谓语是两个直接成分。它们的次序是主语在前，谓语在后。主语是谓语陈述的对象，谓语是说明和陈述主语的。主语和谓语的关系是一种陈述、被陈述的关系。

作主语的词语和作谓语的词语之间有一定的语义关系，常见的有以下几种：

1. 施事主语

　　　　领导同意了这件事。　　我去北京了。　　小陈也说了几句话。

"领导"是"同意"的施事，"我"是"北京"的施事。主语是动作的发出者，这种主语是施事主语。主谓关系指的是一种结构关系，施受关系则是主语所指的事物跟动词所表示的动作之间的语义关系，动作的发出者是施事，动作的承受者是受事。

2. 受事主语

　　　　那幢房子已经拆掉。　　所有的办法都试过了。　　小陈被人家说了几句。

"那幢房子"是"拆掉"的受事，"所有的办法"是"试过"的受事。受事主语的句子具有如下特点：

(1) 主语往往是有定的或周遍性的；
(2) 谓语往往是复杂的，即不只是一个单独的动词。

3. 中性主语

今天星期五。　小陈很聪明。　沈阳五里河体育场成了欢乐的海
洋。　山本一郎是我的日本学生。

上述主语不是施事、受事，而是描写、判断、说明的对象。中性主语的存在说明施受之外还有如下关系：

(1) 谓语不是动词组成的，主语也就无所谓施事或受事，如第1、第2两个例句；

(2) 谓语是动词组成的，主语并不一定都是施事或者受事，也可以是并无施事或受事关系的其他事物，如"坐也不是，站也不是。"

(二) 体词性主语和谓词性主语

充当主语的成分以体词和体词性短语为主。例如：

太阳出来了。（名词充当主语）

我们爱科学。（代词充当主语）

高大的建筑物上插满了红旗。（后附方位词的方位短语充当主语）

他的突然出现让大伙儿兴奋不已。（带有定语的以谓词为中心的偏正短语充当主语）

她跟她的孩子都一样爱好舞蹈。（体词组成的联合短语充当主语）

我的同学张明来自内蒙古。（同位短语充当主语）

穿红衣服的是我们班的新班长。（"的"字短语充当主语）

两个一块钱。（名量词组成的量词短语充当主语）

但是，谓词和谓词性短语也可以充当主语，下列句子中的主语是谓词性主语：

① 奋斗就是生活。　教书不容易。　干净最重要。

② 虚心使人进步。　大一点儿好看。　下棋能锻炼人的思维。

谓词性词语充当主语时，作谓语的往往是"是"、"有"、"使"、"能"等不表示动作的动词或形容词。

①组和②组有所不同。在①组格式里，充当主语的谓词性成分本身虽然仍旧表示动作、行为、性质等，可是跟谓语联系起来看，动作行为、性质、状态等已事物化，变成了可以指称的对象，可以用"什么"来指代，①组的主语可称为"指称性主语"。如：

奋斗就是生活→什么就是生活→※怎么样就是生活

与此相反,②组中的主语没有事物化,充当主语的谓词性成分不是指称的对象,而是对于动作行为、性质、状态的陈述,主语可以用"怎么样"来指代,②组的主语可以称为"陈述性主语"。如:

　　　　虚心使人进步→怎么样使人进步→※什么使人进步

　　(三)时间名词、处所名词作主语的问题

　　表示时间和处所的名词或短语出现在句首时,可以作状语,也可以作主语,体现了时间名词、处所名词是有修饰性和本体性两种功能。修饰性功能和本体性功能的实现,亦即作状语或作主语的不同条件,应遵循如下原则:

　　(1)句首如无其他名词,时间名词、处所名词和一般名词相同,都可以充当主语。如:

　　　　王老师开过这门课。(一般名词作主语)

　　　　去年开过这门课。(时间名词作主语)

　　　　学校里开过这门课。(处所名词作主语)

　　(2)谓词前边有一般名词,无论这个名词位于句首,还是位于时间名词、处所名词之后,也不管时间名词、处所名词是否都出现,这时一般名词都是主语,而时间名词、处所名词都作为状语看待。如:

　　　　王老师以前开过这门课。(时间名词作状语)

　　　　去年王老师开过这门课。(时间名词作状语)

　　　　王老师学校里开过这门课。(处所名词作状语)

　　　　去年学校里王老师开过这门课。(时间名词、处所名词都作状语)

　　(3)句首同时出现时间名词和处所名词,而又不出现一般名词时,处所名词作主语,时间名词作状语。如:

　　　　去年学校里开过这门课。(处所名词作主语、时间名词作状语)

　　　　学校里去年开过这门课。(处所名词作主语、时间名词作状语)

上述三条原则,可以叫做"递升"原则,"递升"原则是把句首的各种名词分成不同的等级,即把一般名词看成是一级的,处所名词看成是二级的,时间名词看成是三级的。有一级时,一级作主语,二级、三级作状语;无一级时,二级、三级升等,由状语递升为主语。无一级有二级时,二级作主语,三级作状语;无一级、二级时,三级升等,由状语递升为主语。成为"一般名词>处所名词>时间名词"的情况。

　　要注意的是,表示时间或处所的并不一定全是时间名词和处所名词,有

些副词和介词短语也可以表示时间或处所,但这些副词和介词短语是不能充当主语的,在句子中只能充当状语。例如:

　　　　忽然来了一个人。　　在教学大楼里看不到一个人。

"忽然"是一个副词,虽然表示时间,又位于句首,但不能充当主语;"在教学大楼里"是一个介词短语,虽然表示处所,又位于句首,但也不能充当主语。"忽然"和"在教学大楼里"都只能充当状语。

二、宾语和补语

(一)宾语的意义分类和功能分类

主语是对谓语说的,宾语是对述语说的。看下面的例句:

　　　　王先生买饼干。

从表面看,动词"买"一头是主语"王先生",一头是宾语"饼干",好像二者同在一个平面。其实主语"王先生"是和谓语"买饼干"发生联系;宾语"饼干"则是和述语"买"发生联系的。

　　根据述语和宾语之间的关系,从不同的标准出发,可以将宾语分成不同的类别。

　　1. 宾语的意义分类

　　宾语和述语之间意义上的联系是各种各样的。从施受关系看,可以分为受事宾语、施事宾语、中性宾语三种。

　　(1)受事宾语。从广义上说,宾语一般是动作支配的对象。但是,受事宾语最庞杂,对受事宾语进行细分,大致上有如下类别:

　　　　动作的结果:写诗　打毛衣　照相　创记录
　　　　动作的工具:跳绳　照 X 光　写毛笔　洗冷水
　　　　动作的方式:存定期　邮快件　寄挂号　唱高音
　　　　动作的受事:审稿子　带学徒　看朋友　打乒乓
　　　　动作的原因:躲雨　避乱　担心出事　抓痒痒
　　　　动作的目的:躲清静　救急　看病　学裁缝
　　　　动作的处所:写黑板　过大桥　逛公园
　　　　动作的对象:尊敬老师　教育孩子　关心集体　团结同学
　　　　担任的角色:踢前锋　唱老旦　打后卫　跑第三棒

总之,不能简单地把述宾关系仅仅理解为狭义的动作与对象的关系。

(2) 施事宾语。宾语是动作的发出者。例如：

前面来了一个人。　　村子里死了两头牛。　　门外蹲着一条狗。

这个礼堂能坐两千人。　　一锅饭可以吃十个人。

有施事宾语的句子，说明什么地方存在、出现或消失什么人或什么事物，动词表示存在、出现或消失；或者表示什么东西可以供多少人使用，动词表示使用的方式。带施事宾语的动词是不及物动词。

(3) 中性宾语。指受事、施事以外的，或难以断定是受事还是施事的宾语。例如：

学校的周围是新建的住宅区。　　词典像一块厚厚的砖头。　　餐厅里有不少空位。　　他成了远近闻名的电脑迷。　　新来的老师姓陈。

有中性宾语出现的句子，其中的动词并不表示一种明显的动作或行为，常用"是"、"像"、"有"、"成为"等，整个谓语只是对主语起判断或说明的作用。

2. 宾语的功能分类

汉语里体词和体词性短语可以作宾语，谓词和谓词性短语也可以作宾语。根据动词所带的宾语功能的不同，可以将宾语分为体词性宾语和谓词性宾语两类。

(1) 下列动词只能带体词性宾语，只能带体词性宾语的动词叫体宾动词。例如：

骑（马）　买（票）　姓（王）　捆（东西）　驾驶（汽车）　修理（电灯）

(2) 下列动词只能带谓词性宾语，只能带谓词性宾语的动词叫谓宾动词。例如：

1) 妄加（评论）　羞于（见人）　横加（干涉）　难以（安静）

进行（改造）　给以（支持）　受到（打击）　从事（研究）

上述动词能带的宾语的范围比较小，充当宾语的动词、形容词一定是双音节的，此外充当宾语的还可以是一些以动词为中心的偏正短语，如"进行彻底的改造"、"受到严厉的打击"、"给以坚决的支持"、"横加粗暴的干涉"等。

2) 觉得（好）（不错）（很舒服）（他们不错）

值得（去）（乘车去）（去一趟）（乘车去北京玩）（我们去一趟）

主张（选）（明天下午选）（选老张）（让全班同学都来选）（选老张当班长）

禁止(抽烟)(在教室里抽烟)(不断地抽烟)(你们抽烟)

上述动词带的宾语虽然都是谓词性宾语,但带的宾语的范围比较大,可以是单个动词、形容词,也可以是各种谓词性短语。

3) 计划(明天去)(到哪里去?)　打算(这么办)(怎么办?)

觉得(不舒服)(什么地方不舒服?)　准备(明天开始)(明天开始还是后天开始?)

上述动词除了带一般谓词性短语作宾语外,还能带疑问形式的宾语,带了疑问形式的宾语后,整个述宾短语表示疑问。

(3) 还有一类动词除了能带体词性宾语外,也能带谓词性宾语,这一类动词往往称作为体谓宾动词。例如:

喜爱(这个人)(吃炸鸡腿)　害怕(老师)(去北方出差)

反对(这项决定)(去苏州玩)　知道(张平医生)(张平怎么会当上医生的)

研究(资料)(怎么运用这些资料)　讨论(语法问题)(如何研究这些问题)

上述动词中如“研究”、“讨论”之类,如果带谓词性宾语,宾语必须是一个疑问形式,但带了这样的宾语后,整个述宾短语并不表示疑问。

谓词性宾语与述语的关系不如体词性宾语与述语的关系紧密,当中往往可以停顿,特别是当宾语比较长的时候。谓词性宾语除了上面介绍的疑问形式的宾语之外,还有以下几种类型。

(1) 宾语在意念上表示判断

承认这是事实　发现自己错了　证明被告无罪　知道他有一个女儿

这一类宾语本身往往是一个主谓短语。

(2) 宾语表示一种行动

打算明天去　提倡只生一个孩子　知道老张在开会　同意跟他结婚

(二) 双宾语

1. 双宾语

双宾语指一个述语后边接连出现两个宾语,两个宾语之间没有句法关系。离述语近的宾语一般指人,叫近宾语,也叫间接宾语;离述语远的宾语一般指物,叫远宾语,也叫直接宾语。也有两个宾语都指人或都指物的。有的时候远宾语还可以是谓词性短语,如"教我唱民族歌曲"、"问我怎么办才好"等。有双宾语的句子可以表述为"S—V—O$_1$—O$_2$"。可以带双宾语的动词称作为双宾动词。

2. 双宾动词的类别

通常把双宾动词分为三类。

·(1)"交"、"给"、"送"、"教"、"问"类动词。这类动词中的 S(主方)是 O$_2$(事物)的"给予者",O$_1$(客方)是 O$_2$(事物)的"得到者";V 使 O$_2$ 由 S 向 O$_1$ 转移,具有"给予"的意义。V 后往往能带上"给"。如:

　　　(他)交给我一封信("他"是"交"的发出者,使"一封信"从"他"处转移到"我"处)

(2)"接"、"受"、"讨"、"占"、"要"类动词。这类动词中的 S 是 O$_2$ 的"得到者",O$_1$ 是 O$_2$ 的"给予者";V 使 O$_2$ 由 O$_1$ 向 S 转移,具有"得到"的意义。V 后往往不能带上"给"。如:

　　　(我)接到他一封信("我"是"一封信"的得到者,"一封信"是"他"发出的)

(3)"借"、"租"、"贷"、"取"、"分"类动词。这类动词有上述两类动词的特点。

3. 双宾语的语义类别

(1)"给予"类双宾语

　　　送你一支笔→把笔送给你　扔我一个球→把球扔给我

(2)"取得"类双宾语

　　　买小王一只鸡→买小王的鸡　吃我一只桃子→吃我的桃子

(3)"表称"类双宾语

　　　称他大老李→他被称为大老李　评小王先进工作者→小王被评为先进工作者

双宾语还可以分出其他的类别。如"可怜他一只眼"、"喜欢她大眼睛"可以看作是表原因的双宾语,"烫了他几只泡"、"吓了我一身冷汗"可以看作表结果的双宾语,"吃他个新鲜"、"考你个没准备"可以看作表时机的双宾语。另有一种宾语,动词由"借"、"租"、"贷"、"分"等组成,宾语兼有"给予"和"取得"的语义:

　　　借他一本书→向他借一本书→借给他一本书

分他三斤梨→从他那儿分来三斤梨→分给他三斤梨

双宾动词大都表示过去完成的动作,很少表示现在进行的动作,所以动词后面一般可以加上"了"、"过",不能加上"着"。有的双宾动词要求后面两个宾语缺一不可,如"称他老大哥"中的"称";有的双宾动词可以单留一个近宾语,不能单留远宾语,如"托你一件事",可以说"托你",不能说"托一件事";有的双宾动词可以单留远宾语,不能单留近宾语,如"偷了我们不少东西",可以说"偷了不少东西",不能说"偷了我们";有的双宾动词可以只出现双宾语中的任何一个,如"问老师一个问题",可以说"问老师",也可以说"问一个问题"。

(三) 补语的分类

1. 补语的意义类别与结构类别

(1) 补语的意义类别

按照补语所表示的意义的不同,可以将补语分成如下几类:

1) 结果补语:睁大 晒干 洗干净 说清楚 看见 听懂 说完

2) 趋向补语:爬上去 跳下来 拿出去 扔过来 送回去

3) 程度补语:好极了 暖和多了 难看死了 冷死了 好得很

4) 情态补语:飞得很高 想得很透彻 走得累死了 洗得满头大汗

5) 数量补语:看一次 走一趟 打几棍 住了两年 等了一会儿
好了三天

(2) 补语的结构类别

根据述语后用不用"得",可以将补语分成三类。

1) 不能用"得"的:如部分程度补语、数量补语。

2) 必须用"得"的:情态补语。

3) 插入"得"或"不"构成平行格式的,表示可能或不可能的:如结果补语、趋向补语。

2. 结果补语和趋向补语

(1) 结果补语和趋向补语的组成

能够充当结果补语和趋向补语的成分都是动词或形容词,其中形容词数量较多,动词的数量不多:充当趋向补语的是趋向动词,有"上"、"下"、"进"、"出"、"起"、"回"、"开"、"过"和"来"、"去",以及它们合成的"上来"、"下去"、"进来"、"出去"等;充当结果补语的动词常见的是"走"、"跑"、"动"、"倒"、"死"、"见"、"懂"、"成"、"完"、"穿"、"透"等。

　　根据述语和补语的配合情况,表结果和表趋向的述补短语有下列几种搭配方式:

　　V—V:学懂　戳穿　打死　赶跑　睡醒　拿走　弄丢
　　　　　　踢进　坐下　递上　走开　带回　飞出去　跑进来
　　V—A:吃饱　长大　拧紧　削平　挖深　说清楚
　　A—V:热醒　滑倒　瘦死　急哭　累病　暗下去　忙起来
　　A—A:累坏　忙坏　热坏　涨红

　　结果补语上述四种搭配方式都有,趋向补语只有第一种和第三种搭配方式。

　　带上结果补语和趋向补语的述补短语语法功能上相当于一个动词,后面可以带"了"或者"过"。如:

　　看见了他(※看了见他)　学会了开车(※学了回开车)　流进了瓶里(※流了进瓶里)　爬过了雪山(※爬了过雪山)

　　打破过头(※打过破头)　洗干净过衣服(※洗过干净衣服)　带去过一本书(≠带过去一本书)　拿上来过几张报纸(※拿过上来一本书)

　　(2) 结果补语和趋向补语的可能式

　　结果补语和趋向补语都有用"得"(不)与不用"得"(不)构成平行格式。我们把不用"得"(不)的形式称为基本式,把用"得"(不)的形式称为可能式。例如:

　　基本式:　　　　　　可能式:
　　听懂　看见　　　　听得懂　听不懂　看得见　看不见
　　上来　走回来　　　上得来　上不来　走得回来　走不回来

　　与结果补语和趋向补语可能式有关的问题是:

　　1) 有些语言单位不是短语,而是补充式合成词,如"说明"、"改进"等,所以没有加"得"(不)的可能式;"巴不得"是词,也不是可能式的短语。

　　2) 有些结果补语只有可能式,没有基本式。大都以"～得来"、"～不来"(合得来/合不来),"～得了"、"～不了"(受得了/受不了),"～得"、"～不得"(做得/做不得)的形式表示。

　　3) 结果补语和趋向补语的可能式如果要带宾语的话,宾语只能位于可能式后面。如:

　　听得懂话　赶得上车　叫不出名字　瞒不住我
"放心不下"、"得罪不起"是现代汉语中的熟语性的用法,其他动词不这样用。

4）结果补语和趋向补语的可能式一般不能用在"把"字句和"被"字句中。如：

我干得好这活　　　　　　※我把这活干得好
我把她的名字想出来了　　※我把她的名字想得出来了
他听不懂这句话　　　　　※这句话被他听不懂
甲队可能被我们打败　　　※甲队可能被我们打得败

（3）结果补语和趋向补语的语义指向

表结果的和表趋向的述补短语 VR，从广义上说，都是表因果关系的"使成式"，它们构成的句子，从语义上说，都可以分成两个表述，即 V 或 R 都可分别与某个名词性成分构成主谓关系。这里牵涉到的是语义指向的问题。根据语义指向的不同，可以将结果补语和趋向补语分为三类。

1）前向：述语和补语都只跟主语 S 直接发生联系，与宾语 O 没有关系，VR 语义上都指向前面的 S，即 S 与 V 构成一个表述关系，S 与 R 也构成一个表述关系。如：

他学会了三维动画（他学三维动画＋他会三维动画）
那头牛病死了（那头牛病＋那头牛死）
这只壁虎爬上了墙头（这只壁虎爬＋这只壁虎上墙头）
鸽子飞回来了（鸽子飞＋鸽子回来）

2）后向：述语和补语都只跟宾语 O 直接发生联系，与主语 S 没有关系，VR 语义上都指向后面的 O，即 O 与 V 构成一个表述关系，O 与 R 也构成一个表述关系。如：

旅行累倒了好几个人（好几个人累＋好几个人倒）
一番话气跑了王小明（王小明气＋王小明跑）
树上飞来了两只鸟（两只鸟飞＋两只鸟来）
从地下爬起来一个水手（一个水手爬＋一个水手起来）

3）双向：述语和补语分别跟主语 S、宾语 O 直接发生联系，VR 语义上分别指向前面的 S 和后面的 O，即 S 与 V 构成一个表述关系，O 与 R 也构成一个表述关系。如：

小王哭红了眼睛（小王哭＋眼睛红）
他挺直了腰板（他挺＋腰板直）
他从墙上拿下来一幅画（他拿＋一幅画下来）

我请来一个医生(我请十医生来)

3. 情态补语、程度补语和数量补语

(1) 情态补语

充当情态补语的可以是形容词或形容词短语,也可以是动词或动词短语,还可以是主谓短语。如:

① 爬得高　爬得高高的　忘得一干二净　干得利索
② 打得落花流水　说得一个钱不值　走得两腿发硬

①组中的补语是由形容词或形容词短语,动词或动词短语组成的,②组是由主谓短语组成的。

单个形容词构成的情态补语,在形式上与结果补语可能式的肯定式相同,例如"做得好"既可以是情态补语,又可以是结果补语可能式的肯定形式。区别的方法通常为:

1) 二者的否定形式不同,前者是"做得不好",后者是"做不好";

2) 二者的疑问形式不同,前者是"做得好不好",后者是"做得好做不好";

3) 前者有扩展形式,如"做得很好"、"做得好极了",后者没有扩展形式。如表:

	情态补语:做得好	结果补语的可能式:做得好
否定形式	做得不好	做不好
疑问形式	做得好不好	做得好做不好
扩展形式	做得很好/做得好极了	——

由性质形容词构成的情态补语和由状态形容词构成的情态补语,如"爬得高"和"爬得高高的","擦得亮"和"擦得亮晶晶的",在语法功能上有所差异:

1) 后者可以受时间副词修饰,前者不可以:

马上爬得高高的　※马上爬得高　已经擦得亮晶晶的　※已经擦得亮

2) 后者可以与"把"、"被"、"给"等介词连用,前者不可以:

把锅子擦得亮晶晶的　　　　※把锅子擦得亮
衣服被洗得干干净净的　　　※衣服被洗得干净

3) 后者可以作状语,前者不可以

擦得亮晶晶地放着　※擦得亮地放着　洗得干干净净地收着

※洗得干净地收着

（2）程度补语

程度补语有两种表现形式：

1）形容词＋"极"、"多"、"透"、"死"等＋了："好极了"、"快极了"；"大多了"、"暖和多了"；"熟透了"、"狡猾透了"；"脏死了"、"难看死了"。这一类述宾短语都要有后缀"了"。

2）形容词＋得＋"很"、"多"、"慌"等："好得很"、"高兴得很"；"强得多"、"舒服得多"；"闹得慌"、"吵得慌"。在形式上看，这一类与必须带"得"的情态补语相似，但它们没有相应的否定形式，意义上是表示程度的。

（3）数量补语

数量补语包括动量补语和时量补语两类：

① 砍一刀　踢一脚　去三次　读两遍

② 住三天　休息一个月

①组的是动量补语，②组的是时量补语。

（四）宾语和补语的区别

宾语和补语都位于述语之后，有相似之处，例如"读一篇课文"和"读一遍课文"。但是它们不同，"读一篇"是个述宾短语，而"读一遍"则是个述补短语。宾语和补语的辨别可以考虑以下三点：

1．充当宾语和补语的成分功能不同

充当宾语的大多数是体词和体词性短语，补语则主要由谓词或谓词性短语担任。这样，如果遇上"动词＋量词短语"这种组合时，如果这个量词短语是表示事物的数量（只能用在名词前边的"数＋物量"），那么它就是宾语。反之，如果这个量词短语是表示动作的数量（只能用在动词后边的"数＋动量"），那么它就是补语。"读一篇"中的"一篇"是"数＋物量"，所以是宾语，"读一遍"中的"一遍"是"数＋动量"，所以是补语。同样，"说一句"是述宾短语，"说一下"是述补短语。

2．能否用介词"把"字将述语后的词语提前

"把"是介词，后面可以带体词或体词性短语组成介词短语。因此，如果动词后面的词语可以用"把"字提前，那么动词后面的词语就是宾语；如果动词后面的词语不可以用"把"字提前，那么动词后面的词语就是补语。用这种方法可以区别"数＋时量词"这种组合中的宾语和补语。例如："浪费了两

个钟头"和"休息了两个钟头",前面一句可以变换成"把两个钟头浪费了",这里的"两个钟头"是宾语,后面一句不能变换成"把两个钟头休息了",所以这里的"两个钟头"就是补语。可以用"把"字提前的"数＋时量词",说明时间本身,也可以移到述语前构成主谓短语,如:

　　　　　　浪费了两个钟头→把两个钟头浪费了→两个钟头浪费了

不能将"把"字提前的"数＋时量词",只是说明动作的持续时间,当然也就不能用在述语前。如:

　　　　　　休息了两个钟头→※把两个钟头休息了→※两个钟头休息了

　　3. 能否加上结构助词"得"

　　"得"可以看作是补语的标志。有一些带"得"的双音节动词,其中的"得"是一个构词成分,后面跟的当然是宾语,如"取得成绩"、"获得胜利"、"觉得温暖"、"懂得道理"、"值得表扬"、"求得谅解"、"赢得时间"等等。"得"后边的词无论是体词性的,还是谓词性的,都作为宾语看待。动词后边能加上"得"的,后面的词语是补语;不能加上"得"的,后面的词语是宾语。例如"看清楚→看得清楚",所以,"清楚"是补语。

三、定语和状语

　　（一）什么是定语和状语

　　什么是定语,什么是状语,较早的语法教材中是这样下定义的:"名词前边的回答'谁的'、'什么样的'、'多少'这类问题的名词、代词、形容词数量词叫作定语","动词、形容词前边的形容词、副词或者表示时间、处所的词,能回答'怎么'、'多么'这类问题的,叫作状语"。这其实是说,名词的修饰语是定语,动词、形容词的修饰语是状语。

　　按照这样的定义,我们不能分析下面短语:

　　　　　刚星期二　　才十一月　　最中间　　只三个人(应该是状中短语)
　　　　　他的来　水平的提高　　问题的纠正　　狐狸的狡猾(应该是定中短语)

所以,定语、状语的定义应该是:体词性短语的修饰语是定语,谓词性短语的修饰语是状语。体词性短语前边可以加上介词,组成介词短语,谓词性短语不能。例如我们可以说"从他的来可以知道事情的真相"。

　　（二）定中短语和状中短语

偏正短语可以分为两类,前面的修饰语由定语组成的,称作为定中短语;前面的修饰语由状语组成的,称作为状中短语。

1.定中短语

(1)充当定语的成分

大多数实词、大多数短语都可以充当定语。

1)区别词主要用来作定语:大型的游乐场　袖珍手机　现有的问题

2)量词短语,包括数量短语和指量短语:十个人　一本书　这间教室

3)形容词和形容词性短语:旧皮箱　新书　多么聪明的孩子

4)名词、代词和名词性短语:小王的书　他的笔　我和妈妈的房间

5)动词和动词性短语:吃的菜　送人的礼物　命令我回家去的电话

6)主谓短语有时也能作定语:华灯初上的时候　信心十足的样子

7)介词短语:关于那个问题的解决方法　对这件事的理解

(2)充当中心语的成分

定语所修饰的中心语,大多数是体词性词语,上面所举的例子都是这样。谓词性词语有时也可以作中心语,如:

　　小王的聪明在整个年级都是有名的。

　　张先生的光临为婚礼增添了欢乐。

2.状中短语

(1)充当状语的成分

1)副词、形容词、介词短语可以作状语,其中的副词只能作状语。状语中,下列三类最为多见。如:

　　非常多　很好　常常去　悄悄来　(副词作状语)

　　轻放　重扣　默默地坐下　热乎乎地喝下去　(形容词作状语)

　　把书还我　被他拿去　从北京来　向着大海默哀　(介词短语作状语)

2)谓词性短语有时也可以作状语,大多数情况下要在状语后带上一些附着成分,如"着"、"地"等。如:

　　抢着参加　哭着说　满怀信心地向前走　叠得整整齐齐地放着
　举止大方地说　面对面地谈

3)一部分量词短语和一部分名词也可以作状语。量词短语中的"数词＋动量词"常用作状语,名词中的表示时间、处所的词常作状语。如:

　　两口喝完　一次吃掉　后天见　屋里谈　沙发上坐　电话联系

（2）状语和中心语的意义联系

状语和中心语之间意义上有一定的联系，大都与副词的类别有关，常见的有以下几种：

1）表示时间、处所的：已经证明　后天见　从日本来　屋里谈

2）表示情状的：亲自去　慢慢走　抢着参加　叠得整整齐齐地放着

3）表示程度、范围的：非常聪明　更加努力　全都完成　统统去

4）表示对象的：为大家服务　给他买书　比小王高

5）表示肯定、否定语气的：不说　没吃饭　一定来　大概有　也许去

总的来说，状语和中心语之间的语义关系是多种多样的，其他的还有"电话联系"（方式）、"三尺长"（数量）、"用筷子吃饭"（工具）等。

（三）定语和定语的标志"的"

结构助词"的"是定语的标志。"的"的作用主要表现在两个方面，一是区别偏正关系与其他关系，一是强调前边词语的修饰性、领属性和描写性。区别偏正关系与其他关系，需要有相对的格式；强调修饰性、领属性或描写性，则需要平行的格式。但是，定语与中心语加不加"的"，有一定的灵活性：有的要用"的"，有的不能用"的"，有的用了之后语法关系和语义上会有不同，情况比较复杂。该用"的"与不用"的"的一些规律，主要是针对那些可用可不用"的"都可以的场合，这就首先要分离出那些既无相对格式，又无平行格式的偏正短语，即首先要排除掉必须用"的"的和不能用"的"的那种情况。

1. 必须用"的"的定中短语

必须在定语与中心语之间用上"的"的，如果不用"的"，则这个语言片段是不通的，当然更无法构成偏正短语，如：

主谓短语作名词的定语：桂花飘香的季节→＊桂花飘香季节

连动短语、兼语短语作名词的定语：出去打电话的人→＊出去打电话人

　　　　　　　　　　　　　　请他来的目的→＊请他来目的

紧缩复句作名词的定语：越想越复杂的事情→＊越想越复杂事情

介词短语作名词的定语：关于天体物理的学术报告→＊关于天体物理

　　　　　　　　　　学术报告

2. 不能用"的"的定中短语

不用"的"时是偏正短语，用上"的"后，这个语言片段就不能成立。如：

指量词作名词的定语：那本书→※那本的书

这个人→※这个的人

3. 用"的"和不用"的"都可以的定中短语

这种情况也可以分成两类：

(1) 用"的"不用"的"有相对的格式,这种相对的格式表示不同的语法关系,如：

名词＋名词:学生家长(联合)→学生的家长(偏正)

父亲母亲(联合)→父亲的母亲(偏正)

动词＋名词:分配工作(述宾)→分配的工作(偏正)

研究问题(述宾)→研究的问题(偏正)

代词＋名词:我们学生(同位)→我们的学生(偏正)

上述各种不同的组合,用了"的"全部表示偏正关系,而不用"的"则可能是"联合"、"述宾"、"同位"等各种关系,可见"的"的用与不用,具有区别的作用,下面的组合与上面不同,中心语不再是名词,而是非名词,加"的"不加"的"也有区别的作用。如：

名词＋动词:资料查找(主谓)→资料的查找(偏正)

合同签订(主谓)→合同的签订(偏正)

名词＋形容词:情况特殊(主谓)→情况的特殊(偏正)

成绩优异(主谓)→成绩的优异(偏正)

另外,下面情况也属于用与不用"的"具有区别的作用。

代词＋偏正短语:他黄头发(主谓)→他的黄头发(偏正)

她大眼睛(主谓)→她的大眼睛(偏正)

上述各种不同的组合,用了"的"全部表示偏正关系,而不用"的"则只能是主谓关系。

(2) 用"的"不用"的"有平行的格式,这种平行的格式表示的语法关系是相同的,即都是偏正的关系,但强调的重点有所不同。可以分三种情况。

1) 用上"的"之后,增加了前面词语的修饰性。如：

名词＋名词:中国历史→中国的历史(不是"外国的"历史)

动词＋名词:广播节目→广播的节目(不是"以其他形式表演的"节目)

形容词＋名词:干净衣服→干净的衣服(不是"肮脏的"衣服)

代词＋名词:他哥哥→他的哥哥(不是"别人的"哥哥)

区别词＋名词:优质皮鞋→优质的皮鞋(不是"其他质量等级的"皮鞋)

2) 用上"的"之后增加前面词语的领属性。例如：

牛脾气（像牛一样的脾气）→牛的脾气（具体的一种动物的脾气）

日本朋友（朋友是日本籍的）→日本的朋友（日本这个国家的朋友）

3) 用上"的"之后，增加了前面词语的描写性。如：

三斤鲤鱼（指多少：鲤鱼共有三斤）→三斤的鲤鱼（指重量：一条重三斤的鲤鱼）

十支香烟（指多少：香烟共有十支）→十支的香烟（指类别：十支一盒的那种香烟）

如上所述，定语与中心语之间用"的"与不用"的"的情况确实是很复杂的，上述规律也只能说是概括了一个大致的情况。

（四）状语和状语的标志"地"

1. 限制性状语和描写性状语

（1）限制性状语。限制性状语主要由副词、时间名词、处所名词、介词短语担任，用来修饰限定中心语所代表动作的时间、处所、范围、工具等等。如：

1) 表示时间的：时间名词：今天、上午、以后、三天；时间副词：已经、从来、马上、终于；介词短语：从……起、在……、当……、于……、打……等等。

2) 表示处所、路线、方向的：处所名词：左边、地上、屋里、桌子上；介词短语：在……、沿着……、朝/往/向……等等。

3) 表示目的、依据、关涉、对象等：主要由介词短语担任：为了……、按……、根据……、关于……、对……、给……、和……、与……等等。

4) 表示关联、语气的：主要由副词担任：就、也、却、都；明明、的确、幸亏、难道、大概、大约、显然、何必、反正、索性，等等。

5) 表示否定、程度、范围、数量等：主要由副词担任：不、没有；很、非常、最、太、真；又、再、还；都、全、只、仅仅；正好、大约、起码，等等。

（2）描写性状语。描写性状语用来描写中心语所代表的动作的情状。描写性状语有可以分为描写动作的和描写动作者的两类。

描写动作的主要由形容词（"快"、"高"、"彻底"、"仔细"、"热烈"、"积极"等）、情态副词（"一直"、"断然"、"特地"、"互相"、"再三"、"一再"等）、一部分名词短语、动词短语、量词短语（"快步"、"大声"；"不停"、"不住"；"一把"、"一趟一趟"等）担任；描写动作者的主要由形容词（"激动"、"兴奋"、"幸福"、

"懒洋洋"等)、动词或动词短语("怀疑"、"犹豫"、"摇摇晃晃"、"又蹦又跳"等)、主谓短语("脸色阴沉"、"目光炯炯"等)担任。

两种描写性状语是有区别的:

　　　热烈地欢迎我们→对我们欢迎很热烈

　　　高兴地对我说→※对我说得很高兴

描写动作的状语可以变换成对动作的表述,描写动作者的状语不能有这样的变换。

　　　他高兴地对我说→他很高兴

　　　心脏剧烈地跳动→※心脏很剧烈

描写动作者的状语可以变化成对动作者的表述,描写动作的状语不能有这样的变换。

2. 状语带"地"的情况

(1) 限制性状语大多数不能带"地"

　　　第二天他起得很早。(时间)

　　　从口袋里掏出一块手帕。(处所)

　　　为找工作来回奔走。(目的)

　　　我跟小王打网球去了。(协同)

　　　对这个节目很感兴趣。(对象)

　　　他的确很健谈。(语气)

　　　他五岁时就死了爹娘。(承接)

　　　他把话又说了一遍。(重复)

　　　我们一班同学都回来了。(范围)

在特别强调时,双音节副词后才能带"地":

　　　非常(地)及时　格外(地)高兴　极端(地)负责任

(2) 描写动作者的状语,除了单音节的形容词以外(傻笑、呆坐),一般要带"地":

　　　得意地说　不高兴地走了　静静地等待　吃惊地问　抱歉地笑　挨得紧紧地坐着　气喘吁吁地进来　聚精会神地听

(3) 描写动作的状语,有两种情况:

1) 一般单音节形容词、双音节形容词、量词短语一般不带"地"。如:

　　　　快走　直视　仔细看　直接找　一把把敌人抓住　一下子走了很多人

　　2) 动词短语、名词短语一般带"地"。如：

　　　　不住地说　有计划地提高　很感兴趣地看　形式主义地看问题

　　3) 形容词重叠式、量词短语重叠、双音节和多音节拟声词、少数双音节动词、少数副词，可带可不带"地"。如：

　　　　轻轻(地)把门关上　痛痛快快(地)玩一天　一趟一趟(地)给客人倒水　一遍一遍(地)教他们　格格(地)笑了　淅沥淅沥(地)下着　来回(地)奔走　暗暗(地)得意　渐渐(地)红了　再三(地)要求

思考题

　　1. 可以充当主语和谓语有哪些成分？"今天星期五"、"明天阴天"里的谓语都是由名词构成的，请总结这类结构意义上的特点。

　　2. 动词后如果既有宾语，又有补语，那么这些短语内部的结构关系应该如何确定？

　　3. "称他们英雄"和"称他们是英雄"这两个短语中，动词"称"后面的宾语部分是否都能算作双宾语？

第六节　句　　型

一、句子和句子的结构分析

(一) 句子的特点

　　句子叙述客观事实，并表达说话人对客观事实的判断或由客观事实引起的意图、感想。也就是说，句子既表达了客观实际，又叙述了主观意图：一句话，句子具有表述性。句子的特点大致上可以从以下两个方面进行概括。

　　1. 形式上的特点

　　每个句子都有一定的语调，句子与句子之间有较大的停顿。这种停顿与语调在书面形式上就表现为要运用一些合适的标点符号。句子是由词或短语构成的，词或短语数量上的多寡不成为构成句子的一个条件。句子可以由一个词组成。例如：

> 票。（汽车上售票员递给对方车票）
> 票！（电影院检票员要求对方将电影票拿出来看一下）
> 票？（买电影票时，对方找了零钱却忘给票，向卖票者要票）
> 票！（得到一张足球票，兴奋地叫了起来）

句子也可以由许多词或短语组成。如：

> 这是一张梦寐以求的由歌星童安格领衔的演唱会的入场券。

更复杂的句子可以由几个分句组成，可见句子的长短并没有一定的要求。

2. 内容上的特点

句子具有表述性，因此句子中可以具备短语中所没有的成分。例如提示成分和独立成分是短语中没有的：

> 教室里的同学，有的在看书，有的在写字。（提示成分）
> 这东西，少说也用个十年八年的。（独立成分）

另外，句子中可以有表示语气的成分，短语中也是没有的。例如：

> 这张桌子买来几年了？　还去北京吗？　这样做会发生危险的。

（二）句子的结构分析

对句子进行结构分析，受传统语法的影响，曾长期采用句子成分分析法。这种析句方法的一个显著特点是让句子成分与单个的词相对应。遇到偏正结构须找中心词，遇到动宾结构也要找出中心词（以动词为中心），让中心词充当句子成分，所以又叫作中心词分析法。这种析句方法的最大缺点是不能正确地反映句子的层次结构。

句子结构是有层次的，所以要进行直接成分的分析。然而句子分析并不等于句法分析，因为句子分析的目的不仅在理出层次，而且要归纳句型。句型是人们根据表达需要生成无数的句子的依据。

二、句子的特殊成分

句子的特殊成分，主要指提示成分和独立成分。提示成分和独立成分都附丽于句子，不能离句而独立，但又不是句子所由组成的直接成分，所以把这两种成分称之为句子的特殊成分。

（一）提示成分

两个词或短语指的是同一事物，一个用在句子当中作为句子的一个部

分,另一个用在句子头上或末尾,不属于主语或谓语的组成部分,句子头上或末尾的这个部分就叫提示成分。提示成分有下列两类:

1. 称代式提示成分

称代式提示成分一般用在句首,句中用代词来指称它,提示成分之后,有明显的停顿,书面上常用逗号或破折号来表示。例如:

　　国家的统一,人民的团结,国内各民族的团结,这是我们的事业必定要胜利的基本保证。

　　长江,我要为你歌唱!

　　泰山——这是一座象征中国人民坚强性格的山!

称代式提示成分偶尔也有倒装在句子后面的。例如:

　　我常常给他写信,尊敬的王老师!

2. 总分式提示成分

在句首的提示成分是一个总说部分,句中同它相应的是分说部分,分说的部分作为分句的主语,这就是总分式提示成分。这种提示成分后边一般有语音停顿,书面上用逗号或冒号表示,常用"的"字短语或"一个"之类来分说。例如:

　　全班同学,有的在看书,有的在做作业,有的在听录音。

　　祁宏和范志毅,一个踢前卫,一个踢后卫。

　　父子二人,曹操是文学家和政治家,曹植只是一个文学家。

有些句子的提示成分是分说部分,出现在句末,句中同分说部分相应的是总说部分。例如:

　　人文学院有四个系:中文、历史、古典文献、社会管理。

　　桌上放着三本书:《家》、《春》、《秋》。

提示成分不能是主谓短语,例如下面两个句子:

　　① 他的两个弟弟,一个是教师,一个是医生。

　　② 他有两个弟弟,一个是教师,一个是医生。

第②个句子中,"他有两个弟弟"不能是提示成分。提示成分的构成条件是:第一,提示成分必须用在句首或者句尾,并且有逗号、破折号或冒号与句子的另一部分分开;第二,在另一部分里,必须有一个词语在主语位置或者在谓语位置上复指提示成分所指称的事物;第三,主谓短语不能充当提示成分。为什么不能让主谓短语充当提示成分呢? 因为主谓短语结构完整,位于句首或

句尾,往往就"升级"成为复句中的一个分句。因此,不管是称代式提示成分还是总分式提示成分,都不能是主谓短语。例如:

　　① 他来看望我们,这使我们受到了极大的鼓舞。
　　② 他的到来,这使我们受到了极大的鼓舞。
　　① 参加决赛的有两个队,一个是美国队,一个是挪威队。
　　② 参加决赛的两个队,一个是美国队,一个是挪威队。
　　① 我见过他,他是才毕业的大学生。
　　② 我见过他,那位才毕业的大学生。
　　① 他借了很多书,有的是古代的,有的是近代的,有的是当代的。
　　② 他借了很多书,古代的、近代的、当代的。

①的句子中都没有提示成分,整个句子是复句;②的句子中有提示成分,整个句子是单句。

　　(二) 独立成分

　　句子中有一些词语,不同别的成分发生结构关系,位置一般比较灵活,这就是独立成分。例如:

　　　　听说徐家汇一带又开设了几家超市。

　　　　有线电视网络线看样子已经接通了。

上述例子中的"听说"、"看样子"都是独立成分。

　　独立成分在结构上不是非有不可,但在表义上却不是可有可无的。独立成分主要有以下一些作用:

　　1. 表示招呼、应答或感叹

　　常用名词、叹词等表示。例如:

　　　　小王、小李,你们两个也去吗?

　　　　啊呀,真没想到上海这两年的变化会这么大!

　　2. 引起对方注意

　　一般用"你看"、"你瞧"、"你想"、"你听"等词语表示。例如:

　　　　你看,那几个慢慢走过来的人不就是张老师他们吗?

　　　　这些孩子的嘴你听多巧!

　　3. 表示对情况的推测和估计

　　表示对情况推测的含有保留口气,常用"看来"、"看起来"、"想来"、"看样子"、"说不定"等词语表示。表示对情况估计的,有的是往"大"、"多"等方面估计,有的是往"小"、"少"等方面估计,常用"充其量"、"大不了"、"少说"、"往少里说"、"少说一点"等词语来表示。例如:

> 看起来,我们有些同学,对于语言和言语的区别,还不理解。
>
> 现在都已六点了,这几个人说不定不会来了。
>
> 我去北京,往少里说,也有十几次了。

4. 表示特定的口气

特定的口气,主要是指肯定、强调的口气。常用"毫无疑问"、"没问题"、"不用说"、"不可否认"、"说真的"、"说实在的"、"老实说"、"不错"等词语来表示。例如:

> 毫无疑问,这种思想是要不得的。
>
> 这种条件在国外根本算不了一回事,说实在的。

5. 表示某一消息或情况的来源

常用"听说"、"据说"、"相传"、"据报道"等词语来表示。例如:

> 听说我们新来的班主任姓黄。
>
> 教现代文学的梅老师据说正在写一篇有关他女儿的小说。

6. 表示总括

常用"总之"、"总而言之"、"总的说来"、"一句话"等词语来表示,它们在句子中有承上启下的作用。例如:

> 工厂、农村、商店、部队、学校、机关,总之,各行各业都在为四个现代化奋斗。
>
> 对于新事物,有的人赞成,有的人反对,有的人怀疑,总而言之,每个人都有一定的看法。

7. 表示对某一问题的意见和看法

常用"我想"、"我看"、"依我看"等词语来表示。例如:

> 我们提出向外国学习的口号,我想是提得对的。
>
> 这种题材的小说,依我看,销路是不会好的。

三、确定句型的方法

(一) 句型划分与非句型因素

句型既然是句子的结构类型,那么一切与句子的句法结构无关的因素

都不应该影响句型划分。句子中的下列成分或形式都属于非句型因素:

(1) 句子的语气、语调、口气以及表达语气、口气的语气词(包括句中语气词)不影响句型划分,这些都属于句子语用方面的因素,只要句子的句法结构相同,语气、口气虽异,也属于同一句型。如"小王走了。""小王走了吗?""小王走!""小王走了啊!"都是主谓句。"走!""走吗?"都属于动词性非主谓句。

(2) 句子中的独立成分、提示成分、追加成分、连续反复的重复成分、冗余重复成分等不影响句型划分,它们也是句子的语用成分。如"小王来了。"和"听说小王来了。"属于同一句型;"我认识小王。"和"我认识小王,你的那个好朋友。"是同一句型;"你说什么!"和"你说什么你!"是同一句型;"您经常几个小时地这样急促地走着。"和"您经常几个小时地、几个小时地这样急促地走着、走着、走着。"是同一句型;"他已经来了。"和"他、他、他已经来了。"是同一句型。

(3) 单句内部主语和谓语之间的停顿、述语和宾语之间的停顿以及强调重音交替等节律形式不影响句型划分。如"他这个人,是嘴辣豆腐心。"跟"他这个人是嘴辣豆腐心。"是同一句型;"我认为,这样做不合适。"和"我认为这样做不合适。";"小王昨天在新华书店买了一本书。"可以有不同的强调重音、提示不同的焦点,也可以在不同的成分使用焦点提示成分"是",但这些都是语用因素,不影响该句的句型划分。

(4) 深层语义结构不影响句型划分。同一句法结构可以表示不同的语义关系,如"鸡不吃了。"的"鸡"有施事和受事两种可能,是有歧义的结构,但句法结构上"鸡不吃了。"只是主谓句;就歧义句来说,只要不是结构关系、结构层次不同造成的歧义,都不影响句型划分。同一语义关系用不同句法结构来表达,构成同义句式,同义句式之间具有变换关系,这种变换关系影响句型,如"我们打败了对手。""我们把对手打败了。""对手被我们打败了。"等就是主谓句的不同的下位句型。

(5) 句首状语可以有不同意义的词语,从句法分析来看,句首状语是后面主谓结构的修饰语。但从句子分析来看,归纳句型不考虑句首修饰语。

(6) 纯语用因素的句子的变化不影响句型划分,如省略句和完全句是同一句型、倒装句和常式句属于同一句型。

排除上述这些跟句法结构无关的句子其他因素,句型要素就清楚了,即只与句法结构有关的因素才是句型划分的要素。但是,由于对句法结构要素的认识不同,使得句型划分的具体标准、程序上也还有差异,也使得人们对句子的结构类型——句型——的认识不尽相同。

(二) 句型分析的方法和步骤

1. 考虑句型的层次性

在确定句型时应考虑到句型的系统,从而确定各个层次的不同句型。我们从上述所归纳的句型表中可以看出,不同平面的句型应该有不同的结构成分,例如复句的结构成分是分句,主谓句的结构成分是主语和谓语等等。这样,我们就可以归纳出,汉语的句型是可以分成下面四个层次的。

第一层次句型:单句、复句;

第二层次句型:单句分为主谓句和非主谓句,复句分为联合复句和偏正复句;

第三层次句型:以主谓句为例,可以分为名词性谓语句、动词性谓语句、形容词性谓语句。

第四层次句型:以动词性谓语句为例,可以分为动词谓语句、述宾谓语句、述补谓语句、连动谓语句和兼语谓语句。

确定句型必须层层确定,先确定上位句型,再确定下位句型。例如单句是主谓句和非主谓句的上位句型,主谓句是名词性谓语句、动词性谓语句、形容词性谓语句和主谓谓语句的上位句型;相反主谓句和非主谓句则是单句的下位句型,名词性谓语句、动词性谓语句、形容词性谓语句和主谓谓语句则是主谓句的下位句型。

2. 排除非句型因素

确定句型是要涉及多方面因素的。有些因素与句型的确定有关,有些因素与句型的确定无关。不影响句型的因素,在析句时应予排除,如上述所说的六种非句型因素。把该排除的都排除了,句型的面目也就清楚了。这是确定句型时所要考虑的另一个重要问题。具体说来,上述所说的五种要排除的因素可归纳为下面三种:

(1) 句中表示语气的成分;

(2) 句中的特殊成分,包括独立成分和提示成分;

(3) 句中的修饰成分,包括全句修饰语,句中的状语和定语。如:

据报道,10 月 16 日起,浦东新区政府部门正式挂牌办公了。
　①　　　②　　　　③　　　　　④　　　　　⑤

上述句子中,①为独立成分,②为句首修饰语,③为定语,④为状语,⑤为语气成分,在分析句子中,以上五种成分都可以不予考虑。这样,这个句子的句型我们就可以归纳为:单句/主谓句/动词性谓语句/动词谓语句。

3. 句式和句型是不同的概念

在确定句型时,还要考虑到句式和句型是两个不同的概念。句式是指汉语中一些结构上比较特殊,或者有特殊标志的句子。如"把"字句"他把大伙儿忘了"、"被"字句"他被大伙儿忘了"等。但是,由于"把～"、"被～"在句子中都作修饰成分处理,都属于要排除的因素,所以"把～"、"被～"是不会影响句型的确定的:"他把大伙儿忘了"、"他被大伙儿忘了"属于同一个句型;"他把大伙儿忘了"和"他把大伙儿送走了"属于不同的句型。

四、句子的基本类型

(一)现代汉语句型系统

现代汉语句型系统如下:

句子				
	单句	主谓句	名词性谓语句	
			动词性谓语句	动词谓语句
				述宾谓语句
				述补谓语句
			形容词性谓语句	
		非主谓句	名词性非主谓句	
			动词性非主谓句	
			形容词性非主谓句	
	复句	联合复句	并列复句	
			连贯复句	
			递进复句	
			选择复句	
			解注复句	
		偏正复句	因果复句	
			条件复句	
			转折复句	
			让步复句	
			目的复句	

（二）主谓句

主谓句是较为常见的句型。谓语是句子结构的核心，因此对主谓句下位句型的划分主要的依据是谓语的功能。根据充当谓语的词语的功能的不同，可以把主谓句分为三个下位句型：名词性谓语句、动词性谓语句、形容词性谓语句。

1. 名词性谓语句

名词性谓语句是由名词或名词性短语充当谓语的句子。现代汉语名词性词语充当谓语是有条件的，尤其单个的名词充当谓语限制更多。名词直接作谓语主要是用在说明日子和天气的短句中，如：

　　　　今天端午节。　昨天晴天。　明天元旦。

名词直接做谓语可以在主语和谓语之间添加"是"，否定时一定要加"是"，如上三句：

　　　　今天是端午节—今天不是端午节

　　　　昨天是晴天—昨天不是晴天

　　　　明天是元旦—明天不是元旦

普通名词直接做谓语在语义和句法上都有些特殊要求，有的只有在对举的情况下才可以说，如：

　　　　小王经理，小李董事长，老王会计。　王芳副教授，小张讲师。

有的名词性谓语前必须要有副词"都"、"才"、"已经"、"刚"等，或者句末要有语气词"了"。这些名词性谓语往往表示身份、职衔、学历、职称等。如：

　　　　小王才讲师。　小陈都教授了。　老王已经局长了。　小李刚助教。

名词性短语做谓语的句子，以说明数量、时量、时点、年龄、价格、重量、容貌、性格、特征、环境、籍贯、处所、所属等为主。如：

　　　　一人就一本。　一米100厘米。　这学期共18周。　小王都15岁了。　那筐苹果刚15公斤。　这个姑娘长长的眉毛，大大的眼睛，高高的鼻梁。　这张桌子就三条腿。　鲁迅浙江人。　山下一片草地。　他从韩国来的。　她清华学生。

2. 动词性谓语句

动词性谓语句是由动词或动词性短语充当谓语的句子，是主谓句的主

体,由于动词性短语类型多,结构复杂,所以动词性谓语句可以按照充当谓语的动词性短语的结构的不同,可分为如下几类:

(1) 动词谓语句

动词谓语句指的是单个动词做谓语的句子。汉语中单个动词做谓语是有条件的,这种动词多数是不及物动词,如:

　　　　小王牺牲了。　孩子们睡了。　犯人逃跑了。　登山运动员失踪了。

单个及物动词做谓语是有限制的,主语是受事,或者施事泛指,或者对举句,如:

　　　　饭好吃钱难挣。　饭做了开水烧了。

或者施事不明、施事无须说出,如:

　　　　门开着呢。　录取名单落实了。

或者施事做了受事主语的定语,如:

　　　　小王的书出版了。　孩子的作业完成了。

(2) 述宾谓语句

谓语是述宾短语,按宾语的数量有单宾句和双宾句两种。如:

　　　　小王买了一本书。　他最近读了一本书。　小张去北京了。

上述动词带的宾语是体词性宾语。

　　　　我们认为你错了。　对犯罪分子要给予严厉打击。

上述动词带的宾语是谓词性宾语。

　　　　张老师教我们英语。　我借图书馆一本书。　他求老李一件事。
　　我们叫他小陈。

上述动词带的宾语是双宾语。

(3) 述补谓语句

动词性述补短语有多种情况,从形式上看有带"得"和不带"得"的,从语义上看补语有表示结果、程度、情状的,有表示趋向、数量、时间、方式手段的等。如:

　　　　小王说明白了。　小王渴坏了。　小王长不高了。　那笔生意做不得呀!　《红楼梦》我又读了一遍。　这种颜色的羊毛衫多得很。

(4) 连动谓语句

由连动短语充当谓语的句子是连动谓语句。连用的动词之间可以有多种不同的语义关系。如：

> 他放下行李走过来跟我说了几句。　你别瞪着眼睛发愣。　你别扔下妈妈不管。　城隍庙里有许多小商品出售。

(5) 兼语谓语句

由兼语短语充当谓语的句子是兼语谓语句。例如：

> 我请你略微坐一坐。　他给孙子起了个名字叫贝贝。　老李找了几个帮手挺能干。　屋里有人轻轻地哼着小调。

3. 形容词性谓语句

由形容词或形容词性短语充当谓语的句子是形容词性谓语句,主要的作用是描写主语的性质状态。例如：

> 小王胖了。　天晴了。　这孩子老实憨厚。　他谦虚谨慎。

上述句子中形容词后有"了",或者两个以上的形容词并列,这样的句子才成立。而单个性质形容词作谓语时是不自由的,一般要求有对举句(有比较意味)或前后句,或者在问答句中。如：

> 小王胖,小李瘦。　这件贵,那件便宜。　我喜欢女孩,女孩文静。
> 天冷了,出门要多带些衣服。　哪间房子大?——这间大。

状态形容词单独作谓语时相对自由些,如：

> 外面冷清清的。　他的脸色铁青。　房间里干干净净的。

作谓语的形容词性短语主要指那些以形容词为中心语的偏正短语。例如：

> 他对业务很熟悉。　吸烟对健康不利。　学校里十分安静。

主谓短语作谓语的句子分属于名词性谓语句、动词性谓语句和形容词性谓语句。例如：

> 青菜五毛钱一斤。　这本书一个人一本。(名词性谓语句)
> 这个人我认识。　你那个看法我认为有些片面。(动词性谓语句)
> 这部小说情节生动。　这部影片艺术水平很高。(形容词性谓语句)

(三) 非主谓句

单句中不能分析出主语和谓语的句子叫做非主谓句。非主谓句是由单个的词或主谓短语以外的其他短语构成的句子。非主谓句有以下三种：

1. 名词性非主谓句

名词性非主谓句是由单个名词或名词性短语构成。按照表达的内容可以分为以下几类。

(1) 用于剧本或小说、散文,以说明故事发生的时间、地点、场景。如:

1937 年。上海外滩。 北京的一家老式茶馆。一个深秋的下午。

(2) 用于景象描写和人物形象的描写。如:

杏花,春雨,江南。 车流。人群。红绿灯。 高高的个子,四方脸,浓眉,大眼,笔挺的西装,名牌皮鞋,潇洒的举止,这就是我们的小王。

(3) 表示感叹,一般由名词性短语构成。如:

好香的干菜呀! 多好的小伙子啊! 我那苦命的孩子呀!

(4) 表示突然出现或发现的事物。如:

敌机! 血! 啊,你流血了。 老虎! 快跑!

(5) 用于标题。如:

《三千里江山》《老人与海》《现代汉语语法》

(6) 表示祈使、叫卖。如:

钱! 工作证! 大饼! 油条! 热腾腾的小米稀饭!

(7) 表示招呼、应答、问答、斥责。如:

小李! 谁? ——我! 几斤? ——三斤。 (这衣服谁的?)——我的。 (这位是?)——王教授。 你爸爸呢? 我的书呢? 什么东西!

2. 动词性非主谓句

动词性非主谓句大都由述宾短语或其他动词性短语构成,单个动词用得比较少。根据表达内容可以分成以下几类:

(1) 用于叙述自然界发生的现象。如:

下大雨了。 出太阳了。 起风了。

(2) 叙述突然发生或发现的事物。如:

着火了! 漏水了! 跑掉了!

(3) 说明事实情况或叙述存在出现消失的事物。如:

又上课了! 已经下班了。 从教室里传来了琅琅的书声。 在 1998 年 7 月的一天下午发生了一桩抢劫案。

（4）表示祈使、命令、要求，或用于标语、口号、熟语。如：

　　　请！　禁止随地吐痰！　欢迎光临！　起立！——坐下！　来人！

（5）用于叫卖、问答。如：

　　　卖鱼啦！卖新鲜的活鱼啦！　修理雨伞了！　走吗？——走！

（你到底还去不去？）——去！

3. 形容词性非主谓句

　　形容词性非主谓句由形容词或形容词性短语构成，往往用来表达说话人的态度和感情。根据表达内容分成以下几类：

（1）用于应答、问答，用于应答的主要是"好"、"行"、"对"等形容词。如：

　　　你看这样做好不好？——好，行！　这本身对你来说也是个锻炼嘛。——也对，也对。　孩子们，这个房子漂亮不漂亮？——漂亮！

（2）表示感叹或论断。如：

　　　太美了！　多么宏伟啊！　真糟糕透顶！　讨厌死了！　太贵了。

（3）表示祈使。如

　　　安静点儿！　快点吧！

此外，叹词、拟声词也可以构成非主谓句。例如表示呼唤、应答、问答的"喂！（过来一下）"、"听说你最近要结婚？——嗯。"、"小张！——哎！"等；表示愤怒、鄙视、斥责的"哼！"、"呸！"等；表示感叹、喜悦、高兴的"啊！"、"哈哈！"、"哇！"等；表示惊讶、领悟、哀叹的"啧啧！"、"咦！"、"喔！"、"唉！"等。

五、句子的变化

　　具体的句子在一定的语境中往往会发生许多变化，如句法成分的省略、倒装、追补等，这些虽然不影响句型划分，但对句子的理解、解释和运用有很大的影响，跟句子的句法、语义、语用也都有一定的关系。

（一）省略

1. 省略句的类型

　　省略是在一定的语境中出现的语用现象，是指句子里原来该有的成分在一定条件下没有出现。按照省略出现的具体语境，可以把省略分为如下类型：

（1）会话省

　　作为交际双方面对面的言语活动，一问一答，最容易省略。如（用方括号标示省略成分)：

甲：[你]吃饭了吗？——乙：[我]吃[饭]了。

甲：[你]在哪儿吃的？——乙：[我在]学生食堂[吃的]。

甲：[你]吃的[是]什么[饭]？——乙：[我吃的是]包子。

甲：[你吃的包子是]什么馅的？——乙：[我吃的包子是]三鲜[馅]的。

(2) 承前蒙后省

所谓上下文省是指在一定的篇章话语中,依靠上文或下文提供的信息而省略某个成分,按照依靠上文还是依靠下文分为两类。

1) 承前省略

为叙述的简洁,上文已经出现的事物,下文可以省去。如：

他只有一个儿子,[　　]在北京读书,[　　]不常回来。

老王是个庄稼人,[　　]种地是一把好手,[　　]农活样样精通,[　　]为人也忠厚。

小王在北京工作,小李也在[　　]。

上海的夏天比烟台[　　]热多了。

2) 蒙后省略

蒙后省略较少见。如：

[　　]饭还没有吃完,小王就急急忙忙赶去上班了。

[　　]展望新的世纪,我们充满无限的希望。

从省略的成分来看,有主语、谓语、修饰语、中心语,有的甚至跨结构的。如：

甲：[你]在哪儿吃的？

乙：[我在]学生食堂[吃的]。

(3) 自述省

在书信、发言、日记等自述性说话语境中,往往可以省略一些词语,最常见的是说话主体"我"。如：

[　　]收到你的来信,[　　]很高兴。

上午,[　　]参加了一个会议,[　　]议题是新世纪语言学的展望。

2. 省略句的特点

句子的省略具有如下特点。

(1) 省略的成分一般都可以确定地补出来,具有还原性。这是省略句与非主谓句的主要区别。非主谓句在结构上是独立的,完整的,不必补上什么也无法确定地补上什么句法成分。例如:

　　　　下雨了!　　小李!

上述两个句子都是非主谓句,它们在结构上是独立而且是完整的,不必补上什么,也无法确定地补上什么,都没有可还原性,所以都不是省略句。

(2) 省略必须在一定的条件下才能实现。例如自称“我”,对称“你”之类的主语,只有在对话中才有可能经常省略。在“上下文省”中,被省略的词语也必须在上下文中出现,省掉了并不会增加理解的困难。在“自述省”中,说话主体“我”的省略也必须依靠“自述”性质的说话环境。

(3) 省略中最常见的是主语的省略。谓语的省略比较少见,一般只出现在答句中,例如上面所举的例子:

　　　　甲:[你]在哪儿吃的?
　　　　乙:[我在]学生食堂[吃的]。

主语的承前省略比较复杂,可以有多种不同的情况:

　　　　我弟弟八岁了,刚上小学二年级。(承前一分句的主语省)
　　　　老张送我花,并不是他出钱买的。(承前一分句的宾语省)
　　　　他的脚扭伤了筋,跑不快。(承前一分句的主语中的定语省)
　　　　以他的资格,本来是有很多机会去国外考察的。(承前面的介词短语中的定语省)
　　　　你叫我走,偏不走。(承前一分句的兼语省)

(二) 倒装

汉语句法结构中成分的位置比较固定,如主语一般在谓语的前面,宾语一般在动词的后面,修饰语一般在中心语的前面。可是在一定的条件下,句子中成分的位置可以倒过来,变成谓语在前主语在后,宾语在前动词在后,中心语在前修饰语在后,但它们之间仍然是主谓关系、述宾关系、修饰语和中心语的关系,这种现象称为倒装。

1. 倒装句的特点

(1) 倒装的成分可以复位。如:

多么幸福啊,你们这一代!—你们这一代多么幸福啊!

小王要结婚啦,我刚听说。—我刚听说小王要结婚啦。

复位以后基本意义和结构都不变,因此,倒装应该看作是一种句子的变化,而不看成是不同的句子格式。

(2) 语音上,倒装的部分往往轻读,有停顿,书面上倒装的部分一般与其他部分之间用逗号隔开,如:

进来吧,你! 都去了吗,你们?

(3) 倒装往往是说话人情绪激动时,要强调的部分脱口而出,然后再追补原来应该先说的部分,因此,表达重心在前置的部分,而后置的部分则带有"申述"或"追补"的意味。

2. 倒装句的类型

按句法结构类型,倒装可以分为如下几类。

(1) 主谓倒装

主语在后,谓语在前,这是最常见的倒装现象,这种倒装句谓语和主语之间一般有停顿,书面上用逗号隔开,疑问句、感叹句较多。如:

来了吗,孩子们? 演得多逼真啊,这个演员! 已经去上课了,他们。 后退五步,第三排! 好看不好看,这电影?

(2) 状语后置

倒装的状语限于一些副词和介词短语。如:

他走上了领奖台,慢慢地,羞怯地。 代表们都来了,从新疆,从西藏,从海南岛,从鸭绿江边,从祖国的四面八方。 他退休了吧,大概。

(3) 宾语前置

宾语前置是有一定的格式限制的,语义上有周遍性,语用上有强调色彩。如:

我谁也不认识。 他哪儿也不能去。 他一本外国小说也没看过。 小王一个风景名胜也没参观过。

思考题:

1. 表示呼应、感叹的词语都是独立成分吗?

2. 独立成分会与其他语言结构发生混淆吗?

3. 请谈谈连动谓语句和紧缩句的区别。

第七节　句　　式

一、句式的性质

　　语言单位的类别可以分为实体类别、关系类别、特征类别。实体类别是不必依赖别的类就能成立的类,如语素、单音词、双音词、褒义词、贬义词等等类别的划分,关系类别是互相依赖才能成立的类,如词类、句法成分、短语、句型等类别的划分。特征类别是实体类别或关系类别中的特殊类,比如从句型看,动词性谓语句作为一个大类可以分出几个下位句型,但这些下位句型中的"把"字句、"被"字句、连动句、兼语句在结构上很有特点,有必要做特别的研究。"把"字句、"被"字句、连动句、兼语句等就是动词性谓语句下的几个特征类。"把"字句、"被"字句、连动句、兼语句等是着眼于句子结构上的某种特殊性或标志而划分出来的句子类别,叫做句式或特殊句式。句式不同于句型。句式在句法、语义、语用上都有一定的特殊性。汉语句子结构的特殊性很多,现代汉语句式的数量也比较多,如有"把"字句、"被"字句、"是"字句、"比"字句、"对"字句、"连"字句、"使"字句、"有"字句、"得"字句、连动句、兼语句、双宾语句、存现句、主谓谓语句、可逆句等。本章主要介绍一些常用的句式。

二、主谓谓语句

(一) 什么是主谓谓语句
　　主谓谓语句是主谓短语做谓语的句子,如:

　　　　西湖‖风景很优美。
　　　　《红楼梦》‖我读过两遍。
　　　　白菜‖五毛一斤。

　　以上句子中,"风景很优美"、"我读过两遍"、"五毛一斤"作为主谓短语在句子中做谓语,"西湖"、"《红楼梦》"、"白菜"等是句子的主语,这样就构成了主谓谓语句。其中,"西湖"、"《红楼梦》"、"白菜"等被称为大主语,也可以叫话题主语,"风景很优美"、"我读过两遍"、"五毛一斤"等做谓语的主谓短语被称为大谓语,"风景"、"我"、"五毛"等被称为小主语,"很优美"、"读过两遍"、"一斤"被称为小谓语,小谓语可以有不同的特点,如上三例的小谓语分别是形容词性的、动词性的、名词性的。

(二)主谓谓语句的类型

主谓谓语句有许多类型,如果着眼于大主语、小主语、小谓语之间的语义关系,主谓谓语句可以分为如下几类。

(1)大主语跟小主语之间有领属关系或整体和部分的关系。如(用"‖"隔开大主语和大谓语,用"|"隔开小主语和小谓语):

小王‖确实身材|高大。
同志们‖此时情绪|高涨。
我们村‖过去确实穷人|多。
今天‖天气|晴朗。
小王‖稍微性子|急了一点。
老人啦,‖突然脸色|变了。

这类句子因为大主语和小主语之间有领属关系,有的大主语和小主语之间还可以添加上"的","烟台夏天不热——烟台的夏天不热"、"这头牛力气很大——这头牛的力气很大",所以有人认为这是偏正短语做主语的主谓句,但是"这头牛力气"这样的偏正短语并不存在。

而且,并不是每个这类句子都可以添加"的",如:

小王‖确实身材|高大。
同志们‖此时情绪|高涨。
我们村‖过去确实穷人|多。
小王‖稍微性子|急了一点。
老人啦,‖突然脸色|变了。

这些句子不能加"的",而且在大主语和大谓语之间或者有停顿、有句中语气词,或者有副词等状语隔开,这些正是主谓关系的标志。

(2)大主语是小谓语的受事,小主语是小谓语的施事。如:

孩子上学的学费嘛,‖我|来出吧。
你说的那种材料,‖我们|已经买回来了。
那本书‖我|给了小李了。
人人‖我|都不得罪。

　　　　一点饭‖他|也没吃。

　　　　什么‖我|也不会告诉你的！

　　　　谁‖他|都敢骂。

　　有时候，大主语只是大谓语中某个动词(不一定是小谓语)的受事，甚至不好说是受事，如：

　　　　这种讨论会，‖我见的|多啦！

　　　　这个人‖我|知道不是好人。

　　　　小王‖我|已经派人去请了。

　　　　你要的那些材料‖我|已经叫人到图书馆去找了。

　　　　那条蛇‖孩子们|已经剥了皮了。

　　这类句子都是谓语中某个成分移位到句首做主语的，带有明显的话题性质。

　　(3) 大主语是小谓语的工具、材料、与事等语义成分。如：

　　　　这支笔，‖老王|写了上百万字的作品。(大主语是工具)

　　　　这块布‖他|用来做西服了。(大主语是材料)

　　　　小王‖我|送了钢笔，小李‖我|送了笔记本。(大主语是与事)

　　(4) 大谓语对大主语进行计量评价，这部分主谓谓语句小主语、小谓语往往是数量词等体词性词语。如：

　　　　大葱，‖五毛钱|一斤。

　　　　这孩子，‖身高|一米八。

　　　　商品房，‖一般一平方米|3000元。

　　(5) 小主语是谓词性的成分，小谓语是形容词性的，大主语是小主语的施事。如：

　　　　小王‖进步|很大。

　　　　小王‖说话|太快。

　　　　这孩子‖确实吃饭|很慢。

　　　　他‖投篮|很准。

　　　　这个小姑娘‖唱歌|很好听。

　　　　他‖待人|很诚恳。

　　　　他‖工作|很努力。

　　　　他‖说话|不谦虚。

(6) 大主语表示范围、对象、关涉的事物,如:

> 这件事,‖中国人民的经验|太多了。
> 公司的事儿,‖我|不在行。
> 这次考试,‖小王|得了第一名。
> 这个问题,‖我|有新的看法。

这类句子,大主语前面可以加"对"、"对于"、"关于"、"在……上/中"等,若加上这些介词,就成了句首状语了。

"母亲,这是多么亲切、多么伟大的名字啊!""他的两个儿子,一个在北京,一个在广州。"这类句子不是主谓谓语句,"母亲"、"他的两个儿子"是提示成分,是句子的特殊成分。

"我一口水也没喝"、"我什么也不知道"、"我上海也去过"等类句子跟"一口水我也没喝"、"什么我也不知道"、"上海我也去过"不同。"一口水我也没喝"、"什么我也不知道"、"上海我也去过"等类句子是主谓谓语句,而"我一口水也没喝"可以看作是"一口水"宾语提前,"一口水也没喝"是"受事＋动词",而从短语层面来看不存在"受事＋动词"的主谓短语,既然没有这类主谓短语也就不能说是主谓短语作谓语;从语言事实看,"他什么都不爱吃,只爱吃素菜"、"我不喝酒,一点也不喝"、"我哪儿也不去,不去上海,也不去北京"等分析为宾语前提更合适一些。

"明天我去北京"、"大山里解放军正在打靶"等不是主谓谓语句,"明天"、"大山里"是状语。

主谓谓语句的主要作用是大谓语在某一方面对大主语进行描写,小主语正是大主语被描写的"某一方面",小谓语一般是形容词性词语,如"西湖风景优美"、"战士们情绪高涨得很"、"他待人很和善"。有的主谓谓语句的大谓语是对大主语加以说明,小谓语由动词性词语充当,如"他面色突然变了"、"《红楼梦》我已经读过两遍了"。

"一口水他也没喝"是一种表示周遍性的强调句,"一口水"是句子的焦点。

三、"把"字句

(一)什么是"把"字句

"把"字句是运用介词"把"将谓语动词涉及的事物置于动词前做状语的一种句式,"把"字句和一般主谓(动宾)句具有变换关系。如:

　　　　小王打伤了小李—小王把小李打伤了。

　　　　小王买回家具来了—小王把家具买回来了。

　　　　他撕破了衣服—他把衣服撕破了。

　　"把"字句"把"后的词语即"把"字的宾语多数可以看作动词的受事,但也有不少"把"字句"把"字的宾语不是谓语动词的受事,在"这件事把我的心凉了半截"、"这件事把他怕成那样了"中的"我的心"、"他"不好说是受事。同时,并不是每一个一般主谓(动宾)句都可以变换为"把"字句,下列一般主谓(动宾)句都不能变换:

　　　　小王心疼小李。

　　　　我买了一本书。

　　　　小王娶了新媳妇。

　　(二)"把"字句的特点

　　"把"字句在结构上、语义上、语用上都有一些独特之处。下面分别讨论"把"字句的主语、"把"字的宾语、谓语部分。

　　1."把"字句的主语

　　"把"字句的主语多数是体词性词语,包括名词、代词、名词性短语等。如:

　　　　这孩子把冬天的衣服全穿上了。

　　　　老大娘把受伤的战士背回自己的家中。

　　　　他把我的腿踢破了。

　　　　那些小同学还没把会场布置好。

　　从语义上看,"把"字句的主语多数是施事,如以上各例。但,也有不少句子的主语很难说是施事,因为这些主语既不是人、动物,也不是有生命力的或自然力的。如:

　　　　巧克力把我的牙吃坏了。

　　　　那些脏衣服把小姑娘洗怕了。

　　这些"把"字句的主语虽然不像施事,但实际上在主语前隐含了一个动作,这个动作也就是句子中的谓语动词。如:

　　　　吃巧克力把我的牙吃坏了。

　　　　洗那些脏衣服把小姑娘洗怕了。

这种句子还可以这样说：

> 我吃巧克力吃坏了牙。
>
> 小姑娘洗那些脏衣服洗怕了。

可见，这几类句式是有变换关系的。如：

> 巧克力把我的牙吃坏了—吃巧克力把我的牙吃坏了—我吃巧克力吃坏了牙—我吃巧克力把牙吃坏了。

从这种变换关系来看，"巧克力把我的牙吃坏了"一类的"把"字句的主语实际上是一个隐含动作的事件，这一事件使动作的主体或其他事物受到影响而产生某种变化、有了某种结果或新的状态，如：巧克力把我的牙吃坏了＝我吃巧克力＋（这一事件）使我的牙坏了。

可见，"巧克力把我的牙吃坏了"一类的"把"字句表示了原因和结果的语义关系，而"我们把对手打败了"等一般"把"字句表示的则是目的和结果的关系。汉语中也正有许多谓词性主语"把"字句，这些谓词性主语可以有多种结构类型，如述宾、述补、连动、兼语、联合、偏正等。如：

> 喝凉水把他肚子喝疼了。
>
> 房子漏雨把家具全淋湿了。
>
> 熬夜把他的眼睛都熬红了。
>
> 长年伏案写作把背也累驼了。
>
> 玩电脑把他玩野了心。

2. "把"字的宾语

"把"字的宾语即"把"字的后置成分，有名词、代词，也有名词性短语。如：

> 他把孩子找回来了。
>
> 这孩子可把我气死了。
>
> 他把我几十年来辛苦积攒的一点儿家当全都糟蹋了。
>
> 老人把一双手工精巧的草鞋塞给了那个小战士。

"把"字的后置成分也可以是非名词性的。如：

> 不少人往往把一级一级地晋升职务当作工作的唯一追求。
>
> 同学们都把为班级争光看作自己的事。

从语义上看，"把"字的后置成分一般是谓语动词的受事，如：同学们把作业做完了。但，"把"字的后置成分从语义上看往往是复杂多样的，有的后置成分只能是动词性结构的宾语,不是动词的宾语,也有的是类似处所、工具、材料、与事等的。在表示原因(事件)和结果关系的"把"字句中,"把"字的后置成分往往是谓语动词的施事。

　　从语用上看,"把"字的后置成分即"把"字的宾语是谓语处置的对象,一般应是有定的,所谓"有定"是指说话者认为或假定是听说双方都已知的事物。有定的事物往往有一定的标志,如有"这"、"那"修饰、有一定的其他修饰语或者是专有名称、是泛指事物或周遍性事物。如:

　　　　小王把那本书读了一遍。

　　　　小王把我昨天买的书读了一遍。

　　　　小王把《红楼梦》读了一遍。

　　　　小王把每本书都读了一遍。

　　即使是单个的普通名词或有数量词的名词短语,用在"把"字后边也要是听说双方所已知的某一或某些特指的事物。如:

　　　　他把孩子丢了。(特指"他的"或"他带的"孩子)

　　　　他把一本书丢了。(特指"他"的某一本书)

　　　　他把房间打扫干净了。(特指某一或某几个房间)

　　3. 谓语部分

　　"把"字句对谓语部分有特别的要求。首先,有些动词是不能进入"把"字句的谓语部分的,如"是"、"有"、"像"、"姓"、"好像"、"标志着"、"意味着"等表示关系的动词,"爱"、"喜爱"、"记忆"、"感觉"、"感到"、"觉得"、"认识"、"知道"等表示心理、认知活动的动词("你可把我想死了"等是述补短语做谓语部分),"能"、"会"、"可能"、"能够"、"得"等助动词,"来"、"下"、"进"、"出"等趋向动词,"盛产"、"劳动"、"示威"、"飞舞"、"着想"、"搏斗"、"呻吟"、"旅游"、"散步"、"弥漫"、"出现"、"行动"、"微笑"、"发生"、"死"等不及物动词,"遇到"、"显得"、"懒得"、"免得"、"见面"、"涉及"、"遭到"、"遭受"、"合乎"、"在于"、"善于"等非动作性及物动词。只有动作性强的及物动词才有可能进入"把"字句的谓语部分。

　　其次,即使是动作动词,单个动词也很难进入"把"字句的谓语部分,尤其单音节动词更难。如:

　　　　＊小王把信寄。

　　　　＊小王把那碗饭吃。

*小王把手里的东西搁。

在这些动词前后添加适量成分，句子就成立了。如：

小王把信寄走了。

小王把那碗饭吃了。

小王把手里的东西搁地上了。

少数双音节动词主要是动补结构的动词，可以单独进入"把"字句的谓语部分。如：

我们要把那个反动政权推翻。

洪水很快就把他们村淹没。

我一拳就能把他打倒。

动词性短语来充当"把"字句的谓语部分。如：

小王把我们大家的错误都往自己一个人身上揽。（前有状语）

我们把门都锁了。（前有状语，后有动态助词）

小王把教室整理了一遍。（后有动态助词和补语）

他把头低得很低。（后有补语）

他把头梳了梳，把衣服又整理整理，才走出门。（重叠动词）

我们把消息说给老王听了。（谓语部分是连动短语）

我们把书给了小王。（后有动态助词和宾语）

给予动词、称呼动词、置放动词等在"把"字句的谓语部分都有可能再带宾语。如：

我把《红楼梦》给了小王。

我们把这种现象称为假借。

孩子们把书全都放桌子上了。

一个带宾语的谓词性词语前若加上了形式动词，这个谓词性词语的宾语要调整到形式动词前，使用"把"字是一种调整方式，调整后，原谓词就成了形式动词的宾语，如：我们要认真分析这个问题—*我们要加以认真分析这个问题—我们要把这个问题加以认真分析。

有时动词的宾语和"把"字的宾语有某种语义联系，如耗材和成果关系：

他把鸡蛋蒸成了鸡蛋糕。

他把钱全买了粮食。

　　.　　他把布料全做成了西装。

有的有领属关系或部分和整体的关系：

　　　　他把蛇剥了皮。

　　　　他把坏人的耳朵咬下了一只。

有的具有同一关系，但属于不同的认知平面：

　　　　秘书把报告起了个草。

　　　　他不小心把这个字写成了另一个字。

有的动词的宾语是"把"字的宾语所表示的事物中新出现的事物或现象：

　　　　他把脸上涂成了红色。

　　　　他们把山上炸开了几个洞。

　　　　孩子们把操场围成一个半圆。

这些句子的宾语多数表示某种结果。

否定词和助动词一般只能出现在"把"字前，不用在"把"字后。

（三）"把"字句的作用

从语用上看，"把"字句主要表示"处置"意义，"处置"可以解释为句中谓语动词所代表的动作行为对"把"字的宾语施加一定的影响，使该宾语发生某种变化，产生某种结果，处于某种状态，遭受某种遭遇。如：

　　　　他们把小王赶走了。

　　　　他们把小王打伤了。

　　　　他们把小王说了一顿。

　　　　他们把小王打断了一条腿。

　　　　他们把小王请来了。

　　　　他们把小王出卖了。

　　　　他们把小王骗了。

以上各句的"小王"是各种不同处置行为的对象，也产生了不同的处置后果。主语一般是施事或事件，"把"字的宾语即"把"字的后置成分是有定的事物，处置要有一定的后果，谓语部分必须是复杂的。"处置"意义使得处置后果成了交际双方关心的重点，因而，跟一般主述宾句相比，"把"字句的语义重心或焦点在谓语部分，"把"字句正是显示句尾焦点的一种常用句式。

跟"把"字意思相同的介词还有"将"字,多用于书面语,如:

> 他们将这个可怜的孩子卖给了人贩子。
>
> 我们将坏人赶走了。

四、"被"字句

(一)什么是"被"字句

在动作动词作谓语中心的句子中,施事做主语的是主动句,如:

> 小王吃完了饭。
>
> 小王把饭吃完了。
>
> 小王吃过了。

受事做主语的句子表示被动意义,是被动句,如:

> 饭被小王吃完了。
>
> 饭小王吃完了。
>
> 饭吃完了。

汉语的被动句按有无被动形式标志可以分为两类,一类是无标志的被动句,或叫意义被动句、概念被动句,如:"饭小王吃完了。""饭吃完了。"另一类是有标志的被动句,"被"字句就是有标志的被动句中的典型。"被"字句是依靠介词"被"引进谓语动词的动作主体(主要是施事,主动者)于动词前做状语而把动作涉及的对象置于句首的句式,有时"被"字所介引的动作主体也可以不出现。"叫"、"让"、"给"也有同样作用。

现代汉语中的"被"字句有如下类型:

(1)由"被"引进施事,格式是:受事+被+施事+Vp。如:

> 小王被人打伤了。
>
> 小王被特务盯上了。

(2)"被"后边施事没有出现,格式是:受事+被+Vp。由于"被"后边没有宾语,此处的"被"字是助词。如:

> 大楼被炸倒了。
>
> 课被推迟了。

(3)"被……所"固定格式:受事+被+施事+所+Vp。这种格式一般只在书面语中使用,是从"为……所"演变而来的,也可以使用"为……所"式或"由……所"式和"受……所"式。如：

> 同学们深深地被老人的话所感动，决心好好学习。
> 新的软件系统为广大用户所关注。
> 文学家在阶级社会必受自己的本阶级的阶级意识所支配。
> 局势的发展是由各种因素所决定的。

(4)"被……给"固定格式：受事＋被＋施事＋给＋Vp。如：

> 我的书被小王给拿走了。
> 伤员全被解放军给拉走了。

(二)"被"字句的特点

"被"字句跟"把"字句、一般主动宾句有变换关系。如：

> 我们打败了对手—我们把对手打败了—对手被我们打败了。
> 孩子们吃完了饭—孩子们把饭吃完了—饭被孩子们吃完了。

一般来说，"被"字句的主语是受事、"被"字的宾语即"被"字的后置成分是施事，但在有些"被"字句中，主语和"被"字的后置成分可以是其他语义成分，如：

> 箱子上被孩子们捆了两道绳子。（主语"箱子上"是处所）
> 他被大蒜吃得满嘴臭气。（主语"他"是施事、"被"的宾语"大蒜"是受事）
> 绳子被他们捆箱子上了。（主语"绳子"是工具）
> 他的手被菜刀砍破了。（主语"他的手"是处所、"被"的宾语"菜刀"是工具）
> 那块布被他给做成了一套西装。（主语"那块布"是材料）

像"他被小说迷住了"、"他被孩子的学费愁死了"等句子中的主语和"被"字的后置成分的语义角色也很难确定。不过，绝大多数"被"字句还是体现了施事和受事的关系。"被"字句跟一般主动宾句相比，在句法结构和语义结构上都有独特之处，下面也分主语、"被"字的宾语即"被"字的后置成分、谓语部分三部分来说明"被"字句的特点。

1. "被"字句的主语

"被"字句的主语要求具有有定性，是交际双方共知的或说话者假定双方共知的事物，有的有指示代词修饰，有的有其他修饰语，有的是专有名称，有的是周遍性事物。如：

那些学生被老师批评了一顿。

迟到的学生都被老师叫去了。

小王被老师给喊走了。

所有的学生都被放回家了。

即使没有有定标志,在具体交际中也是确知的某一事物或某些事物,如"书被拿走了"的"书"一定是确定的"书",而不是泛指的。

由含无定标志的词语做"被"字句的主语是有条件的,如:

她一推开门,发现一个人已被警察按倒在地。

开学后,有一名同学被开除了。

星期天他收拾厨房时,一只茶杯被他打碎了。

这三个句子,第一句的"被"字式做了"发现"的宾语,"发觉"、"看见"、"见"、"预知"等动词后的宾语中的"被"字式的主语可以是无定的;第二句是在"有"字的后面,"被"字句的主语实际上是兼语,兼语可以是无定的;第三句的主语"一只茶杯"实际上是确指厨房里的某一个"茶杯"。

充当主语的词语一般是体词性的,包括名词、代词和名词性词语。动词或形容词带有指称性时,也能做主语,如:

勇敢、勤劳、谦虚被视为人类共有的品质。

学习被他看成一种负担。

小王的晋升,他俩之间的平衡被打破了。

他要求增加工资被老板看作一种挑衅行为。

从语义关系上看,主语多数是受事,但也有类似时间、处所、工具、材料的成分,甚至有相当于施事的。

2. "被"字的后置成分("被"字的宾语)

一般来说,"被"字的后置成分是施事,即动作的发出者。但,实际上,不少"被"字的宾语也可以是其他语义成分。如:

这孩子被一种莫名其妙的激动和期望促动着。

小王被雪滑倒了。

他被钉子划破了手指。

他们被黄河的波涛吸引住了。

孩子被突如其来的打击惊呆了。

他们被划船吸引走了。

　　从词语的构成看,"被"的后置成分主要是名词、代词、名词性词语,但,也有是动词、形容词或谓词性词语的。

　　3. 谓语部分

　　进入"被"字句谓语部分的动词比"把"字句宽泛些,像部分心理动词、认知动词等也可以进入"被"字句的谓语部分。如:

　　　　小李被小王喜欢上了。

　　　　他的意图竟被我们感觉到了。

　　　　他的行踪被特务知道了。

　　但也不是所有的心理认知动词都能进入"被"字句充当述语,如"怕"、"希望"、"害怕"、"主张"、"觉得"等就不能进入。综合起来看,不能进入"被"字句的动词有:

　　　　关系动词:是、有、没有、像、姓、等于、属于、意味着等;

　　　　助动词:能、会、可以、应、应该等;

　　　　趋向动词:来、起来、出、进来、上来等;

　　　　部分心理认知动词:懂得、怕、生怕、后悔、小心、妄想等;

　　　　不及物动词:生活、劳动、前进、死、旅行、病、落、出现、消失、发生等;

　　　　非动作性的及物动词:敢于、勇于、从事、懒得、免得、乐得、乐于、生于、加以、给予、给以、适合、符合、备有、依从、遭受、遭、予以等。

　　能进入"被"字句谓语部分的动词一般不能是简单形式。少数双音节动词则可以,如:

　　　　他们没有被土匪收买。

　　　　孩子们定会被感动。

　　　　风浪中行船的人随时会被风浪吞噬。

　　一般来说,"被"字句的谓语部分应是复杂的动词性短语,如:

　　　　病人被他们不负责任地往地上一丢。(前有状语)

　　　　他被老板看中了。(后有动态助词)

　　　　他被打伤了。(后有补语和动态助词)

　　　　小王被骂了一顿。(后有动态助词和补语)

　　　　地里被种上了粮食。(后有宾语)

　　　　孩子被老师喊走了一个。(后有补语、动态助词、宾语)

　　"被"字句的动词也可以再带宾语,条件跟"把"字句的动词再带宾语大致相同。

　　跟"把"字句一样,助动词、否定词一般得在"被"字的前面。

　　(三)"被"字句的作用

　　"把"字句有"处置"的意义,"被"字句相对地可以说具有"被处置"的意义,即主语所表示的人或事物在意念上是受动者,被谓语动词代表的动作所处置,处置行为来源于"被"字的后置成分,处置的后果使得主语事物有了某种变化、产生某种结果、处于某种状态、有了某种经历,谓语部分的复杂性就是要体现这些处置的后果。主语的这种被处置性对主语来说往往是不如意或不企望的,如:

　　　　小王被人打伤了。

　　　　小王被蛇咬了一口。

　　　　小王被偷了一百元钱。

　　　　小王被雪滑倒了。

　　　　小王被骗了。

　　有的"被"字句表示的不如意、不企望的意思不是针对主语的,有针对说话者的,或针对某种关系的,还有无法明指的。如:

　　　　好苗子都被北京、上海的运动队挑走了。(对说话者来说是不如意的)

　　　　我们教室的玻璃被风刮掉了。(对说话者来说是不如意的)

　　　　钱被偷走了。(对钱的所属者来说是不如意的)

　　　　本台消息,本市许多道路被洪水冲垮。(无法明说对谁是不如意的,但事件本身确实不如人意)

　　表示"不如意"的"被"字句是多数,也有少数句子是中性的,甚至带有如意、高兴的色彩。如:

　　　　小王被调走了。(中性的)

　　　　小王被吸收入党了。(愉快的)

　　　　小王被小李爱上了。(难说愉快不愉快)

　　　　孩子被逗乐了。(愉快的)

　　　　猴子被耍了一顿。(难说愉快不愉快)

　　　　他被人从洪水中救了上来。(愉快的、如意的)

　　下列一些没有明显状态变化的"被"字句也很难说是如意的还是不如意的:

快餐逐渐被中国人喜爱。

这样的作品很难被人理解和欣赏。

新人民币正在被流通。

这本书被重印了。

这个"地"常被写成"的"。

可见,现代汉语中多数"被"字句有不如意、不愉快的感情色彩;但,中性的或表示如意的、愉快的"被"字句在现代汉语中也是存在的。

跟"把"字句一样,"被"字句的信息焦点一般也在句末。

五、连动句

现代汉语中,有些句子的谓语部分是相当复杂的,谓语可以连用多个动词或动词性短语。谓语部分连用动词或动词性短语的格式主要可以分为连动句和兼语句两类。

(一) 什么是连动句

由连动短语做谓语构成的句子(包括由连动短语构成的非主谓句)叫连动句。如:

小王‖打开门放出了那几个孩子。

马上乘车来见我!

第一句是连动短语作谓语的主谓句,第二句是由连动短语构成的非主谓句。连动短语是由两个或两个以上的动词或动词性短语连用的短语,如"打开门放出了那几个孩子"由"打开门"和"放出那几个孩子"两个动词性短语连用构成,"马上乘车来见我"由"马上乘车"、"来"、"见我"三个动词或动词性短语连用构成。连动短语是谓词性短语,但连动短语并不是总做谓语,连动短语还可以做其他句法成分,如"上街买菜"是连动短语,这个连动短语,可以在句子中做定语、主语、宾语等句法成分:

上街买菜的居民都要穿过这条马路。

上街买菜是男人们最头疼的事儿。

老王最不愿意上街买菜。

动词或动词性短语连用也不一定是连动短语。在现代汉语句法结构中,动词或动词性短语连用现象很多,除连动短语、兼语短语外,还有其他一些,如:

　　边吃边谈　打球跳绳做游戏　（联合短语）

　　走了过去　爬起来　（述补短语）

　　喜欢打球　同意去　（述宾短语）

　　拼命地挣扎　说说笑笑地散步　（偏正短语）

可见,动词和动词性短语连用是否是连动短语还要有一定的限制,这些限制就是连动短语的特点。

（二）连动句的特点

（1）连用的动词或动词性短语共用一个主语,或者说每个动词结构都可以和同一个主语分别构成主谓短语。如:

　　你马上乘车来见我（你马上乘车＋你来＋你见我）

"你叫小王来"是"你叫小王＋小王来"的意思,"他同意我去"是"他同意＋我去"的意思。所以这两个句子不是连动句。

（2）连用的动词或动词性短语之间不能有语音停顿,书面上不能有逗号隔开,如"小王出了门,招手打了一个的,开往市委大院"就不是连动句,而是连贯复句,用顿号隔开的一般是联合短语,如"他在方家不停地扫地、舂米、劈柴"。

（3）连用的动词或动词性短语之间没有关联词语也没有分句间的逻辑关系,否则是紧缩句。如下句子都不是连动句:

　　他一来就开始干活。

　　他拿起帽子就往头上戴。

　　你有想法为什么不告诉大家呢?

（4）介词短语跟动词或动词性短语连用不是连动短语,因为介词已经虚化为虚词。

从构成部分的功能类看,连动短语除了指动词或动词性短语连用,也包括形容词或形容词性短语跟动词或动词性短语连用。如:

　　小王乘火车去北京看望老师。（动词性短语连用）

　　老张吃完饭走了。（动词性短语和动词连用）

　　小王听到这个消息很难过。（动词性短语和形容词性短语连用）

从构成部分的数量来看,连动短语的连用部分可以是两个、三个或更多,但无论几个连用的部分都属于同一层次。如:

　　小王去找小李了。（连用部分是两个:去、找小李）

小王去打电话找小李。（连用部分是三个：去、打电话、找小李）

小王回来拿电话簿去打电话找小李。（连用的部分是五个：回来、拿电话簿、去、打电话、找小李）

"小王回来拿电话簿去打电话找小李"作层次分析时是这样切分的：

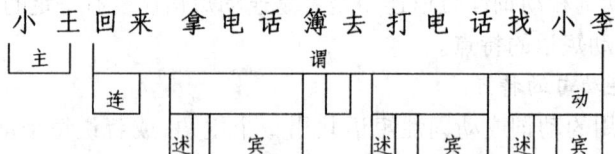

（三）连动句的语义关系

连动句的语义关系分析包括两个内容，一是主语跟连动短语之间的语义关系，一是连用动词或动词性短语之间的语义关系。

主语跟连动短语之间的语义关系较为简单，一是施事跟动作的关系，即主语是各连用动词或动词性短语的施事。如：

孩子们吃完饭去做游戏了。

他端着机枪冲入敌军阵地。

另一是受事跟动作的关系，即主语是各连用动词或动词性短语的受事。如：

论文已经写好寄给编辑部了。

房子被炮弹击中炸毁了。

布料被裁掉做成衣服了。

一般来说，主语或者是施事，就是每一个动词或动词性短语的施事，或者是每一个动词或动词性短语的受事。少数句子的主语是一个动词或动词性短语的施事又同时是另一个连用的动词或动词性短语的受事，如：

他端着机枪冲入敌军阵地被打死了。

他参加抗洪抢险累死了。

他爬起来又被打倒了。

他被人拉去喝酒了。

连用的动词或动词性短语之间存在着一定的语义联系。如果连用动词或动词性短语限于两个并分别记为 Vp1 和 Vp2 的话，则 Vp1 和 Vp2 之间有如下语义关系：

(1) Vp1 和 Vp2 之间有动作的先后关系,即 Vp1 和 Vp2 表示的动作或事件在时间上有先有后、互相衔接、连续发生。如:

　　　　他跑过来(Vp1)跟我说话(Vp2)。

　　　　小王去菜市场(Vp1)买了不少菜(Vp2)。

(2) Vp1 说明 Vp2 的动作方式,Vp1 后往往有"着"。如:

　　　　他站着(Vp1)跟我说了一会儿话(Vp2)。

　　　　他每天顶着烈日(Vp1)值勤(Vp2)。

　　　　他每天乘地铁(Vp1)上班(Vp2)。

(3) Vp1 和 Vp2 表示动作跟目的的关系,Vp1 表示动作,Vp2 是该动作的目的。如:

　　　　我出去(Vp1)打电话(Vp2)。

　　　　孩子们去浦东(Vp1)参观浦东国际机场(Vp2)。

也有目的在前,动作在后的。如:

　　　　你问问你妈妈(Vp1)去(Vp2)!

　　　　我看看老张(Vp1)去(Vp2)。

(4) Vp1 和 Vp2 表示动作或事件之间有因果关系,一般是 Vp1 表示原因,Vp2 表示结果。如:

　　　　小王病了(Vp1)躺在床上(Vp2)。

　　　　小王熬夜(Vp1)熬红了眼(Vp2)。

也有结果在前,原因在后的。如:

　　　　我得赶回去(Vp1)办这件事(Vp2)。

(5) Vp1 和 Vp2 表示互补关系,两者互相补充、互相说明。如:

　　　　他一直站着(Vp1)不动(Vp2)。

　　　　小王闭着嘴(Vp1)一句话也不说(Vp2)。

(6) "有"字型连动句,"有＋Np"往往表示条件、能力和动作的关系。如:

　　　　小王有能力做好这件事。

　　　　小张有资格申请这个岗位。

　　　　他没有钱买大房子。

（四）连动句的作用

连动句在谓语部分连用两个或两个以上的动词或动词性短语,并共一个主语,删除了一些成分,且没有停顿,因而跟非连动句相比,连动句显得简洁、精炼、经济、连贯。

六、兼语句

（一）什么是兼语句

兼语句是兼语短语做谓语的句子(包括由兼语短语构成的非主谓句)。如:

　　　　我们‖派小王去灾区。

　　　　别让他进来!

"我们派小王去灾区"是个主谓句,兼语短语"派小王去"是这个句子的谓语;"别让他进来"是个非主谓句,这个非主谓句是由兼语短语构成的。

（二）兼语句的结构特点

一般认为兼语短语是一个述宾短语和一个主谓短语套在一起构成的短语,其中述宾短语的宾语兼主谓短语的主语,即兼语短语里存在一个宾语兼主语的成分,这个成分就是"兼语"。如"派小王去"这个兼语短语就是由述宾短语"派小王"和主谓短语"小王去"套合而成的,其中"小王"就是宾语兼主语的"兼语";再如:请他来——请他(述宾短语)＋他来(主谓短语)、动员青年上前线——动员青年(述宾短语)＋青年上前线(主谓短语)。可见,兼语短语一般由三个部分组成:动词性词语(Vp1)＋名词性词语(Np)＋动词性词语(Vp2),其中名词性词语是第一个动词性词语的宾语,同时又是第二个动词性词语的主语,即:(Vp1＋Np)＋(Np＋Vp2)——Vp1＋Np＋Vp2。反过来看,一个兼语短语"Vp1＋Np＋Vp2"要能分解出分解式"(Vp1＋Np)＋(Np＋Vp2)"来。这是兼语短语区别于其他短语在形式的主要标志。由此,可以把兼语句和其他类型的句子区别开。下列几类句子就不是兼语句:

(1) 名词性宾语后面有停顿。如:

　　　　周围是农田,种满了各色庄稼。

　　　　我们也请了小王,就是那个电台里刚刚表扬的小伙子。

　　　　老人又再三叮嘱我,一定要在桥上等着。

这些有停顿的句子都是复句。

（2）"老王垂着头想着他自己的心思"、"他拉住我说个不停"等是连动句。连动句谓语的每个动词性词语都跟同一主语发生主谓关系,而兼语句的第二个动词(Vp2)的主语是第一个动词的宾语,跟第一个动词的主语不同。如果两个动词既能共用一个主语,第二个动词又能以第一个动词的宾语为主语,则是连动兼语融合句,如:指导员带领战士们冲了上来——指导员带领战士们＋战士们冲了上来＋指导员冲了上来,我请小王吃饭——我请小王＋小王吃饭＋我吃饭。

（3）主谓短语作宾语句跟兼语句不同。比较:

　　　我们派小王去。

　　　我们知道小王去。

"我们知道小王去"是主谓短语作宾语句,可以在第一个动词"知道"后停顿并可以插入状语,如:我们知道小王去——"我们知道,小王去"或者"我们知道明天小王去"。而"我们派小王去"是兼语句,不能在第一个动词"派"后停顿并插入状语,只能在名词性词语"小王"后停顿并插入状语,如:我们派小王去——我们派小王明天去。两种句子对动词成分的提问形式不同,"我们知道小王去"可以用"什么"提问:你们知道什么? "我们派小王去"不能用"什么"提问:＊你们派什么? 做宾语的主谓短语可以提到句首:小王去我们知道。兼语句不能这样移位:＊小王去我们派。兼语句的第一个动词往往是具有使令意义的动词,带主谓短语做宾语的动词一般是认知、感知意义的动词。当然,主谓短语做宾语句跟兼语句的结构层次更加不同:

（4）兼语句和双宾语句不同,双宾语句的两个宾语之间不存在任何结构关系,如"我送图书馆一批书"中"图书馆"跟"一批书"之间没有结构关系。问题是称呼动词有两种句法形式,一种是"我们称他老黄牛","他"和"老黄牛"之间隐含判断关系,如果这种隐含的判断关系显现化,则是另一种句法形式"我们称他为老黄牛"。从形式着眼,可以把前一种句法形式看作双宾语句,把后一种句法形式看作兼语句。再如:

　　　大伙儿称老王老板—大伙儿称老王是老板。

　　　　我们叫小陈经理——我们叫小陈为经理。

　　（5）"介词＋宾语＋Vp"不是兼语短语。有些论著有所谓"被"字兼语句、"把"字兼语句、"在"字兼语句，这会使大量句式重合，介词已经虚化，不宜看作兼语短语的第一个动词。

　　（6）"骂死我也不回家。""你打死我也要嫁给他。""赶他也不走。""撞伤我不能就这么算了。"这类句子虽然也是"Vp1＋Np＋Vp2"排列序列，但隐含条件、假设关系，因而是紧缩句，不是兼语句。

　　兼语句的兼语一般认为是宾语兼主语，实际上，兼语更像一个语义成分，说兼语是一个受事兼施事的成分也许更合理些，即"兼语"兼第一个动词性词语的受事和第二个动词性词语的施事(广义的)。

　（三）兼语句的类型

　　依据兼语句第一个动词（Vp1）的语义特征可以把兼语句分为如下几类。

　　1. "使令"类兼语句

　　Vp1 是表示"使令"意义的兼语句，这是典型的兼语句，也占兼语句中的大多数。这些表示使令意义的动词有的只有使令意义，如"使"、"让"，至于使意义的产生从动词本身无法看出，所以这类兼语句的主语多数是个事件，即使是个名词性词语即指称，也隐含了陈述。如：

　　　　大雨使小王迟到了。（下大雨使小王迟到了。）
　　　　几天的暴晒使瓜苗全打蔫了。（暴晒几天使瓜苗全打蔫了。）
　　　　才学习三天就让大家全清醒了。
　　　　谦虚使人进步，骄傲让人落后。
　　　　干旱使农村变得很穷。

　　"催"、"逼"、"促使"、"强迫"、"求"、"派"、"号召"、"动员"、"带领"等动词有具体的词汇意义，这具体的词汇意义使得使令意义产生。除"催逼"义动词外，动词的主语都是施事，"催"、"逼"、"逼迫"、"强制"、"促使"、"强迫"等动词的主语可以是施事，也可以是具有陈述性的事件，如：

　　　　这件事促使我勤奋学习。（小王促使我勤奋学习。）
　　　　他一贯好吃懒做，逼迫小芳离开他。（他逼迫小芳离开他。）
　　　　刮大风逼着他回家。（我们逼着他回家。）
　　　　这件事强迫他交出权力。（大伙儿强迫他交出权力。）

"催逼"义、"派遣"义、"请求"义、"嘱托"义、"培养"义、"鼓动"义等类动词可以构成一般述宾短语,也可以构成兼语短语,但不能构成兼语连动融合句。如:

> 你催一下小王。 你催小王快去。
> 我们班派小王。 我们班派小王出场。
> 我们请王老师。 我们请王老师讲课。
> 他嘱咐我一次了。 他嘱咐我看好门。
> 我们培养了不少好学生。 我们要培养这些学生做学生会干部。
> 我们发动了不少群众。 我们发动群众跟犯罪分子作斗争。

具有"带领"、"陪同"义的动词往往构成兼语、连动融合句。如:

> 明天我陪您去参观我们工厂。
> 指导员率领战士们冲入敌军阵地。

2."喜怒"类兼语句

Vp1 表示"喜怒"义的兼语句中的 Vp2 表示的是 Vp1"喜怒"的原因(实质上"使令"类兼语句也隐含原因跟结果的关系:致使原因和致使结果,"我们派他去"中,"我们派他"是原因,"他去"是结果),如"我喜欢他诚实"即是"我喜欢他,因为他诚实"或"因为他诚实,所以我喜欢他","他老实"是原因,"我喜欢他"是结果。这种因果关系也是这类兼语句跟主谓短语做宾语的句子的区别所在,"我知道他老实"是主谓短语做宾语的句子,"知道"跟"他老实"之间没有因果关系。

表示"喜怒"义的动词有"羡慕"、"厌恶"、"佩服"、"埋怨"、"钦佩"、"爱"、"斥责"、"恨"、"感谢"、"责备"等,由它们构成的兼语句如:

> 爸爸埋怨儿子学习成绩不好。
> 我们都羡慕小李取得了第一名。
> 老王责备小张来迟了。

3."称呼"类兼语句

"称呼"、"称"、"叫"、"认"、"追认"、"封"等称呼动词,可以做双宾语动词,如:"司令封他一个旅长。""大伙儿称他老黄牛。"但在这些句子里,两个宾语之间实际上隐含了判断关系,如"他是旅长"、"他为老黄牛"。如果这种判断关系显化,就可以看作兼语句,称呼动词后面的名词或代词是兼语。如:

> 司令封他做个旅长。

大伙儿称他为老黄牛。

人民政府追认李望同志为革命烈士。

4. "有无"类兼语句

"有"、"没有"、"无"等动词后面若跟表示人或动物类名词或代词,并且名词或代词有谓词性后续成分时,这类"有"、"无"义动词句可以看作兼语句。如:

小王有个亲戚在深圳打工。

我们公司没有人喜欢她。

这间房子暂时无人居住。

如果第二个动词是表示关系意义的"叫","有无"后的名词是事物名词时,也可以看作兼语句。如:

我们乡有个村子叫高李村。

5. 下列句子也可以看作兼语句:

他给了我一件新大衣穿。

公司租给我一间单身公寓住。

他倒给我一杯茶喝。

你拿本书我读吧。

这类句子的第一个动词一般是具有"交给"意义的动词,如"给"、"送"、"租"、"拿"、"倒给"等,这些动词一般可以带双宾语,如:"他给了我一件新大衣。""公司租给我一间单身公寓。""他倒给我一杯茶。"当直接宾语后再加一个动词时,就成了上面举的句子,增加的这个动词在语义上是原双宾语的间接宾语发出的动作,也就是说第二个动词跟间接宾语构成主谓关系或施事与动作的关系。"你倒杯茶给我喝"一句中由于"给"的作用使间接宾语后移,但语义关系还在,因而也被看作同类的兼语句;"你拿本书我读吧。"实际上可以看作省略"给"字的兼语句。这类兼语句有人称为"V 给"兼语句。

（四）兼语句的层次分析

兼语短语"Vp1＋Np＋Vp2"不处在同一层次上,直接成分关系应当是"(Vp1＋Np)|＋Vp2",这种层次关系若用图解法(从大到小)可以表示为:

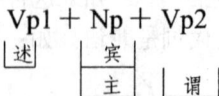

Vp1 ＋ Np ＋ Vp2
述　　宾
　　主　　谓

第七节 句式

实例如：

大风使孩子们都回了家。

七、存现句

(一) 什么是存现句

存现句是叙述或说明某处或某时存在、出现、消失某些人或事物的句子。如：

桌子上放着几本新书。（表示某处存在某物）
教室里还有不少学生。（表示某处存在某人）
马路上走来了一队巡逻兵。（表示某处出现某人）
昨天来了三位客人。（表示某时出现某人）
监狱里逃走了几个犯人。（表示某处消失某人）
今年又少了几个长工。（表示某时消失某人）

这些句子基本上可以分为三个部分，前段(记为 A)是处所或时间，中段(记为 B)是表示存在、出现、消失意义的动词性词语(有时可以没有动词性词语)，后段(记为 C)是存在、出现、消失的人或事物。可见，存现句的基本结构类型是"处所/时间词语＋动词性词语＋名词性词语"，即"前段＋中段＋后段"或"A＋B＋C"。

存现句表示"存现"意义，但表示存现的句子并不一定都是存现句，表示存现的句子是否是存现句，还必须看它是否具有存现结构的特点。像"小王在上海"虽然表示存在，但不符合存现句结构的要求，不是存现句；像"在地毯上堆着许多衣物"由于处所前有介词，不能做主语，所以不是存现句，是一种非主谓句。

（二）存现句的类型

存现句按句式意义和相关形式特点的不同（谓语动词的情状类型不同）一般分为三类：

(1) 表示存在的存现句，即存在句。如：

院子里种着几种名贵花木。

山下是一片草地。

口袋里只有几块钱了。

广场上一群一群的游人。

(2) 表示出现的存现句，即出现句。如：

她眼睛里立即闪现出了一片绿洲。

星期天来了几位老同学。

村里改变了面貌。

(3) 表示消失的存现句，即消失句。如：

我们班又转走了一位同学。

教室里少了几把椅子。

前天烧掉了一批走私香烟。

表示出现和消失的存现句一般合称隐现句。

（三）存在句的类型和结构特点

存在句按照谓语(中段/B段)的特点可以分为如下几个小类。

1. "V 着"句

这类存在句谓语动词后面带有动态助词"着"，动词带上"着"以后表示一种静态存在状态，有人叫静态存在句。"V 着"表示人或事物持续存在的情状，如"站着"、"睡着"、"趴着"、"刻着"、"铺着"、"印着"等，"V 着"句的前段即主语是处所词语或时间词语，包括方位名词、处所名词、时间名词及其短语，后段一般由名词性短语充当，多数是定心短语，往往带数量词，表示不定指。如：

衣服上绣着一朵牡丹花。

柱子上雕刻着许多小动物。

地上都铺着红地毯。

"V 着"存在句一般可以变换为"Np＋V＋在＋L"句。如：

衣服上绣着一朵牡丹花。——一朵牡丹花绣在衣服上。

柱子上雕刻着许多小动物。——许多小动物雕刻在柱子上。

地上都铺着红地毯。——红地毯铺在地上。

有的"处所词语＋V着＋名词性词语"句中的"V着"不是表示静态的存在状态,而是动作正在进行。如:

蓝天上飞着几只云雀。

马路上正奔驰着一辆豪华轿车。

水面上漂动着几条小船。

外面正下着鹅毛大雪。

这类句子跟静态"V着"存在句结构形式一样,可以看作是存在句,但"V着"本身的语法意义不同,表示动作正在进行,有的还带有"正、正在"等表示进行意义的副词,因而这类句子如果看作存在句,为区别前面的"V着"句,可叫动态存在句,即进行体动态存在句。

2."V过"句

这类存在句表示某处曾经存在过某人或某事物,跟"V着"句不同的是,一是在意义上,"V着"表示存在的情状,说话时存在的情状还在,而"V过"句是表示曾经有过某种存在的情状,二是中段不同,"V过"句动词后带动态助词"过"。如:

窗户上晒过咸鱼。

这根绳子曾经晾过孩子们的衣服。

他身上长过许多痱子。

3."V了"句

"V了"有时也表示存在的状态,可以构成静态存在句,此时"了"可以换为"着",但此时"了"的"完成"义已经不明显,主要体现出"状态"义。如:

车站里挤了一大群人。(车站里挤着一大群人。)

绳子上挂了几件衣服。(绳子上挂着几件衣服。)

山脚下挖了一个个掩体。(山脚下挖着一个个掩体。)

如果,"了"不能换为"着"的,则不是静态存在句,如:他的头上撞了一个大包——＊他的头上撞着一个大包。这类存在句是完成体动态存在句,如:

长江江阴段最近架了一座长江大桥。

房子后面近来又栽了几棵大树。

门前已经挖了一方水塘。

4."有"、"是"句

存在句的中段动词可以是"有"、"是","有"、"是"是关系动词,在存在句里"有"、"是"表示一种存在关系。不过,比较起来看,"有"字存在句依然具有领有关系,"山下有一片小树林",表示领有,有小树林,也可以有其他,而"山下是一片小树林",表示判断,除了小树林,没有别的。"有"、"是"存在句还如:

黑板上有一个通知。

村子里有一所小学。

山顶上是一座小水库。

原野上是满眼的麦地。

5.名词性谓语句

有的存在句没有中段,后段是名词性词语直接做谓语,名词性的谓语一般是偏正短语,多数带数量词。如:

远处一片神奇的绿洲。

屋外满天的晚霞。

村外一片繁忙的景象。

田野里阵阵欢笑声。

村东头一间间破瓦房。

这类名词谓语句式的存在句,往往可以在主语和谓语之间加上"是"、"有"、"V着",如:"远处是一片神奇的绿洲。""村外是一片繁忙的景象。""村东头有一间间破瓦房。""后院种着一棵棵的大枣树。"但名词性谓语句式的存在句在表述类型上有别于前几种,这类句子的作用不在叙述、判断、说明,而在描写,尤其可以用于文学作品的场景描写,如"马路两旁一排排笔直高大的白杨树,树上满眼的绿色,树下斑驳陆离的阴影;远处一块块丰收在望的稻田,一簇簇劳作的人影,一阵阵劳动的号子……啊,原野里一派早秋的喜人景色。"若换成"有"字句或"是"字句则主要成了叙述或说明。

(四)隐现句的类型和结构特点

隐现句是出现句和消失句的合称。出现句是表示某处或某时出现某人或某事物的句子,消失句是表示某处或某时消失了某人或某事物。

1.出现句

出现句的前段主要是表示处所的词语,以方位词或方位短语为多,也有表处所的名词、名词性短语或代词;相对于存在句来说,出现句前段是时间词语的情况多了些。如:

> 他的脸上露出了幸福的微笑。
>
> 外面已经摆上了酒席。
>
> 邻居家来了一些警察。
>
> 午夜响起了雷声。
>
> 小王家昨天来了几位客人。

以上最后一个例子的前段既有处所词语,又有时间词语。从句法分析看,处所词语是主语,时间词语是状语。

出现句的谓语动词从意义上讲必须有"出现"义,如"出现"、"露"、"闪现"、"来"等,从形式上讲,动词后面一般要带"了","了"表示出现新情况,或者中段是述补短语,补语往往是"出"、"起"、"进"、"来"等趋向动词或者带"来"的复合趋向动词。如:

> 窗外下起了大雨。
>
> 哨所正面出现了敌人的身影。
>
> 我们班转来了一位新同学。
>
> 蓄水池里流进了不少污水。
>
> 马路两旁不时闪现出一枝枝鲜艳的大红花来。

出现句的后段一般是名词性短语,往往带数量词作定语,一般是非有定的事物,也可以是单个的名词。如:

> 天空中飞来了一群大雁。
>
> 眼前露出了一丝光亮。
>
> 手上流出了鲜血。

2. 消失句

表示某处或某时消失了某人或某事物的消失句的前段和后段跟出现句没什么不同,中段谓语动词不同,首先不同在意义上,消失句的动词是表示"消失"意义的,如"走"、"丢"、"掉"、"逃"、"少"、"死"等,动词后面一般带"了",或者动词后带"丢"、"掉"、"走"、"下"、"去"等做补语。如:

> 今天又病死了一只鸡。
>
> 班里少了一个同学。

公司里调走了几名员工。

山上掉下去几块大石头。

书里撕下了几幅插图。

（五）存现句的句法分析和语义分析

存现句的句首处所词语或时间词语在句子中做主语，存现句的后段是宾语，存现句可分析为"主语＋谓语(述语＋宾语)"。从意义上讲，存现句句首的处所或时间词语不是表示动作发生的处所和时间，而是事物存在、出现、消失的处所或时间，存现句主要是静态意义的句子，所以，句首词语是谓语陈述的对象，体现了一定的事物性。下列句子中，句首词语也只能处理为主语，不能处理为状语：

门外漆黑得很，没有什么活着的东西，只停着一辆黄包车，蹲着一个老年车夫。

屋子里就放着一张单人床、一张书桌、一把椅子，还有一个书架，空荡荡的。

这个房间是孩子的卧室，住着他们的小儿子。

原野上静极了，偶然传来几声乌鸦的叫声，也令人毛骨悚然。

小棚里堆放着许多农具和刚收下的粮食，是他们家的仓库，不是住人的地方。

这些句子是由两个以上的分句构成的复句，其中有的分句是判断句，并跟存现句并列，判断句的主语是处所词语，而这个处所词语又同时是存现句的前段，这个前段词语既然是与存现句并列的判断句的主语，当然也应该是存现句的主语；另外有的分句是描写句，并跟存现句并列，形容词性词语对处所词语进行描写，处所词语是描写句的主语，又是存现句的前段，这个前段词语即处所词语当然也只能分析为主语了。像存现句、描写句、判断句有时一起并列，处所词语是描写句和判断句的主语，也只能是存现句的主语，如：

书房里摆放着电脑、书架，挂着名人字画，十分清静雅致，真是个读书的好地方。

像这个句子"书房里"是前两个存现分句的前段，又是第三个描写分句和第四个判断分句的主语，所以，作为存现句前段的"书房里"不能不分析为主语。

可见,存现句的前段是主语,中段和后段是谓语,谓语是述宾短语,中段是述语,后段是宾语。存现句是主谓句,下列句子不是存现句:

在树下面坐着一群庄稼人。

靠南墙有一张木椅。

在斜对门的豆腐店里确乎终日坐着一个杨二嫂。

从山脚下突然钻出了五个人来。

介词短语不能做主语,所以也不能做存现句的主语,介词短语在这些句子里都是状语,这些句子都是非主谓句。

从语义关系上看,存现句的后段即宾语,可以是施事,但也不限于施事,如:

门前站着一个人。(后段是施事)

桌子上放着一碗水。(后段是受事)

黑板上写着几行大字。(后段是结果)

村里有个小庙。(后段非施非受)

山脚下是一片农田。(后段非施非受)

可见,后段作为存现句中的宾语在语义关系上也是多样的。它们在存现句里只是存在、出现、消失的人或事物,并不体现施事或受事性。

从语义上看,前段是后段事物存在、出现、消失的处所或时间(主要是处所)。作为处所,在三种存现句中的语义性质并不一样,存在句的处所是事物存在的场所,体现的是空间性,可以添加介词“在”或变换为“V 在”句,而不能添加“从”,如:台上坐着主席团—在台上坐着主席团—主席团坐在台上—*从台上坐着主席团;隐现句的处所是事物出现的终点位置或事物消失的起点位置,可以添加介词“从”或动词后有“出”、“起”、“来”、“去”等趋向动词或变换为“V 到”句,一般不能添加“在”(尤其消失句不能添加“在”,出现句有的可以),如:草丛里跳出了一只蚂蚱—从草丛里跳出一只蚂蚱—草丛里跳出了一只蚂蚱;他们家来了一位客人——一位客人来到了他们家—*在他们家来了一位客人;教室里走了几个同学—从教室里走了几个同学—*在教室里走了几个同学。

中段的动词即述语表示事物存在、出现、消失的方式。比较“墙上挂着一幅画”、“墙上有一幅画”、“墙上是一幅画”、“墙上一幅画”四种表达方式,虽然都是存在句,但只有第一句即“V 着”句表明了存在的方式。

八、可逆句

（一）什么是可逆句

存现句中有一部分句子主语和宾语可互换位置,如:

　　手心贴着膏药—膏药贴着手心
　　仓库钻出了老鼠—老鼠钻出了仓库
　　大地笼罩着薄雾—薄雾笼罩着大地
　　监狱逃出了一个犯人——一个犯人逃出了监狱

　　另外"一锅饭吃 30 个同学"也可以说成"30 个同学吃一锅饭","一间房子住 5 个人"也可以说成"5 个人住一间房子"。

　　这种主语和宾语可以互换位置而基本语义关系不变的句子叫可逆句或主宾可互易句。可逆句严格地说不能算作一种"句式",可逆句是从动态的角度来看待句子的。不过,可逆句在句法、语义、语用上都很有特色,不妨在句式中给予介绍。

　　需要说明的是可逆句好像是句式的变换,但还是有所不同的,如"台上坐着主席团"可以变换为"主席团坐在台上",变换也是词语或成分的位置移动的,但是变换式跟原式只是主要词语相同,次要的词语如虚词可以不同,如上句"V 着"成了"V 在",再如以下一般也被认为是有变换关系的句子:

　　我们打败了对方—我们把对方打败了—对方被我们打败了
　　我送给小王一本书—我送一本书给小王

　　这两组句子是具有变换关系,变换后基本语义关系不变,但第一组添加了虚词,第二组使用了插入法,改变了语言单位;另外这些变换易位的成分不一定是成分位置的可逆性易位。

　　从成分的可逆性易位看,可逆句应该不限于主宾可互易句,如下句子也是可逆句:

　　国庆节是 10 月 1 号—10 月 1 号是国庆节
　　我国的首都是北京—北京是我国的首都
　　五毛一斤——斤五毛
　　12 个一打——打 12 个

　　基本语义关系的改变不是可逆句,如:我们打败了对手—对手打败了我们。倒装也不是可逆句,如:"你来了。"—"来了,你。"

(二)可逆句的种类

可逆句的可互易成分一般围绕一个核心互易,按核心的情况可以把可逆句分为如下几类来叙述。

1. "供用"义可逆句

表达某些物品、器具、食物、材料等可以供多少消费者、使用者、占有者消费、使用、占有的句子可叫供用句,供用句的主语宾语可以互易。如:

> 一辆车坐 30 个人。—30 个人坐一辆车。
>
> 一锅饭吃 10 个人。—10 个人吃一锅饭。
>
> 一根桩拴 5 匹马。—5 匹马拴一根桩。
>
> 两室一厅住两家。—两家住两室一厅。
>
> 两米布裁了一件西装。——件西装裁了两米布。

供用句的主语和宾语多是数量名结构,且主语中的数词一般是"一"。不过,主语中的数词也可以不是"一",还可以只是数量词而没有名词。同时,主语还可以没有数量词:

> 这间房子住三个人。—三个人住这间房子。
>
> 人住里屋,东西放客厅。—里屋住人,客厅放东西。
>
> 左边挂挂历。—挂历挂左边。

供用句是说明某物、食品、材料可以供消费、使用占有的数量,所以供用句实际上主要表示一种数量关系,动词只是供用的方式,因而有数量词的句子可以把动词去掉,如:

> 一辆车 30 个人。—30 个人一辆车。
>
> 一锅饭 10 个人。—10 个人一锅饭。
>
> 一根桩 5 匹马。—5 匹马一根桩。
>
> 两室一厅两家。—两家两室一厅。
>
> 两米布一件西装。——件西装两米布。

由于供用句表示的是一种供用能力,所以在动词前可以加助动词,如:一锅饭可以/能吃 10 个人—10 个人可以/能吃一锅饭;如果供用事实已经实现或成为过去,动词后还可以加"了"、"着"、"过"("着"表示状态)如:

> 一辆车坐着/了/过 30 个人。—30 个人坐着/了/过一辆车。

　　　　一锅饭吃了/过10个人。—10个人吃了/过一锅饭。

　　　　一根桩拴着/了/过5匹马。—5匹马拴着/了/过一根桩。

　　　　两室一厅住了/着/过两家。—两家住了/着/过两室一厅。

　　　　两米布裁了一件西装。——一件西装裁了两米布。

　　2. "存现"义可逆句

　　当存现句的主语不是方位短语时,不少存现句的主语和宾语是可互易的,这类句子按动词后附成分的情况可以分为两类:"V 着"类、"V·满/遍"类和"进/来"或"V 进/入/来/出"类。

　　"V 着"类例如下:

　　　　客厅弥漫着浓浓的烟味。—浓浓的烟味弥漫着客厅。

　　　　碧绿的田野笼罩着一层薄雾。——一层薄雾笼罩着碧绿的田野。

　　　　大楼四周环绕着高高低低的绿树。—高高低低的绿树环绕着大楼四周。

　　　　受伤的手臂裹着厚厚的绷带。—厚厚的绷带裹着受伤的手臂。

　　"V 着"类可逆句的"着"只能是表示状态的"着",作为存在句只能是静态存在句,动态存在句不可逆:天空飘动着几朵白云—＊几朵白云飘动着天空。能进入"V 着"可逆句的动词不多,主要是一些有"遮盖"义的动词;另外,静态存在句的主语多数是方位短语,但可逆句不能是方位短语,如:田野里弥漫着阵阵清香—＊阵阵清香弥漫着田野里;地上覆盖着一层厚厚的雪—＊一层厚厚的雪覆盖着地上。所以可逆存在句的主语要是表示处所的名词或名词短语。

　　"V·满/遍"类例句如下:

　　　　大海充满了一种神秘感。——一种神秘感充满了大海。

　　　　外滩挤满了游客。—游客挤满了外滩。

　　　　眼睛布满血丝。—血丝布满眼睛。

　　　　原野开遍了鲜花。—鲜花开遍了原野。

　　这类句子的处所词语也不能是方位短语,同时动词后要有"满/遍"做补语,否则不可逆,如:眼睛里布满血丝—＊血丝布满眼睛里;原野上开遍了鲜花—＊鲜花开遍了原野上;＊眼睛布血丝—＊血丝布眼睛。

　　"进/来"或"V 进/入/来/出"类如:

　　　　家里进水了。—水进家里了。

学校来客人了。—客人来学校了。

监狱里逃出了一个犯人。—一个犯人逃出了监狱。

3．"并合"或"烹调"义可逆句

具有使两种事物混合、合并义的动词和"烹调"类动词可以构成可逆句。如：

一斤漆配半斤汽油。—半斤汽油配一斤漆。

一份水泥拌两份沙子。—两份沙子拌一份水泥。

一份石灰和三份水。—三份水和一份石灰。

这类可逆句表示的是一种数量关系，即比例关系，动词也可以省去。如：

一斤漆半斤汽油。—半斤汽油一斤漆。

一份水泥两份沙子。—两份沙子一份水泥。

一份石灰三份水。—三份水一份石灰。

"烹调"类动词句如：

青椒炒鸡蛋。—鸡蛋炒青椒。

香菇炖豆腐。—豆腐炖香菇。

虾仁拌黄瓜。—黄瓜拌虾仁。

"熬"、"煮"、"煎"、"焖"等动词都可以构成这类可逆句，一般来说，这类句子的主语或宾语有一个是主料，另一个是配料；若要体现主料和配料的比例关系，则主语或宾语可以受数量词限制。如：

一个青椒炒两个鸡蛋。—两个鸡蛋炒一个青椒。

4．"是/等于/像"字句等可逆句

"是"字句、"等于"句、"像"字句都是表示两个事物的关系的。"是"字句是表示判断的，若表示的是等同判断，则可以构成可逆句。如：

北京是中国的首都。—中国的首都是北京。

10 月 1 号是国庆节。—国庆节是 10 月 1 号。

"等于"、"相同于"、"等同于"是表示等同关系的，可以构成可逆句。如：

二加三等于五。—五等于二加三。

$a+b-c$ 等同于 $a-c+b$。—$a-c+b$ 等同于 $a+b-c$。

"像"表示认同时，可以构成可逆句。如：

小王长得像小张。—小张长得像小王。

小芳像她妈妈。—她妈妈像小芳。

"换"、"兑换"、"兑"也表示一种等同关系,可以构成可逆句。如:

一美元换/兑换/兑8块多人民币。—8块多人民币换/兑换/兑一美元。

5. "对"、"朝"、"挨"、"靠"等加"着"的可逆句

"对"、"朝"、"挨"加"着"表示一种相向关系,可以构成可逆句。如:

校门对着车站。—车站对着校门。

邮局的正门朝着我们的宿舍。—我们的宿舍朝着邮局的正门。

小王挨着小李。—小李挨着小王。

6. 表纯粹计量关系的可逆句

表纯粹计量关系的关系句往往是数量词直接做谓语的句子,多数表示数量的换算,可以构成可逆关系。如:

一斤500克。—500克一斤。

一个月30天。—30天一个月。

三个人一组。—一组三个人。

一件大衣800元。—800元一件大衣。

(三) 可逆句的语义和语用

可逆句中的主语或宾语虽然对句中动词来说,可以看作施事、受事或处所、工具,但从整个句子语义来看,主要是表明某种关系,如数量关系(计量或换算)、比例关系、相向关系、等同关系、供用关系等,因而,不少可逆句可以将句中的动词省去,变成纯数量关系句,这也正是可逆句可以成分互易的主要原因,因为关系总是互相或相向的。

存现类的可逆句,也是无动作义的句式,动词只表示存在、出现、消失的状态或方式,整个句子是描写性的(动词或动词短语多数是状态性的),正是因为动作义的丧失,动词没有了支配能力和支配的方向性,增加了关系义,才使得成分可互易位置。

可逆句成分互易后的基本语义关系虽然不变,但句法关系变了,主语变宾语、宾语变主语,主语变谓语、谓语变主语。不过,成分互易位置后,变化最大的当属于语用方面,即主题变成了述题或述题的一部分,述题或述题的一部分变成了主题;信息结构也发生了变化,即已知信息成了新信息,新信息成了已知信息。如:

大地　笼罩着　薄雾。 —薄雾　笼罩着　大地。
　|　　　　|　　　　|　　　　|
主题　　述题的一部分　主题　　述题的一部分
已知信息　新信息的焦点　已知信息　新信息的焦点

同时,是否可逆如上所言还受到结构的限制,如有的要求主语、宾语是数量名结构,有的要求主语不能是方位短语。

思考题

1. 句型和句式都是着眼于句法结构对句子所作的分类,请举例说明句型和句式的区别和联系,并说明句式归纳的标准。

2. "把"字句和"被"字句一般都有相应的平行句型("主语＋动词＋宾语"句),那么,"把"字句和"被"字句跟其相应的平行句型在句法结构和语用价值等方面有哪些不同呢?

3. 连动句、兼语句、双宾语句等在进行层次切分时都会遇到一些困难,有人据此认为层次分析法不适合分析汉语的句子。对这一看法,你是怎么看待的? 对这些句子你认为应该如何进行层次分析?

4. 有学者认为"我拿了小王一本书"不能分析为双宾语句,因为"小王"跟"一本书"之间有领属关系。你是如何看待这一问题的?

第八节 句 类

一、句类概说

(一)句类的性质

句类有广义和狭义两种理解,广义的句类是句子类型的简称;狭义的句类专指句子的语气类型,句子语气类型是从句子语用平面给句子所作的重要分类。本节的句类专指句子的语气类型。

人们的语言交际总是有一定的语用目的的,这种语用目的就是句子的用途,如陈述一件事、询问一个问题、表示一个请求或命令、抒发一种感情,等等,句子的这种语用目的和用途是由句子的语气来反映的。语气是句子语用目的或表达用途的外在体现,语气又是通过语调或语气词等手段表现出来的。句类就是根据句子的语气对句子所作的分类。

句类不同于句型,语气是决定句类的因素,跟语气无关的因素都是非句类因素,像句子所表达的内容、句法成分的配置方式和多寡、语义关系的样式和语义成分的多少等都不影响句类的划分。像反问句虽然从内容上看,表达的是陈述句的内容,但从句类看依然是疑问句,而不是陈述句;像"屋里真冷啊!"可能含有暗示让人关窗户、开空调、生火等意图,表达某种祈使目的,但从语气上看依然是感叹句,而不是祈使句;像"我渴了。"可能含有暗示让人倒茶水、买饮料等意图,但从语气看,还是陈述句,而不是祈使句。

(二)句类种种

句子从语气角度看,一般分为陈述句、疑问句、祈使句、感叹句四类,分别表示陈述语气、疑问语气、祈使语气、感叹语气。如:

> 小王已经来了。——陈述句
>
> 小王来了吗?——疑问句
>
> 小王快来!——祈使句
>
> 小王来啦!——感叹句

表示招呼、应答的句子,不同于上述句类,可以称为呼应句,如:

> 小王!——唉!

本节主要介绍感叹句、祈使句、疑问句三种句类。

二、感 叹 句

(一)什么是感叹句

感叹句主要是表达感叹语气的。如:

> 太好啦!
>
> 多么幸福的生活啊!
>
> 真没劲!
>
> 孩子,可苦了你哪!

由感叹语气表达的句子是表情的句子,感叹句表达的感情是强烈的,也是多种多样的,如可以表达喜悦、赞赏、愤怒、悲伤、惊讶、醒悟、斥责、鄙视、无可奈何、意外、慨叹等等不同的感情。如:

> 好香的干菜啊!(赞叹)

　　　　大伙儿失去了一位多好的朋友啊！（慨叹）

　　　　哎呀，你可吓死我啦！（惊讶）

　　　　哟，怎么回事呀？（惊疑）

　　　　哎，小声点儿！（提醒）

　　　　噢，我明白了！（领悟）

　　　　嘿，过去的事就别提它了！（无可奈何）

　　　　唉，真的没有办法呐！（叹息）

　　　　哼，做梦！（鄙视）

　　　　呸，真不要脸！（斥责）

　　　　哈哈，你真行啊！（高兴）

　　由于感情的不同，感情的强烈程度也不同，因而表达方式也有差异，感叹词、感叹语气词、某些副词、某些句式都可以帮助表达不同的感情，语调更是主要的表达方式。一般来说，感叹句的语调是尾音拉长而下降，不过，表示斥责感情时也可以用高升调，表示惊讶或意外等时也可能用曲折调，所以感叹句的语调（句调）往往随感情的变化而有变化。

　　（二）感叹句的表达手段

　　感叹语气是感叹句的特点，但语气是内在的，配合感叹语气的表达起感叹作用的手段主要是语调，还有感叹词、感叹语气词、某些副词、某些句式及句式变化等，书面语中的感叹号也是一种提示感叹语气的方式，尽管有感叹号的句子不一定是感叹句。

　　1. 叹词句

　　不少感叹句是由叹词直接构成的叹词句，即叹词非主谓句。不过，叹词句往往作为始发句，要跟后续句组成句群。如：

　　　　呸！ 你不要血口喷人！

　　　　唉哟！ 疼死我了！

　　　　啊！ 我心中的绿洲，你在哪里啊？

　　有的叹词，只是独立语，用在句首。如：

　　　　哈哈，真是有意思得很！

　　　　呵，我的小白杨啊！

　　2. "天"、"妈"、"娘"、"上帝"等名词＋感叹语气词

　　"天"、"妈"、"娘"、"上帝"等名词往往和感叹语气词结合起来表示感叹，

这些名词已经失去实在的意思,成了纯粹的感叹语,作用同叹词。如:

> 天哪,这么大呀!
>
> 我的妈呀,你到底来了!
>
> 上帝啊,你睁开眼睛看看吧,这是个什么样的世道啊!

3. 句末带感叹语气词

句末带感叹语气词,这是常用的表达感叹语气的方式。如:

> 长城,我心中伟大的长城啊!
>
> 多么壮丽的河山呀!
>
> 这真是中国人民的骄傲哇!

4. 某些副词、代词跟语气词配合

副词"多么"、"多"、"好"、"真"、"太"、"可"以及"这么"、"怎样"、"什么"、"何等"等词语常和语气词配合表示感叹语气。如:

> 太了不起啦!
>
> 我是多么幸福,多么自豪,多么激动啊!
>
> 你可真有人缘哪!
>
> 好美丽的城市啊!
>
> 这是何等幸福的生活呀!

"好"还可以做定语表示感叹,"好一个"是专职表示感叹的。如:

> 好小伙子!
>
> 好一个武松!
>
> 好一张脸面!

"这么"、"怎样"、"什么"做定语也表示感叹语气。如:

> 这么大的蛋糕啊!
>
> 这是怎样的场面呀!
>
> 什么东西!

5. 口号、祝词

口号、祝词可以看作感叹句,一般没有语气词。如:

> 各族人民大团结万岁!
>
> 祝您生活幸福,万事如意!

6. 主谓倒装

有主语和谓语的感叹句往往采用倒装句的形式,来突出对谓语部分的感叹。如:

> 多么伟大啊,我们的时代的歌手!
>
> 太好啦,这项计划!

上述各类表达感叹语气的方式多可以综合运用。如:

> 啊,这是一项多么伟大的工程啊!
>
> 呸,你是什么东西呀! 也有资格来教训我!

(三) 感叹句的结构

感叹句是在快乐、激动、兴奋、惊讶、悲哀、愤怒、厌恶、恐惧等强烈感情中对某种感情的抒发,受这种语境的影响,使得感叹句在结构上也有明显的特点。

1. 感叹句结构多比较简短

说话者在感情剧烈活动时,往往无法组织复杂言语,面对此情此景、面对直接的交际对象,往往用简短的词句,突出需要抒发的重点,而隐略其他。感叹句多是非主谓句,这一点从上文的举例中已经可以明显看出,再如:

> 太快啦!
>
> 好人哪!
>
> 多么宽敞的教室啊!
>
> 啊,我心中的祖国啊!

2. 句型上,感叹句以叹词句、名词性非主谓句、形容词性非主谓句为多

感叹句往往是对具体的人或事物有所感慨、赞叹、斥责,往往在性质、程度上对人或事物有所感叹,所以,除叹词句外,更多的是名词性非主谓句和形容词性非主谓句,且多带有可供显示感叹点的性质、程度修饰语。

3. 主语多是第二、第三人称代词或指示代词,多用“是”字句

在主谓句中,感叹句的主语以第二、第三人称代词和指示代词“这”、“那”为多,主谓句且以“是”字句为多。因为感叹句往往是直接面对感叹对象(第二人称、这、那)或感叹所谈论的对象(第三人称)。如:

> 那该多好啊!
>
> 这是我们民族的骄傲哇!
>
> 你是什么东西!

他真是交了好运啦!

三、祈使句

(一)什么是祈使句

句子是传递信息的,就句子传递的信息对听话人的要求来看,有两种不同的情况,一类是使信息储存的句子,像陈述句、感叹句都是使信息储存的句子,使信息储存于听话人的大脑中;另一类是使信息反馈的句子,疑问句和祈使句就是使信息反馈的句子,要求听话人有所反应。疑问句要求听话人用言语反馈,祈使句要求听话人用行动来反馈。可见,祈使句是要求听话人或别的人做某件事或不做某件事的句子,如"冲上去!""请把门打开!"是命令或请求听话人做某事,"不许大声说话!""你不要再去了!"是禁止或劝说他人不做某事。再如以下句子都是祈使句:

> 请坐!
> 冬天别喝凉水!
> 大家静一静!
> 让他走吧。
> 小王你来一下。

祈使句要使用祈使语气,祈使句在语调上有两个特点,一是句尾一般用降调,稍长一点的句子后面几个音节语速加快,二是整个句子的语音强度一般都比陈述句重些。在书面语中,当祈使语气特别强烈时,句末一般用感叹号,若语气不太强烈,是一般性的命令、请求、劝止时,句末也可以用句号,如上面后两例。祈使句有时也可以用语气词"吧"、"罢"、"啊"、"呀"、"哇"、"哪"等。如:

> 你就老实点吧!
> 来罢!
> 别客气,请吃啊!
> 您慢走,走好哇!

(二)祈使句的类型

祈使句因祈使内容或语用意义的不同可以分为如下几类:

1. 表示命令的祈使句

表示命令的祈使句要求对方、听话人必须服从,因而言辞急促、态度坚决、语调急降而短促,句子简短,往往没有主语,不用语气词,也不用敬辞。如：

　　　出去！

　　　站起来！

　　　出发！

　　　抓住他！

　　表示命令的祈使句说话人和听话人地位一般不平等，往往是上级对下级、地位高对地位低、长辈对晚辈、年龄大对年龄小、优势一方对弱势一方等。如果说话人和听话人不构成这种关系，就不能使用这种语势强烈的命令式祈使句，否则会引起听话人反感，而起不到命令作用。言语交际中经常听到听话人不满地说"你怎么能用这种命令的口气跟我说话"或"你有什么权力命令我"、"谁给你的权力来命令我"等等句子，以示对某种命令的不满和抗议。所以使用这种祈使句一定要注意双方的关系和场景。

　　2. 表示禁止的祈使句

　　表示禁止的祈使句明确要求听话者不能、不准做什么事，要求听话者遵守照办，不做所禁止的事项，因而语气直率，一般不用敬辞，不用语气词，多用否定词或否定词加助动词，句子一般没有主语。如：

　　　不许大声说话！

　　　禁止吃有响声的食物！

　　　小孩子不能这样跟大人说话！

　　　别动！

　　　不要踏入草地！

　　表示禁止的祈使句跟命令句实质上是一样的，命令句主要是从肯定、正面方面下命令的，表示禁止的句子是从否定、反面来下命令的，所以命令句和禁止句可以连用。如：

　　　安静！不许说话！

　　　站住！别动！

　　　别磨蹭！快走！

　　相对来说，表示禁止的句子因为使用了否定词或助动词，口气没有命令句强硬。

　　3. 表示请求的祈使句

　　表示请求的祈使句语气比命令句、禁止句舒缓一些，常使用语气词

"啊"、"吧",常使用敬辞"请"或"您"、"诸位"、"各位",有主语的句子也相对
多一些。如:

> 请多多美言!
>
> 各位请慢用啊!
>
> 诸位请多包涵!
>
> 请您过来一下。
>
> 您老人家就不要来了吧!

4. 表示劝说的祈使句

这类祈使句语气更为缓和、委婉,一般用语气词"吧",也多使用敬辞
"您"、"各位"、"诸位"等,有主语的句子多一些,还可以有否定词语"别"、"不
要"、"不好"等。如:

> 各位去休息一会儿吧!
>
> 您老少说几句吧!
>
> 你们不要再生气了!

5. 表示催促的祈使句

这类句子含有催促他人立刻或尽量、尽快做某些事的意思,句中常用
"快"、"快些"、"快点儿"、"倒"、"倒是"等词语,或重复,语气舒缓的催促句,
句末常使用语气词"啊"、"吧"或使用敬辞"请"、"您"等,也常使用主语。如:

> 快点做啊!
>
> 说! 说啊! 你倒是快点儿说呀!
>
> 您倒是快去啊!
>
> 快! 快! 快点儿!

6. 表示商议的祈使句

这类祈使句含有如下含义:或者对要做的事可以缓做,或者用别的办法
也可以,不一定怎样办,或者不一定非由谁办不可,总之对要做的事是跟听
话者协商着办的,因而语气缓和,常用语气词"吧"或用敬辞"您",常用"让"
构成兼语句,也常用主语。如:

> 您请等一会儿再来吧!
>
> 这事就让他试试吧!
>
> 要不就这么定下来吧!
>
> 请各位稍等一会儿吧!

7. 表示许可的祈使句

这类祈使句含有同意、认同听话人做某事的意思,常用语气词"吧",也常用主语和表示许可的助动词,句子也常有主语。如:

　　　您可以进来了。

　　　能让他走了。

　　　就进来看看吧!

　　　你就这么办吧!

8. 表示号召的祈使句

这类祈使句多见于标语、口号,祈使对象泛指,一般是非主谓句。如:

　　　要珍惜每一寸土地!

　　　为四化建设而努力学习吧!

9. 表示提醒、警告、威胁的祈使句

这类句子旨在要听话人防备什么事情、警告对方不该做什么或者威胁对方。可以使用语气词,多有主语。如:

　　　当心受骗!

　　　您小心点!

　　　你等着瞧吧!

　　　你敢说!

(三) 祈使句的句法结构

从结构上看,祈使句一般是主谓句或动词性非主谓句、形容词性非主谓句等,其中非主谓句出现的频率更高些。主谓句一般是动词性谓语句,也有形容词性谓语句。

祈使句由三个部分构成,祈使主体——一般是说话者,受祈对象——一般是听话者,祈使内容——受祈对象执行的动作行为。祈使内容一般由动词性词语或形容词性词语充当,如"我命令小李去"一句中,"我"是祈使主体,"小李"是受祈对象,"去"是祈使内容。多数情况下,祈使主体是不出现的,如"你们快走吧",只有受祈对象,在句中做主语,更有连受祈对象也不出现的,只有祈使内容,如:"滚!""进来!""请坐!"

祈使句的主语一般比较简短,往往是第二人称代词,这类句子的祈使主体不出现,主语是受祈对象。如:

　　　你别再说话了!

　　您请等一下!

　　您请坐!

　　第一人称代词如果是包括式的"咱们"、"我们"也可以做祈使句的主语,这时主语包容了祈使主体和受祈对象。如:

　　我们一块儿走吧!

　　咱们开始吧!

　　我们要高举烈士的旗帜永远向前!

　　第一人称代词单数"我"很少做祈使句的主语,如果做主语,这个句子一般是兼语句或主谓短语做宾语句,兼语句的兼语和做宾语的主谓短语的主语是受祈对象。如:

　　我劝你还是去一趟吧!

　　我希望你回去看看她老人家。

　　表示泛称的"大家"、"各位"、"诸位"、"大伙儿"以及称谓词语或专有名称也可以做主语,主语是受祈对象。如:

　　大家请回吧!

　　诸位安静点儿!

　　妈妈就别说了吧!

　　小王先说!

　　谓语部分或者作为构成非主谓句的词或短语,可以是单个的动词、动词性短语,少数是形容词性短语。如:

　　请!

　　您请坐!

　　大伙儿跑快点吧!

　　安静!

　　同学们严肃一点!

　　从特殊句式看,祈使句中兼语句和"把"字句较多一些。如:

　　请大家安静一点儿!

　　让他去吧!

　　把桌子擦擦!

　　把衣服洗干净点儿!

"请"字句的"请"往往可以放到兼语的后面,而且以在后为常,比较：

大家请安静点儿！—请大家安静点儿！

各位请上车吧！—请各位上车吧！

您请坐！—(?)请您坐！

各位请进！—(?)请各位进！

一般来说"请"字在后更客气些,"请"已经相当于纯粹是礼貌用语,更少"邀请"、"请求"义,而"请"字在前,更多"邀请"、"请求"义。

在某些特殊场合,单个的名词或名词性短语也可以构成祈使句。如：

票！

车票！

钢笔！

水！

名词性非主谓句祈使句只能用在特殊场合,如买卖双方的买方、供需双方的需方、售票时等,即在一定场合说话人要求听话人把某个事物(名词或名词性词语所表达的)拿给说话人,这是一种命令或请求祈使句,这种祈使句是"给我/请给我……"或"我要/我买……"等在具体场合的隐略所致。

(四)肯定性祈使句和否定性祈使句

祈使句从标志上看,可以分为肯定性祈使句和否定性祈使句。表示命令、请求、商议、口号、提醒的祈使句一般是肯定性祈使句。如：

站起来！

请大家一定要注意安全！

您等一会儿再来吧！

要把卫生工作做好！

肯定性祈使句可以用助动词或副词加助动词"必须"、"该"、"应该"、"要"、"一定要"、"千万要"强化祈使主体的主观态度。而否定性祈使句一般含有"别"、"甭"、"少"、"不要"、"不用"、"不许"、"不准"、"别不"、"别这么/那么不"等否定词语,一般表示禁止、劝说、警告、口号等的祈使句可以是否定性祈使句。如：

不许动！

别把水洒地上！

不要乱说！

您老少说几句吧！

不准大声说话！

　　区分肯定性祈使句和否定性祈使句,除了它们有语义和用词上的不同外,更主要是两者在动词的选择上有不同,有些动词能适合两种祈使句,有的只能适合一种祈使句,不适合另一种祈使句,有的动词两种祈使句都适用。如：

睡一会儿去！	别睡！
去看望他一下吧！	不要去看望他！
叫醒他！	甭叫醒他！
拿本书来！	别拿书！

有的动词只适用肯定性祈使句,不适合否定性祈使句。如：

请尊重别人！	＊别尊重别人！
应爱护同学！	＊不要爱护同学！
要注意节约！	＊别注意节约！
应改正缺点！	＊别改正缺点！

有些动词只适用否定性祈使句,不适合肯定性祈使句。如：

别伤她的感情！	＊伤她的感情！
别欺骗孩子！	＊欺骗孩子！
不能隐瞒真相！	＊隐瞒真相！
不要惯坏孩子！	＊惯坏孩子！

　　一般来说,非自主动词只能进入否定性祈使句,不能进入肯定性祈使句,如:跌、丢、怕、忘记、恼、嫌、着急、害怕、愁、心疼、伤心、后悔……;自主动词中的褒义动词一般只能进入肯定性祈使句,不能进入否定性祈使句,如:帮助、安慰、尊重、改正、爱护、改善、照顾、培养、称赞、赞美、团结、夸奖、赡养……;自主动词中的贬义动词一般只能进入否定性祈使句,不能进入肯定性祈使句,如:骗、欺骗、诈骗、剥削、捣乱、抱怨、埋怨、堕落、嚷、惹、敲诈、调皮……;只有自主的中性(无褒贬色彩)的动词才可以既适合肯定性祈使句也适用否定性祈使句,如:站、做、坐、摘、走、跑、去、休息、睡、说、讲、答应、看、进、动手、告诉、收拾、化装、点头、动、动弹、加入、劳动、调查……

　　（五）祈使句的运用

　　祈使句是语用色彩很浓的句类,这种语用色彩主要表现在表敬程度上,表敬程度的不同,如表敬、表卑、不卑不敬等的不同,影响主语的有无和主语用词的选择,也影响语气强弱的不同,语气强弱的不同又影响主语的选择和语气词的使用。

一般来说,表敬祈使句多有主语,且主语是"您"、"您几位"、"各位"、"诸位"等,使用敬辞"请","请"字多用在主语后,表示请求、劝说、商议的祈使句的表敬因素多些,语气也比较舒缓,多用语气词"吧"、"啊"。如:

> 您请进!(比较:进!)
> 各位请多提宝贵意见!
> 您少说几句吧! 不要再生气啊!(比较:少说几句! 不要生气!)
> 您晚一会再来吧!(比较:晚一会再来!)

表卑的(即对地位低的听话者)祈使句,少用主语,即使用也少用"您"一类的主语或"请"字(除非有意显示谦虚、谦逊),这类祈使句一般用于表示命令、禁止、催促、警告、威胁,语气也重些、强些、急促些,少用语气词。如:

> 进来!(比较:进来吧! 您请进! 你进来吧!)
> 别说话!(比较:您别说话!)
> 出去!(比较:出去吧! 你出去吧! 您请出去吧!)

无明显敬卑色彩的祈使句,主语的使用是自由的,一般选择"你"、"你们"为主语,语气词的选择也是自由的。

选择什么类型、什么结构、什么语气的祈使句,是很有讲究的,要适切交际对象、交际目的、交际场合。

四、疑问句

(一)什么是疑问句

用疑问语气的句子是疑问句,疑问句主要是表示询问的,询问总是希望听话人或被问人作出回答,因而疑问句是希望听话人用言语反馈的句子,所以"问"总是和"答"相联系的。如:

> 这学期谁做我们的班主任? ——王霞老师。
> 您老准备去哪里? ——北京。
> 你买多少码的鞋子? ——40 码。
> 你为什么哭啊? ——他打我了。
> 你认识他吗? ——是的,认识。

疑问句用疑问语调,疑问语调比较复杂,一般来说疑问句句末用升调的多,不过不同的疑问句句末语调不完全一样,用不用语气词,语调也会有所不同。书面语中,疑问句句末用问号标示。

(二) 疑问句的类别

由于含有疑问语气的句子不一定都有疑问,那么,可以按疑问信息的有无即疑问程度把现代汉语疑问句分为三类:

1. 有疑而问

提问者确实有疑问,期待被问者或对方回答,以获得新的信息,这种疑问句就是有疑而问的疑问句,又叫真性疑问句。如:

> 我们明天去什么地方呢?
>
> 小王生活得怎么样?
>
> 他是谁?

2. 半信半疑

问者对某一问题已有些主见,对提出的问题已有一定的倾向(倾向于肯定或否定),但又不能确定,提出问题的目的是期望被问者或对方予以证实,这类问句又叫测度句,"吧"是测度句的句末语气词。如:

> 你明天还来吧?
>
> 你明天还来,是吧?
>
> 是不是你明天还来?
>
> 你明天还来,对吧?

3. 无疑而问

问者对某一问题明明已经有了确定的见解,只是用疑问语气或疑问方式表达出来,目的是为了增加表达效果,而不期望听话人回答,这类句子又叫反问句或反诘问句。反问句常用"难道"、"岂"、"倒也"、"就"、"当真"、"便"、"也"、"还"、"更"等副词,或句末有"不成",或使用"怎么"、"哪里(哪儿、哪个)"跟助动词或"是"连用,句首有"谁说"、"谁知道",或句子中有"何必"、"何不"、"何以"、"何至于",或者用"你说"、"你看"、"你想想看"等等。如:

> 难道这不正是他渴望的吗?
>
> 你没看见人家正忙着吗?
>
> 他们哪个能和您比呢?
>
> 谁说我不愿意嫁他?
>
> 你说这事可笑不可笑?

上述分类是就疑问句的表达内容即疑问程度来分的,大致说来,就疑问程度看是有疑而问＞半信半疑＞无疑而问,无疑而问简直就没有疑问。

若就疑问句的形式或结构来看,疑问句可以分为四类:是非问句、特指问句、选择问句、正反问句。如:

　　　　小李在家吗?（是非问句）

　　　　谁刚才给我打电话了呢?（特指问句）

　　　　你是今天去,还是明天去?（选择问句）

　　　　你明天去不去北京呢?（正反问句）

这四类疑问句从疑问程度看,各有不同表现。是非问句形式既可以表示有疑而问,也可以表示半信半疑和无疑而问,如:

　　　　你知道这件事吗?（有疑而问）

　　　　是小李求你办的吧?（半信半疑）

　　　　从来如此,难道就一定对吗?（无疑而问）

特指问句只有有疑而问和无疑而问,没有半信半疑的,如:

　　　　你看,这事是谁做的?（有疑而问）

　　　　我们这里谁还配讲规矩?（无疑而问）

选择问句也只有有疑而问和无疑而问,没有半信半疑的,如:

　　　　是五点开会,还是六点开会?（有疑而问）

　　　　是妥协还是抗战? 是腐败还是进步?（毛泽东）（无疑而问）

"是妥协还是抗战? 是腐败还是进步?"一句,对说话者毛泽东来说是没有疑问的,乃至对听话者也是没有疑问的,是无须选择的,因而是反问句,即属于无疑而问。

正反问句既可以表示有疑而问,也可以表示半信半疑或无疑而问。如:

　　　　你去不去看电影呢?（有疑而问）

　　　　小李是不是去了上海?（半信半疑）

　　　　我问你全世界能不能找到这样腐败的政府?（无疑而问）

就疑问程度来看,即使是"有疑而问"的疑问句本身也有疑问程度的差别,一般来说,特指问句因对所询问对象全然不知,所以疑问程度最高;其次是是非问句;再次是选择问句和正反问句。如果这样,就可以从疑问句的疑问程度角度构成一个降级疑问序列:

　　　　特指问句＞是非问句＞选择问句/正反问句＞测度句＞反问句

　　这个序列左边的疑问句的疑问程度高于右边的疑问句。当然,具体的疑问句的疑问程度除了受疑问句的类型、语气词制约外,还可能受句中某些副词、助动词以及上下文语境的影响。

　　(三)表达疑问的手段

　　1. 语调

　　疑问句的语调是构成疑问句的基本手段,确定一个句子是不是疑问句主要依据是语调,像无疑而问的句子虽然并不表示疑问,但它使用了疑问语调,所以还是属于疑问句;像有的疑问句表示了祈使的目的,但因为使用了疑问语调也还属于疑问句。如:

　　　　不过为这些小事,还问他做什么?(不许问)

　　　　就为这点儿小事,还哭什么?(不许哭、不该哭)

　　　　你认真听课好不好?(要求对方认真听课)

　　某人打电话,对方是孩子接的电话:

　　　　某人:"喂,你好,你妈在家吗?"

　　　　孩子:"在!"

接着孩子挂上电话。

　　从一般疑问句看,以上这个交际是没问题的,一问一答,答的信息能满足问的要求。但在打电话这个语境中,一般来说,某人是要孩子的妈来听电话,虽是问句,却有祈使的目的。而从句类来看,"你妈在家吗?"还是疑问句。

　　反过来看,有些句子虽然有其他疑问形式,但由于没有疑问语调,也不是疑问句。如:

　　　　他们谁也不认识谁。

　　　　小李来了也没说什么,只是随便看了看。

　　不过疑问句的语调虽然一般是上升的,是通过加大语音频率来表现的,但因为句子中句末语气词、语气副词或疑问代词等的影响会有些变化,如句末有"吗"的疑问句,语调上升不明显。

　　2. 句末语气词

　　疑问句句末语气词是用来帮助表达疑问语气的,一般认为疑问语气词有"吧"、"吗"、"呢"、"啊"四个,但真正能表达疑问语气的语气词不多。"吗"是典型的疑问语气词;"呢"在表达疑问信息的同时,还附有"提醒"的语义色彩;"吧"表示测度语气,是一个表示"信疑之间语气"的语气词,只能算半个疑问语气词;"啊"则不负载任何疑问信息,不是疑问语气词。所以,疑问句句末语气词的价值并不一样,有的负载疑问信息,表达了疑问语气,有的并不负载疑问信息,不表达疑问,只是句末语气词而已,表达其他语义色彩。

3.语气副词

反问句中常出现语气副词"难道"、"岂"、"何不"等帮助表达反问语气,它们还常和"吗"、"呢"配合使用。如:

> 难道说你不认识我了?
>
> 这样岂不是等于说他是小偷吗?
>
> 你何不先通知他一下呢?

"莫非"、"大概"、"恐怕"、"好像"等表示推测语气的副词常用在测度句中,并可以跟"吧"配合使用。如:

> 你莫非是王强吧?
>
> 他恐怕已经不在人世了吧?
>
> 他好像走了吧?

4.疑问代词

"谁"、"什么"、"哪"、"哪里"、"哪儿"、"多少"、"几"、"多"、"怎么"、"怎么样"、"怎样"、"为什么"等疑问代词常用在特指问句中,用来询问人、事、地点、时间、原因、方式、动作的情状等问题,表示疑问点。

(四)疑问句的疑问点

句子中新信息的重点是焦点,疑问句中的重点就是疑问点。疑问句中的疑问点的确定跟疑问句的类型即疑问句的结构特点有关。一般来说,特指问句中的疑问代词就是疑问点,回答时只要针对疑问代词回答即可。如:

> 谁去了北京? ——小王。
>
> 小王什么时候去了北京? ——昨天。
>
> 小王昨天去哪里了? ——北京。

特指问句由于疑问代词可在句中不同位置,因而疑问点也可以在不同位置。同时特指问句的疑问点还可以不止一个,即疑问句中有两个以上的疑问代词,如:"昨天谁给我买了什么样的礼物?"

选择问句的被选择项(即 A 还是 B)就是疑问点,回答时只要针对选择项 A 或 B 来回答即可。如:

是小王去北京,还是小李去北京? ——小王。

小王今天去北京,还是明天去北京? ——今天。

正反问句的正反双方即"X 不 X"是疑问点,回答只要针对"X"或"不 X"来回答即可。如:

你明天去不去北京? ——不去。

你来不来上英语课? ——来。

是非问句的疑问点从句子结构本身往往看不出,句子结构本身没有指明疑问点,那么是非问句的疑问点如何确定呢? 一是依靠语境,如问答双方谈论的是时间,那么在下面的句子中时间词语就是疑问点:

小王明天去北京吗? ——是的,明天去。

若谈论的是地点,则下句中地点是疑问点:

小王明天去北京吗? ——是的,去北京。

若谈论的是"小王","小王"就是疑问点:

小王明天去北京吗? ——是的,小王去。

另外可以用重音来显示疑问点,如上三句中,"明天"、"北京"、"小王"就分别读重音。也可以用"是不是"或"的是"来提示疑问点:

是不是小王明天去北京? ——是的。

小王是不是明天去北京? ——是的。

小王明天是不是去北京? ——是的。

小王明天去的是北京? ——是的。

不同类型疑问句的疑问点的分布及形式标志是不一样的,回答形式也不一样,带"呢"或可以加"呢"的疑问句的疑问点由句内因素来表示,这些因素包括特指问句的疑问代词、选择问句的选择并列项、正反问句中肯定和否定项;而带"吗"或可以加上"吗"的疑问句主要依靠句外因素来表示疑问点,"吗"的主要作用是表示疑问语气。

(五) 是非问句

是非问句在句法结构中没有疑问代词、并列选择项、肯定否定项等疑问表达形式,在一般陈述句的基础上加上疑问语调——上升语调,或者加上疑问语气词"吗"就可以构成是非问句。如:

小王来了。—小王来了? ↗—小王来了吗? ↗

他发表小说了。—他发表小说了？↗—他发表小说了吗？↗

他是北京人。—他是北京人？↗—他是北京人吗？↗

　　是非问句可以用疑问语气词，如"吗"或"吧"、"么"（"吧"是测度语气词），语气舒缓时也可以用非疑问语气词"啊"，用疑问语气词时，语调上升可以不明显。如：

　　　　咱们下午还打排球吗？

　　　　您是北京人么？

　　　　你没有吃饭啊？

　　　　你还没有做完作业吧？

　　用语气词的是非问句还可以有一些变化形式，即前句用陈述句形式，再用"是吗"、"对吗"、"好吗"、"行吗"、"成吗"、"可以吗"，或者再加上"您看"、"你看"、"各位看"等，这些是非问句明显有商量、推测的口气，接近于测度句。如：

　　　　你今年去过北京，是吗？

　　　　我们一起吃晚饭，好吗？

　　　　你帮我制订一个工作计划成吗？

　　　　这是你做的，对吗？

　　　　我明天去见您，可以吗？

　　是非问句不能使用语气词"呢"。是非问句也可以不使用疑问语气词，若不用疑问语气词，则语调一定要上升。

　　是非问句要求听话人对问句的语义内容作出肯定或否定的回答，要么肯定，要么否定，肯定回答可以用"是"、"是的"、"对"，当面交谈也可以用点头来回答，否定的回答可以用"不"、"没有"，当面交谈可以用摇头来回答。如：

　　　　你来吗？——是的。——不。

　　　　你明天来吗？——不。——对。

　　　　小李来了吗？——是的。——没有。

　　　　小李现在来了吗？——没有。——是的。

　　需要注意的是是非问句本身是否定句时，回答方式要注意，有汉语自己的特点，如：

　　问：小王还没有来吗？

　　肯定回答：是的，还没有来。

　　否定回答：不，已经来了。

再如：

问：小王不去北京？

肯定回答：是的，不去。

否定回答：不，（他）去。

是非问句的回答式，可以简略，只针对疑问点，也可以用完整式，如对"小王买到书了吗?"的回答，若疑问点是"买"，则可以有如下回答方式：

肯定回答	否定回答
小王买到书了。	小王没买到书。
小王买到了。	小王没买到。
买到书了。	没买到书。
买到了。	没买到。
是的。	没有。

在带语气词"吧"、"吗"的疑问句中，有些句子中还有疑问代词。如：

你去上海见到谁了吗？

你去上海见到谁了吧？

大家一定是捡到什么好东西了吧？

同学们没看见什么吗？

这是一种特指问和是非问混合的句子，不过以是非问为主，因为回答时一般先做肯定或否定的回答，如有必要再针对疑问代词来回答，否定回答则无法针对疑问代词来回答，如上面几句：

你去上海见到谁了吗？——是的，见到了小李。——没有。

你去上海见到谁了吧？——是的，见到了小李。——没有。

大家一定是捡到什么好东西了吧？——对，捡到了一件古玩。——没有。

同学们没看见什么吗？——是的，没看见什么。——不，看见一辆新汽车。

（六）特指问句

特指问句中含有疑问代词"谁"、"哪一个"、"什么"、"哪里"、"哪儿"、"怎样"、"怎么样"、"怎么"等，要求听话人特别针对这些疑问代词来具体回答，问句中的疑问代词也就是疑问点。如：

小王今天去哪里了？——北京。

今天谁来找过我？——小王。

你哪天生日？——11 月 4 日。

你买了什么礼物呢？——滋补品。

小王日子过得怎么样？——还可以。

所以,特指问句既不能作肯定、否定回答,也不能像选择问句、正反问句那样选择回答,一般得具体回答。当然,若问者误问,答者也没法具体回答,只好否定问句本身,如:

你今天去哪里了？——我没去哪里/我哪里也没去/瞎说,谁说我去了哪里？

你买了什么礼物呢？——我没买礼物/我什么礼物都没买。

如果是针对第三方或其他事物,听者不知道、不了解、不清楚,也无法具体明确的回答,或者知道也不说,只能如此回答:

小王今天去了哪里？——不知道。

他哪天生日？——不清楚。

他们找到了什么？——不了解。

特指问句可以使用语气词"呢"、"啊",但不能使用"吗";也可以不使用语气词。无论使用不使用语气词,语调加疑问代词足以表达特指问句的疑问信息。同时,用了"呢",疑问程度似乎减弱,疑问句反倒增加了提醒、深究的附加色彩。试比较:

小王去了哪里？——小王去了哪里呢？

你今年几岁了？——你今年几岁了呢？

他们买了些什么东西？——他们买了些什么东西呢？

特指问句的回答方式也有简略式和完整式,如"小王买了几本书?"的回答形式有:

小王买了 10 本书。

买了 10 本书。

小王买了 10 本。

10 本书。

10 本。

特指问句是句内有疑问形式即有疑问代词的疑问句,但有些特指问句

句内没有疑问代词,这种特指问句一般叫"非疑问形式＋呢"疑问句。如:

　　　　小王呢?

　　　　我的那本书呢?

　　　　我不要钱呢?

　　　　没借到钱呢?

　　从构成上看,这类疑问句可以分为"Np 呢?"和"Vp 呢?"两种。从语义上看,"Np 呢?"大体有两种含义,一是问 Np 所在之处所,或问 Np 所在之处所跟相关动态趋向,如:

　　　　小王呢? ——在里屋。——在里屋收拾材料。

　　　　我的那本书呢? ——在他那儿。

　　　　老张呢? ——去学校了。——去学校开会了。

　　二是问 Np 怎么样了,只有当"Np 呢?"作为后续句时才有这种含义,前一种含义不限于后续句。问 Np 怎么样的句子如:

　　　　甲:小王真有本事。

　　　　乙:小王爸爸呢?

　　　　甲:没的说,更有本事。

　　　　乙:小王工作单位好吗?

　　　　甲:很好。

　　　　乙:工资收入呢?

　　　　甲:很高。

　　　　乙:他爸爸的收入呢?

　　　　甲:比小王还高。

　　"Vp 呢?"含有"如果 Vp,那么怎么办(样)呢?"的意义,如:

　　　　我不要钱呢? ——如果我不要钱,那么会怎么样呢?

　　　　没借到钱呢? ——如果没借到钱,那么怎么办呢?

　　Vp 前往往有假设连词,Vp 可以是动词或形容词性短语,也可以是主谓短语,如:

　　　　要是没有按时完成呢?

　　　　如果不走呢?

　　　　错了呢?

要是他死了呢？

少数"Vp呢?"不表示假设含义，如：

这件事我认为这样办就行了，老王，您说呢？

小王，你觉得呢？

小张，你以为呢？

这类句子是询问对方的看法的，不含有假设意味，也不好添加假设连词。另一类是询问甲跟乙的对待关系怎么样的，如：

张老师对你呢？——张老师对你怎么样呢？

老王把小王呢？——老王把小王怎么样了呢？

小张比他哥哥呢？——小张比他哥哥怎么样呢？

（七）选择问句

选择问句是问话者提供两种或两种以上的情况供回答者选择回答的疑问句。如：

你明天走，还是后天走？

大学毕业后，你是先找工作，还是准备继续升造呢？

是小张去，还是小王去，还是小李去？

选择问句跟是非问句、特指问句不同，问话者已经提供了询问的范围和可供回答选择的若干选择项。选择问句可以不使用语气词，也可以使用语气词，若用语气词只能用"呢"，"呢"的位置既可在句末，也可以只在某一选择项后，还可以几个选择项后都用"呢"。如：

你是要小王，还是要小张？

你是要小王呢，还是要小张？

你是要小王呢，还是要小张呢？

你是要小王，还是要小张呢？

选择问句在结构上很有特点。选择问句从句型上看，一般是复句，各个选择项分别为复句的分句，分句之间有选择关系。问号一般得在句末。下列句子的问号使用是不规范的：

*姑娘到底是和我拌嘴呢？还是和二弟拌嘴呢？

*你是把我给他呢？还是把我们俩一齐赶出去呢？

选择项在句子中往往有关联词语连接，主要是表示选择关系的"是……

还是"以及变化形式"是……是"、"还是……还是"、"……还是",也可以没有
关联词语,选择项之间一般有逗号,也可以没有。如:

> 我是讲两个小时,还是只讲一个小时呢?
>
> 你到底去还是不去?
>
> 你是吃米饭呢,是吃面条呢?
>
> 大伙看看,还是我对,还是他对?
>
> 他们这场球输了赢了?

　　从频率上看,使用"是……还是"和"……还是"的频率要高些。从结构
上看,选择项可以是单个的词、谓词性短语,更可以是主谓短语,当两个选择
项的主语相同时,其中一个选择项(一般是后项)可以是非主谓结构,若两个
选择项的主语不同时,两个选择项都以主谓结构为常。主语是否相同,也涉
及"是……还是"的位置,"是……还是"的位置一般在各选择项的疑问点前,
可见"是……还是"还有标志焦点的作用。如:

> 是你明天去北京,还是他明天去北京?
>
> 明天是你去北京,还是他去北京?
>
> 你是明天去北京,还是后天去北京?
>
> 你明天是去北京,还是去天津?

　　也可以用"是……还是"只把焦点提取出做选择项,如:

> 是你还是他明天去北京?
>
> 明天是你还是他去北京?
>
> 你是明天还是后天去北京?

　　这时,"是……还是"结构只能算一个联合短语作句子成分,如在"是你
还是他明天去北京"和"明天是你还是他去北京"中"是你还是他"作主语,在
"你是明天还是后天去北京"中"是明天还是后天"作状语。

　　两个选择项中的相同部分往往可以省略,如:

> 我们明天是请小王呢,还是我们明天请小张呢?
>
> 我们明天是请小王呢,还是明天请小张呢?
>
> 我们明天是请小王呢,还是请小张呢?
>
> 我们明天是请小王呢,还是小张呢?
>
> 我们明天请小王还是小张?

　　选择问句的选择项从结构或逻辑上看是选择关系,从语义上看,是复杂

的,如:

这幅画是好呢,还是不好呢?(选择项之间是对立关系)

这幅画是国画,还是油画?(选择项之间是差异关系)

这幅画是小王画的呢,还是小王收藏的呢?(选择项之间是相容关系)

选择问句的问者希望答者就选择项中选一项作答,回答有完整式也有简略式。如:

问:是小王去北京,还是小李去北京?

答:是小王去北京。

——小王去北京。

——小王去。

——小王。

但答者也有就选择项以外作答的,或者将选择项合并作答的,这都是对问者设计的选择项的否定。如:

问:是小王去,还是小张去?

答①:他俩都不去,小李去。

答②:他俩都去。

选择问句的疑问点可以在句中的不同位置。如:

你是看书,还是写作?　　(疑问点在谓语上)

你是买衣服,还是做衣服?　(疑问点在谓语动词上)

你是买衣服,还是买鞋子?　(疑问点在宾语上)

是你去上海,还是他去上海?　(疑问点在主语上)

你是明天去,还是后天去?　(疑问点在状语上)

这是小王的书,还是小李的书?　(疑问点在定语上)

你是看清楚了,还是看糊涂了?　(疑问点在补语上)

(八) 正反问句

正反问句也称反复问句,一般是用谓语或谓语中的一部分组成肯定和否定叠合的形式进行提问,要求答者从肯定项和否定项中挑选其中的一项回答。正反问句的疑问点就是肯定和否定的叠合,一般记为"X 不 X","X"是肯定项,"不 X"是否定项。如:

明天你来不来?

小王考上大学没考上大学？

我们还讨论不讨论这个问题了？

他是不是讲师？

以上各句没有使用句末语气词，也可以使用句末语气词"啊"或"呢"。如：

他还来不来了呢？

你去没去看他啊？

正反问句的回答也有完整式和简略式之分。如对"小王说没说过这句话"的回答可以有如下形式：

肯定回答：	否定回答：
小王说过这句话。	小王没说过这句话。
小王说过。	小王没说过。
说过这句话。	没说过这句话。
说过。	没说过。

正反问句的疑问点"X不X"在句子中有许多变化，首先双音节动词作为X，可以缩略，"AB不AB"可以缩略为"A不AB"或"AB不A"。如：

你认识不认识小王？—你认不认识小王？

她长得漂亮不漂亮？—她长得漂不漂亮？

你们明天考试不考试？—你们明天考试不考？

二是动宾短语作为X，可以删略，以"你想小王不想小王"为例，其删略形式多种多样，如：

你想不想小王？

你想小王不？

你想小王不想？

如果动词是双音节动词再带宾语则提问格式就更多了，以"你认识小王不认识小王"为例，其提问形式可有：

你认识小王不认识小王？

你认识不认识小王？

你认不认识小王？

你认识不认小王？

你认识小王不认识？

你认识小王不认？

你认识小王不？

"是不是"构成的问句在形式上等同于正反问句,但从语法意义看更接近于是非问句,它可以用"是"、"嗯"或"不"、"没"、"不是"、点头或摇头来回答。如:

是不是小王去了北京？——是/嗯。——不是/不。

"是不是"的类型比较多,如:

这是你的书不是？

这是不是你的书？

这是你的书,是不是？

他们是来开会的不是？

他们是不是来开会的？

是不是他们来开会？

他们来开会,是不是？

"是不是"在一个句子里还会随着疑问点的变化而移动,一般来说,"是不是"在疑问点的前面。如:

是不是小王昨天在北京新华书店买到了《红楼梦》？

小王是不是昨天在北京新华书店买到了《红楼梦》？

小王昨天是不是在北京新华书店买到了《红楼梦》？

小王昨天在北京新华书店是不是买到了《红楼梦》？

小王昨天在北京新华书店买到的是不是《红楼梦》？

位于句末的"是不是"、"好不好"、"对不对"、"行不行"、"可以(可)不可以"等从形式看是"X 不 X"格式,可以看作正反问句,但从语义上看是表示征询对方对某事的看法或意见,问者先说出对某事的看法或意见,然后在句末用上述格式进行提问,目的在征询对方。由于它是附在非疑问句的后面表示疑问,所以不少学者把这类疑问句称为"附加问",这类疑问句的回答也是要作肯定或否定的回答。如:

我们一块儿去打篮球吧,好不好？

你把书借给他看一天,行不行？

是你去请的小王,是不是？

我来做这件事,可以不可以?

小王有办法完成这项任务,对不对?

这类疑问句还可以有句末语气词"呢",如:

吵架并不能解决问题,你说,对不对呢?

可见,是非问句、特指问句、选择问句、正反问句在句子结构、语气词选择、疑问点分布、回答方式等方面都各有特点。从下表可以直观地显示四类疑问句的差别:

类 型	例 句	句子结构	语气词选 择	回答方式	疑问点分布
是非问	你明天去吗?	陈述句+疑问语调	用"吗"或"吧"	用"是、对,不、没有"回答	句外因素
特指问	谁明天去呢?	用疑问代词	用"呢"	就疑问代词部分作回答	疑问代词就是疑问点
选择问	你是明天回家,还是后天回家呢?	用具有选择关系的复句		就某个选择项回答	疑问点是选择项
正反问	你去不去呢?	用肯定和否定并列形式		就某个并列项回答	疑问点是并列项

(九) 其他类型的疑问句

除了上面几种疑问句外,还有回声问和附加问等。

回声问又叫复问,是重复对方的问话,要求证实,或者是为了赢得时间,以便考虑如何回答。如:

甲:小王明天去北京吗?

乙:明天吗?

去北京吗?

甲:您要哪一个?

乙:要哪一个吗? ……就要小王。

乙的问话就是回声问。"明天吗?""去北京吗?"是为了证实,"要哪一个吗?"是为了赢得思考的时间。回声问的前面实际上隐含了"你是问……吗?"的意思,所以回声问属于是非问,句末可以使用语气词"吗"。再如:

甲:小王你知道小李去没去上海?

乙:小李去没去上海?

附加问是附加在别的句子(一般是陈述句)之后,接上原句用"X 不 X"或"X"、"不 X"提问,目的在于征求对方的意见,或者希望对方予以证实。如:

老王今年 52 岁,属马的,对不对?

你昨天来过,是不是?

你别老说这孩子了,行吧?

我早就说这孩子能考上大学,不是吗?

附加问的回答一般得是简单的肯定或否定,句末可以使用"吗",因而也可以看作是非问。

思考题:

1. 句类划分的标准是什么?句类跟句型、句式有什么不同?

2. 疑问句有时可以有叙述作用,有时也可以表示一种命令或请求,陈述句有时也可以起到祈使的作用。这说明句类有时跟句子的实际用途或目的不一致,这是为什么呢?

3. 对疑问句的分类学术界有不同的看法,你认为疑问句应该分为几种?

4. 不同的动词可以进入不同类型的祈使句,请总结一下动词的小类跟祈使句小类的关系。

第九节 复 句

一、复句概说

(一)什么是复句

复句是由两个或两个以上的分句构成的句子。复句有以下几个特点:

(1)复句一般由两个或两个以上的分句构成。复句的分句,从结构看相当于单句。复句的分句在结构上可以是主谓结构,也可以是非主谓结构。

复句的分句有多种形式。如：

因为雨下得太大，孩子们不能过河上学。（主谓结构＋主谓结构）

因为下大雨，孩子们不能过河上学。（非主谓结构（谓词性）＋主谓结构）

风刮了一夜，竟然下起雪来了。（主谓结构＋非主谓结构（谓词性））

刮了一夜的狂风，也下了一夜的大雨。（非主谓结构（谓词性）＋非主谓结构（谓词性））

一场大暴雨，河水又涨了许多。（非主谓结构（体词性）＋主谓结构）

我接过信看了一眼，好秀丽的字啊！（主谓结构＋非主谓结构（体词性））

多么熟悉的场院啊，多么亲切的身影和乡音啊！（非主谓结构（体词性）＋非主谓结构（体词性））

（2）复句的分句在结构上是相对独立、互不包含的，就是说充当复句的分句不做另外分句的句法成分。如“他获得了一等奖学金”可以作为一个分句与另外的分句构成复句：

他获得了一等奖学金，父母亲都很高兴。

不是我获得了一等奖学金，而是他获得了一等奖学金。

从句法结构看，上边两个句子中的“他获得了一等奖学金”是相对独立的，而在下列句子中同样的语言形式却有不同的语法地位：

他获得了一等奖学金的消息迅速在同学们中传开了。（“他获得了一等奖学金”是定语）

我们已经知道他获得了一等奖学金。（“他获得了一等奖学金”做宾语）

他获得了一等奖学金使在读的许多同学很受鼓舞。（“他获得了一等奖学金”做主语）

“他获得了一等奖学金”在以上句子中是句子中的组成成分（句法成分），从而失去了作为分句的独立性，成为句法成分。

另外，分句中的某些成分可以依靠前后分句而省略某些成分，如“小王离开家门，就直奔海边，乘船而去。”这个句子的后两个分句的主语是承前省略，因而不是第一个分句的主语“小王”的谓语，所以后两个分句没有失去作为分句的独立性。再如“我们热爱祖国，热爱人民，热爱我们的事业。”后两个分句也是主语承第一个分句的主语而省略。

（3）复句的分句在结构上的相互独立性是相对的，它们还要互相依存，这种互相依存主要表现在构成一个复句的各分句之间在语义上是互相依存、互相关联的，分句凭一定的逻辑语义关系而连接。如："如果我们有错误，你一定要给我们指出来。"分句间有假设条件关系。"只要我们有错误，你就该给我们指出来。"分句间有充分条件关系。"因为我们有错误，所以他给我们指出来。"分句间有因果关系。"我们有错误，而且错误还很大。"分句间有递进关系。"我们有错误，他们也有错误。"分句间有并列关系。"我们有错误，错误是不尊重顾客。"分句间有顺承关系。

分句间的相互依存，不仅表现在分句间有一定的逻辑语义关系，而且表现在分句间的关系往往依靠一定的关联词语来连接。如：

> 你去，我去。 （没有一定的关联词语，关系不够显豁）
> 如果你去，我就去。
> 只要你去，我就去。
> 只有你去，我才去。
> 因为你去，我才去。
> 不论你去不去，我都去。
> 与其你去，不如我去。
> 宁可你去，也不能我去。
> 是你去，还是我去？
> 你去，我也去。
> 你去，或者我去。

可见，关联词语使复句分句间的依存关系更加显豁。

如果分句间没有内在的逻辑语义上的依存关系，就不能构成复句。如：

> ＊按照规定，工人们每天要装配100件产品，但是目前的任务难以完成。

若分句间没有一定的依存关系，即使有关联词语也不能构成复句：

> ＊因为北京下雨了，所以上海闹水灾了。
> ＊电影开演了，于是外面下了大雨。

（4）复句无论多么复杂，也无论由几个分句构成，从作为句子的角度看，复句只是一个句子，因而复句作为句子有一个统一的语调，只在整个复句末尾才出现一个终止性停顿,书面上用句末标点。从语气上看,复句也有陈述、疑问、祈使、感叹等语气。如下四个复句分别是陈述句、疑问句、感叹句、祈使句:

> 由于消防设施没有安装,以至火起后无法进行有效的灭火。
>
> 要是小王回来了,我让他什么时间给你打电话呢?
>
> 宋师傅的病好了,大伙儿是多么的高兴啊!
>
> 你给我马上去打电话,要小王立即来见我!

复句的分句间一般有句内停顿,书面上用逗号、分号,所以停顿或者书面上的逗号、分句也可以看作区分单句和复句的一个标准。如:

> 他走过去伸手把大门拉开。(单句)
>
> 他走过去,伸手把大门拉开。(复句)

(二) 复句和单句的区分

由于汉语的语句结构既有简洁灵活的一面,又有复杂多变的一面,因而语言单位之间的区别往往存在或此或彼的中间状态。单句和复句的划分也同样有一定的困难,单句和复句存在纠葛。不过,从语法事实来看,在汉语语法中,客观存在着两种不同体制的句子——单句和复句。

面对复杂的语言现象,在区分单句和复句时,应注意以下几个问题:

(1) 分句的主语可以承前或蒙后省略,要把省略主语的分句跟连动句、联合短语做谓语区别开来。如"孩子们都跳下河,奋力向对岸游去,看谁先上岸"是个顺承关系的复句,后两个分句的主语承前省略;而"孩子们转身跑出去叫人"则是连动句。再如"我们工作努力,学习勤奋,为人和善"是并列复句,后两个分句的主语承前省略;而"我们俩边走边谈"则是联合短语做谓语的单句。

(2) 关联词语虽然是辨识复句的重要标志,但需要注意的是关联词语并不是复句所专有的,少数关联词语也可以用于单句。如:

> 无论谁,都应该遵守法律。
>
> 不管谁,都应该遵守法律。
>
> 为了孩子,他献出了生命。
>
> 只有有知识和能力的人才能立足于当代社会。

以上句子中的"无论"、"不管"、"为了"、"只有"等后面的词语都是体词性词语,在句子中做主语,因而这些句子一般被看作单句。

（3）体词性词语做分句，要区别于呼语、无介词的句首状语。下列句子中的体词性词语都不是分句：

> 出事的那一天，我们正在家里看电视。
>
> 南京路上，我们看到了新上海的繁荣。

体词性词语做分句，多数是同类型的体词性词语的并列。如："多么热闹的街市，多么嘈杂的人群！"如果体词性分句跟非体词性分句连接，则两者之间往往隐含某种逻辑关系。如：

> 一场寒流，天气变得很冷。（因果关系）
>
> 半月春风，草绿了，花开了。（因果或顺承关系）
>
> 都大姑娘了，要注意形象！（因果关系）
>
> 这么大的风，孩子们还是出发了。（转折关系）
>
> 我们翻开画册看就几眼，多么好的画啊！（顺承关系）
>
> 他们学习认真，工作努力，多么好的一群小伙子啊！（顺承关系）

（4）紧缩句从形式上像单句，从逻辑关系及关联词语上像复句，可以看作复句的变式。

（三）关联词语和复句的类别

1. 分句间的关系类型

复句中分句间的关系，可以有不同的观察角度。一是着重客观事实之间的关系，这样观察到的是分句间的事理关系。如：

> 他是学生，我也是学生。（两事并列）
>
> 他在外工作，我在家做家务。（两事对比）
>
> 孩子们都下了车，跑向海边。（两事前后顺承）

二是着重判断与判断之间的关系，如前提和结论之间的关系，条件与结论之间的关系，这样观察到的是逻辑关系。如：

> 或者你抄错了，或者我报错了。（全句是复合判断，两个分句各代表一个判断，分句间是选择关系）
>
> 因为下大雨了，所以孩子们迟到了。（全句是复合判断，两个分句各代表一个判断，分句间是因果关系）
>
> 只有坦白，才能从宽。（全句是复合判断，两个分句各代表一个判断，分句间是条件关系）

三是着重强调说话人的主观意图，这样观察到的是某种心理关系或者语用关系。如说"这个将军虽然屡败,却能屡战。"意在表扬这个将军的英勇不屈;如说"这个将军虽然屡战,却是屡败。"意在批评这个将军是常败将军。正句和偏句的不同安排反映了说话者的不同心理视点,但事理上没什么不同。再比较:

> 小王尽管取得了很多成绩,可是缺点也不少。
> 小王尽管缺点不少,可是也取得了很多成绩。

　　这两句从事理上看没有什么差别,从逻辑上看也都是断定两种情况并存的复合判断,也都是转折关系。但从心理上看却差别很大,前者侧重讲缺点,意在掩盖或忽略成绩,后者侧重讲成绩,意在掩盖或忽略缺点。再比较:

> 她很丑,但很温柔。——她很温柔,但很丑。
> 他不仅人长得好,人品也很好。——他不仅人品好,人长得也好。
> 他教学效果好,但科研不突出(,所以不适应高校工作)。——他科研突出,但教学效果不好(,所以不适应高校工作)。

　　复句的分句间往往可以有不同的关系,如"孩子呛了凉风,感冒了",从事理关系上看是顺承关系,从逻辑关系上看是因果关系,所以,这个句子看作顺承关系和因果关系都是有道理的,不同的关系可以用不同的关联词语来显示:

> 孩子呛了凉风,于是就感冒了。(顺承关系)
> 孩子呛了凉风,所以就感冒了。(因果关系)

　　再如"她很丑,很温柔"也可以用不同的关联词语来显示出不同的关系:

> 她很丑,也很温柔。(事理关系,并列关系)
> 她很丑,但很温柔。(转折关系,心理上强调温柔)
> 她由于很丑,所以很温柔。(因果关系,心理上强调温柔)

　　意合法的复句,有的只有一种理解,关系显豁;有的可以有不同的理解,若添加上一定的关联词语,分句间的关系由隐而显,关联词语是分句间关系的显性标志。

　　2. 关联词语

　　(1) 关联词语的性质

　　关联词语是复句中用来联结分句表示分句间关系的词语,也叫关系词语。如"假如世界上没有了爱,人类就不能生存下去了"一句用"假如……就"联结两个分句,标明它们之间是假设条件关系。"即使世界上没有了爱,人类也照样要生存下去"一句用"即使……也"标明让步关系。"因为世界上没有了爱,所以人类将没法生存下去"一句用"因为……所以"标明因果关系。"世界上不仅没有了爱,而且连人类也将没法生存下去"一句用"不仅……而且"标明递进关系。再如"虽然是满月,天上却有一层淡淡的云,所以不能朗照"一句有"虽然……却……所以"等关联词语来联结三个分句,标明这个复句是个二重复句,"虽然……却"标明的是第一层,是转折关系,"……所以……"标明的是第二层,是因果关系。"李小姐笑了笑,然后点点头,便回到她的办公室去了"一句用"……然后……便"标明顺承关系。以上这些句子都表明,关联词语是复句关系的标志,多数复句,尤其复杂的复句分句间往往有关联词语,一些没有关联词语的复句一般叫意合句,但也可以添加上适当的关联词语来显化复句关系。

　　语法上说的关联词语是专指标明复句关系的词语,不用来标明复句关系的词语尽管跟关联词语的形式、意义相近或一样,也不能称为关联词语。如副词"也"、"就"、"都"、"又"、"才"、"还"在复句中可以起关联作用,或者单用,或者跟其他词语配合使用,如:

　　　　听不见傣寨的狗咬,也看不见山里人家的灯光。
　　　　里屋有了灯光,还有了轻轻的说话声。
　　　　虽然下雨了,他还是提前到了。
　　　　只要人类还存在,爱就不会消失。
　　　　小李走了一会儿,又急急忙忙地跑回来了。
　　　　只有刻苦学习,才能取得好成绩。

　　副词"也"、"就"、"都"、"又"、"才"、"还"只有在复句的分句间起关联作用,才可能成为关联词语。如果不在复句的分句间起关联作用,就不是关联词语。如下句子中的副词就不是关联词语:

　　　　他进屋后一句话也/都没说。
　　　　你怎么又迟到了?
　　　　你怎么才来呀!
　　　　他为什么还不来呀!
　　　　我们马上就出发!

　　"而"、"并且"、"而且"是连词,在"科学工作任重而道远"、"她聪明而且贤惠"、"孩子们聪明并且活泼"中,就只是一般意义上的连词;它们只有在复句的分句间起关联作用并标明复句关系时才是关联词语。一些经常用作关联词语的词,有时也不起关联作用,而用在单句中,这些也不是关联词语。如:

> 无论/不论/不管谁都应该尊老爱幼。
>
> 只有人民才是历史的真正创造者。

(2) 关联词语的语法地位

关联词语并不是一个内部统一的、独立的词类,也不是一类短语,而是依据起联结复句的分句、标明复句的分句间关系的作用而聚拢起来的一些词语。从来源上看,有连词:因为、所以、不但、而且、不仅、但是、如果……有副词:就、又、都、还、才等,有类似助词的"的话",还有大于词的习惯搭配:如果说、之所以、若不是、不但不、正因为、是因为……

可见,关联词语从词类上看,不属于某一个词类,有连词、副词、助词、动词(是);从语法单位看,关联词语不属于固定的级,有词,也有比词大的单位;从造句功能上看,关联词语也不统一,有的只起标明分句间关系的关联作用,有的在起关联作用之外还有修饰作用、陈述作用,像连词一般只起关联作用,副词则兼做状语,"是……还是"则可能做述语,如"你是他的客户,还是他的亲戚?"是起关联作用把这些不同词类、不同级别、不同造句功能的语言单位聚拢到一起,所以,关联词语还是有统一的功能或作用的,即"关联作用"。

(3) 关联词语的作用

关联词语的作用就是在复句的分句间起关联作用。具体说,关联词语在复句中可有如下作用。

1) 有些复句中分句间的关系,没有一定的关联词语就不能表现出来,或者说去掉关联词语分句就联系不起来了。如:

> 如果美专指"婆娑"或"旁逸斜出"之类而言,那么,白杨树算不得树中的好女子。
>
> 尽管他有许多重要的贡献,可是他一再把自己的成绩归功于领导的指导。
>
> 我们不论认识什么事物,都必须全面地去看,不但要看到它的正面,也要看到它的反面,否则,就不能有比较完全和正确的认识。

这些句子如果把其中的关联词语抽掉,就不容易看出分句间的联系了,这些关联词语是这些复句中所必有的。

2）一个复句包含分句较多，关系也比较复杂，不用关联词语就不能把各种关系清晰地表达出来，关联词语在这类句子中有凸现复句分句间关系的作用。如：

> 小王收入不高，而且上有父母，下有子女，家庭负担很重，但是，为人还是很慷慨大方，宁可不抽烟，不添置衣服，也要经常帮助比他更困难的人。

> 我们如果既放下了包袱，又开动了机器，既是轻装，又会思索，那我们就会胜利。

这些句子较为复杂，分句多，去掉关联词语，分句间的关系虽然还可以理解，但不太清晰。

3）有的复句去掉关联词语，可能发生关系的变化，反过来，一个没有关联词语的复句，添上关联词语也可能变成另外的关系，而且往往可以添加不同关联词语表示不同关系。可见，关联词语有显化复句关系的作用。如：

> 小王出了门，直奔酒店。（顺承关系）
> 小王如果出门，就直奔酒店。（假设条件关系）
> 小王只要一出门，就直奔酒店。（条件关系）
> 因为我们是同学，所以感情很好。（因果关系）
> 我们虽然是同学，感情却很好。（转折关系）
> 我们不仅是同学，而且感情也很好。（递进关系）
> 我们是同学，并且感情很好。（并列关系）
> 我们如果是同学，感情就应该很好。（假设条件关系）

（4）关联词语的位置和搭配

关联词语在句子中的位置受到关联词语本身的性质和所连接的分句的情况两个方面的限制。一般来说，来源于副词的关联词语总是在分句中的述语的前面。如：

> 只要天不下雨，会议就如期召开。
> 无论他是什么样的官，都应该遵守宪法。
> 他住的房子，又小，又潮湿得可怜。

来源于连词的关联词语的位置跟连词本身情况有关，也跟分句的主语情况有关。假设条件关系、因果关系、让步关系的连词可以放在主语的后

面,也可以放在主语前。如:

　　我如果没有钱,就不去北京了。——如果我没有钱,就不去北京了。
　　由于老炳父子俩住的地方远,所以他们晚来了一步。——老炳父子俩由于住的地方远,所以他们晚来了一步。
　　小王既然能把房门的钥匙给她,就很可能把我的打算告诉她。——既然小王能把房门的钥匙给她,就很可能把我的打算告诉她。
　　只有我们的同志尊重群众,群众才会尊重我们。——我们的同志只有尊重群众,群众才会尊重我们。
　　虽然他只有三十六岁,却已经在球场上拼搏了 20 年。——他虽然只有三十六岁,却已经在球场上拼搏了 20 年。
　　他尽管来了,可一直不说话。——尽管他来了,可一直不说话。
　　别人即使对他说恭维话,他也没有反应。——即使别人对他说恭维话,他也没有反应。
　　不管别人如何说,我也不会放弃。——别人不管如何说,我也不会放弃。
　　无论/不论我去不去,都会给你个信儿。——我无论/不论去不去,都会给你个信儿。

这些复句的两个分句有的主语相同,有的主语不同,这些关联词语都可既在主语前,也可在主语后。不过,话语中到底在主语前,还是在主语后,要受到其他因素的制约,主要是受话题和表述重点的影响。

来源于连词的关联词语,如果在后一分句,一般只能在主语前。

"一边……一边"、"一方面……一方面"、"不是……而是"、"不但/不仅……而且"、"或者……或者"、"是……还是"、"要么……要么"等并列、选择、递进关系的连词,受两个分句的主语情况的影响,主语相同时,一般放在主语后,主语不同时,一般放在主语前。如:

　　我一边打工干活,一边学习。——＊一边我打工干活,一边学习。
　　小王一方面工作,一方面学习。——＊一方面小王工作,一方面学习。
　　一方面管理要严,一方面销售要抓紧。——＊管理一方面要严,销售一方面要抓紧。
　　我不是想要什么,而是想看一看。——＊不是我想要什么,而是想看一看。

不是我不去,而是他不去。—*我不是不去,他而是不去。

你是去呢,还是不去?—*是你去呢,还是不去?

是你去呢,还是他去?—*你是去呢,他还是去呢?

他不但/不仅会唱歌,而且会作词作曲。—*不但/不仅他会唱歌,而且会作词作曲。

不但/不仅他会唱歌,而且我也会唱歌。—*我不但/不仅会唱歌,我而且也会唱歌。

你或者去一趟,或者打个电话。—*或者你去一趟,或者打个电话。

或者你去,或者我去。—*你或者去,我或者去。

要么你去,要么我去。—*你要么去,我要么去。

你要么去,要么不去。—*要么你去,要么不去。

有的关联词语常单用,如"接着"、"以致"、"以便"、"以免"、"然后"、"这才";有的关联词语可以单用,也可以跟别的关联词语配合使用,如"就"、"也"、"都"、"才"、"还"、"那么";有的则常要配合使用,如"既然……就"、"既……也"、"如果说……那么"、"只要……就"、"与其……不如"、"一方面……一方面"、"不但……而且"、"不但不……反而"、"即使……也"、"无论……都"、"尚且……何况"、"宁可……也(不)"、"虽然……但是"、"因为……所以";这些常配合使用的关联词语,如果出现前项,后项一般要出现,如果出现后项,前项则不一定非得出现,像"所以"、"因此"、"因而"、"而且"、"但是"、"那么"等也都经常可以联结后项而单用。

关联词语的配合成对使用有一定的搭配习惯,不能任意组合,像"只有……就"、"只要……才"、"即使……就"等就是不合习惯的组合;另外,有些关联词语还跟某些固定词语搭配使用,如"不管"往往跟一定的疑问形式组合,如疑问代词、X不X;当然,某些关联词语可以跟不同的关联词语组合表示不同的关系,如副词"也"、"都"、"又"、"就"等。

3. 复句的分类

复句是句子结构分类的结果,句子从结构上首先可以分为单句和复句。就复句来说,则可以从不同角度来分类,比如说从分句间紧缩和停顿来看,可以分为紧缩复句和非紧缩复句(一般复句);从有无联结分句的关联词语来看,可以分为有标志复句(有关联词语复句或形合复句)和无标志复句(没有关联词语复句或意合复句);从分句间的层次多少来看,可以分为一重复句(简单复句)和多重复句;从语气来看,也可以分为陈述语气复句、疑问语气复句、祈使语气复句、感叹语气复句;从分句结构类型或功能是否相同来看,可以分为同质联结复句和异质联结复句;从分句间关系是否单一来看,可以分为关系单一复句和关系套合复句,如"因为天下雨,所以小王没有按时来"是单一的因果关系复句,"小王没有坐那趟车,否则就危险了"是单一的假设条件复句,而"小王因为早交了钱,否则就被罚款了"则是因果跟假设条件的套合,再如"除非……否则"、"要么……否则"、"既然……却"、"既……但又"、"只有先……然后才"、"既……更"、"要不是因为……就"、"即使……但也"等配合类型的关联词语联结的复句都是套合关系的复句。

在复句分类中,更主要的分类标准是逻辑关系,即着眼于分句间的意义关系、逻辑关系。从逻辑关系角度给复句也有分歧,如可以分为因果关系和非因果关系两大类,也可以分为条件关系和非条件关系两大类,还可以分为因果关系、并列关系、转折关系三大类,可以分为联合关系、偏正关系、补充关系三大类。传统上是分为联合复句和偏正复句两大类。

二、联合复句

联合复句是指分句间没有主次之分,两个或两个以上的分句平等地联合在一起,联合复句的联合项(分句)无论多少都是同一层次的。联合复句按分句间的逻辑语义关系一般可分为并列复句、顺承复句、递进复句、选择复句、解注复句等五种。

(一) 并列复句

并列复句的几个分句往往分别述说相关的几件事,或者是一件事的几个方面,撇开语用安排或表述重心,前后分句的顺序往往可以调换。如:

　　　　小王会讲德语,小李也会讲德语。
　　　　他又能吃苦,又聪明。
　　　　这笔钱不是我的,而是我爸爸的。
　　　　他一会儿站起来,一会儿又坐下去。
　　　　有时我们说普通话,有时我们说吴语。
　　　　北京是中国的首都,是中国的政治中心,同时也是中国的文化中心。
　　　　他一边走,一边思考,还一边眺着马路上的行人。

并列复句可以有关联词语,单用的"也"、"又"、"还"、"同时"、"同样"等一般用于后续分句中,成套的有"既……又/也"、"不是……而是"、"是……不是"、"一边……一边"、"有时……有时"、"又……又"、"一方面……(另)一方面"、"一会儿……一会儿"。并列复句也可以不使用关联词语,如:

> 风轻悄悄的,草软绵绵的。

> 他不能说,不能吃。

> 智者千虑,必有一失;愚者千虑,必有一得。

从前后分句的语义关系上看,并列复句可以分为平列式和对比式两种。几个分句平列地叙述几件事或一件事的几个方面的是平列式。如:

> 他一边走,一边对我招手。

> 他既会写诗,又能作画。

前后分句有对照关系的是对比式。如:

> 这不是表扬你,而是在讽刺你呀!

> 小王是想表现一下自己,而不是真的想做些慈善事业。

对比式并列复句跟转折复句不同,转折复句前偏后正、主次分明,同时关联词语也不同。

(二) 顺承复句

顺承复句又叫连贯复句、承接复句、顺递复句,是几个分句述说连续动作或相关事物、道理,表示事物间先后相继的关系,因而分句是按照一定的顺序排列的,语序不能任意颠倒。

顺承复句常用的关联词语,单用的有"就"、"便"、"又"、"于是"、"接着"、"然后",用于后续分句;成套的有"首先……然后/接着"、"起先……后来"。如:

> 我在武汉只呆了几天,就匆匆赶回了上海。

> 他慢慢地踱进一家银行,看了看,又转身出来了。

> 她莫名其妙地笑了笑,然后点了点头,便走回自己的办公室。

> 起先只小张一个人唱,后来大家都跟着唱了起来。

> 首先我递给科长一份报告,接着我给老王一个通知,然后我就离开了办公室。

顺承复句有不用关联词语的,只借助动作或时间发生的先后顺序来安排分句,如:

竹子滑下溪水,转入大河,流进赣江,挤上火车,踏上迢迢的征途。

他披衣坐起,摸出香烟,点着火,怔怔地发呆。

顺承复句按顺承的内在联系,可以分为三类。一是时间上的顺承,分句是按时间的先后排列的。如:

他一下飞机,看见一名潇洒男士陪着妻子来接,就开始吃惊,接着又觉得尴尬,最后又想通了,开始显得落落大方起来。

我悄悄地起身,穿上大衣,轻轻地带上门,蹑手蹑脚地走了出去,消失在茫茫夜色中。

二是空间上的顺承,分句按空间位置的顺序排列,这一般是按人的视点顺序排列的,有由远而近,有由近而远,有由大到小,也有由小到大。如:

遥远的天空,有一个弯弯的月亮,弯弯的月亮下面是那弯弯的小桥,小桥的旁边是一条弯弯的小船。

眼前是一片小树林,树林过去是一大片农田,农田尽处是那座不高的山。

院子的东面是一间厨房,厨房的中间放着一张八仙桌,桌子上面放着一个大盆,盆里盛着许多汤。

三是事理上的顺承,分句是按照一定的事理逻辑来安排的。如:

张家庄有个张木匠,张木匠有个女儿叫张婉,张婉找个女婿叫木匠小张。

正确的认识来源于合理的判断,合理的判断产生于细致周到的分析,细致周到的分析出于对客观事物的了解和熟悉。

修辞上的顶真形式上都是首尾衔接的,内容上既可以按事理顺序,也可以按空间或时间顺序。

（三）递进复句

递进复句,也有叫进层复句或推进复句的,是后一个分句比前一个分句在意义上更进一层,表现出事物间有进一层的关系,这"更进一层"的意义往往体现在程度、数量、时间、范围等方面,分句的顺序较为固定。

递进复句往往有关联词语来显化递进关系,单用的有"而且"、"况且"、"何况"、"尤其"、"甚至"、"更"等,如:

小王会唱歌,而且还会作词、作曲。

你论文不能按时完成也不要勉强,何况我们还不知道会议能否如期举行。

我们会珍惜来之不易的幸福,更会为灿烂的明天而努力奋斗。

他失去了生活的信心,甚至也想到了自杀。

成套使用的关联词语有"不但/不仅……而且"、"不但……反而"、"尚且……反而"、"尚且……何况",等等。如:

鲁迅不但是伟大的文学家,而且是伟大的思想家和革命家。

他非但没有送来情报,就连人也没了消息。

我死尚且不怕,何况只是吃点苦受点累呢!

小王不光不给他妈钱,反倒把他妈妈赶出了家门。

递进复句按分句有无否定意义,可以分为顺进和反进两种。顺进就是后一分句以前一分句的意思为基点顺向来推进,"不但……而且"是顺进递进复句的典型关联词语,跟"不但"意思相同的还有"不仅"、"不只"、"不单"、"不光"、"非但"等,跟"而且"相当的还有"并且"、"且"、"甚至"、"就连"等。"尚且……何况"等也是顺进类,这类句子的前一分句是后一分句的衬托,意在强调后一分句表示的意思。顺进递进复句的后项也可以用"也"、"还"、"又"等副词,但前项必须有"不但"等才可以构成明显的递进关系,比较:

小王能唱歌,也/还/又能作词、作曲。(并列关系)

小王不但能唱歌,也/还/又能作词、作曲。(递进关系)

不过"也/还/又"经常跟"而且"连用,如:

小王不但能唱歌,而且也/还/又能作词、作曲。

反进递进复句是前一个分句以否定的意思为基点,后一分句则向一个肯定的意思反向推进,"不但不……反而"是反进递进复句的代表关联词语,跟"不但不"相当的还有"不仅不"、"非但不"、"不光没"等,跟"反而"相当的还有"反倒"、"相反"、"偏偏"等。

递进复句常常隐含某种预设,如"他不但会唱歌,而且会弹琴",预设会唱歌的不一定会弹琴。因而递进复句的使用要注意预设的正确和合理,否则句子会不正确。如"他不但有儿子,而且有妻子",隐含的预设是没有妻子可以有儿子,这一预设是不合理的,所以复句本身也有问题。

(四)选择复句

几个分句分别叙述两种以上的情况,以供人选择和取舍。选择复句一般有关联词语,不同类型的选择,有不同的关联词语,按选择的类型或关联词语的不同,可以把选择复句分为两个小类。

一是取舍未定的选择复句,分句提供两个以上的选择项,至于选择哪一项,说话者没有确定,即选择未定。常用的关联词语有两类,一是用在陈述句中,有"不是……就是"、"要么……要么"、"或者……或者"、"或者"等,如:

　　反正呀,这项工作不是你做,就是我做。

　　要么你下岗,要么你去服务公司,要么你去进修。

　　你或者继续升造,或者去找份工作。

　　我明天去北京,或者去天津。

　　或者你去,或者让小王去,或者你们一块去。

"不是……就是"含有非此即彼的意思,二者必居其一,没有第三种可能,所以也称"限选复句";"要么……要么"、"或者……或者"容许第三种情况,也可以构成三个分句以上的选择复句,所以又叫"商选复句"。

取舍未定的另一类关联词语是用在疑问句中,"是……还是"或"还是"构成选择问句,选择问句从复句看就是选择复句,这类选择复句也属于"商选复句"。如:

　　你是继续升造读书呢,还是找份工作上班挣钱呢?

　　你是参加拔河呢,还是参加投掷呢,还是参加长跑呢?

二是取舍已定的选择复句,分句提出的选择项,说话者已经予以选择,即选择已定。一种是先取后舍,说话者选择了前项,而舍弃了后项,即肯定前项否定后项,常用的关联词语有"宁可/宁肯/宁愿……也不",如:

　　我们宁可站着死,也不跪着生。

　　他宁愿住在偏僻的城郊,也不愿住在闹市区。

取舍已定的选择复句的另一种是先舍后取,说话者舍弃了前项,选择了后项,即否定了前项,肯定了后项,常用的关联词语是"与其……不如/毋宁/勿宁",后项中还可以跟"倒"、"还"连用。如:

　　与其这样半死不活,不如死而后生。

　　与其匆匆忙忙就开始工作,勿宁事先慎重考虑。

　　与其说她有过人的才能,倒不如说她以美貌胜人。

表示取舍已定的选择复句是舍此而取彼或取此而舍彼,主观态度十分明显,抉择语气十分坚决。不过,相对来说,先取后舍的复句要比先舍后取

的复句态度更加坚决些,后者语气委婉一些,比较:

> 宁可站着死,也不愿跪下生。
>
> 与其跪下生,还不如站着死。

取舍已定的选择复句由于选择已经确定,实际上不存在选择,所以,也可以把它们独立为一类,叫取舍复句。

"宁可/宁肯/宁愿……也"是前一分句表示说话者做出的选择,后一分句表示进行这一选择的目的,以示决心和态度。如:

> 我宁可回家晚一点,也要将任务完成。
>
> 他宁愿挨一顿批评,也要把老王拉来评评理。

(五) 解注复句

解注复句是后面分句对前一分句有所解释、说明、补充、总结。可以分为两类:

一是后一分句直接对前一分句进行解说。如:

> 小王有一个明显的特点,那就是特别容易激动。
>
> 我们正在辩论这样一个问题,即如何看待熟练员工不断跳槽的现象。
>
> 我不想跟你说,也就是说,我再也不想接触你了。

这些解注复句,后一分句对前句或前句的某一部分直接予以解说,后一分句前往往有"即"、"就是"、"就是说"、"这就是"、"那就是"、"意思是"等词语连接。有的后一分句前有冒号,来标明解说关系。如:

> 部队接到命令:立即急行军去支援友邻部队。
>
> 他在工作了几年后又有了新的想法:应该再去学校学习几年。

有的后一分句用"像"、"好像"、"仿佛"等来描写、补充前一分句,后一分句的主语往往承前省略。如:

> 他把手抱在头顶上,像是在投降。
>
> 这孩子瞪着凶狠的大眼睛,好像有谁欺负了他。

有的后一分句开头重复前一分句的谓语或谓语中的一部分,后一分句的主语往往承前省略。如:

> 他突然一阵风似地跑了起来,跑得是那么突然、那么迅疾。
>
> 室内变得一片寂静,静得令人恐惧不安。

　　不少解注关系的复句是没有关联词语或其他形式标志的,有的后一分句的主语承前省略。如:

　　　　里屋睡着一个大人,是我们的叔叔。

　　　　路口有一家商店,是华联超市。

　　　　这个人就是我常说的小李,中等身材,面容清瘦。

　　第二类解注复句是具有总分关系的复句。总分复句有的是先总说,后分说,分说部分有的前有冒号,有的有数量词,有的有"有的 …… 有的……"。如:

　　　　当前我们要做好三件大事:一是扩大国内需求,二是扩大对外贸易,三是寻求新的经济增长点。

　　　　家里来了许多客人,有的是村干部,有的是乡干部,有的是叫不上名字的穿各种制服的人。

　　　　毕业的学生走出社会,从事本专业工作的有,改行的也有,没找到合适工作的也有。

　　总分复句的另一种是先分说,后总说,总说分句往往有总括性词语"都"或总括性的语句。如:

　　　　他一个孩子在北大读书,一个孩子在清华读书,两个孩子都很争气。

　　　　有人要去北京旅游,有人要去浙江千岛湖旅游,还有人要去安徽黄山,一片乱哄哄的叫喊声。

　　　　或者把老虎打死,或者被老虎吃掉,二者必居其一。

　　也有可能先总说,后分说,再总说。如:

　　　　他口袋里装着两封信,一封是小芳写的,一封是秀芬写的,两封信都让他心跳。

　　解注复句的解说复句、分说分句、总说分句,总是主谓短语或省略主语的谓词性短语,不能是体词性短语,否则就成了复说语了。如下句子是含特殊成分复说语的单句:

　　　　他有一辆小汽车:奥迪 2000 型。

　　　　老王只有一个孩子,小王。

　　　　一个儿子、一个女儿,他们是老王的希望。

　　　　他买了几件家具:沙发、席梦思床、餐桌、餐椅。

三、偏正复句

偏正复句一般由两个部分构成,两部分在语意上是一偏一正或一主一从,所以偏正复句也叫"主从复句",正句或主句是句子主要意思所在,偏句或从句是修饰限制正句或主句的,是次要的、从属的。一般来说,偏正复句是偏句在前,正句在后,有时为了语用的需要也可以正句在前,偏句在后。偏正复句按照分句间逻辑语义关系可以分为因果复句、转折复句、假设条件复句、让步复句、目的复句等几类。

(一) 因果复句

分句间存在原因跟结果关系的复句是因果复句,一般来说,因果复句中偏句在前,说明原因,正句在后说明结果。按照是说明因果关系的还是推论因果关系的,可以把因果复句分为两类。

1. 说明因果复句

说明因果复句是就既成事实说明原因和结果,所叙述的事实一般是已经实现了的,也就是说是对客观存在的因果关系进行说明和描写。常用的关联词语有"因为/由于……所以/因此/因而",也可以单用"由于"、"因为"在前一分句,或单用"所以"、"因此"、"因而"、"以致"在后一分句。如:

> 因为人的生命是以时间计算的,所以浪费时间就等于浪费生命。
> 由于路途太遥远,因而没能及时赶到。
> 由于我们没有努力学习语言,古人语言中的许多很有生气的东西我们就没有充分地合理利用。
> 知识的海洋是无边无际的,因此,学习是无止境的。
> 我每天都买那份报纸,以致报童每天下午按时等我下楼。

有时为了强调原因,用"之所以……是因为"格式把表示原因的分句放在后面,或者在后一分句单用"因为",形成前果后因表示法。如:

> 他之所以没有取得大的成就,是因为他过于骄傲。
> 科学是不怕人批评的,因为科学就是真理。

说明因果复句也可以没有关联词语。如:

> 天下这么大的雨,我们都迟到了。

说明因果复句有时也可以表示未实现的因果关系。如:

> 因为天可能下雨,我带了一把伞。(原因未然,结果已然)

因为天下雨,你该带一把伞。(原因已然,结果未然)

因为天可能下雨,你该带一把伞。(原因未然,结果未然)

2. 推论因果复句

这类因果复句是以一定的事实或知识前提作为根据或理由,从而推出一种新的结果或预测某一种结果,结果不一定是实现了的,而且也可能是不真实的结果。常用的关联词语是"既然……那么/就/便"。如:

你既然没有什么毛病,就应该来上班。

既然恒星都是大大小小的太阳,那么我们研究所得的关于太阳的许多知识都可以用在恒星上。

"既然"在口语里也可以说成"既"。如:

你既来了,就帮帮他吧。

后一分句前用"可见"承接的复句一般是推论因果复句。如:

小王在运动会上跑出了这样好的成绩,可见他平时训练是非常刻苦的。

有时推论因果复句也可以不用关联词语。如:

孩子们多又拉又吐,一定是食物中毒了。

推论因果复句,一般是据因推果,上举各例多是("可见"句不是),也可能据果推因。比较:

小王既然病好了,就应该来上班。(据因推果)

小王既然来上班了,病就应该好了。(据果推因)

(二)假设条件复句

假设条件复句是偏句提出一种假设条件的情况,正句说明在这种假设条件的情况下要产生的结果。假设条件复句一般有关联词语,不同的假设条件复句有不同的关联词语。

假设条件复句按照结果产生的条件可以分为三种:充分条件、必要条件、无条件的条件。

1. 充分条件复句

"如果……就"、"假若……就"等是一种充分条件,跟"如果"、"假若"同义的还有"要是"、"要"、"假使"、"假如"、"如"、"倘若"、"倘"、"设使"、"设若"、"若是"、"若"、"万一"等,"就"前面还可以有"那么"、"那"、"便"。口语

中,后一分句也可以不用"就"。如:

> 如果小王不当选,我就辞职不干。
>
> 要是你不早点儿来,那就没有你的位置了。
>
> 你若是从井冈山山坳走过,便能看到一条条修长的竹滑道。
>
> 假如你不告诉我真相,我会更加痛苦。
>
> 万一我们牺牲了,请转告祖国我们没有辜负她的养育之恩。

这类充分条件的假设条件复句实际上是以假定为依据来推断某种结果,一般称为假设复句。这类由假设而生的结果有的可以实现,有的是对过去的假设,结果是不会出现的,有的是对不可能成立的一种假设,是对客观事实的反面的假设,是虚假的,根本不可能实现。如:

> 假使你再长大五岁,我会告诉你事实的真相的。(对将来的假设)
>
> 假如李时珍不进行深入细致的调查,他是不可能写出《本草纲目》的。(对过去的假设)
>
> 如果你现在还没来,那你就要挨批评了。(对现在的假设)
>
> 如果地球不自转,就不会有现在的昼夜之分。(对不可能的假设)

对不可能出现的情况的假设,往往用于论证,如上例;更多地则是用来表明说话者的主观态度和情感、决心。如:

> 如果太阳从西边出来,我就嫁给你。
>
> 假如六月里下了大雪,我就放过你。
>
> 要是地球不转了,我们就会重逢。

"……的话"也可以用在表示假设的分句后帮助假设。如:

> 假使他真有办法的话,也不至于落到如此地步。
>
> 您有空的话,我想跟您谈一件事。

这类充分条件复句有时为了突出假设或补充假设,也可以将表假设分句后置。如:

> 我想今天下午去拜访您一下,如果您有空的话。
>
> 下午我一定去,假如不下大雨。

由"否则"、"不然"、"要不"、"要不然"联结的复句,可以看作表示假定的充分条件复句,偏句指明一种事实,正句接着指出如果不这样就会成为另外的事情,"否则"等可以变成"如果不……"。如:

　　快走吧，要不然会迟到的。

　　幸亏我早动身一个小时，否则就赶不上这班车了。

　　我身上一时没有钱，要不那天我也会买许多彩票的。

　　"只要……就"是另一种充分条件复句，表示有了就够的条件，只要满足某种条件，就会有某种结果，着重说明的是一种习见的情况。如：

　　只要我们团结起来，就一定能克服前进道路上的各种困难。

　　只要没有氧气，就足可以置人类于死地。

　　有时，可以没有"只要"或"就"。如：

　　没有水，生命就无法延续下去。

　　只要老王到场，一切都好办了。

　　不过，没有"只要"，跟"如果"类假设条件复句和因果复句不易区分，如"没有水，生命就无法延续下去"也可以理解为假定条件或因果，添加关联词语至少有三种：

　　只要没有水，生命就无法延续下去。

　　因为没有水，生命就无法延续下去。

　　如果没有水，生命就无法延续下去。

　　2. 必要条件

　　必要条件是不可缺少的条件，必须满足或只有满足这种条件，才会有某种结果，不能缺少，也不能更换。典型的关联词语是"只有……才"，还有"除非……才"、"必须……才"，这类必要条件复句着重说明习见的情况。如：

　　只有勤奋刻苦，才可以顺利通过考试。

　　除非有特效药，才有可能救活她。

　　必须消灭恶霸，农民才能过上好日子。

　　有时，可以单用"才"。如：

　　我们大家一条心，才能克服困难。

　　不过，在已然句中，单用"才"也可能是因果关系。如：

　　我们大家一条心，才把事情办好的。——因为我们大家一条心，才把事情办好的。

　　一般来说，必要条件给人的感觉是唯一条件，有的也确实是这样，但实际上并不完全这样，如果某个结果需要几个必要的条件，必要条件就不是唯

一的了,如阳光、空气、水、土壤都是植物生长的不可缺少的必要条件,这样,下列句子都是合理的:

　　只有照射到阳光,植物才能生长。

　　只有有空气,植物才能生长。

　　只有吸收到水分,植物才能生长。

　　只有有合适的土壤,植物才能生长。

　　"只有……才"格式的必要条件复句含有强制性的迫使听话人去认识说话人所提条件的决定性的作用,至于是否是唯一条件说者和听者未必关心。

　　"如果不……就不"等也表示必要的条件,着重说明假定的情况。如:

　　屈原如果不被放逐,就不会写出《离骚》那样的作品。

　　工资假如不按时发放,就不可能完成今年的生产任务。

　　充分条件和必要条件不同,首先,关联词语不同,"只要……就"和"只有……才"分别为固定格式,不能交叉搭配成"只要……才"和"只有……就";其次是语气不同,必要条件强调必不可少,口气坚决,态度强硬,要求偏严,而充分条件强调应该满足,同时也不难满足,口气较为缓和,态度宽容。比较:

　　如果老王来了,就有办法对付这个家伙。(有老王就行。)

　　只要老王来了,就有办法对付这个家伙。(有老王就行。)

　　只有老王来了,才有办法对付这个家伙。(非老王不可。)

　　如果坦白交代,就能从宽处理。(不要担心,你还是有希望的,说吧。)

　　只要坦白交代,就能从宽处理。(不要担心,你还是有希望的,说吧。)

　　只有坦白交代,才能从宽处理。(不然,没有别的出路,说吧!)

　　同时"如果……就"、"只要……就"还隐含着除了这个条件,还有别的条件可以选择,而"只有……才"隐含这是唯一条件,没有别的选择。另外,就客观实际看,有的条件只能是必要条件,而不可能是充分条件。如:

　　只有有好的种子,才能高产。

　　只要有好的种子,就能高产。(未必)

　　只有水源充足,落差大,才能发电。

　　只要水源充足,落差大,就能发电。(未必)

　　再如"只要呼吸到空气,我们就能生存"、"只要有食物吃,我们就可以生存"、"只要有水喝,我们就能生存"等表达,从逻辑上和客观实际来看,都是不正确的,把"只要……就"换成"只有……才"就可以了。

　　有的条件只能是充分条件,而不可能是必要条件。如:

　　　　只要从上海师大坐上 43 路公共汽车,就可以到南浦大桥。

　　　　只有从上海师大坐上 43 路公共汽车,才可以到南浦大桥。

　　如果说话者站在上海师大的位置,满足坐上 43 路公共汽车这个条件,肯定可以到南浦大桥的("上海师大"和"南浦大桥"分别是 43 路公共汽车的起点站和终点站);但不坐 43 路公共汽车则不一定不能到南浦大桥,因为还可以有别的办法,如打的、换车甚至步行,所以后一句是不合事实的。

　　还有,"只要"可以后置和独用,"只有"一般不后置、不独用。如:

　　　　我们可以不考虑你的过去,只要现在和将来好好干。

　　　　甲:这么苦的活你也干?

　　　　乙:只要对祖国建设有益。

　　3. 无条件的条件

　　正句所表示的结果并不以偏句的条件变化为根据,而是不管在什么条件下都会产生同样的结果,结果的产生不以条件为转移,也就是说结果的产生是没有任何条件的,或者通通认可,或者通通排除,各种条件不对结果有所制约。无条件条件复句往往是固定格式或含有固定用法,常用的关联词语是"无论/不论……都"、"不管……都"、"任凭……都/也",同时在条件分句里往往有表示任指的疑问代词"谁"、"什么"、"怎么"、"多少"、"多"、"哪"、"哪儿"、"怎样"、"如何"等,或者有"还是"、"或者"、"X 不 X"以及"大小"、"快慢"一类的反义组合等选择性结构。如:

　　　　无论我们走到什么国度,都不会忘记我们伟大的祖国。

　　　　国家不论大小,都应该互相尊重领土和主权。

　　　　不管你怎么劝说,他就是不松口。

　　　　任凭谁向他提问题,他都会认真回答。

　　　　不论你来还是他来,都是没有用处的。

　　　　无论我们去或者留,他都显得漠不关心。

　　有时为了突出无条件,表示无条件的分句可以在后。如:

　　　　反正我不会跟你们走的,无论你如何说。

老王总是有办法的,不管遇到多大的困难。

（三）转折复句

转折复句是正句不顺着偏句的意思说下去,而是跟偏句的意思相反或相对,一般来说,偏句在前,正句在后,前后分句在语意上是由一个方向转向了另一个方向,也就是说后一分句在语意上对前一分句有所转折。转折复句可根据语意转折的程度分为三类。

1. 重转复句

正句跟偏句明显对立,语意明显相反或相对,常用关联词语有"虽然……但是"、"尽管……但是","虽然"也可以说成"虽"、"虽说",跟"但是"同义的还有"可是"、"但"、"可"、"而"、"然而"、"却","虽然"一类的关联词语有预示转折的作用。如:

我们虽然感受到他的关心,但总是对他的好心存有怀疑。

尽管已经八十多了,可他每天还是按时到研究所来。

虽说孩子已经长大成人,而他就是不放心。

虽到了农历五月,山里却依然有些寒气。

重转复句有时偏句可以在后,起补充说明作用,但正句不能有"但是"类词。如:

小王一直没说一句话,虽然来了很长时间。

他还是按时赶来了,尽管下了很大的雨。

2. 轻转复句

偏句没有预示转折的关联词语,正句用"但是"一类的词语突然转折,也叫"突转句",跟"但是"意思一样的还有"但"、"可"、"可是"、"却"、"而"、"然而"等,这类转折复句语意上比有预示转折词语的重转复句轻一些。如:

他内心很是悲哀,但忍住没有让眼泪流出来。

他在会场坐了大半天,可一句话也没说。

现在早就不再自己织布穿了,然而他还保留下了跟了他几乎一辈子的手工织布机。

无论重转转折复句还是轻转转折复句,其中"但是"类词都可以跟"却"连用表示转折。如:

自己田里生出来的东西一天一天不值钱,而镇上的东西却一天一天贵起来。

她嘴上虽然没说出来,但是心里却不能不想。

3. 弱转转折复句

正句跟偏句没有明显语意的对立,转折的意思较为轻微,常在正句前用"只是"、"不过"、"只不过"、"倒"连接。如:

她微微一笑,没有回答,只是眼里含有悲伤。

这儿你可以随便看看,不过,太太的房间你不要进去。

小王平时不多说话,辩论时倒妙语连珠。

这孩子看上去身体很瘦弱,不过打球倒是一把好手。

转折复句一般要有关联词语,但有时偏句和正句对比很明显时也可以不用关联词语,靠意思来显示转折。如:

我嘴上没说出来,心里很高兴。

这孩子平时成绩很好,这次考试的成绩并不理想。

重转转折复句,含有容认性让步的意味,有的论著归在让步句中。不过重转转折复句的偏句显示的是一种已然的事实,而让步复句的偏句未必是已然的事实,只是退一步承认它可能是一种事实(不管它是不是真的是事实)。另外,如果重转转折复句归在让步复句中,就跟其他"但是"类复句不统一了,重转复句跟轻转复句、弱转复句应该是统一的。

（四）让步复句

让步复句是偏句先退一步说,把无论是真实的还是虚假的条件都姑且当成一种事实,正句说明在这种让步条件下所产生的结果。让步复句一般有关联词语,尤其偏句要有关联词语——显示让步关系的词语,常用的关联词语有"即使……也"、"纵然……也"、"哪怕……也"、"即便……也"、"就是……也"、"就算……也"、"纵使……也"等。如:

即使中国将来强大了,也不会称霸。

纵然是皇帝老爷来了,我也不怕。

就算他将来当了大官,我们也不会再认他。

这个恶霸就是烧成了灰,我也能认出他。

让步复句不同于条件复句或假设复句,条件和结果、假设和结果总是一致的,而让步复句的让步条件跟结果不强调一致。可见,让步复句跟转折复句相比,虽有转折意味,却不强调对已然事实的转折;跟假设复句相比,有假设的意味,却不把条件当作假设而退一步看作事实;跟无条件条件复句相比,有条件和结果的关系,但不强调条件和结果的一致性。总之,"让步"是让步复句的独特的语义特征,"让步"关系也保证了让步复句的独立性质。

(五)目的复句

目的复句是偏句表示一种动作行为,正句表示偏句采取某种动作行为所要达到的目的。目的有两种,一是积极的目的,是想获得的,一类是消极的,是想避免的,由此,目的复句也可以分为两类。

1. 积极性目的复句

偏句表示采取某种动作行为,正句表示想要实现或达到的某种目的,正句前常用"以便"、"为的是"、"以"、"用以"、"借以"、"好"等。如:

> 今天他起得很早,为的是赶头班车。
> 我们还是从小路走,以便节省时间。
> 小王采取了第一方案,借以节省粮食。
> 我们早就来到了人民广场,好占据有利地势。

2. 消极性目的复句

偏句表示采取某种动作行为,正句表示避免发生某种不希望出现的结果,正句前常用的关联词语有"省得"、"免得"、"以免"、"以防"等。如:

> 你要保管好现金,以免被不法分子偷走。
> 麻烦你顺便把书捎来,省得/免得我再跑一趟。
> 不要把手露在被子外面,以防感冒。

"为了"也表示目的,"为了"目的句是表示目的的在前,表示动作行为的在后,即表目的的是偏句,表动作行为的是正句。这跟上述的目的复句不同,"以便"、"以免"类目的复句,目的是表述重点,"为了"类目的复句,动作行为是表述重点。比较:

> 我起得很早,以便赶上头班车。
> 为了赶上头班车,我起得很早。
> 我把保险柜的钥匙收藏起来了,免得被人偷去。
> 为了防止被人偷去,我把保险柜的钥匙收藏起来了。

"为了"类目的复句既可表示积极目的,也可以表示消极目的。

目的复句跟因果复句有一定的联系。目的复句的前后分句可以互为因果,前一分句即表示动作行为的分句也就是某种目的得以实现的原因,可以把表示目的的关联词语换成"因为这样可以"。如:

我起得很早，以便赶上头班车。—我起得很早，因为这样可以赶上头班车。

换个角度看，表示目的分句所要达到的目的，也正是要采取某种动作行为的原因，这样可以把目的复句变成"因为要……（所以）"格式。如：

我起得很早，以便赶上头班车。—因为要赶上头班车，所以我起得很早。

我把保险柜的钥匙收藏起来了，免得被人偷去。—因为要免得被人偷去，我把保险柜的钥匙收藏起来了。

不过，目的复句的关联词语跟因果复句完全不同，用上"以便"、"以免"、"为了"目的性很强。

四、多重复句

（一）一重复句和多重复句

以上所介绍的复句都是简单复句。说简单有两层含义，一是表义简单，分句间的逻辑语义关系往往只有一种，是单一关系的复句，二是语言形式或句子本身简单，往往是由两个分句构成的复句。实际上，由于复句主要用于表示逻辑语义关系，实际的语言运用无论表义还是语言形式往往是很复杂的，分句也往往有好多个，这样才足以说明某种事理关系。两个以上分句构成的复句实际上有两类，一类多个分句在同一层次上联合，如：

他们从地下爬起来，揩干净身上的血迹，掩埋好同伴的尸首，又继续战斗了。

在这个问题上，我不对，你也不对，他也不对。

这件事，不但我反对，而且他也反对，甚至你们自己人中也有人反对。

这些复句有三四个分句，但分句间没有层次差别，从层次关系上看，还是一层复句，又叫一重复句。另一类多分句复句，分句间有一定的层次关系，即各个分句不处在同一层次上，如"不管遇到多大困难，只要我们坚定信心，就能出色完成任务。"这一句有三个分句，但三个分句不处在同一层次上，"不管遇到多大困难"和"只要我们坚定信心，就能出色完成任务"是同一层次上的两个部分（一部分一个分句，另一部分两个分句），而"只要我们坚定信心"和"就能出色完成任务"是下一层次上的两个分句，可见，这

是一个两个层次的复句,叫二重复句。以下复句也不止一个层次,即是多种复句:

> 即使是最坚硬的金属,一接触它们的表面就会熔解,甚至化为气体。

> 如果我们既放下了包袱,又开动了机器,既是轻装,又会思索,那我们就会胜利。

> 虽然是满月,天上却有一层淡淡的云,所以不能朗照;但我以为这是到了好处。

可见,多重复句要有两个以上的分句构成,但由两个以上的分句构成的复句未必都是多重复句,决定是否是多重复句,除了要看分句数目外,更要看分句间有无层次差别,关键看各分句是否处在同一层次上,有不止一个层次的复句才是多重复句。这跟确定句法结构的层次关系是一样的,联合短语、连动短语即使句法成分很多也只是一个层次的句法结构,只有当不同句法成分处在不同层次上时,才是多层次句法结构。语法上把有两个以上层次的复句叫做多重复句,多重复句按层次的数目被分为二重复句、三重复句、四重复句、五重复句。从理论上讲,还可能有更多层次的复句,但从表达和接受、理解来看,实际语言运用中,五重以上复句就比较少见了。

(二)多重复句分析步骤

多重复句因为分句数目多,分句间层次和逻辑关系复杂,因而不便于理解、接受和运用,要正确理解、接受和运用多重复句,首先要对多重复句的层次和关系进行正确的分析。为保证多重复句分析的正确,应该掌握一定的分析程序或步骤,这些步骤也是分析多重复句时应该注意的问题。

1. 准确确定分句的数目

确定好构成多重复句的分句数目是正确分析多重复句的前提。主谓结构、非主谓结构、谓词性短语、体词性短语都可能成为分句,只要具有分句的特质就行。像下面一个多重复句,分句本身的结构是各不相同的:

> ①有一年的冬初,四叔家里要换女工,②做中人的卫老婆子带她进来了,③头上扎着白头绳,④乌裙,⑤蓝夹袄,⑥月白背心,⑦年纪大约二十六七岁,⑧脸色青黄,⑨但两颊却还是红的。

这个复句共有 9 个分句(已在每个分句前用数目并括号标示),其中①②③⑦⑧⑨是主谓结构的分句,④⑤⑥是非主谓结构的体词性短语做分句。

再如：

　　　　①一篇好的文章或一篇演说，如果是重要的带指导性质的，②总得要提出一个什么问题，③接着加以分析，④然后综合起来，⑤指明问题的性质，⑥给以解决的办法，⑦这样，就不是形式主义的方法所能济事。

这个复句有 7 个分句构成，其中①⑦是主谓结构分句，其他都是非主谓结构分句。

同时，也不能把不是分句的误认为分句，单句中的句首状语、特殊成分、倒装成分都不是分句，尤其要辨别单句内偶然具有的某些一般充当关联词语的成分带来的误导，如单句内用"无论"、"不论"、"不管"、"为了"、"因为"等引导的成分。如下复句中的划线部分都不能误认为分句：

　　　　<u>无论谁</u>，都不能践踏法律，因为在法律面前人人平等，法律是神圣不可侵犯的。

　　　　<u>那一年的春天</u>，我独自一人来到这个小岛上，开始了我的海洋生物研究课题。

　　　　小王买了三本书：《红楼梦》、《水浒传》、《三国演义》，这些书都是老师指定的参考书，必须认真读。

　　　　<u>铃声响后</u>，同学们飞快地跑回教室，<u>从操场上</u>，<u>从阅览室</u>，<u>从乒乓球室</u>。

确定好分句数目以后，分析时可以在每个分句前依次用数字标示出来，如：

　　　　①是的，我虽然自有我的确信，②然而说到希望，③却是不能抹杀的，④因为希望是在于将来，⑤决不能以我之必无的证明，来折服了他之所谓可有，⑥于是我终于答应他也做文章了，⑦这便是最初的一篇《狂人日记》。

　2. 抓住关联词语

多重复句，尤其层次多的多重复句中，各个分句间的层次和关系往往要依靠关联词语来显示出来，关联词语成了多重复句的层次和关系的重要标志，因此，分析多重复句时，要充分利用关联词语的这个外在标志。利用关联词语，不仅要找出每个关联词语，更主要的是要正确地把握关联词语所管辖的范围和所表示的意义。如：

　　①即使人们疑心,| ②也只能怀疑他是新到城里来的乡下佬儿,|||
③大概不认识路,||④所以讲不出价钱来。

　　这个复句有"即使"、"也"、"所以"三个关联词语,其中"即使……
也"是成套的,这里涉及"也"管辖的范围,也涉及到"所以"分句的原因
分句的范围,从逻辑关系上,"也"是管辖到句末的,所以第一层在①②
之间,是让步关系,②③分句是原因部分,所以第二层在③④之间,是因
果关系。再如:

　　①今日虽然是五月初一,|②但高山中的夜晚仍有点轻寒侵人,||
③所以这一堆火也使周围的人们感到温暖和舒服。

　　这个复句有"虽然"、"但"、"所以"三个关联词语,其中"虽然……但"是
成套的,这里涉及"但"的管辖范围,也涉及"所以"分句的原因分句的范围,
本句"但"管辖②③两个分句,所以第一层在①②之间,是转折关系,②③之
间是因果关系。

　　为清晰起见,在进行多重复句分析时,可以将找到的各关联词语做上标
记,如在关联词语下面加点,如:

　　如果没有氧气,光有氢气,或者光有氢气,没有氧气,都不能生
成水。

　　我喜欢这绚丽灿烂的秋色,因为它表示着成熟和繁荣,也意味着愉
快和欢乐。

　　尽管古代的一些作家,并不完全是唯物主义者,但是他们既然是现
实主义者,他们思想中就不能不具有唯物主义的成分,因而他们能够从
艺术描写中反映出一定的客观真理。

　　3. 综观全局,准确确定好第一层及其关系

　　分析多重复句确定第一层的位置和关系最为关键,因为第一层及其关
系决定了该多重复句的性质和类型,第一层若找错了或者弄错的关系,整个
多重复句的分析就基本是错的。要确定第一层次就要总揽全句,全面理解
该多重复句的意思,依靠形式标志或意念,一举找出第一层次所在的位置,
分析出逻辑语义关系。如:

　　虽然我把主要精力用于数学,|但我并没有放弃古诗文的学习,时
常写点诗,既丰富业余生活,又练了自己的文笔,对写作论文也有很大
帮助。

　　该句从全句看,是想说明研究数学跟古诗文学习这两个看似没有关系的学科的关系,说明说话者并没有重理轻文,第一分句说的是有关数学的,后面的分句都转向叙述有关古诗文的,所以从全句看,该句是转折关系,又有转折关系的关联词语"虽然……但",第一层在"但"前。再如:

　　　　只要能够不断发现错误、缺点,而又能够不断改正这些错误、缺点,从错误、缺点中学会新的知识、本领,│便可以使认识不断深化,从而逐步掌握规律,达到胜利。

　　本句从全句看是为了说明如何对待错误、缺点以及这样做可能得到的结果,句子前半部分说的是条件,后半部分说的是在这一条件下产生的结果,关联词语"只要……便"帮助显示这一关系,所以第一层次在"便"前。

　　确定好第一层次及其关系,等于掌握了某多重复句的基本性质和类型,按照确定第一层次及其关系的方法,可以依次确定第二、第三等层次及其关系。

　　4. 逻辑关系和形式标志

　　多重复句往往直接反映人们思维中的判断、推理的过程,因而分析多重复句常常可以根据它们的逻辑语义来确定多重复句的层次和关系。但,多重复句分析毕竟是语法分析,语法分析应该从形式出发去发现意义,做到形式和意义相结合。语法跟逻辑虽然关系密切,但语法不等于逻辑,它有自身的规律,所以在分析多重复句时应该避免单纯逻辑观点,当形式标志跟逻辑关系在表层有矛盾时,更要注意这个问题。如:

　　　　掌柜是一副凶面孔,主顾也没有好声气,教人活泼不得;│只有孔乙己到店,才可以笑几声,所以至今还记得。

　　从单纯逻辑语义关系看,该句第一层可以切分在"所以"前,整句是因果关系;但从句子的形式看,分号把句子分成两个部分,分号前面说的是一方面的情况,意在衬托分号后面的部分,这样看,分号前后应该是第一层,整句是并列关系。再如:

　　　　如果你做学问的功底不扎实,你就不可能成为专家学者;│即使短期内有些成绩,也不可能做成大学问,更不可能成为一代宗师。

　　从单纯逻辑语义关系看,该句第一层次也可以切分在"也不可能"前面,整句是假设条件关系;但从形式上看,分号把该句隔开,表达了两层意思,所以第一层次应该在"即使"前面,是并列关系。

　　当然,避免单纯逻辑语义关系不是说不要逻辑语义关系,实际上在大多数情况下,逻辑语义关系跟形式标志是一致的。

　　5. 意合法跟语言环境

　　意合法的多重复句因为没有关联词语来显化复句关系,有时可以有不同理解和切分,但在具体语言环境中,又往往只有一种理解。如:

　　　　树木长得茂盛,树阴厚,孩子们夏天喜欢在树林中玩。

　　孤立地看,这个多重复句既可以是假设条件关系,也可以是因果关系,如:

　　　　如果树木长得茂盛,树阴厚,孩子们夏天就喜欢在树林中玩。
　　　　因为树木长得茂盛,树阴厚,所以孩子们夏天喜欢在树林中玩。
　　　　只要树木长得茂盛,树阴厚,孩子们夏天就喜欢在树林中玩。

　　而在具体语境中,语境往往限制了多重复句只能有一种关系。如:

　　　　花种得好,姹紫嫣红,满园芬芳,可以欣赏;菜种得好,嫩绿的茎叶、肥硕的块根和果实,却可以食用。

　　该句分号两边是并列关系,如果孤立地看,分号两边即第二层却有假设条件、因果几种可能的关系,但在吴伯箫《菜园小记》一文中,就只能是假设条件关系。

　　(三) 多重复句分析的表示法

　　多重复句的分析实际上就是把分句作为切分单位来对多重复句进行层次分析,处在同一层次上的分句实际上就是具有直接关系的分句,因而分析多重复句也要遵守层次切分的基本原则,如要保持分句的相对独立性,即分析出的片段要具有相对的独立性,具有作为分句的功能,同时分析出的同一层次上的具有直接关系的分句要具有一定的逻辑语义关系,即可搭配,另外,分析结果要符合原来句子的意思。可见,多重复句分析也要遵循结构、功能、意义的三原则,只不过,多重复句的层次分析分析到分句就行的,分句是多重复句层次分析的最小单位,所谓结构、功能、意义是指分句和分句之间的关系而言的。

　　既然多重复句的分析也是层次分析,那么分析的结果就要体现出分句间的层次关系,而且这种层次关系要用一定的表示法显示出来。就目前的论著来看,显示多重复句层次分析的方式有如下一些,以下一句子为例:

　　　　我想这就和挑西瓜一样:有的看着好,可里边是生的;有的看样子很生,可里边却很甜。

这是由 5 个分句构成的多重复句,分析结果可有如下几种表示法:

1. 在每个分句前标上 A、B、C、D、E,整个复句的分析是这样的:

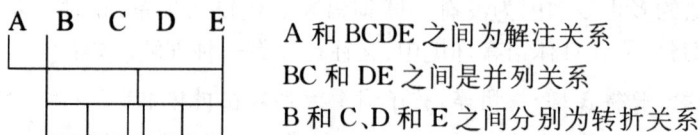

A 和 BCDE 之间为解注关系

BC 和 DE 之间是并列关系

B 和 C、D 和 E 之间分别为转折关系

2. 在每个分句前标上分句序号①②③④⑤,整个复句分析是这样的:

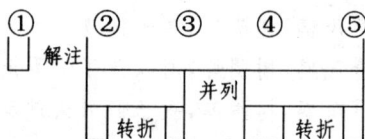

3. 在每个分句前标上分句序号①②③④⑤,整个复句分析是这样的:

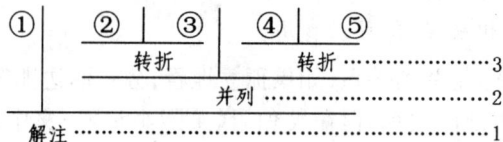

这是一种从低层次到高层次的分析方法。

4. 在每个分句前标上分句序号 a、b、c、d、e,在每个层次上标上层次数,整个复句分析是这样的:

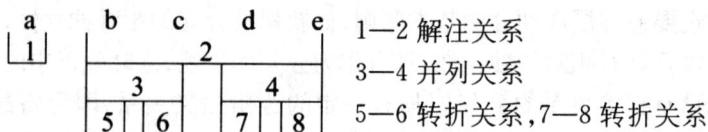

1—2 解注关系

3—4 并列关系

5—6 转折关系,7—8 转折关系

5. 在每个分句前标上分句序号①②③④⑤,并将序号填入框中,整个复句分析是这样的:

当然,还可能有其他显示多重复句层次分析的方法。以上这些显示方法一般叫框式图解法或图解法,这种图解法还可以简化为所谓划线法,如:

①我想这就和挑西瓜一样：| ②有的看着好，‖ ③可里边是生
　　　　　　　　　　　　　解注　　　　　　　转折
的；‖ ④有的看样子很生，‖ ⑤可里边却很甜。
　并列　　　　　　　　　　转折

划线法是首先标示出分句数，然后总揽全句，理解全句的意思，并着眼
于形式标志或关联词语，找出第一层的位置，用单竖线"|"将第一层次的两
个部分隔开，并在单竖线下注明复句关系；接着用同样的方法找出第二层次
的位置，用双竖线"‖"隔开，并在双竖线下注明关系；依次类推就可以找出
第三层次、第四层次、第五层次等。

（四）多重复句分析示例

为节省篇幅，下面用划线法来分析一些多重复句（分句前的序号也
省去）。

1. 二重复句

（1）手术室里虽有十多个人，‖ 可是谁也没有讲话，| 只有明
　　　　　　　　　　　　　　转折　　　　　　　　　　　并列
亮的灯在嘶嘶响着。

（2）今日虽然是五月初一，| 但高山中的夜晚仍有点轻寒侵人，
　　　　　　　　　　　　转折
‖ 所以这一堆火也使周围的人们感到温暖和舒服。
因果

（3）如果我们只把过去的一些文件逐字逐句照抄一通，　　　|
　　　　　　　　　　　　　　　　　　　　　　　　　　假设条件
那就不能解决任何问题，‖ 更谈不上正确地解决什么问题。
　　　　　　　　　递进

（4）我喜欢这绚丽灿烂的秋色，| 因为它表示着成熟和繁荣，
　　　　　　　　　　　　　　　　　　因果
‖ 也意味着愉快和欢乐。
并列

2. 三重复句

（1）如果没有氧气，‖ 光有氢气，‖ 或者光有氢气，‖ 没有
　　　　　　　　并列　　　　　　　选择　　　　　　　　并列
氧气，　| 都不能生成水。
　　假设条件

（2）如果我们既放下了包袱，‖ 又开动了机器，‖ 既是轻装，
　　　　　　　　　　　　　　　　　并列　　　　　　　并列
‖ 又会思索，　| 那我们就会胜利。
并列　　　　假设条件

（3）即使人们疑心，｜　也只能怀疑他是新到城里来的乡下佬儿，
　　　　　　让步

||| 大概不认识路，|| 所以讲不出价钱来。
解注　　　　　　　因果

（4）广聚见他的话头又不对了，|| 也不敢强叫，｜ 可是又想听
　　　　　　　　　　　　因果　　　　　　转折

听他们谈些什么，|| 因此也不愿走开，||| 就站在圈外。
　　　　因果　　　　　　　顺承

3．四重复句

（1）唱歌的时候，一队有一个指挥，｜ 指挥多半是多才多艺的，
　　　　　　　　　　　　　顺承

|| 既能使自己的队伍唱得整齐有力，|||| 唱得精彩，||| 又有办法激
解注　　　　　　　　　　　　　　并列　　　　　　并列

励别的队伍唱了再唱，|||| 唱得尽兴。
　　　　　　　　并列

（2）我们不管读什么书，|| 都必须认真地去读，||| 不仅了解书的
　　　　　　　　条件　　　　　　　　　解注

内容，|||| 而且要通过书的内容去了解其反映的时代和社会，｜ 否则
　　递进　　　　　　　　　　　　　　　　　　　假设条件

就不能算读懂读透。

4．五重复句

一篇好的文章或一篇演说，如果是重要的带指导性质的，　　 ||
　　　　　　　　　　　　　　　　　　　　　　假设条件

总得要提出一个什么问题，|||| 接着加以分析，||| 然后综合起来，
　　　　　　　　顺承　　　　　　　　顺承

|||| 指明问题的性质，||||| 给以解决的办法，｜ 这样，就不是形式主
顺承　　　　　并列　　　　　　　因果

义的方法所能济事。

5．六重复句

我的父亲允许了；｜ 我也很高兴，|| 因为我早听到闰土这名
　　　　　　并列　　　　　　因果

字，||| 而且知道他和我仿佛年纪，|||| 闰月生的，|||||| 五行缺土，|||||
　　递进　　　　　　　　　　并列　　　　　　并列　　　　　因果

所以他的父亲叫他闰土。

6．七重复句

那女人虽是山里人模样，｜ 然而应酬很从容，|| 说话也能干，
　　　　　　　　　转折　　　　　　　并列

‖ 寒暄之后,就赔罪, ‖‖ 说她特来叫她的儿媳回家去, ‖‖‖ 因为开
解注 顺承 因果
春事物忙, ‖‖‖‖ 而家中只有老的和小的, ‖‖‖‖‖ 人手不够。
转折 因果

五、紧缩句

(一) 复句的紧缩和紧缩句

复句可以紧缩,如:

> 只要他一回来,我就告诉你。—他一回来我就告诉你。
>
> 老师们即使来了,也不会发言的。—老师们来了也不会发言。
>
> 我们如果不把任务完成,就不休息。—我们不完成任务就不休息。
>
> 他棋下得时间越长,棋艺越高。—他棋艺越下越高。

所谓"紧缩"实际上包括"紧"和"缩"两个方面,紧指复句内部的语音停顿取消了,分句间的联系更加紧凑了,缩是指复句中某些成分被缩略掉了,紧和缩在一个句子里往往同时体现。这样,一个复句经过紧缩成为一种既不同于复句(句子内或分句间没有语音停顿了),也不同于单句(表达的是复句的分句间的关系)的所谓紧缩句,可见,紧缩句是用单句形式表达复句内容的一种特殊的句子形式。紧缩句是由复句紧缩而来,也就是复句的分句紧缩联结,紧缩联结的结果使得紧缩句有如下特点:

1. 对紧缩句的切分首先得到的单位不是句法成分,而是相当于复句的分句,如"说了你也不明白"第一次应该切分为"说了""你也不明白"两个部分,这两部分之间没有句法关系,因而不是句法成分,倒相当于复句的分句,两部分之间的关系是分句间的关系,正因为如此,紧缩句中也常用关联词语,如以上例句中的"一……就"、"再……也"、"不……不"、"……才……"、"……也……",这些已经形成为固定格式,紧缩句往往是由一些固定格式形成的。这些特点使得紧缩句区别于单句,所以紧缩句不少论著又称为紧缩复句,即紧缩了的复句或经过紧缩的复句。

2. 其次,紧缩句各部分之间没有语音停顿,有些成分还被缩略了,如"困难就是再大,我们也能克服—困难再大我们也能克服"缩略了"就是","他棋下得时间越长,棋艺越高。—他棋艺越下越高"缩略的就更多了。这一特点又使紧缩句区别于一般复句,形式上像单句,正因为此,复句或多重复句中,如有紧缩句,紧缩句只算一个分句。

可见,紧缩句是介于单句和复句之间的一种特殊句子结构形式,正因为如此,某些句子看作单句或紧缩句是有分歧的,如:

> 我出门就进了书店。
>
> 我只要有钱就买书。
>
> 你进去就知道了。
>
> 我说完也走了。
>
> 大家吃完饭都离开了。

着眼于有起关联作用的副词,可以看作紧缩句。

（二）紧缩句的类别

紧缩句按有无固定格式可以分为三类:

一是没有固定格式的,分句间没有停顿并可能缩略了一些成分,直接联结。如:

> 眼高手低。（转折关系）
>
> 雨过天晴。（顺承关系）
>
> 人在阵地在。（假设条件关系）
>
> 你不走我走。（因果或假设条件关系）
>
> 雪怕太阳草怕霜。（并列关系）

这类紧缩句的两个部分的主语往往不同。

二是有固定格式,分句间没有语音停顿,但用固定格式来联结。如:

> 你非写不可。（假设关系:非……也）
>
> 雨不停也走。（让步关系:不……也）
>
> 他越想越难受。（条件关系:越……越）

三是利用"谁……谁"等相同疑问代词呼应联结,意思相当于假设条件等关系,这些疑问代词都具有任指性质。如:

> 这孩子谁见谁夸。
>
> 你爱去哪里去哪里。
>
> 大伙儿需要什么拿什么。
>
> 你吃多少买多少。

这种呼应格式中也可以有关联词语"就"、"便",如:

> 你爱怎么样就怎么样。

哪里需要我们就哪里安家。

有的用数量词做呼应式,如:

多一个人多一份力量。

咱们少一个人就少一个帮手。

也有重复谓语动词呼应的,如:

你能来来吧!

你要管就管到底。

当然,有些一般复句也可以紧缩掉其中的语音停顿,而成为紧缩句,如:

不是鱼死就是网破。

秤砣虽小压千斤。

只要你去我就不去。

(三) 紧缩句的固定格式

紧缩句的固定格式有的是成套的,如"一……就"、"再……也"、"不……不"等,单看主要是副词,有的是单用的,一般是副词"也"、"就"、"才"、"都"。常用紧缩句的固定格式有:

1. 成套使用的

(1) 不……不,相当于"如果……就",如:

理不讲不透。

他们俩不打不相识。

(2) 非……不,相当于"除非……否则",如:

今天我非批评他不可。

小王非北大不考。

(3) 再……也,相当于"即使……也",如:

你就是再劝也没用。

学费再贵也得读书。

(4) 不/没……也,相当于"即使……也",如:

不吃饭也得走。

没有钱也要去。

(5) 一……就,相当于"……接着……"或"只要……就",如:

　　　　我一上学就认识了他。

　　　　这个人一下班劲头就来了。

　　　　这种货一上市就销售一空。

　　(6) 越……越,相当于"只要……就",如:

　　　　他越坐越着急。

　　　　我越说越激动。

　　(7) 不……就,相当于"要是……就",如:

　　　　明天不下雨就好了。

　　　　你不说就罪加一等。

　　(8) 非……才,相当于"除非……才",如:

　　　　他非做出点成绩才好交代。

　　　　他这病非住院才能治好。

　　2. 单用某些关联副词的

　　(1) 也,相当于"即使……也"、"如果……也",如:

　　　　下大雨我也不怕。

　　　　烧成灰我也认得你。

　　"也"也可以联结并列,如:

　　　　他站在讲台上也是发愣。

　　　　小王在人丛中只敢看自己的脚也不敢看人。

　　(2) 才,相当于"只有……才"或"因为……才",如:

　　　　他喜欢你才找你的。

　　　　看过东西才好谈价钱。

　　(3) 就,"就"的联结作用比较丰富,相当于"只要……就"、"如果……就"或"既然……就"等,如:

　　　　你来了就好办了。

　　　　你想说就说吧。

　　　　我有意见我就要提。

　　"就"还可以相当于顺承关系的"接着",如:

　　　　说完就走了。

吃完饭就去上学了。

跟"就"相当的还有"便",如：

说生气便真地生气了。

吃饭便吃饭,干活便干活。

(4) 却,相当于"虽然……却",如：

有钱却没处买。

想说却不敢说。

(5) 又,相当于"虽然……却又",如：

想上台又有些害怕。

我很想去看看又怕他不愿见我。

"又"也可以联结并列关系和假设关系,如：

他哭完了又说了下去。

他不坏又怎么会被枪毙呢?

(6) 都,相当于"却又/但是"、"如果……就"、"无论……都"等,如：

大家说都说不过他。

我们玩都玩不过小王。

你批评谁都得有个分寸。

有理哪儿都能说。

(7) 还,相当于"如果……就"、"无论……都",如：

去了还是好说话些。

嫁给谁还不一样?

"还"也可以联结并列关系,如：

他当了副县长还依然去劳劝。

我们吃完饭还抽了一根烟。

(8) 再,相当于"如果……就",如：

你有办法再给我一件吧。

他作业做完再来玩。

"再"也可以联结并列关系,如：

你把信送去再当面交代一下。

　　我等一会儿再去。

　　单用副词关联的紧缩句,副词"也"、"都"、"才"、"再"、"还"、"就"等本身意义就十分复杂,因为在紧缩句中的意义也很复杂,孤立看往往不易把握其含义,需要结合上下文以及句中其他因素来决定其含义。

思考题

　　1. 单句和复句的划分向来有纠葛,以至不少学者认为应该取消单复句的划分。你认为划分单复句有没有必要?如果有必要,你认为单复句的划分有哪些标准?如何运用这些标准?

　　2. 请通过实例分析说明关联词语在复句中的作用。

　　3. 复句的再分类有不同的认识,你认为复句应该分为哪些类型?

　　4. 有人认为"如果……就"一类是假设复句,"只要……就"和"只有……才"一类是条件复句,也有人认为应该把它们合为一类复句,叫"假设条件复句"。你认为哪种处理方式更合理一些?

第五章 修　辞

第一节　修辞概说

一、什么是修辞

（一）修辞行为、修辞规律、修辞理论

语言不仅是人类最基本的符号系统,更是人类最重要的交际工具。同样的交际目的,运用不同的语言形式可能获得比较相近的交际效果,也可能获得非常不同的交际效果。交际主体根据自己的角色定位、交际意图、交际环境与对象的不同,尽可能运用合适的语言形式以实现自己的交际目的,这就是修辞。

在现代汉语中,修辞是一个多义词。分别指称"修辞行为"、"修辞规律"、"修辞理论"。如:

① 在人类史上空前的"9·11"美国纽约世贸中心大厦遭到飞机撞击的恐怖事件以后,美国政府表示了无比的愤怒和回击恐怖分子的决心。总统布什为此发表了一系列电视讲话,不过,有一次,他居然把美国即将展开的对全球恐怖分子的回击说成是又一场"十字军"战争。这种说法,显然是修辞上的严重错误。所谓"十字军"战争是一种宗教清洗另一种宗教的战争,而把恐怖分子与美国的战争定性为"宗教战争"(即所谓"圣战")正是恐怖分子求之不得的事情,这将可能为恐怖分子争取到整个伊斯兰世界的同情与支持。布什很快意识到了问题的严重性,并对此作了更正。

② 古人云"不学《诗》,无以言",在当代社会,在某种意义上则可以说,不懂修辞,无以言。

③ 作为一个修辞学者,只有语言学的知识显然是不够的,还必须有丰富的社会生活知识和相关领域的专业知识。

在这里,"修辞"的含义是有所差别的,例①的"修辞"指的是一种行为,例②的"修辞"指的是一种规律,例③的"修辞"则指的是一种理论。

"修辞"首先是一种行为,是一种为了特定目的,而努力有效地运用语言进行交际的行为。在一切有效的言语交际活动中,人们的修辞行为不管是有意还是无意,总要遵循一定的规律,即修辞规律。而对修辞规律进行自觉地探索,就形成了修辞理论。

(二) 修辞的意义

任何为了一定的目的运用语言的交际行为都是一种修辞行为。文学作品需要修辞,著书撰文需要修辞,但是,并非只有书面才有修辞,并非文学作品才有修辞,更不能说只有比喻夸张才是修辞。修辞不仅表现在词句的层面,作品的层面,而是贯穿于言语交际的全部过程。在某种意义上,甚至也可以说渗透到人类整个知识体系的层面:文学创作,以修辞作品来表现人类的审美理想;商务合同,以修辞策略来调整交际双方的经济利益;外交公告,以修辞行为来调节国家与国家之间的关系;法律条文,以修辞设计来实现对社会制度的设计……

现代修辞学就是努力探寻修辞行为的种种规律,努力提高修辞行为的有效性的一门学科。

二、修辞的原则

(一) 码本共通原则

码本共通原则是一切修辞活动所应当遵守的前提。

一项言语行为的实施至少牵涉发话者、受话者、话语,即使是一篇自我秘藏的日记,也有它心目中的"受话者"——日后的自己或日后的别人。发话者说话,需要根据与自己所处语言共同体的语言交际规范(语音与文字规范、词语规范、语法规范)和知识背景来编码,然后才能"说出"(写出),受话者听话也需要根据同一套语言交际规范和知识背景来解码,然后才可能理解对方的话语与交际意图。言语交际的简单过程可如图示:

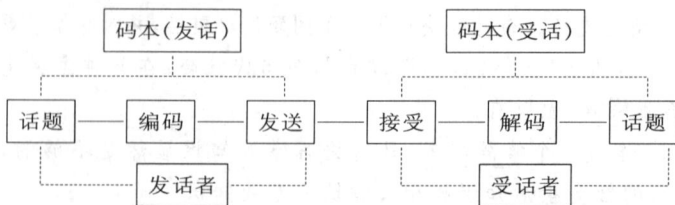

在这里,发话者编码和受话者解码时所依赖的那套语言规则和知识背景就是同一个语言共同体的码本。一种言语交际活动之所以能顺利进行,关键在于"编码"与"解码"所使用的"码本"是共享的。当然,人们各自拥有的"码本"之间并非天然地绝对地一致,但在一般情况下,人们也还是可以就具体的言语行为而设法把"码本"调整为相对相通的——也就是在此时、此地、此题上,实现"码本共通"。

言语信息的沟通量与话语"码本"的共通程度成正比。

"说对方听得懂的话"是修辞行为的一个基本前提。即使你是在记一篇只准备给自己看的日记,如果字迹混乱得无法辨认,日记的有效性也会大打折扣。编码与解码的码本的差异有时比较明显,容易引起注意,如语种的差异、地区方言的差异;有时则常常被人忽视,如社会方言的差异。例如"政治问题",在一部分人的码本中,是比民事或刑事上"违法"更严重的问题,而在另一部分人的码本里,政治不过是"不同的利益集团追求自己利益最大化的行为",忽视了这种差异,把对"刑事犯罪"的打击说成是"政治斗争",便可能导致交际失败。

（二）角色认同原则

"人是一切社会关系的总和"。无论是一个说话人还是一个听话人,他有他的年龄,有他的性别,有他的民族,有他的国家,有他的父亲、母亲……乃至各种亲友,有他的居住地,有他的信仰、爱好……乃至忌讳,有他种种社会身份。任何修辞行为一开始,就包含了一个以什么社会角色说话和对什么样的社会角色说话的问题。一种有效的修辞行为,不但需要行为主体确立以什么社会角色说话和对什么样的社会角色说话,而且更重要的是,行为主体对交际双方的这种角色定位还应该获得交际对象的认同。

（三）合作原则

完整的修辞行为包括发话与受话两端,尽管在不少情况下,受话者不在现场或只是一个潜在的对象。修辞行为的有效实施,需要发话者与受话者的合作。双方需要一种默契,一种双方都遵守的原则。

合作原则就是修辞行为中假定双方都在遵守的一系列会话准则,而这一系列准则的核心就是"诚信"与"关联"。

"诚信"准则要求说话人自己确认并且认为听话人也能确认:双方说的话都是自认为是真实的,即使其中有不确定的因素,但在整体价值上,其真实性是可以接受的。

"关联"准则要求双方说的话与话题是有关联的,那些表面似乎没有关联的话语,其中也存在联系。否则,交际就很可能中断。

(四) 得体原则

修辞行为的有效性,还取决于它是否合乎语体的规范,是否符合言语交际环境的规定,是否符合社会交往的礼仪,是否符合文化的习俗,是否符合双方的审美倾向。

用戏曲语体撰写科技论文是不得体的,用新闻语体表达广告内容也是违反规范的;在悼辞中使用歇后语、插科打诨是不合适的,对一位海外来的游客使用"同志"作为泛尊称也是不恰当的。

(五) 收效原则

修辞是追求言语的有效性的行为。收效原则是言语交际中修辞层面的最高原则。任何修辞行为都有一定的目的、意图,都要寻求一定的效果,如果遵守了修辞中的"得体"、"合作"等等一系列原则但却没有收到应有的交际效果,这个修辞行为就不能说是最理想的。反之,如果在言语交际中,部分地忽略、放弃或者是违背了"得体"、"合作"等等一系列原则,但却获得了预期的交际效果,这个修辞行为就不能说是失败的。

(六) 共存原则

修辞行为只是人类行为中的一种,而人类的健康发展离不开人与人之间的"共存"、"共处"。任何修辞行为如果妨碍了人类的共存,妨碍了人类的共同生存与发展,那么,即便在某一具体的修辞行为的层面上是有效的,它也是非法的。

三、制约修辞的因素

制约修辞的因素是多方面的,就修辞行为的一般性过程而言,修辞的各项原则,如"码本共通原则"、"角色认同原则"、"合作原则"、"得体原则"、"收效原则"等等都是制约修辞的因素;但是,如果就具体的修辞行为而言,制约修辞的外部因素有"角色定位"、"交际意图"、"交际环境"等,内部因素则有"语音"、"文字"、"词汇"、"语法"等等。

(一) 角色定位

任何人在说话的时候首先都要确定自己是以什么样的社会身份,以什么样的社会角色说话;同时,还要确定是对什么样的社会角色说话。角色定位的核心问题是话语权的问题,任何角色都有一个相应的话语权,没有话语权而说的话是不恰当的,而有了相应的话语权却放弃不用也是不恰当的。

> 我们村委会决定了,必须在三天内把集资款缴齐,谁再不服从决定,我就叫民兵把他绑起来。

"村委会"的被授权人有权发布村委会的决定,但这位被授权人却并没有权力"叫民兵"把谁"绑起来"。

> 我来说几句,我们全国六亿农民坚决拥护这个决定……

这一类话语往往也违背了角色的规定,不恰当地使用了话语权。言语行为中的表态,尤其是比较正式的表态,如果没有得到授权,就不能使用别人的名义。

> 全国人大今天进行了分组讨论,市人大常委会主任×××在小组发言中认为:学习了总理刚刚作的《政府工作报告》以后,感到深受鼓舞……(报)

如果人大闭幕后,任何一位国民说"学习了总理刚刚作的《政府工作报告》以后,感到深受鼓舞",在修辞上都没有问题。但在全国人大开会期间,作为出席会议的人大代表,面对刚刚作过的《政府工作报告》,所应该作的是"审议"而非"学习",即使这位代表平时的职级远远低于总理,但选民推举他为代表就是要他代表人民去"审议"的。忽视了自己的角色的转换,必然导致修辞行为的失效。

（二）交际意图

任何言语交际都有一定的意图,或为宣泄情感,或为请求帮助,或为说明事实等等。而交际的意图有主要意图,又可能同时包括次要意图;有直接意图,又可能同时包括间接意图;有表面的意图,也可能包括隐蔽的根本意图。如在"9·11"美国遭受恐怖袭击以后,被美国怀疑为恐怖分子庇护者的阿富汗塔利班政权立即发表声明:

> 我们谴责对美国的恐怖主义袭击。

其直接交际意图,是与世界上绝大多数国家一样显示对恐怖主义的"痛恨";其间接交际意图则是试图表明这一次的恐怖袭击与"我们"毫无关系,不要想当然地把"我们"列为报复目标。

（三）交际环境

言语交际的环境又称"语境"。语境是言语交际中生成、实现并制约言语行为的相关因素的总和。

　　语境包括语流语境、现场语境、背景语境。

　　语流语境,主要由上下文构成的语境,它是直接制约修辞的语境。同样一句话,在不同的上下文里可能具有相反的意义。如:

　　① 甲　怎么样? 好久不见,今天你请客,大家乐一乐?

　　　乙　正好,我刚刚买了一套新房子。

　　② 甲　怎么样? 你能不能借我 5 万块钱?

　　　乙　正好,我刚刚买了一套新房子。

乙的同一句"正好,我刚刚买了一套房子"在①句中是对对方请求的肯定;而在②句中则成为对对方请求的否定。

　　现场语境,指的是修辞行为发生时,交际主体的心理活动和现场所感知的种种相关的非语言因素。如时间、空间、角色之间的关系、当时的情绪等等。

　　背景语境,指修辞行为发生时交际主体的知识储存中的相关部分以及对对方相关知识的假定。这小到可以是不久以前发生的事件,大到可以是某种历史文化的传统。如:

　　　我们要团结,决不背后搞小动作。

在一个刚刚发生了"不团结,背后搞小动作"的语境中,这是一个"呼吁"和"请求",力争"团结"的修辞行为;而在没有人"不团结,背后搞小动作"的语境中,这却演变成了诱发猜忌、诱发"不团结,搞小动作"的修辞行为。再如伊斯兰教教义规定"不食不洁之物",如果不了解什么是伊斯兰教义中的"不洁之物",就可能使自己的一个礼貌的"请求"被误认为是一种"挑衅"和"侮辱"。

思考题

　　1. 有人认为修辞就是对语言的"美化",有人认为修辞就是对语辞的"调整"。你的意见呢?

　　2. 有人认为语境可以分为语言语境和非语言语境,其中,语言语境就是上下文,其他都是非语言语境,你同意吗? 为什么?

　　3. 受话者可以从语境中获得的信息,发话者一般就不必再在话语中提供,这一规则在实际交际时是否还有什么限制呢?

第二节 语言的规范

一种修辞行为在交际中应该是以规范的语言为基础的,没有规范的语言,也就难以借助语言信息来正确地传达自己的交际意图,实现修辞行为的有效性。

一、语言规范及其常见问题

语言的规范指的是在运用语音、文字、词汇、语法等语言系统的各种要素的时候,来自语言体系的规定性。这些规定性是保持整个语言系统相对稳定的需要,也是得到语言共同体内绝大多数成员认可的。没有特别的理由都应当遵循,不应随便加以破坏。其中,词语的规范和语法的规范主要是一种约定俗成的规范,其标准有一定的模糊性;而语音的规范和文字的规范是在约定俗成的基础上的语言制度的规范,其标准是明确的。

(一) 语音的规范

语音规范的首要要求是执行国家语言制度中的语音制度。具体要注意的是:

一是应该说中文的时候不要说外语。在某些正式的中外交流场合,为了贯彻"对等原则"和保持严肃风格,即使能说外语,也应当使用自己的语言。

二是应该说普通话的时候不要说方言。普通话是全民族的共同语,为了保证信息沟通的广泛,不但应当尽可能说普通话,而且应当说尽可能标准的普通话。如:

　　　　我们这里的发展,一靠 jin ce,二靠 ji nü。

这是一位南方某地的地方领导向来访者介绍经济与社会发展的经验时候的一段话。他本来要说的是"一靠政策,二靠机遇",结果由于方言问题,听者听成了"一靠警察,二靠妓女"。

当然,在非正式的场合或者出于某些特别的需要,方言也不应该一概予以排斥。在香港回归祖国,香港特别行政区政府成立的时候,首任特别行政区长官董建华在特区政府宣誓时使用普通话,而在特区政府成立庆典上则以广东话发表演说。前者显示了特区政府与祖国的关系,后者则表达了特区政府将"维持香港一贯生活方式"的信息。

三是不要读错字音、写错拼音。

（二）文字的规范

文字规范的首要要求是执行国家的文字制度。具体要注意的是：

一是使用简化字，没有特别的需要的时候不要使用繁体字。繁体字的使用应该限制在古籍的出版等一些有限的范围。此外，还要避免繁体字与简体字混用。

二是使用规范的简体字，不要使用已经被明确废止的《汉字第二次简化方案》中的简化字。如"鸡旦（蛋）"、"午（舞）蹈"中的"旦"和"午"等都是不规范的简化字。

三是努力降低错别字。错字就是把笔画写错，别字就是把甲字写成乙字。

社会用字中的错别字可说是屡见不鲜，其中问题最严重的就是我国电视连续剧字幕的错别字，有时仅仅短短的一集电视剧，就可能出现几十个甚至上百个错别字。

四是尽量不用方言字。粤方言中的方言字向粤方言区以外的地区蔓延已经成为一个引人关注的现象。如"家具"写成"家俬"。

（三）词语的规范

词语规范意味着要正确地使用词语。而在实际中经常存在以下一些问题。

一是不明词义而误用。例如"府上"是敬辞，用来称对方的家；有些人却称自己的家为"府上"。

二是生造词语。当前，生造词语最大的源头来自网络语言。网络的诞生给予公众以空前广阔的话语空间，授予公众以前所未有的话语权，不过，因此，也出现了话语权的滥用，其表现之一就是任意生造词语，对汉语词汇系统的稳定性形成了很大的威胁。如：

　　规范词语：主页　　拷贝　　东西　　光棍　　女孩　　俊女

　　网络词语：烘焙机　烤皮　　东东　　光光　　美眉　　菌女

三是乱用外来词语。外来词语使用上的混乱与网络语言的混乱一样，也是现代汉语词语规范上一个突出的问题。主要表现在：

（1）不必要地重译通行的词语。如：

通行的译名——修辞学 话语 典范

重译的译名——措辞学 论诘 典律

（2）过度起用旧译外来词。如：

通行外来词——激光 公共汽车 青霉素 索引

旧 译 词——莱塞 巴士 盘尼西林 引得

（3）用外语字母随意组成半汉语词。如：

更为还有那个憨态可掬的小企鹅 QQ 仔，也已成为当今卡通家族中不可被忽视的重要一员。（报）

（四）语法的规范

常见的语法问题，有成分残缺、搭配不当、位置失调、错用关联词语等（详见第三节"选词与造句"）。

二、语体及其分类

语言的规范尤其是其中词语的规范和语法的规范离不开语体的制约。不同的语体对语言规范的要求有很大的差别。

（一）语体

任何言语交际行为都有一定的参与者、一定的目的、一定的方式、一定的话题、一定的场合，由此而带来语言材料使用上的一系列特点。这种特点由于人们不断重复而逐渐体制化，凝固成在使用这类言语行为时一种选择语言材料应当尽力遵守的规范。这种体制化的规范性要求就是语体。

语体就是言语交际中由于场合、话题、方式、目的、角色的不同而形成的使用语言材料的体制化的规范性要求。

言语行为的场合，有私人空间（如起居室）、公共空间（如商厦）的不同，有管制度高（如法庭）的与管制度低（如街头）的不同，有固定（如教室）的与非固定（如旅途）的不同。

言语行为的话题，有个人的、公共的、国家的不同，有军事、政治、经济、文化、家庭生活等不同。

言语行为的方式，有口头、书面、电子版面等方面的不同。

言语行为的目的，有阐述、指令、承诺、表达、宣告等不同。

言语行为的角色，有说话人与听话人的不同，有代表个人、群体、组织机构的不同；说话人与听话人的关系又有国别相同与否、血缘相近与否、职务相应与否、年龄长幼如何、关系亲疏如何、职业的差别如何等不同。

言语交际离不开一定的语体,受到语体的制约。适应语体,是保证言语行为的有效性的原则之一。

(二) 语体的分类

语体是一个纷繁而又相对比较稳定的系统。语体可以分为许多层次,每一个层次又可以分出不同的项目。

对语体分类的角度并非一个,由不同的角度自可以分出不同的面貌。如果以思维基础来说,可分得理性语言(最典型的如"科技语言")与非理性语言(最典型的如"巫术语言")的对立,以及介于两者之间的"日常语言"。依语言因素的凝固化(或者说是体制化、规范化)高低区分,则首先可以把语体区分为"口头语体"、"文艺语体"、"书卷语体"三类。

1. 第一层对立

语体的第一层对立是口语语体、文艺语体、书卷语体。

由语言是否凝固化,或者说词汇、句法、话题是否可以随意变化,距"生活语言"的远近,可以确定口语语体同书卷语体的对立。

口语语体是书卷语体的源头,书卷语体是口语语体的加工。两者的最初的差异是由于信息载体不同造成的,"口语"首先是"说"出来的,借助的是声音符号,而"书卷"首先是"写"下来的,借助的是文字符号。但是,一旦形成了"口语语体"和"书卷语体",语体的各自特点就具有了相对的独立性。"口语语体"既可由声音来传达,也可用文字来传达;反过来,"书卷语体"也一样。只不过只有当它们与其脱胎而来的信息载体结合时,才"如鱼得水",特别自然。

在口语语体和书卷语体之间,存在着一种交叉语体——文艺语体,如果把语言比作水,那么口语语体是到了沸点的"气态",书卷语体是到了冰点的"固态",而文艺语体则是在沸点与冰点之间的"液态"。文体语体就其渊源而言,既有口语语体的遗传因素(如"民歌"等),又有书卷语体的基因(如"史书"等);就作品而言,常包含着丰富的口语的因素,也包含着大量的书面语的因素。

(1) 口语语体

口语语体是日常口语交流中形成的语体,是日常口头说话规范性要求的综合。其根本特点是"活脱":话题广泛,语句零碎。日常生活中,上至天文地理,下至鸡毛蒜皮,无所不谈,而且话题很容易一下子大幅度跳开,即俗语所谓"天上一句,地上一句"。口语语体的规范性表现为:要求极其充分地注意现场语境中时间、地点、环境甚至天气等等信息和其他非语言表达手段(如手势、身段、眼神、表情等等)的表意作用和限制;要求注意语音上的对立(区别意义)和联系(声音上口),注意尽量使用通俗化程度高的词语,少用文言和其他意义不够明确的词语,注意使用短句、结构不完整的句子,少用字数过多的长句和结构层次过于复杂的复句。

如有两个熟人的这么一段对话:

　　甲　哎,老王,你儿子怎么样啦?

　　乙　进了民进中学。

　　甲　外语附中不行啊?

　　乙　钱包太瘪了。

　　甲　附中要多少?

　　乙　赞助费就是这个(举手示意)。

　　甲　太厉害了,我们一年的工资才多少。

　　乙　这次你加了多少?

　　　　(对丙)哎,你好。

　　丙　(路过)吃过啦?

　　甲　我刚刚看到工资单,加了一百不到,你呢?

　　乙　也只有八十多。高××就够刺激了,岗位津贴就是二千。

如果说成:

　　甲　哎,老王,你好! 今天我要问你若干问题。问题一是:上次你说你儿子今年要进中学,可是他能进什么中学还不知道,现在应该已经定下来了,他的情况究竟怎么样,你能告诉我吗?

　　乙　我要谢谢你,这个问题我可以回答你,他已经进了民进中学。

　　甲　原来他进了民进中学,可是因为外语附中质量更好,所以你为什么不让他进外语附中呢?

　　乙　你不了解现在中学的收费情况,因为外语附中的收费太高,已经超出了我们家庭的经济承受能力,所以,我就没有办法让我的孩子进外语附中学习,因此,我的孩子也就没有进外语附中,而是进了民进中学。

　　甲　那么,如果你的孩子进外语附中一年到底需要缴多少钱呢?

　　乙　我的孩子如果要进外语附中,需要缴纳各种费用:学费、杂费、
　　　　书费、校服费,还有赞助费等等,其中仅仅赞助费一项一次性
　　　　就要缴纳人民币5万元整。

　　甲　这样的收费标准的确太高了,这种收费标准不但与我们城市
　　　　的国民经济发展水平不相符,而且,与我们个人的税后收入水
　　　　平也不相符。

　　乙　既然你提到了我们个人的税后收入问题,所以,我也想问你若
　　　　干问题。问题一,你这次加工资一共加了人民币多少元?

　　　……

　　作为随意性的口语谈话,这后面一段对话显然是不得体的,尽管它在语
法上并没有毛病,在表意上也没有不适当地增加或减少信息。

　　口语语体按其"活脱"的程度(同时在交际形式上表现为参加交际者的
单纯与否)而分,可有三类:谈话体、讨论体、演讲体。

　　(2) 书卷语体

　　书卷语体是社会事务性交流中形成的语体,它既是文字写作的历史产
物,又是口语语体的历史积淀。其根本特点是"凝固",语言的规范化要求最
高,抽象化程度较高,对语境的依赖程度则最低。书卷语体的规范性表现
为:要求词汇以术语为核心,注意词语的用法前后统一,注意词语没有歧义;
要求句法严谨,注意多用长句、整句;要求脱离具体语境也不会发生误解。

　　如:

　　① 全国各省市自治区工商局长的任免须征求国家工商总局的意
　　　见(通知)

　　② 全国各省市自治区工商局长的任免须征得国家工商总局的同
　　　意(通知)

①、②两句,只有一两个字的差别,涵义却迥然不同。为了强化市场经济秩
序,打破地方保护主义,加强各地工商管理部门执法的独立性,国务院决定
强化国家工商总局对各省市自治区工商局长的人事任免的制约。最初是规
定①,即"各省市自治区任免工商局长"必须"征求"国家工商总局的"意见",
但如果"征求"是"征求"了,却并不采纳其"意见",那么,国家工商总局的制
约作用还是不能有效发挥。于是,在其后的通知中,这条规定被修改为②,
即"须征得国家工商总局的同意"。

书卷语体按其"凝固程度",可分为三类:宣传体、应用体、科学体。

(3) 文艺语体

文艺语体是语言艺术创作中形成的语体,它是口语语体与书卷语体的中介,其根本特点是"丰富":它几乎"实际上运用了所有语体的手段和方法",但在整体上又不同于其他任何语体。文艺语体的规范性表现为:要求以口语词和通用词为基础,句法多变却比口语语体要凝练;要求整体安排仿佛书卷语体注意逻辑性,对书卷语体的词汇和句式的使用并不排斥,但有一定的限制;要求具有丰富的语言形象与生动的语言节奏;注意运用与开掘标点、文字、词语、句式、语调、造型等等语言上的各种可能性。

如:

我生长在水乡,水使我感到亲切,如果我的性格里有明快的成分,那是水给我的,那澄明透澈的水,浅绿的水。

……

清早起碇,沐着袭人的凉意,上面是层云飘忽的高空,下面是一江粼粼的清流,天连水,水连天,交接处挡着一道屏风似的山影。——这的确是屏,不像山,动人的是那色彩,浓蓝夹翠紫,深深浅浅像用极细极细的工笔在淡青绢本上点出来的。(柯灵《桐庐行》)

文艺语体按言语特点上与生活语言距离的远近,可分为三类:对白体、散文体、诗歌体。

2. 第二层对立

(1) 谈话体、讨论体、演说体

口语语体的两极是谈话体和演说体,其中介则是讨论体。

谈话体是口语语体的基础。口语语体的特点是活脱,这一特点在谈话体中表现得最为典型。谈话体中又分为非正式的(如一般会话、闲谈)和正式的(如医务人员诊疗时的医务体、营业员与顾客之间的买卖体等)两类。

演说体是口语语体中最为正式化、规范化的一种,已开始向文艺语体和书卷语体过渡。它在语音上保留着口语语体的一般特点,但在言语表达的计划性(话题的确定性、语句的有组织性)等方面已明显接近文艺语体和书卷语体。其中又有即兴演说式与照本宣科式等差别。

讨论体介于谈话体与演说体之间,有一定的中心话题,但言语中不稳定的因素仍然很多。

(2) 宣传体、应用体、科学体

　　书卷语体的两极是宣传体和科学体。而应用体在言语的"凝固性"上仿佛科学体的"融解"又仿佛宣传体的"冻结"。

　　宣传体即宣传鼓动体,是书面语体中"书面性"最弱的一种,它以宣传某种思想观点、传播新近变动的事实为主要目的,在讲究真实性与逻辑性上,距科学体很近,但在讲求鼓动性与感染力上又接近文艺语体。其中又可分为广告、新闻、评论三类。

　　应用体在通俗性上甚于科学体,而规范化上又强于宣传体。其中可分公文和大众应用文两类。

　　科学体是最典型的书面体,严谨是其最重要的特征,这主要体现在语义单一(使用单义性强的术语、符号,并构成了一个系统)和语句整一(句式单纯且连贯,多长句、复句),其中又可分为技术体(主要包括自然科学、工程技术性文献)、法律体(主要包括法律法规及其他具有法律意义的文本)、理论体(主要包括社会科学文献)三种。

　　(3) 对白体、散文体、诗歌体

　　文艺语体的内部划分首先一个问题便是:三分、四分抑或其他? 西方和俄罗斯等,传统上是分为三类:抒情类、叙事类和戏剧类。而我们则历来分为四类:诗歌、戏剧、散文和小说。近来又有分为两类的:韵文和散文。我们认为,就言语特点之差异的大小来看,四分法中"散文和小说"之间的差异,是明显地小于它们分别同戏剧与诗歌的差别的;而二分法又略嫌粗疏了一点。第二个问题是:三分,首先是谁和谁的对立? 我们认为:戏剧体、散文体、诗歌体的关系就表达目的与功能而言,首先是以叙事为主要目的的散文体同以抒情为主要目的的诗歌体对立;就言语对生活语言的远近而言,首先是对白为主的戏剧同最为讲究形式美的诗歌的对立。但考虑到散文体最典型地体现了作为口语语体同书面语体之中介的文艺语体的特点,因此,将散文体而非对白体看作中介之中的中介似乎更妥当。

　　对白体的基本要求是口语化和动作化。它具有精炼然而朗朗上口、动听易懂的特点,如老舍先生的那些话剧,确确实实是"嘎崩儿脆的大白话";它还要求语言有动作性,充分揭示出人物内心富有个性的心理动作的发展变化和由此而引起的形体动作变化以及他人在其作用下心理动作、外部动作和语言动作的变化发展。对白体内部又可分为话剧、影视剧等。

　　诗歌体的基本特征是韵律化和情感化。无论是抒情诗、自由诗还是歌谣,无论是长诗、套曲还是小令,都蕴涵着强烈的情感,即所谓"情动于中而形于言,言之不尽故嗟叹之,嗟叹之不足故咏歌之",但是内心的情感律动是与外在的韵律相结合的,这种外在的韵律通常又是依靠分行、押韵等形式凸现的。

散文体是对白体与诗歌体的中介,如果说作为书卷语体同口语语体之中介的文艺语体的主要特点是丰富,那么这种特点主要并非体现在诗歌体和对白体身上,而是体现在二者的中介——散文体之中。散文体比任何一种语体都能容纳其他各种语体的手段。散文体包括了两大类:文学散文和小说。

语体的分类可以图示:

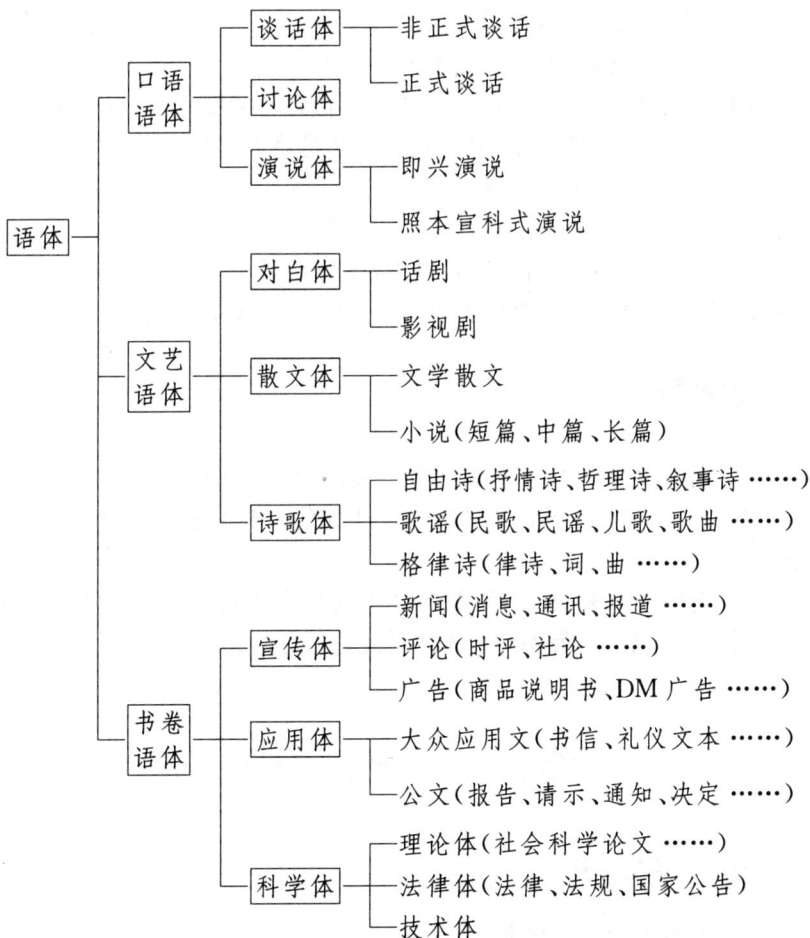

```
                       ┌─ 谈话体 ──── 非正式谈话
              ┌ 口语    │              正式谈话
              │ 语体 ──┼─ 讨论体
              │        └─ 演说体 ──── 即兴演说
              │                       照本宣科式演说
              │        ┌─ 对白体 ──── 话剧
              │        │              影视剧
              │ 文艺    │
   语体 ──────┼ 语体 ──┼─ 散文体 ──── 文学散文
              │        │              小说(短篇、中篇、长篇)
              │        │              自由诗(抒情诗、哲理诗、叙事诗……)
              │        └─ 诗歌体 ──── 歌谣(民歌、民谣、儿歌、歌曲……)
              │                       格律诗(律诗、词、曲……)
              │                       新闻(消息、通讯、报道……)
              │        ┌─ 宣传体 ──── 评论(时评、社论……)
              │        │              广告(商品说明书、DM广告……)
              └ 书卷    │
                语体 ──┼─ 应用体 ──── 大众应用文(书信、礼仪文本……)
                       │              公文(报告、请示、通知、决定……)
                       │              理论体(社会科学论文……)
                       └─ 科学体 ──── 法律体(法律、法规、国家公告)
                                      技术体
```

(三) 语体的功能

当我们确切地了解并认可了某种语体的特点,便能自觉地根据其规定性确定自己信息交流中的思维结构。

发送信息(说、写)时需遵循语体的准则。明代赵南星说过这么一个笑话:

一秀才买柴,曰:"荷薪者过来。"卖柴者因过来二字明白,担到面
前。问曰:"其价几何?"因价字明白,说了价钱。秀才曰:"外实而内虚,
烟多而焰少,请损之。"卖柴者不知说甚,荷担去了。

这买柴秀才便是不顾语体的准则,将书卷语体语言充作了谈话体。

在接受言语信息时,语体的规定性同样不可忽视。结构主义文艺理论
家认为:"各种文学体裁不是不同的语言类型,而是不同的期待类型","同样
的语句,在不同体裁中,可产生不同的意义"。其原因就出自读者的"期待类
型"不同。这里虽然只强调了"发送者—信息—接受者"这样一个语言信息
活动中接受者一方的作用,但这种观点还是具有启发性的。即语体不仅具
有暗示作者(说者)如何选择言语表达方式的作用;而且还具有以一定的标
记,向读者提供信号:"这是 A 语体,应该用对待 A 语体的态度去阅读理
解。"例如"巴黎大而世界小"(钱钟书《围城》)是一句极其精警的小说语言,
假如谁要以阅读地理教材的态度来对待它,那势必以为扞格难通。

思考题

1. 语言须合乎规范,修辞能不能突破规范? 为什么?

2. 有人认为,不同的语体遵守语法规范的要求是不一样的,你同意吗?
为什么?

3. 近年来外来词语引进的数量和速度是空前的,有人认为这完全是一
种文化现象,语言学界不必也无法对此进行控制,你的看法呢?

第三节　选词与造句

一、词语的选择

(一)词语选择的原则

准确和得体是词语选择的基本原则。

用词准确是保证言语表达有效性的基本条件。如:

　　原句:但这种解释未免过于摩登,因为原始人没有十九世纪的<u>学者</u>那么有闲,他的画一只牛,是有缘故的……(《鲁迅手稿选集》)

　　改句:但这种解释未免过于摩登,因为原始人没有十九世纪的<u>文艺家</u>那么有闲,他的画一只牛,是有缘故的……(《鲁迅手稿选集》)

文中的主旨是批评"为艺术而艺术"的观念,用"原始人"与"文艺家"而非"学者"比较,当然更准确。

　　"准确"要求最准确地说出自己的意图,但这并不意味着一定要字字清晰,而是要根据表达的需要,该清晰则清晰,该模糊则模糊;该具体则具体,该概括则概括;该形象则形象,该抽象则抽象;该平实则平实,该独创则独创。

　　用词得体是保证言语接受有效性的基本条件。如:

　　某公盛邀甲乙丙一聚。某甲、某乙如约欣然而至,然某丙久候不见。某公心中郁闷,不由说道:"唉,该来的还不来。"某甲自忖:"莫非我不该来?"于是起身告退。某公焦躁,复又感叹:"不该走的倒走了。"某乙闻言,以为某甲不该走而自己该走,悻然而辞。

说话不得体,违反言语环境的规定,导致别人的误解,正是某公好心未得好报的主要原因。

　　"得体"要求根据语体的规范用词,根据语言环境的规定用词,根据交际对象的身份和接受心理用词。诗歌应该高度重视词语语音的选择,所谓"诗的不可译性"指的主要就是语音上的难以再现;论文应该高度重视词语理性意义的选择,一种研究在一定意义上就是对一个词语的认识的深化过程;而社交场合则应高度重视词语感情色彩的选择,其重要性有时甚至可以超过理性意义的选择。

　　(二)词语意义的选择

　　选择词语首先要准确认识词语的涵义。如在社交领域中,"家母"是"我的母亲","先父"是"我的已去世的父亲","令堂、令尊"是对"你的母亲、父亲"的尊称,而言语交际中却仍可经常见到"你的家母"、"我的令堂"、"包先生的先父"等不恰当说法。再如:

　　　　关于组建××市城市监察大队的请示报告

"请示报告"是一个常见的词组,但是,在公文语言中却是不规范的,因为它包括了两种不同的行为:一是"报告",简单地向上级汇报;二是"请示",不但是向上级的汇报,而且还要求上级对报告的内容作出批复。

选择词语还要注意,词语的每一次运用都是一个对词语的外延和内涵的界定过程。在许多时候,尤其是在科技语体、应用语体中,不少词语需要重新经过界定才能有效地实现交际功能。如我国的法律法规的冠名有"××法"、"×××决议"、"×××决定"、"×××规定"、"×××条例"、"×××方法"、"×××方案"、"×××办法"、"×××通知"、"×××规则"、"×××细则"、"×××意见"、"×××解释",其中,法律效力不同的文本往往采用相同的冠名,而法律效力相当的文本却又往往采用不同的冠名,这种冠名上的紊乱表现了法制设计过程中对语言设计的不应有的忽视。

有时,词语意义的选择显得很准确,但从言语行为的效果上看,却并不理想。如:

> 原文：　　听到这里,周总理笑着说:我们的地质部长很乐观。我很拥护你。
>
> 　　　　毛主席也笑了。他用柔和的眼光看着他说,我们拥护你。(徐迟《地质之光》,《人民文学》1977 年第 10 期)
>
> 改句：　　听到这里,周总理笑着说:我们的地质部长很乐观。我很支持你。毛主席也笑了。他用柔和的眼光看着他说,我们支持你。(徐迟《地质之光》,初中《语文》第四册)

改句把原文的"拥护"改为"支持",表面上是更符合人物之间"上级对下级"的关系,但忽视了一个问题,即:在地质科学的问题上,作为我国地质学泰斗的"地质部长"李四光,比国家的任何领导都更有权威,"拥护"正可以反映对这种学术地位的尊重,而"支持"则简单地将之混同于普通的上下级讨论。

(三) 词语色彩的选择

词语的意义除了理性意义以外,还包括各种附加色彩,如语体色彩、感情色彩、时代色彩、地方色彩等等。其中语体色彩既有书面语与口语的不同,又有各种各种具体语域的不同(如宗教语体、军事语体、商务语体、学术语体等等);而地方色彩可作南北方言的区分,进而可作粤方言与吴方言、闽方言等等的区分,更进而可作香港与广东方言的区分……而同一个词语又可能同时包括几种色彩,如既有文言色彩,又有贬义,还有宗教意味等。如,汉语中关于"死亡"的同义词语有几百个,其中有庄重、幽默、讽刺、委婉种种差别,有指帝王、臣下、领袖、民众种种区别,有年龄、原因、地区、民族种种分别:

死亡(中性)

丧生（书面语、非正式、较中性）

逝世（书面语、正式、褒义）

去世（书面语、较正式、褒义）

牺牲（书面语、正式、褒义）

毙命（书面语、非正式、贬义）

仙逝（书面语、褒义、道家意味）

圆寂（书面语、褒义、佛家意味）

作古（书面语、非正式、褒义）

遇难（书面语、较正式、褒义）

百年（书面语、非正式、褒义、委婉）

走了（口语、非正式、褒义、委婉）

老了（口语、非正式、褒义、委婉）

过去了（口语、非正式、贬义、委婉）

回克了（口语、非正式、满族）

乌程了（口语、非正式、回族）

膈儿屁了（口语、非正式、嘲弄、北京）

膈儿屁着凉了（口语、非正式、嘲弄、北京）

吹灯拔蜡了（口语、非正式、嘲弄、北方）

翻白眼了（口语、非正式、嘲弄、北方）

翘辫子（口语、非正式、嘲弄、上海）

夭折（中性、年幼）

英年早逝（书面语、中青年、褒义）

……

词语色彩的选择还要注意：一是词语的色彩比词语的理性意义更容易因为社会发展以及强势文本的影响而变化，二是词语色彩使用上的恰当性也不是一成不变的。如：

原句：许多<u>佩服</u>皇帝的臣子常常跪在皇官外面谄谀地欢呼（《巴金短篇小说集》）

改句：许多<u>崇拜</u>皇帝的臣子常常跪在皇官外面谄谀地欢呼（《巴金选集》）

"佩服"较为中性，而修订本中的"崇拜"在 50 年代后三四十年的语境中则往往含有一定的贬义。20世纪中国文学语言史上,五六十年代一些作家在重版修订自己三四十年代的旧作时,用词上的一大改动就是褒贬词语的调整,一些褒贬色彩不明显的纷纷改成了鲜明的,而这种改动,今天看来,不少并未显出其美学上的必要,而仅仅留下社会心理史的痕迹。

(四) 词语声音的选择

词语语音的选择可以注意的是语音节奏的创造和语音形象的创造。

语音节奏指的是语言的音色、音高、音长、音强中任何一个要素在一定时间内的有规律的交替出现的现象。

注意音节的配合可以创造出语音的节奏。汉语的两个音节可以形成一个音步,而四个音节就可以形成一个节奏单元。单音节词语造成的节奏干脆而易显单薄,双音节词语造成的节奏较为平实而又不失明快,三音节词语造成的节奏较为活泼而不够稳定,四音节词语由于既有内部自身的节奏,又有外部组合的节奏,最富于装饰性的延宕富丽,但又易显板滞。因而,文风平实往往多用双音节,而希望节奏富于个性的往往在一串四音节词语后变为奇数音节,在使用三音节词语时成双作对,在运用单音节词语时以复叠加强,如:

笔记是中国独有的文学形式,笔精墨妙,挥洒自如,以简御繁,有余不尽,可惜五四后几成绝响。(柯灵《促膝闲话钟书君》)

六月里,后花园更热闹起来了,蝴蝶飞,蜻蜓飞,螳螂跳,蚂蚱跳。大红的外国柿子都红了,茄子青的青,紫的紫,溜明湛亮,又肥又胖,每一棵茄秧上都结着三四个、四五个。(萧红《后花园》)

一杯愁绪,几年离索。错!错!错!(陆游《钗头凤》)

注意声调的协调可以创造出语音的节奏。古代汉语的声调抑扬依赖的是语音声调平仄的对立和变化,尤其是格律诗,非常讲究"平平仄仄平平仄,仄仄平平仄仄平"之类的协调。现代汉语也可以追求语音的声调美,但应该注意:一是普通话有普通话的抑扬,不能简单地以"平仄"来衡量,如"京华烟云"以"平仄"分析,全是平声,没有抑扬变化,而以普通话语音来看,则是平声中有"阴阳阴阳"的变化;二是语音抑扬的变化可以适当注意,但不必处处讲究,一切以朗朗上口为宜。

注意韵脚的和谐也可以创造出语音的节奏。"没有韵脚……诗就会分散。韵脚使你回到上一行,回想起上一行,使叙述一个思想的所有诗行共同行动。"(马雅可夫斯基《怎样写诗》)当然,白话文韵脚和谐的依据也应该是当代的活的语言,而不必去考究古人的韵书。

语音形象的创造可以运用象声词等多种方法。如:

大弦嘈嘈如急雨,

小弦切切如私语。

嘈嘈切切错杂弹,

大珠小珠落玉盘。(白居易《琵琶行》)

二、句子的关联

(一)句子成分之间的关联

句子成分之间的关联既要注意句子的主干搭配,又要注意中心语与修饰语的配合。常见的问题有以下几种情况。

(1)句子成分残缺,该有的成分给遗漏了或者不完整。如:

① 赵强因为投资失败受到领导的指责,也受到了老婆的责怪,迫使他离开了原单位。

② 我从窗口看见里面好几个人,怪怪的香味。

③《边城》是一部作家以自己的故乡为背景,极其生动地描绘了20世纪上半叶中国湘西的宁静和优美、湘西生活的欢乐与痛苦、湘西人民的希冀和无奈,堪称中国乡土文学的杰作。

例①主语残缺,"迫使"的主语是什么交代不清。例②谓语残缺。除非是要反映艺术心理上的感觉挪移,"香味"不能看见。如果是法庭证词,这里就必须补上"闻到"之类的谓语动词。例③宾语残缺。这是由于定语"一部……无奈"过长而造成"是"后缺了相应的宾语——"小说"。

(2)句子成分的搭配不当也是常见的现象。

① 在消费者协会的主持下,这家旅行社道歉了旅客,并赔款了旅客。

② 根据老师的要求,我们已经阅读并完成了《红楼梦》的上册和读后感。

动宾式合成词以往多数不能带宾语,虽然近年来对这类合成词带宾语的限制越来越少,但例①的"道歉旅客"与"赔款旅客"依然显得动宾搭配不当。例②把"阅读……上册"与"完成……读后感"两个动宾结构不恰当地捏在了一起。

（二）分句之间的关联

分句之间的关联要注意分句之间是什么关系，有没有必要使用关联词，如果要用的话，又该怎么用。如：

　　① 孙灵是一位工程师，<u>而且</u>是一个孝子，他的孩子们也都很有出息。

　　② <u>虽然</u>万海的家境贫寒，几乎连买书和本子的钱都没有，他从不轻言放弃，没有书就借，没有本子就在地上练，终于考取了中学。

例①是不需要关联词的时候硬加了一个。"工程师"和"孝子"两件事可以并列但却没有递进关系，"而且"这个关联词应该去掉。例②则是使用成对的关联词的时候漏了一个，有"虽然"却忘了"但是"。

　　③ 这次会议的组织工作，<u>因为</u>筹委会的同志们都很重视，<u>因此</u>，做得很有条理。

　　④ <u>不管</u>下着暴雨，<u>但是</u>我们还是照样前进。

这两例的关联词都不配套。例③"因此"前面不能用"因为"，例④"不管"应该换成"尽管"或者"虽然"。

关联词的使用还应该注意：其一，汉语比较讲究句子关系之间的意合性，在日常口语或文艺语体中，即使存在并列、递进、承接等等关系，也不一定要用关联词。事实上，在言语交际中，某些话语之间究竟是并列的还是递进的，有时说话人并不一定想加以强调，而听话人对此也同样并不一定想搞清楚。其二，在强调事物的逻辑关系的语体，如法律语体中，该用的关联词就不能随便省略。其三，成对使用的关联词如果一定要省略其中一个的话，那么，一般是省略前一个。如：

　　① <u>即使</u>你不来，我<u>也</u>去。

　　② 你不来，我<u>也</u>去。

　　③ ＊<u>即使</u>你不来，我去。

三、语序的调整

适当调整语序可以突出重点，可以照顾语句的连贯，还可以协调语音、化长句为短句，增强语言的节奏感。

（一）词语中语素位置的调整

词语中语素位置的调整常见于双音节或四音节的词语。当语序变换以

后语义基本没有变化的,调整往往是为了语音上的协调。如:

　　演讲—讲演　忌妒—妒忌　解铃系铃—系铃解铃
　　吞并—并吞　代替—替代　捶胸顿足—顿足捶胸

　　语序变换以后语义发生变化的,调整往往是为了体现语义上的重点。如:"老马识途"、"小鸟依人"、"大笔如椽"、"老态龙钟"都是指一种状态,如果要指具有这种状态的事物,就须倒换为"识途老马"、"依人小鸟"、"如椽大笔"、"龙钟老态"。

　　有时,还可以临时性地改变语序的位置,以语义关系上的临时组合表现对事物关联的新鲜认识。如:

　　　　"我真糊涂,忘了现在的你不比从前的你了,以后老朋友说话也得
　　　　分个界限"。……鸿渐道"给你结婚说得那么可怕,真是众叛亲离了。"
　　　　辛楣笑道:"不是众叛亲离,而是你们要离亲叛众。"(钱钟书《围城》)

"众叛亲离"语义重点在"大家"抛弃"他",而"离亲叛众"语义重点则是"他"抛弃"大家"。

(二)句子中成分位置的调整

主谓成分倒置以突出谓语。如:

(1)① 饥寒交迫的奴隶起来! 全世界受苦的人起来!

　　② 起来,饥寒交迫的奴隶! 起来,全世界受苦的人!《国际歌》)

　　同位复指成分外提,既可以使句子主干紧凑一些,又可以强化复指的成分,很多时候与表达强烈的情绪有关。如:

(2)① 我们的球迷今天5·19是多么的失望。

　　②5·19,我们的球迷今天是多么的失望。

　　施事成分的后置和受事成分的前移在口语中特别容易出现。

(3)① 你们想讨打啊。

　　② 讨打啊,你们想。

　　③ 想讨打啊,你们。

(4)① 你们过马路一定要小心汽车。

　　② 汽车,你们过马路一定要小心!

　　③ 过马路一定要小心汽车,你们。

　　偏正成分语序的变易可以是把状语跟被它修饰的动词分离,也可以是

把定语跟被它修饰的名词分离。其作用或者是为了改变原先的修饰语在句子中的分量,加以特别强调,或者是为了让语句的节奏变得摇曳多姿。如:

(5)① 他只知在千仞深渊之上攀登,他只管在无限风光之间攀登。

② 他只知攀登,在千仞深渊之上;他只管攀登,在无限风光之间。(徐迟《哥德巴赫猜想》)

(6)① 我仍然感到,我只是孤孤单单的一个人。

② 我仍然感到,我只是一个人,孤孤单单的。(曹禺《王昭君》)

(三) 复句中分句位置的调整

主要是条件复句、因果复句的调整。

(7)① 如果忧郁是蓝色的,(那么)叶子是什么颜色的?

② 叶子是什么颜色的,如果忧郁是蓝色的?(歌词《叶子》)

(8)① 总之,倘是咬人的狗,无论它在岸上或在水中,我觉得都在可打之列。

② 总之,倘是咬人的狗,我觉得都在可打之列,<u>无论它在岸上或在水中</u>。(鲁迅《论"费厄泼赖"应该缓行》)

①句是常规的复句,但改为②句以后,语句强调的重心和分量都发生了变化。与此同时,语句的连贯性也得到了加强。

语序的调整应该说明的是:其一,书面语的语序调整与口语的语序调整原因往往并不一样。书面语的交际一般是一个从已知信息到未知信息的按部就班的信息发布过程,而口语交际由于语音信号的即时性,则常常表现为心理"焦虑"的释放过程,需要把心中最强烈的东西先说出来,其他可以随后补充。因而,口语中施事与受事的位置就显得特别灵活。其二,语序变化的结果,并不是削弱句子的一个部分而强化另一个部分,而往往是这个语句各个部分在信息流中都因此而得到了强化。如例(8)是个条件复句,语序变换以后,"无论它在岸上或在水中"移到句末,因为处在通常的句子焦点的位置而得到强化;而"我觉得都在可打之列"则因为枝蔓的后退同样得到了强调。

四、句子的歧义

一句话表达一个意思,这是句子修辞一般的要求。但是,词语大多是多义的,语言组合中的句法结构、层次关系、语义关系也有不少是多义的。多义的语言单位用在句子中,如果语言环境没有提供足够的条件使意义单一化,那就出现歧义了。

(一)歧义的类型

歧义有的主要由口语与书面语的差别造成,有的主要由多义词造成,还有的由语言组合造成。语言组合的歧义中又分语法组合的歧义和语义组合的歧义。

1. 语音的歧义

语音的歧义主要是由词语的同音引起的。如:

　　　　我们要建设一个fǎzhì社会。(法制社会:有法律制度的社会/法治社会:法律面前人人平等的社会)

　　　　在这种情况下,赵蒙当然会xiàn shēn。(献身/现身)

"法制"与"法治"的涵义不同,"献身"与"现身"更是风马牛不相及,但每组词语各自双方读音完全相同,口语中容易引起歧义。

　　　　一些无法直接用语音表达的标点符号在口语中也会造成歧义。如:

　　　　我不大喜欢shànghǎi de zǎochen。(上海的早晨/《上海的早晨》)

"上海的早晨"是一个地方的早晨;而"《上海的早晨》"则是一本书。

　　　　有些句子在口语中是比较明确的,写在书面上则出现了歧义。如:

　　　　我想起来了。(我想起(某事)来了/我想起身了)

　　　　他开抽屉拿5块钱出来给我。(拿出5块钱来/拿5块钱〔走〕出来)

2. 词语的歧义

单纯的词语歧义主要与多义词和同形词有关。如:

　　　　他已经走了一个钟头了。(步行/离开/去世)

　　　　他真正害死了小霞。(极/死亡)

　　　　我喜欢杜鹃。(杜鹃(花)/杜鹃(鸟))

3. 语法组合的歧义

(1) 词类不同或者词和结构同形造成的歧义。如:

　　　　饭不热了。(形容词/动词)

　　　　领导交代让你跟我去一趟广州。(连词/介词)

　　　　这有什么来头?("来历",名词/"来的意义","头"字结构)

你怎么没有背书？（动宾结构，背诵念过的书／名词，在票据背后的签字或盖章）

（2）结构关系不同的歧义。如：

我们打算试验改良品种。（试验（并）改良品种／试验改良（的）品种）

开会吧，学生家长都到齐了。（学生（的）家长／学生（和）家长）

结构关系的歧义以偏正与动宾的交叉最为常见，此外还有偏正与联合的交叉、偏正与同位的交叉、偏正与主谓的交叉以及联合与主谓的交叉等。类似的例子如：

出租汽车	进口设备	学习材料	研究方法
下放干部	印刷材料	红烧带鱼	流通商品（偏正／动宾）
商店食堂	科学哲学	领导群众	历史地理
矿山部队	工人医生	语言艺术	生物化学（偏正／联合）
我们老师	你们社区	他们警察	她们医生（偏正／同位）
财政困难	思维科学（偏正／主谓）		

（3）层次难以切分引起的歧义。其中，多重偏正结构的层次切分造成的歧义特别常见。如：

美国会通过对华贸易法案（美国可能／美国国会）

开展中国医学研究（中国医学（的）研究／中国（的）医学研究）

警方首先控制了案件知情人张书海的妻子王鱼（张书海的妻子案件知情人王鱼／案件知情人张书海他的妻子王鱼）

4．语义组合的歧义

（1）语义关系含糊引起的歧义。这种含糊常常是施事和受事的关系不清。如：

鸡不吃了。（"鸡"可能是施事，也可能是受事）

这个人谁都不认识。（"这个人"可能是施事，"不认识任何人"；也可能是受事，"任何人都不认识他"）

（2）反身代词引起的歧义。反身代词"自己"既可接受近距离的约束，又可接受远距离的约束，而且还可接受主语的照应。当同时存在几个不同的行为主体时，语义关系也可能发生混乱：

老赵认为老钱知道老孙为自己申诉。(老孙为老孙自己申诉/老孙为老钱申诉/老孙为老赵申诉)。

老师告诉小赵要注意自己的读音。(小赵要注意小赵自己的读音/小赵要注意老师的读音)

(3) 语气和口气表达不清引起的歧义。如：

我只买了两斤糖果。(我买了东西〔其他人没有买〕/我只买了东西〔没有做其他事情〕/我只买了糖果〔没有买其他东西〕/我只买了两斤糖果〔没有买更多的糖果〕)

除了总经理,他最担心的就是董事长。(总经理和他担心董事长/他担心董事长和总经理)

(二) 歧义的消除

1. 依靠语音和文字条件消除歧义

语音和文字是不同的代码,利用代码的转换可以消除一些歧义。

口语里由于同音造成的歧义用文字写出来常常可以消除。如"他的病是liángxìng 的",不管写成"良性"还是"凉性"都清楚明白。而"我不大喜欢 shànghǎi de zǎochen",在书面,根据有没有书名号就可以明确指的是一般性的"上海的早晨"还是一本叫作《上海的早晨》的著作。

书面的部分歧义也可以用语音来消除。语音的声韵调和停顿都可能用来消除歧义。"柏林"读为 bǒ lín 指的是德国首都,读为 bǎi lín 则指的是柏树林。"背着他"中的"背",读为 bēi 指的是"把他背在身上";读为 bèi 则指的是"瞒着他"。

有的书面歧义可用是否读轻声来消除:如"我想起来了",其中"起来"读为 qǐ lǎi,表示的是"起床";而读为轻声的 qilai 的话,则表示"想到"。

语气或口气的歧义在口语中往往可以用重读的方法消除。如前面所举例句"我只买了两斤糖果"的 4 种语义:

① 我买了东西。(其他人没有买)

② 我只买了东西。(没有做其他事情)

③ 我只买了糖果。(没有买其他东西)

④ 我只买了两斤糖果。(没有买更多的糖果)

就可以分别用重读"我"、"买"、"糖果"、"两斤"来分化。

2. 利用词语和句式条件消除歧义

改换词语是消除歧义的常用方式。如：

　　① 我们要工作。(有歧义)

　　② 我们打算工作。(无歧义)

　　③ 我们需要工作。(无歧义)

　　④ 我们要求工作。(无歧义)

　　⑤ 我们必须工作。(无歧义)

改变句式或调换位置也是消除歧义的常用方式。如：

　　可适当吸纳跌幅过大的房地产股。

上面是中国证券分析师常说的一句话,可是,它却存在重大的歧义,其一是指"可适当吸纳房地产股中跌幅过大的",其二是指"房地产股跌幅过大,可适当吸纳",要消除歧义就应当适当变换。再如：

　　① 江苏和浙江的部分地区下了雨。(有歧义)

　　② 浙江的部分地区和江苏下了雨。(无歧义)

　　③ 江苏全省和浙江的部分地区下了雨。(无歧义)

　　④ 江苏和浙江两地的部分地区下了雨。(无歧义)

　3. 利用上下文和其他语境条件消除歧义

言语交际中的大多数歧义都是利用上下文和其他语境条件消除的。

(1) 上下文是消除歧义最简单的方法。如：

　　① 她是去年生的小孩。(有歧义)

　　②(大前年结婚,)她是去年生的小孩。("她"是一位已成年人。无歧义)

　　③ 她是去年生的小孩(现在已经会说话了)。("她"是一位婴儿。无歧义)

(2) 交际现场的语境也是消除歧义的基本方法之一。如例句"鸡不吃了",如果面对一盘烤鸡或面对一窝病鸡,语义立刻就会显豁起来。再如：

　　《财经》和胡舒立:揭露造假急先锋(报)

这则新闻的标题具有多种歧义的可能。"揭露造假急先锋"整体上可理解为偏正结构"<u>揭露造假</u>/急先锋",又可理解为动宾结构"揭露/<u>造假急先锋</u>"。而全句可以是"揭露造假急先锋"复指《财经》和胡舒立;也可以是"造假急先锋"复指"《财经》和胡舒立"。这样,这个标题就有了 3 种理解的可能：

　　①《财经》和胡舒立是揭露造假急先锋

　　②《财经》和胡舒立揭露那造假急先锋

　　③ 揭露《财经》和胡舒立这造假急先锋

但文中紧接着介绍：胡舒立，《财经》杂志主编，《财经》杂志在创刊号就提出了谁该为琼民源的造假案负责，2000 年揭露了基金黑幕，2001 年又连续揭露中科创庄家吕梁、亿安科技操纵者、"第一牛股"银广夏陷阱。则此文标题只能理解为①："《财经》和胡舒立是揭露造假急先锋"。

　　（三）歧义的利用

　　句子的歧义并非就是修辞的缺陷。由于交际目的的不同，在许多场合下，存在一些歧义是完全可以接受的，有时，反而还可以有意识地去创造一些歧义。修辞学上的双关等等从某种意义上说，就是一种对于歧义现象的巧妙利用。再如：

　　　　读书破万卷，下笔如有神。（杜甫《奉赠韦左丞丈二十二韵》）

"破"，可解释为"突破"，即"超出"；又可解释为"破损"，即"读烂"；还可解释为"一语道破"的"破"，即"领悟"。"破"字的歧义不仅没有妨碍诗的主旨，反而增添了诗的意趣。

　　　　料得年年肠断处，明月夜，短松冈。（苏轼《江城子》）

　　　　怒发冲冠，凭栏处，潇潇雨歇。（岳飞《满江红》）

"处"是个多义词，一般指的是"空间"，但在诗词中又可解释为"时间"，对这两个例子中的"处"，人们的解释多半是后者，即"时间"。但"明月夜"是时间，而"短松冈"分明则是空间；"凭栏处"的"栏"是空间，而"潇潇雨歇"的"歇"却显然表示了时间。由此而论，这里的"处"既不单是时间，又不单是空间，时空两义仿佛在左右摆动，"诗意"因此而显得更为圆融丰厚。

思考题

1. 用词的准确性是否意味着词语使用上的唯一性？

2. 语句的运用也有节奏问题，你是否思考过如何利用长句与短句、整句与散句的变化调节语流节奏？

3. 有人认为现代汉语修辞也要注意语音的平仄变化,你的看法呢?

第四节　修　辞　格

修辞格又称辞格、修辞方式,是为了提高修辞行为的效果而运用的组织语言材料的策略性方法。

比喻、比拟、借代、夸张、双关、映衬、拈连、仿拟等修辞格侧重语义变化,是追求语言形象上的创造的策略;对偶、排比、回环、顶真、反复等修辞格侧重语形的呼应变化,是追求语句组织上的创造的策略。

一、比喻

比喻就是打比方,是用某一事物或情境来比况不同类的另一事物或情境。

比喻是扩大话语的意义空间的最基本的手段之一。运用比喻,可以用浅显的、具体的比喻深奥的、抽象的,也可以用抽象的、深奥的比喻具体的、浅显的。被比的事物与作比的事物应该是不同类的,两者可以在一个或多个方面具有相似点。两者的距离越远,越能获得意外的效果。

比喻的基本类型是明喻,由此又衍化出暗喻、借喻、博喻、撇喻等。

(一) 明喻

明喻是最典型的比喻。在结构方式上最为完整:本体(被比的事物)、喻体(作比的事物)、比喻词("像"、"如"、"若"、"似"、"似的"、"好像"、"一样"等)都出现,有时还可以顺势写出两者的相似点;在语义关系上也最为显豁,一般不容易与其他修辞格混淆。如果用 A 表示本体,用 B 表示喻体,那么明喻的基本格式是:A 像 B。有时也有 B 像 A。如:

　　① 那粉坊里的歌声,就像一朵红花开在了墙头上,越鲜明,就越觉得荒凉。(萧红《呼兰河传》)

　　② 出洋好比出痘子、出痧子,非出不可。小孩子出过痧痘,就可以安全长大,以后碰见这两种毛病,不怕传染。我们出过洋,也算了了一桩心愿,灵魂健全,见了博士硕士们这些微生虫,有抵抗力来自卫。(钱钟书《围城》)

例①用"像"作比喻词,用"墙头上的红花"比喻"歌声","越鲜明,就越觉得荒凉"就是本体"歌声"与喻体"墙头上的红花"的相似点。例②用喻词"好比",把"出洋"比作"出痧痘"。

(二) 暗喻

暗喻是本体和喻体都出现而比喻词不出现的比喻。常见的有利用判断关系构成"A 是 B",利用修饰关系构成"A 的 B",利用并列关系构成"A,B"等。

(1) "A 是 B"型。如:

① 卑鄙是卑鄙者的通行证,

　 高尚是高尚者的墓志铭。(北岛《回答》)

② 太阳是我的纤夫。

　 它拉着我,

　 用强光的绳索,

　 一步步,

　 走完十二小时的路途。(顾城《生命幻想曲》)

(2) "A 的 B"型。如:

① 芜秽的心田里只是误会的蔓草,毒害同情的种子,更没有收成的希冀。(徐志摩《泰戈尔》)

(3) "A,B"型。如:

① 难道时间这面晦暗的镜子

　 也永远背对着你

　 只留下星星和浮云。(北岛《结局或开始——给遇罗克烈士》)

② 生得又高又胖并不就是伟人,做得多而且繁也决不就是名著。

(鲁迅《由聋而哑》)

(三) 借喻

借喻是本体和比喻词都不出现而借喻体来代替本体的比喻。在形式上与借代有相似的地方。例如把"家庭"比作"女人的领土","眼泪"比作"珍珠"和"露":

① 柔嘉到底是个女人,对于自己管辖的领土比他看得重。(钱钟书《围城》)

② 说呵,是什么哀怨,什么寒冷摇撼你的心,如林叶颤抖于月光的摩抚,摇坠了你眼里纯洁的珍珠,悲哀的露?(何其芳《圆月夜》)

（四）撇喻

表面说的是本体与喻体的不相似,但本体与喻体的这种"不相似"之所以需要撇除,正是以对两者相似性表示认同为前提的。其结构方式为:"A 不像(不是)B"。如:

> ① 鸿渐的心不是雨衣材料做的,给她的眼泪浸透了。(钱钟书《围城》)
>
> ② 我不是火,不能给你光和热;
> 同时,我也不是黑暗,不能把你的光辉衬托。
> 我不是水,不能湿润你干裂的唇,
> 我不是花,不能点缀你寂寞的生活。(雁翼《诗的自白》)

（五）博喻

博喻是用一连串的喻体描绘同一个本体,或者用一连串相关的喻体描绘一连串相关的本体。其结构方式为:"A 像 B_1,像 B_2,像 B_3……"或"A_1 像 B_1, A_2 像 B_2, A_3 像 B_3……"如:

> ① 何等动人的篇章!……这些是空谷幽兰、高寒杜鹃、老林中的人参、雪岭上的雪莲、绝顶上的灵芝、抽象思维的牡丹。(徐迟《哥德巴赫猜想》)
>
> ② 在这绝壁的边沿站着一个丈夫,一个不凡的男子,怪石一般的峥嵘,朝旭一般的美丽,劲瀑似的桀傲,松林似的忧郁。(徐志摩《拜伦》)
>
> ③ 你有你的铜枝铁干
> 像刀、像剑,
> 也像戟。
> 我有我红硕的花朵
> 像沉重的叹息,
> 又像英勇的火炬。(舒婷《致橡树》)

二、比拟

比拟就是把物拟作人、把人拟作物或者把甲物拟作乙物来表现。比拟的主要作用是改变叙述对象的属性,以抒发感情表示褒贬,并增加话语的形象性和生动性。

比拟易与比喻混淆,一般来说,比喻离不开用另外的事物(喻体,通常由名词或名词性结构担任)引发想像,而比拟作比时那另外的事物是不出现的,只是用与那另外事物相关的词语(通常是动词、形容词、量词等)来引发想像。

比拟又分拟人和拟物。

(一) 拟人

拟人就是直接把事物当作人来写。例如:

　① 太阳的影子躺在波浪上

　　黎明摇着棕榈叶,摇着蓝色的光。(杨炼《蓝色狂想曲》)

　② 这辆车年久历风尘,该庆古稀高寿,可是抗战时期,未便退休。(钱钟书《围城》)

(二) 拟物

拟物就是直接把人当作物来写或者把甲物当作乙物来写。例如:

　① 美国博士几个子儿一枚? 我问他。(老舍《牺牲》)

　② 学生被挂在黑板上两个小时,据说还不是最高纪录。(理由《高山与平原》)

　③ 莫言下岭便无难,

　　赚得行人空喜欢。

　　正入万山圈子里,

　　一山放过一山拦。(杨万里《过松源晨炊漆公店》)

　④ 他无法统计失败了多少次。他毫不气馁。他总结失败的教训,把失败接起来,焊上去,作为登山用的尼龙绳子和金属梯子。(徐迟《哥德巴赫猜想》)

三、借代

借代就是不直接说出要说的人或事物,而"借用"与之有密切关系的其他的人或事物来"代替"。借代的基本作用是强化事物的特征,提高言语行为的经济性。运用借代,必须注意明确性原则,避免误解。

借代和借喻都是借别的事物来代替本体,其区别是:(1)构成的基础不同:借喻的基础是事物的相似性(即喻体跟本体有某方面相似);构成借代的基础是事物的相关性(比如部分和整体的关系、具体和概括的关系等等,但不包括"相似"这种关系);(2)作用不同:借喻着重在"喻",用喻体来打比方;借代着重在"代",干脆用借体称代本体;(3)借喻可以改造为明喻或暗喻,借代却不能。

借代常见的是部分与整体之间的借代,此外,还有原因与结果之间的借代等等。

(一) 部分与整体之间一类的借代

其中又有部分代整体、特征代本体、具体代概括、名号代本体等等。如:

> ① 征帆去棹残阳里,
>
> 　　背西风,
>
> 　　酒旗斜矗。(王安石《桂枝香》)
>
> ② 花白胡子恍然大悟似的说。(鲁迅《药》)
>
> ③ 即使那桃花有车轮般大,也只能在初上去的时候,暂时吃惊,决不会每天做一首"桃之夭夭"的。(鲁迅《华盖集续编》)
>
> ④ 鲁提辖拳打镇关西。(《水浒传》)
>
> ⑤ 洗了家伙,到自己屋中坐下一气不出,吸了多少根"黄狮子"。(老舍《骆驼祥子》)

例①以部分的"帆"、"棹"代整体"船"。例②以特征"花白胡子"代"长花白胡子的人"。例③以具体的诗句"桃之夭夭"代"诗歌"。例④以绰号"镇关西"代"人称'镇关西'的郑屠"。例⑤以品牌"黄狮子"代"黄狮子牌香烟"。

(二) 原因与结果一类的借代

其中又有作者代作品、产地代产品、结果代本体等等。

> ① 读点鲁迅。(报)
>
> ② 他买了两瓶绍兴,乐滋滋地往回走。(报)
>
> ③ 好吧,咱们多勒勒裤腰带吧!(老舍《正红旗下》)

例①以作者"鲁迅"代"鲁迅的著作"。例②以产地"绍兴"代"绍兴特产黄酒"。例③以结果"勒勒裤腰带"代原因"挨饿"。

四、夸张

夸张就是故意"言过其实",对某些事物的特征、作用、程度、数量等方面加以夸大或缩小。

夸张可以突出对象的特征,渲染主观的感受。运用夸张关键是要让人看到其"假定性",知道是夸张,而不会误以为是事实。

夸张有尽量往"大"里说的,有极力往"小"里说的,还有在时间上尽量提前的等等。

① 烹羊宰牛且为乐,会须<u>一饮三百杯</u>。(李白《将进酒》)

② 只要他发点好心,<u>拔根寒毛比我们的腰还壮</u>哩。(《红楼梦》)

③ 活儿我不做了! <u>三颗粮食</u>,收不收有什么关系?(赵树理《三里湾》)

④ <u>五官平淡得好像一把热手巾擦脸就可以抹而去之的</u>。(钱钟书《围城》)

⑤ <u>丹唇未启笑先闻</u>。(《红楼梦》)

例①例②是数量的"夸大"。例③是数量的"缩小"。例④是性状的夸张。例⑤是时间上的"超前"。

五、双关

双关是让一个词句同时关涉到两个方面。它主要是利用词句的多义、语音的相同(或相近)或语境的相似构成的。

双关的话语语言比较含蓄,语义比较丰富。运用双关常常需要利用语言的歧义,但又要注意双关和一般歧义的区别。

双关可分语义双关、语音双关和语境双关。

(一)语义双关

语义双关是利用词句固有的多义或临时的多义(如比喻性使用)构成的双关。例如:

① 黄克强挽黄慎之联:

白眼十年,看到了这番民国规模,从兹<u>目暝</u>;

青巾一顶,收拾起千古状元袍笏,说甚头衔。(吴恭亨《对联话》)

② 匪徒们走上了这几十里的大山脊,他没有想到包马蹄的麻袋片全塌烂掉在路上,露出他们的<u>马脚</u>。(曲波《林海雪原》)

例①"目暝"多义,既可指"死亡",也可指"死心"。例②"马脚"既是实指"马的脚",又指其比喻义"破绽"。

(二)语音双关

谐音双关是利用语音上的相同或相似建立的双关。如:

① 东边日出西边雨，

　道是无晴却有晴。（刘禹锡《竹枝词》）

② 孔夫子搬家——尽是书（输）。（歇后语）

③ 甲　你们说我像皇帝哪还是像太后呢？

　　乙　你是太厚！

　　甲　我是什么太后呢？

　　乙　脸皮太厚！（相声《白骨精现形记》）

例①"晴"双关"晴天"和"感情"。例②"书"双关"书本"和"输"。例③"太后"双关"太后"和"太厚"。

（三）语境双关

语境双关是利用语境条件，一句话同时关涉到两个对象的双关。平常所说的"指桑骂槐"就是一种语境双关。例如：

① 这里宝玉又说："不必烫了，我只爱喝冷的。"……宝钗笑道："宝兄弟，亏你每日家杂学旁收的，难道就不知道酒性最热，要热吃下去，发散的就快；要冷吃下去，便凝结在内拿五脏去暖他，岂不受害？从此还不改了呢。快别吃那冷的了。"宝玉听这话有理，便放下冷的，令人烫来方饮。

黛玉嗑着瓜子儿，只管抿着嘴儿笑。可巧黛玉的丫鬟雪雁走来给黛玉送小手炉儿，黛玉因含笑问他说："谁叫你送来的？难为他费心——哪里就冷死我了呢！"（《红楼梦》）

② 院子里，强英在喂猪。

水莲和仁芳哼着歌子回到家里。

强英白了她们一眼，挖一勺猪食骂一句："死东西，哼呀哼的，看把你们自在的！"两头猪抢食吃，她用勺子敲黑猪，骂道："再叫你这张狂嘴称霸道！"又用勺敲白猪，骂道："再叫你大白脸耍心眼！"

水莲皱皱眉头没吱声。仁芳气鼓鼓地瞪了强英一眼，刚要发作，水莲向她使个眼色，拉她进堂屋。（辛显令《喜临门》）

例①"难为他费心——哪里就冷死我了呢"表面上只是说"黛玉自己不需要关心"，其实又是借着语境的相似，嘲讽宝钗对宝玉的关心多此一举。例②大嫂强英表面上是对着猪骂，实际上是借语境骂给二嫂水莲和妹妹仁芳听。

六、映衬

映衬是把相关(或相对)的事物或同一事物的不同方面(通常是两个,有时也可以是两个以上)放在一起说,相互衬托、相互对比。映衬可以突出表达对象与相似事物的区别,从而更显鲜明,也可以使表达对象相得益彰,扩大意义空间。运用映衬要注意不能影响叙述的脉络发展。

(一)反衬

衬托,又叫反衬,是主次分明的一种映衬。就是把相关或相反的两个(或两个以上)事物主次分明地放在一起,以次要的烘托主要的,让主要的更鲜明突出。例如:

①　历史对人的造就胜于人对历史的创造。(尼克松《理查德·尼克松回忆录》)

②　让我们下定决心,成为我们历史的主人,而不是历史的受害者,把握住我们自己的命运,决不屈服于盲目的疑心与情感。(肯尼迪《在缅因州奥伦诺缅因大学的演讲》)

③　四百几十顷,了得! 一家人,只要有五亩地,省吃俭用,就饿不着。要是有十五亩,就暖暖和和的啦! 要是有五十亩,还不天天做梦都笑醒了? 有五百亩哩? 了不起的财主啊! 可是,人家有四千几百亩哩? 骑着马都够一跑的! (秦兆阳《大地》)

例①以"人对历史的创造"衬托"历史对人的造就",突出历史的作用。例②以"历史的受害者"衬托"历史的主人",强调人不能被动地应对历史。例③以"五亩地"、"五十亩地"、"五百亩地"的力量渲染"四千几百亩"的了不起。

(二)对衬

对衬,又叫对比、对照,是把相互对照、相互对立的事物放在一起作对比的一种映衬。例如:

①　老舍的父亲牺牲在帝国主义的炮火之下;老舍本人竟惨死在"文艺黑线专政"论的毒箭之下;老舍的父亲孤单而受尽痛苦地死在一间小粮店里,老舍本人也同样孤单而受尽痛苦地死在一个小湖的岸边;老舍的父亲的墓冢中没有遗骨,只有一双布袜子,老舍本人的骨灰盒中也同样没有骨灰,只有一副眼镜和一支钢笔……(胡絜青《写在〈正红旗下〉前面》)

② 你要知道一个人的自己,你得看他为别人作的传;你要知道别人,你倒该看他为自己作的传。(钱钟书《魔鬼夜访钱钟书先生》)

七、拈连

拈连就是甲乙不同的两个事物连着说时,临时把用在甲事物的词语趁势拈来连用到乙事物上。

拈连可以加强上下文的联系,同时还有"移花接木"之趣。如:

① 水调数声持酒听。

午醉<u>醒</u>来<u>愁</u>未<u>醒</u>。

送春春去几时回,

临晚镜。

伤流景。

往事后期空记省。(张先《天仙子》)

② 哼!你别看我耳朵<u>聋</u>——可我的<u>心</u>并不"<u>聋</u>"啊!(郭澄清《大刀记》)

③ 家是<u>倾</u>了,而"年貌长新"的希望适得其反,连自己的<u>健康</u>也<u>倾</u>了!(郭沫若《李白与杜甫》)

"愁"与"醒","聋"与"心"、"倾"与"健康"原本都是不便搭配的,但由于前一个主谓结构成功的帮助,在紧随着的相同结构中也获得了合法性。

八、仿拟

仿拟就是对现成的固定词组、句子、篇章甚至语体临时性地加以仿照。

仿拟如果有被仿对象引导一下,形成直接对比,效果会比较强烈。没有被仿对象直接对比的,就要求被仿的属于耳熟口滑的语句,如流行歌词、套话、常用成语等等;同时还要最好加上引号。仿拟还要注意在不同媒体的"可融解性",电视广告中的仿拟易于对少儿语言知识习得造成负面的干扰,应当特别谨慎。

仿拟可分两类:一是被仿出现,二是被仿不出现的。

(一) 被仿出现的仿拟

① "哈哈哈!"阿 Q <u>十分得意</u>的笑。

"哈哈哈!"酒店的人也<u>九分得意</u>的笑。(鲁迅《阿 Q 正传》)

②李有才作出来的歌,不是诗,明明叫做快板,因此不能算"诗人",只能算"板人"。(赵树理《李有才板话》)

③一个阔人说要读经,嗡的一声,一群狭人也说要读经,岂但读而已哉,据说还可以救国哩。(鲁迅《这个与那个》)

(二)被仿不出现的仿拟

①"鸡"不可失。(小绍兴鸡粥店广告)

②百"文"不如一"键"。(电脑广告)

③才不在高,有官则名;学不在深,有权则灵。这个衙门,唯我独尊。前有吹鼓手,后有马屁精,谈笑有心腹,往来无小兵。可以搞特权,结帮亲;无批评之刺耳,唯颂扬之谐音。青云能直上,随风显精神。群众云:臭哉斯人!(《陋官铭》)

例①仿拟成语"机不可失"。例②仿拟成语"百闻不如一见"。例③仿拟古典名篇《陋室铭》。

九、对偶

对偶就是把一对结构相同或者相似、字数相等的词组或句子连接一起来表达相关或相对的意思。

汉语传统的对联都要使用对偶,但对偶的使用却并不限于对联。对偶要求意义关联、形式整齐、结构匀称,对联更须平仄和谐。

运用对偶,既要注意上下句结构上的均衡和语音上的协调,也要注意内容上的对称。

对偶又分正对、反对和串对。

(一)正对

正对是由两个意思相关的对称句子或词组构成的对偶。如:

①小知不可使谋事,小忠不可使主法。(《韩非子》)

②两个黄鹂鸣翠柳,
一行白鹭上青天。(杜甫《绝句》)

(二)反对

反对是由两个意思彼此对立的对称句子或词组构成的对偶。如:

①横眉冷对千夫指,俯首甘为孺子牛。(鲁迅《自嘲》)

②清末乙未岁,日本和议成。有人题京师城门云:

万寿无疆,普天同庆;
三军败绩,割地求和。(吴恭亨《对联话》)

(三)串对

串对又叫流水对,是由两个内容连贯或者有递进、因果等关系的对称句子或词组构成的对偶。如:

① 才饮长沙水,又食武昌鱼。(毛泽东《游泳》)
② 春分刚刚过去,清明即将到来。(郭沫若《科学的春天》)

十、排比

排比就是用并列的词组或句子在语形上组织得具有某种相似性(如结构相似、字数相等、话题的关键词语相同)。运用排比可以增加语言的节奏感,也可以加强语言的气势。

排比和对偶比较相似,不过对偶一定是两两相对,而排比通常是多项排列;对偶要求两项之间字数相等,排比如果能满足其他要求,字数的要求就可以放弃。如果是对联,那与排比的差别就更多了。

① (梅雨潭)这平铺着,厚积着的绿,着实可爱。她松松地皱缬着,像少妇拖着的裙幅;她轻轻地摆弄着,像跳动的初恋的处女的心;她滑滑地明亮着,像涂了"明油"一般,有鸡蛋清那样软,那样嫩,令人想着所曾触过的最嫩的皮肤;她又不杂些尘滓,宛然一块温润的碧玉,只清清的一色——但你却看不透她!(朱自清《温州的踪迹》)

② 给我们家庭,给我们格言
你让所有孩子骑上父亲肩膀
给我们光明,给我们羞愧
你让狗跟在诗人后面流浪
给我们时间,给我们劳动
你在黑夜中长睡,枕着我们的希望
给我们洗礼,给我们信仰
我们在你的祝福下,出生然后死亡　(多多《致太阳》)

十一、回环

回环就是把两个字词相同而排列次序不同的言语片断紧紧连在一起。

回环可以给人以循环往复的意趣,还可以构建事物之间相互依存、相互制约或相互对立的关系。如:

① 信言不美,美言不信。

善者不辩,辩者不善。

知者不博,博者不知。(《老子》)

② 长相知,才能不相疑;不相疑,才能长相知。(曹禺《王昭君》)

③ 我们发展电话,电话发展我们。(上海电话发展总公司广告词)

④ 膝前有了四个小女儿,老是缠绕不清,等于背上四个小包袱,更觉得家离不了我,我离不了家。(周瘦鹃《迎春时节在羊城》)

十二、顶真

顶真,又叫“联珠”,就是在句子与句子之间,或者段落与段落之间,用前一单位末尾的词语或分句作为后一单位的开头来巧妙连接。顶真可以有效地构建事物的空间关系、时间关系或因果关系;还可以使语句的组织更加紧密和顺畅。

① 车到山前必有路,有路就有丰田车。(“丰田”汽车广告词)

② 不闻不若闻之,闻之不若见之,见之不若知之,知之不若行之。(《荀子·儒效》)

③ 打人就要费力气,费力气就要多吃饭,多吃饭就要费钱,费钱就是破坏他的哲学,老张又何尝爱打人呢?(老舍《老张的哲学》)

④ 咱们做的事越多,老百姓就来得越多,老百姓来得越多,咱们的力量就越大,咱们的力量越大,往后做的事就越多。(欧阳山《高干大》)

十三、反复

反复就是有意重复使用同一词句。

反复可以突出重点,可以抒发强烈的感情,可以标明叙述的层次,增强条理性和节奏感。运用反复要有节制,避免啰嗦感。反复常常与博喻、排比等修辞格综合运用,尤其是多次反复为了避免可能造成的呆板,在最后一次反复时常常适当运用错综,以求变化。反复又分连续反复和间隔反复。

(一)连续反复

连续反复就是连续重复使用同一词句。例如:

① 盐早追在后面大声说:"如何不吃饭呢? 如何不吃饭就走呢? 哪有这样的道理?"（韩少功《马桥词典》）

② 不但对于阿Q,连我自己将来的"大团圆",我就料不到究竟是怎样。终于是"学者",或"教授"乎? 还是"学匪"或"学棍"呢? "官僚"乎,还是"刀笔吏"呢? "思想界之权威"乎? 抑"思想界先驱者"乎,抑又"世故的老人"乎? "艺术家"? "战士"? 抑又是见客不怕麻烦的特别的"亚拉籍夫"乎? 乎? 乎? 乎? 乎?（鲁迅《阿Q正传的成因》）

(二) 间隔反复

间隔反复就是有规律地间隔性重复同一词句。例如:

① 这半年我看见了许多血和许多泪,然而,我只有杂感而已。泪揩了,血消了;屠伯们逍遥复逍遥,用钢刀的,用软刀的然而,我只有杂感而已。

连"杂感"也被"放进应该去的地方"时,我于是只有"而已"而已!（鲁迅《"而已"集》）

② 听柳青讲故事,给一个挺凶、分数又抠得紧的老师偷偷取个绰号,有意思! 挤在叶芸家揉面粉做烧饼的案板上写作业,有意思! 陪淑华上门串户地去送她妈给人家洗净的衣服,有意思! 钻到松柏巷的天主堂内偷看那除了帽檐是白的外,一身都黑漆漆的嬷嬷,心都紧张得咚咚跳,有意思! 跑远点到抚州门外的绳金塔下仰脸看金光闪闪的塔顶,到孺子亭去捉迷藏,花五分钱坐渡船过抚河去三村看桃花,或进到佑民寺去看那又高又大的神秘的菩萨,就更有意思了!（胡辛《四个四十岁的女人》）

思考题

1. 有人认为修辞格就是修辞学的核心,有人认为修辞格的研究没有意义,你如何看? 为什么?

2. 一个语句是否只能用一种修辞格?

3. 分析修辞格的表达作用,一定要联系意图、上下文、语体等等。你能举例说明吗?

第五节　对　　话

对话是言语交际中最基本的一种行为方式。其中,称呼、提问、回答是需要首先进行分析的几个问题。

一、称呼

称呼对方、他人或自己,是对话中的基本的言语行为之一。在言语交际中,称呼可以表示礼貌,但是从本质上说,它首先却并不是表示礼貌,而是为后续言语行为的恰当性提供依据。

对话中的称呼应该"合乎特定人物的社会地位",但更应该合乎此时此刻语境中的对话双方的关系。在任何一种对话当中,不管是有意还是无意,说话人首先要确定的少不了"以什么样的身份说话"和"对什么样的角色说话"的问题,不管是"寒暄",还是"请求",或是"宣告",对话中任何言语行为的恰当性都是以彼此关系定位的恰当性为前提的。

在对话中,每一次的称呼,都是对彼此双方关系的一次界定。不同的称呼只反映了称呼人对于对话双方关系的假定,而这种假定并不一定能获得对方的认同和相对的回应。在老舍话剧《茶馆》开场,就是茶馆老板王利发和落魄相士唐铁嘴的对话:

> 王利发　<u>唐先生</u>,你外边遛遛吧!
>
> 唐铁嘴　<u>王掌柜</u>,捧捧唐铁嘴吧!送给我碗茶喝,我就先给<u>您</u>相相面吧!……
>
> 王利发　算了吧,我送给<u>你</u>一碗茶喝,你就甭卖那套生意口啦!
>
> 　　　　　　　　　　　　　　　　　　(老舍《茶馆》)

同样的祈使句,王利发对唐铁嘴的称呼是尊称"×先生"和没有敬意的"你"连用,正表示出王掌柜的"来者都是客"和"赖账茶客不值得尊重"的复杂态度,而他的后续行动正是要赶唐铁嘴出门。与此相反,唐铁嘴对王利发是尊称"王掌柜"并连用敬辞"您",表示出完全的谦恭,因为他的后续行动就是死皮白脸要赖下来再讨碗茶喝。

在具体的对话中,并不一定每一次都出现称呼语。但不出现称呼语不等于没有进行角色的定位,不过,这时的角色定位借助的是零形式的称呼。

零形式反映的往往不是一种毋需客套、不拘形迹的亲密关系,就是一种居高临下、目中无人的俯视关系。

狗子　（零形式）姓程的住哪屋?
二春　（零形式）你找姓程的有什么事?
大妈　（零形式）少多嘴。（说着想往屋里推二春）
狗子　小丫头片子,你少问!
二春　（零形式）问问怎么了?
大妈　我的小姑奶奶,给我进去!（老舍《龙须沟》）

在这里,狗子对二春的蛮横,二春的毫不畏缩,大妈对狗子的畏惧和对二春的拦阻都与称呼语的形式与内容密切相关。

在言语交际中,称呼是多变的。称呼的变化反映了双方关系的变化;而双方关系的变化,也相应地会带来称呼的变化——尽管很多时候,这种关系的变化只是说话人对彼此关系认识的一种变化,或者只是说话人的交际诉求的一种变化。

（一）尊称

尊称就是包含尊重之义的对对方或与对方相关者的称呼。根据适用对象、语境的不同,尊称可以分为两类:泛尊称和特指性尊称。

1. 泛尊称

泛尊称指的是适用范围较广、语境限制很少、交际双方具体角色关系比较模糊的一些称呼语。现代汉语的泛尊称主要有:"先生"、"同志"、"师傅"、"老师"、"女士"、"小姐"、"夫人"。

"先生",一是指老师和具有老师地位的人士,并不限于男女;二是泛尊称一切具有独立人格的男性。作为泛尊称的"先生"适用范围与该语言社区的国际化程度密切相关,国际化程度越高,"先生"作为泛尊称的有效性就越高。对于乡村老农等而言,"先生"就不是一个恰当的称呼。

"同志",指称对象不分男女,一是指同一政治党派的成员,二是泛尊称同一政治体制中的人士。因此,作为泛尊称,当对方不能认同你的政治观念时,其"尊称"的有效性就受到了影响。

"师傅",作为特称,指的是技术上的指导者;作为泛尊称,可指城镇所有体力性工作者,如司机、售货员、小摊贩等。

"老师",作为特称,指的是学校的教学人员;作为泛尊称,可指城镇所有脑力性工作者,如企业管理人员、银行从业人员、医院医护人员、政府公务员等。

"女士",女性的泛尊称,但在现代汉语中用作面称时语用限制较多。

"小姐",女性的泛尊称,在现代汉语中既可指称未婚的女性(包括老年女性),又可指称年龄不老的女性(不管婚否)。小姐称呼的恰当性与女性的人格独立化程度有关,商务与文化机构越多,从事高收入的商务与文化活动的女性数量越大,小姐作为泛尊称的恰当性就越高。否则,小姐泛尊称则不易为人接受。

"夫人",已婚女性的泛尊称。在现代汉语中,语用限制较多,一是要求其本人或其先生应有一定的社会地位,二是使用场合比较正式,三是大多数情况下应连带姓或名使用,如"赵夫人",否则易与"妻子"的戏称相混。

2. 特指性尊称

现代汉语的特指性尊称指的是交际双方角色关系定位比较具体的尊称。这类尊称在为角色关系定位时有两个坐标,一是亲属坐标,就是把交际对象纳入亲属关系网,并且把这种亲属关系的辈分定得越高、离说话人越近就越显得尊重。二是社会地位坐标,把对象的社会地位定得越高就越显得尊重。(参见曲卫国等《礼貌称呼的语用学解释》)

亲属关系的尊称包括"实际亲属"关系尊称、"中介亲属"关系尊称和"类亲属"关系尊称。

"实际亲属"关系尊称指的是这种关系是实际存在的,如称呼自己父系一等血亲男性长辈为"爸爸"、"爹"、"老爸"、"爷",二等血亲男性长辈为"爷爷"、"公公",三等血亲男性长辈为"太公"、"太爷爷"等。

"中介亲属"关系尊称指的是不直接使用彼此的亲属关系来称呼,而是用与彼此有关的第三人与对方的关系来称呼,其形式或表现为提高对方的辈分,或表现为拉近双方的距离。如未婚的女性称呼自己的父亲为"爷爷",这依从的是自己兄弟的孩子的称呼;老人称呼孙女的舅舅可以是"大哥"(从媳妇称),也可以是"舅舅"(从孙女称)。

"类亲属"关系尊称指的是并无亲属关系的交际双方使用亲属称谓或者具有"类似长辈"涵义的称谓。使用亲属称谓的如称呼老年人为"爷爷"、"奶奶",称呼中年人为"大叔"、"大婶",称成年男女为"叔叔"、"阿姨"。类亲属尊称常常要加年龄或姓氏标记,以示区别,如"张爷爷"、"李家妈妈"、"老妈妈"、"小哥哥"。使用"类似长辈"称谓的如称呼老年人为"老人家"、"老先生"、"老大爷"、"老大妈"以及"×老"、"×公"。"×老"一般用于知识界中德高望重的老年人士,可称呼"姓+老"、"姓+名的首字+老"或"名的首字+老",如"陈望道"可称之为"陈老"、"陈望老"或"望老"。"×公"为对具有相当知识素养或社会地位的中年以上人士的尊称,如"林公"、"赵公"。

社会地位的尊称指的是使用社会评价比较高的职业、职务、职称以及学历来称呼对方。职业如老师、编辑、记者、会计、医生、律师等;职务如部长、局长、团长、主任、经理等;职称如教授、工程师、主任(医生)等;学历如博士等。

社会地位的尊称的有效性与社会地位的公共评价密切相关。"大学生"的称呼在高中没有普及的农村可能是尊称,在博士成堆的研究院里则一般不能成为尊称;副校长、副教授、副主任、副经理、副部长等等"副"字在一般交际场合中常常略去以表尊重。但事关国体的国家主席、总理的副职的"副"字则不能省略。

现代汉语中的不少尊称是沿用了文言的习惯。如以"兄"称呼自己的平辈或晚辈,以"××先生著席"、"××先生教席"、"××先生教席左右"等间接称呼对方。文言尊称要注意的一是不宜以连姓带名的形式称呼对方,可以是"名(号)+尊称"或"姓+尊称",如"默存先生"、"钟书先生"、"钱先生",一般尽量不用"钱钟书先生"作面称。二是有些敬辞并不是对对方的称呼,而是对与对方有关的事物的指称。如"令"、"尊"、"贵"等指的是"您的……"的意思,如"令堂"、"令爱"、"尊君"、"尊夫人"、"尊姓"、"贵亲"、"贵昆仲"、"贵校"等等;而"惠"则是"您给予我的……"意思,如"惠函"、"惠正"。因此,"你的令郎"、"他的贵亲"、"我的令尊"、"后学的惠函"一类的说法是不妥当的。

(二)谦称

谦称是包含谦恭之义的对自己或与自己相关者的称呼。

在现代汉语的口语中,谦称的使用频率较低,一般多在文言色彩比较浓的书信中与尊称结对使用。

谦称中常用的自称有:

愚——多用于对晚辈,或平辈中的年资低的;

弟——对平辈或晚辈;

晚——对长辈;

生、学生——对无亲属关系的长辈;

不肖——对师长;

敝人、在下、不才——对平辈;

小×——对相应的兄长辈,如:小弟、小侄、小婿。

谦称中常用的对与自己相关者的他称有:

家×——指称长于自己者,如:家严、家慈、家兄、家姊、家嫂;

舍×——指称幼于自己者,如舍弟、舍妹、舍侄、舍婿;

小×——指称自己的后代,如小儿、小女、小孙、小侄、小婿。

二、提问与预设

(一)提问

提问是一种请求对方发布信息以补充自己的信息短缺的行为。

提问是一种权力,是一种类似"排球"比赛规则中的发球权的使用。而这种权力的有效性是离不开受话者的确认的。如:

松二爷　我说这位爷,您是营里当差的吧? 来,坐下喝一碗,我们也都是外场人。

二德子　你管我当差不当差呢!(老舍《茶馆》)

"松二爷"的提问权得不到"二德子"的认同,交际只能失败。

对话中,有了回答并不等于就有了恰当的答案。于是,要真正获得答案,常常就需要追问。如:1972年,美国急于从越南战场脱身,而美国支持的越南南方阮文绍政权却在和平问题上变得不大听话了。此时,意大利著名女记者法拉奇采访了美国国务卿基辛格:

法拉奇　基辛格博士,如果我把手枪对准您的脑袋,命令您在阮文绍和黎德寿(越南共产党总书记)之间选择一人共进晚餐……那您选择谁?

基辛格　我不能回答这个问题。

法拉奇　如果我替您回答,我想您会更乐意与黎德寿共进晚餐,是吗?

基辛格　不能,我不能……我不愿意回答这个问题。

法拉奇　那么您能不能回答另一个问题:您喜欢黎德寿吗?

基辛格　喜欢。我发现他是一位对他的事业富有献身精神的人。……有时我们还互相开玩笑。我们说也许有一天我会去河内大学教国际关系学,他会来哈佛大学讲授马列主义。可以说,我们之间的关系是良好的。

法拉奇　跟阮文绍的关系您也作同样的评价吗?

基辛格　　我过去与阮文绍的关系也很好。过去……

法拉奇　　对了,过去。南越人说你们相处时不像亲密的朋友。

基辛格　　他们说什么?

法拉奇　　我再说一遍。他们说你们相处时不像亲密的朋友。您想
　　　　　说的正与此相反吗,基辛格博士?

基辛格　　关于这一点……当然我们过去和现在都有自己的观点,
　　　　　也毋需强求一致。我们说,我和阮文绍像盟友那样互相
　　　　　对待。(法拉奇《风云人物采访记》)

对于"选择谁"这样一个极度敏感的政治问题,在法拉奇的追问下,基辛格虽然拒绝回答,却最后还是被刨出了根底。

　　提问并不一定就是有疑而问。人的言语行为有直接的,也有间接的。一个言语行为在直接表示某种意义以外,常常还可能表示某种间接的言语行为。同样,提问这种言语行为,其中也可以包含各种间接的言语行为,如断言、承诺、祝愿、警告、否定或肯定等等。如:"窗怎么没开?"在不同的语境下可能包含不同的间接的言语行为:

　　　　① (陈述)这个房间空气不好。

　　　　② (请求)请去开开窗。

　　　　③ (警告)以后不许随便关窗。

　　同样,提问也不一定采用疑问句。如:

法拉奇　　……人们不能要求以色列的犹太人再次在世界各地流
　　　　　浪,最后进入集中营。这是不合理的。

阿拉法特　　这样说来,你们想要我们在世界各地流浪。

法拉奇　　不,我们不愿意任何人流浪在世界上,更不愿意你们流浪
　　　　　在世界上。

阿拉法特　　然而现在流浪在世界上的是我们。

"这样说来,你们想要我们在世界各地流浪的话"尽管只是陈述,在修辞上却意味这是一个重要的提问,于是,受话者不得不为此立刻作出回答。

　　(二) 预设

　　任何言语行为都不是孤立的,它实施的时候需要一定的前提,提问也总是包含一定的前提的,预设就是其中一种语义逻辑上的前提。例如:

　　　　① 法国国王是个秃子。

② 法国国王不是个秃子。

不管是肯定的①句,还是否定的②句,其中都预先设定了另一个命题的存在,即"③ 法国有一国王。"③句就是①句和②句的预设。如果预设为假,那么,整个关于"法国国王是不是个秃子"的命题就是假的。

对话中,正确运用预设,是提高提问的有效性的一个重要条件。例如,法庭询问证人:

(1) 那个妇女穿什么颜色的衬衫?

(2) 那个妇女穿白衬衫还是黄衬衫?

(3) 那个妇女的白衬衫是不是被撕破了?(波鲁鲍夫《预审中询问的科学基础》)

在这里,(1)句预设:

① 有"那个妇女"存在;

② 你"看见了"那个妇女;

③ 那个妇女穿的是"衬衫"。

(2)句则在此基础上还预设:

④ 衬衫"不是白的就是黄的"。

(3)句则更进一步预设:

⑤ "衬衫是白的"。

如果事实是那个妇女穿的不是白颜色的衬衫。那么,只有(1)句是客观公正的询问,(2)句就有了诱导的嫌疑,而(3)句则可以说是非法的。

三、回答与话语控制

(一) 回答

回答是应对方的请求而输出信息的行为。回答是一种义务,在一般情况下,为了保持对话的正常进行,受话者都有履行"回答"的义务。

有效的回答是以正确辨别提问的语用意义为前提的。对提问的回答,有两个准则:

(1) 预设优先准则——如果不能认同提问中的预设,那就必须优先对预设作出回答。如:

问:我可以知道您是<u>来自哪一个中国</u>吗?(预设:中国不只一个)

答:只有<u>一个中国</u>,这是常识,教授先生。我来自中国的大陆。

（2）间接言语行为优先准则——对既有直接言语行为,又包含间接言语行为的提问,回答时应当优先考虑间接言语行为。如:

地上为什么这么脏?

其直接言语行为是"询问",其间接言语行为则可能有"追查"、"请求"、"警告"等等不同,受话者对此作出相应的回答,才能保证交际的作出进行:

① 是王宏搞的。/不知道是谁。（应对"追查"）

② 我立刻来扫。/又不是我弄的,我不干。（应对"请求"）

③ 我们以后一定注意。/这有什么大惊小怪!（应对"警告"）

（二）话语控制

回答又是"抢夺发球权的行为"。回答是一种义务。如果觉得没有义务就可以拒绝回答;如果不想单纯地尽这项义务,可以设法"重新控制发球权"。一个不善于回答的人,是不善于控制的人,一个总是拒绝回答的人,是一个滥用控制权的人。

控制会话可以是消解问题。如:

我不知道你怎么会想到这个问题的?

控制会话也可以是把问题还给对方。如,一位西方记者询问中国一位以写"文革"悲剧而著名的作家:"文革是中国历史上一场空前的灾难,千百万人民饱受其苦,不过,因此也造就了一批反映这一历史事件的优秀作品和作家,那么,对你来说,文革是好还是坏?"而这位作家的回答则是:

"二战"是人类历史上空前的灾难,千百万无辜的各国人民蒙受其苦,不过,因此也造就了一大批反映这一历史事件的优秀作家和作品,那么,你说,"二战"是好还是坏?

控制会话还可以是改变话题。如:

问:我上次跟你说的事情,你看怎么样?

答:你爸爸身体还好吗?

思考题

1. 有人认为"称呼"体现了礼貌原则,你看呢?

2.“同志”曾经是现代汉语中最常见的泛尊称,现在还能有效承担起泛尊称的功能吗?

3.“预设”不仅存在于提问中,你能说说其他预设吗?

第六节 幽 默

幽默是一个多义词。

狭义的幽默,特指最富审美价值的一种智力的闪电和生活的领悟,也是一种善于自嘲又勇于讽他的人生态度及其表现。一般的幽默,指的是有意味的可笑性。而修辞的幽默,指的就是语言上的诉诸理智的“可笑性”。

语言符号在话语中的组合方式,通常有两类:一类是常规的,一类是超常规的。语言幽默的创造,源于语言符号超常规的组合方式与认识主体的特殊的心理活动过程的结合。其具体规律可分析为岔断律、倒置律、转移律、干涉律、降格律、升格律。

一、岔断律

语言幽默的规律之一是:言语的逻辑发展突然中断、心理期待猛地扑空,随之又滑到一个并非预期然而又非毫不相干的终点,便可以造成一种“恍然大悟”式的“笑”。其形式主要包括:衬跌、起跌、顿跌、歇后等。

(一)衬跌

“衬跌”是在不断有规律地列举之后,突然转向的一种语句结构方式。它分为“衬”和“跌”前后两部分,在“衬”的部分,是列举相关联的多种事物;当这种由列举而累积起来的印象在读者心理上逐渐加强时,忽然一“跌”,使读者的心理期待一下子滑到了出乎意料之外而终在情理之中的终点。“笑”便由此而生。其结构公式可用“A₁、A₂、…… An,—A(或 B)”来表示。其中“A₁、A₂、…… An”为由一组整齐并列的分句列举的诸事物;而末一分句则突然转向了与之相反的事物“—A”或字面相关而内容迥异的事物“B”上去了。如:

① 祠堂门前一圈人,正在谈打冤家的事。这似乎是端正形象的好机会。

　　"鸡头峰嘛,这个,当然啰,可以不炸的。"他显出知书识礼的公允,老腔老板地分析:"炸不掉,躲得开的。不过话说回来,说回来,鸡巴寨(他也学着把鸡尾寨改成鸡巴寨了)明火执仗打上门来,欺人太甚！小事就不要争了,不争——"闭眼拖起长长的尾音,接着恶狠狠地扫了众人一眼,"但我们要争口气！争个不受欺！"

　　打冤家的正义性,被他用新的方式又豪迈地解说了一遍。众人没怎么在意他那番道理,只觉得那恶狠狠的扫视还是很感人的。他眯着眼睛,看出了这一点,更兴奋了。把衣襟嚓地撕开,抡起一把山锄,朝地上狠狠砸着一个洞,吼着:"报仇！老子的命——就在今天了！"

　　他勇猛地扎了扎腰带,<u>勇猛地</u>在祠堂冲进冲出,又<u>勇猛地</u>上了一趟茅房,弄得众人都肃然。最后,发现今天没有吹牛角,并没有什么事可干,就回家熬包谷粥去了。(韩少功《爸爸爸》)

　　② 音乐学院毕业后分配至郊区一中学<u>任</u>音乐教师……六二年精简人事时该曹又自愿申请去小学<u>任</u>音乐、图画、体育和珠算教员。……六五年又调住 y 自治州 z 市<u>任</u>小学教员。六六年被英姿飒爽、屹立在东方地平线上的革命小将揪出,<u>任老牌牛鬼蛇神</u>。(王蒙《杂色》)

例①"勇猛地扎了扎腰带"——摩拳擦掌;"勇猛地在祠堂冲进冲出"——跃跃欲试,情不可耐;随之一个"勇猛"——却是"上了一趟茅房"。由列举"勇猛"之举而累积起的心理期待顿时"翻车"倒为谑笑。例②前面三"任"(郊区中学教员……郊区小学教员……市区小学教员)都是在通常意义上的任职,末尾一"任"却"跌"到了一个毫不正常却确实如此的"职务"——"老牌牛鬼蛇神"。言语的可笑凸现了事理的荒唐。

　　(二) 起跌

　　如果说"衬跌"在形式上具有顺次排比层递的特点,那么"起跌"则近似对照。它先提出一种或是瞬间印象的、或是常规的、或是顺乎上文文脉的说法,随即以"不"字否定之,进而揭出一种形式上与前文不同(或相反、或相关)而方向却一致的更为精确、周到、深刻的说法。其结构公式为"A,不,-A"。这样造成了一种特别的心理效果,先诱导读者在作者规定的心理轨道上前进,陡然一折,使读者的心理期待扑空,进而却又引导读者兜了一个圈以后在更深刻的层次上又回到原来的心理轨道上。

　　① 鸿渐身为先生,才知道古代中国人瞧不起蛮夷,近代西洋人瞧

不起东方人,上司瞧不起下属——不,下属瞧不起上司,全没有学生瞧
不起先生那样利害。(钱钟书《围城》)

　　②（鸿渐）上岸时的兴奋,都蒸发了……现在万里回乡,祖国的人
海里,泡沫也没起一个——不,承那王主任笔下吹嘘,自己也被吹成一
个大肥皂泡,未破时五光十色,经不起人的一搠就不知去向。(钱钟书
《围城》)

这前一例在"跌"之前,"上司瞧不起下属"原与前两句(古代中国人对蛮夷、
近代西洋人对东方)是一致的,都是地位"高"的瞧不起"低"的;而"跌"之后
的"学生瞧不起先生"却是地位"低"的瞧不起"高"的。在这里,跌句"下属瞧
不起上司"既极为警策地揭示了上司与下属关系中除"上鄙视下"的一面外,
还存在着也许更为强烈的"下鄙视上"的一面;同时,又使文脉由地位高的瞧
不起低的极其圆融地转成了"学生瞧不起先生"这种位卑瞧不起位高者的心
理现象。后一例由"泡沫没起一个——不,也变成一个肥皂泡",而"终于不
知去向",也别具谐趣。

　　在鲁迅的杂文中,这类言语现象也时有所见:

　　③ 从帝国主义的眼睛看来,惟有他们是最要紧的奴才,有用的鹰
犬,能尽殖民地人民非尽不可的任务:一面靠着帝国主义的暴力,一面
利用本国的传统之力,以除去"害群之马",不安分的"莠民"。所以,这
流氓,是殖民地上洋大人的宠儿——不,宠犬。(鲁迅《"民族主义文学"
的任务和命运》)

　　④ 例如梁先生的这篇文章,原意是在取消阶级性,张扬真理的。
但以资产为文明的祖宗,指穷人为劣败的渣滓,只要一瞥,就知道是资
产家斗争的"武器",——不,"文章"了。(鲁迅《"硬译"与"文学的阶级
性"》)

（三）顿跌

　　所谓"顿跌"是指在言语交际(主要是口语表达)中,有意把意思连贯的
一句话分开来,先说一半,停"顿"一下,暗示语义将向某个方向发展,使听者
产生误会,随后再把这后半句说出来,造成恍然大悟的"笑"。其结构公式为
"A_1……(B)……A_2"。"A_1"指叙述的前半句话,由于停顿,给人以向"B"
发展的假象,随即续上"A_2"。

　　"顿跌"的"顿"可以只是一种语流的临时停顿。如:

① 发言的人利用"要"字的不同意义活跃会场气氛：

他说："今天我<u>要</u>讲很长的话——"全体与会者一愣，不少人发出叹息。可是他紧接着说："<u>大家是不欢迎的</u>。"听众活跃，鼓掌。代表："所以，我只准备讲三分钟。"又是一阵鼓掌。（吕叔湘《"要"字两解》）

这里，"'今天我要讲很长的话'，作为独立的一句，'要'字表示说话人的意志；作为复合句的第一分句，'要'字表示假设，等于'要是'。发言的人故意说半句就停下来，造成误会，然后说出后半句，解除误会，使听众皆大欢喜，超出一般。"

② 对苏联的东西还是要学习，但要有选择地学，学先进的东西，不是学落后的东西。对落后的东西是<u>另一种学法</u>，<u>就是不学</u>。（毛泽东《在省市自治区党委书记会议上的讲话》）

在说"对落后的东西是另一种学法"后故意搁一下，逗起听众许多没来由的猜想，结果续上后半句，却是出奇地简单——"不学"。

"顿跌"如果在"顿"的时候由旁人插上一句话，把听者逼上通向歧路，那么，造成的"期待扑空"也就分外强烈。

③ 唐铁嘴　王掌柜，您这儿还有房没有？

王利发　唐先生，你那点嗜好，在我这儿，恐怕……

唐铁嘴　我已经<u>不吃大烟</u>了！

王利发　真的？ 你可真要发财了！

唐铁嘴　我改抽"白面"啦。（老舍《茶馆》）

"大烟"是毒品，"白面"也是毒品，暮三而朝四，朝三而暮四。一来二去，短短数言，生动地揭示了一个嗜毒如命、病入膏肓者的形象；而其中由王利发"垫"上那么一句，造成了一种类似精美的相声小段的喜剧效果，也更加强了对那自戕自蔽、麻木不仁的唐铁嘴的讽刺。

（四）歇后

"歇后"，在形式上分为"引语"与"说明语"两部分。"引语"一出，造成悬念；"说明语"随即翻出，产生突变，心理紧张便从"笑"中得到了宣泄。如：

① 凤姐儿笑道："外头已经四更多了，依我说：老祖宗也乏了，咱们也该'<u>聋子放炮仗——散了</u>'罢？"（曹雪芹《红楼梦》）

② 罗秀英急得来手心拍手背，不得不拖着哭腔央求这油盐不进的四季豆男人："你这么远道跑进城里来，红不说白不说，横竖是<u>脱下裤子</u>

　　打老虎——又不要脸又不要命,你还叫我这脸往哪儿搁!"

(刘迪云《闲翁居春秋》)

　　"聋子放炮仗"造成一个悬念;"散了"字面是指耳聋者放炮仗不闻声音只见形体之变——"散了",而正意却是借来指宴席该散了。"脱下裤子打老虎"这引语由于形象很为奇特,故而所激起的探究性心理反应也更强烈,正意"又不要脸(对应'脱裤子')又不要命(对应'打老虎')"一出,谐趣顿生。

　　汉语的歇后语数以万计,然而,幽默色彩的浓淡并不一致。其因主要有:

　　其一,"引语"部分的形象自身愈具有不协调性,造成的悬念便愈强,"翻"出的"说明语"谐趣也愈浓。"汽锤砸钢件——硬碰硬"明显地不及"张飞卖豆腐——货不硬人硬"可笑,其中一个重要原因就在于"汽锤砸钢件"本身是件非常一般化的事情,而"张飞卖豆腐"可就别有味道了。同理,基本意义相同的"飞蛾投火——自取灭亡"与"老鼠给猫刮胡子——找死"比较而言,后者谐趣明显地远胜前者。

　　其二,"引语"与"说明语"的关系愈是尖新,便愈富谐味。"老鼠给猫刮胡子——找死"可笑,但"老鼠给猫刮胡子——拼命地巴结"似乎更为滑稽。"孔夫子搬家——净是输(书)"可乐,但模仿并"改良"后的"资料室搬家——净是输(书)"却味如嚼蜡。"卫生口罩——嘴上一套"尽管用的是常用语词,但揭示的语义关系却是新鲜的,因而又是有趣的。

　　其三,"俗"的比"文"的更可乐。"土豆下山——滚蛋"、"阴天打伞——多此一举",谐味平平;而它们的同义结构"屎克郎搬家——滚蛋"、"脱裤子放屁——多此一举"却确实很有谐趣。

　　其四,"引语"愈含蓄,"说明语"给人的"顿悟"性也愈强烈。"神仙放屁——神气"、"瞎子救火——瞎扑打"当然也就不及"土地爷放屁——神气"、"瞎子打老婆——打着一顿是一顿"可乐了。

二、倒置律

　　语言幽默的具体规律之二是:在语流中,先肯定 A,随之在与前面相近的语言形式中"装"入新的内容,变成否定 A,造成类似"贼被偷"情景的语义逻辑发展方向之颠倒。它所造成的,主要的也是一种"心理期待扑空"式的"笑"。主要包括这么几种具体的形式:倒构、倒序、倒引等。

　　(一) 倒构

所谓"倒构",即倒换结构。指的是对上文中的某个关键语词,在不动字面地改变其内在语法结构关系后,在下文中表现出一种新的、甚至与原词针锋相对的意义。其式为:"AB→(-)AB"。例如:

你有个孝顺儿子,我呢,我得孝顺儿子。

这里借助话语整体,把上文的偏正结构"孝顺的儿子"倒换其语法结构,成了动宾关系"孝顺着儿子"。语同而义迁,颇为可笑。

(二) 倒序

如果说"倒构"是字面全不改动,只是暗中倒换其内在的语法关系;那么,"倒序"则是字数和所用字不变,但将上文中的词句,倒换个次序后,在下文中挪作他用。"倒序"之中最为典型者是"倒字",即将上文中的双音词(词组)中两个字的次序在下文中颠倒一下,借以反映出一种全新的情景关系,其式为"AB→BA"。

好几个拿了介绍信来见的人,履历上写在外国"讲学"多次。高松年自己在欧洲一个小国读过书,知道往往自以为讲学,听众以为他在学讲——讲不来外国话借此学学。(钱钟书《围城》)

这天下午吃的是什么,糊糊涂老婆的说法和满喜的说法就不太一致——照糊糊涂老婆常有理说是"每个人两个黄蒸,汤面管饱",照满喜的说法是"每个人两个黄蒸,面汤管饱"。字数一样,只是把"汤面"改说成"面汤"。(赵树理《三里湾》)

"讲学"乃学者之事,"学讲"则为学生之业,次序换一换,地位迥异。"汤面"是"有汤的面",而"面汤"只是"下面的汤",二者在价值和充饥之功效上亦不可等而同之,它们所表现的慷慨与吝啬的两种态度更是针锋相对的。

"倒序"之中还有一类并非颠倒一下两个字的次序,而是颠倒几个词甚至句子的顺序。如唐朝诗人李涉有一首诗:

终日昏昏醉梦间,忽闻春尽强登山。
因过竹院逢僧话,偷得浮生半日闲。

宋朝有位诗人一天出游,信步走进一座佛寺,遇到一个和尚,谈了一阵,觉得这个和尚很俗气,就告辞了。那和尚请他题首诗留个纪念,诗人一挥而就。诗曰:

偷得浮生半日闲,忽闻春尽强登山。
因过竹院逢僧话,终日昏昏醉梦间。

同样四句诗,头一句跟末一句倒了个个儿,意思大不相同。

（三）倒引

"倒引"是对引用方法的变异使用。即否定性地引用对方的言语,以其人之语还治其人之身。鲁迅杂文中的"引用"多属这一类。

> 我们还记得,自前年冬天以来,学生是怎么闹的。有的要南来,有的要北上,都不给开车。待到到得首都,顿首请愿,却不料"为反动派所利用",许多头都恰巧"碰"在刺刀和刀柄上,有的竟"自行失足落水"而死了。（鲁迅《逃的辩护》）

学生请愿是"为反动派所利用",被军警镇压是"自行失足落水"云云,都是当时官方的说法,这些字眼躲在官方文告、新闻中还煞有介事,但一经"倒引",其荒唐可笑便如揭了帽的阿 Q,那"亮"、那"光"、那"癞"全都暴露于大庭广众之下。

"倒引"的运用,并不限于政论文字,在戏剧、小说中也颇为常见。例如老舍《茶馆》：

> 吴祥子　逃兵,是吧? 有些块现大洋,想在北京藏起来,是吧? 有钱就藏起来,没钱就当土匪,是吧?
>
> 老　　陈　你管得着吗? 我一个揍你这样的八个。（要打）
>
> 宋恩子　你? 可惜你把枪卖了,是吧? 没有枪的干不过有枪的,是吧?（拍了拍身上的枪）我一个人揍你这样的八个!

"我一个人揍你这样的八个"出之于逃兵老陈之口,说的是凭自己的身手,满可以教训教训敲诈勒索的特务;可紧接着,这句话从特务宋恩子口中吐出,回掷向老陈,同样的字眼,被倒置成了特务凭借武力而发出的反威胁。出乎意料的言语对答颇具俳谐;但这段话语所表现的并不是善战胜恶,而是恶压倒了善,形式的可笑与情境的可悲奇特地融和,形成了"含泪的微笑"。

三、转移律

语言幽默的具体规律之三是:在话语中,语词的言语意义离开、转移了它的语言意义;造成了主体语言经验、审美观念同现实话语的矛盾冲突,从而形成滑稽诙谐之趣。其中有转移基本意义的,如反语、飞白、断词等;有转移附加意义的,如易色、降用等;也有转移语法意义的,如转类等。

（一）反语

字面上说的是 A，实际上指的却是它的反面－A。这正如赵朴初《反听曲》所描写的：

> 听话听反话，
> 不会当傻瓜。
> 可爱唤做"可憎"，
> 亲人唤做"冤家"。
> 夜里演戏叫做"旦"。
> 叫做"净"的恰是满脸大黑花。
> 高贵的王侯偏偏要称"孤"道"寡"，
> 你说他还是谦虚还是自夸？
> 君不见"小小小小的老百姓"，
> 却是大大大大的野心家，
> 哈哈！

"反语"，在结构上一是"A＝不 A"，即字面上的话，只要加上"不"字便为其真意所在。例如：

> 丁四　（穿）怎样？
> 娘子　挺好！挺合身儿！
> 大妈　就怕呀，一下水就得抽一大块！
> 丁四　大妈！您专会说吉祥话儿！（老舍《龙须沟》）

这儿的"吉祥话儿"实为"不吉祥话儿"。

二是"A＝－A"，即字面为 A，正意却为其反义词语，仅仅在字面前加"不"并说不通。如：

> "哈，"李宝成忽然成了爱说话的老头，他笑着答道："可不是，咱福都享够了，这回该分给咱二亩地，叫咱也去受受苦吧。咱这个老光棍，还清闲自在了几十年，要是再分给一个老婆，叫咱也受受女人的罪才更好呢。哈……"（丁玲《太阳照在桑乾河上》）

"福都享够了"意为"罪都熬够了"，"受受女人的罪"亦即"享享女人的福"。

三是"A＝所谓 A"，即对字面上的话，也是否定的，但既不能简单地以加"不"字来理解，又不能单纯地换上其反义词来解释，而需要加上"所谓"，细心体味才能领会其真意，其因在于这里是用被嘲弄者的观点说话。例如：

  中国军人的屠戮妇婴的**伟绩**，八国联军的惩创学生的**武功**，不幸全被这几缕血痕抹杀了。（鲁迅《纪念刘和珍君》）

这里的"伟绩"和"武功"为罪行和血债之义，不可简单地理解为"不伟大的业绩""渺小的行为"和"无功的军事行动"；尤其是"不幸"更不可简单地解释成"不是不幸，而是荣幸"。其原因就在于鲁迅先生选用的这几个词语都是仿拟"中国军人"和"八国联军"的立场态度而言的，借以既讽刺了那"屠戮妇婴的中国军人"和"惩创学生的八国联军"，更抨击了屠杀刘和珍等三位女大学生的刽子手。

  （二）飞白

  一般认为，所谓"飞白"，即"明知其错故意仿效"，即记录或援用他人的语言错误去讽刺或取笑。其实，"记录或援用他人"的语言错误只是"飞白"的一个方面，除此而外，也有作者（说者）自己有意识地写错（说错）一些话以求文字滑稽之美的。就使用的语言因素而言，"飞白"又可分为语音飞白、文字飞白、词语飞白、语法飞白和逻辑飞白。

  语音飞白利用的是各种不准确的语音如口吃、咬舌、方音。这在口语交际活动中较为常见。如：

  宝玉黛玉二人正说着，只见湘云走来笑道，"<u>爱哥哥</u>，林姐姐，你们天天一处玩，我好容易来了也不理我一理儿！"（曹雪芹《红楼梦》）

  "我看啦，<u>俺</u>，"停了一会，结果是蒋自己说出了，"这个很是严重。这个是，<u>哎</u>，这个是，是太平洋上的'九一八'。我们应该，这个是，把英、法鼓动起来，要他们出来<u>这个是</u>干涉。要是他们不动的话，<u>哎！这个是</u>，这个是，他们的利益就要受侵害的……<u>俺？唔？这个是</u>太平洋上的'九一八'啦！<u>这个是</u>，哎，<u>这个是</u>，我们应该这个是这样宣传啦。<u>唔！俺？</u>"（郭沫若《洪波曲》）

前面一个例子中的"爱"是"二"音咬舌的结果。后面一个例子则是记录、模仿或故意使用过多的没有实际意义的口头语：短短不到150字的一段话，蒋介石竟说出了3个"哎"，两个"唔"，3个"俺"，10个"这个是"，冗音烦语，一旁听来，的确可笑。

  文字飞白利用的是文字使用上的错误。其中或字音字形都错，或仅仅字形用错，前者由口中读出即成语音飞白，后者则一般见于书面交际活动中。例如：

　　　　一九五三年考入中央音乐学院,在音乐方面颇有资产阶级才能。所作的歌曲在该院举办的音乐会上上演,日益走上无标题的牙(疑是邪之误)路。(王蒙《杂色》)

　　　　鲜长道:"本鲜长什么事都可以饼公办里。你们的苦处,本鲜是知道的。⋯⋯上次你们请怨⋯⋯这总是依你们的请球的了。"(张天翼《蜜蜂》)

前一例中的"牙"和后一例中的"鲜"(县)、"怨"(愿)是字形字音都错了的;而后一例的"饼"(秉)、"里"(理)、"球"(求)则纯然是一种文字上的飞白。

　　词语飞白利用的是用词上的错误。例如:

　　　　地主刘石甫在太原混了几天,学了一套官"腔":"我们的中央军'进行'到我们的'原籍'来了⋯⋯我们的国民党又都'秩序'了⋯⋯大家要'严重'的听!"(赵树理《灵泉洞》)

在赵树理的笔下,"进发"、"家乡"、"恢复统治"和"严肃",分别被飞白成"进行"、"原籍"、"秩序"和"严重",极其有力地暴露了土财主的食"官"不化、无知可笑。

　　语法飞白则利用的是语法关系上的错误:

　　　　老包把眼镜放到那张条桌的抽屉里,嘴里小心地试探着说:"你已经留过两次留级,怎么又⋯⋯"(张天翼《包氏父子》)

　　(三) 断词

　　"断词"(有人称之为"断词取义",有人称之为"断取")指的是这样一种修辞格;形式上用的是大家比较熟悉的固定词组(或比较稳固的短句);表义上却是有意识地把这个词或词组切"断",只抓住其中一部分颜色、动感、字形等特征明显而有较强刺激力的字眼,不及其余,变格使用,以求得幽默新鲜之功效。例如:

　　　　卯卯知道自己长得"帅",走在街上,他从不放过从橱窗里欣赏自己的机会。一般说来,头发是"波涛滚滚"的,裤线是"罗马 11 点",皮鞋是"蓝光闪过之后"。卯卯像我们这个时代的有些青年一样,熟知父辈所不屑一顾的实用美术知识。(张抗抗《飞走了,鸽子⋯⋯》)

"波涛滚滚"、"罗马 11 点"、"蓝光闪过之后"是三部电影的名字,用在这里,分别描写"头发是波浪型的"、"裤线笔直笔直"、"皮鞋闪着蓝光"的情况,新鲜而生动。把影片名中的信息联系割断,只取那些刺激性最强的一部分,舍弃整个专名的特定涵义,也舍弃了其中"涛"、"罗马"、"点"、"过以后"等等能量欠强的信息。三个片名的断法又各有不同:"波浪滚滚"是把整个片名切为四个孤立的符号,采用各个字符的形象联想意义,而不是整体上的意义;"罗马 11 点"则舍弃了"罗马"和"点",即使对"11"也仅仅采用其字形特征给人的联想;"蓝光闪过之后"则只取"蓝光闪",其余则基本"作废"——如果说在表义上还不无用处的话,那么,"……过之后"似乎起了一个补足"闪"的作用,给人以"蓝光闪闪"之感。

下面一个例子借用了一句珠算口诀"一退六二五"(旧制 1 斤等于十六两,以一除以十六得 0.0625),而舍弃了"一"、"六二五"的基本意义,仅取"退"字;随后又以"退"取代与之近音的"推"。这样"一退六二五"除了其中一个"退"字用来表"推"义外,整个一句口诀仅仅起了一种暗示性的附加色彩作用——"干净、干脆"(这种"干净、干脆"形象色彩的形成又源于珠算口诀的毋庸置疑、打算盘时的干脆利落和"一"、"六二五"这几个数字字形的简单明了的综合暗示)。因而,"一推六二五"在这里就成了"推得一干二净"的代用语:

> 周杨氏还是有气无力地说:"大姐那边,我一天没说上十万八千回?阿泉也跟文雄说得差点儿没翻了脸!陈家的老的、小的,只是<u>一退六二五</u>,说他们做买卖的素来不结交官府……"(欧阳山《三家巷》)

(四) 易色

"易色"即变易词语的附加意义即"色彩",如感情色彩(倪宝元《修辞》)、时代色彩、语体色彩等等。

其一,褒词贬用,贬词褒用。如:

> (李梅亭教授等赶往三闾大学赴任时,途遇一年轻寡妇及其男仆,便"搭讪"了起来)到了南城,那寡妇主仆两人和他们五人住在一个旅馆里。依李梅亭的意思,孙小姐与寡妇同室,阿福单睡一间。孙小姐的口气里决不肯和那寡妇作伴,李梅亭却再三示意,余钱无多,旅馆费可省则省。寡妇也没请李梅亭批准,就主仆俩开了一个房间。大家看了奇怪,李梅亭尤其<u>义愤填胸</u>,背后咕了好一阵:"男女有别,尊卑有分。"(钱钟书《围城》)

假道学李梅亭"想吊膀子揩油"不着,反见那"意中人"寡妇与男仆在胡搞,禁不住妒火中烧。一个"义愤填胸",词汇意义上的褒赞被移作了修辞意义上

的贬斥,"李教授"那满脸仁义道德、满肚男盗女娼之态也暴露无遗。这是以褒词代贬词。也有以贬词作褒用:

> "……也不知是谁把我存下的破袜子都给补了。"小侯举起几双补好的破袜子说,"今天大部分人都在这儿,是谁干的,自己<u>坦白</u>吧!"(张天民《院士》)

"坦白"之理性意义为"如实说出",其感情色彩却是贬义的,指交代错误甚至罪行。贬词褒用,谐趣自出。

其二,变易语词的时代色彩。这可以是以当代的语词去写古代的事物,如:

> 由此传说,我想到,当年在战乱中,我们那位不善于从政的李白老人,从庐山上下来,稀里糊涂"<u>站错了队</u>",被唐肃宗流放夜郎,他途经三峡时,仍以诗人的豪迈情趣,去"<u>登巫山最高峰</u>"。(玛拉沁夫《神女峰退想》)

以当代的政治术语去写古代的政治生活,不但有趣,而且对"文革"中一碰就"站错了队"也不无讽刺。此外,还有以古代语词挪作描写当代生活的,这比之于以纯粹的今人言语去写古代生活较难产生谐趣。因为,纯粹现代的概念、语词不可能出现在古代;而历史有继承性,古代的东西、古人的语言仍有很大一部分被保留了下来,因此,以古语写今事便较易自然地为人们所接受。而越是"自然",也就越不容易产生谐趣。

其三,变用语词的语体色彩。其中最为常见的是以公文、商业等语体色彩浓厚的语词描写人的情感,非但诙谐,且常常因此揭露了人的情感的异化而颇为警心醒目:

> 汪太太说:"我们正在怪你(指三闾大学校长高松年——引者注),为什么办学校挑这个鬼地方,人都闷得死的。"
>
> "闷死了我可不偿命哪!偿旁人的命,我勉强可以。汪太太的命,宝贵得很,我偿不起。汪先生,是不是?"上司如此幽默,<u>大家奉公尽职,敬笑两声或一声不等</u>。(钱钟书《围城》)

(五) 降用

有不少语词,其基本义素相同,但在分量上却有轻重、大小之别。利用这一因素"降级使用"词语,也是转移语义而求诙谐的一个法子。例如:

> 鸿渐还在高中读书,随家里作主订了婚。未婚妻并没见面,只<u>瞻仰</u>

过一张半身照相,也漠不关心。(钱钟书《围城》)

"瞻仰"本来只适用于庄重严肃的伟大事物,这里降而用之,巧妙地表现了鸿渐对未婚妻"敬而远之"的隔膜心情。又如:

陆子潇这人刻意修饰,头发又油又光,深恐为帽子埋没,与之<u>不共戴天</u>,深冬也光着顶。(钱钟书《围城》)

(六) 转类

"转类"即转移词类、词性。"转类"而富有谐味者多见于名词用如动词,如下面的"国":

可是"友邦人士"一惊诧,我们的国府就怕了,"长此以往,<u>国</u>将不<u>国</u>"了,好像失去了东三省,党国倒愈像一个国,失了东三省谁也不响,党国倒愈像一个国,失了东三省只有几个学生上几篇"呈文",党国倒愈像一个国,可以博得"友邦人士"的夸奖,永远"<u>国</u>"下去一样。(鲁迅《"友邦惊诧"论》)

四、干涉律

语言幽默的具体规律之四是:言语的组合违拗了语言体系对语言组合的规定性,一个语词两种意义的冲突或者两个语词之间的矛盾,造成语言审美经验同现实言语之间的干涉,并进一步在新的层次、新的语言信息解码原则上统一了起来,从而产生出一种饶有意味的谐趣。其中,一个言语单位的意义表里矛盾的,有双关、闪避等;前后两个言语单位的意义互相矛盾的,有精警、杂混、精细等。

(一) 闪避

"闪避"是以非常宽泛抽象、模糊不清的回答来否定对方的问题(吴士文《修辞讲话》)。如陕北老汉回答国民党军队的"毛泽东在哪里"的拷问时,昂然回答:"毛主席在陕北";雷锋为大嫂做了好事,大嫂问"你叫什么名字?是哪个单位的?"时,俏皮地回答"我叫解放军,就住在中国"都是这样。形式上"说了等于没说",从中却蕴涵了风趣调笑或奚落调侃的意味:

在一次社交晚会上,一个附庸风雅的贵夫人问一位著名作家:"请您告诉我,怎样开始写作最好?""啊,夫人,"作家恳切地答道"通常是由<u>左往右写</u>。"(外国幽默)

这种修辞现象,相声中很是常见,如传统相声《相面》中,那位自命不凡的算命先生"未卜先知":"……你哥准是男的对不对?……你哥哥准比你岁数大,对不对?……不过怎么大也超不过你父亲的岁数。""能掐会算","算"出的是自欺欺人的"真言"。再如相声《婚姻与迷信》中,当一个说到"婚姻自由自主,自己搞对象,任何人不能干涉"时,另一个便加上一句:"搞对象一定要本人出席,派代表不行",尽管这一句在结构上和信息量上全属冗余,但却颇能引起欢快的笑声。

(二) 精警

"精警"就是将表面上互相对立的两个概念或者判断巧妙地连在一起,以表达复杂的思想。它看似扞格难通,其实却别有意味。"精警"可以存在于主谓结构内部,如:

> 这宁静的夜,并不宁静。(黎汝清《万山红遍》)

然而,"冲突"更为直接而强烈,因而谐趣也更浓的是偏正结构内部"偏"与"正"的矛盾和并列结构内部"甲"与"乙"的冲突。例如:

> 近年时事颠倒,竟有全非而以为是者,口撰数语以嘲之:京官穷的如此之阔,外官贪的如此之廉,鸦片断的如此之多,私铸禁的如此之广,武官败的如此之胜,大吏私的如此之公。(程世爵《笑林广记》)

"穷"与"阔"、"贪"与"廉"、"断"与"多"、"禁"与"广"、"败"与"胜"、"私"与"公"本来都是绝然相反的,可是,清人程世爵以后者修饰前者,巧妙地揭示了那些"京官"、"外官"……之辈,"舌锋犀利,造语亦苛"。这是偏正结构内的矛盾而造成的"精警",下例则为并列结构内的矛盾而形成的"精警":

> 你相信了你编写的童话
>
> 自己就成了童话中幽蓝的花
>
> 你的眼睛省略过
>
> 病树、颓墙
>
> 锈崩的铁栅
>
> 只凭一个简单的信号
>
> 集合起星星、紫云英和蝈蝈的队伍
>
> 向没有被污染的地方出发
>
> 心也许很小很小
>
> 世界却很大很大

于是,人们相信了你

相信雨后的塔松

有千万颗小太阳悬挂

桑葚、钓鱼竿弯弯绷住河面

云儿缠住风筝的尾巴

无数被摇撼的记忆

抖落岁月的尘沙

以纯银一样的声音

和你的梦对话

世界也许很小很小

心的领域很大很大　　（舒婷《童话诗人——给 G·C·》）

舒婷是一位朦胧诗人,可是在这里"心也许很小很小／世界却很大很大……世界也许很小很小／心的领域很大很大"却风趣而又精警揭示了"小"与"大"的辩证关系,朦胧而又清晰地表现了诗人对心灵与世界之间关系的深思。

（三）杂混

"杂混",就是风马牛不相及的概念不和谐地并列,由于违反语词组合的形式逻辑而显得不伦不类。这一现象是滑稽的,假如以此来揭示笔下所描写的人物的糊涂、无知,或者以此调侃他人言行之不妥,则不仅形式是滑稽的,而且内容也是有意味而具幽默之趣的。例如:

甲　我研究的不是一门儿,是全门儿。我一个人研究的包括他们所有的各门,我这叫综合科学。

乙　啊,这我不懂,什么叫综合科学?

甲　这么说吧,我所研究的是包罗万象。自从混沌初分,河马献图,一元二气,两仪四象生八卦,八八六十四卦,阴阳金木水火土……

乙　行啦,您甭说了,您怎么还研究这个呢?

甲　怎么啦?

乙　现在是原子时代,人类都飞上天空去了,到宇宙空间去了。人家研究原子、核子、电子、离子……

甲　这我懂,原子、电子、饺子、包子……

乙　包子?（侯宝林《阴阳五行》）

这是以"我"将"原子"、"电子"与"饺子"、"包子"杂混而自供"我"之无知可笑。而以下则都是以不和谐并列来调侃讽刺他人:

①　苏小姐那面电话挂上,鸿渐才想起他在礼貌上该取消今天的晚饭,改期请客的。要不要跟苏小姐再通个电话,托她告诉唐小姐晚饭改期? 可是心里实在不愿意。正考虑着,效成带跳带跑,尖了嗓子一路上来道:"亲爱的蜜斯苏小姐,生的是不是相思病呀?'你爱吃什么东西?''我爱吃大饼、油条、五香豆、鼻涕干、臭咸鲞'——"鸿渐大喝一声拖住,截断了他代开的食单,吓得他讨饶。(钱钟书《围城》)

②　新宁刘忠诚公坤一再任吴督时,多饶暮气。或嘲以联云:

　　　　土产有三,驴子臭虫候补道;

　　　　制军无二,杀人见客绝代公。

出幅盖指金陵所饶有者;对幅以忠诚喜杀,绝代公者,犹今俗语作绝代事云尔。(吴恭亨《对联话》)

在"大饼"、"油条"、"五香豆"、"臭咸鲞"中混入一个"鼻涕干"既是效成对方鸿渐的嘲弄,也是作家对整个生活状态的讽刺。"驴子"、"臭虫"、"候补道",风马牛不相及,"候补道台大人"与"臭虫先生"、"驴子老爷"齐驾并辔,其"威势"亦可见一斑。

"杂混"还常常用于文章标题——尤其是杂文标题,往往用似乎不相关事物的并列,引人注目;正文再从容剖析"不相干事物"的"相干"处,发人深省。鲁迅先生对此特别擅长,如《战士与苍蝇》、《文学与出汗》、《魏晋风度及文章与药及酒之关系》等。

（四）精细

在言语交际活动中,使用到数据时,有时必须极为精确,如在科学论文中交代药物的用量等;有时又必须含混一点,如诗歌中交代时间往往是"一天"、"星星缀满了天幕"……而不用"××年×月×日×时×分×秒"。假如在应该用模糊的数据以表示大略的数量时,故意地用非常精细的数字来表达(吴士文《修辞讲话》),那么,这就将产生喜剧效果。例如:

游山并不能使国王觉得有趣;加上路上将有刺客的密报,更使他扫兴而还。那夜他很生气,说是连第九个妃子的头发,也没有昨天那样的黑得好看了。幸而她撒娇坐在他的御膝上,特别扭了七十多回,这才使龙眉之间的皱纹渐渐的舒展。(鲁迅《铸剑》)

撒娇、坐在膝上扭并不是什么体操运动,无须精确计算多少回,倘若无意追求滑稽效果,是完全可以写作"扭了半天"或"扭了好多回","精细"地描写出"扭了七十多回"则极为生动地凸现了国王及其妃子的可笑。像这样通常用概数的时候却用了精细的数据是滑稽的,而如以下数例那样,在约数后加上一个精细的尾数便更可笑。

> 旅游者来到一座历史博物馆参观,讲解员指着一件出土文物说:"据专家们考证,它已有四十万零八年的历史了"。旅游者很惊奇,赶忙请教,"那你是如何把年代测定得如此准确的呢?"讲解员应声而答:"先生,这很简单。我来到此地工作已经八年,当我刚来时,他们告诉我这件文物已有四十万年的历史了。"(外国幽默故事)

考古学家考证出某文物已有"四十万年"历史,那是一个约数,其误差是以万计的,而讲解员根据听说这个说法已有八年而加上去成"四十万零八年",当然是很可笑的。

"精细"可以与夸张相融合。通常我们看到数量上的夸张,是以"假定它是真"的态度接受下来,如"白发三千丈,缘愁似个长"(李白)、"霜皮溜雨四十围,黛色参天二千尺"(杜甫)……壮美而非滑稽;可是,假如这夸张与精细结合,极言的概数后缀以一具体细小的数字,如"白发三千零二丈"、"黛色参天二千零一尺五寸","假定它是真"与"它确实是真"便发生了冲突,出现了"它是假定的真,却偏要成为确实的真"的喜剧情景。再如:

> 在六月二十一日至七月二日这十二天中,为龚鼎的事找丁一说情的:一百九十九点五人次(前女演员没有点名,但有此意,以零点五计算之)。来电话说项人次:三十三。来信说项人次:二十七。确实是爱护丁一、怕他捅娄子而来的:五十三,占百分之二十七。受龚鼎委托而来的:二十,占百分之十。直接受李书记委托而来的:一,占百分之零点五。受李书记委托的人的委托而来的,或间接受委托而来的:六十三,占百分之三十二。受丁一的老婆委托来劝"死老汉"的:八,占百分之四。未受任何人的委托,也与丁一素无来往甚至不大相识,但听说了此事,自动为李书记效劳而来的:四十六,占百分之二十三。其他百分之四属于情况不明者。(王蒙《说客盈门》)

文中为了开除一个连续四个月不请假不上班又拒不接受教育的合同工,竟有二三百人前来充当"说客"求情,这无疑是夸张的,而这一夸张的人数竟以极为精确的数字道出,其可笑性和对这可笑现象的调侃之意无疑是加浓了许多。"精细"的喜剧性既然产生于"概数"与"精确数"的矛盾冲突之中,那么,使用这种方式时,反差越大,冲突越强,谐味也越浓。

五、降格律

语言幽默的具体规律之五是:利用言语形式,混淆崇高和鄙俗、庄严和油滑、精神和身体、人和生物的区别,使崇高者鄙俗化、庄严者油滑化……人为地降低所要表述的事物(或人)的精神层次,废除其尊严,从而达到宣泄自我内心被压抑的情绪的作用。

前面所举"杂混"等都不无"降格"的因素在起作用,而比较明显地因"降格"而生幽默可笑之感的修辞手段则主要是比喻、比拟、借代、绰号、夸张等。

(一) 比喻

比喻的幽默主要在于:

其一,用比喻强化事物(本体)自身的明显缺陷,放大它的不和谐。

> 三仙姑却和大家不同,虽然已经四十五岁,却偏爱当个老来俏,小鞋上仍要绣花,裤腿上仍要镶边,顶门上的头发脱光了,用黑手帕盖起来,只可惜官粉涂不平脸上的皱纹,看起来好像驴粪蛋上上了霜。(赵树理《小二黑结婚》)

其二,故意地用低贱的、卑俗的喻体描绘本来尊贵的、崇高的事物,使崇高的本体因喻体的作用而鄙俗化。

> 爱情好比小偷,春天就是窝主。不记得是哪位文豪说的,真有意思……(小楂《最初的流星》)

其三,用技术的、专业的术语描写情感生活("易色")。

> 李太太深知缺少这个丈夫不得,仿佛亚剌伯数码的零号,本身毫无价值,但是没有它,十百千万都不能成立。任何数目后加个零号便进了一位,所以这零号也跟着那数目而意义重大了。(钱钟书《猫》)

其四,利用一连串的比喻,把本体与喻体的部分相似转化成全部相等。

> 出洋好比出痘子,出痧子,非出不可。小孩子出痧痘,就可以安全长大,以后碰见这两种毛病,不怕传染。我们出过洋,也算了了一桩心愿,灵魂健全,见了博士硕士们这些微生虫,有抵抗力来自卫。痘出过了,我们就把出痘这一回事忘了;留过学的也应该把留学这事忘了。像

曹元朗那种人念念不忘自己是留学生,到处挂着牛津剑桥的幌子,就像甘心出天花变成麻子,还得意自己的脸像好文章加了密圈呢。(钱钟书《围城》)

(二) 比拟

并非所有的比拟都是幽默的,但在言语交际中把人拟成鄙琐的物,或者将鄙劣的物煞有介事地拟成人或其他高大的形象,那么,就很可能有趣可乐。例如,"一打"在静态中是个计物的数量词,指十二个,可是在鲁迅先生的笔下,却被移作指称"总长"大人:

> 我所目睹的一打以上的总长之中,有两位是喜欢属员上条陈的。

"总长"的显赫官仪之下,顿时使人觉得掩藏的不过是一堆无生命的物件。一个"打"字,生动地揭出了一幕滑稽的场景。用数量词将人拟成物、以物拟成人或此物拟成彼物以造成喜剧效果,这是常见的,但更常见的是用动词和形容词。

> 会客室里没有一个人是我面熟的,我只能呆呆地站在那里等人认领。(王安忆《命运交响曲》)

> 他气极了,跑过去照牛后腿就是一拳。那牛挨了一拳,对他瞪了瞪眼,心里有点糊涂:一不是挡路,二没有偷吃,是叫自己走吧,绳子它是拴在木桩子上的。于是那牛抱着一种"大事化小,小事化无"的态度,自己挤了挤眼睛,就算了。(欧阳山《黑女儿和他的牛》)

前例"认领"一词,使"我"仿佛变成谁丢失的物件,当时的情景是尴尬的,而语言的诙谐则强化了这一场面的滑稽性。后一例中,生动地以拟人手法描写了牛被挨打后的反应,但运用同一修辞手法,后半段写"那牛抱着一种'大事化小,小事化无'的态度",由于使我们不仅联想到人类活动的一般特征,而且还看到了生活中的某一类"和事佬"的生活态度(这一态度平时我们往往由于与之距离太近而不便、不能嘲笑;而一旦突然"发现"牛也有如此心境,便可借此而调笑一番了),因此,明显地要比前半段风趣别致得多。

(三) 借代

借代往往能起到将尊贵的形象"装"进鄙琐的外壳之中的作用,这时,它便可造成一种滑稽与可笑,尤其是将活生生的人的形象硬"装"入僵硬的物的外壳之中,更是如此。如:

> 卖茶蛋的胖女人不再打哈欠,好像一下子睡醒了似的。吸引她的,

是小伙子身上的羊皮西装,真派!少说也得一百五十块钱一件儿!她不觉在心里愤愤叹口气。

······

"您坐这儿。""<u>羊皮西装</u>"眼疾手快,"啪"地将手里的西装包杵到一只空凳子上。(蒋韵《老人星》)

同样是借代,把穿羊皮西装的人直接说成"羊皮西装"是可乐的,但用"红领巾"借代戴红领巾的少年则一般并不具有浓厚的谐趣,其因也就在于前者的形象在静态中就是一般化的,纯然是物的,而后者的形象在静态中却通常积淀了一种崇高的象征意义,因而产生的更多的是壮美和优美,而非谐味。

（四）绰号

给人起绰号多半需要运用比喻、借代、双关等修辞手法,因而,它造成幽默效果的机理也与比喻等相同,当由此而凸现表达对象的粗鄙陋误,将对象"降"到俗物蠢货的地位时,便也能帮助我们宣泄出奚落调侃的情绪。"农村圣手"赵树理小说的诙谐风格,在相当程度上正来自于此。如在《小二黑结婚》中,小二黑的父亲刘修德抬手动脚都要论一论阴阳八卦,得了"二孔明"、"二诸葛"的外号;一年春天大旱,阴历五月初三才下了四指雨,初四大家抢着种地,他看了看历书,又掐指算了算,说"今日不宜栽种",初五是端午,他历年在端午这天不做什么,等到初六倒是黄道吉日,可惜地干了,勉强种上了,结果苗还没出了一半,于是,落下个笑柄,被人称为"不宜栽种"。而小芹的母亲于福老婆,每月初一、十五都要顶着红布摇摇摆摆装扮天神,因此而被人称为"三仙姑";又由于一次她正跳大神,装模作样哼得带劲,偷眼见女儿小芹只顾看自己而忘了把饭捞出来,趁求神的金旺他爹出去小便,赶紧偷空向小芹说:"快去捞饭,米烂了!"结果得了一个"米烂了"的雅号。二孔明和三仙姑都竭力反对二黑与小芹的婚事,三仙姑贪财礼要小芹嫁给吴先生作填房,装神弄鬼地在家里唱什么小芹跟吴先生是"前世姻缘由天定,不顺天意活不成";二诸葛在区上听到区长支持二黑自由恋爱,急得连声请区长"恩典恩典",说是"命相不对"。当二黑与小芹终于结合后:

夫妻在自己卧房里有时候免不了说玩话:

小二黑好学三仙姑下神时候唱"前世姻缘由天定",小芹好学二诸葛说"区长恩典,命相不对。"淘气的孩子们去听窗,学会了这两句话,就给两位神仙加了新外号:三仙姑叫"<u>前世姻缘</u>",二诸葛叫"<u>命相不对</u>"。

在这些称呼当中,作为绰号的"二诸葛"和"三仙姑",显然比本名"刘修德"和
"于福老婆"要诙谐一些;而同样是绰号,与某一件荒唐的事儿连在一起,明
白地显示出人物的自作聪明反被聪明误的境遇的"不宜栽种"、"命相不对"
和"米烂了"、"前世姻缘"则又比习俗化、行当化了的"二诸葛"和"三仙姑"要
滑稽得多。

巧妙地运用绰号,正如果戈理在《死魂灵》中所说:"在这里,你再也用不
着加上什么去,说你身上怎么样,嘴唇怎么样,只一笔,就勾勒了你,从头顶
一直到脚跟。"

（五）夸张

夸张,即故意言过其实。就整体而言,它的风格效果主要是壮美,如
"黄河之水天上来,奔流到海不复回"、"危乎高哉！蜀道之难难于上青
天"、"欲穷千里目,更上一层楼"等等夸张名句,意境开阔而雄浑,风格壮
丽而崇高,都与幽默距离甚远。夸张而致谐美者,除了数量夸张与精细手
法融合,造成"假定的真偏想成为确实的真"的喜剧情景以外,还有:

一是时间上超前夸张,如:

老残拉他坐下,倒了一杯给他。他欢喜的支着牙,连说不敢,其实
酒杯子早已送到嘴边去了。（刘鹗《老残游记》）

粉面含秋威自露,丹唇未启骂先闻。（《"细胞"闲传》）

嘴里连说"不敢",酒杯却"早"已送到嘴边,这是以时间的超前来突现人物言
与行的矛盾;而后一例则是拟《红楼梦》"丹唇未启笑先闻"而造成的时间上
的夸张。

二是以夸张暴露人事、生活的缺陷,使得这种原先并不引人注目的缺陷
变得非常明显、非常的不合适。如拖拉、性急都是一种缺陷,而这些缺陷的
严重程度与可笑程度通常是成正比的:

每个人都有他办事的效率。四个乌龟在一起打扑克,突然发现啤
酒喝光了。大家凑了一些钱,请最年轻的乌龟去买啤酒。两天过去了,
他还没有回来。

"他准是带着我们的钱逃走了。"一个乌龟说。

"又说这种话,我干脆不去了！"年轻的乌龟在门外叫道。

（《读者文摘》）

三是缩小性夸张。极力把对象往小里说,使其形象变得非常渺小。如:

袁天成说:"不行! 满喜你也请回去歇歇吧! 活儿我不做了! <u>三颗粮食,收不收有什么关系?</u>"(赵树理《三里湾》)

<u>夺泥燕口,削铁针头,刮金佛面细搜求,无中觅有。鹌鹑嗉里寻豌豆,鹭鸶腿上劈精肉。蚊子腹内刳脂油,亏老先生下手</u>。([元]无名氏《醉太平·讥贪小利者》)

六、升格律

语言幽默的具体规律之六是由言语的机智挥洒,表现出"自我"的优越性,宣泄出受压抑的情感,实现对"自我"的心理肯定;而这种肯定,即便在欣赏他人的言语活动时也能因"自居心理"的作用而获得。

具体形式又有两类:

一为言语活动的技巧化。这类修辞方式为数甚多,如顶真、贯口、绕口令、小辙儿等等。情感色彩的变化与语流节奏的快慢很有关联,一支抒情的小曲,节奏放得很慢,便极易产生凝滞哀婉的效果,而即便是一首哀乐,如果节奏改得很快,反倒很可能表现出一种欢快的情调。顶真、贯口、绕口令、小辙儿的共同特点便是在加快语流的速度中强化言语的技巧性,快速的语流本身已经呈现出欢乐的基调,而技巧的强化则更使人们获得了美的享受和愉悦。

一为言语形象的新颖化。诸如曲解、仿拟以及比喻、夸张等等修辞手法的运用,只要能创造出新鲜别致的言语形象,一般都可能获得风趣活泼的情致。

(一) 贯口

贯口本来是相声术语,指的是在口语表述时,"口快如刀,如水之流",滔滔不绝,一气呵成,给人以美的享受。在这里,关键是快速和流畅,二者缺一,谐趣顿失。如:

<u>公是大,婆是大,伯伯姆姆且坐下。两个老的休得骂,且听媳妇来禀话:你儿媳妇也不村,你儿媳妇也不诈。从小生来性刚直,话儿说了心无挂。公婆不必苦憎娆,十分不然休了罢。也不愁,也不怕,搭搭凤子回去罢。也不招,也不嫁,不搭脂粉不妆画。上下穿件缟素衣,侍奉双亲过了吧。记得几个古贤人,张良、蒯文通说话,陆贾、萧何快掉文,子建、杨修也不亚,苏秦、张仪说六国,晏婴、管仲说五霸,六计陈平、李佐本,十二甘罗并子夏,这些古人能说话,齐家治国平天下。公公要奴</u>

不说话,将我口儿缝住罢!([明]洪楩编刊《清平山堂话本·快嘴李翠莲记》)

快速不停顿地说出极长的一段话来是有趣的,如果快速说出的这段话与同类名词的排比连接结合,节奏强化,调笑味儿也就更浓。如侯宝林改编的相声《菜单子》中的一段贯口,一口气报出了二百七十三个菜名,不仅给人以流利如珠,目不暇接之感,而且还给人以知识的享受,特别富于情趣。

(二)绕口令

在一个语段中,大量运用同音或近音的字,以使语句绕口难说,一不小心就说岔了,这是绕口令,是一种常见的颇为有趣的文字游戏。如:

> 板凳宽扁担长,扁担要绑在板凳上,板凳不让扁担绑在板凳上,扁担偏要绑在板凳上。

说错了,固然可笑;极其流利、快速无误地朗诵出,更是别具意趣,令人击节。

(三)小辙儿

曲艺中称语言声韵的韵为辙。明清以来,北方艺人从北京音系中归纳出十三个大致相近的韵部,称为“十三道大辙”,此外又把卷舌韵母 er 和十三辙的儿化韵归纳为“小辙儿”。小辙儿的运用与一般的押韵并不相同,后者用字讲究变化,意义也讲究变化,押韵所起到的作用是潜在的,是与作品内容有机地结合在一起的,语音形式上的特异是服务于并消融于作品内容的,所以不容易为人注意,也不容易产生谐趣;小辙儿则不然,它的文字形式都是“儿”,句韵一片 er、ar 声,本身一般并无实在意义,与内容关系不大,装饰性相当突出,故而较易产生风趣调皮之感,一般庄诗媚词,都不运用小辙儿,而在曲艺中却时常作为调笑增谐的手段。如:

> 说黑驴儿,道黑驴儿,
> 小黑驴儿它长得有个意思儿。
> 白尾巴梢儿,花肚皮儿,
> 雪里沾的四个小银蹄儿,
> 在嘴里衔着个铜嚼子儿,
> 稀零花啦铜锁子儿
> 金鞍子儿,银蹬子儿,
> 檀香木刻的那个驴轴辊儿,
> 鞍桥上铺着个花褥子儿,

　　　　　正中间坐着个小佳人儿。（传统唱词《黑驴段》）

这段曲词,如果去掉所有的小辙儿"儿",对于全段词句的理性意义并无影
响,但俏皮劲儿却将大受损伤。同样,一首庄重的诗词,倘若故意地加上小
辙儿,那么风格色彩也会立即发生变化,显得不伦不类。

　　（四）曲解

　　"曲解"是借助谐音、多义等条件,下定义式地对词语作借题发挥的解
释,创造一种尖新的语义关系。如:

　　　　　在这四面楚歌里,凭你怎样伶牙俐齿,也口袋得服从了!"妇者,服
　　也"……只见她毫不置辩,毫不懊恼,还是若无其事的和人攀谈,便知她
　　确乎是"服也"了。（朱自清《航船中的文明》）

　　　　　为接续上祖宗的香火,喜凤母女不计较钱财,甚至也不大计较他同
　　赵巧英的瓜葛。年轻时光,谁个又没有过一番风流? 乱（恋）爱乱爱!
　　男人女人,卷到一个被筒子里,也乱了,也爱了! 年盛的后生们,还不是
　　拽上谁家炕头,是谁家的汉!（郑义《老井》）

　　　　　好哇! 国家,国家,国即是家。（钱钟书《围城》）

思考题

　　1. 有人认为幽默是一种"技式",有人认为是一种风格,有人认为只是
一种能力,还有人认为是一种生活态度,说说你对幽默的理解。

　　2. 语言幽默与油腔滑调是不是一回事?

　　3. 语言表达的幽默和语言创造的幽默有什么区别?

图书在版编目（CIP）数据

新编现代汉语/张斌主编. —2 版. —上海：复旦大学出版社，2008.2（2022.8 重印）
ISBN 978-7-309-05916-8

Ⅰ. 新…　　Ⅱ. 张…　　Ⅲ. 汉语-现代-高等学校-教材　　Ⅳ. H109.4

中国版本图书馆 CIP 数据核字（2008）第 010222 号

新编现代汉语（第二版）
张　斌　主编
责任编辑/韩结根

复旦大学出版社有限公司出版发行
上海市国权路 579 号　邮编：200433
网址：fupnet@ fudanpress. com　http：//www. fudanpress. com
门市零售：86-21-65102580　　团体订购：86-21-65104505
出版部电话：86-21-65642845
盐城市大丰区科星印刷有限责任公司

开本 787×960　1/16　印张 37　字数 664 千
2008 年 2 月第 2 版
2022 年 8 月第 2 版第 11 次印刷
印数 45 601—47 700

ISBN 978-7-309-05916-8/H·1184
定价：78.00 元